一战和约的经济分析

（英）凯恩斯（Keynes）____著
柒舟 邹鋆弢____译

The Economic Consequences of the Peace

地震出版社
Seismological Press

图书在版编目(CIP)数据

一战和约的经济分析 / (英) 凯恩斯著 ; 柒舟, 邹鋆弢译 . -- 北京 : 地震出版社, 2021.6

ISBN 978-7-5028-5270-2

Ⅰ . ①一… Ⅱ . ①凯… ②柒… ③邹… Ⅲ . ①凯恩斯主义—研究 Ⅳ . ① F091.348

中国版本图书馆 CIP 数据核字 (2021) 第 080561 号

地震版 XM4639/C(6075)

一战和约的经济分析

[英]凯恩斯 著

柒舟 邹鋆弢 译

责任编辑:王亚明

责任校对:李肖寅

出版发行:地震出版社

北京市海淀区民族大学南路 9 号 邮编:100081

发行部:68423031 68467991 传真:68467991

总编室:68462709 68423029

证券图书事业部:68426052

http://seismologicalpress.com

E-mail:zqbj68426052@163.com

经销:全国各地新华书店

印刷:北京彩虹伟业印刷有限公司

版(印)次:2021 年 6 月第一版 2021 年 6 月第一次印刷

开本:710×960 1/16

字数:540 千字

印张:28.5

书号:ISBN 978-7-5028-5270-2

定价:110.00 元

译者前言

preface

本书作者约翰·梅纳德·凯恩斯（1883—1946），是20世纪英国经济学界的重要代表人物，也是世界经济学界非常重要的人物。

1902年，凯恩斯从伊顿公学毕业，以数学及古典文学奖学金进入剑桥大学国王学院学习。在大学期间，他就表现出异于常人的逻辑能力和优秀的道德水准，顺利获得文学硕士学位。此后，凯恩斯的兴趣转移到经济学上，在剑桥滞留的一年期间，他师从马歇尔并深得赞赏。他还定期和阿瑟·庇古共进早餐，讨论与经济学有关的问题。1906年10月，凯恩斯到印度事务部任职，并开始研究概率论。1908年辞去印度事务部顾问。1911年秋被授予《经济学杂志》的主编职务并为之倾尽毕生心血。

1936年，凯恩斯的《就业、利息和货币通论》（简称《通论》）刚一出版，就在大危机之后的西方世界引起了轰动。有西方学者评论："凯恩斯是在致命危险威胁资本主义的世纪里巩固了这个社会，也有学者把凯恩斯的宏观经济学理论比作哥白尼在天文学上，达尔文在生物学上，爱因斯坦在物理学上一样的革命"。

本书是凯恩斯《凡尔赛和约的经济分析》和《传记文集》的合集。在《凡尔赛和约的经济分析》中，凯恩斯结合当时各国的实际状况及国际形势，以经济学家冷静而锐利的目光对和约签订的来龙去脉进行了科学、严谨的分析和解读，让人们对该条约如何签订以及在商讨的过程中发生了哪些事件，这些事件又会对当时社会产生怎样的影响等问题有了较为深入的了解。《凡尔赛和约》的签订事关第一次世界大战后的经济复苏与各国人民的命运，凯恩斯心怀大局，以客观事实为依据，对和约如何制订更符合所有公民的利益提出宝贵的建议，可谓鞭辟入里。

《传记文集》是凯恩斯与当时不少社会名流尤其是很多知名经济学泰斗交往中记录下来的轶事札记，是他作为亲历者以客观地讲述勾勒出当时英国上流精英的群体像，也暗示了其错综复杂的派系关系，与一脉相承的学术流派观点之间的因果关系。正如凯恩斯所言：这些人物虽然不是最睿智的，但却是最诚挚的；虽然不是最优雅的，但却是最具妙趣横生的；虽然不是最富经验的，但却是最具良知的；虽然不是最具天赋的，但却在知识所及的范围是最有成就的。

凯恩斯说过一个经济学家应该在某种程度上是一个数学家、历史学家、政务活动家、哲学家……像艺术家那样冷漠和正直。

基于研究与教学的目的，我们在尽量保留两部作品原貌的基础上改编重译合二为一。有别于原著的是，本书为了便于读者阅读，理解当时的背景，以图文并茂的形式插入大量精美的历史图片，并以页下注尽量阐释清楚某些较难理解的专业术语，像政治概念等，以飨读者。

目　录

CONTENTS

第一篇　和约的经济分析

第二篇　传记文集

第一篇

和约的经济分析

序

在战争期间，本书的作者正在英国财政部临时供职，在1919年6月7日之前一直担任财政部在巴黎和会上的官方代表，也是最高经济委员会中英国财政大臣的代表。当对《凡尔赛和约》草案进行实质性修改的希望彻底落空后，作者辞去了财政部的职位。在接下来的内容中，作者将重点论述他反对和约，更确切地说是反对和会对待欧洲经济问题的全部政策的理由。这些根据都具有公众特性，并且基于众所周知的事实。

J.M.凯恩斯
剑桥大学国王学院
1919年11月

第1章　绪　论

人的一个重要能力是能够适应周围的环境。现在很少有人意识到，在这半个世纪里，西欧所倚重的经济体制是极不寻常的、错综复杂的以及易变的。我们倾向于把新近拥有的一些十分独特、暂时的有利条件视为理所当然的、永恒不变的和坚不可摧的，并且根据这些有利条件对未来进行规划。以这种并不稳固的、错误的想法为基础，我们好高骛远，设计社会改良方案，对我们的政治纲领加以粉饰、颂扬，延续着我们的仇恨与野心。我们都认为自己有巨大的能量可以加剧而非缓和欧洲大家庭内部不同文明之间的冲突。在疯狂地幻想和愚蠢的自以为是的鼓动下，德国人将我们赖以生存和发展的基础彻底颠覆了。欧洲秩序最先是由德国人破坏的，但是英法当局却冒险用一个和平条约继续摧毁这个秩序，而它原本是应当被重建的。凭借这个秩序，欧洲各民族可以安居乐业、各得其所。而一旦实施这一合约，必将进一步给已经被战争动摇和破坏的脆弱的、复杂的秩序带来毁灭性的打击。

在英国，我们丝毫没有从生活的表象上感觉或认识到一个时代已经结束了。我们为恢复所失去的以前生活的细枝末节而忙得不亦乐乎，唯一的差别是我们中的很多人看起来比以前更加富裕了。在战前我们只需花费数百万英镑就能办成的事现在就算花费好几亿英镑也一点都不心疼。很显然，我们的经济能量还没有得到最大限度的发挥。所以，我们不仅期待所有阶层的人都基于此期待来对自己的生活进行规划，富人们花费更多储备重新享受1914年的舒适生活，甚至希望能够过得更加舒适和富足。富人们花得更多、储蓄更少，而穷人们则花得更多、干得更少。

然而，形势的变化也许只有英国和美国丝毫感受不到。欧洲大陆则迥然不同，任何人都能感受到这种巨大的变化。此时，问题已经不仅仅是“生活是否过度奢侈”或“劳工制造的麻烦”了，而是关乎生死，关乎生存下去还是死于饥荒，这是一个正在没落的文明做出的令人恐惧的最后挣扎。

对一个战后半年中大部分时间都在巴黎度过的人而言，一次偶然的伦敦之行会带来非凡的体验。英国仍然没有融入欧洲社会，也没有被欧洲大陆那无声的震撼所影响。英国并不是欧洲血肉之躯的一部分，因为它和欧洲大陆是分离的。然而欧洲大陆上的国家却是密不可分的，法国、德国、意大利、奥地利、荷兰、俄罗斯、罗马尼亚

伦敦圣约翰巷的一处石刻，上面记录了第一次世界大战期间被德国战机摧毁的建筑物的损毁及重建情况。

和波兰，这些国家的社会结构和文化并没有太大的区别。这些国家不仅在文化上相近，在地理上也有着"唇亡齿寒"的依存关系，特别是，它们又都在战争中元气大伤。尽管我们英国在战争中也做出了巨大的贡献和牺牲（和美国相比要少一些），但是我们在经济上还是独立于这些国家之外的。这正是巴黎和会所具有的破坏性意义之所在。假如法国和意大利打算依靠它们拥有的暂时性战胜国权利，将现已战败投降的德国和奥匈帝国彻底摧毁，并以此来结束这场欧洲内战，它们自身同样会走向毁灭，因为战胜国和战败国的背后有精神和经济纽带将它们紧密地联系在一起，不可分割。不管怎样，对一个英国人而言，作为协约国最高经济委员会的成员，参与巴黎和会对他自身一定是一种全新的体验，因为他关注和展望某一问题时必须从一个欧洲人的角度出发。在巴黎这个欧洲的神经中枢，他必须全然抛弃英国式先入为主的做派，同时他也注定要被其他更为恐怖的幽灵所纠缠。巴黎是一个噩梦，在那里，所有人都是病态的。在各种无聊的场所中充斥着灾难迫近的感觉；在重大事件面前人们显得那么渺小无助；在意义重大的决策里存在着不切实际的幻想；轻率、盲目、傲慢、混乱的叫嚣声此起彼伏——这囊括了古典悲剧中的一切要素。置身于富丽堂皇的法国宫殿，看着威尔逊和克里孟梭那一成不变的容貌和神情，人们不禁要问：他们非凡的容貌是真实的面孔，还是一出怪诞的戏剧或者木偶剧中的悲喜面具？

巴黎和会的任何一项进程，都同时表现出非常重要而又无足轻重的氛围。每一项决定似乎都与人类社会将来的命运息息相关，然而空气中却充斥着这样一种声音：这些条约全部都是徒劳的、没有意义的、毫无作用的、无关事件本身的；正如托尔斯泰在《战争与和平》抑或哈代在《列王》中所描述的那样，人们有一种强烈的感觉，事物会朝其注定的结局发展，一点都不会被委员会那些政治家的想法所左右：

岁月的精神

详细观察一切眼界宽广、自我克制的人，
远离现在受到魔鬼驱使的人群。
经过内在的考虑，毫无保留。
强大中蕴藏着报复，
懦弱中蕴藏着无力的愤怒。

同情的精神

为什么将意志变成如此没有意义的行为？

岁月的精神

我曾经告诉你，它无意识地工作着，
如同着魔般毫无理智。

在巴黎，几乎每个小时都有关于整个中欧和东欧是如何痛苦、混乱以及机构如何腐败的报告被送往最高经济委员会的有关部门。从德国财政部代表的报告以及奥地利提出的有关国力亏空的无可辩驳的证据中，我们可以得出结论：我们的盟国的处境和它们的敌人如出一辙。在总统府炎热而干燥的房间里，四大国的巨头们用空洞无物的阴谋来达到其目的，如果有人偶然造访这个房间，只能加重这噩梦般的感觉。尽管欧洲的问题在巴黎显得异常严重和紧迫，但是偶尔回一次伦敦才发现，伦敦对此却漠然视之。因为在这里，上面所列的问题都十分遥远，与我们自身遇到的麻烦比起来，这些都是次要的。伦敦知道整个巴黎乱作一团，然而这些却无法引起它丝毫的兴趣。在这种情况下，英国政府连看都没看就接受了和约。尽管本书的作者是个英国人，但他认为自己同样是一个欧洲人，他是受了巴黎而非伦敦的影响而写作本书的。因为最近经历了太多，所以他不能对近来已进一步发展的宏大历史性事件置若罔闻。这一历史性事件将彻底击垮欧洲的伟大制度，但同时也有可能创造出一个新世界。

第2章　战前欧洲

1870年以前，在狭小的欧洲大陆上，不同的地区都专业化地生产着自己的产品。然而作为一个整体，欧洲完全可以实现自给自足，其人口规模也与生产状况相适应。

1870年以后，形势发生巨大的、前所未有的变化，在此后的半个世纪里，欧洲的经济状况开始变得活跃而奇特。美国充足的粮食供应降低了人们对食物需求的压力，这是人类有史可查以来第一次扭转了人口规模同粮食数量之间的关系。尽管人口数量增加了，但是与以前相比，获取粮食实际上却更加容易了。与工业生产相同，随着产出规模的不断扩大，农业利润所占的比例也会不断上升。随着欧洲人口的不断增长，一方面，移民到其他国家从事农业生产的人不断增加；另一方面，欧洲有更多的人可作为从事工业品和物资品生产工作的后备力量。这些物资品和工业品或将被移民海外的人用于建设新的家园，或将被用于修建铁路和制造轮船，从而更方便地将其他地方的粮食和原材料运到欧洲大陆。

直到1900年前后，工业上单位劳动力产生的购买力的增长速度年复一年地高于食物数量的增长速度。1900年可能是个分水岭，此后这种情况开始逆转，由于自然资源的约束，边际生产率递减这一规律开始重新显现出来。然而谷物的实际生产成本上涨的趋势被其他方面的进步所减缓。其中一件前所未有的事便是，热带非洲的多种资源首次被大规模地开发出来，含油果实的大量交易给欧洲人的餐桌增添了一种新鲜又便宜的基本食物。这便是早期经济学家所认为的经济上的理想国和乌托邦，我们大多数人都生活其中。

在这快乐的时光里，我们泯灭了建立政治经济学的学者们所具有的那种包含深邃思想的世界观。18世纪以前，人们并不抱有虚无缥缈的幻想。18世纪后期，这种幻想逐渐盛行起来。为了将这些幻想打破，马尔萨斯揭示了一个恶魔[1]。在50多年的时间里，一切严肃的经济学著作都对这个恶魔做出清晰的展望。在接下来的半个世纪里，这个恶魔被我们掌控并逐渐从我们的视野中消失。而现在，我们很可能又将这个恶魔释放了出来。

1　即人口增长的速度快于食物增长的速度。——原注

建于1900年的冶金工厂。

在人类经济发展史上，1914年8月之前的这段时期是一个极其伟大的时代！尽管大部分人实际上工作非常辛苦、生活条件非常糟糕，但是一切迹象都表明，他们十分满意这一分配状况。对每一个在能力或其他方面胜人一筹的人来说，脱离这种境地而跻身于中产阶级甚至上层社会，是非常有可能的，到那时，他们就可以享受到价格低廉的商品，过上便利而舒适的生活。他们在生活上的愉悦感远远超越中世纪家财万贯、权倾天下的君主。

伦敦居民早上足不出户就可以一边在床上喝茶，一边打电话向世界各地订购商品——这些商品质量非常好，并且很快就会被送到顾客的家门口；与此同时，他们也可以通过这一方式对世界各地的自然资源和新企业进行投资，毫不费力甚至不必承担多少风险就可以获得预期的收益；可能他一时高兴或得到某些信息，就把他的财产委托给某个大都会的某位市民。假如他愿意，他可以马上乘坐舒适而廉价的交通工具去所有的国家或地区，而且不需要办理护照或其他手续；他可以让仆人去最近银行的办公场所十分便捷地获得贵金属，然后就可以携带这些贵金属出国，就算对目的国的宗教、语言和习俗不甚了解也没关系；哪怕是稍被干预，他们就会小题大做地认为自己受到了严重的侵犯。最重要的是，他们认为这种情形是合理的、理所当然的和永恒的，这种状况发展的方向只能是对此做进一步的改善；除此之外，对这一发展方向的任何偏离都是不合理的、不道德的、是能够避免的。

军国主义和帝国主义、种族与文明之间的冲突、垄断、贸易壁垒、排外，这些行动和政策犹如存在这个天堂里的毒蛇。然而对英国人来说，这些与每天刊登在报纸上的娱乐新闻没什么两样，看上去，它们对我们每天的经济和社会生活没有任何影响，而事实上，以它们为基础的国际化进程已经快要完成了。

在战前，在欧洲经济生活中就已经存在一些重要且不稳定的因素，我在这里对这些因素做进一步阐述，这将有助于理解我们强加给敌人的和平、它的性质及其所造成的后果。

1.人口

在1870年，德国的人口约为4 000万。到了1892年，这一数字已经增至约5 000万；到了1914年6月30日，人口上升到约6 800万。在战前的几年里，每年大约增长85万人，其中移民国外的人口所占的比例很小，可以忽略不计[1]。除非一国的经济结构处于广泛转型的时候，否则人口的迅速增长是无法维持的。德国从一个自给自足的农业国转变成一台庞大而复杂的工业机器，这台机器是否能平稳运行，受国内外诸多因素的影响。只有让这台机器开足马力不停地运转，才能在国内为其不断增长的人口创造就业岗位，才能使它们有能力从国外购买各种生活必需品。德国这台巨大的机器就像一个大陀螺，只有飞快旋转，才能保持平衡。

1890年，奥匈帝国的人口约为4 000万，到战争爆发时至少增长到5 000万，与德国的趋势大致相同，但程度较轻。每一年新出生的人口比死亡的人口多50万，但是每

1 1913年，从德国移往国外的移民人数为25 843人，其中移往美国的为19 124人。——原注

年约有25万人向国外移民。

为了理解当前的状况，我们必须清楚地了解德国制度的发展所产生的影响，那就是已经使中欧变成一个非同寻常的人口中心。在战前，德国和奥匈帝国的人口总数不仅远远超出美国人口总数，而且几乎相当于整个北美洲的人口总数。如此多的人口拥挤在如此狭小的区域内，为中欧军事实力的加强打下了坚实的基础。相同数量的人口——就算是爆发战争也没有使人口显著减少[1]——倘若被剥夺了谋生的手段，这对欧洲的秩序将是一个巨大的威胁。

俄国人口增加的程度比德国还要严重。1890年，俄国人口还不足1亿，截止到战争爆发时，其人口已经高达约1.5亿[2]；1914年以前的几年间，俄罗斯每年出生人口比死亡人口多出约200万，这个数字是十分惊人的。俄罗斯人口的这种快速增长尽管在英国并没有引起普遍的关注，但仍然成为近几年来最重大的事件之一。

通常情况下，历史上的重大事件都是由诸如人口增长等根本性经济因素的长期变动所引起的。这些变动是渐进的，所以不容易引起同时代人们的重视，人们会将其归咎于统治者的愚蠢或者无神论者的狂热。在过去两年中，俄罗斯发生了很多重大事件，社会发生了翻天覆地的变化：宗教信仰、财产基础、土地所有权、政府组织形式以及社会统治阶级这些看似最为稳定的要素都被推翻了。引起这一巨变的更应该是人口持续扩张这一深层原因，而不是列宁或尼古拉。在打破社会习俗的束缚上，社会过强的繁衍能力作为一种破坏性力量，可能比思想或者独裁政府的错误起的作用更大。

2.组织体制

人们赖以生存的那些复杂的组织体制之所以存在，在一定程度上依赖于系统内部的各个要素。

在俄罗斯、德国和奥匈帝国境内生活着大约3亿人口，这些国家之间因边界和关税问题引起的冲突已经降到了最低程度。3个国家的货币都与黄金挂钩，以保持货币基础，从而保持相互间货币兑换的稳定性，这在很大程度上对资本的流通和贸易的发展起到促进作用。然而，这些有利条件究竟具有怎样的价值，只有当我们今天失去之后才能认识到。在这个偌大的区域内，居民及财产是非常安全的。

以前，欧洲人民从来没有在这样一个广袤而人口众多的区域内如此长时间地享

1　同1914年相比，由于死亡率的上升和出生率的下降，1918年底德国人口净减270万左右。——原注

2　包括波兰和芬兰，但西伯利亚、中亚和高加索地区不包括在内。——译者注

受着秩序井然、安全稳定和统一无争。这些有利的环境为欧洲这台巨大机器的交通运输、煤炭分配、对外贸易等的组织化提供有利条件。要想在新增人口密集的城市中心建立工业生活秩序，交通运输、煤炭分配、对外贸易等条件都是不可或缺的。这些都是众所周知的，我们甚至不需要列出数据来详细证明，但是我们仍可以列举煤炭的数据作为证明。煤炭对中欧的工业发展的作用和对英国工业发展的作用同样至关重要。1871年，德国的煤炭产量约为3 000万吨，1890年提高至7 000万吨，1900年提高至1.1亿吨，1913年更是达到1.9亿吨。

欧洲经济体系的建立是以德国为轴心的，欧洲大陆其他地区的繁荣很大程度上依赖于德国的企业和德国的繁荣。德国日益加快的增长速度为其邻国的产品找到出路，这些邻国又可以以十分低廉的价格从德国企业那里交换自身急需的产品。

德国与邻国在经济上的相互依存度非常高，相关统计数据不胜枚举。德国是俄罗斯、挪威、荷兰、比利时、瑞士、意大利、奥匈帝国的最大出口国，是英国、瑞典与丹麦的第二大出口国，是法国的第三大出口国。德国是俄罗斯、挪威、瑞典、丹麦、荷兰、瑞士、意大利、奥匈帝国、罗马尼亚与保加利亚的最大进口国，是英国、比利时与法国的第二大进口国。

英国目前的状况是：第二大出口国是德国，仅次于印度；同时，英国的第二大进口国也是德国，英国每年从德国的进口量仅次于美国。

除了位于德国以西的几个国家，几乎每个欧洲国家的对德贸易额在其贸易总额中所占的比重都不少于四分之一；对俄罗斯、奥匈帝国与荷兰来说，这一比重就更大了。

德国除了通过贸易为这些国家提供基本必需品外，还为其中某些国家提供其自身发展所需的大量资金。在战前，德国的境外投资总额就已高达62.5亿美元，其中投资于俄罗斯、奥匈帝国、保加利亚、罗马尼亚和土耳其的资金将近25亿美元[1]。德国通过“和平渗透”体系，不仅为这些国家提供资金支持，还提供其急需的组织管理经验和技能。如此一来，德国的工业体系囊括了莱茵河以东的全部欧洲国家，相应地，它们的经济生活也进行了调整。

然而，假如没有外部因素和一些在欧洲很常见的总体部署和通力协作，仅仅依靠内部因素是不足以维持欧洲人口的生活的。上述很多情况的假设条件都是欧洲已经真正融为一体，同时，这些情况的适用范围也不仅仅局限于中欧。但是，接下来所论述

---

1 在本书中，原本以英镑表示的数额全都按1英镑兑换5美元的比率，换算成由美元表示的数额。——译者注

第一次世界大战期间，意大利军队在威尼托树立的石碑。

的是整个欧洲体系共同面临的问题。

3.社会心理

欧洲的社会与经济是按照一定的形式组织的，这一形式能够确保获得最大的资本积累。尽管大多数人口的日常生活水平日益改善，然而收入增加的很大一部分都被社会的组织形式分配给最缺乏动力将这笔收入用于消费的那些阶级。与当期消费带来的乐趣相比，19世纪的新贵们更喜欢投资所带来的权力，因此他们并没有带来巨大的消费支出。

实际上，恰恰是财富的不公平分配使巨额固定资产和资本的积累有了可能性，正是这种积累把那个年代与其他年代区分开来，也正是资本主义制度赖以存在的最主要依据。如果富人将自己新增加的财富全部用于自我享受，那么资本主义制度是不能被人们所容忍的，即使在很早以前也是如此。他们不断地储蓄和积累财富，就像辛勤劳作的蜜蜂一样，尽管他们这样做是为了追求狭隘的个人目的，但是他们对整个社会的贡献丝毫没有因此而减少。

对人类来说，固定资产的大规模积累大有裨益，这一现象在战前的半个世纪里蔚然成风。这样的事情永远也不会发生在一个财产被平均分配的国家里。在那个年代修建的铁路，是一座让子孙后代仰慕的丰碑，就像埃及的金字塔一样。工人们在付出劳动后获得等值的报酬，但他们却不能自由地把它们用在及时享乐上。

这是一种非凡的制度，其不断发展的基础是双重误导或欺骗。

一方面，工人阶级由于无知或无能为力，或是被强迫、劝说，或是受到习俗、惯例、权威以及已经建立的社会规范的欺骗，从而接受了这样的制度。在这种制度下，虽然劳动者、自然、资本家共同生产了蛋糕，但是劳动者却只能占有很少的一部分。

另一方面，蛋糕的大部分被资产阶级据为己有，从理论上讲，他们可以自由消费这些产品；但实际上，他们只消费了这些产品中很少的一部分，这是人所共知的。“储蓄”责任成为道德非常重要的组成部分，并使资本的不断积累变为真正的宗教式追求。针对蛋糕被做大而又不被消费这一现实，产生了一切清教徒式的本能。在其他年代里，清教徒式的本能对生产的技艺毫不在意，也不贪图及时享乐，它是远离尘嚣和世俗的。这样一来，蛋糕不断做大，但是对于最终如何将其分享却没有明确答案。民众被劝告说：不应彻底放弃消费而应当延期消费，应当学会在安全和期望中寻找快乐。储蓄的初衷是为自己的养老或是为子女考虑，然而这只不过是理论上的说法，“蛋糕”永远都不会被你或你的子孙后代所消费——这才是它的优点所在。

我这样写的目的并非有意要对那一代人的实践加以贬损。社会总体是无意识的，但它却明白自己做的是什么。与消费的欲望相比，蛋糕确实是太小了，如果把它分给大家，任何人都不会觉得这种分割能改善目前的状况。社会运转的目的不是当前小小的快乐，而是人类未来的安全和改善——实际上就是为了“进步”。如果不将蛋糕瓜分，而是让它呈几何级数增长，就像马尔萨斯预言的人口的增长那样，或者起码以复利的方式增长，或许终有一天，蛋糕会大到足够分配给大家；到那时候，我们的劳动成果就可以被后人享受了。那时，就再也不会有诸如过度劳动、住房拥挤和食品短缺的情况发生了。在满足身体的基本需要并享受舒适的生活后，人们的精力就会投入到更加高尚的事业中去。然而假如蛋糕和人口均成几何级数增长，两者就会相互抵消。蛋糕以复利方式增长这一优点令人沉醉，19世纪的人们沉迷于此却忽略了人类的繁殖能力。

这种状况存在双重隐忧：一方面，积累的增长恐怕依然不及人口的增长，我们目前所做的牺牲只是使人口数量增加，并没有增加我们的幸福感。另一方面，这是一场吞噬一切希望的战争，蛋糕恐怕会被提前耗尽。

然而，离我现在要说的，这些隐忧还相隔遥远。我只是想指出，以社会不平等为基础的积累是战前社会秩序的重要组成部分，也是我们当时所理解的社会进步的重要组成部分。需要强调的是，建立这种积累的基础是不稳定的心理状态，因而是不可能重现的。对于人类来说，只有很少一部分人能享受舒适的生活，那么进行如此大规模的积累就不会是一件自然而然的事情。

战争给我们的启示就是，一切事物都可能被消耗殆尽，对许多欲望的克制根本毫无意义可言。这样一来，谎言终归要被揭穿，工人阶级不甘心再这样忍受下去；资产阶级对未来也是心灰意冷，他们尽可能多地去追求和享受更多的消费自由，因而加速了其财产的消耗。

4.新旧世界的联系

在战前，欧洲人民有偏爱储蓄的习惯，这正是使欧洲平衡得以维持的最重要的外部因素。

很大一部分欧洲积累的剩余产品被出口到国外，在那里，这些投资为生产新的食物、获得原材料和交通运输的发展提供了可能性，同时也创造了旧世界对新世界的自然资源和未开发的潜在生产能力的需求。现在，这一因素成了最重要的因素。旧世界克勤克俭地使用每年应该得到的贡物。它的剩余资本对世界的发展起着促进作用，这种发展又为旧世界提供了价格便宜又充裕的货物，而实际上，旧世界并没有推迟享受这些供给带来的利益。而且，在通过对外投资所得的货币收益中，有很大一部分用于

作于1880—1900年的荷兰水彩画。画中描绘的是，在一铁铸造厂内部，5名工人正抬着一个装有灼热熔融金属的坩埚。

再投资，并作为准备金积累起来，以应付将来有可能变坏的局势。假如真到那时，欧洲勤劳的工人将不能再以如此低廉的价格买到其他大陆的产品，而原来欧洲历史文明与其他气候和环境下不断增长的人口之间的平衡也将受到破坏。因此，对所有欧洲人民来说，无论他们是承受风险在海外谋生，还是在国内延续文明，都同样会从新资源的发现中得到好处。

然而，旧文明与新资源之间的平衡关系，其实早在战前就已遭受严重威胁。欧洲的繁荣得以建立在以下基础之上：由于美国有大量可供出口的剩余粮食，用欧洲出口品的劳动生产率作为衡量标准，欧洲国家买到的食品的价格是很便宜的；由于欧洲早期进行的资本投资，它们每年都可在不付出任何代价的情况下获得大量的供给。内部因素看起来并没有什么危险性，然而由于海外人口的增长，特别是美国人口的增长，外部因素已变得不那么保险了。

当美国的处女地最初进行生产的时候，这些大陆上自身的人口—土地比例以及与之相应的对当地产品的需求，与欧洲比起来是非常小的。早在1890年，欧洲的总人口比南美洲与北美洲人口的总数还多2倍。然而到了1914年，美国国内对小麦的需求已逼近其产量。在可预见的未来，美国的粮食要想有剩余，就只有在获得特大丰收的年份才有可能，我们距离这一事实越来越近了。实际上，据估计，目前美国国内对小麦的需求已经超过1909—1913年美国小麦平均产量的90%[1]。那时候，粮食短缺现象将更多地通过粮食实际价格的持续走高表现出来，而不仅仅表现为数量上的绝对短缺。换句话说，如果把世界视为一个有机的整体，小麦并非严重匮乏，然而为了获得充裕的供给量，就必须支付一个高昂的实际价格。在这种情况下，对中欧和西欧来说，最有利的因素就是俄国和罗马尼亚可供出口的剩余粮食能够满足需求。

一言以蔽之，在对新世纪资源的要求权方面，欧洲变得越来越不稳定。边际收益递减规律最终实现了自我证明，并使得欧洲为了获得等量的面包必须年复一年地用更多的其他商品来交换。因此，任何主要供给来源的解体对欧洲来说都是绝对无法承受的。

为了对1914年欧洲的经济特征进行描述，本来应该提及更多因素。在这里我挑选三四个最重要的不稳定因素加以说明——有太多人的生存基础都是这个复杂而虚假的组织，工人阶级和资产阶级心理上的不稳定，欧洲食品供应的不稳定，以及欧洲在食品供给上全部依赖新世纪。

这场战争使这一体系产生了如此强烈的动摇，以至于威胁到每一个欧洲人的生活。很多欧洲大陆国家已病入膏肓、摇摇欲坠；它的人口大大超出该地区自身可维持生计的数量；它的组织遭到破坏，交通体系陷于瘫痪，食品供给能力也被极大地削弱了。

巴黎和会的任务是尊重约定和彰显公正，此外，和会的任务还包括重建人民生活和抚慰战争创伤。这些任务的执行既要小心谨慎，又要有古代圣贤认为的胜利者应该具备的宽容。在接下来的篇幅里，我们将对合约的真正本质加以研究。

---

1 甚至从1914年以来，美国的人口就已经增加到七八百万。假如他们每人每年消费不少于6蒲式耳小麦，那么与当前美国国内需求比起来，在战前5年中，其小麦的产量只有1年有足够的剩余。由于胡佛政府实施的是保护价格，美国小麦在1918年和1919年获得大丰收，解决了我们的燃眉之急。然而，美国不可能为了给不具备支付能力的欧洲供给小麦而继续实施这种措施，因为这样会极大地增加美国人民的生活成本。——原注

第3章　巴黎和会

在第4章和第5章里，我将仔细研究与德国签订的和约中的经济条款和财政条款。然而，只要我们能考察个人因素在条款准备中所起的作用，那就不难理解这些条款的真正由来。在尝试考察个人因素时必须考虑到动机问题。旁观者很容易在这些问题上犯错误，并且他们也不必对最终的判断承担责任。对于我们同时代的人，尽管我们对自己所述之事知之甚详，却仍然不敢利用历史学家们习以为常的那种发挥想象的自由。然而，我在本章有时却似乎擅用这种自由。人类自身意志和目的的复杂斗争从未停止过，在1919年的头几个月里，这种斗争集中在四个人身上，恰如人类斗争的缩影。读者要想了解世界的命运，了解人类是如何迫切地需要光明——就算这光明是片

巴黎和会会场。

面的、不可靠的，也能将这种复杂的斗争照亮，那么请读者原谅我擅用这种自由。

我在这里要研究的那部分条约是由法国主导制订的，也就是说，通常是由法国首先提出这些不容置疑且非常极端的提议。从某种意义上讲，这也是出于一种策略。当大家都认为最终结局是妥协、让步的时候，通常都会以极端的立场审慎地开始谈判。无异于其他多数国家，法国一开始就预料到自己会进行两次妥协：第一，要与其盟国的意见保持统一。第二，在和谈过程中要与德国相协调。而这些策略也都得到事实的证明。

克里孟梭在与会的同僚中获得为人沉着、稳重的赞誉，因为一旦他的阁僚有十分极端的提议，他都会以一种智慧而公正的态度进行阻止；每当英、美两国的评论家对谈判的关键点有所忽视的时候，或者当法国的盟友纠缠于一味批评——就好像法国的这些盟友是站在敌人的立场上为敌人讲话而令人反感——的时候，很多条款已经获得通过；而在与本国利益并不十分相关的地方，英、美两国的批评则变弱了，很多条款也因此而通过，法国对此也不以为意。而且，由于德国无权参加做出最终决定时的讨论，就完全失去了对合约中错误的部分进行改正的机会。

除这些策略外，法国还有一种手段。虽然表面上看克里孟梭能够轻易地否定其内阁成员提出的建言，或者在所议论的话题对法国的利益无关紧要时闭上双眼，露出一副疲倦的神情，然而他知道至关重要的内容有哪些，在这些方面他绝不妥协。如果说和约的主要经济条款是一种智慧理念的体现，那么这就是法国的理念，同样也是克里孟梭的理念。

迄今为止，克里孟梭都可以说是四名与会者中最出色的一个，他对同僚们了如指掌，唯有他既有主见又能周全地考虑到事情可能出现的一切结果。他的年龄、性格、睿智和容貌合在一起使他在混乱不堪的环境中脱颖而出，并表现出异于常人的客观和坚定。人们不会轻视克里孟梭，也不会讨厌他，然而就一位文明人的本性而言，我们应该允许有不同的观点或自由的思想，至少应该允许我们对其有不一样的期待。

克里孟梭的形象和举止渐渐为世人所熟知。在四人会议上，他上身穿一件厚重的黑色绒面方尾呢子外套，衣服质量上乘；双手永远戴着一副灰色的皮质手套；靴子是由质量很好的黑色厚皮革制成，但风格显得土气，前面有时候会奇怪地用搭钩勾在一起，而不是用带子系着。在总统府那间举行四人例会的房间（与楼下举行没有侍从的私人会议的小房间不同），他的座位是一把位于壁炉对面半圆形空间的、正中的方形椅子，上面铺着锦缎，奥兰多阁下位于其左手边，再往左靠着壁炉的是威尔逊总统，在壁炉另一边与威尔逊总统相对的是劳合·乔治。

克里孟梭从不携带文件和公文包，也没有私人秘书在左右侍奉，他旁边只有几个手里拿着合适物件的法国部长和官员。他的步伐、手势以及话语都充满活力，然而他仍然露出衰老的一面，在被刺之后显得尤其衰老，就像一位在为重要事情而养精蓄锐的年迈老者。他少言寡语，法国的提议都是由部长或官员陈述；他经常靠在椅子上，闭着眼睛，表情淡漠，如羊皮纸般；戴着灰色皮质手套的双手交叉着放在胸前。他说话言简意赅，要么做出判断，要么冷嘲热讽，通常这已足矣。他有时会提出一个问题，有时会不留情面、毫不犹豫地否定部长的话，或者用几句尖酸刻薄的英语来表现自己的固执。[1]但当有需要的时候，他从不缺乏演讲和激情。在顷刻间迸发出一番话语后，紧接着的往往是一阵剧烈的咳嗽。他的讲话之所以能给人留下深刻的印象，并不是因为他的话语很有说服力，而是因为他说话时言语的力量以及让人产生的惊异感。

当劳合·乔治发表完英文演讲，等待翻译成法语的时候，偶尔有几次他会穿过壁炉前的地毯来到威尔逊总统的身边。在私人谈话中，劳合·乔治会用某种基于个人偏好的辩论方式来强调其观点的正确性，或者试图寻找一个折中的解决办法——而这往往都是恐慌和混乱的表现。威尔逊总统的顾问们会围在他四周，不多时，那几个英国专家会陆续凑过来了解结果，或者看看事情进展到何种程度，凑过来的人中也包括法国人，多少怀着一些猜忌，唯恐别人瞒着他们安排什么事情；直到屋里所有人都站起来同时用英语和法语交谈。

我脑海中最新、最栩栩如生的一幅场景是以威尔逊总统和乔治首相为中心，周围人潮汹涌、声音嘈杂、群情激奋；一群人一会儿同意让步，一会儿又不同意让步；一切声音和躁动不安都显得毫无意义，因为他们讨论的问题都不具实质意义，晨会中的重要问题都被他们忘记和忽略了。由于涉及法国安全的问题没有被提及，克里孟梭安静而淡漠地远离这一切。他坐在那把铺着锦缎的椅子上，戴着灰色手套，灵魂干涸，不抱任何希望，看上去非常苍老和疲惫。他用一种近乎顽皮的、嘲讽的神情远远地观望着眼前正在发生的一幕。等到大家最终安静下来并回到座位上时，他们才发觉克里孟梭已经消失得无影无踪了。

克里孟梭对法国的情感就如同伯里克利对雅典的情感一样。对克里孟梭而言，法国的利益高于一切，其他的一切都必须为之让路，但是他的政治理念却是俾斯麦式的。他对法国抱有幻想，同时却又对包括法国人以及其同事在内的人类非常清醒。他的和平原则可以简单表述如下：

1 在四人当中，克里孟梭是唯一一位能理解和运用两种语言的人，奥兰多只会法语，而劳合·乔治和威尔逊只懂英语。奥兰多和威尔逊不能直接交流，这对历史进程而言至关重要。——原注

坐落于伦敦议会广场的劳合·乔治雕像。

首先，对于德国人的心理，他坚信除了威胁之外，德国人什么都不理解并且也无法理解，因此在谈判中他毫无怜悯、慷慨可言，对于一切利益他都想据为己有，他可以为了任何利益而自贬身份，丝毫不顾及荣誉、尊严和仁慈。因此，在克里孟梭看来，完全没有必要与一个德国人谈判或试图和解，只需要对他下达命令就可以了。无论如何都不可能让德国人尊重你，也不能阻止他欺骗你。克里孟梭在很大程度上认为这些本性是德国人特有的；他是否认为其他国家的人与德国人存在根本差别，这是我们无法确定的。因此，他的哲学是：多愁善感并不存在于国际关系中。其次，他认为国家是现实的存在，你只能热爱其中一个，而对其余的则漠然置之甚至仇恨相加。得到你热爱的国家的荣誉是你追求的目标，然而通常情况下，需要你的邻国为此付出代价。最后，不可避免地要为了追求权力而运用谋略，这场战争及其他所追求的目的都不是什么值得研究的新花样；与此前的每个世纪一样，英国击败了它的一个商业对手；德国和法国为荣誉而长期战斗的重要历史篇章也画上句点。为谨慎起见，我们还是有必要简单地说一下愚蠢的美国人和虚伪的英国人的“理想”。然而，假如我们相信这个世界真的存在诸如国际联盟这样的机构，或者相信在某种意义上来说，除了一个能用来重新使各国利益达到均衡的精妙公式外还存在着民族自决原则的话，那就愚蠢至极了。

然而，这仅仅是就“一般”情况而言。克里孟梭认为：为了法国的权力和安全，和约必须具备实质性的细节。当我们追溯那些细节的时候，应该探寻他人生中发生过的历史事件的原因。在普法战争之前，法、德两国的人口大致相同，但是德国的煤炭、钢铁、航运等行业仍处于发展初期，而法国则远比德国富裕，即便失去了阿尔萨斯和洛林，两国之间在实际掌控的资源上也无多大差别。但是自此之后，两国的相对地位就彻底改变了。到1914年，德国的人口比法国多出约70%，已经是世界上拥有一流制造业和商业的国家之一，它在技术上的熟练程度以及生产未来财富的技巧让人望尘莫及。相反，法国的人口却停止增长甚至呈现下降的趋势，相对来说，它在财富及财富创造力上已经远远落后于其他国家了。

因此，虽然法国是当前这场战争的胜利者（这次还必须在英、美两国的帮助下才能取得胜利），然而在克里孟梭看来，法国未来的地位仍岌岌可危。他认为，欧洲的内战将是一种常态，至少是循环发生的事情。未来的发展状态以及由大国结成的不同联盟之间的冲突将是这样的：过去几个世纪里这些大国之间的战争在今后同样会此起彼伏。这种观点认为：欧洲历史的永恒主题是斗争，法国赢得了这一回合，但是这绝不是斗争的终极回合。基于旧秩序永远不可能从本质上得到改变的观点（这一观点源于人性是永恒不变的看法），以及由此而对国际联盟所代表的那类教义产生怀疑，法国和克里孟梭的政策从理论上来说是比较合理的。

伍德罗·威尔逊总统（1856—1924年）。

如果和约基于威尔逊总统十四点计划的思想，采用宽宏大量和平等对待的原则，那么只会缩短德国的复兴时间，并且会加快德国对法国产生威胁的进度，届时德国将再次拥有更多的人口、更优质的资源和更先进的技术并以此来胁迫法国。所以，“制约”是必要的，而每一条制约条款通过后，德国的愤怒就会增加一层，从而使德国复仇的可能性相应地增加，这就有必要进一步订立更多的制约条款来压制德国。因此，如果接受人性永恒不变的世界观而抛弃其他世界观，那么将暂时的权利最大程度地强加于战败者身上这种迦太基式的和平[1]就是无法避免的了。克里孟梭并没有佯装被十四点计划所束缚，他只是在必要的时候尽量让别人来居中调和，为的是保全威尔逊总统的颜面。

因此，法国的政策是尽可能地使两国之间的力量对比恢复到1870年以前，要将1870年以来德国所取得的发展成就毁灭掉。通过分裂其领土以及其他措施使德国的人口得到削减。然而，压制的最主要目标还是德国的经济体系，德国依靠它可以重新积蓄力量，因此，这个以钢铁、煤炭、运输为基础而建立的巨大经济体系必须被摧毁。假如德国被迫放弃的经济体系可以由法国控制——哪怕只是部分控制，那么这两个争夺欧洲霸权的对手间力量对比失衡的局面将需要好几代人才能矫正过来。

因此，这些层层追加的条款的最终目的，是破坏高度组织化的经济生活。我们将在第4章对这些条款进行仔细研究。

这是一位老者的政策，他最深刻的印象和最活跃的思维停留在过去，而不是未来。他看问题是从德国和法国的角度出发，而不是从人性的角度出发；欧洲文明需要进步到一个新的秩序层面上这一点，也不在他的考虑范围内。他对这次战争的看法不同于我们，他从不期待也不希望我们处在新时代的开端。

然而，我们要争论的并非仅是一个理想的问题。在本书中，我的目的是要说明迦太基式的和平在事实上是错误的，也是不可能实现的。虽然这一学派的思想也对经济因素加以关注，但是他们忽略了更深层次的经济趋势，而这些趋势将在未来处于支配地位。如果不对欧洲结构加以约束，如果放纵人类及精神力量超越国家和种族的限制而试图让时光倒流，将中欧恢复到1870年的状态，那不仅会摧毁它和它的那些“保障条款”，还会摧毁它的制度和社会现存的秩序。

通过什么手段使这种政策取代十四点计划？威尔逊总统又是怎样接受这一结果的？要回答这些问题是非常困难的。这取决于性格因素和心理因素，也受到环境的细微影响，而且这些因素和影响是不易被察觉的，要对其进行描述则更加困难。然而，如果个人行为能影响大局的话，那么威尔逊总统的失败就是历史上具有决定性意义的道德事件之一，因此我必须努力对其做出解释。当威尔逊总统乘坐华盛顿号邮轮向我们驶来的时候，他在世界人民心中占据的位置是何等的重要，所肩负的世界人民的期望是何其的深厚！在我们胜利之初，他是到达欧洲的一个何其伟大的人！

1918年11月，福煦将军的军队和威尔逊总统的言论带领我们瞬间从曾吞噬我们所

1　指强者强加在弱者身上的短暂的、不平等的和平。迦太基（公元前8世纪—公元前146）：古国名，位于今突尼斯北部。——译者注

关心的一切的险境中走了出来，形势一片大好，超出我们所有的预期。我们的胜利是如此地彻底，以至于我们丝毫不必在战后的安排上有任何担心。敌人投降了，因为他们相信，基于和会的一般性质，双方会郑重地签订一份和约，和约的条款会保证战后的安排是公平的、宽容的；他们还怀着美好的愿望，希望重建被毁灭了的幸福生活。威尔逊总统亲自来到欧洲做最后的工作，也是为了确保如实兑现这些承诺。

法国巴黎福煦大街的标志牌。

威尔逊总统离开华盛顿的时候，他享有的声望及其在世界范围内产生的道德影响力是在历史上无与伦比的。他那大胆而深谋远虑的言论对欧洲人民产生的影响远远超过欧洲人民自己的领袖；敌对国的人民相信他会执行与他们签署的和约；同盟国的人民不仅认为他是一个胜利者，甚至几乎视他为先知。

威尔逊总统除了具有道德上的影响力外，还掌握着各国之间的关系。美国军队在数量、纪律、装备上都领先于其他国家。欧洲的食品供应完全来源于美国，在财政上更是全仰美国的鼻息。欧洲欠美国的债务已经超出其偿还能力，不仅如此，将来还需要美国的一系列援助方能使其免于饥饿和破产。从古到今，任何一个圣贤都不可能拥有多得能够让世间君王臣服的武器。在威尔逊的马车抵达欧洲各国首都的时候，拥挤的人群带着好奇、焦虑和希望，哪怕对这个来自西方的人的相貌和风度只是匆匆一瞥就已经很满足了，他为抚慰欧洲大陆文明的伤口而来，并为它们的未来打下基础。

幻想破灭得如此彻底，以至于那些最相信和会的人也不敢再提及了。这难道是事实吗？他们向那些刚从巴黎回来的人询问。和约真的如看起来这样糟糕吗？总统究竟怎么了？是什么样的软弱和不幸造成如此异乎寻常的、意外的背叛呢？

然而，其原因非常普通，也很符合人性。威尔逊既不是英雄，更不是先知，他甚至连一个哲学家都不是。他只不过是一个慷慨、大度的人，拥有其他人都会有的许多缺点，并且他在智力和学识上还有所欠缺，这些智力和学识在应付和会上那些狡猾、阴险的演说家时是不可或缺的。这些演说家在权力与人性的激烈冲突中、在给予和索取迅速转换的游戏中成为赢家，在面对面的会议中，对于这样的游戏，威尔逊根本没有一点儿经验。

的确，我们对威尔逊总统有一个错误的认识。在我们的印象中，他是一个孤独而淡漠的人，他是意志坚强、固执且不注重细节的人，但是我们认为他对某些主要问题的清晰理解如果能和他的坚韧结合起来，就能够扫清一切纷繁复杂的陷阱。除了这些优点，他还学识渊博，为人文雅，对事客观。著名的十四点计划显示了威尔逊卓尔不群的语言能力，这似乎表明他是一个品德高尚、想象力极丰富的人。他的肖像给人一种风度翩翩、大气磅礴的感觉。在美国这个仍未忽略政治家艺术的国度中，这些都使他威望日增并登上总统宝座。所有这些优点都很好地集中在他身上，我们也不必过于苛求，他似乎应付眼前的事情已经绰绰有余了。

第一次近距离观察总统消除了我的一部分错觉，但并非全部。他的发型和容貌仿佛精心裁剪般，和他照片的样子丝毫不差；他脖子上的肌肉和头部的骨骼都清晰可辨。但是，就像奥德修斯[1]一样，总统坐着的时候看上去更有智慧。他的双手虽然强壮有力，但却缺乏灵巧性。总统给我的第一印象还不止这些，无论他的其他方面如何，他的气质并不是书生或者学者的气质，他甚至还没有与克里孟梭先生和巴尔弗先生同阶层、同时代的人那般高雅以及像绅士般富有教养。更严重的是，他对周围的环境不太敏感，可以说一点儿都不敏感！劳合·乔治先生从不会犯错误，他对周围每个人都非常敏感，就像传媒业者一样。威尔逊在面对劳合·乔治的时候，还能有半点机

1　希腊神话传说中的人物，也译作尤利西斯，是希腊西部伊塔卡岛之王，曾参加特洛伊战争。——译者注

会吗?

英国首相具有一种能力，他可以用普通人没有的六种甚至七种感官对人们的性格、动机和潜意识的冲动做出判断；他能察觉到每个人内心的想法，甚至接下来想要说的话；再结合直觉的心灵感应，能将意见和诉求融合以迎合他周围听众的虚荣、兴趣和私利。看到这里，我们就能感觉到，在这次和会上，可怜的威尔逊总统简直就是在做盲人摸象的游戏。从来没有人为成就英国首相而甘愿走进会场去做一个完美的、命中注定的牺牲品。无论如何，旧世界都是邪恶的，即使最勇敢的武士、最锋利的宝剑也会因旧世界的薄情寡义而卷刃。如今，这位又聋又哑的堂吉诃德先生来到一个山洞，洞里的敌人却手持明晃晃的、轻巧的剑。

然而，假如总统不是如哲学家般的统治者，那么他到底是怎样一个人呢? 毕竟，他一生中的绝大多数时间都是在大学里度过的。不管怎样，他都不可能是一个商人，他也不是一个普通的党派政治家，而是一个有力量、有人格、有身份、有地位的人。那么，他到底具有怎样的气质呢?

一旦找到线索，答案就一览无余了。威尔逊总统就像一个不尊奉英国国教的牧师或长老会成员。从本质上讲，他的思想和脾性是神学的，而非理性的，那类人的思想、感觉和表达方式的所有优点和缺点在他身上有所体现。英国和苏格兰以前有过这类高尚的楷模，但是现在已无处可寻了。然而，这样的描述能使普通的英国人对威尔逊总统有一个清晰的印象。

在脑海里对威尔逊总统形成如此印象，我们就可以回到事情的真实过程去考察了。在威尔逊总统的演讲稿和文件里，他对世界的规划展现了令人钦佩的精神和目标，甚至连最激进的支持者也只能对细节吹毛求疵——他们认为，目前这些细节并不适合放入演讲稿和文件里，而应该等待合适的时机再放入。和会开始时，大家普遍认为有一大群顾问的帮助，总统在经过审慎思考后已经有了一整套全面的计划，这套计划不仅仅针对国际联盟，而且还包括十四点计划的具体实施方案，这些都会囊括在当前的和平条约中。然而，总统实际上任何构想都没有。当真正的运作开始的时候，他的想法是片面的，并且缺乏清晰的轮廓。他没有计划，没有方案，没有建设性的意见，因而他从白宫发布的命令也无法符合实际情况。为这些事情他可以发表布道家似的演说，也可以祈求万能的上帝，让所有这一切变成现实，但他却设计不出一个符合欧洲实际情况的具体计划。

他不仅没能在细节上提出建设性的意见，在其他许多方面也是如此，这或许是不可避免的，因为他对欧洲的情况不甚了解。威尔逊总统不仅像劳合·乔治一样消息不灵通，而且还反应迟钝并缺乏随机应变的能力。在欧洲人看来，总统的反应迟钝是有目共睹的。他做不到在短时间内领会其他人说的话；做不到一眼就认清形势并想出对策；做不到遇事随机应变。因此，劳合·乔治仅仅凭着反应迅捷、理解力强和灵活多变就能把威尔逊总统打败。

在和会中，几乎没有哪个一流的政治家比总统更缺乏灵活性。在和谈中，只要你在表面上稍微做些让步以保留对方颜面，或者把你的意见换一种方式重新表述以安慰对方，做到对对方有利而对己方又没有实质性损害，那么你就是真正意义上的赢家。这样的时刻在和会中经常出现。然而，就连这种简单的、常用的手段，威尔逊总统都不懂。在变化的形式面前，他的反应过于迟钝且缺乏计谋。总统很容易钻牛角尖，不肯改变立场，就像在对待阜姆问题那样。而且他也没有什么保护自己的方法，通常他的同僚只需要事先运用一点手段就不至于把事情弄到无可挽回的地步。他人的奉承和表面的抚慰就会诱使威尔逊总统放弃主张，失去坚持自己立场的机会，等到他发现自己落入别人的圈套时，一切都为时已晚。当然，同事之间关系密切，在气氛融洽且表面友好的会谈中，不可能数月下来所有时刻都坚持己见，如果谁能做到对全局形势时刻保持足够清醒的认识，懂得保存实力并且能在恰当的时候当机立断，那么胜利就会属于谁。总统在处理这些问题的时候却显得过于迟钝、混乱无章。

他没有求助于幕僚团队以弥补这些不足。为了起草和约与经济有关的章节，他集结许多能力超群的实业家，然而这些实业家在公共事务方面并无经验，像威尔逊总统一样，他们对于欧洲的情况不甚了解（其中一两个人除外），并且，他们只是在总统需要得到特别建议的时候才会被召见，这种召见并无规律可循。因此，在华盛顿已被证明很有效的超然态度在这里被保持下来了，任何一个追求精神上平等或是希望能够持续对威尔逊总统施加影响的人如果想接近他都会被这种超然态度和他本身那种反常的性格所阻止。他的几个全权代表都是傀儡，即使是他最信任的豪斯上校也渐渐不再受其重视了。对于人类和欧洲的了解，豪斯上校要比总统广博得多，而总统反应迟钝的缺点也由于上校的敏感而得以弥补一些。由于威尔逊总统在四人会议上受到同僚们的怂恿，所有这些都是由此而来。自十人会议破裂以来，由于性格使然，威尔逊总统愈发被孤立了。因此，日复一日、周复一周，他自己关起门来，在非常困难的情况下，在迫切需要各种帮助和知识的时候，他没有得到任何帮助和建议，单枪匹马与那些远比他精明的人周旋。威尔逊总统允许自己麻醉在他们的氛围中，基于他们提供的计划和数据来讨论问题，被引导着按照他们设计好的路线走。

在以上所述原因和其他各种原因的共同作用下，产生了下文将要阐述的局面。读者必须知道，虽然短短几页就能把这个过程交代完毕，但是这个过程的产生却是缓慢的、渐进的、累积的，历时达5个月之久。

由于威尔逊总统缺乏主见，因此委员会主要以英国和法国的草案作为进一步谈判的基础。所以，假如威尔逊总统希望草案能从根本上符合自己的想法与目的的话，就需要继续保持一种妨碍性、批评性及否定的态度。如果别人对他的几点提议表现得十分大度（对于他提出的某些荒谬建议，通常会在商量之后做出更改，没人会对这些建议给予足够的重视），那么他就不得不对其他人的提议做出妥协。让步是难免的，困难的是从不在实质问题上让步。此外，威尔逊总统很快就被人指责站在德国人的立场上，并且，他还公开承认“偏袒德国”（在这件事上他显得愚蠢，并且令人遗憾的是他还非常敏感）。

第一次世界大战结束后，德国人民排队购买面包。即使在1918年11月11日停战之后，英国、法国、美国仍然维持着食品封锁政策，以保持德国的顺从地位。

在十人会议刚开始的几天，威尔逊总统展示了他的原则和自信，然而此后他发现，他的法国、英国和意大利同僚们的提案中存在很多关键点，这让威尔逊总统无法用秘密外交的方法来保护那些投降者。那么，他应该怎样做最后一搏呢？他可以无所顾忌地坚持己见，这样就可以使会议无限期延长。他也可以中止参加和会，在没有解决任何事情的情况下愤然回到美国。或者，他可以越过会议的巨头，试图求助于全世界人民。当然，这些都是无奈之举，采取哪一个办法都会招致如潮的批评。如果威尔逊总统这样做了，也是非常冒险的，尤其对一个政治家来说更是如此。总统的错误政策导致他所属的政党在国会选举中失败，这也削弱了他在美国的地位，同时，美国公众也绝不会无条件地支持他毫不妥协的立场。

巴黎和会进行至今，就像一场选举，在这场选举中有形形色色的问题，各式各样的人、不同的政党都会就这些问题提出意见，而这些问题将会因此变得混淆不清；在这场竞争中，结果并不由其是非真相所决定，谁能说正义就一定能够胜利呢？另外，如果威尔逊总统与同僚公开决裂，那么所有协约国人民的这股盲目“反德”的怨气就会加在他的头上。协约国人民不会听从威尔逊总统的主张，也不会冷静地将这种争端视作一种国际道德观，也不会认为这种争端是因对欧洲进行正确管理所需而引起。人们只会说：总统出于很多险恶和自私的目的，想要饶了“德国丘八”。可以预料法国和英国的媒体，他们的声音几乎是一致的。

所以，如果威尔逊总统公然选择退出和会，他注定会失败。即使威尔逊总统成功地维护了自己的声誉，并且在欧洲政治有诸多限制条件的情况下努力将事情做好，但只要他失败了，这将是一个非常糟糕的结局，之前的功绩远远抵不过后来的损失。难道不是吗？然而最重要的还是如果他确实失败了，他难道不会失去国际联盟吗？毕竟到目前为止，相对于全世界人民将来的幸福，这并不是最重要的问题。难道不是吗？随着时间的流逝，条约将会改变，将不再如此强硬。现在看起来很重要的问题将来可能丧失其重要性；同样的，现在不可行的事将来也可能永远无法实现。

虽然在形式上国际联盟并不完善，但是它却具有永久性，它是践行管理世界的新原则的开端。不可能在短短几个月的时间内就建立起国际关系上的真理和正义；只有通过国际联盟缓慢地酝酿，在适当的时候它才能够产生。克里孟梭非常明智地让大家看到：只要有利可图，他愿意接受国际联盟。

在关乎命运的危难时刻，威尔逊总统是孤独的。他被旧世界的条条框框所羁绊，非常需要他人的同情，需要在道德上给予其支持，还需要群众的热情感染其自身。总统埋头在会议里，为巴黎炎热和污染严重的空气所窒息，他无法听到外面世界的呼应，也不能感受到各国人民激情的脉动、同情和鼓励。

威尔逊觉得，在他抵达欧洲时民众们的欢迎热情现今已烟消云散，他开始受到巴黎媒体的公开嘲弄，在国内，政治对手利用他不在国内的时机制造对他不利的形势。英国民众对威尔逊总统冷漠待之、充满批评、毫无怜悯之心。总统一手造成了这样的境况，以至于其无法通过私人渠道获得公众的信任和热情。他需要更多的力量，这种力量来自民众的信任，但却可望而不可即。德国人制造的恐慌依然在周围弥漫着，甚至富有同情心的公众也非常担心它会死灰复燃。我们不能做那种亲者痛仇者快的事，现在也不是自乱阵脚或煽风点火的时候。我们必须相信总统有能力做到最好。在如此压抑的氛围里，民众对威尔逊总统的信任犹如花朵凋谢般，已经逐渐衰竭了。

因此，以下的事情就这样发生了，总统撤销了在盛怒之下所下达的命令。他那时命令华盛顿号整装待发，将他从巴黎那充满欺诈的宫殿带回到他自己威严的宝座上，唯有在自己的宝座上他才会再一次镇定自若。遗憾的是，一旦他打开妥协之门，以上所提到的那些性格和能力方面的缺陷就显而易见了。他可以选择高调，也可以继续固执；他可以在西奈山或者奥林匹斯山签发正式公文；他还可以在白宫或者十人会议上保持冷漠，这样做能使他安然无恙。然而，一旦走进私密的四人会议室，尔虞我诈的游戏显然陡升至更高的水平。

形势发展到现在，他那些神学的、长老会式的脾气变得十分危险了。一旦断定不可避免地要做某些让步，他就应该坚持立场，利用演讲、运用美国的经济实力来确保其获得尽可能多的实际利益，哪怕因此而在字面上做一些“牺牲”。然而，总统自己却并不清楚这些所蕴含的意思，他是一个非常讲求原则的人。现在，尽管妥协已经是不可避免的，但他仍然坚持原则，显然这完全是受十四点计划的约束。他不做那些得不到别人尊敬的事，不做不正直和不正确的事，也不染指那些违背他那伟大的政治信仰的事。所以从字面上来看，十四点计划给人们的鼓舞并没有减少，它变成了用于注释和阐述的文件，成了一切有智者自欺欺人的工具。我断言，总统的先辈们也曾用这样的方式说服过自己，他们认为必须做的事情完全符合摩西五书[1]的每一个音节。

现在，总统已经改变了对与会同僚们的看法——只要是我能让步的我都愿意让步，你的难处我很理解，同时我希望这样做能够符合你的要求；但是，只有正义的和正确的事情我才会做，你们必须首先向我证明，你们要我做的事情不会违背我遵守的誓言。接下来，与会的同僚们所能做的就是开始编制诡辩的语言和虚伪的解释，最终用来文饰整个条约伪善的语言和内容。他们用这样的文字来迷惑巴黎人民：

> 公正是愚蠢的，只有那些愚蠢的人才会公正，
> 滑翔在空中，穿越烟雾和污秽的空气。

1　摩西五书，又被称为摩西五经，指西伯来圣经最初的5部经典：《创世记》《出埃及记》《利未记》《民数记》和《申命记》。——译者注

狡猾无比的诡辩者和众多起草文件的伪君子开始忙碌起来。在他们的口中和笔下，遣词造句有了许多独创性的发展，就算是对一个比总统还要聪明的人，也还是可以蒙骗他一段时间的，更何况是总统。

例如，和约上并不这么表述：除非得到法国的允许，在奥地利的德国人将被禁止与德国联络（这样就不符合自主性原则）。而经过精妙设计的草案会这么表述：依照奥地利与各主要协约国及其联盟国家签订的条约中所规定的国界，德国应予以承认并十分尊重奥地利的独立地位；德国承认，除非得到国际联盟会议的首肯，否则奥地利的独立地位是不可侵犯的。听起来这两种说法似乎有所不同，事实上是完全一样的。然而，总统忘记了这个条约的另一部分规定：在这一问题上，国际联盟必须达成一致意见。

和约没有把但泽还给波兰，而是将其设立为“自由之城”，并把其划归到波兰的关税辖区内，由波兰政府控制其河流和铁路。和约规定：“波兰政府应当担负起职责，处理好但泽自由城的对外关系并且为在境外的但泽居民提供外交保护。”

当表述德国的整个河流体系由外国控制的时候，条约是这样规定的：“无论是否需要转换船只，德国的河流体系需要为不止一个国家提供入海口，这一义务天然如此。”

与此类似的事还有很多。法国政策的目的昭然若揭，从实质上来说就是要限制德国的人口增长，削弱德国的经济体系。因为威尔逊总统的缘故，这些条约都被赋之以实现自由和国际平等的神圣外衣，以令人敬畏的方式提出来。

然而，总统的道德立场之所以发生改变，他的思想之所以未能明辨是非，其关键点或许是因为他允许自己相信协约国政府，相信完全可以将它们所支付的抚恤金以及征属津贴看作是“德国在海陆空各方面的侵略对协约国平民所造成的损失”。亦即，其他战争中的费用将不会被这样看待，他的顾问们对此感到非常沮丧。总统在拒绝各种各样的主张之后，在经过长时间的信仰挣扎之后，最终在这一诡辩者的艺术杰作前做出妥协。

工作终告结束了，威尔逊总统的良心也没有受到谴责。不管怎样，我始终相信，总统在离开巴黎的时候良心上没有丝毫的不安，他的性格使然；很可能时至今日，总统都还真挚地认为条约上的实际内容符合他之前的信仰。

然而，这幕演出实在太完美了，以致这场戏注定有一个悲剧般的插曲。德国代表布罗克多夫·伦卓不可避免地提出这样的答复：德国放下武器是以一些特定的保证为基础的，然而条约在很多细节上都与这些保证不符。但是，这也正是威尔逊总统所不愿承认的。经过一番痛苦而孤独的思索，他认为自己所做的事情都是正义和正确的。

如果让总统承认德国的答复有一定的理据，无异于伤害他的自尊、打破他灵魂深处的平衡，自我保护的意识就会从他顽固的个性中生出来。从医药心理学的角度出发，假如对总统说在这份和约中自己背叛了信仰，那就是在触碰他潜意识上的痛处。这是一个不容讨论的话题，所有的潜意识都会本能地阻止对其进行更深层次的探究。

因此，在几个月前看来还是非比寻常、根本不可能的、德国人不应该听到的提案，克里孟梭现在竟然使其成功通过了。只要威尔逊总统不那么坚持原则，那么就算到了最后关头，他还是可以收复失地、取得显赫成绩的。然而，总统就像是被固定了。他的手脚都被医生接合成固定的姿势，如果想变换姿势，只能再次将手脚弄断。在最后的时刻，劳合·乔治想采取尽可能缓和的政策，但是让他十分吃惊的是，对于那些他在过去5个月里曾向威尔逊总统证明是公正和正确的事情，要让他在5天的时间里弄明白那些事其实都是错的，显然是无法做到的。总之，现在要使这位资深的长老会成员摆脱迷惑远比当初迷惑他更加困难，因为前者会对他的信仰和自尊产生影响。

直至最后，总统依然固执异常，拒绝进行任何调解。

第4章　条　约

在第2章中我要表达的思想估计巴黎人想都没想过。他们丝毫不关心将来欧洲人民的生活，也不曾担心将来欧洲人民的生活方式。无论好坏，他们的当务之急涉及边界和民族，涉及势力的均衡，涉及国家的强大，涉及将来削弱一个强大而危险的敌人，涉及复仇，涉及战胜国把自身无法承受的经济负担转嫁给战败国。

在和会上，关于将来的世界应以何种形式进行组织，形成了两种不同的观点，那就是：总统的十四点计划和克里孟梭的迦太基式和平；这两种观点相互竞争，互不相让。然而，两种观点只有一种可以实现，因为敌人的投降并非无条件的，而是基于和约一般应具有的条款这一共识之上的。

不幸的是，对已经发生的事情我无法做到三言两语就草草了事，因为最起码在很多英国人的印象中，这件事曾经存在重大误解。许多人都认为，停战条约等同于协约国及其联盟国家与德国政府所签订的第一个和约，除了受到停战条约的约束外，在和会上我们是自由的，但是，这并不是事实。为了能看清形势，我们有必要对谈判的立场简单地回顾一下。谈判始自1918年10月5日德国声明的发表，终于1918年12月5日威尔逊总统发表的文件。

1918年10月5日，德国政府向威尔逊总统发出一个简要的通告，声明接受他的十四点计划的主张，并要求进行和平谈判。总统于10月8日做出回复，他询问对方，自己是否可以做出如下理解：明确地把德国政府的通告理解为德国政府接受了十四点计划以及他在后续演说中所列的“约定的条款”，“德国参加和谈的目的只是为了能在实行条约中的实际细节问题上达成一致”。他又继续道，停战的首要条件就是让德国的军队从被其侵略的领土撤出。10月12日，德国政府对威尔逊总统进行了回复，并无条件地肯定了这些问题：“为了能在实行条约中的实际细节问题上达成一致，是德国参加和谈的唯一目的。”10月14日，获得这一正面答复后，为使十四点计划更加明确，威尔逊总统做了进一步沟通：

（1）交由美国和协约国的军事顾问来决定停战的细节问题，同时针对德国存在重拾敌对态度的可能性，必须完全杜绝；

（2）必须结束潜艇战，对话方能继续进行；

（3）进一步要求与他接洽的政府能够代表德国人民。

在第一次世界大战期间，两艘德国潜艇在英格兰法尔茅斯触礁。

10月20日，德国接受了前两项要求，并指出，对于（3），德国现在已有的宪法和政府是以国民议会为基础而建立起来的（因此，这个政府是能代表德国人民的）。10月23日，威尔逊总统宣布："已经收到德国政府郑重而确切的保证，德国无条件接受1918年1月8日我在美国国会演讲中定下的和平条款（即十四点计划），以及我在随后的演讲中（特别是9月27日的演讲）所阐明的协议原则，并且德国已经做好准备，它会与我们一起讨论如何落实这些条款的细节性问题"。

总统已经将相关事宜告知各协约国，"假如协约国意欲按照指定的条款和原则去议和的话，可参阅我附在文中的建议"，各协约国必须让它们的军事顾问负责停战条款的起草工作，该停战条款须具有以下性质："向各同盟国政府保证，对于德国政府已经接受的和约条款的细节，各同盟国具有捍卫和执行这些细节的自由权力。"与10月14日相比，威尔逊总统在本次声明的末尾更加清晰地暗示德国皇帝应该退位。初期的谈判宣告结束，然而这仅仅是总统自导自演的派对，协约国政府并未参与其中。

1918年11月5日，威尔逊总统向德国转达了他从同盟国政府那里得到的答复，并且补充说：福煦将军已得到授权，他会将停战条款传达给值得完全信任的代表。协约国政府在答复中说："如果以下限制条件能够得以满足，它们愿意与德国政府和解，和解的基础是威尔逊总统在1918年1月8日向美国国会的演讲中所陈述的和平条款（即十四点计划）以及总统在随后的演讲中进行阐述的协议要点。"限定条件涉及两个方面：一是与海洋的自由有关的问题，在这一点上，"各协约国政府为自己保留了相当的自由"。二是与赔偿有关的问题，其原文如下："此外，总统在1918年1月8日向美国国会所做的演讲里，在确定的和平条款中宣称，在被德国侵占的领土，德国必须撤离军队，归还各国领土，使其重获自由。协约国认为，隐含在这一条款的意思再清楚不过了。通过该条款，他们认为，德国必须对其海、陆、空侵略给协约国平民及财产造成的所有损失进行赔偿。"[1]

通过这次各方声明文件的交换，德国与协约国之间和约的性质就十分简单明了了。和约的条款与总统的演讲相一致，和会的目的在于"讨论落实条款的细节性问题"。和约是在非常庄严的、有约束力的环境下签订的，条件之一就是德国应当同意那些停战条款——虽然这些条款会让德国陷入孤立境地。德国无条件地遵守和约，而协约国承诺严格履行它们在和约中的职责，倘若合约中有不清晰的地方，它们不能利用其战胜国的地位欺压德国。

那么，约束协约国的条款其实质性内容到底是什么呢？对过往的文件进行检查就不难发现，尽管演讲的大部分内容都是关于精神、目的、意图的，但并未给出具体详细的解决方案，也没有涉及和约中许多需要解决的问题。但是，演讲的这些内容还是已经使某些问题得到了明确的解决。协约国确实在很大程度上都是自由的。更进一步讲，在和约的基础上很难运用这些关于精神、目的、意图的段落对协约国进行限制；任何一个人都应做出自我判断：谈判中是否有欺骗或伪善的把戏上演。但是，我们将在后面看到，对于很多重大问题，和约还是十分明确的。

在总统的演讲中，1918年1月18日的十四点计划无疑构成了和约的资料来源，除此之外，同样构成和约资料来源的还有四部分内容，它们分别是总统于2月11日在国会前的演讲；4月6日在巴尔的摩的演讲；7月4日在芒特弗农的演讲；9月27日在纽约的演讲，在和约中特别提到最后这次演讲。为避免重复，我斗胆从这些演讲中选出几条实质性条款——这些条款都与对德条约有关。我忽略的部分非但没有使我所引用的

1　在第5章中将会对这一保留条款的确切力量进行详细讨论。——原注

条款的权威性有所减损，相反还为其增色不少；然而，我引用的这些条款主要是与意图有关，而且可能太过于笼统和模糊，以至于不能从契约的角度去理解它们。[1]

选自十四点计划的部分内容

（3）“尽最大努力消除经济上的障碍，在一切热爱并愿意保障和平的各个国家之间建立平等的贸易条件。”

（4）“各国应给予其他国家足够的保证，并同样应从其他国家获得足够的保证，各国的武器装备可于保证国内安全，在此前提下武器装备的数量降至最少。”

（5）考虑到与人民有关的利益，“对于殖民地要求的判断，要做到独立、公开以及绝对的公平”；

（6）（7）（8）和（11）的条款都是针对德国从协约国被侵占地区撤兵以及被侵占地区——特别是比利时——重建问题而做出的。除此之外，还要加上协约国的附加条款，德国必须对其海、陆、空侵略给协约国平民及财产造成的所有损失进行赔偿。（只是对上文的引用）；

（8）对“1871年普鲁士在阿尔萨斯-洛林问题上对法国所犯的错误”进行纠正；

（13）波兰独立，这不仅体现在其范围包括“毫无争议的波兰人民居住的领土”，并且还体现在“确保波兰拥有一个自由而安全的入海口”；

（14）建立国际联盟。

2月11日总统在国会前的演说

“那里将不会再有吞并，不再有纳贡，不再有惩罚性的损害赔偿……自主决定绝对不是一句空谈。这一行为原则是带有强制性的，这一原则将使政治家从此对他们的危险熟视无睹……这次战争中的每一个领土争端问题的解决，都必须以人民的利益为出发点，而不仅仅是作为处于对抗状态的不同国家之间互相协调或妥协的一部分。”

9月27日总统在纽约的演讲

（1）我们要以绝对的公正来对待所有人，无论这个人是不是我们愿意公正对待的人，我们不能对他抱有任何歧视；

（2）不符合整体利益的方案，以及任何仅维护属于一个国家的单独利益或几个

1　同样地，我将与对德协议不存在特殊关系的内容也忽略了。在关于海洋自由的十四点计划中，我删除了第2点，因为这点并没有被协约国所接受。——原注

国家的特殊利益的方案都不能成为解决方案的一部分；

（3）在国际联盟共同的大家庭里，不允许存在任何形式的小同盟、小联盟，也不能在小团体范围内签订特殊的契约和谅解条款；

（4）作为一种纪律行为和控制手段，国际联盟有权对某国处以经济惩罚，把该国排除于世界市场之外，同时联盟内部不能有特殊的、隐蔽的经济联合，并且不允许实行任何形式的经济抵制和排外措施；

（5）任何国际协定和条约，无论其形式如何，都必须全文通告给其余国家。

这一计划明智且无私，为整个世界而作，并于1918年12月5日被通过。这一计划再也不仅仅是理想和抱负了，它成为世界所有超级大国都签字赞同的、严肃的协定之一。然而，这个计划连同它所有的精神都在巴黎这个泥沼里遗失了，这个计划有一部分被人忽视，其他部分则招致人们的曲解。

德国对于和约草稿的认知大体上源于对这两个条约的比较，基于对第一个条约的理解，德国同意放下武器，而第二个条约才是后来需要他们签署的真正条约。德国的观察员不费吹灰之力就可以证明，条约草案对于协定的破坏力、对于国际道德的摧毁程度都足以与德国入侵比利时这一事件相媲美。然而德国的答复却不合时宜，因为，虽然大部分答复的内容都极其公正且有影响力，但这些答复却稍稍缺乏一些真正宽容的态度和高尚的视角，在对全局的构思方面也极其欠妥。但是，德国在对待这一事件时，其深藏于内心的激愤以及在面对绝望时衍生出来的冷静、客观的态度，同样在答复中无处可觅。不管怎样，协约国政府都没有对德国的评论予以认真考虑。我认为，即使德国能够在巴黎和会的进程中提出什么异议，结果也不会有丝毫改变。

各国的发言人通常都欠缺作为人类应具有的最普通的美德。这也是对一个事实的验证：政治家代表的不仅仅是他自己，还有他的国家，我们不应该像历史上经常记载的那样，给予他们过多的指责，把他们塑造成报复心理强、背信弃义和自高自大的典型。这样的本性在战胜国强加给战败国的条约里是很常见的。然而，德国代表没有成功地用充满激情的、预言性的话语来揭发这个和约，从而没能让大家看清这个和约与历史上签署过的所有和约最重要的区别所在——这是一个伪善的和约。

然而，还是留给别人去讨论这个话题吧，我就不再探讨了。和约的公正性并不是我最关心的，我既不关心是否公正地惩罚敌人，也不关心和约中对战胜国责任的规定是否公正，我所关心的只是和约的智慧以及它的后果。

因此，我打算在本章中对条约中的重要经济条款加以论述，而有关赔偿的问题、德国是否有能力满足协约国赔偿要求的问题则留待第5章论述。

在德国战前的经济体系中，主要存在三大支柱性要素：

（1）以商业船只、殖民地、对外投资、出口、商人的海外业务为代表的对外贸易；

第一次世界大战时期波兰森林公墓的十字架。

（2）煤炭和铁矿的开采以及在此基础上的工业体系；

（3）德国的交通运输和关税体系。

这几个要素中的第一个尽管不是最次要的，但却是最易遭到攻击的。条约的目的是要将这三大要素彻底摧毁，特别是前两点。

对外贸易

（1）德国将全部总吨位超过1 600吨的商业船只、一半总吨位为1 000～1 600吨之间的船只、四分之一的拖网渔船和其他类型船只都转交给协约国。需要德国做出的让步非常大，不仅包括挂着德国国旗的船只，还包括属于德国人所有的、但是悬挂其他国家国旗的船只，还包括处于建造之中的以及已经航行在海上的船只。另外，德国必须保证在5年内，必要时每年为协约国建造它们指定型号的船只，总吨位最高可达20

万吨[1]，这些船只的价值将用来冲抵德国所应承担的赔款。

由此，德国的商业船只被排除在海上的商业竞争之外，长时间内都不可能恢复元气，从而满足国内商业的需求。目前，已经没有经过汉堡的航线了，只有在外国航运吨位过剩的情况下，认为有必要建立一条通往汉堡的航线。德国不得不为自己的商业运输支付费用，而费用则要由承运方确定，而且只有在承运方认可的前提下，德国的商业运输才能得以实现。如果斯堪的纳维亚和荷兰的商业船舶不能置于自己的有效影响之下，德国的港口和商业是无法重新繁荣起来的。

（2）德国必须把“它在海外殖民地的全部特权”都移交给协约国。条款对德国是不利的，条款中的土地割让不仅就主权而言，而且还包括割让德国政府的财产——包括铁路在内的全部财产都要无条件移交给协约国；但是，相应的债务却仍归德国，对于购买、建造这些财产或者因为殖民地的发展而造成的债务，德国政府仍然负有偿还责任。

与近代历史上的割让问题不同，这次的条款中占主要地位的割让方式有特殊之处，虽然德国人民的私人财产和生命不等同于国家政府，但也受到不利影响。协约国政府可以在德国的前殖民地行使权力，它们“可以在遣送德国人回国的问题上或者在某种条件下，具有欧洲血统的德国人应不应该获得居住权、拥有财产、经商、从事某种职业这样的问题上，制定它们认为是正确的政策”。一切在建和开发的市政工程、有利于德国人的契约和合同的权益都划归协约国所有，以此来偿付部分赔款。

然而，这些条款与下面这一更为全面的规定相比，其重要性就大打折扣了：“当目前的条约生效时，协约国及其联盟国家保留权利，有权在德国的前殖民地上扣留或清算属于德国人的财产、权利和权益，以及属于德国人所拥有的公司的所有财产、权利和权益。”[2]这一对私人财产的大规模征用是无条件的，不需要协约国对被征收的个人进行任何补偿。对于那些得自于德国国民的收入，首先将被用于支付德国对协约国的私人债务，其次将用于支付对奥地利、匈牙利、保加利亚和土耳其的应付款项。在这之后的余额有两种处理方式，其一可以由清算的国家直接交付德国，其二可以由它们自己保留。假如协约国选择自己保留，则必须将款项交给赔款委员会，以此作为德国预先支付的赔款。

总而言之，不仅德国在其全部前海外殖民地丧失了主权和影响力，而且在德国前

1　在战前的几年，德国除战船以外，年均造船量约为35万吨。——原注

2　是否行使征用权并非取决于赔款委员会，而是取决于其领土和财产被置于割让和委任托管权境地的特定国家。——原注

殖民地居住或者拥有财产的德国人，也丧失了其人身及财产的法律地位和安全保障。

（3）除非法国政府另外选择特殊处理，否则，上述在德国前殖民地上关于德国私人财产的处理规定同样适用于德国人在阿尔萨斯-洛林拥有的财产。与相似的海外征用比起来，这次征用具有更大的实际重要性。这两个省的煤炭业自1871年以来，得到了前所未有的发展，所以，对这两个省的征用涉及更大的财产价值，而且德国在这两个地区的经济利益与其国内经济利益有着更加紧密的联系。阿尔萨斯-洛林作为德意志帝国的一部分已有大约50年的时间了，居民中大部分人都说德语，而且在经济上，这里已经成为德国许多重要企业活跃的舞台。

但是，那些曾经居住在阿尔萨斯-洛林或者曾往那里的企业进行投资的德国人，他们的财产现在已经完全掌握在法国政府的手中，除非德国政府愿意支付这笔费用，否则他们得不到任何赔偿。法国政府被授予权利：无论是对居住在阿尔萨斯-洛林的德国人的私人财产，还是对设立在阿尔萨斯-洛林的德国公司的财产，都能无偿征用。人们认为，这些收入可以满足法国的一部分需求。只有得到政府发的特别授权，德国人才可以继续居住，同时在他们认为上述条款不适用的情况下，才可以在某种程度上减轻这一苛刻条款。而德国无论是国家、州还是市一级的政府财产都必须无条件地移交给法国，两省的铁路系统以及全部车辆也包括在其中。[1]但是德国的财产在被接管时，就减少了相关的债务，这是由于仍由德国负担所有公共形式的公共债务。[2]无论债务的固定比例是多少，德国在战争期间或者战前的债务都不需要阿尔萨斯-洛林来负担，该地区的主权自由回归法国，而德国并不会因为这一交付而在赔款数额上获得相应的抵扣。

（4）对德国人的私人财产进行没收这一做法并不局限于德国前殖民地以及阿尔萨斯-洛林地区。以这种方式来处理财产虽然是条约中极为重要且具有实际意义的一部分内容，并且在凡尔赛会议上遭到德国代表异常激烈的反对，但是反对的声音并没有受到应有的重视。据我所知，没有任何一个近代历史上的和约是这样处置私人财产的，因此德国代表坚持认为，如果现在开了这样的先例，对任何地方私人财产的安全都将造成重创，这是一个危险而又不道德的行为。这种说法未免有些夸张，两个世纪

1　1871年，就阿尔萨斯-洛林的铁路系统，德国向法国进行了补偿，但是其国家财产却被无偿占有了，然而当时铁路属于私人财产。之后，当铁路归于德国政府所有时，法国认为，虽然德国在铁路系统上进行了大量的投资，但仍然坚持要按照处置国家财产的先例来进行处理。——原注

2　这种做法因循1871年的先例。——原注

以来的风俗和习惯都表明，国家与个人在财产和权利方面存在着显著的区别。这种区别是人为造成的，在和约以及其他因素的影响下这一区别被迅速消除了。这也不符合现代社会主义者对于国家和国民之间关系的观念。但是事实上，对于这个一直以来被详细阐释的观念，对于这个根植于众多所谓的国际法中的观念，和约所带来的的确是一次破坏性的打击。

目前确定的关于没收境外德国人的私人财产的重要条款，由于它们在实际执行时通常会有交叉，因此在某种意义上，程度最严厉和范围最广泛的条款就使其余条款显得多此一举了。但是一般而言，这些更加严厉和广泛的条款，其在设计方面并没有那些更具特殊性和限制性的条款来得精确，这些规定如下：

①协约国“保留其权利，有权在它们国境、殖民地、属国、保护国以及德国移交给它们的领土范围之内，于条约生效之时对属于德国人及其所拥有企业的全部财产、权利和收益予以扣留与清算”。

读者应该还记得我们在殖民地以及阿尔萨斯–洛林问题上已经讨论过的条款，以上便是这一条款的扩充版。财产清算的所得将被首先用于偿还德国对清算该财产的协约国人民的私人债务；其次，协约国对德国前盟国的行为所提出的赔款要求也要用它来支付。如果有任何余额，只要是负责清算的政府决定进行保留，那就必须冲抵赔偿款项。但是，非常重要的一点是，负责清算的政府并非必须向赔款委员会交出余额，如果它愿意，也可以直接把收益交给德国。如此一来，不管赔款委员会给出的意见是什么，只要美国愿意，它都可以通过手中所掌握的大量德国财产为德国提供物资。

协约国计划用清算所的方式来解决敌人的债务问题，这些条款便是起源于此。这一提案提出，每个参战国的政府负有征收本国居民欠外国居民的私人债务的责任（由于战争的原因，这一常规的征收过程被暂时中断），同时，通过这种方式能够得到本国居民对其他国家居民的债权，各国政府按照该国私人的债权、债务关系来对基金进行征收和分配，每个国家的债权、债务差额的支付形式都是现金，希望通过这种方式能减少纠纷和诉讼。[1]这样的提案其实可以全部做到双边互惠，然而目前只有一部分

1　通俗地讲，就是成立一个清算所，每个国家只负责征收本国居民欠外国居民的私人债务，其中包括欠哪个国家的债务资料。之后，清算所汇总所有国家的资料，就可以从其他国家对本国的债务数额中得到本国的债权数额。这样，就可以得到各国的债权债务总额，然后各国就可以之对余额与清算所进行结算，债务小于债权的国家从清算所得到差额，反之则要向清算所补偿差额。这样，国与国之间的债权债务就能得到全部清算，剩下的就是各国政府的内部分配了。——原注

（主要是商业债务部分）是这样的。但是，由于协约国在战场上大获全胜，它们可以与互惠法则背道而驰，只引入有利于自身的方法，这些方法中最主要的有以下几个：依照条约规定，要将协约国居民在德国管辖范围内的财产所有权归还给协约国，但对于在协约国管辖范围内德国人的财产由协约国依照上述规定进行扣留和清算。这样造成的结果是：

其一，在世界上的大部分地区征用德国人的所有财产，而在协约国境内，德国的巨额财产由公共信托人之类的人员监管，这些财产可能被永久扣留。

其二，德国的这些财产将不仅用于偿还德国人的债务，而且如有必要也将用于对"协约国及其联盟国家的人民的赔偿，满足他们对其他敌对国家的财产、权利和权益的索赔要求"，例如土耳其、保加利亚和奥地利。[1]这个条款非常值得人们注意，当然它不是互惠性的。

其三，在偿还完本国居民欠外国居民的私人债务之后，如果还有任何归属于德国私人的剩余财产，最终都不需归还，而是用于支付德国政府所应承担的各种赔款。[2]契约、文件和信息的递交可以保证这些条款得到有效实施。[3]

其四，协约国居民和德国居民之间在战前签订的全部契约，前者拥有自由选择的权利，可以让契约作废或重新生效。如此一来，所有有利于德国居民的契约都将被废除。不仅如此，德国居民还将被迫履行那些对自己不利的契约。

②以上我们一直是就协约国境内德国人的财产问题进行讨论的。下一个条款的目的在于排挤德国人在其邻国、前盟国和其他一些国家境内的权益。在财政条款的第260条中规定：德国政府在条约生效的一年内，必须征用其国民财产并将其转交给赔款委员会，"在俄罗斯、中国、土耳其、奥地利、匈牙利、保加利亚或者在这些国家的占领地或附属地内，或者在曾经属于德国或其联盟国家的领土上，德国居民在所有公用事业或其附属事业中拥有的任何权利和收益，依据条约的规定，都要由德国或其

1　对引号内句子的解释显得有些模糊不清，内容也比较宽泛，似乎将私人的债务也包括在内，然而在最终的条约草案中并没有明确提到私人债务。——原注

2　对于波兰和其他新成立的国家来说，条款的规定就不是十分严格了。在这几个国家中，清算所得的款项可以直接归还业主。——原注

3　卷10第4篇附件第10段中写道："自和约生效之日起，德国必须在6个月时间内向每一个协约国及其联盟国家递交德国国民在协约国及其联盟国家境内所拥有的有价证券、授权证书、契约或者其他权利文件以及相关财产、权利和收益……应任何协约国及其联盟国家的要求，德国必须随时提供相关信息，如德国公民在协约国及其联盟国家境内所拥有的财产、权利、和权益以及1914年7月1日以来与这些财产、权利和权益有关的各项交易。"——原注

前联盟国家转交给其他国家或托管机构进行管理”。这一描述是综合性的，同上述①中的部分内容重复，然而值得注意的是，由俄罗斯、奥匈帝国和土耳其帝国分割出来的新的国家和地区包括在②中了。如此一来，就清除了德国在这些国家的影响力，它在所有邻国的资本也都被没收了，这些国家正是德国将来寻求解决能源、企业和科技发展问题的出路所在。

对于赔款委员会来说，对这一计划进行具体的实施是一项特殊的任务，因为在历经战争，分裂扰乱的、鸡犬不宁的广阔领土上，赔款委员会将拥有大量的权利和权益。成立一个公信力强大的国际机构是在战胜国之间分配战利品的前提，二三十个贪婪的冒险家和猜疑的特权狩猎者将把这一机构弄得嘈杂拥挤而混乱不堪。

为防止赔款委员会因为疏忽而不能充分行使权力，条约进一步规定：德国政府应当在该条约生效后的半年内向赔款委员会递交一份涉及的全部权利和权益的清单，“不管这些问题是已经得到批准的，还是偶然发生的，抑或是还没有发生的”，在这段时间内，未通告赔款委员会的权利和权益，全部都将自动归为协约国所有。这种性质的法令究竟能在多大程度上对人身及财产均不在德国管辖范围内的国民进行约束？我不得而知。然而，不管是否已经被强迫接受相应的条款，每一个列入上述清单的国家全部都受到了来自协约国政府的压迫。

③这项规定对德国的摧毁程度比上述两项都要彻底，因为上述两项对德国在中立国的权益都没有产生影响。赔款委员会获得授权，要求德国于1921年5月1日前以确定

1918年德国半马克银币。

的方式支付高达50亿美元的赔款，“不管是黄金、商品、船舶、有价证券抑或其他物品”。这一条款赋予赔款委员会权力，可以在此期间随意处置所有德国人的财产。按照这一条款，赔款委员会可以对德国境内或者境外特定的商行、企业或者财产进行征用，而且它们在进行征用时，征用的对象并不仅仅限于条约签订时已经存在的财产，还包括在接下来的一年半时间内所生产或可能获得的财产。举个例子，赔款委员会可以选择（很可能它们一成立就会这样做）南美洲优秀而又颇具实力的德国海外电器会社，按照协约国所享有的权益来进行处置。这一条款很明确，并且囊括一切所能征用的财产。需要注意的是，这在征收赔款方面是一种全新的原则。迄今为止，在任何战争结束之后其赔款总额都是固定的，遭受处罚的国家可以对赔款的支付方式进行自主设计和自主选择。但目前的情况是，在一定时期内，征收赔款的人不仅可以要求对方赔偿一定的数额，并且可以随意指定作为赔偿的财产。因此，赔款委员会的权力（我会在第5章特别加以讨论）不仅可以被用于索赔，而且还可以被用来毁灭德国的商业和经济体系。

条款①②③（以及其他我认为没有必要细述的条款）的累积效果就是抢掠德国境外的全部财产（或者使协约国变得强大，从而可以对德国进行随意的抢掠，而至今为止这种抢掠都还没有结束），正如条约中规定的一样。德国的海外投资被没收，与海外的联系被迫断绝，不仅如此，其在前盟国以及与其接壤的邻国境内的财产也同样遭到没收。

（5）出于对以上条款的担心，为防止其存在疏忽之处，条约中又增加了几条。事实上，与原来的条约比起来，这几条并没有增加什么实质性的内容，然而需要指出的是，这揭示了战胜国的意图在于竭尽全力遏制德国经济发展。

首先，增加的是一条综合条款，它与德国边界和放弃权力有关：“按照本条约的规定，德国必须放弃其在欧洲边界以外的全部属于德国或其联盟国家的领土内的所有优惠、权利、特权以及它以任何方式得到的不利于协约国及其联盟国家的优惠、权利和特权。”

接下来的条款有更特殊的规定。德国放弃在中国所得到的所有利益和特权。还有一些与此相似的，针对暹罗[1]、利比里亚、摩洛哥[2]和埃及[3]的条款。德国在埃及不仅失

1　泰国的旧称。——译者注

2　第141条规定：“德国放弃1906年4月7日签订的阿尔赫西拉斯公约以及1909年2月9日和1911年11月4日签订的《法德公约》赋予它的所有优惠、权力与特权。”——原注

3　第148条规定：由德国和埃及签订的条约、协议、合同和契约从1914年8月4日起全部被废除。第153条规定：德意志帝国所有在埃及的财产和领地全部无条件地交给埃及政府。——原注

去了特权，而且依据条约第150条的规定，它连最起码的自由也失去了。埃及政府得到授权，有权“完全自由地界定在埃及的德国人的地位及生存条件”。

按照条约第258条的规定：德国放弃权利，对于“无论是在协约国及其联盟国家，还是奥地利、匈牙利、保加利亚、土耳其，或者以上四国的属地，以及前俄罗斯帝国运转的”任何国际性金融或者经济组织，德国均不参加。

总而言之，所有在战前定下的条约和惯例，只有那些对协约国有利的方能再次生效，那些有利于德国的条约则全部无效。

但是，这些规定与我上述提及的规定相比都不重要，这是显而易见的。它们只不过在逻辑上完全剥夺了德国人的公民权利，使德国经济屈从于协约国的利益，但实际上其实并没有给德国进一步增加限制。

煤炭、钢铁及以此为基础的工业

考虑到与煤炭和钢铁有关的条款对德国国内工业经济所产生的最终影响，我认为与那些直接导致钱财损失的条款相比，这些条款更为重要。与其说德意志帝国的立国之本是铁和血，倒不如说是煤炭和钢铁。仅仅凭借鲁尔、上西里西亚以及萨尔河这些大煤田的熟练开发就可以给德国提供足够的支持，满足其所在钢铁、化学和电器工业方面的发展要求，使其成为欧洲大陆的第一工业大国。三分之一的德国人居住在城镇里，这些城镇的平均人口超过了2万，这是一种基于煤炭和钢铁的工业集中。所以，法国政治家的目标在于打击德国的煤炭供给，这并没有搞错。这一条约的要求非常过分，并且在技术上也是行不通的，或许在很久以后才能纠正这一错误，将形势挽救过来。

条约对德国煤炭供给的打击主要体现在以下四个方面。

（1）“德国把整个萨尔河流域煤矿的绝对所有权和专属开采权无条件地割让给法国，并且法国不用承担任何相关债务，以此冲抵对法国北部煤矿损坏的赔偿，以及德国应当对战争的损害所进行赔偿的一部分。”尽管该地区的管理权在将来的15年里将掌握在国际联盟手中，但仍可以看到，煤矿已经完全被法国占有了。15年后，这里的居民会通过投票的方式对该地区未来的主权归属做出决定，假如投票结果为并入德国，德国必须以黄金按照一定价格赎回这些煤矿。

这已经是举世公认的事实，对萨尔河地区所做的这种处理实质上是伪善的掠夺行为。对于法国煤矿的损失问题，如果是对此做出赔偿的话，条约的其他地方已有相关规定了，这些规定我们将在稍后的章节看到。“在德国，没有任何一个地区的居民像萨尔河地区的居民一样稳重、相似、简单。”德国代表的这种说法没有遭到任何一个人的反驳。1918年，萨尔河地区有大约65万居民，其中的法国人只有不足100个。萨尔河地区归属于德国的历史已经超过1 000年了。在以前，法国有时会通过军事行动暂时占领萨尔河地区，然而随着议和的开展，该地区总会很快归还给德国。在长达1 048年的时间里，法国对该地区的统治时间总共不到68年。1814年在巴黎签订的第一份条约，规定将德国在萨尔河地区的一小部分领土划归法国所有，这引起了当地居民极为强烈的抗议，他们要求这部分地区能“重新与他们的祖国——德国合并”，因为他们与德国在“语言、风俗和宗教上都联系紧密”。1815年，即在法国占领该地区1年零3个月后，在巴黎签订了第二份条约，第二份条约考虑到了这一要求。从此之后，该地区一直归属于德国，其经济发展也是得益于此。

法国希望得到煤炭，用来支持洛林铁矿的发展，依据俾斯麦的精神，其目的已经达到了。萨尔河地区之所以不能划归法国并非先例使然，而是协约国口头的承诺使得法国不能这样做。[1]

（2）上西里西亚通过公民投票[2]的方式割让给波兰，这一地区并没有较大的城镇，但却拥有德国一个最主要的煤田，其硬煤产量占德国硬煤总产量的23%。在历史上，上西里西亚始终都不是波兰的领土，但是这里的人有波兰人、德国人、捷克斯洛

1　我们取得了萨尔河煤矿的所有权，为的是在开采过程中不受打扰，我们将制定相关的法律给予在此居住的60万德国人很少的土地所有权，在15年内我们将尽力通过公民投票的方式使他们宣称自己愿意成为法国人。我们将继续劝说他们，从各个方面攻击他们，直到他们发自内心地给我们以肯定和承认。与他们从我们手中夺走阿尔萨斯和洛林的野蛮方式比起来，这种方式显然更为和缓。我们都非常清楚地知道，这种尝试蕴含着吞并这60万德国人的意图。对于克里孟梭希望将萨尔河煤田交给我们的经济上的原因，我们十分理解。难道我们一定要假装欺骗这60万德国人才能在15年内将他们变为法国人吗？”（1919年5月31日）——原注

2　在协约国的最终文件里，这一公民投票是德国所进行的最重要的妥协，劳合·乔治在德国东部边界问题上一直不同意协约国政策，他应该获得主要荣誉。投票不会在1920年春季前举行，很可能会推迟到1921年。在此期间，将由一个联合委员会管理该地区。投票将由各乡镇举行，由协约国对最终的边界作出决定。决定将部分以各个乡镇的投票结果为依据，部分以“当地的地理和经济条件”为依据。要对结果进行预测需要极为丰富的关于当地的知识，通过投票给波兰，一个地区可以逃避缴纳赔款的责任，而投票给德国的结果是承担沉重的税负，这是一个不可小觑的要素。此外，新波兰政府的无能以及经济上混乱的状况将会阻止那些以经济而不是以民族立场为依据进行投票的居民。同样需要注意的是，在卫生措施和社会立法等生活条件上，西里西亚与波兰的邻近地区不具有任何可比性。在那些地区，诸如此类的立法尚处于初级阶段。文章认为西里西亚将不再归属于德国，但是一年中会有很多事情发生，这一假设并不具有确定性，假如证明有误的话，就必须对结论进行调整。——原注

伐克人，而相应人口的具体比例尚无定论。[1]该地区在经济方面与德国的联系十分紧密，德国东部的工业发展依赖于这一地区的煤炭，失去这里的话，对于德国的经济结构将是一次毁灭性的打击。[2]

失去上西里西亚和萨尔河地区，导致德国的煤炭供给减少三分之一左右。

（3）在剩余的煤炭供给中，德国还要对法国北部省份的煤田在战争中遭受的损失和破坏做出赔偿，赔偿的数量须符合对损失和破坏的估计额，并且年年如此。如赔款这一章中附件5的第2段所说："在不超过10年的时间内，法国诺德和加来海峡地区由于战争破坏而比战前减少的产量数额要由德国每年进行赔偿，这一赔偿额在最初的5年内每年以2 000万吨为限，在5年之后每年以800万吨为限。"

仅仅就这一条款来说还算合理，如果德国能够自由支配剩余的煤炭资源，它是有能力履行这一条款的。

1　德国政府宣称（这种说法曾遭到反驳），从选举的投票结果看，三分之一的居民投票支持把上西里西亚划给波兰，三分之二的居民投票支持划给德国。——原注

2　但是必须注意到，在协约国最终文件里，与上西里西亚有关的其他让步还包括第90条："波兰承诺，在15年内，德国根据和约转让给波兰的上西里西亚的任何地区，其出产的煤炭都允许向德国出口。这些产品将免除出口税以及其他对出口的收费和限制。波兰同意采取必要措施，保证德国的购买者能够以与波兰或任何其他国家的购买者相似的条件来购买这些产品。"这表面看上是优先购买权，但事实并非如此，要对其实际后果进行估计其实并不容易。但是很显然，就这些煤矿保持以前的效率以及德国现在需要购买这些煤炭而言，给德国造成的损失仅限于对贸易平衡的影响，而对于正文中预期的德国经济生活并没有产生严重的影响。对协约国而言，这是一个实施更好的实际解决办法的大好机会。需要补充一点，德国人曾经列举相同的经济论据，要求把萨尔煤田给法国而把上西里西亚给德国。因为尽管西里西亚的煤炭对德国的经济生活具有非常重要的意义，但波兰对它却并不需要。在战前，波兰对煤炭的年需求量约为1 050万吨，其中约680万吨来自与上西里西亚相邻的没有争议的波兰地区，约150万吨来自上西里西亚（上西里西亚的煤炭总产量约为4 350万吨），剩余部分来自现在的捷克斯洛伐克。波兰就算没有上西里西亚和捷克斯洛伐克的煤炭供应，也能够通过更充分地开发自己的煤田（这些煤田并未得到合理开发），或者通过它现在吞并的西加利西亚省的煤炭储量来满足自身的煤炭需求。——原注

（4）最后是关于煤炭的条款，这也是赔款这一章总体方案中的一部分。该条款规定，总赔偿额中的一部分将以煤炭实物来支付而不是用现金。作为应付赔款的一部分，德国每年按照以下数量向法国交付煤炭或者等量的焦炭（德国在这里向法国所交付的煤炭或者焦炭产量，已除掉萨尔河地区的煤炭产量以及因给法国北部造成的损失而需每年赔偿的量，是在已除掉的量之外的附加数量）：

①10年内每年向法国交付700万吨[1]。

②10年内每年向比利时交付800万吨。

③1919—1920年交给意大利的年增加量为450万吨，1923—1929年连续6年为850万吨。

④如果卢森堡需要，每年向卢森堡交付的煤炭数量等于卢森堡在战前从德国进口煤炭的年消费量。

以上数量加总在一起，平均每年大约是2 500万吨。

我们应结合德国每年可能实现的煤炭产量，对这些数字加以检验。德国在战前煤炭的最高年产量能达到19 150万吨，那是在1913年，其中有1 900万吨在生产过程中被损耗了，而净出口额（亦即出口减去进口）为3 350万吨，剩余的13 900万吨留作国内消费。据估计，剩余部分的煤炭及用途如表4-1所示。

表4-1　1913年德国剩余煤炭的用途统计表

用途	产量（万吨）
铁路	1 800
煤气、水、电	1 250
船上的煤仓	650
家用燃料、小工业、农业	2 400
工业	7 800
总计	13 900

由于德国领土减少而造成的煤炭产量降低，如表4-2所示。

1　在未来3年内，法国每年将得到不纯苯3.5万吨、煤焦油5万吨、硫酸铵3万吨。——原注

表4-2　德国领土减少而造成的煤炭降低的产量

减少的领土	降低产量（万吨）
阿尔萨斯–洛林	380
萨尔河流域	1 320
上西里西亚	4 380
总计	6 080

所以，以1913年的产量（13 070万吨）为基础，减去煤矿自己的损耗量，将剩余11 800万吨。几年之内，每年要向法国交付多达2 000万吨，以作为对法国煤矿损失的赔偿。此外还要分配给法国、比利时、意大利和卢森堡大约2 500万吨。[1]由于前述产量是最大的产量，而赔偿数量在最初几年里将会略低于规定的水平，因此我们将德国承担的向协约国出口的数量定为4 000万吨，在此基础上留作国内消费的煤炭数量为7 800万吨，而在战前，这一消费量是13 900万吨。

但是，如果要进行对比，就需要对参加对比的数据作实质性的修正，以使结果更加准确。一方面，战前产量肯定不能作为评估现阶段产量的依据。与1913年19 150万吨的产量相比，1918年的产量只能达到16 150万吨；1919年上半年，在除去阿尔萨斯–洛林以及萨尔河地区后，即使将西里西亚地区的产量包括在内，产量还不足5 000万吨，相应的年产量大约是10 000万吨。[2]造成产量减少的部分原因是暂时的、特殊的，然而德国政府认为，这些原因中有一部分在将来很长一段时间内会持续发挥作用，这种观点至今未有人反驳。这是因为，有部分原因与导致其他行业产量减少的原因如出一辙，比如，每班次的工作时间由原来的8.5小时减少到7小时，而中央政府也没有充分的能力将其恢复到以前的产量。除此之外，采矿设备的使用情况极不理想（这是由

1　赔款委员会被条约授权“推迟或者取消这种交付”，假如它们认为“完全履行上述条款将会过度干预德国工业需求”的话。在出现推迟或者取消的情况时，“用于代替被破坏煤矿所产煤的煤炭与其他的交付相比享有优先权”。正如我们将要看到的那样，如果德国根本不可能供应全部的4 500万吨，那这一结束语就是最关键的。因为它意味着在意大利开始得到交付的煤炭前，法国已经得到2 000万吨。赔款委员会并不具备修改条款的决定权。然而意大利的媒体没有忽略这一条款的重要意义，并表示这一条款是在意大利代表不在巴黎的时候加入的（1919年7月19日）。——原注

2　由此可以确定，德国当前的生产率下降为1913年的60%。这对煤炭的储藏量的影响自然是很严重的，将要来临的冬天会十分危险。——原注

于封锁导致了某些重要物资的匮乏），由于营养不良，工人的身体状况受到了严重的损害（只要德国被要求满足赔款要求，这种状况就不可能得到改善，德国工人的生活水平只会更差），由于战争所造成的伤亡也减少了高技能矿工的数量。我们只要对英国自身的状况进行分析就可以充分论证，德国的产量不可能恢复到战前水平。德国政府估计煤炭产量的损失大约在30%以上，其原因既有工作时间的缩短，也有其他经济因素，两者的影响几乎平分秋色。从一般常识来看，这一估计还算合理，但是我并没有确切的根据对它进行肯定或是批评。

除去领土的减少和煤矿自身的消耗等因素的影响，德国战前的煤炭产量净重是11 800万吨，而这一数字很可能还是被高估了。因此综合考虑以上因素的影响，产量至少要下降到10 000万[1]吨。而其中的4 000万吨如果出口到协约国，那么还剩下6 000万吨用于满足国内消费。由于领土的减少，需求也会与供给一样有所降低，但即使我们进行最大胆的估计，恐怕需求减少的数量也不会超过2 900万吨。[2]所以，参照战前德国铁路与工业的投入–产出比率，我们估计在战后，德国需要11 000万吨煤炭才能满足国内的消费需求，而现在它的产量还不到10 000万吨，并且已经抵押给协约国其中的4 000万吨。

这是一个非常重要的问题，因此我们对其进行了详细的统计分析。很显然，不要过分关注于这些精确的数字，因为它们都是假定的和不确定的。[3]然而事实毋庸争辩。在领土被迫割让和产能遭受损失之后，如果德国还要继续做一个工业大国的话，那它在近期不能出口煤炭（甚至还要依赖条约赋予它的权利，购买上西里西亚的煤炭）。假如德国迫于压力，每出口100万吨煤炭，就要以关停一家工厂为代价。在一定的条件下，这种情况并非不可能，我们后面再讨论这样做产生的结果。然而，德国既不可能也不愿意每年向协约国贡献4 000万吨的煤炭，这是显而易见的。而那些协约国的官员却告诉他们的民众，德国能够做到这一切。这当然是对民众的欺骗，其目的是让本国的民众在沿他们指引的方向前进的时候，可以暂时减少疑惑。

和约中存在的这些欺骗性条款充满很多危险因素，尤其是在将来。那些财政大

1　与上面引用的产量减少30%不同，在这里假设产量减少15%。——原注

2　假设德国的工业企业产出减少25%，其他需求减少13%。——原注

3　在这里需要特别提醒读者，以上计算并没有将德国褐煤的产量包括在内。除了变成煤球的200万吨外，1913年的粗粒褐煤还剩余1 300万吨。然而在战前，除去以上假设的煤炭数量之外，对德国来说这些褐煤就是必需的。对于德国煤炭的损失在多大程度上可以通过广泛地应用褐煤，或者通过目前对其更加节约的使用而得到补偿，我并不敢妄下结论。然而很多权威人士都相信，通过更加重视褐煤储量，德国可以使其在煤炭上的损失获得足够的补偿。——原注

臣妄想用赔偿的条款来欺骗民众，他们在达到目的并真正实现推迟征税及裁员后，这些条款就再也不会被提及了。然而，与煤炭相关的条款不可能如此轻易地被忽略，因为对于法国和意大利的利益而言这非常重要，为了实现条款，这些国家在其权限范围内什么事都干得出来。由于德国的破坏，造成了法国、英国以及其他地区煤炭产量减少，再加上诸如交通体系瘫痪、经济组织遭到破坏以及新政府效率低下等其他因素，整个欧洲的煤炭形势都笼罩在令人绝望的氛围中；[1]法国和意大利拥有条约赋予的权利，它们也加入这场争夺中——它们是绝不会轻易放弃其权益的。

德国目前的形势真是进退两难，法国与意大利具有非常充分的理由，从一定程度上来讲，它们的理由是毋庸争辩的。目前的情形可以看作是在德国的工业与法国、意大利的工业之间进行选择的问题。可以肯定的是：如果德国交出煤炭，将摧毁德国的工业；如果德国不交出煤炭，法国和意大利的工业就会受到影响。在这种情况下，战胜国拥有条约赋予的权利，难道它们不应该取得胜利吗？尤其是，它们的损失说到底都是由战败国造成的。但是，假如这些权利真的让它们利令智昏，那么这些条款对中欧的社会和经济生活起的反作用肯定会超出最初拟定的控制范围，最终难以控制。

但是，这只是问题的一部分，而非全部。假如法国和意大利可以通过从德国进口煤炭来弥补自身煤炭供应的不足，那么以前大部分的煤炭需求都是由德国大量出口煤炭剩余来弥补的北欧、瑞士以及奥地利等国家，其自身对煤炭的需求将无法得到满足。战前，德国向奥匈帝国出口的煤炭达1 360万吨。前帝国几乎所有的煤矿目前都在德国—奥地利之外，因此，如果奥地利得不到德国的煤炭供给，其工业就会彻底被摧毁。与德国相邻的那些中立国家，它们以前的煤炭供给有一部分来自英国，然而大部分是来自德国，它们的状况同样不容乐观。这些国家的政府将致力于向德国供给其必需的原材料，并以此为条件换回煤炭。实际上，它们已经开始这样做了。[2]由于货币体系的崩溃，国际上以货易货的交易方式开始盛行起来。目前，在欧洲中部和东南部的交易中，货币并不能真正起到价值尺度的作用，货币现在并非能购买到任何物品，其

1 在1919年7月，胡佛先生估计，除去俄罗斯和巴尔干半岛的欧洲煤炭产量已经由67 950万吨降低到44 300万吨，这在很小的程度上是由原料和劳动力的流失造成的，主要原因是人们经受物资的匮乏和战争的苦难后不再努力工作；又因缺乏铁路和公路运输，一些煤炭产地的归属仍不确定。——原注

2 在此基础上，它们在战争期间达成许多商业协议。然而1919年6月，德国与丹麦、挪威和瑞士之间达成了单独的以煤炭作为支付方式的附加协议。相关的数目并不是特别大，然而如果没有这些条约，德国将不能得到丹麦的黄油、挪威的油脂和鲜鱼以及瑞士的牛奶和牲畜。——原注

煤矿工人，
1918年摄。

结果就是，如果甲国拥有乙国必需的某种商品，但两国并不以货币作为交换媒介，而是通过双边协议进行交易，甲国取得乙国国内拥有的对甲国非常重要的商品。与之前简化到几乎完美的国际贸易方式比起来，这样的方式十分复杂。但是与目前尚不算发达的工业状况比起来，这种贸易方式对促进生产力的发展还能产生一定的作用。当代欧洲在多大程度上已经倒退到以货易货的交易方式？鲁尔地区的黄油班[1]为我们做了清晰的回答，也为我们提供了独特的例证，让人们明了个人与国家由于货币体系和自由贸易的崩溃而迅速回到低级的经济运行方式。然而只有这一方法可以促进煤炭的生

1　鲁尔地区的6万名矿工同意加班工作，为的是生产将出口到丹麦的煤炭，以此来换取丹麦的黄油，黄油班因此得名。由于矿工们为获得黄油做出特殊的贡献，他们将优先得到黄油供给。——原注

产，其他方式都没有成功。[1]

但是，假如德国能为它的中立邻国提供煤炭，法国和意大利就会理直气壮地声称德国有能力履行条约规定的义务并且要求它必须履行。这一理由看起来很充分，但是这类要求却不符合实际，显然矿工愿意为了黄油而工作，而如果他们挖到的煤炭出口后不能换回任何东西，没有人可以强迫他们工作。而且德国若没有煤炭出口给邻国，它将无法获得必需的进口品以维持国内经济的发展。

如果欧洲煤炭的供给在分配方面秩序混乱，那么这是最符合法国利益的，其次是意大利，而其他国家就只能碰运气了。欧洲的工业前景将极为悲观，不排除爆发革命的可能。无论这些特殊的利益和要求在情感上多么合理或者有多么的公正，它们都要因时制宜。如果胡佛先生的推断没有错，欧洲的煤炭产量果真减少了三分之一，那么我们的当务之急就是：大公无私地依据需求来分配财产，同时不能忽略任何可能的方式来刺激生产或是寻找到更加经济的运输方式。1919年8月，协约国最高委员会设立了欧洲煤炭委员会，其中有英国、法国、意大利、比利时、波兰和捷克斯洛伐克的代表。这一做法十分明智，如果这种做法能够被适当地使用和推广，将极利于解决问题。在第7章我将对该组织提出建设性的意见。如果按照和约来做是行不通的，我这里所关心的只是以上做法所产生的后果。[2]

虽然关于铁矿石的条款具有破坏性的影响，但是并不需要给予太多特别的关注，因为在很大的程度上这是在所难免的。1913年，德国75%的铁矿石产量来自阿尔萨斯–洛林地区，[3]这也体现了阿尔萨斯和洛林两省的重要性。

毋庸置疑，德国一定会失去这两个铁矿石的产区。唯一存在的问题就是，德国在购买这些铁矿石的时候能得到多少便利。德国代表竭尽全力地想要获得这样的条款，

---

1 英国威士忌班又具有什么目的呢？——原注

2 煤炭委员会早在1919年9月就已经发现强迫执行和约的规定是根本不可能的，于是将和约进行了如下修改："德国应在接下来的6个月时间内使煤炭出口量达到相当于每年出口2 000万吨，这比条约中规定的4 300万吨已经减少了许多。如果德国的煤炭总产量超过了目前每年10 800万吨的水平，且达到12 800万吨，那么这一范围内所增加产量的60%，应当向协约国供应；超出12 800万吨的产量的50%应向协约国供应，直到达到条约中规定的数量为止。如果德国的总产量不足10 800万吨，那么协约国将对德国的情况酌情考虑。"——原注

3 德国铁矿石总产量为28 607 903吨，仅这两个省就有21 136 265吨。上西里西亚铁矿石的损失可以忽略不计。卢森堡对来自德国关税同盟的所有钢和铁的抵制是十分重要的，尤其是算上阿尔萨斯–洛林的损失之后。还需要考虑到西里西亚地区的锌产量占到德国总产量的75%。——原注

该条款包含如下规定：德国向法国供应煤和焦炭，而法国应以来自洛林的褐铁矿石进行交换。然而德国并没有得到这样的约定，法国仍然掌握着决定权。

决定法国最终政策的动机并非完全一致。尽管洛林地区铁矿石的产量占德国总产量的75%，但是在洛林和萨尔河地区的鼓风炉只占德国总量的25%，大部分铁矿石都被运到德国。位于阿尔萨斯–洛林的钢铁铸造厂大约也只占德国总量的25%。所以，目前最经济、最有利可图的方法当然是像我们一直以来所做的那样，把大部分铁矿石运到德国（进行钢铁生产）。

既然法国已经重新取得洛林地区的矿产储备，它当然希望德国依赖这些矿产所建立起来的工业被法国本国的工业所取代。然而，法国建立工厂以及培训劳动力还需相当长的时间，所以除非它能从德国获得煤炭，否则它自己并不能冶炼这些铁矿石。萨尔河地区的最终命运仍然没有定论，对于打算在法国建造新工厂的资本家而言，这将会打乱他们的计划。

实际上，政治上的考虑和经济问题密切相关，这在任何地区都别无二致。在一个贸易、经济交流都是自由的组织形式下，即使铁矿石在某一国境内而劳动力、煤炭、鼓风炉位于另一国境内，都无关紧要。然而人们却发明这样一种方法使自己和他人陷于穷困，宁愿用集体的仇恨来取代个人的快乐。以目前欧洲资本主义社会的盛怒和冲动来看，新的政治边界——这一边界正是情感和历史正义所需要的——必然会造成铁矿石实际产量的下降，因为沿着这一政治边界，国家主义和私人利益将会建立一条新的经济边界。欧洲大陆迫切需要的是持续高效的生产，以便恢复战争带来的创伤和满足劳动力对更高报酬的坚定要求，然而，国家主义和私人利益却被欧洲目前的统治置于这一迫切要求之上。[1]

对于把上西里西亚割让给波兰这一事件，我们也可以看到相同的影响，只是其规模没那么大而已。虽然上西里西亚铁矿极少，但是这里拥有煤炭，因此建造了大量的鼓风炉。那么，它们的命运会怎样呢？如果从西部切断德国的铁矿石供应，它还会越过边界向上西里西亚出口本已为数不多的铁矿石吗？这样的后果只能是工业生产的效率降低和产出的缩减。

1　1919年4月，为了对洛林地区和德国被占领地区钢铁工厂的状况展开调查，英国军需大臣派遣了一个专家委员会。该委员会提交的报告说，洛林地区的钢铁工厂所需要的煤炭和焦炭供应来源于威斯特伐利亚，萨尔河流域也是如此，只是依赖程度较低。必须混合威斯特伐利亚和萨尔河地区的煤炭才能得到优质的冶金焦炭。该报告还指出，所有洛林地区的钢铁工厂对德国燃料供应的完全依赖“使它们处于非常不利的境地”。——原注

正在工作的矿工。

所以，和约打击了欧洲的经济组织，组织遭到破坏，这进一步削弱了整个社会原本就已减少的财富。煤炭和钢铁是现代工业的基础，因此，如果在煤炭和钢铁之间建立起经济边界，不仅会使有用商品的产量减少，而且由于政治条约的规定或在合理的经济布局上设立关卡障碍，用于运送钢铁和煤炭的大量人力劳动可能会被白白地耗费掉。

运输和关税体系

还有一些关于德国运输和关税体系的条款。这些条款与前面所讨论的那些条款相比，显得不那么重要，也没那么重大的意义。它们只是牵制和干扰德国并令德国烦恼，而不会产生为人诟病的严重后果。然而依据协约国的宣言，这是非常不正派的做法。前面曾引用过使德国放下武器的保证，根据这些协约国的保证，读者可以对以下条款做出自己的判断。

（1）依据十四点计划中的第三点的精神，经济条款的开头混杂了许多零散的规定，这些规定应该是互惠的。但是实际上并非如此，德国在进出口两方面的关税、条例和禁令都必须做到在5年内对协约国及其联盟国家给予最惠国待遇[1]，但德国并不能从其他国家获得同样的待遇。

5年内，阿尔萨斯-洛林可以自由地向德国出口且无须承担关税，自由出口的最高限额不超过1911—1913年该地区对德国出口额的平均值。然而，类似的规定并不存在于德国对阿尔萨斯-洛林的出口中。

波兰3年内对德国的出口和卢森堡5年内对德国的出口也存在与此相似的优惠，然而这种优惠在德国对波兰或卢森堡的出口中却没有。多年以来，卢森堡处在德国关税同盟内，获益良多，但从此之后就永远脱离出来了。[2]

条约生效半年后，对来自协约国及其联盟国家的产品，德国征收的进口关税不能高于战前的最优惠关税水平；接下来的两年半里（共3年），对于特定的商品这一限制仍然适用，尤其是战前就存在特殊协定，并经过规定的产品以及酒、植物油、人造丝绸、洗涤或擦拭过的羊毛都适用这一限制。这一条规定既荒唐又有害，它使德国

1　只有国际联盟才有把这些条款延长超过5年的权力。——原注

2　卢森堡也不是中立的，德国承诺“预先接受一切国际安排，其中可能包括由协约国及其联盟国家决定的与大公国相关的安排”。1919年9月底进行了一场公民投票，来决定卢森堡是加入法国的关税同盟还是比利时的关税同盟，绝大多数投票者支持前者；而第三个选择——继续保持与德国的关税同盟——并没有包含在投票时的选项中。——原注

为保存期有限的资源不能采取必要的措施，从而购买必需品和偿还赔款。由于德国目前的财富分配状况，在金钱上个体的浪费以及不稳定的局势，来自国外的奢侈品和半奢侈品充斥其市场——德国很多年不进口这些物品了，这会使德国有限的外汇储备耗尽或者减少，从而对德国形成威胁。这些规定对德国政府厉行节约或在关键时期提高税收的权威给予沉重的打击。在将德国的全部流动性财富洗劫一空，要求德国在未来支付其无力承受的赔款后，还要让德国必须像经济繁荣时期那样进口大量的香槟和丝绸，这是贪得无厌的最好例证！

如果实施另一个影响德国海关制度的条款，将会造成更加严重的后果并产生更广泛的影响。协约国保留一项权力，它们在莱茵河左岸的占领区能实施特殊的海关制度，“协约国认为，为了保护该地区居民的经济利益，采取这种政策是必需的”。法国在占领期间曾制定政策，把莱茵河左岸从德国分裂出去，这一规定实际上可能是作为该政策的附属品而添加进来的。受国内宗教势力的影响，法国试图建立一个独立的共和国作为缓冲地带，最终实现把德国赶回莱茵河右岸的野心，法国依然没有放弃这一计划。某些人相信，在15年甚至更长的时间内，利用威胁、贿赂、诱骗等手段一定可以将这一计划变为现实。[1]如果这一条款被付诸实施，莱茵河左岸的经济体系就会完全与德国其他地区分离，这将产生极为深远的影响。但是阴险的外交家不会总是如愿以偿的，我们必须相信未来。

（2）我们再看与铁路有关的条款，最终成型的条款较德国最初看到的条款，发生了实质性的改变。目前的条款规定：协约国如果有商品出口到德国或途经德国，这

1　可以简单地将占领区的规定归结为一点。德国在莱茵河以西的地区以及桥头15年内将归占领区所有（第428条）。但是，假如“德国忠实地实现了当前条约的条件”，协约国军队将在5年后从科隆地区撤出，10年后从科布伦茨地区撤出。但是15年后，“如果协约国及其联盟国家认为，德国不会毫无缘故地侵略其他国家的保证不够充分，将会推迟占领军的撤退期限，直到得到需要的足够保证时为止”；除此之外，“在占领期间或15年结束之后，如果赔款委员会发现，对于本条约赔款部分所规定的全部或部分责任，如果德国拒绝承担，那么协约国及其联盟国的军队将立即重新占领第429条所列的全部或部分地区”。由于要德国完成全部的赔款责任是不可能的，因此上述规定的实际作用是：协约国可以自由选择占领莱茵河左岸的时间长短。它们也可以按照自己的方式对这一地区进行管理（比如，不仅通过关税，还可以让德国代表和协约国管理委员会成立各自的权力机构），因为“一切与占领区相关且当前条约没有规定的，都受到后续条约的管理。德国据此承担责任”。目前以白皮书的形式公布管理占领区的实际协定。协约国莱茵河地区委员会掌握着最高的权力，委员会成员包括一个比利时人、一个法国人、一个英国人和一个美国人。这一协定的条款起草得十分公正、合理。——原注

些商品的铁路运费将享受最惠国待遇。例如，“在相似的运输条件（比如相同的里程长度）下”，全德国的铁路都要提供类似商品的运输[1]，作为一个非互惠的规定，这种行为是对德国内政的干涉，很难认为它是正当的。然而，这一条款[2]以及另一个关于客运的类似条款，其真正的影响将更多地依赖于对“相似的运输条件”这一短语的解释。[3]

目前，德国的交通体系受到更为严重的扰乱，其原因是在条款中订立的转让车辆的相关规定。停战条件的第7段要求德国赔偿5 000辆机车和15万辆货车，这些车辆一定要“运转良好，一切备用零件和配置必须完备”。依据条约，德国必须承诺交付这些车辆和零配件，并承认协约国对这些物资的权利。协约国进一步要求德国在1918年11月11日前，在割让区域内，把铁路系统以及所有最后登记在册的“正常维护状态”的辅助车辆全部移交给协约国。[4]也就是说，被割让的铁路系统对德国整体车辆的所有损耗和毁坏不承担任何责任。

随着时间的推移，这一损失无疑将会得到改善。然而，由于德国的铁路系统缺少润滑油以及在战争期间造成的严重磨损，且并未得到正常的修复，其效率已经大为降低。和约带来的严重损失将使未来一段时间的经济形势更加恶劣，也会加重因煤炭问题引起的困难以及因工业出口带来的重负。

（3）除此之外，还设立与德国河流体系相关的条款。这些条款大多是没有必要的，对协约国实现其既定目标并无帮助，二者之间也几乎没有关联，所以无从得知协约国这样做究竟意图何在。但是这些条款干涉了德国内政并完全剥夺了德国对本国交通体系的实际控制权，开了一个影响恶劣的先例。现在的条约当然是不公正的，然而只要对它做一些简单的调整就能使之变得合理。

对德国绝大多数的重要河流来说，要么是源头不在德国，要么是出海口不在德国。莱茵河发源地在瑞士，从荷兰入海，现在则以一部分水道作为边界线；多瑙河虽然发源于德国，然而其大部分流域却不在德国境内；易北河发源于波希米亚（现捷克斯洛伐克）境内的高山地区；奥得河穿过下西里西亚；尼曼河发源于俄国，现在是东

1　5年之后，国际联盟会议对这一条款进行了修改。——原注

2　自1919年9月1日起，德国政府撤销一切钢铁产品出口的铁路优惠关税，因为按照条约规定，这些优惠关税将被德国被迫给予协约国贸易者的相应优惠抵消。——原注

3　由国际联盟负责其解释和应用的问题。——原注

4　甚至这一规定被应用于“原来俄占波兰地区作为抵押品向德国转让的铁路，这些铁路被认定为与普鲁士国家铁路系统分离”。——原注

普鲁士的边界线。这些河流中，莱茵河和尼曼河是两条作为边界的河流。易北河主要归德国所有，然而在上游它对波希米亚更加重要；多瑙河在德国境内的部分与其他国家的关系并不大；如果公民投票的结果决定不割让上西里西亚，那么奥得河几乎是完全属于德国的河流。

在条约中，河流一词指的是“天然的为不止一个国家提供出海口”的那些河流。为了避免歧视，这些河流需要国际规则和大量的监督措施来管理。管理莱茵河和多瑙河的国际委员会很早就承认这一原则。在这些由相关国家组成的委员会里，河流的权益或多或少都应按照国家利益的比例进行分配。然而，条约却借口说这些河流具有国际性，以致德国的河流体系不再受控于德国。

在反对歧视和干涉自由转运这几个条款[1]后面，条约进一步规定将易北河、奥得河、多瑙河和莱茵河的管理权移交给国际委员会。[2]这些委员会的最终权力决定于“协约国及其联盟国家起草并经国际联盟批准后的一般惯例”。同时委员会负责他们自己章程的起草工作，很明显委员会能对一般惯例进行最大限度的解释，其享有的权力正是如此得来，“尤其是相关维护工作的执行和控制、河流系统的改进、财政制度、固定设备和费用的征收、航运管理等权力”。[3]

到目前为止，和约的很多地方也是值得肯定的。在国际惯例中，通航自由是重要的组成部分，在每一个地方都应当实行起来。委员会之所以令人讨厌，主要是因为它们的成员资格遭到质疑。不管在什么情况下，德国得到的投票权比例都很少，这使德国成为明显的少数派。在易北河委员会，德国的投票权比例为10票中占据4票；在奥得河委员会，德国9票中占据3票；在莱茵河委员会，德国19票中占据4票；在多瑙河委员会，结果虽然还未最终确定，但是德国将处于少数派地位，这是非常明显的。在全部这些河流委员会中，法国和英国政府都有代表。由于一些不能公之于众的原因，意大利和比利时在易北河委员会也有代表。

所以，拥有广泛权力的外国团体取得了德国重要水路的控制权；德国汉堡、马格德堡、德累斯顿、斯德丁、法兰克福、布雷斯劳、乌尔姆等许多当地和国内的商业无

1　第332条做了额外规定，允许其他国家的船只在德国城镇间进行贸易，然而除非有特别准许，禁止德国船只在非德国城镇间进行贸易；第333条很不明智，竟然禁止德国把其河流体系作为财政收入来源。——原注

2　如果必要，尼曼河和摩泽尔河将得到相似的处理。——原注

3　这是对易北河和奥得河作出的特殊规定，多瑙河和莱茵河交由已有的相关委员会来处理。——原注

美国陆军第四医院的医务人员佩戴口罩以预防流感。一战刚刚结束就爆发了1918—1919年西班牙大流感，很多国家受到了波及。摄于1918年11月19日。

一例外地受到外国的管辖。这与欧洲大陆各国被置于泰晤士河管理委员会或伦敦港口的管辖之下的情况极为相似。

一些细小的规定与我们在和约中考察过的条款十分相似，这些细小的规定现在也为人所熟知。在赔款这一章的附件3中，德国放弃了众多内陆航运的船只，其总吨位高达20%。除此之外，在美国的仲裁下，和约规定，“出于对各方的合理需求的考虑，特别是战前5年对船舶运输的需求”，德国还必须将易北河、奥得河、尼曼河、多瑙河上20%的船只移交给他国，他国对被移交的船只就近挑选。合约对于德国在莱茵河上的船只和拖船以及德国在鹿特丹港口的财产，也做出了相同的处置。在莱茵河流经法国和德国之间的区域，灌溉和水力发电的全部使用权归法国所有，而德国没有任何权利；[1]而且所有桥梁的整体都是法国的财产。最后，位于莱茵河东岸、完全属于

1　但是，德国能够通过支付或信用方式来使用法国拥有的有关权利。——原注

德国的科尔港口，其管理机构需在7年内与斯特拉斯堡的管理机构合并，并由莱茵河委员会提名一位新的法国人管理。

所以，和约的经济条款内容十分广泛，一切在当前可以削弱德国并能阻碍其未来发展的内容都被囊括进来。在这种形势下，我将在第5章研究德国赔款的数额及方式。

第5章　赔　款

1.和平谈判优先解决的问题

协约国的战争赔款要求是针对伤害种类做出的。这些种类已根据威尔逊总统1918年1月8日提出的十四点计划的相关条文加以限定，并经过协约国政府在它们授权的文件上做了修改。这些条文由威尔逊正式通告德国，并成为1918年11月5日和平的基础。在第4章开头对这些条文已经做了全文引用。更确切地说就是，“由于德国的海陆空侵略而给协约国平民生命及财产造成的一切伤害，德国必须进行赔偿”。1918年2月11日，威尔逊在国会的讲话中对相关条文的限制条件做了强化（这次讲话是表达与敌人合作意愿的一部分），即“没有捐献”“没有惩罚性的损害赔偿”。有时，人们会认为在停战协定第19段[1]的序言中，“协约国和美国未来的任何要求和需要都不受影响”这句话将之前所有的条件限制都抹杀了，这使得协约国能够提出任何要求。然而，这样一句话在当时没有得到特别的重视，这也是偶尔为之的保护性的话，它绝不可能废除威尔逊和德国政府之间在停战前作为和平条款基础的正式通告和十四点计划，也不可能把德国政府在财政领域中接受停战的条款变成无条件投降的条款。这只不过是起草者惯用的语句，他们在罗列一系列特定要求的清单时，为了避免人们认为清单已经穷尽了一切要求，便使用了这样的语句。不管怎样，在德国对和约初稿做出评论后，这一争论都应由协约国在答复里予以解决，而协约国在答复里承认，战争赔款这一章的条款必须要由威尔逊11月5日文件加以限制。

假设这个文件中的条款具有约束力，我们来对“由于德国的海陆空侵略而给协约国平民生命及财产造成的一切伤害，德国必须进行赔偿”这句话的确切含义进行阐

1　“协约国和美国未来的任何要求和需要都不受影响，然而这必须基于以下的财政条件：只对已经造成的损害予以赔偿。与此同时在停战期间，敌国不得破坏任何能够用于恢复或赔偿协约国战争损失的公共财产。原则上讲，在比利时国家银行的现金存款直接作为战争赔款，立即归还全部的文件、硬币、证券、股份、纸币、有争议的相关工厂以及被占领国公共或私人的利息收入。归还俄国和罗马尼亚向德国缴纳或被德国抢走的黄金，在签署和平协议之前这些黄金转交给协约国并由其进行管理。”——原注

释。我们在本章的下一部分可以看到，在历史上，表面上叙述如此简单而明确的句子是很少有的，这却给诡辩家和律师带来如此大量的工作。一些人不假思索地宣称，这句话所表述的内容包括了全部的战争费用。他们指出，因为全部的战争费用都需要用税收来支付，而征收这些税款正是“对平民的伤害”。他们觉得这句话表述过于累赘，更简单地说，应该改成“任何种类的损失和支出”；而且他们承认，表面上对平民生命和财产的重视是不合时宜的，然而他们认为，协约国作为胜利者所固有的权利不能因起草的过错而被剥夺。

然而，对这句话的字面意思及对平民伤害的强调，其限制并不仅仅是为了区别于一般的军事支出；要清楚的是，这一条款的语境是为了阐明威尔逊总统十四点计划中的“恢复”这一术语。被侵略的区域在十四点计划中有明确规定：比利时、法国、罗马尼亚、塞尔维亚和黑山（意大利被忽略掉了，这很不负责任），可是海上被潜艇攻击的损失、海上轰炸的损失（比如在斯卡伯勒）或空中袭击的损失并不包括在内。为了对十四点计划中遗漏的地方（包括不能像被占领区那样有效分辨的平民的生命和财产损失）加以弥补，巴黎和会协约国最高委员会向威尔逊提出了它们的修正案。在我看来，在当时（1918年10月份的最后几天），任何一个有责任心的政治家都不会苛求德国政府赔偿全部的战争费用。他们只不过想说明一点（这点对英国来说非常重要），那就是，对非战斗人员及其财产的损害的赔偿不能仅限于被侵略区域（在十四点计划未被修正之前，只限于被侵略区域），还应对所有遭受损害者同等对待，无论“来自陆地、海上还是空中”。只是到后来阶段，要求赔偿全部战争费用的主张才大行其道，使得欺骗行为和在既成文字中挖掘原本没有的意思在政治上变得有吸引力。假如严格解释我们的约定[1]，那么哪些伤害可以向敌人提出赔偿要求呢？从英国的立场来看，应该包括以下各项：

①敌对国政府的行为对平民的生命和财产所造成的损害，包括空中袭击、海上轰炸、潜艇战和地雷战所造成的损害。

②对被拘留的、受到虐待的平民给予赔偿。

不包括一般的战争费用，例如由于贸易减少所带来的间接损害。

法国的赔偿要求除了上面相应的条款以外，还包括：

③战争区域内的平民人身和财产所遭受的损害，以及战线后方由于空战使平民的

1 顺便说一下，这些约定不包括使损害仅仅局限于违反公认战争原则的任何条款，也就是说，除了可以对非法的潜艇战争所造成的费用提出赔偿的要求外，还允许对其在海上合法地俘获商人这类行为所造成的损失提出赔偿的要求。——原注

人身和财产所遭受的损害；

④对敌对国政府或其国民在占领区内掠夺的粮食、原材料、家禽家畜、机械、家具、木材以及其他类似物品，要给予赔偿；

⑤德国政府或其官员对法国地方政府或国民的罚款和征用的财物应给予归还；

⑥对驱逐法国国民或强迫其进行强制性劳动这一行为进行赔偿。

除了上述各项，还有一项的性质更加可疑，即：

⑦为了在敌占区保持法国平民的人口，应向他们提供必要的衣食所需的救济金。

比利时人要求的赔偿的条款与此类似。[1]如果说比利时可以证实它更符合条件，要求德国对所有的战争费用赔偿，那么这只能说侵略国在比利时违反了国际公法这一点上是成立的，然而我们看到，十四点计划对这仅有的一点并没有提出明确要求。[2]与一般的战争费用没有区别，英国、法国和美国已经预先支付了比利时所需救济金的全部费用，而比利时得到的战争费用的赔偿，应该将其用于偿还这三个国家的预先支付费用，因此事实上，比利时的赔偿要求与这三个贷款国的赔偿要求存在重复的现象。

也可以将其他协约国的赔偿要求汇总成相似的条款。然而对这些国家来说，存在一个更加突出的问题，那就是德国应该在多大程度上对由其盟国（奥匈帝国、保加利亚和土耳其）而不是它自己所造成的损害承担连带责任。这是十四点计划没有明确回答的众多问题之一。一方面，十四点计划中的第11点明确包括了对罗马尼亚、塞尔维亚、黑山造成的损害，而没有对哪一个国家的军队造成的这种损害做出限定。另一方面，在协约国的文件里，应该是“德国及其盟国”侵略的地方却只说成“德国”侵略。假如严格根据字面意思进行解释，土耳其对苏伊士运河造成的损害或奥地利潜艇在亚得里亚海造成的损害是否都会归到德国头上，这是很值得怀疑的。然而在这种情况下，倘若协约国意欲在某一点上穿凿附会，将连带责任强加在德国身上，那么他们不必严重违背约定的一般含义就能够做到。

就算是在协约国之间，情况也各不相同。假如法国和英国将德国所能承担的支付全部拿走，而让意大利和塞尔维亚拿走它们从奥匈帝国的废墟上所能获取的支付，那么这种行为就是非常不公平和不讲信义的。很明显，在协约国中间，应该把德国及其盟国的所有赔偿财产聚在一起，依据各国所汇总的赔偿要求按比例分配。

1　协约国国民拥有的前占领区发行的有价证券和银行贷款应作为敌对国的债务，与其他拖欠协约国国民的债务一起进行解决，与战争赔款无关。——原注

2　事实上，和约中包括基于比利时利益的特殊赔偿要求，并且德国代表对这一要求没有提出任何异议就接受了。——原注

在这个问题上，假如我在后文做出的评估能被接纳，那么协约国直接而合理的赔偿要求将会耗尽德国的偿付能力，德国为其盟国所承担的连带责任将只是学术上的问题。所以，谨慎的、值得尊敬的政治家应该给予德国提出质疑的权力，并对仅由其自己造成的损害进行赔偿。

依据以上各项规定所要求的赔偿，其总额将是多少呢？当前并没有做出任何科学的或准确的估计，因此我给出自己对赔偿总额的估计，首先做如下解说。

很自然地，被过分夸大的主要部分总是被侵略地区的物质损失总额掩盖。到法国被战争破坏的荒芜地区走一走，真是触目惊心，无法形容。1918—1919年的冬天，在大自然掩盖所有战争的景象之前，战争的恐怖和荒凉范围极广，俯拾皆是，破坏之彻底一览无遗：一望千里，空空如也；无屋可居，无地可耕；遭受破坏的地方惊人地相似，一个被破坏的地方与另一个地方如出一辙——残垣断壁，满地弹坑，凌乱的电线遍布四周。[1]需要多少劳动力才能修复这样的地方真的是无法衡量；而对于从这些地方归来的游人，由于战争的破坏给他思想带来的冲击，恐怕任何言语都无法表达。某些国家因为各种人人皆知的原因，毫不羞耻地利用了这种感情。

在我看来，对比利时来说，公众的表现是极端错误的。不管怎样，比利时都是一个小国，并且它实际上遭受战争破坏的地区在全国只占很小的比例。1914年的德国第一次突袭对其造成的破坏只是局部性的，之后在比利时的战线就一直没有发生改变。在法国则不同，其战线前后移动，占了法国国土的很大一部分。比利时境内的战线十分稳固，敌对状态被限制在国家一隅，在近代这些地方大多是贫穷、落后的偏僻地区，活跃的工业区并不包括在内。德军造成的伤害仍然在一些小的洪泛区有所保留，包括德军在撤退时对建筑物、工厂和交通的蓄意破坏以及对机械、牲畜等其他财产的掠夺。然而，布鲁塞尔、安特卫普甚至奥斯坦德都毫发无损，作为比利时主要财富的绝大部分土地都像原先一样耕作得很好。旅行者乘车穿过比利时被毁坏的地区，从一头走到另一头，可能都意识不到这里曾经是战区。但是，法国却是另外一番景象，法国受到战争破坏的区域在受损程度上远大于此。由于受到严重抢掠，比利时的工业暂时陷于瘫痪，然而更换机械的实际货币成本只是缓慢地上升，只要几千万就可以恢复

1 但是，对一个英国观察员来说，伊珀尔的景象与其他地方完全不同。在这个荒凉、阴森的地区，自然色彩、地貌、气候仿佛都是专门为向游人展示战争场景而设计的。1918年10月初，大战还未完全结束，一些德国军人的尸体加深了人们对现实和人类惨剧的印象。当时，凡是参观过阵地的人都会感到，只有在这里才能感觉到当前战争所犯下的滔天罪行。与此同时，这种对未来悲观、感伤的情怀在某种程度上会变得更加刺眼。——原注

比利时全部机械的价值。除此之外，让冷静的统计学家不容忽略的一个事实是：比利时人拥有的个人自我保护本能极为发达，在停战时比利时拥有大量的德国纸币[1]，这说明，虽然德国存在严厉而残暴的统治，至少比利时的某些阶级发现了从入侵者的支出中获利的方法。我认为，比利时人对德国的赔偿要求，其总额比所估算的比利时战前的财富总和还要多，显而易见，这完全是不负责任的。[2]

在此，我将引用比利时财政部1913年公布的该国财富的统计数字，这样有助于我们理清思路，具体数据如表5-1所示。

表5-1　1913年比利时的财富

财富类别	数量（万美元）
土地	132 000
建筑物	117 500
个人财富	272 500
现金	8 500
家用器具	60 000
总计	590 500

1　据估算，这些纸币总额不低于60亿马克，目前这些纸币成了比利时政府窘迫的源泉和巨大的潜在损失，因为在收复国土的时候，政府以1.2比利时法郎兑换1马克的交换比率把这些马克从国民手里接收过来。这一交换比率实际上远远超过当时外汇市场上马克的价值（也大大超过了马克贬值后的汇率，现在，要高于3马克才能赶得上1比利时法郎的价值），这导致“为了获取利润，把马克大规模走私到比利时”的行为。比利时政府采取这种非常轻率行动的原因，部分是希望劝说和会让德国按照面值将这些马克赎回，并以此作为对德国财富的第一要求权。但是和会认为，与调整由过高的汇率所造成的过度银行交易比起来，必须优先支付正当的战争赔偿。除了法国政府出于被侵略地区和阿尔萨斯—洛林民众的利益而以相似的汇率所接收的总计约20亿马克外，比利时政府拥有的巨额德国通货使马克的交易地位大为恶化。比利时和德国政府期望能在对这一问题的处置上达成一些意见。尽管执行起来存在很大困难，因为对德国所有可得到的财产，战争赔款都具有优先置留权。——原注

2　为公平起见，需要另外说明一点，比利时出于自身利益的考虑提出如此高的要价，其中不仅包括了正当的损害，还包括各种各样的其他项目，例如，假如不发生战争比利时人所能获得的利润和收入。——原注

根据这一数据，我们可以得知当时比利时的人均收入为780美元，然而在统计学领域最权威的斯坦普博士看来，这一数据还是太低了（纵然他也不认可近来流行的更高的估测值）。因为在同一时期，与比利时接壤的国家里，荷兰的人均收入是835美元，德国是1 220美元，法国是1 515美元。[1]但是，倘若假定比利时人均收入为1 000美元，那么，75亿美元的全国总收入未免就显得太高了。官方对土地和建筑物的估计应该比其他机构更准确。另一方面，建筑费用的增长也应纳入考虑范围。

我认为，综合考虑各种观点之后，比利时因遭受破坏和劫掠所造成的实物损失的价值最多不超过7.5亿美元。尽管对于预测出一个远远低于当前流行估数的估计数字，我有些举棋不定，然而即使实际的赔偿要求就是这个数字，如果其被证明是可行的，我同样会感到诧异——与扣押、罚款、征用等方面相关的赔偿要求总计高达5亿美元。如果把比利时的盟国预借给它的一半战争费用也算上，就必须再增加12.5亿美元（包括救济支出），如此一来，赔偿要求总计达25亿美元。

法国遭受破坏的程度要远比比利时大得多，这不仅从战线的长度来说，而且由于战线不时地前后移动，其受到毁坏的区域十分广阔。有一种错误观点非常流行，即认为比利时是战争的主要受害者，而我恰恰不这么认为，在伤亡人数、财产损失和未来的负担方面，在全部交战国中，除美国以外，比利时是牺牲相对最小的国家。在协约国方面，苦难和损失相对最为严重的是塞尔维亚，其次是法国。本质上讲，法国与比利时一样，都是德国野心的牺牲品，其卷入战争是在所难免的。按照我的推断，尽管在和会中法国倡导很极端的政策，然而这些政策的来源正是它所遭受的苦难，因此我们应对法国的赔偿要求予以最大的谅解。

由于比利时在1914年的牺牲程度远远超过其他协约国，因此比利时在一般人的心目中占据着特殊的地位，然而在1914年以后它一直扮演的是次要角色。截至1918年末，除去因被侵略而遭受的不能用金钱来衡量的痛苦外，它的相对牺牲便小多了，它的牺牲甚至在某些方面还不如澳大利亚大。我这样说并不是想贬低比利时的贡献，我们负责任的政治家已在不同场合对此做出了肯定，并认为在比利时的正当赔偿要求得到充分满足之前，英国不应要求德国做出任何赔付。然而对我们或他们来说，这并不能作为在损失总数上弄虚作假的借口。

尽管法国的赔偿要求非常多，但是有很多要求高得离谱，正如法国负责任的统计学家指出的那样，法国完全被敌人占领的领土最多为10%，而遭受实际性破坏的最多也只有4%。法国超过3.5万人口的城镇大约有60个，其中被完全破坏的只有两个——

1　《主要国家的财富和收入》，J.C.斯坦普（《皇家统计学会期刊》，1919年7月）。——原注

塞尔维亚饱经沧桑的房屋。

兰斯和圣·康坦，其人口数量分别为115 178人和55 571人；另外3个被占领的城镇分别是里尔、鲁贝和杜埃，尽管机器和其他财产被劫掠，但其他很多东西并没有受到实质性的损害。亚眠、加来、敦刻尔克和布伦遭受了炮击和空袭的间接伤害，但是加来和布伦因为修建了多种新工事供英国陆军使用而使其价值大增。

1917年的《法国统计年报》估计，法国全国的房产价值为119亿美元（约595亿法郎）[1]。法国目前通行的仅对于房产损失的估计是40亿美元（约200亿法郎），所以，

1　其他估计在121亿美元到134亿美元之间不等。参见上文所引的斯坦普的作品。——原注

这明显太高了。[1]更为准确的数字应该是以战前价格计算的6亿美元，或者说以当前价格算出的1.25亿美元。法国土地价值（除建筑物以外）的估计从124亿美元到155.8亿美元不等，因此，把这一项的损失定为5亿美元，的确是高得有点夸张了。

富有责任心的统计学家认为，法国全部的农业资本顶多也就是21亿美元。[2]除房产和土地外，还包括家用器具和机械的损失、煤矿和交通系统破坏带来的损失以及其他多种次要项目。然而，因为这些项目在法国仅占很小的一部分，因此无论遭受多么严重的破坏，把损失估计为多达几亿美元都是说不过去的。简单地说，法国北部被占领和破坏地区的实物损失不会超过25亿美元，否则将是令人难以置信的。[3]我在得出自己估计的数字后无意间发现了M.雷内・普平的著作。他在著作中对法国战前的财富进行了十分全面而科学的估算，[4]这是对我自己所估计数字更充分的证实。据M.雷

---

1 M.查尔斯・吉德在1919年2月的《解放》中清楚而勇敢地指出了这一点。——原注

2 有关这些和其他数字的具体情况参见普平的作品。——原注

3 即使列出实物损失的程度，也很难给它定一个合理的价格，因为做这种定价很大程度上依赖于修复的年代和采用的方式。不管付出多大的代价，不可能在一两年内就修复战争带来的创伤。这样的尝试会远远超出现有的劳动力和原材料总量的承受范围，使价格大幅上升。在我看来，必须假定一个等于目前世界普遍水平的劳动力和原材料成本。但是实际上，我们从来都没有企图完全恢复到战前的状态。确实，那样做是十分浪费的。很多城镇陈旧而对居民的健康不利，很多小村落非常脏乱。在相同的地点建造相同样式的建筑是非常愚蠢的行为。对于土地，很多时候把它留给自然，让长久的岁月来处理是比较明智的做法。法国应当在合理代表实物损失的价值的基础上计算出货币总额，然后从整体上繁荣经济的角度出发，以它自认为最明智的方式来消费这笔钱。这场争论的第一缕微风已经开始吹遍法国。1919年春，议会进行了一场辩论，虽然持久但仍未产生任何定论，辩论的主题是：被破坏地区的居民得到的赔偿是必须用于重置与原来一模一样的财产还是可以依据他们的喜好自由支配。这两种主张显然都存在很多问题。前一种情况将带给物主很大的困难和不确定性。多年以后，他们中的很多人很可能无法像以前那样有效率地对其财产进行处置，然而又不能在其他地方自由地创业；而如果允许这些人拿着他们得到的赔款去别的地方，那么法国北部边远地区将永远得不到恢复。但是我认为，明智的措施是给他们以尽量大的自由，让经济动机决定他们的出路。——原注

4 《战前法国的财富》，1916年出版。——原注

内·普平估计，被侵占地区的原料损失是20亿～30亿美元（约100亿～150亿法郎），[1]我所估计的则是这两个数字的折中数字。

但是，M.迪布瓦（代表议会的预算委员会）把130亿美元（约650亿法郎）定为不包括"战争征收、海上损失、公路或公众纪念碑的损失"在内的"最小数额"。而1919年2月17日，工业重建部部长M.卢舍尔在参议院声明，重建被破坏的地区将花费150亿美元（约750亿法郎），这一数额超过M.雷内·普平对法国居民财富估计数字的两倍。但当时，身居要职的M.卢舍尔和其他人一样，在和会上大肆宣扬法国的赔偿要求，在他看来诚实守信和爱国精神可能是相互冲突的。[2]

但是目前为止，所讨论的并不是法国赔偿要求的全部数额。需要注意的是，法国提出赔偿的范围还将被占领地区的征收和征用以及法国商业船只在海上遭受德国巡洋舰和潜艇攻击的损失包括在内。要想满足这些赔偿要求，10亿美元就绰绰有余了。然而出于安全的考虑，我们把法国各方面的赔偿要求增加15亿美元——虽然这样做稍显武断，如此一来，其总数就达到了40亿美元。

M.迪布瓦与M.卢舍尔的宣言在1919年早春发表。半年之后（1919年9月5日），M.克劳茨在法国议会发表了一次演讲，这更让人无法原谅。在这次演讲中，法国财政部长估计，法国对财产损失的赔款要求（大概包括海上的损失等，但抚恤金和津贴不包括在内）总计为268亿美元（约1340亿法郎），远远超过我所估计数字的6倍。就算可以证明我的数字是不正确的，那M.克劳茨所说的数额也绝对是不合理的。法国人民被法国内阁部长们欺骗得如此之深，当真相昭然若揭的时候——这必将很快到来（这取决于法国的赔偿要求和德国满足这一要求的能力）——人们的反应将不仅给M.克劳茨带来打击，而且可能会对他们所拥护的政府和社会形成打击。

倘若基于当前的现实，英国的赔偿要求实际上仅限于海上的损失——船只和货物遭受的损失。当然，因遭受空中袭击和海上炮击而造成的平民财产损失应该受到赔

1　《蓝色评论》，1919年2月3日。这些数字源自一篇具有重要意义的关于法国财富估计和观点表达的节选，这些节选构成了H.凯里奥特和R.哈考特所著的《对战争的经济清算》一书第4章的主要内容。而已经完成的战争修复规模进一步证实了我所估计的数量。1919年10月10日，M.塔尔第欧在一次演讲中说道："9月18日之前，被摧毁的2 246千米铁路中已有2 016千米被修复；被摧毁的1 075千米运河中，已有700千米被修复；被轰炸的1 160个建筑（桥梁、隧道等）中，已有588个被替换；被炮弹击毁的55万栋房屋中已有6万栋被重建；被战争破坏的180万公顷耕地中，再次被耕种的已有40万公顷，20万公顷正准备播种；最后，1 000多万米的铁丝网被清除。"——原注

2　在这些估计中，有一些除了直接的实物损害外，还包括暂时的费用和非实物损害。——原注

偿，然而就我现在所说的这些，所需要的赔偿金额是无足轻重的——2 500万美元就能将一切包括在内，5 000万美元肯定是绰绰有余的了。

除捕鱼船只之外，英国因敌国行动所损失的商业船只数量为2 479只，毛重总计为7 759 090吨。[1]在采取适当比率作为替代成本这一点上，观点始终没有得到统一。假设毛重每吨作价150美元（由于造船业发展迅速，很快这一标准就显得太高了，从而当局可能用所喜好的其他标准将其取代），赔偿要求的总额就是11.5 亿美元。[2]在此基础上必须加上货物的损失，然而损失货物的价值只能凭猜测来确定。假设每一吨位的船只损失中有200美元的货物损失，那么货物损失总额便是15.5亿美元，这一估计是最合理的。这样，船只和货物的损失总额为27亿美元。

再加上1.5亿美元将足以将空中袭击、炮弹袭击、被拘留平民的赔偿要求和其他各种各样的项目包括在内了，这使英国的总赔偿要求总额达到28.5亿美元之多。也许这会令人非常惊讶——英国所要求赔偿数额的货币价值与法国相差甚少，但却超过比利时。然而，无论用什么方式来衡量——一国经济力量的货币损失还是实物损失——英国商业船只都存在巨大的损失。

除此以外，还有意大利、塞尔维亚和罗马尼亚对遭到侵略所导致的损失要求赔偿，这些国家以及其他国家（如希腊[3]）对海上的损失要求赔偿。为便于当前的讨论，我假定这些赔偿要求都是针对德国提出的，即使这些损失不是由德国而是由其盟友直接造成的；但是我不想在其中加入代表俄国的赔偿要求。[4]意大利因为被入侵的损失和在海上的损失不太惨重，2.5亿—5亿美元足够将这些损失包括在内了。从人道主义的

1　其中很大一部分是在向盟友们提供服务时造成的损失；在他们和我们的赔偿要求中一定不能同时包括这部分损失，否则会造成重复计算。——原注

2　对于上面所列的赔偿要求，沉没的675艘渔船并未列入其中，其总毛重为71 765吨；也没有列入1 885艘被破坏或遭到骚扰但没有沉没的船只，其总毛重为8 007 967吨。这一事实可能会将被高估的替代成本抵消。——原注

3　由于地中海的危险，希腊商业船只遭受了极大的损失；然而绝大多数损失发生在为盟友提供服务的时候，盟友直接或间接地对这些损失的大部分进行了赔偿。希腊船只在为自己国家服务时并未遭受很大损失，所以赔偿要求也不大。——原注

4　在此问题上，和约有保留条款：协约国和同盟国形式上保留俄国基于当前条约从德国获得归还财富和赔偿的权利。——原注

观点来看，虽然塞尔维亚遭受了最为深重的苦难，[1]但是由于其经济不够发达，如果以金钱来衡量其损失的话，数额也不会太大。斯坦普博士（同上文）引用了意大利统计学家马罗伊的估计，认为塞尔维亚全国的财富总值为24亿美元，人均为525美元，而且其中很大一部分财富是并没有遭受永久性破坏的土地。[2]由于数据并不充分，因此我对这些国家的合法赔偿要求的一般数量更多的只能是猜测，而且我更喜欢只进行一次猜测，我把这些国家的赔偿要求总量估计为12.5亿美元。

我们得到最终的结果如表5-2所示。

表5-2 各国的赔款要求总额

国家	赔款额（亿美元）
比利时	25.0*
法国	40.0
英国	28.5
其他协约国	12.5
总计	106.0

*假设比利时的赔偿要求将由比利时的盟友提供的贷款所支付的一般战争费用包括在内，约12.5亿美元。

尽管以上的数据有很多是通过猜测得到的，特别是法国的数据，很容易招致批评，但是因为一般的数据与精确的数据之间存在差别，因此我相信，猜测的成分并不

1 迪乌里奇博士在其著作《南斯拉夫国家经济和统计调查》（《皇家统计学会期刊》1919年5月）中引用了一些有关生命损失的数字：“根据官方的回应，到上次塞尔维亚发动攻势为止，塞尔维亚在战场上或在关押中死亡的人数为32万，这意味着塞尔维亚18～60岁的成年男子有一半在这场欧洲战争中丧命。除此之外，根据塞尔维亚医疗当局的估计，大约有30万人死于国内的斑疹伤寒症，大约有5万人死于敌人的集中营。在塞尔维亚两次撤退和阿尔巴尼亚撤退期间，据估计，小孩和年轻人死亡的人数大约为20万。最后，在敌占区，3年内由于食物和医疗护理的匮乏而丧命的人数估计有25万。”总之，他认为死亡人数大于100万或超过了塞尔维亚总人口的三分之一。——原注

2 塞尔维亚当局提出的很大一部分要求包含很多间接和非物质损害的猜测项目。在我们的公式中，这些要求在实际上是不被接纳的。——原注

第一次世界大战时，德国的皮袋。这个皮袋里装着两支用来装卢格自动手枪的备用弹匣。该皮袋是战争结束后在一艘德国潜艇上发现的。

一定是错误的。可表述如下：在对停战前各协约国国力进行解释的基础上，对德国提出的赔偿要求肯定会处于80亿～150亿美元之间。

这是我们有权向敌人提出的赔偿要求的总量。我认为，要求德国政府在和平谈判中接受总计100亿美元赔偿额度的最终决定将是明智而公正的做法，而不要进一步追究细节了，其理由将在稍后暴露得更加充分。这种解决办法将是直接和确定的，倘若给德国以一定的宽容，那么德国支付向它所要求的数目并非完全不可能。应该在协约国之间以需要和一般平衡为基础对这一总数进行分配。

然而，问题并没有按其性质得到圆满的解决。

2.和会与和约条款

我并不相信，在停战期间，协约国富有负责任心的政治家会期望从德国那里得到超过弥补直接实物损失成本的赔偿，这些直接实物损失包括协约国领土被侵略而造成的损失或由潜艇战役而造成的损失。当时，对于德国是否会接受我们的条款，人们持怀疑的态度，因为条款在很多方面都非常苛刻，当时也不能预料协约国对于货币赔偿的要求，而且这一点在任何情况下都不能得到保证。所以有人推测出，继续战争这一没有政治家风度的行为可能会出现。在我看来，法国始终不会接受这种观点，而英国的确抱有这种态度。正是在这种气氛下确立了停战框架。

1个月之后，气氛彻底改观了。我们发现，德国的状况事实上是极不乐观的。对于这一发现，有些人（尽管不是全部）已经有所预料，然而没有人肯定一定会这样。很显然，倘若我们决定让德国无条件投降，那么就一定能实现。

然而，在形势上，新的、对局部极为重要的因素出现了。英国首相劳合·乔治意识到，他赖以建立个人权势的政治联盟可能很快会被反对派瓦解，如果他对此置之不理，放任政敌成熟起来，那么军队复员人员、工业从战争状态向和平状态转变，财政状况，人们一般心理的反向变化等国内的困难，将为他的政敌提供强有力的武器。所以，很显然，使他的势力（他的势力是个人的，其形式是独立于政党和规则的，这在英国是非比寻常的）得以巩固的最好选择就是，在胜利的声望减弱之前采取积极的行动，利用当时的情绪重新建立一个势力基础，以便在日后反对行动不可避免地到来时渡过难关。所以，停战后在很短的时间内，劳合·乔治便以获胜者的姿态，在他影响力和权威处于最高峰的时候颁布法令，举行全国大选。在当时，人们普遍认为这种政治行为是不道德的。出于公众利益的考虑，应该推迟选举，直到新时代的问题明朗化且国家在一些事情上表明立场并指定其代表时再进行，然而，其他一切都被私人野心的需要所吞噬。

一切暂时进展得很顺利。然而随着选举的进行，候选人发现，他们缺乏有效的呼声，他们几乎被挟持了。战争内阁要求继续执掌政府，理由是其赢得了战争。然而这部分是因为他们自己还没弄明白新的问题，部分因为存在于联合政党中的微妙平衡，对与未来的政策，首相或者一言不发，或者只透露一些普遍的原则。所以，选举仿佛显得过于平淡。随后的一系列事件表明，联合政党根本不存在实际的危险。然而政党的高层很容易受到“鼓动”。首相那些神经兮兮的顾问告诉他：他仍然有危险，可能会遭到攻击。他们因此番话得到了首相的信任。政党的高层需要更多的“活力”，首相就开始四处寻找。

既然假定首先考虑的是首相继续执掌政权，接下来其他事情就水到渠成了。在一些地区，在这关键时刻出现这样的声音，说政府没有明确给出“不轻易放过德国人”这样的承诺。休斯先生[1]由于主张巨额赔款[2]而受到极大的关注，诺斯克利夫勋爵对这一要求给予有力支持。这让首相有了一举两得的机会。通过采用休斯先生和诺斯克利夫勋爵的政策主张，他可以对那些有影响力的批评家进行安抚，同时又为他的政党高层提供了一个平息其他地区日益高涨的批判声的有效平台。

1　时任澳大利亚总理。——原注

2　为了休斯先生的声誉，必须要进行说明，从我们停战前的第一次谈判开始他就认为，我们对一切战争费用都有要求赔偿的权利。他对我们已经达成的这些协定予以抗议，公开表明他不赞成这些协定，并认为这些协定的约束对他本人不起作用。他的愤怒部分来自以下这一事实：澳大利亚并没有遭到破坏，所以，如果更加严格地对我们的权利加以解释，那么澳大利亚将不具备要求战争赔偿的权利。——原注

1918年的大选是一段糟糕的、戏剧性的历史，通过它我们可以看到首相的弱点：他并不是从自身真实的冲动中获取主要灵感，而是从暂时包围着他的气氛的改变中得到灵感。通常情况下，人的自然本能是正确且合理的，首相的自然本能也不例外。他自己认为并不应该将德国皇帝绞死，同时认为主张巨额的战争赔款是不合理或不可能的。10月22日，他和博纳·劳联合发表了选举宣言。对上述两个问题，宣言中都没有提及，只是谈到裁军和国际联盟的问题，最后总结说："我们的首要任务是必须实现一种公正而持久的和平，并以此为基础建立新的欧洲，避免发生新的战争。"国会解散前夜（11月24日），在伍尔弗汉普顿发表的讲话中，他对赔偿或赔款问题只字未提。第二天，博纳·劳在格拉斯哥也没有做出任何承诺。"我们将要去和会。"他说，"作为协约国的成员之一，作为一名政府工作人员，不管他是怎么想的，在去和会之前你都不能期望他对任何具体问题所持的底线做出公开的声明。"

然而几天之后（11月29日），首相开始在纽卡斯尔透露出其立场："德国将法国击败的时候，它要求法国赔款。这是它自己确立的原则。这一原则是无可辩驳的，我们将继续实施这一原则——德国必须全力以赴对我们的战争费用进行赔偿。"但是，伴随着这一表述，对这种情况下可能存在的实际困难，首相还发表了"几句警告"："我们已经任命了一个很有实力的专家委员会，它们代表了各个方面的意见，十分认真、慎重地考虑了这一问题，并向我们提出建议；要求赔款是正当、合理的主张，是不容怀疑的。德国应该进行赔偿，它必须倾尽所有进行赔偿，然而我们不会要求它以破坏我们工业体系的方式来赔偿。"此时，首相意欲说明的是：他想严肃对待赔偿一事，但对实际获得的货币赔偿不会提出过分的要求，也不会在和会上持有特定立场并采取行动。有传言说，一位政府要员说德国一定能够支付1 000亿美元，并且就算是两倍于这一数字的金额也不足为奇。像劳合·乔治所说的，财政部官员的观点则有所不同。所以，劳合·乔治将自己隐藏在他那些顾问各种观点之间的巨大差异中，并认为德国所能支付的具体数字是需要处理的公开问题，对此他必须为了国家的利益全力以赴。而他始终对于我们在十四点计划下达成的协定缄默不语。

10月30日，工党代表，战争内阁阁员巴恩斯在演讲中宣称："我支持将德国皇帝处以绞刑。"

12月6日，劳合·乔治发表政策演讲，他在演讲中着重强调"欧洲"一词，他说："这一原则已被所有的欧洲协约国所认同，即同盟国必须不遗余力地对战争费用做出赔偿。"

然而，在距离投票日还有一周多的时候，人们依然对首相所透露的信息感到不满。12月8日，像往常一样，《泰晤士报》为降低其合伙人的限制而提供看似合理的理由，在一篇题为《要求德国赔偿》的社论里宣称："首相不同的表述仍会使公众的思维产生混乱。"它们的政治通讯记者写道："人们对有关饶恕德国的影响因素存在很多猜疑，但是，协约国的利益才是决定德国赔偿数量的唯一因素。身为候选人，他们应当对当前的问题进行处理；应当接受巴恩斯的观点——'将德国皇帝处以绞刑'——并要求增加德国对战争费用的赔偿；应当唤醒公众，抓住他们反应最为强烈的问题。"

12月9日，首相在皇后礼堂回避了这一主题。然而从那时起，思想和演讲的放纵无时无刻不在发展，埃里克·格迪斯爵士在剑桥市政厅的演说是其中最为拙劣的。在之前的一次演讲中，他对从德国获取所有战争费用的可能性提出质疑，这种不明智的做法使他受到猜疑。所以，他在剑桥市政厅发表的演说重新为他赢得了名声。"如同压榨柠檬一样，我们将从德国那里得到赔偿，甚至还会更多，"忏悔者叫嚣着，"我将压榨德国，直到其发出吱吱的声音。"他的政策是将德国在中立国或协约国的财产全部拿走，将德国的所有黄金、白银、珠宝、画廊和图书馆的藏品都卖掉以偿还对协约国的债务。"我将对德国进行剥夺，"他叫喊着，"就像它以前剥夺比利时那样。"

到了12月11日，首相妥协了。他于当天向选民发表了最后的6条宣言，此宣言同他3周前的计划相比，反差强烈。我将6条宣言全部援引如下：

（1）审讯德国皇帝；

（2）惩罚犯下暴行的人；

（3）从德国索取最大的赔偿；

（4）在社会上和工业上，英国服务于英国人民；

（5）补偿战争中受到损害的人；

（6）建设全体国民所有的更美好的国家。

这变成了讽世者的笑料。仅仅在3个星期的选举活动中，这个贪婪和伤感、偏见和欺骗的混合物就将英国最有权势的统治者征服了。不久前，这个人还堂而皇之地大谈裁军和国际联盟，主张应当在公正、永久的和平基础上建立新的欧洲。

11日晚上，在布里斯托尔，首相实质上收回了他之前做出的承诺，并设定了其赔偿政策的4条原则，主要内容如下：我们拥有绝对的权利来对所有战争费用要求赔偿；我们建议对所有的战争费用要求赔偿；在由内阁指导任命的一个委员会看来，这是能够做到的。[1]他在4天后就去了投票现场。

首相一直没有说他自己相信德国具有支付所有战争赔款的能力。然而在竞选区域，在对他的支持者进行陈述时，这些计划被更加具体化了。这让普通投票者认为，德国就算没有支付全部战争费用的能力，也可以支付其中的大多数。那些被战争支出激起对未来实际的或自私的恐惧的人和那些因为受到战争恐怖气氛的扰乱而情绪失常的人，都可以从中得到慰藉。投票支持一个联合政党候选人就等于惩罚德国，把英国的债务加在德国的身上。

事实证明，这种联合是不可抗拒的，并再次证明了劳合·乔治正确无误的政治本能。任何候选人都不能安然地谴责这一计划并不按计划去做。年迈的自由党无法提供给选民任何类似的东西，逐步走向衰亡。[2]于是形成了新的下议院，大多数成员都承诺了比首相多得多的内容。他们到达威斯敏斯特后不久，我就向一位保守党朋友（他对上一届下议院的那些人比较熟悉）询问，看他对他们的看法如何。“他们的表情都非常严肃，”他说，“看上去好像在战争范围之外的事情做得不错。”

首相动身去巴黎时的氛围就是这样的，这些纷扰都是他咎由自取的。他承诺自己和政府将要求无助的敌人进行赔偿，这赔偿与我们以前订立的庄重的协定相抵触，而敌人放下武器的原因正是他们相信了这些协定。历史上很少存在这种不能被子孙后代宽恕的时刻——这场以保护国际和约的神圣名义发动的战争，居然以捍卫这种理想的战胜国确切无疑地背离其中最为神圣的国际和约而告终。[3]

暂且不论这件事情的其他方面，我认为要求德国支付一般战争费用在政治上是最不明智的，我们的政治家们应当永远为此担责。假如欧洲所期待的未来有什么不同的话，其主要取决于劳合·乔治或威尔逊是否能够意识到他们应当关注的最严重的问题是财政和经济问题，而不是政治或领土问题；取决于他们是否能够意识到未来的危机存在于食物、煤炭和交通中，而不是存在于边界和主权中。在和会期间，他们中的每

1　全部的战争费用估计高于1 200亿美元。这意味着每年的利息（偿债基金不算在内）是60亿美元。哪个委员会曾经报告说德国有能力支付这样一笔钱？——原注

2　然而不幸的是，它们并没有与光荣飘扬的旗帜一道继续传承下去，因为它们的领导人始终保持缄默。倘若在人们对诡计、诈骗、名誉败坏的强烈抗议过程中，它们遭受过失败，那么，它们的领导人在对国家的估计中将会站在完全不同的立场。——原注

3　在经过痛苦的思考后，我才决定写下这些话。然而英国的主要政治家没有一个人出来反对这种行为，这会让人认为一定是我弄错了。但是我相信自己知道全部的事实，我能够揭露更多的错误。不管怎样，我在第4章和第5章的开头已经列出所有相关的协定，读者可以形成自己的判断。——原注

个人都没有对这一问题给予足够的重视。然而不管怎样，英国代表团在赔款问题上的承诺却始终笼罩着明智、合理地考虑这些问题的氛围。首相的行为激起了英国国民的期望，这一期望使首相不得不鼓吹一个不公正的、没有可行性的经济基础并由此达成对德和约，而且使他与威尔逊产生分歧，同时还要与法国和比利时争夺利益。然而，从德国只能得到非常有限的赔款，这一事实越明显，我们就越需要对贪婪的“爱国主义”和“神圣的自负”加以利用，从法国更加正当合理的赔偿要求和更迫切的需要中，从比利时理据充分的期望中攫取赔款。但是，解决欧洲即将面临的经济问题并不能依赖于贪婪，只有宽宏大量才能解决问题。

欧洲如果想渡过难关，则需要美国给予极大的宽容，同时欧洲自己也必须做到宽宏大量。对协约国而言，在剥夺完德国并相互剥夺后转而求助于美国，让美国将欧洲各国（包括德国）重新复原，这种做法毫无用处可言。假如1918年12月的大选是谨慎的慷慨，而不是愚蠢的贪婪，那么目前欧洲的经济前景将不会这么糟糕。我始终认为，在主要会议召开之前或和会初期，英国代表与美国代表应该坐在一起，从总体上对经济和财政形势进行深入探讨，而且英国代表应当有提出具体提议的权利，其一般原则如下：

（1）完全取消协约国之间的债务；

（2）德国赔款的总数固定为100亿美元；

（3）英国放弃参与分享这一赔款总数的权力，并交与和会安排它应得的份额，作为对即将建立的新国家的财政的资助；

（4）为了使一些信用的基础立即投入使用，全部缔约国都应当为德国赔款总数的一定比例提供担保；

（5）为了恢复经济，应当允许以前敌对的各国相互发行适量的债券，以使其发挥类似的担保作用。

这些提议要求美国做到慷慨大方，因为美国遭受的财政损失最小，向它提出这种要求也是合乎情理的。这些提议也具有可行性，任何堂吉诃德式或乌托邦式的东西并不包含在其中，而且它们也为欧洲的财政稳定和重建奠定了坚实的基础。

但是，我要在第7章进一步讨论有关这些思想的详尽细节，现在我们必须把思绪拉回巴黎。上面已经描述了劳合·乔治自己招致的纷扰，而其他协约国的财政部部长甚至陷入更糟糕的处境。在英国，我们并不依赖于对赔款的任何期望来做出财政安排。得到的赔款多多少少都有意外之财的意味；虽然后来有所改变，但当时确实是计划用普通的渠道来平衡预算的。而法国和意大利的情况并非如此。倘若不对现行政策进行大幅修改，就不能平衡它们的和平预算，而且它们也无意去平衡。实际上，这种状况几乎已经没有解决的希望了。这些国家徘徊在破产的边缘。只有寄希望于从敌国获得大量的赔款，才能隐藏这一事实。一旦承认从德国获得两方面的赔款实际上是不可能的，而且把债务转嫁到敌人头上也是不可行的，那么法国和意大利财政部长的职位就危在旦夕了。

所以，从一开始，人们就不可能科学地考虑德国的赔付能力。政治上的紧张必然提高人们的期望，但期望与事实相去甚远，以至于对赔款数字做些许更正起不到一点作用，因而必然会无视事实的存在。这种虚假的结果产生于它的本源。任何可行的建设性财政政策都不可能在如此虚假的基础上建立起来。以此推论，宽宏大量的财政政策就是必需的。法国和意大利的财政状况非常糟糕，除非可以同时给它们指出摆脱麻烦的替代办法，否则它们在德国赔款的问题上什么道理也听不进去。[1]按照我的判断，美国代表对遭受苦难、心烦意乱的欧洲没有提供任何建设性的建议，他们犯了重大错误。

有必要顺便对当时更进一步的因素进行说明，即在克里孟梭的“打压政策”和法国财政部部长克劳茨的财政需要之间存在着对立。克里孟梭的目的是尽量削弱和摧毁德国，无论采取什么可能的方法，我觉得他一直以来都蔑视赔款，他也不愿意让德国进行大规模的商业活动。然而他不愿花费心思去了解赔款或摆在可怜的克劳茨面前的严重的财政困难。假如在条约中增加几项巨额赔款使财政人员得到满足，也不会有什么害处，然而这些需要的满足必须不能对迦太基式的和平所需要的那些政策造成干扰。克里孟梭在不现实的问题上的“现实”政策和克劳茨在现实问题上的政策主张紧密结合，为条约增加了许多不相容的条款，其中最重要的就是关于赔款的提议在本质上是无法实施的。

在这里，我无法对协约国之间无休无止的辩论和阴谋进行清晰地描述，若干月后，在最后向德国提出赔款时，形势终于达到最高潮。历史上很少出现如此歪曲事实的谈判，其参与者是如此贪婪，造成的结果是如此悲惨。我怀疑，事后回过头来看的时候，是否每一个参与争论的人都会羞愧得无地自容？我将只对那些世人已经知道的那些最终妥协的内容进行分析。

当然，最需要解决的一点就是，可以正当地要求德国对哪些项目进行赔偿。劳合·乔治在选举誓言中说，对所有的战争费用协约国都有权向德国要求赔款，这起初

1 通过与法国那些并没有受到政治影响的普通人进行交谈，就可以将这一点看得很清楚。你可以劝他说目前的估计是荒谬的，远远超过了德国的赔偿能力，然而他们最终总是回到最初讲的那些话：“但是德国必须赔偿，如果不赔偿的话，那法国怎么办？”——原注

就显然站不住脚的；或者劝说威尔逊总统坚持我们停战前的协定，以此来公正、无私地确定赔款要求，这显然也是无法办到的。当条约公之于众时，最终达成了如下所述的实际妥协。

第一次世界大战末期，德国紧急发行的硬币。

第231条写道："协约国及其联盟国家政府宣称并且通过德国政府的同意，战争起源于德国及其盟国的侵略扩张，由此给协约国及其联盟国家政府和国民所造成的所有损失和破坏，德国及其盟国承担全部责任。"这是起草得十分恰当和谨慎的条款；威尔逊可以把它理解为德国承认对发动战争负有道义上的责任，而劳合·乔治则可以把它解读为德国承认对一般战争费用承担财政责任。

第232条表示："当前条约的其他条款规定德国对所有损失和破坏全部进行赔款，这会永久性地缩减德国的资源，基于此，协约国及其联盟国家政府对德国有限的资源予以承认。"威尔逊为求得安慰，认为这描述的仅仅是确凿的事实，而承认德国不能支付这些赔款要求并不意味着德国有责任支付；然而劳合·乔治却能够指出，该条款向读者表明的是上一条款所宣称的在理论上德国应该承担的责任。

第232条继续说道："在德国与协约国及其联盟国家军队作战期间，**德国的海、陆、空侵略给协约国及其联盟国家的平民生命及财产造成的全部损失**（对此，通常对全部损失的详细说明见附件1），**德国必须进行赔偿**，协约国及其联盟国家政府责令德国这样做，而对这一责任德国也予以承担。”[1]加粗的部分实际是对停战前的协定条款的引用，威尔逊的顾虑也因此而打消了，但是劳合·乔治在附加的文字（“对此，通常对全部损失的详细说明见附件1”）中又看到了机会，他可以在附件1中达到自己的目的。

但是，到目前为止，所有这一切只不过是文字游戏，只是表明起草人员精湛的文字技巧，而不会对任何人造成实质性的损害。在当时看来这些可能非常重要，然而后来其重要性就下降了。实质性的内容见附件1。

附件1的很大部分内容与停战前的条件严格保持一致，也可以说，即使有所逾越，也可以在道理上进行辩解。第1段就由于战争的直接后果所导致的平民受伤或死亡提出赔款要求；第2段就敌人施加在平民身上的暴行、侵犯和虐待行为提出赔款要求；第3段就敌人在占领区或侵占区对平民的健康、工作能力、尊严所进行的有害行为提出赔款要求；第8段就敌人强迫平民劳动提出赔款要求；第9段就敌对行为对财产造成的直接损害（海军所造成的损害以及对军事设施和物资所造成的损害除外）提出赔款要求；第10段就敌人对平民的罚款和征税提出赔款要求。所有这些赔款要求都符合协约国的权利，同时也是正当、合理的。

第4段就“战争期间虐待监禁人员所造成的损害”提出赔款要求，严格意义上说，这一要求是值得怀疑的，然而按照《海牙公约》，这种要求可能是正当的，而且涉及为数不多的赔款。

但是，第5、6、7段的内容就十分重要了。这三段内容就战争期间协约国政府给予流动人员家庭的津贴，以及协约国政府当时和此后为战斗人员受伤或死亡所支付的抚恤金和补偿提出赔款要求。接下来我们就会看到，这使索要赔偿的数额大大增加，几乎是其他全部增加的赔款数额的两倍。

如果只在感情方面，读者理解起来可能不难。赔款要求中包含这些种类的损害会使结果变得似是而非。首先需要说明的是，从一般公正的角度来看，下面的情况实属荒谬：一个房子被毁的妇人有要求赔偿的权利，而一个其丈夫战死沙场的妇人却无权要求赔偿；或者说一个丧失了农场的农场主有要求赔偿的权利，而一个其丈夫丧失了谋生能力的妇人却无权要求赔偿。实际上，之所以将抚恤金和征属津贴包括在赔款要求中，在很大程度上是因为以停战前条件为基础的条款并不十分严格。在战争造成的全部损失中，有些在更大程度上是由个人承担的，有些在更大程度上是由整个社会来

1 接下来的一段声称，比利时的战争费用“按照德国已经做出的承诺，将全额向比利时进行赔偿”。——原注

共同承担的；然而实际上，前者中有许多人由于政府的补偿而转变成后者。要求一个少于全部战争费用的有限赔偿，仅就违反国际条例或公认的战争行为的敌对行动提出赔款要求，将是一个最为合理的标准。将这一标准付诸实施也很困难，因为它对法国不利，但却有利于比利时（德国可以保证其中立地位）和英国（主要损害来自潜艇的非法行为）。

不管怎样，上面所提到的对感情和公正的追求都是虚无缥缈的。不管国家所支付的分离津贴和抚恤金的来源是哪一项资金，对征属津贴和抚恤金的接受者来说不存在丝毫差别，国家将来自赔款的收入作为对一般战争费用的支出，只不过减轻了一般纳税人的负担。然而主要问题是，现在才来考虑停战前的条件是否公正和周全或者考虑对其进行修改，为时已晚。现在唯一存在争议的问题是，停战前的条件是否仅限于附件1中的第1、2、3、8、9、10段所列的那些对平民人身及财产所造成的直接损害。假如文字是有意义的，条约是有约束力的，我们不具备对国家在抚恤金和征属津贴上所支出的战争费用要求赔款的权利，就如我们不具备对其他任何一般战争费用要求赔款的权利一样。有谁愿意为我们作详细辩护，以保证我们对一般战争费用要求赔款的权利呢?

实际发生的事情是两方之间的妥协：一方是劳合·乔治向英国选民做出的对一切战争费用要求赔款的承诺，一方是协约国在停战时对德国做出的承诺。首相可以宣称，尽管他未能兑现他的竞选诺言即取得所有战争费用的赔款，但是他对此做出了重要巨大贡献，因为他的承诺最终要受限于德国的赔付能力，而现在的赔款清单已经远远超过一些冷静的权威人士所预估的德国的偿付能力。另一方面，威尔逊总统总结了一个公式，这使他在世人面前并没有公然失信，而且在这个问题上避免了与盟友的争吵，如果对这个问题公开辩论，那么从情感上来看，所有人都会反对他。鉴于劳合·乔治的选举誓言，不经过一番公开的斗争，威尔逊不可能期望劳合·乔治放弃这些主张；而且在所有国家几乎都存在压倒性的对抚恤金要求赔款的呼声。首相又一次显示出具有高超政治手腕的政治谋略家的面目。

经过对合约进行仔细研究，就不难发现另一个难点：和约对于德国债务的确定性总额没有做出规定。这一特点遭到一致的批评，给德国和协约国都造成诸多不便。因为对于德国来说，它不知道自己需要支付多少，而协约国对于自己究竟能够得到多少也一无所知。和约所期望达成最终结果的方式是在若干月内把数十万人对土地、农场、建筑、家畜家禽等遭受破坏的赔款要求统计出来，这显然是不可行的。合理的方式是双方核计出一个总数，而不必纠缠于细节。如果这一总数当初能在条约里确定下来，那么就可以更加有条理地解决问题了。

德国在1917年、1918年发行的纸币。

然而这是办不到的，原因主要在于两方面：其一，有两个虚假言论广泛流传，一个是关于德国的赔付能力的，另一个是关于协约国对被破坏地区所造成的损失提出的赔款数量。对两者中的任何一个加以确定都是进退维谷的事。就算确定了德国需要偿付的确切数额，如果不能远远超出最为公正和博学的权威人士的预估，必将大大少于英国和法国的普遍预期；其二，如果确定的赔款数额不会使法国人和比利时人的希望全部落空，那么面对众多的挑战很可能也不会实现，[1]而且还要面临德国人的严厉批评。人们认为，德国人出于谨慎的考虑，已经收集了大量证据，来证明其罪行所涉及的范围。

所以，迄今为止，对政治家来说，最为稳妥的方式就是对任何数字都只字不提；正是以此为出发点，才出现有关赔款的众多复杂的条文。

1 除了面对来自敌对国的挑战，还要面对来自盟国的挑战；由于敌对国的资源十分有限，在确保不会有任何一个国家可以要求过多的赔款方面，其他盟国可能比敌对国有更大的动力。——原注按照赔款这一章的附件1，实际的赔款数额究竟是多少？读者可能有兴趣知道我所做的预估。在本章的第一部分，我已经做出了预估，不包括抚恤金和征属津贴在内，赔款要求的数额为150亿美元（这是我预估的最大值）。附件1所定的关于抚恤金和征属津贴的赔款要求并不是以政府进行补偿时的实际成本为基础的，而是以和约生效时法国的标准为依据计算出来的综合结果。这种方法避免了易于招致批评的计算方式，即美国人和英国人生命的价值高于法国人和意大利人。法国的抚恤金和津贴比较适中，不像美国和英国那么高，然而要比意大利、比利时和塞尔维亚高。法国抚恤金和津贴的实际标准以及各协约国军队动员和阵亡的人数是计算所需要的唯一数据。所有这些数字都是笼统的，不过知道津贴、所包括的人数、阵亡数量等大概数字就可以了，以此做出的估计不会存在太大的偏差。下表（表5-3）是我对所增加的有关抚恤金和津贴的赔款数字做出的预估。

表5-3　增加的抚恤金和津贴的赔偿数额

国家	数额（亿美元）
英国	70*
法国	120*
意大利	25
其他国家（包括美国）	35
总计	250

*据M.克劳茨估计，在这一项上，法国的赔款要求是150亿美元（约750亿法郎，其中包括130亿津贴，600亿抚恤金以及给因战争而丧夫的妇女的20亿赔偿）。如果这一数字没有错的话，那么其他国家的赔款数额也应该成比例地提高。

我认为相对各国单独的数字来说，总数更为可靠。[1]读者可以发现，在任何情况下，抚恤金和津贴都会极大地提高赔款的总额。事实上赔款的总额被增加了将近1

1　也就是说，我觉得总数的误差最大为25%。——原注倍。将这一数额加到其他各项赔款要求上，我们对德国的赔款要求总计400亿美元。[1]我认为这一数额太高了，实际结果可能会比这一数额要少。[2]本章的下一节将对这一数额与德国的偿付能力之间的关系进行讨论，此处只是对和约的其他一些细节向读者做简单的介绍。

（1）不管其最终结果是什么，在赔款要求的总数中，必须在1921年5月1日前支付50亿美元。下面将对这一规定的可行性展开讨论，然而这一数额在一定程度上已经被和约本身所减少。首先，这一数字包括了停战后在德国的驻军支出（按照和约规定，这部分费用由德国支付，约10亿美元）。[3]其次，"为使德国履行赔款义务，当主要协约国及其联盟国家认为有必要时，可以从上面的总额中支出这些食物、原料的供应的费用"。[4]这是一个非常重要的限制。如条文所规定的，该条文允许协约国的财政部部长向他们的选民宣布"获得实质性赔付是指日可待的"，同时也赋予赔款委员会做出决断的权力。当德国面对严峻的现实时，将给予它必要的返还，以使德国的经济能够生存并维持下去。这一自由决断的权力使得要求德国立即支付50亿美元赔款的害处比不存在这一权力时的害处要小，然而也并非一点害处都没有。首先，我将在本章下一部分的结论中表明，这一赔款数额不可能在规定时间内完成支付，就算事实上

1　1919年5月，M.克劳茨向法国议会发表演讲时曾进行预估，按照条约，协约国对德国的赔款要求总额为750亿美元左右，其中含有到1921年的利息累积，之后，假设德国每年偿付50亿美元，则需要34年才能还清，其中法国每年能得到27.5亿美元的赔偿。据报道："这番演讲（法国每年将得到德国支付的赔款）使整个法国大受鼓舞并立即有所反映，在法国的交易所和商业界呈现出上升的趋势。"尽管在巴黎的这一演讲没有遭到任何反对，然而法国的财政状况和经济预期都是暗淡的，人们很快就会被即将来临的灾难唤醒。——原注

2　依据主观判断，我预估这一数字比准确数字至多是少了10%或多出20%，也就是说，结果将介于320亿～440亿美元之间。——原注

3　按照和约，和约签订后的15年内，作为额外增加的赔款，所需要的全部驻军费用，德国仍然有责任作出赔偿。只要和约没有限制在德国驻军的规模，那么法国所有的普通军队都可以驻扎在德国境内，把对本国纳税人的收费转嫁给德国纳税人。但是实际上，支付这些费用的并不是德国，而是法国的盟国，因为德国已经达到其赔款能力的极限，法国的做法只会使其盟国得到的赔款数额减少。但是，美国、英国和法国政府已经联合发表一份白皮书，"一旦协约国及其联盟国家确信德国政府很好地执行了它们关心的裁军问题"，那么每年由德国支付的驻军费用不会高于0.6亿美元。我突出显示的词语具有重要意义。三大强权国家给自己留了退路，假如它们共同认为有必要对协定进行修改，那它们可以在任何时候做出修改。——原注

4　第235条。这条的效力被第251条所加强。第251条规定，除了食物和原料以外，"其他支付"也包括在内。——原注

为了使德国维持进口而把其中的大部分返还给德国。其次，只有在完全接管德国的对外贸易以及相应的外汇交易的情况下，赔款委员会才可能有效地行使其自由决断的权力，但是，这不在任何一个机构的能力范围内。倘若赔款委员会认真收集这50亿美元的赔款，并且批准将其中一部分归还德国，那么中欧贸易将被一个效率非常低下的官僚机构所扼制。

（2）1921年5月前，不包括上述以现金或实物支付的50亿美元在内，德国还需要以不记名债券的形式再支付100亿美元。倘若由于所批准的扣除额使得1921年5月1日前需要以现金和实物支付的数额不足50亿美元，那么德国在1921年5月1日之前，需要以现金、实物和不记名债券的形式支付总计150亿美元的数额。[1]1921—1925年，不记名债券的年利率为2.5%，此后的年利率为5%，并且每年偿还1%的本金。所以，如果在1921年以前德国不能为赔款支付额外的剩余，那么在1921—1925年，它每年将支付3.75亿美元，此后每年支付9亿美元。[2]

（3）一旦赔款委员会认为德国可以进行更多的支付行为，它就会要求德国再发行100亿美元5%年息的不记名债券，并且由委员会核定分期付款的利息。即使不算上面的100亿美元，德国每年的支付额也要14亿美元。

（4）德国的债务并不仅限于250亿美元，赔款委员会将进一步要求其以发行不记名债券的形式进行分期付款，直到清偿附件1中规定的所有债务为止。我在此基础上做出预估，其总债务额将是400亿美元（肯定会有人批评这一数额太低了），所以还剩余150亿美元。假设年利率为5%，即使不考虑偿还本金，每年也要偿还21.5亿美元。

（5）以上这些并没有全部包括在内，还存在一个十分重要的部分，即只有在赔款委员会认为德国有能力对利息进行支付的时候，才会额外发行150亿美元债券。然而这并不意味着利息当时就完全支付了。从1921年5月起，凡不是以现金、实物或上面所述的债券支付的德国债务，都要计算利息，[3]并且“利率为5%，直到将来某个时间，赔款委员会认为随着环境的变化需要对利率进行调整时为止”。也就是说，债务

1 此为赔款一章附件2第12段③的主要内容，省略了其他次要因素。和约规定的支付是以金马克计价的，文中数额是按照5美元兑20金马克的比率进行转换的。——原注

2 如果德国在1921年以前能够以现金和实物的形式支付25亿美元（这几乎不可能），那么1921—1925年，每年它将支付3. 125亿美元，此后每年的支付额为7.5亿美元。——原注

3 参见赔款这一章的附件2第16段。这里也存在规定模糊的情况，“从1918年11月11日到1921年5月1日，依据物质损害的总数”来确定索要的利息。这好像把对财产的伤害和对人身的伤害做出了区分，并倾向于前者。但是，由于这部分费用在和约生效时已经资本化了，因此并没有给抚恤金和津贴造成影响。——原注

总额每时每刻都在以复利的形式越滚越大。假如德国一开始不能支付巨额赔款，这一条款将极大地增加德国的债务负担，债务总额会因5%的复利15年翻一番。如果德国在1936年前最多支付7.5亿美元（即150亿美元5%的利息），那么未付息的250亿美元将变为500亿美元，每年的利息为25亿美元。也就是说，就算德国1936年前每年支付7.5亿美元，那时候，它欠我们的债务与现在相比将多出一半多（650亿美元对400亿美元）。1936年以后，德国每年就要支付32.5亿美元，而这仅仅是归还的利息。如果它在任何一年的支付额没有达到这一数值，那么它年末所欠的数额与年初相比还要多。如果德国想在停战后的48年（1936年以后的30年）内偿还完本金，那么每年必须额外支付6.5亿美元，总计为39亿美元。[1]

按照我的判断，对于这个数额的赔款，德国肯定无力支付，稍后我会详述其原因。所以，除非改变和约，不然实际上德国是把它将来的一切剩余财富都交给了协约国。

（6）赔款委员会尽管有权改变利息率、推迟甚至取消资本债务，然而这并不会使情况有所缓和。首先，有些权力的行使必须获得委员会或其代表的政府一致同意。[2]其次，或许是更重要的，赔款委员会有责任年复一年地从德国尽可能地榨取更大数额的赔款，直到协约国达成一致或和约代表的政策做出重大调整。定一个虽然是巨额但使德国仍有能力支付的确定性总额至少可以给德国留下一点东西；定一个大大超出德国支付能力的数额，而让一个旨在每年获得条件所允许的最大数额赔款的外国委员会来决定是否减少赔款数额，这两者之间存在天渊之别。前者仍然给德国留下一丝勤奋和希望的动力，而后者则是对德国永久的剥夺，其间不管如何熟练、小心地实施这一手术，怎样确保病人不会被杀死，只要付诸行动并认真执行，那么这一政策就会被认为是人类文明史上战争胜利者对失利者最残暴的剥夺。

对于赔款委员会的其他重要功能和权力，和约也做出相关规定，然而更为合适的做法恐怕是用独立章节来论述这一点。

1　不会有人赞同这一假设，就算是最乐观的人也不会相信，德国从一开始就能全额支付利息和偿债基金，这需要每年支付24亿美元。——原注

2　依据附件2：（1）应当在1921—1926年间偿还的债务本金若延期到1930年以后再偿还，需要经过全体代表的一致同意；（2）1926年以后，债务本金的偿付延期在3年以上的，需要经过全体代表的一致同意。除此之外，按照条款规定，没有赔款委员会所代表的全部政府的明确授权，赔款委员会不具备取消任何债务的权力。——原注

3.德国的支付能力

德国用来清偿所欠债务的财富形式主要有以下三种：

（1）以黄金、船舶和外国有价证券形式存在的、能够实现立即转换的财富；

（2）割让出去的领土内的财产或停战时交付的财产所具有的价值；

（3）每年分摊的支付，其中一部分是现金，一部分是煤炭产品、碳酸钾和染料等实物。

在占领区应当归还的财产，例如俄国的黄金。而比利时和法国的有价证券、牲畜、机械和艺术品等则不包括在上述三项之内。至于可以辨别和归还的实际物品，理所当然要物归原主，不能归入一般的赔偿项目。和约第238条中对此有明文规定。下面对这三种清偿形式作简要叙述。

（1）能够立即转换的财富

①黄金。依据1918年11月30日德国国家银行的报告，将应当归还俄国的黄金扣除后，德国政府持有的黄金总价值约为5.77亿美元。这一数额与德国国家银行战前的报告相比要大得多，[1]这是因为战时在德国政府强有力的动员下，德国国民交到德国国家银行的除了金币外，还包括各种黄金饰品。私人的黄金储藏肯定不止于此，然而因为德国政府事先已经做出动员，不管是德国政府还是协约国，都不可能把这部分储备挖掘出来。所以，报告中的数字所代表的是德国政府能够从它的人民那里得到的最大数量。除了黄金外，在德国国家银行，还有总价值约为500万美元的白银。但是，肯定还有大量白银存在于流通环节中，这是因为1917年12月31日，德国国家银行持有的白银高达4 550万美元，到了1918年10月下旬，即使人们争相用各种通货兑换白银，国家银行拥有的白银仍在3 000万美元左右。[2]

由此，我们可以确定德国停战时的黄金和白银总价值为6.25亿美元。

但是，这些都是不完整的储备了。在停战到缔结和约这段漫长的时期内，为了使其食品供应得以维持，协约国必须向德国出口粮食。出于利益的考虑，协约国希望与之签订和约的德国有一个稳定的政府，而在当时德国的政治环境下，这样做是非常有必要的。但是，德国面对着如何维持粮食供应这一难题。

1　1914年7月23日，这一数额为3.39亿美元。——原注

2　作为马克贬值和白银升值的双重结果，德国银币的溢价很高，所以，根本不可能从德国国民的口袋里榨取这些银币；然而通过私人投机商，这些银币会逐渐流出德国，整个德国的外汇地位也会因此而间接受益。——原注

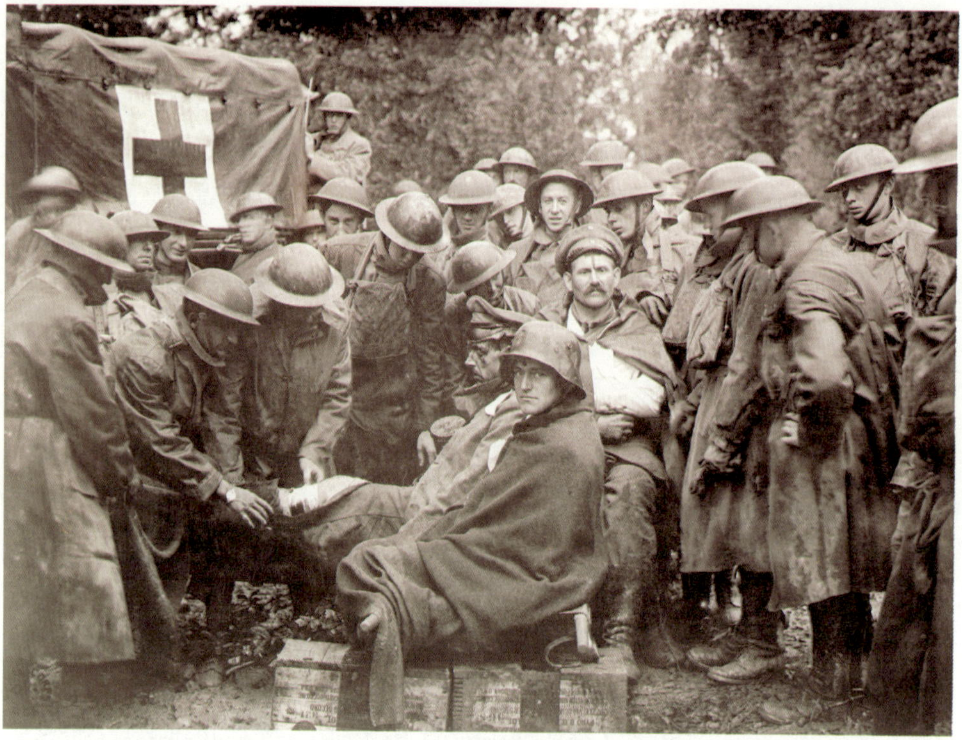

一战期间，受伤的德国俘虏在急救站接受治疗。

为了找到对德国未来的偿付能力造成最小损害的一种方式，协约国和德国代表在特勒弗斯、斯帕、布鲁塞尔、维勒班城堡、凡尔赛进行了一系列会谈。德国代表一开始就坚持本国的财政暂时已耗尽，唯一可行的权宜之计就是协约国增加临时贷款。协约国当时正打算从德国攫取巨额赔款，自然会拒绝这一要求。并且，只要德国还没有动用黄金，没有出售其持有的外国有价证券，那么德国的要求就不被认为是完全正当的。不管怎样，在1919年春天，向德国提供巨额贷款是不会被协约国或美国的舆论所允许的。同时，协约国也不愿意德国在粮食供应上耗尽少数能够充当确定赔款支付的黄金。许多时间被花费在寻找可能的替代物上，然而显而易见的是，就算德国的出口和可出售的外国有价证券具备充分的价值，也无法立刻变现；并且德国的财政已经彻底耗尽，除了国家银行的黄金储备外，不存在任何能够立即使用的大宗款项。所以，在1919年的前6个月里，总数超过2.5亿美元的黄金从德国流入协约国（美国是主要流入国，英国也获得很大一部分），用来进口粮食。

然而这并非事实的全部。按照最初的停战协议，德国同意除非得到协约国允许，否则不会向外输出黄金，然而不能一直不允许。德国国家银行对邻近的中立国家所负的债务只能以黄金的形式来支付。倘若德国国家银行不能偿付这些债务，德国马克将会因此贬值，从而使德国的信用受损，以至于对德国将来的赔款前景造成影响。因此，协约国的最高经济委员有时候会允许德国国家银行向外输出黄金。

实施各种措施的最终结果是，德国国家银行的黄金储备减少了一半还多，由原来的57 500万美元降到1919年9月的27 500万美元。依据和约，剩余的黄金储备可能会全部用于赔款。但是，这一数字比德国国家银行发行的纸币价值的4%还要低，完全将其用作赔款所带来的心理反应会将德国马克在外汇交易市场上的价值（在国外有很大数量的德国马克）彻底摧毁。出于特定目的可以提取2 500万美元、5 000万美元甚至10 000万美元，然而赔款委员会认为这种做法是比较鲁莽的，会对赔款的支付前景产生影响，并将彻底摧毁德国的货币体系，尤其是法国和比利时被德国占领过的地区流通着大量的马克，所以法国和比利时政府除了对赔款前景表示出极大的关心外，在维持马克的外汇交易价值上也有着巨大的利益。所以，对于1921年到期的50亿美元初始赔款，都是不可能进行支付的，无论其支付形式是黄金还是白银。

②船舶。在前文我们已经看到，德国将向协约国交付其所有的商业船舶。事实上，在缔结和约前，协约国就已经掌握了很大一部分船舶，其中有些是在协约国港口被扣留下来的，有些是按照布鲁塞尔关于食品供应的协议暂时转让的吨位。[1]按照条约规定转让的德国船舶总吨位大约是400万吨，每吨的平均价值为150美元，货币总价值

1　前文已经提到，协约国在停战期间为德国提供食品，条件是德国暂时把大部分商业船只转让给协约国，用于向欧洲尤其是德国运输粮食。德国不赞同这一条件，并由此造成长期而严重的粮食供应延误，然而中断的特勒弗斯和斯帕谈判（1919年1月16日、2月14—16日、4月4—5日）最终通过布鲁塞尔谈判（1919年4月14日）达成协议。德国之所以不同意缔结和约，是因为对协约国一方能否提供确定的保证（一旦德国交付船舶，就能够得到粮食）信心不足。然而如果对协约国抱有信心（但是，按照停战的其他条款，协约国的行为并非不存在缺点，这正给了敌对国正当的怀疑理由），协约国的要求也存在合理之处，因为假如没有德国的船只，粮食的运输即使不是不可能，也是十分困难的，而且实际上，德国交付的船只或者等量的船只几乎完全被用于向德国输送粮食。到1919年6月30日为止，依据《布鲁塞尔协议》，共有176艘船只，总计1 025 388吨位交付给协约国。——原注

是6亿美元。[1]

③外国有价证券。在1916年9月德国政府对外国有价证券进行普查[2]（仍然没有公布其确切结果）以前，德国不具备这类投资的官方报告，而各种非官方都是基于不充分的数据进行预估的，这些依据包括德国证券交易所收取的外国有价证券的交易费用、印花税、领事的报告等。有关德国战前外国有价证券最重要的估计见脚注所示[3]。这是当时德国权威人士的看法，他们一致认为，德国对外国的净投资要高于62.5亿美元。按照我的计算，我认为这一数字含有夸张的成分，50亿美元才是一个较为准确的数字。

这一总数中必须相应扣除以下四项内容。

①在德国对外投资中，在协约国和美国的投资占了很大的一部分，这部分投资已经被公共保管委员会、敌对国家资产托管局以及诸如此类的官方机构所没收，只有偿付各种私人索赔后的剩余款项才能用于支付各国的赔款。按照第4章描述的对敌对国家债务进行处理的计划，这部分财产首先要用来清偿各协约国对德国的私人索赔。除美国外，德国在其他国家的投资都不存在剩余的款项可以用作其他目的。

②不同于我们的是，德国战前最重要的对外投资地区并非欧洲以外，而是俄国、

1　转交给协约国的船舶吨位或许更多而每吨的价值可能略低。但是价值总额不会比5亿美元少，或者不会比7.5亿美元多。——原注

2　这一普查的依据是1916年8月26日的法令。1917年3月22日，德国政府完全控制了德国人所拥有的外国有价证券的使用权；1917年5月，德国政府开始动用这一力量对瑞典、丹麦和瑞士的有价证券进行调整。——原注

3　关于德国外国有价证券的估计

年份	估计者	价值（亿美元）
1892	Schmoller	25.0
1892	Christians	32.5
1893～1894	Koch	30.0
1905	v.Halle	40*
1913	Helfferich	50**
1914	Ballod	62.5
1914	Pistorius	62.5
1919	Hans David	52.5***

注：*除了证券外的对外投资需要再加上25亿美元。

**净投资，即将德国境内的外国财产扣除掉。其他一些预估值或许也是如此。

***这是战争爆发时对德国拥有的对外投资价值的预估（1919.6.3.）。——原注

奥匈帝国、土耳其、罗马尼亚和保加利亚。目前，其中的大部分都暂时变得一文不值了，特别是在俄国和奥匈帝国的投资。按照当前的市场价值，这些投资都不可能以高于票面值的价格进行转售。除非协约国准备以高于票面值的价格接收并持有这些证券留待将来出售，否则这些国家没有大笔资金来立即支付德国的这种对外投资。

③尽管德国在战时不能像我们一样便捷地将其对外投资变现，然而它在某些国家、在其能力范围之内仍然这样做了。人们普遍认为，在美国参战之前，德国转售了其在美国证券市场上的很大一部分优良资产，但是当前的预估者普遍认为，转售的数额存在被夸大的可能（有人认为转售数额是3亿美元）。然而整个战争期间，尤其是战争后期，当德国在邻近的中立国家的信用变得很低且其外汇交易非常微弱时，它开始处理荷兰、瑞士、斯堪的纳维亚诸国愿意购买或间接接受的外国证券。可以确信，到1919年6月，德国在这些国家的投资数量已经急剧减少甚至可以忽略不计，它在这些国家的债务远远超过投资。德国还出售了一些能够出售的海外证券，比如阿根廷的证券。

④从停战以来，必定有大量德国私人持有的外国证券流入国外。这是在所难免的。德国进行的对外投资形式通常是不记名证券，而且也不作登记，证券能够轻而易举地通过德国漫长的陆上边界被走私到国外。在和约签订前的几个月，如果协约国有途径扣留这些证券，那么肯定不会允许证券的拥有者继续持有它们。这些因素结合在一起激发了人类的创造天赋，协约国政府和德国政府阻止这些证券外流的努力是徒劳无功的。

综上所述，假如德国仍然有很多用来赔偿的款项的话，这不能不说是个奇迹。欧洲协约国、美国、德国的盟国、与德国毗邻的中立国，这差不多将所有的西方国家包括在内了。我们已经清楚地看到，期望德国在这些国家的投资可以用来支付赔款是不可能的。德国在其他国家（南美洲国家除外）都不存在重要的投资了。

把这些扣除转换成数字（其中肯定包含许多猜测的成分），再依据所能得到的数字和其他有关数据，经过认真的考量，我试图给出尽可能准确的个人预估值。

我把①项的扣除定为15亿美元，除去偿付私人债务后，最终可用的数额为5亿美元。

至于②项，依据奥匈帝国财政部1912年12月31日的调查，德国持有的奥匈帝国证券名义价值为9.865亿美元。战前德国对俄国非政府证券的投资约为4.75亿美元，远远低于人们的预期。1906年，据赛多利斯·冯·瓦尔特斯豪森估算，德国对俄国政府证券的投资为7.5亿美元。这样，总数为12.25亿美元，伊斯查尼恩博士在1911年给出的10亿美元的预估值在一定程度上证实了这一数额。根据罗马尼亚参战时公布的一份估计报告，德国在罗马尼亚的投资为2 000万～2 200万美元，其中400万～1 600万美元用于投资政府证券。法国《时报》1919年9月8日的报道称，据一个保护法国在土耳其利益的委员会估算，德国在土耳其的投资大约是29 500万美元；根据外国债券持有者委员会的最新报告，其中有16 250万美元的土耳其国外债券由德国国民持有。至于德国在保加利亚投资的预估值，我并没有找到相应数据。将所有国家综合在一起，我认为关于②项的扣除数应为25亿美元。

我认为，③项中德国在战争期间转售和抵押出去的有价证券在5亿—7.5亿美元之间，德国持有的斯堪的纳维亚诸国、荷兰和瑞士的所有证券、南美洲的部分证券以及美国参战前卖掉的绝大部分北美洲证券都包括在内。

关于④项的适当扣除数当然不会有现成的数据。过去若干月中，欧洲媒体报道了很多感人的故事。然而，假如我们把已经从德国流出或者安全地藏在德国境内（即使最巧妙的审问和最强力的方式都无法发现）的有价证券定为5亿美元，或许也不会过高。将这些项目全部汇总起来，总的扣除数约为50亿美元，从理论上讲，仍然存在

第一次世界大战期间，美国士兵手持德国军队撤退后留下的空啤酒杯。摄于1918年。

12.5亿美元可以用来支付赔款。[1]

一些读者可能会认为这一数额似乎过低，然而这代表的是德国政府可以充公的全部可出售证券。而我却认为，这一数额已经很高了，如果考虑到这是我用各种方法计算出的，我得出的数额还会更低。如果除去被扣押的在奥地利、俄国等国家的有价证券和投资，德国怎么能凑出高达12.5亿美元的有价证券呢？我无法给出答案。德国还有一些中国政府的证券，或许还有一点日本的证券以及一部分较有价值的南美洲的企业。然而德国政府手中的这类企业是很少的，而且这些企业的价值并不高，只有一两千万美元，而非五千万或者上亿美元。按照我的判断，任何人都不会鲁莽地集合5亿美元买入德国剩余的海外投资。但如果赔款委员会想实现这一很低的数值，也需要在当前不动用这些接收的财产并谨慎看护多年才可能获得。

所以，由德国的外国证券贡献的最大数额就是5亿～12.5亿美元。

德国能够立即转换的财富包括：

①黄金和白银，价值约为3亿美元；

②船舶，价值约为6亿美元；

③外国证券，价值在5亿～12.5亿美元之间。

实际上，一旦协约国从德国拿走大量的黄金和白银，就会严重伤害德国的货币体系，从给协约国自身的利益造成损害。所以，赔款委员会在1921年5月1日前有希望获得的赔款，也就是任何渠道能够贡献的金额，这一数额大约为12.5亿～17.5亿美元。[2]

（2）割让的领土内的财产或停战时交付的财产

依据和约，德国并没有从其割让领土内的财产得到重要的信用来支付赔款。

割让领土内的私人财产被用于支付德国对协约国人民的债务，只有剩余的款项才能够作为赔款进行支付。在波兰和其他一些成立不久的国家，这些财产直接物归原主。

德国政府在阿尔萨斯-洛林、被割让给比利时的领土以及成为托管地的前殖民地的财产被无条件没收。前波兰王国所属的建筑、森林和其他形式的财产也无偿地交付

1　我还没有将阿尔萨斯-洛林人以及其他所有目前已经不是德国人的有价证券扣除掉。——原注

2　在所有的预估值中，我担心将背离合约的情况被过分夸大，也担心给出的数字不在我的真实判断范围之内。在纸上记下的对德国资源的预估数值与以现金方式实际从德国获得的赔款数额是截然不同的。我认为，到1921年5月1日，赔款委员会从以上各项目中实际得到的赔款比以上两个数值中较小的数值还要小。——原注

了。除此之外，交付给波兰的还有其他的政府财产，在石勒苏益格的政府财产交付给了丹麦，[1]萨尔河地区的煤田、部分河流上的船只等依据和约中的港口、水路、铁路这一章的条款进行交付，海底电缆依据赔款这一章的附件7进行交付。

不管和约怎样规定，从波兰拿到现金支付对赔款委员会来说是不可能的。在我看来，萨尔河地区的煤田价值为0.75亿～1亿美元。除剩余的私人财产外，以上所有项目可以提供大约1.5亿美元的支付，这一数字已经是十分大胆的预估了。

还有一些是依据停战条约交付的物资。和约第250条规定，按照停战条约交付的一切车辆和其他项目以及被赔款委员会确定为“没有军事价值”的交付物资，在通过赔款委员会估值后，所得的信用归于德国政府名下。唯一有价值的一项是交付的车辆（15万辆货车，5 000辆机车）。一切根据停战条约交付的财产总价值定为2.5亿美元，这也是十分大胆的预估了。

所以，我们在以前各项目预估的12.5亿～17.5亿美元的基础上，再加上本项目的4亿美元。然而这4亿美元与前者不同，因为它并不代表对协约国财政状况有益的实际现金，而只是存在于协约国之间或协约国与德国之间的账本上的信用。

但是，这16.5亿～21.5亿美元的总数并不能完全用于赔款。第一项费用是和约第251条规定的停战期间和签订和约之后的驻军费用。在每月扣除的军费尚未确定之前是无法计算1921年5月以前的总军费的，1919年初期的每月驻军费用高于1 185亿美元，而最后一段时间的每月驻军费用则是500万美元。在我的预估中，总驻军费用大约是10亿美元。如此一来，我们手中能够使用的金额只有5亿～10亿美元。

当协约国认为有必要时，允许德国从这一金额、德国的出口以及1921年5月前的实物赔付（此项一直被我排除在计算之外）中，收回部分款项以用来购买其必需的粮食和原材料。不管是德国旨在重建经济需要从国外进口的产品的价值，还是协约国在多大程度上可以自由行使这一决定，目前都不能做出准确的判断。如果在1921年5月前，德国的原材料和粮食储备能够恢复到正常水平，那么以它目前的出口能力为基础，德国至少还需要5亿～10亿美元的购买力。但这是办不到的，我敢说在1921年5月前，德国的社会和经济条件不可能使出口超过进口这么多，依据和约，德国以煤炭、染料、木材和其他原料等实物形式向协约国支付的赔款必须返还德国，以使其有能力

1　丹麦政府得到石勒苏益格后，它应当为此对赔款委员会负有多少债务，和约对这一问题表述得并不清楚。比如，丹麦政府能够用该地区居民持有的马克的价值为依据来安排它们的债务。不管怎样，涉及的货币是很少的。丹麦政府筹集了3 300万美元（约1.2亿丹麦克朗）用于“接收石勒苏益格所分担的德国债务，买入德国的公共财产，帮助石勒苏益格居民解决通货问题”。——原注

支付生存所必需的进口。[1]

所以，除了5亿～10亿美元外，赔款委员会若想从其他渠道得到更多赔款是不可能的，这一数额是在假定德国把可立即变现的财产变现、包括德国按照和约所取得的信用并将驻军费用扣除之后才得到的。比利时已经与法国、美国、英国在和约之外达成了私下协定，最初的5亿美元赔款将首先用于满足比利时的赔款要求，这样做的结果将是：比利时在1921年5月可能获得5亿美元的赔款，而其他国家有可能得不到任何实质性的赔款。不管怎样，各国的财政部长以任何其他假定为基础建立自己的计划都是莽撞的。

（3）按年分摊的支付

很显然，与战前相比，德国支付赔款的能力受到很大的影响，主要原因如下：

①几乎丧失全部殖民地、海外联系、商业船舶和外国财产；

②割让了十分之一的土地和人口、三分之一的煤矿和四分之三的铁矿；

③200万成年男子阵亡；

④人民忍受了4年的饥荒；

⑤巨额的战争债务需要承担；

⑥货币贬值，价值不到战前的七分之一；

⑦德国的盟国分裂了；

⑧国内爆发革命，革命者与布尔什维克主义的俄国联系紧密；

⑨吞噬一切的4年战争和战败的结果使德国的实力受到严重削弱。

所有这些都是非常明显的。但是，大多数要求德国支付巨额赔款的人估计都认为德国未来的贸易额将超出过去很多。

德国无论是以现金或外汇形式支付，还是像和约预期的那样以部分实物（如煤炭、染料、木材等）来支付，都不会给最后的赔款数额造成多大影响。不管怎样，德国只有出口特定的商品才可以支付赔款，相对而言，这些出口的价值如何转入赔款账户就无关紧要了。

仅仅依靠假定，会让我们迷失方向，在一定程度上，我们要回归最初的准则和统计数据。若干年内，德国只能依靠扩大出口并减少进口的方式扩大贸易顺差，以此来支付每年的赔款。长远来看，德国支付赔款的形式可以是且只能是商品，不管这些商

1　我自己的判断使我走得更远，对于德国在这段时期内维持其进出口平衡的能力，我深表怀疑。我的论点已经在文中表述得很清楚了。——原注

德意志帝国1914颁发的铁十字勋章。

品是直接提供给协约国，还是卖给中立国，都要把所得的收入转交给协约国。所以，预估德国将来贸易发展程度最稳固的基础就是对德国在战前的贸易收益进行分析。只有以此为基础，再辅以国民财富、生产能力等一般数据，才能对德国出口超过进口的最大限度做出理性的预估。

1913年，不包括过境贸易和金银贸易在内，德国进口额为26.9亿美元，出口额为25.25亿美元。这就是说，进口额比出口额大约多出1.65亿美元。1909—1913年，平均每年的进口额比出口额高3.7亿美元，远大于1913年的数额。德国战前用于对外投资的盈余来自其持有的外国证券的收益、航运的利润、在国外的银行等。德国持有的外国证券和商业船舶现在被拿走了，它在国外的银行和其他各种收益来源也被破坏掉了。在战前进出口的基础上，德国不仅没有贸易盈余来支付赔款，就连维持自身都很困难。德国的首要任务是对其消费和生产做出调整，以消除贸易赤字。除此之外，德国既要鼓励出口又要减少进口，把所得的盈余用于支付赔款。

表5-4和表5-5分别列出了三分之二的德国进出口贸易。列出三分之二的原因，或多或少是考虑到剩余的三分之一包括的商品看起来都不重要。

表5-4和表5-5表明，最重要的出口产品有：

①铁制品，包括镀锡铁板（13. 2%）；

②机械等（7.5%）；

③煤炭、焦炭和煤球（7%）；

④毛制品，包括生羊毛和梳洗过的羊毛（5.9%）；

⑤棉制品，包括棉纱、棉线和原棉（5.6%）。

表5-4　1913年德国的出口贸易

1913年德国的出口种类	出口额（万美元）	占出口总额的比例（%）
铁制品（包括镀锡铁板等）	33 065	13.2
机械和零部件（包括汽车）	18 775	7.5
煤炭、焦炭和煤球	17 670	7.0
毛制品（包括生羊毛、梳洗过的羊毛、衣服）	14 700	5.9
棉制品（包括原棉、棉纱和棉线）	14 075	5.6
小计	98 285	39.2*
谷物等（包括黑麦、燕麦、小麦、啤酒花）	10 590	4.1
皮革和皮革制品	7 735	3.0
糖	6 600	2.6
纸	6 650	2.6
皮毛	5 875	2.2
电器产品（装置、机械、电灯、电缆）	5 440	2.2
丝制品	5 050	2.0
染料	4 880	1.9
铜制品	3 250	1.3
玩具	2 575	1.0
橡胶和橡胶制品	2 135	0.9
书籍、地图、乐谱	1 855	0.8
碳酸钾	1 590	0.6
玻璃	1 570	0.6
氯化钾	1 455	0.6
钢琴、风琴和零部件	1 385	0.6
天然锌	1 370	0.5
瓷器	1 265	0.5
小计	71 170	67.2*
未列出的其他商品	82 960	32.8*
总计	252 415	100.0

注：*此三大部分在总出口中所占的比重，在原文中存在错误。根据对应的出口额来计算，三大部分所占的比例应分别为38.9%、28.2%和32.9%——译者注

表5-5 1913年德国的进口贸易

1913年德国的进口种类	进口额（万美元）	占进口总额的比例（%）
1.原材料		
棉花	15 175	5.6
皮革和毛皮	12 430	4.6
羊毛	11 835	4.4
铜	8 375	3.1
煤炭	6 830	2.5
木材	5 800	2.2
铁矿	5 675	2.1
皮毛	4 675	1.7
亚麻和亚麻籽	4 665	1.7
硝石	4 275	1.6
丝绸	3 950	1.5
橡胶	3 650	1.4
黄麻	2 350	0.9
石油	1 745	0.7
锡	1 455	0.5
磷粉	1 160	0.4
润滑油	1 145	0.4
小计	95 190	35.3

续表

1913年德国的进口种类	进口额（万美元）	占进口总额的比例（%）
2.食品、烟草等		
谷类（小麦、大麦、糠、稻米、玉米、燕麦、黑麦、苜蓿）	32 755	12.2
含油种子（包括棕榈仁、干椰子肉、可可豆）	10 265	3.8
牛、羔羊、脂肪、膀胱	7 310	2.8
咖啡	5 475	2.0
蛋类	4 850	1.8
烟草	3 350	1.2
黄油	2 965	1.1
马匹	2 905	1.1
水果	1 825	0.7
鱼	1 495	0.6
家禽	1 400	0.5
酒	1 335	0.5
小计	75 930	28.3
3.制造业产品		
棉纱、棉线和棉花制品	4 705	1.8
羊毛纱和羊毛制品	3 785	1.4
机械	2 010	0.7
小计	10 500	3.9
4.未列出的商品	87 640	32.5
总计	269 260	100.0

这五类商品占总出口的39.2%。我们可以看出，战前德国和英国在所有这些商品上都存在非常激烈的竞争。假如德国在这些商品上对海外和欧洲的出口大量增加，将对英国的出口产生严重的影响。而且棉制品和毛制品这两类商品出口的增加会使原材料的进口大量增加，因为德国本身并不生产棉花和羊毛。德国只有顺利地获得超过战

前耗费标准的原材料（只能以损害协约国利益为基础），才能使其贸易有所增加。即便如此，实际增加的盈余也不是出口的总价值，而是出口的制成品价值与进口的原材料价值之间的差额。

对于机械、铁制品和煤炭这三项而言，德国由于割让了在波兰的领土、上西里西亚和阿尔萨斯-洛林，丧失了增加出口的能力。前文已经说明，这些地区的煤炭产量大约占德国总产量的33%。同时，这些地区也为德国提供了75%以上的铁矿石、38%的鼓风炉和9.5%的钢铁铸件。所以，除非阿尔萨斯-洛林和上西里西亚把它们的铁矿石全部运送到德国去加工——这又会造成德国进口的增加，必须为此提供更多的支付——否则，德国的出口不仅不会增加，反而在所难免地会减少。[1]

表5-4接下来的是谷类、皮革制品、糖、纸、皮毛、电器产品、丝制品和染料。由于同类商品的进口大大超过出口，因而谷类并不是净出口商品。至于糖，战前德国90%的糖是出口英国的。[2]如果英国给德国的糖以特殊优惠或签订协议允许德国用糖来支付部分赔款（对煤炭、染料也存在类似的提议），将是对这一贸易的刺激，能使其增加。伴随而来的是纸张贸易也能有所增长，因为德国在皮革制品、皮毛和丝绸方面的出口在很大程度上依赖于原材料的进口，丝制品的出口又与法国、意大利之间存在激烈的竞争。单独来看，剩余的项目都不大。我曾经听到有人提议说，很大程度上可以用碳酸钾及类似产品来支付赔款，然而德国战前的碳酸钾出口额仅占出口总额的0.6%，总价值约为1 500万美元。除此之外，法国从收回的领土内获得了一个碳酸钾产地，对于德国大量增加碳酸钾的出口，它肯定是不会欢迎的。

表5-5表明，原材料和食物的进口额在总进口额中所占的比重为63.5%。原材料主要包括棉花、羊毛、铜、皮革、铁矿、皮毛、丝绸、橡胶和锡。假如出口贸易不变，这些物品的进口就不会减少；如果出口贸易有所上升，这些物品的进口必定随之上升。进口的食物包括小麦、大麦、咖啡、蛋类、大米、玉米及类似的物品，这就又提出另一个难题。除了一部分奢侈品外，德国工人阶级战前对食物的消费不一定比最高效率所要求的消费量高多少，事实上可能比最高效率所要求的消费量还要低。在食物

---

1 据估算，即使西里西亚的损失不包括在内，对法国的领土割让也将使德国钢锭的年产量从战前的2 000万吨减少到1 400万吨，使法国钢锭的年产量从战前的500万吨增加到1 100万吨。——原注

2 1913年，德国出口1 110 073吨糖，其价值为6 547.15万美元，其中出口到英国的吨数为838 583吨，价值为4 525.4万美元。这一数字大大超出1909—1913年5 000万美元的平均出口价值。——原注

进口方面，任何实质性的下降都会对工业人口的效率产生影响，从而对工业人口所能生产的出口剩余量产生影响。如果工人缺乏食物，德国工业的生产率不可能保持快速提高的态势，然而大麦、咖啡、蛋类、烟草并不包括在内。如果存在一种可以使德国人将来不饮啤酒、不喝咖啡、不吸烟草的制度，就会有很大的节约。否则，德国的食物进口不存在任何大量减少的空间。

表5-6的分析表明，从出口目的地和进口来源地看，德国的出口和进口密切相关。1913年，在德国的出口中，对英国的出口所占的比重为18.1%，对法国、意大利和比利时的出口所占的比重为17.2%，对俄国和罗马尼亚的出口所占的比重为10.1%，对美国的出口所占的比重为7.1 %。这就是说，对协约国的出口超出德国总出口额的一半。在剩余的部分，对奥匈帝国、土耳其和保加利亚的出口所占的比重为12.2%，对其余国家的出口所占的比重为35.3%。除非各协约国打算进口德国产品，否则德国只能依靠对中立国家的批发倾销来实现出口总额的增加。

表5-6　1913年德国出口目的地的出口额和进口来源地的进口额

	德国出口目的地的出口额		德国进口来源地的进口额	
	数额（万美元）	占目的地出口总额的比例（%）	数额（万美元）	占来源地进口总额的比例（%）
英国	35 955	14.2	21 900	8.1
印度	3 765	1.5	13 520	5.0
埃及	1 085	0.4	2 960	1.1
加拿大	1 510	0.6	1 600	0.6
澳大利亚	2 210	0.9	7 400	2.8
南非	1 170	0.5	1 740	0.6
帝国小计	45 695	18.1	49 120	18.2

续表

	德国出口目的地的出口额		德国进口来源地的进口额	
	数额（万美元）	占目的地出口总额的比例（%）	数额（万美元）	占来源地进口总额的比例（%）
法国	19 745	7.8	14 605	5.4
比利时	13 775	5.5	8 615	3.2
意大利	9 835	3.9	7 940	3.0
美国	17 830	7.1	42 780	15.9
俄国	22 000	8.7	35 615	13.2
罗马尼亚	3 500	1.4	1 995	0.7
奥匈帝国	27 620	10.9	20 680	7.7
土耳其	2 460	1.0	1 840	0.7
保加利亚	755	0.3	200	–
其他国家	89 020	35.3	85 870	32.0
总计	252 235	100.0	269 260	100.0

上述分析暗示了在和约签订后德国出口盈余可能的最大变化量。我们可以进行如下四个假设：

①在棉花、羊毛等原材料的供给上，优先考虑的是我们自己而不是德国（这些供给在全世界是有限的）；

②法国已经得到铁矿储备，还想获得鼓风炉和钢铁贸易；

③不鼓励、不支持德国在海外市场上与协约国就铁矿和其他贸易展开竞争；

④英国不会给予德国商品优先权；

以上述这些假定为基础，和约的有关条款显然是行不通的。

我们再简要复述一下德国的主要出口项目：

①关于铁。由于德国损失了大量的资源，其铁的净出口只会减少，不可能增加；

②关于机械。德国机械的出口存在增长的可能性；

③关于煤炭和焦炭。战前，德国此项的净出口价值为1.1亿美元，协约国认可的暂时最大可能出口量是2 000万吨。在短时间内增加到4 000万吨几乎是不现实的（事

实上也是不可能的），即使是2 000万吨，假如以战前的价格来计算，[1]其价值也没有增加。但是，如果将这一数额付诸执行，则必定会使需要用煤炭进行生产的制造类产品的出口价值大为减少；

美国宾夕法尼亚州，伊斯顿奇普曼针织工厂为美国政府生产的一堆羊毛袜。摄于1918年。

④关于羊毛制品。如果没有生羊毛，就不可能提高羊毛制品的出口，对生羊毛供给的其他需求因素，很可能会使羊毛制品的出口量降低；

⑤关于棉花制品。羊毛制品的情况同样适用于此；

⑥关于谷类食品。过去不曾有，将来也不会有净出口；

⑦关于皮革制品。羊毛制品的情况同样适用于此。

现在，我们已经对德国战前占出口总额50%的商品进行了讨论，剩余商品单独的

1　此账目的两方面价格都需要调整，这种调整将在后面一起进行。——原注

出口额在总出口额中所占的比例都不足3%。那么，德国能用什么商品来支付赔款呢？染料？染料在1913年的出口总价值为5 000万美元。玩具或碳酸钾？这两者在1913年的出口总价值为1 500万美元。就算可以指定用于支付的商品，那这些商品能在什么市场上销售呢？要清楚，德国每年需要转化为货币的商品不是几千万，而是几个亿。

从进口方面来看，德国将进口减少一些是可以做到的。通过降低生活标准，能有效地减少在进口商品上的支出。然而，与我们已经看到的相同，许多大宗进口项目的减少会对出口的数量产生影响。

我们把对德国进出口额的猜测定为最高，尽管德国的资源、设备、市场、生产能力都极大地减少了，但我们仍旧假定经过一段时间德国将扩大出口、缩减进口，按照战前的价格计算，其年贸易盈余将增加到5亿美元。这一调整首先需对战前5年内的贸易逆差进行清算，平均每年3.7亿美元；然而我们假定这些债务得到清偿之后德国每年还有2.5亿美元的贸易盈余。考虑到战前价格的上升，这一数字调整为5亿美元。出于对政治、社会和人文因素以及单纯的经济因素的考虑，我对德国能够每年支付这一数字长达30年以上深表怀疑，然而宣称或希望德国能够做到还不算愚蠢的行为。

5%的利息加上每年偿还的1%的本金，德国在30年内需要支付的总额，其现值约为85亿美元。[1]

所以，我得出最终结论，包括可以立即转移的财富、割让的财产、每年的偿还等全部渠道在内，德国的最大支付能力为100亿美元。在现有条件下，我认为德国没有能力支付这么多。如果有谁认为这一数字太低了，那么请牢记下面鲜明的对比。法国1871年的财富比德国1913年财富的一半略少一点。将货币价值的变化排除在外，德国25亿美元的赔款几乎与法国1871年支付的全部赔款相等，而且赔款的真实负担的增加远远快于绝对数额的增加，德国赔款100亿美元造成的后果要比法国1871年赔款10亿美元的后果严重得多。

只有一件事有可能使上面所定的数额有所增加，那就是德国的劳动力输出到那些被德国破坏的国家和地区从事重建工作。据说，一个与此有关的计划已经在酝酿中了。德国政府能够动员的人数以及比利时和法国居民能够容忍的参与重建的德国人的数量和工作年限决定着所增加的数额。不管怎样，在多年时间里雇佣德国人从事实际的重建工作（进口的劳动力净现值大于12.5亿美元）是件困难重重的事，而且这种方

1　假如每年偿还额都减少，偿还年限增加，在复利的作用下，偿还额的全部现值并不会大幅度增加。假如永久性地每年支付5亿美元，假定利息率还是以前的5%，只能使现值增加到100亿美元。——原注

式事实上也不能增加德国其他方式所得的年收入。

所以，400亿美元或250亿美元完全不在德国合理的赔偿能力内。那些相信德国可以每年支付数亿英镑的人会指出哪些商品可以用作赔款，以及在哪些市场上可以出售这些商品。然而他们只有进行详细的说明并拿出确凿的证据支持他们的结论，才能为人所信服。[1]

我只承认三种例外情况，然而从当前的现实意义看，它们中的任何一种都不会对我论断的效力产生影响。

第一，假如协约国计划在5年或10年内"培育"德国的贸易和工业，在此期间向它提供巨额贷款，足够的船舶、食物和原材料，向它打开市场，向它提供全部资源以把德国建设成为欧洲最强大的工业国（假如不是全球最强大的工业国），那么在这种情况下就可以向德国索取更多的赔款，因为德国的生产能力极高。

第二，我在对货币进行估计时，假定我们的单位货币价值的购买力没有发生太大的变化。如果黄金的价值下降至目前价值的50%或十分之一，由于赔款是与黄金挂钩的，所以德国的实际负担将会按照相同的比例下降。如果1沙弗林金币的价值降到现在1先令的价值，那么德国将有能力支付更多以金沙弗林来计算的赔款。

第三，我假定自然的产出和劳动力对应的原材料没有大幅度的变化。科学的进步将使新的生产方式和设备不断出现，从而使我们的整体生活标准大幅度提高，既定数量的产品所代表的人类劳动只有当前的一部分，这种情况也是可能的。在这种情况

1　西德尼·雷欧先生写给《泰晤士报》的信件（1918年12月3日）是一个公众对经济事件误解的例子："有权威估计认为，德国的矿产和化学资源总价值高达12 500亿美元甚至更多，据说，仅鲁尔盆地的矿产价值就大于2 250亿美元。不管怎样，这些自然资源的资本价值大大超出了德国对全体协约国的债务。为什么不能在充裕的时间内把这些财富的一部分从现在的拥有者那里转移并分配给曾经遭受德国攻击、驱逐和伤害的人们呢？协约国政府要求德国在接下来的30年、40年或50年内每年把价值5亿～10亿美元的矿产储备交付给协约国使用，这是十分正当的。我们可以通过这种方式从德国获得充分的赔偿，而且不会对德国的制造业和出口贸易产生过度的刺激，也不至于损害我们的利益。"我搞不清楚的一点是，如果德国的财富超过12 500亿美元，为什么西德尼·雷欧先生会对每年区区5亿～10亿美元感到满足呢？然而，他的这封信是对某类想法的反证。这种计算模式把深埋在地下的煤炭和在煤斗里的煤炭的价值等价起来，把每年5 000美元的租金按照999年计算为价值4 995 000美元，把每年农作物在一定期限内生产的粮食的所有价值算为这块土地的价值，这种算法具有无限的可能性，同时也是一把双刃剑。如果德国的所有资源价值12 500亿美元，那么支付全部的战争费用和赔款只需德国割让阿尔萨斯－洛林和上西里西亚就足够了。而实际上，据我估计，德国各种矿产当前的市场价值只有15亿美元或者略微高于西德尼·雷欧先生的期望值的一千分之一。——原注

下，一切“生产能力”的标准都将发生变化，“一切皆有可能”并不能成为某些人说傻话的托词。

不错，在1870年的时候任何人都不可能对1910年德国的生产能力做出预测。我们不能期望我们制定的法律适合一代人或接下来的几代人。经济条件的长期变化和人类的预测容易犯错这一事实很可能导致错误的发生，把一个方向错当成其他方向。我们是理智的，最好的方法是以既有的证据为基础来建立我们的政策，并把它的应用时间设定在5年或10年之内（对这段时间我们是有一定的预见能力的），把人类存在的极端偶然性、自然秩序和人与自然的关系的革命性变化加以忽略并非错误的做法。我们对德国在长期内支付赔款的能力缺乏足够的认识，然而这一事实并不能成为认为德国有能力支付500亿美元的正当理由（据说有人宣称这是正当理由）。

为什么世人如此轻信政治家的谎言呢？如需做出解释，我认为可以部分归结为受到以下各种影响。

初看上去，巨额的战争支出、通货膨胀、货币贬值（这使价值的单位非常不确定）使我们完全丧失了对有关财政的数目和量级的感觉。我们过去认为的极限可能性已经被远远超出，那些基于过去而建立新的期望的人会发现自己经常犯错，如果普通人打算相信与权威沾边的话，那么其数目越大越容易被人相信。

然而，那些对事情追根究底的人有时也会受到那些表面上似乎更为可信的谬论的误导。这样的人可能会以德国的所有年产出剩余为基础来建立他的结论，而不是以德国的出口剩余为基础。据赫尔弗里希估计，德国1913年的财富增加了20亿～21.25亿美元（不包括既有土地和财产的价值增值）。德国战前在军备上的花费在2.5亿～5亿美元之间，现在它不需要进行这项花费了。德国为什么不能每年向协约国支付25亿美元呢？这就是最有力、最模棱两可的形式下的拙劣争辩。

这里存在两个错误。第一，从战争结束以后到和会时，德国每年的储蓄与以前相比减少了很多，如果将来年复一年地从德国取走这些储蓄，德国的储蓄将无法恢复到以前的水平。第二，失去阿尔萨斯-洛林、波兰、上西里西亚致使德国每年至少损失2.5亿美元的剩余产出。假定德国从航运、国外投资、国外银行、国外关系中每年获得的利润为5亿美元，那么现在这一切都被拿走了。德国每年的抚恤金约为12.5亿美元，[1]这代表的是生产能力的实际损失，远远超过了它在军备上节省的开支。德国国

1　票面价值为50亿马克，因为马克的贬值，转换成12.5亿美元会有些夸大，但这仅是就当前抚恤金的货币负担来说的。而相对由战争伤亡所造成的国民产出的实际损失来说，这是非常可能的。——原注

内的债务总额约为240亿马克，就算我们将其视为不是产出问题是内部分配问题而置于一边，但对于战争期间德国对外国的债务、德国原材料储备的消耗、生活资料的损耗、由于肥料和劳动里不足所造成的土壤生产力削弱以及近5年内不能修复和更新所导致的财富减少，我们仍然须加考虑。德国已经不像战前那么富有了，这些因素（即使抛开之前考察过的因素）将使德国未来每年的储蓄减少10%，即2亿美元。

由于上述因素的影响，德国每年的剩余已经减少到5亿美元，这一数字是我们给予其他证据所能得到的德国每年的最大赔款数额。即使有辩驳说我们忽略了一点，那就是德国作为一个战败国，其国内的生活标准和舒适程度下降是符合逻辑的，[1]然而他们的计算方法从根本上说是错误的。只有通过对工作种类的根本性调整才能使每年用于国内投资的剩余转换成可以用于出口的剩余。尽管德国的劳动力对于国内部门来说是充足和高效的，然而并没有找到可以用于向国外输出的途径。与先前研究出口贸易时相同的问题又摆在我们面前：德国的劳动力在哪些出口贸易上输出可以大量增加。劳动力进行转移时存在效率损失是必然的，并且还需要支出大量的资本。无论在理论上还是在实践上，德国劳动力每年能够生产的用于国内资本增加的剩余与每年支付的赔款之间不存在可比性。

4.赔款委员会

赔款委员会具有独特的架构，如能充分发挥作用，会对欧洲的生活产生十分深远的影响。因此，我们有必要对它的性质进行专门的研究。

依据目前的和约，在德国身上施加的赔款是没有先例可循的，因为原来在战争结束后，构成解决办法的货币赔款与这次战争的赔款存在两个根本区别：其一，赔款的总数是确定的，并且以一定数量的货币来衡量；其二，只要失败者支付了每年的现金赔款，就不存在干涉的必要。

然而，由于前面已经阐述过的某些因素，本次战后索取的赔款最初是不确定的，等到赔款数额确定时，不但超过了德国的现金支付能力，也超过了德国的全部支付能

1　顺便说明一下，生活水平的下降对一个国家盈余的生产效率所产生的两方面影响是不能忽略不计的。除此之外，我们没有经历过在近乎奴役状态下生活的白人种族的心理状态。但是，一般可以假定，如果一个人的全部剩余产品被剥夺，将会极大地削弱他的效率和勤奋程度。如果德国人的工业果实被剥夺，但并不是出于他们的儿女、他们的老年生活、他们的骄傲或地位的考虑，而是为了外国征服者的享乐，那么企业主和发明家就不会再创造，商人和店主就不会再储蓄，劳动者就不会再辛勤劳动。——原注

力。所以，有必要建立一个机构来确定具体的赔款要求和支付方式，批准必要的削减和推迟要求。如此一来，对敌对国的国内经济生活享有广泛的权力就成为这一机构唯一可能的立场，为了债权人的利益，赔款委员会像对待破产的财产一样对这些敌对国进行管理。事实上，赔款委员会的权力和功能已经超过这一目的需要，由赔款委员会来对和约中不宜解决的大量经济和财政问题做出最终决断。[1]

赔款委员会的权力和章程主要由和约第233～241条以及对德条约赔款这一章的附件2规定。当与奥地利、保加利亚乃至匈牙利和土耳其签订和约后，在这些国家赔款委员会也行使相同的权力。所以，在对奥地利[2]和保加利亚[3]的和约中也有相似的条款。

各有一名主要协约国代表参加会议。美国、英国、法国和意大利的代表参加全部会议；比利时的代表参加除日本或塞尔维亚-克罗地亚-斯洛文尼亚代表参加的会议之外的全部会议；日本的代表参加关于海洋问题及与日本有关的特定问题的会议；塞尔维亚-克罗地亚-斯洛文尼亚的代表参加与奥地利、匈牙利或比利时有关的会议。其他协约国的代表，无论其赔款要求和利益是否能得到满足，都没有权力进行投票。

赔款委员会一般通过多数投票表决的方式来做出决定，除非在一些特定问题上才要求全体投票一致通过，这些重要问题主要包括取消德国的债务、推迟分期付款和出售有关德国债务的债券。在执行这些决议时赔款委员会拥有完全的权力。它有权设立执行职员一职，并授予该办事人员相应的权力。赔款委员会及其职员享有外交特权，其薪酬由德国支付，然而德国无权确定其薪酬的数额。假如赔款委员会想要充分履行多种职能，就需要建立一个雇佣几百个熟知多国语言的职员的官僚机构。这一机构的

---

1 在和会的妥协和拖延过程中，很多问题必须留有一定程度的模糊和不确定性的空间，以求最终达成一致意见。参加和会的四大国想要的是一个和约，而不是问题的解决，和会的全部程序都是为这一目标服务的。和会对于政治和领土问题的倾向是：将作出最终决断的权力留给了国际联盟。而对于财政和经济问题，通常是留给赔款委员会来作出最终的决定，虽然赔款委员会是一个由各方利益代表构成的执行机构。——原注

2 在和约中丝毫没有提及奥地利的赔款总额，全部都留给赔款委员会作出决断。奥地利的问题由赔款委员会的一个特殊部门处理，然而只有总委员会进行授权后，该部门才能行使其权力。——原注

3 保加利亚的赔款总额为4.5亿美元，自1920年7月1日开始，以半年为标准分期进行支付。这些款项由坐落在索非亚、代表赔款委员会利益的联盟间委员会收取。在有些方面，保加利亚联盟间委员会的某些权力是独立于赔款委员会的，然而作为赔款委员会的代理机构，有权在如减少半年付的分期付款等问题上向赔款委员会提出建议。——原注

总部将设在巴黎，掌控着中欧经济命运的走向。

赔款委员会主要具有如下功能：

（1）按照和约赔款这一章的附件1，详细核查各国的赔款要求，以决定最终对各敌对国的赔款要求的确切金额。必须在1921年5月前完成这一任务。德国及其盟国政府将“公正地享有陈述意见的机会，但不能参加赔款委员会举行的任何决议”。这就意味着，赔款委员会既是参与者，也是裁判员。

美国女工在康涅狄格州哈特福德柯尔特专利火器厂工作。摄于1914年—1918年间。

（2）为已经确定下来的赔款要求起草支付时间表，所有赔款及利息必须在30年内全部清偿。在可能的范围内，赔款委员会可不定时地对时间表进行修改，“鉴于德国的资源和能力……给予德国代表公正的机会来发表意见”。

“在定期对德国的赔款支付能力进行评估时，赔款委员会还要检查德国的税收体系，德国的财政收入首先要用于偿付其承担的赔款，在赔款要求得到满足之后，才能用于公用事业或偿还国内债务。通常，德国的税收安排不能比赔款委员会的任意代表国家的税收稍轻。”

（3）为确保在1921年5月前获得50亿美元的赔款，赔款委员会具有要求德国上缴处于任何地方的任何财产的权力，也就是说，“德国将以黄金、商品、船舶、有价证券或其他财产等赔款委员会认可的方式来支付这些分期付款”。

（4）德国在俄国、中国、土耳其、奥地利、匈牙利和比利时以及任何以前属于德国或其盟国的地区的公共财产中，其中属于德国国民的权利和财产，由赔款委员会来决定哪些应该被剥夺并转交给赔款委员会；由赔款委员会来评估这些转交财产的价值，并按照各协约国遭受的战争损失来进行分配。

（5）决定这些从德国剥夺的财产中应该归还德国多少，以使德国维持经济组织中足够人口的生活，使德国可以在将来继续支付赔款。[1]

（6）对德国根据停战协议与和约所上缴的财产和权利的价值进行评估，这些财产包括所有车辆、商业船舶、河流上的船只、牲畜、萨尔河地区的煤矿、给予有信用的割让地区的财产等。

（7）决定德国按照和约赔款一章的各附件所支付的各种实物的数量和价值（在一定范围内）。

（8）要求德国归还能够鉴别原主人的财产。

（9）接受、管理和分配从德国获得的全部现金和实物，并发行和出售与德国债务相关的债券。

（10）对在石勒苏益格、波兰、但泽、上西里西亚等割让地区接手的德国战前的公共债务份额进行分配，并在各地区间分配前奥匈帝国承担的公债份额。

（11）对奥匈帝国银行进行清算，监管前奥匈帝国货币体系的消亡和被替代过程。

（12）按照自己的判断，对德国是否能够支付其赔款提出报告，并提出强制性解决办法。

（13）通常由其下属机构代为执行对德职能，在处理奥地利、保加利亚、匈牙利和土耳其相关事宜的时候基本也是如此。[2]

---

1 按照和约，主要协约国政府为了达到这一目的，其任命的所有机构都具有这种功能。然而可以推测，它们不会出于这一特定目的而建立第二个机构。——原注

2 写作本书时，还没有起草对这些国家的条约。很可能会成立一个单独的机构对土耳其的相关事宜进行处理。——原注

赔款委员会还具有许多相对次要的功能。从上面的提要中可以清楚地看到赔款委员会权力的范围和重要性。由于和约对德国索取的赔款远远超过了德国的支付能力，这就使得赔款委员会具有的权力变得更加重要。和约条款规定赔款委员有权依据自己的判断，在其认为必要时减少德国的赔款数额，这更加使赔款委员会成为德国经济生活的仲裁者。赔款委员会不但可以探究德国的赔款支付能力，还决定着（最初几年）需要进口哪些食物和原材料；赔款委员会有权对德国的税收体系（参见附件2第12段）[1]和国内支出施加压力，以确保德国的全部收入来源首先用于支付赔款；赔款委员会还对德国经济生活，如机械、牲畜、煤炭等的需求起决定作用。

按照和约第240条，德国承认赔款委员会及其权力"同由协约国政府组成的机构相同"，并"完全承认赔款委员会对当前和约所赋予的权力、权威的占有和行使"。德国有责任为赔款委员会提供全部相关信息。和约第241条规定："对实施这些条款所必需的立法、条例和法令，德国都要确保其有效地传达、公布和维持。"

在凡尔赛，德国财政委员会对条款发表的评论并不过分："德国人民在经历严酷的战争后，当他们即将建立民主的时候，德国的民主被毁灭了——被战争期间不厌其烦地声称将给我们带来民主的那些人给毁灭了……德国不再是一个民族，也不再是一个国家，而是完全被债权人出于商业的考虑转手给购买者的商品，丝毫不给德国证明自己愿意履行义务的机会。在德国以外，赔款委员会设立了永久性的总部，它在德国的权力要大于德国皇帝曾经拥有的权力；在这一体制下，德国人民的一切权利将在数十年内被剥夺，其程度比所有专制主义下的人民都要严重；他们没有行动自由，泯灭了对德国经济和道德进步的个人热情。"

协约国在答复中并不承认这一评论有任何内容、根据和说服力。它们声称："德国代表团的评论说明他们对赔款委员会的看法是扭曲和错误的，这很难让人相信他们曾经心平气和或认真地对合约跳空加以研究。赔款委员会并非施加压力的引擎，也不是干涉德国主权的工具。它不具备能够指挥的军队，在德国领土内也不具备可以行使的权力，根本不会像评论中所说的那样可以指挥或控制德国的教育或其他体系。询问德国将支付什么，并确保德国支付的东西令自己满意，这才是赔款委员会的任务所在。由于赔款委员会代表着各协约国的利益，因此当德国犯错误的时候应向各国报告。倘若德国以自己的方式筹集所需的款项，赔款委员会无权命令它用其他的方式来

1　虽然协约国在随后的答复中并不承认这一目的，说"附件2中既没有给予赔款委员会指示或加强税收的权力，也没有授权它可以支配德国预算性质"，但我认为，赔款委员会是具有这种权力的（倘若这一段的确有这种含义的话）。——原注

筹集；倘若德国用实物来支付赔款，在合约没有明确规定不能接受的情况下，赔款委员会是可以接受这种支付的。”

用来拉制钢丝的原材料——钢丝棒。带刺丝网是欧洲堑壕战中必不可少的防御工事。1918年摄于匹兹堡钢铁公司。

通过与前面给出的概要或与和约本身相对比，我们不难发现，这并不是关于赔款委员会的范围和权力的公正陈述。例如，和约第430条规定：“不管是德国驻军期间，还是上文所提及的15年期限结束之后，一旦赔款委员会发现德国违背当前有关赔款的和约所规定的全部或部分债务，那么协约国军队将立即重新占领第429条所规定的全部或部分地区。”而陈述中说赔款委员会“不具备能够指挥的军队”，由此我们很容易做出判断：这种说法是错误的。可以看出，对于德国是否履行了约定或德国是否能够履行约定的相关问题，做出决定的是赔款委员会自己，而不是国际联盟；在不利于赔款委员会的规定后面紧接着就是对武装军队的使用。除此之外，协约国的答复中减小了赔款委员会的实际权力，主要是假定德国能够“以自己的方式筹集所需的款项”，赔款委员会对此几乎没有进行干涉，在这种情况下，赔款委员会具有的许多权力将会失效。但实际上，设立赔款委员会的一个主要原因就是对德国不能履行加在它头上的债务的预期。

据报道称，维也纳人民很有特点，他们听说赔款委员会的一个部门将对该市进行访问，就在它身上寄托了很大的希望。很显然，赔款委员会不能从他们身上拿走任何东西，因为他们一穷二白，因此，赔款委员会只得帮助、救济他们。维也纳人这样辩解，对自己的灾祸无所顾忌。然而，也许他们没有错。赔款委员会与欧洲问题的联系颇为紧密，它所承担的责任要与其权力相对应。它将来履行的任务可能与其创立者的本意大相径庭。将赔款委员会转移到国际联盟麾下，以更换其“心脏”和目标的方式，赔款委员会可以由一个旨在追逐利益的机构变为旨在追求公正的机构，可以由一个压迫和掠夺的手段变为整个欧洲的经济委员会，并以恢复所有国家（包括敌对国）人民的生活和幸福为目标。

5.德国的抗议

德国的抗议比较隐晦，并且非常不诚实。赔款这一章关于德国公债发行的条款给公众留下的印象是：将赔款总额确定为250亿美元，这一数目无论如何都是最低的了。于是，德国代表团准备基于这一数目进行辩解，假定协约国的舆论对任何表面上少于250亿美元的赔款都不会感到满意。德国不打算支付如此巨额的赔款，于是便充分发挥自己的创造才能，给出了一个协约国怎样得出这一数目的公式，但是事实上，根据这一公式得到的数目远比250亿美元要小。对于任何一个认真阅读公式并对事实了如指掌的人来说，不费吹灰之力就可发现公式的结果，其创造者是不可能用它来蒙骗协约国的谈判人员的。德国代表的策略是假定协约国谈判人员像他们一样急于依据相关事实找到解决问题的办法，由于协约国政府承诺使它们的民众获得大量赔款，所以它们愿意在起草和约时实行共谋。这一假定在其他环境下可能会十分奏效。但是实际上，他们并没有从这种精明的算计中获得好处，假如他们一方面坦率、公正地对自己认为所应承担的赔款数额做出估计，另一方面对自己的支付能力也进行估计，那将是一种更好的做法。

在下列情况下，德国将支付250亿美元的赔款。

第一，它是以和约中的妥协为条件的。和约保证：“德国将按照停战协定中的相关规定保持领土完整，[1]将继续占有殖民地和商业船舶（包括大吨位的船舶），德国人在本国与世界上都将享有与其他国家的人民相同的行动自由，战争法令立即全部宣布无效，一切战争期间对德国经济权利和德国私人财产的干涉都将依据互惠原则进行解决。”这意味着，支付赔款的条件是废除其他大部分和约。

第二，赔款要求的最高限额为250亿美元，其中50亿美元在1926年5月1日之前完成支付，赔款数额都不计算利息。[2]

第三，要从赔款总额中减去下列信用：

①按照停战协议向协约国交付的价值，包括军事物资（如德国的海军）；

②被割让地区全部铁路和国家财产的价值；

③假如被割让的地区依然是德国的一部分，它们根据比例应该分担的德国公共债务和赔款；

④德国在战争期间向其盟友出借的债权的价值[3]。

虽然难以确定④项所规定的信用总数，但是依据大致的估计，与和约实际规定的信用比起来，①②③④四项应该扣除的信用超过了100亿美元。

所以，如果按照和约规定，据我们估计，德国应该支付的实际赔款数额为250亿美元。那么首先，为了抵消和约的疏忽，要扣减100亿美元；其次，由于不对延期赔款计算利息，应该把剩余的赔款数额减半得到的才是实际支付的现值。这样做将使德国的赔款减少到75亿美元，但根据我的大致估计，和约要求德国支付的赔款是400亿美元。

75亿美元的支付本身已经是十分慷慨的了，实际上，这一数额在德国广受批评。考虑到这一支付数额是以取消和约的其他大部分内容为条件的，实在不能认为这一数额非常过分。[4]然而，假如德国代表团能够用更为确切的语言对他们所认为的德国支付能力做出描述，结果本可以更好。

在协约国对德国抗议的答复中有一条重要规定，我始终没有谈到，此处正是讨论它的好地方。一般来说，赔款这一章在一开始起草时并没有让步，然而协约国意识

---

1 不管这意味着什么。——原注

2 假定赔款总额在33年内进行平均支付，与按照5%计算利息相比，不计利息可以使赔款负担减轻一半。——原注

3 我不打算对德国这一要求的细节作出详细的描述，因为上面所述的才是重点。——原注

4 由于这个原因，并没有把这个数额与我在本章前面部分所分析的德国赔款支付能力进行严格的比较。在那里，我是基和约的其余部分全部生效后的德国条件作出的估计。——原注

到，德国所承担的赔款数额没有确定下来，这是一件十分棘手的事情，因此它们提出一个办法，即在1921年5月1日前将最终的赔款数额确定下来。协约国作出承诺，在签订和约后4个月内的任何时候（截至1919年10月底），为了解决和约规定的德国需要支付的全部债务，德国可以自由地提交一个支付总数。而协约国将在随后的两个月内（1919年底以前）"对德国的任何提议不遗余力地作出答复"。

该办法附带三个条件："第一，德国当局在提议之前应当与直接相关的协约国代表进行协商。第二，提议必须做到清楚明确。第三，提议必须承认，和约所规定的范围和赔偿条款是确定的，不能再作任何讨论。"

这个办法完全不考虑德国的赔偿能力问题，只关心和约规定的赔款总额是多少，是350亿美元、400亿美元还是500亿美元。协约国在答复中继续说道："这些仅仅是与事实有关的问题，即赔款的数额，它们是可以用这种办法来解决的。"

伯利恒钢铁公司制造的大炮。摄于1918年。

假如将来的谈判真的按照这种路线进行，是不可能产生结果的。在1919年底以前得出一个能让各方都认可的赔款数额甚至比在和会期间就这一数额达成一致意见更为困难。对德国的财政状况来说，准确地知道德国按照和约应当承担的赔款数额并没有任何帮助。尽管期望协约国舆论能够如此之早地大幅度改变其倾向是不可能的，但是这些谈判提供了一个机会，可以对所有赔款支付问题进行重新审视。[1]

在我看来，公正地对待这一问题不能完全依靠我们的保证或经济状况。这种政策将使现在德国的整整一代人处于奴役状态，降低千百万德国人的生活水平，剥夺德国整个国家的幸福。即使它可能使我们更加富裕，并且再进一步假设这个政策不会导致整个欧洲文明生活的衰退，就算这样，这种政策也是神憎鬼厌的。有人宣扬说这是正义的。在人类历史的重大事件中，在国家复杂命运的抉择中，正义远非如此简单。即使就算这真的是正义的，国家也依然没有得到宗教或自然道德的授权，可以把敌对国的父辈或统治者犯下的种种罪行加在他们的子孙后代身上。

1　由于部分协约国对和约的批准有所推迟，直到1919年底，赔款委员会仍没有正式建立。据我所知，目前还没有采取任何行动来实施上述办法。然而，由于环境的原因，规定的日期被推迟了。——原注

第6章　和约之后的欧洲

本章注定有着悲观的基调。和约并未订立任何能使欧洲经济复苏的条款，这份和约不仅不能使战败的中欧变成我们的友好邻邦，也不能使新建立的欧洲国家稳定，不能收复俄国，更不能促进协约国之间在经济上团结一致；在巴黎和会上，既不能就治理法国和意大利混乱财政问题达成一致意见，也不能达成使旧的世界体系转变为新体系的一致意见。

四国委员会并没有把精力集中于以上所提的问题，而是专注于其他方面——克里孟梭专注于摧毁敌国经济；劳合·乔治希望进行一笔交易，带回一些能在英国凑合对付一星期的东西；威尔逊总统则专注于他的名声，拒绝做任何非正义和有失公允的事。显而易见的是，诸如饥饿和分裂这些欧洲最基本的经济问题无法引起他们的兴趣。他们在经济领域的主要议题是战后赔款，而他们把赔款作为一个神学问题、政治议题和选举手段来加以解决。对于这一问题，他们从各个角度出发，但却恰恰没有从各国经济的前途掌握在他们手中这一角度出发。

从现在起，我将抛开巴黎、和会以及和约，而主要对战争与和约所造成的欧洲当前的形势加以考虑；我也不再试图区分哪个是由于战争所带来的不可避免的结果，哪个是在和约中可以避免的悲剧。

我认为，当前的形势实际上十分简单。在世界历史上，欧洲的人口密度是最大的。欧洲人习惯了相对较高的生活水平；哪怕是现在，欧洲仍有一部分人期望生活水平能有所提高而不是降低。与其他各大洲相比，欧洲不能实现自给自足，特别是在食物方面。欧洲的人口分布不均，在为数不多的工业中心聚集着大部分的人口。战前，这些集中于工业中心的人口，他们的生活由一个精巧且极其复杂的组织来保证，这一组织的基础由煤炭、钢铁、交通、从其他大洲进口的食物和原材料构成，它自己的剩余并没有多少。由于这一组织遭到破坏，供给线也中断了，部分人失去了谋生手段。人们想移民海外也是困难重重，即使有国家愿意接受他们的移民申请，他们也需要数年的时间才能移民海外，更遑论这种情况并非常有。所以，我们面对的危机是欧洲人的生活水准迅速下降至一个临界点，有部分人实际上已处于饥饿的境况（俄国已经达到这一临界点，而奥地利也差不多达到了饥饿的边缘）。并不是每个人都会平静地接

第一次世界大战期间在法国弹药厂车床旁工作的工人。法国虽然是第一次世界大战中的战胜国，收复了阿尔萨斯和洛林，夺取了德国一些殖民地，但损失惨重。战后，法国经济出现严重困难，政局不稳。1914—1940年之间，法国内阁变更45次之多。

受死亡。饥饿会使某些人变得懒惰、无助并丧失信心，也会使一些人紧张不安、歇斯底里和疯狂反抗。这些处于困境中的人可能会摧毁欧洲残余的组织，对于这种不顾一切、个人只想满足其过度膨胀的欲望的文明，他们也可能将其摧毁。我们现在应把所有的资源、勇气和理想有效结合起来，共同度过这一危机。

1919年5月13日，布罗克多夫·兰佐伯爵在和会上向协约国发表演讲，通报了德国经济委员会的一个调查报告，这个调查主要是针对和约条件对德国人口状况的影响展开的。报告上说："曾经的两代人把德国从一个农业国变成一个工业国。作为一个农业国，德国能够供养4 000万人口。而作为一个工业国，德国能够保证6 700万人的生活；1913年，德国进口1 200万吨（舍掉零头）粮食。在战前，依靠对外贸易、海运、直接或间接使用国外原材料来谋生的德国人有1 500万。"在对和约的主要规定进行复述之后，报告继续说："由于产出的下降，由于殖民地、商船舰队和外国投资的丧失而导致经济衰退，德国再也不能从国外进口数量充足的原材料了。所以，这将无情地摧毁德国的大部分工业。与此同时，对食物进口的需求大大增加，这又在很大程度上降低了满足其工业进口需求的可能性。数百万的德国人不能再从事海运和贸易工作，他们在短时间内将得不到足够的面包和工作。这些人应该移民海外，然而这是无法办到的，因为许多国家，包括世界上最重要的国家都反对德国人移民到他们国家。假如真的执行和约条款，从理论上看，将造成数百万德国人的伤亡。

灾难很快就要到来，因为战争期间的封锁和停战期间更为严格的封锁，德国人的健康状况已经恶化了。届时无论规模多大、持续时间多长的救济都将于事无补，都无法阻止众多人口的死亡。报告总结说："德国是一个工业国，人口密集，与世界经济体系有着紧密的联系，需要进口大量的原材料和食物。如果德国突然发现自己的经济状况和人口数量退回到半个世纪之前的模样，结果将会怎样？协约国是否认识到这一问题我们不得而知。在和约上签字，就等同于签署了死刑判决书，要判处数百万德国男人、妇女、儿童死刑。"

我不知道怎样来辩驳德国的控告。至少奥地利也同样适合发出这一控告。这是我们面临的根本性问题，相对来说，调整领土、平衡欧洲势力等都属于无足轻重的问题了。暂时有利的环境会导致人口迅速增长。最后，当这种有利环境消失时，人口的数量已超出其实际环境所能承载的数量。无论这种有利环境的消失是自然过程的结果还是人类行为导致的结果，只要它突然消失了，就会使人类历经数个世纪才取得的文明成果毁于一旦，这种灾难在人类历史上时有发生。

目前形势的主要特点可以归结为以下三个方面：

第一，欧洲内部产出的绝对量暂时下降；

第二，交通瘫痪，无法把产品运送到最需要的地方去；

第三，欧洲的购买力不足，无法从其他各大洲进口其日常所需的产品。

生产率的下降程度无法预估，并且很容易言之过甚。然而，根据第一印象得到的证据是很能让人信服的，这正是胡佛先生发出的警告的要点，胡佛先生是经过深思熟

1918年，刚从一战战场上归来的美国士兵在纽约享受公众提供的感恩节晚餐。

虑后才发出这一警告的。导致当前形势的原因有很多：俄国、匈牙利发生长期内乱；波兰、捷克斯洛伐克等国新立国不久，同时它们缺乏调整国家间经济关系的经验；由于战争伤亡或持续的战争动员，造成整个欧洲大陆熟练劳动力损失严重；中欧国家的粮食供应持续不足，导致生产效率下降；战争期间缺少肥料，造成土壤肥力枯竭；劳动阶级在有关他们生活等的基本经济问题上忐忑不安。总的来说，正如胡佛所说："战争会让人变得贫穷，并使他们在精神上和肉体上均处于紧张状态，从而导致大多数人心力交瘁。为了缓解这种紧张，他们会放松工作的努力程度。"许多人由于各种各样的原因处于完全失业的状态。根据胡佛的描述，欧洲各国失业登记办公室曾于1919年7月发表一份摘要。该摘要表明，欧洲当时约有1 500万个家庭接受形式多样的失业津贴，这些津贴主要通过持续发行货币来支付。德国的劳动力和资本还要面临额外的威胁（只要按照赔偿条款的字面意思执行，这个威胁就显而易见），他们生产的产品，任何超出最低生活标准的部分都将被剥夺。

我们拥有的可靠数据并不会使时下的衰退现象加重多少，然而我要提醒读者一两件事情。欧洲的所有煤炭产量下降了30%，而煤炭正是欧洲大部分工业和整个交通运输体系的基础。德国居民战前消费的食物中有85%是由本国供应的，然而现在，土地的产量下降了40%，牲畜数量下降了55% 。[1]在欧洲诸国中，俄国以前拥有大量的剩余产品可供出口，然而现在，由于缺乏交通运输，同时产出下降，他们自己都面临着严重的饥荒威胁。匈牙利刚刚取得收成就被罗马尼亚人劫掠一空，更遑论它还面临其他困难呢。奥地利在1919年年底前就把本年收成的粮食消耗殆尽。这些数字太过惊人，以至于我们难以置信。如果它们的境况不是这么差，我们对它们也会更有信心一些。

即使煤炭被挖掘出来，粮食获得丰收，但是因为欧洲的铁路系统遭受到破坏，无法将煤炭和粮食运送出去；即使商品被生产出来，由于欧洲的货币体系被摧毁，这些商品也无法卖出去。我已经阐述过战争和停战协议所规定的赔偿条款会给德国的交通运输体系带来何种程度的打击。然而即便如此，考虑到德国制造业生产替代品的能力，它的状况仍可能要稍好于一些邻国。在俄国（实际上，我们几乎没有俄国的确切信息），运输工具的状况真可谓让人完全绝望，而这也是造成其当前经济混乱的根本原因之一。波兰、罗马尼亚和匈牙利的状况也同样糟糕。现代工业生活离不开高效的交通运输设备，同样，由于这些高效的交通运输设备的存在，现代人的生活才得以保障。离开了它们，人们无法继续生存。货币体系的崩溃和人们对货币购买力的不信任使欧洲业已存在的问题进一步恶化，这些问题必须与对外贸易结合起来进行更为详细

1　塔林教授的《德国食品条件的报告》（第280页）。——原注

的论述。

那么，现在的欧洲景象又如何呢？农村人口能够依靠其劳动成果养活自身，然而没有足够的剩余产品向城镇供应，而且（由于缺乏进口原材料，城镇生产的可供出售的产品无论数量上还是种类上都大为减少），农场主缺乏动力，不想通过出售粮食的方式换回其他物品；工业人口因缺乏食物，其劳动能力得不到保障；由于缺乏原材料，他们的生计难以维持；而且这些国家也没有能力通过进口来弥补国内生产的不足。但是，按照胡佛先生的描述，“粗略的估计表明，相比没有进口时欧洲所能供养的人口数量，现在的欧洲至少增加了1亿人口，这些多出来的人口必须依赖于出口产品的生产和分配才能得以存活”。

在外贸领域，生产和交换这一永久性的循环是如何重新开始的呢？为了探讨这一问题，我有必要先离题对欧洲的货币形势进行一些探讨。

据说，列宁曾经公开讲过这样一句话：摧毁资本主义体系的最好方法是使货币贬值。通过持续的通货膨胀，政府可以秘密地、不为人知地没收公众大量的财富。这不仅是一种没收财富的方式，而且是一种肆意妄为的没收方式。在这个过程中，大多数人会变得贫穷，但实际上它也会使一些人变得富有。这种对财富肆意重新分配的行为不仅会破坏个人财产安全以及社会安定，还会破坏人们对政府的信任，使他们怀疑现有财富的分配是否公平。有些人由于体制因素而大发横财，这笔财富超出其正常所得，甚至远高于他们自己的预期，这部分人在别人眼里成了“奸商”。那些由于通货膨胀而蒙受损失的资产阶级会憎恨这些“奸商”，这种憎恨深入骨髓，并不逊于无产阶级对这些“奸商”的憎恨程度。当通货膨胀持续下去，从而使货币的实际价值随着时间的推移而剧烈波动的时候，资本主义的根基——债务人和债权人之间的所有长期关系就会变得混乱不堪，以至于这种关系失去了它原来的作用和意义，人们获取财富的过程会蜕变，就像赌博或买彩票那样。

列宁无疑是正确的。没有任何比放任货币贬值更精明、更确定的方式能推翻现有的社会基础了。这一过程是把经济规律背后所有的力量都调动起来用于破坏，而且破坏的方式极其隐蔽，恐怕100万人里面也没有一个人能看出端倪。

在战争的后期，所有交战国政府或出于需要、或迫于无奈，都曾实施过布尔什维克主义者的计划经济做法。即使现在战争结束了，很多国家由于国势羸弱，仍继续实行这一做法。更有甚者，当前欧洲许多国家的政府一方面很软弱，另一方面又办事鲁莽，明明是因政府的错误做法才导致社会财富分配不公这一恶果，政府却把针对这一现象的民怨引导到“奸商”这一阶级身上。广义地说，这些“奸商”其实就是资本家中的企业主，他们是整个资本主义社会中活跃且富有建设性的组成部分，他们在物价

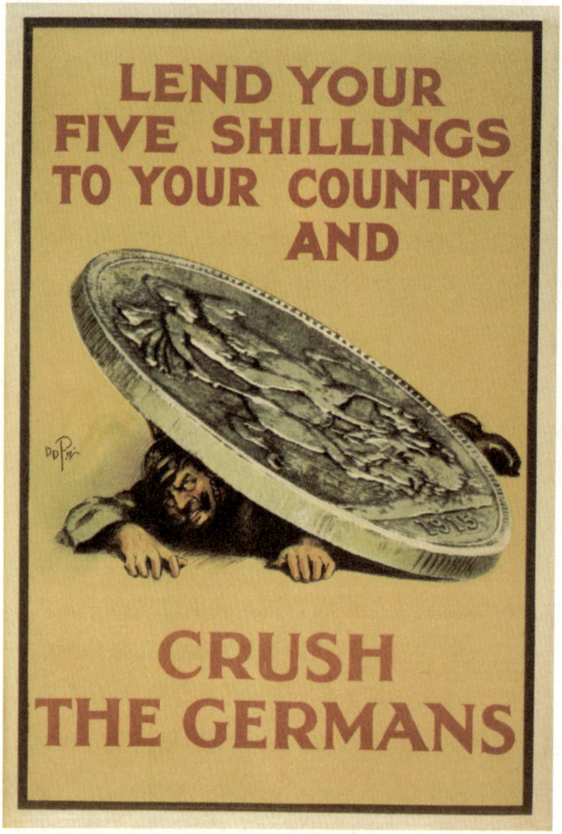

1915年的英国海报中展示了一名德国士兵被一枚英国硬币压在了下面。其标题为："把你的五先令借给你的国家，粉碎德国人。"海报呼吁英国民众踊跃存款，以此打败德国。

飞涨的时期，无论是否愿意、是否希望，都不得不迅速变得富有。如果价格不断上涨，那些已经买入商品并囤积起来或者坐拥财产和工厂的人一定会因此获利。

恰如列宁的精明大脑所设想的资本主义社会的毁灭过程，由于欧洲各国政府把民怨引导到"奸商"阶级身上，实在是因之而往前推进了一步。"奸商"是物价上涨的结果，而非物价上涨的原因。通货膨胀不可避免地会破坏社会契约和既有的财富平衡，对它们产生剧烈的、肆意的冲击，这将危害社会安定。欧洲各国政府把这一冲击的破坏作用与公众对企业家阶层的仇恨结合在一起，使19世纪的社会和经济秩序迅速变得难以为继。然而，它们对秩序的更替却还未做好准备。

欧洲正面临这样一种景象：从19世纪的工业革命中脱颖而出的大资本家阶层，他们在数年前还是神通广大的主宰者，但到了现在，他们的能量变得极度虚弱。现在这个阶层中的个体，他们的恐惧和胆怯情绪表现得十分明显，他们对自己的社会地位和自己在社会组织中的重要性产生了怀疑，以至于很容易受人胁迫而成为牺牲品。25年前的英国并没有这样的情形，现在的美国也不是这样子。那时候，资本家相信他们自身，认为他们自身对社会是有价值的，相信他们可以持续、正当地享有自己的财富并自由地行使权力。现在，他们面对各种凌辱战战兢兢——只要有人称呼他们是国际金融家或奸商，他们就会给这个人“赎金”，无论这个人要多少都可以，他们唯一的要求是不要对他们恶语相向。虽然政府是由他们组成的，媒体也为他们所有，然而他们却只能任由这些属于自己的工具攻击、毁灭自己。

也许历史上已经灭亡的社会确实都是毁于自己之手的。在西欧这个极为复杂的世界，内在的意志会更巧妙地达成自己的目标，俄国的哲人无疑是理智主义者，与这样的理智主义者相比，M.克劳茨和劳合·乔治之流更容易给西欧带来革命，而且对我们而言，这种革命来得更加残酷，也来得更加自觉。

欧洲货币体系的通货膨胀已经达到非常严重的地步。各交战国政府由于无能、软弱或目光短浅，当它们不能通过贷款或税收等方式得到所需资源时，便大量印刷纸币以使收支趋于平衡。俄国和奥匈帝国的货币已经严重贬值，这两国的货币在对外贸易中已没有任何价值。波兰马克的价值不足3美分，奥地利克朗的价值不足2美分，但即使是这个价格，也根本不会有人买。德国马克在外汇市场上的价值还不足4美分，无论是东欧还是东南欧，大多数国家的状况都是一样的糟糕。在意大利，虽然存在一定程度的管制，其货币价值仍然跌到只比名义价值的一半稍多一点的程度；法国货币的市场价值也无法继续维持；就算是英镑，当前其价值也严重下降，它在将来的前景同样不容乐观。

虽然这些货币在国际市场上的价值不稳定，但是它们在国内却仍然具有一定的购买力，即便对俄国来说也是如此。各国民众对其国家法定货币的信任感是如此之深，然而他们其实也别无他途，只能希望这种货币有一天至少能部分地恢复到以前的价值。在他们心中，价值是根植于货币本身的，他们并不明白这些货币曾经代表的实际财富已经大幅缩水了。政府通过各种法令竭力对国内价格加以控制，以期法定货币能维持部分购买力，这些法令支撑着公众对法定货币的信心。所以，这些法令使货币仍对一些商品有直接购买力，但实际上这些纸币已全无价值，只是在情感和习惯的作用下，人们（特别是农民）还愿意储藏它们。

通过法令的力量来对价格进行管制，使货币具有虚假的价值，这种做法已经埋下了最终使经济衰退的种子，这样下去很快就会将全部攻击来源都榨干。如果一个人迫于无奈，非得把他的劳动成果换成纸币，经验很快就会告诉他，他出售自己产品所获得的货币不足以购买到等价的、自己需要的产品。所以，他会把产品留为已用，或者作为人情赠送给朋友和邻居，又或者把工作的时间用于休息。如果一个经济体系强迫商品以相对低于其真实价值的价格成交，那么这不仅会使产量降低，而且最终会导致浪费和实物交易的低效率。但是如果取消政府管制，放任事态并任其发展，那些重要商品的价格很快会达到一个高不可及的程度，除了富人之外的其他人都无力购买，纸币失去价值这一事实就昭然若揭。

用价格管制和惩治奸商的手段来对付通货膨胀，这种做法给国际贸易造成的影响更为恶劣。一个国家无论内部情况如何，该国的货币在国际市场上肯定会很快体现出其真实的价值水平，其结果便是使国内价格和国外价格之间的一般调节机制失效。进口商品以外币标示的价格如果按照当前的汇率进行转换，即为本币标示的价格，其价值将远远超过该商品的国内价格。所以，在国内的销售价格低于其进口成本的很多重要商品根本不可能由私人机构进口，而只能由政府提供，这又进一步增加了政府破产的可能性。目前，几乎整个欧洲的面包生产都在减少，这就是对上述现象的最好诠释。

事实上，欧洲各国都在遭受同样的灾难。然而根据在灾难面前的不同表现，这些国家可以分为两组：一组是由于遭到他国封锁而被迫断绝了国际交往的国家，另一组则是依靠进口盟国的资源来度日的国家。德国是第一组的典型代表，法国和意大利是第二组的典型代表。

德国处于流通中的货币量为战前的10倍左右。如果用黄金来衡量的话，现在马克的价值大约为战前的八分之一。由于在国际上以黄金衡量的商品价格比战前翻了1倍多，所以，在德国国内，以马克标示的商品价格应当是战前的16～20倍才是合理的，也只有这样才能与德国以外的价格保持一致。[1]但是，事实并非如此。尽管在德国国内商品的价格有大幅上涨，但就主要商品来看，其价格水平仍然不超过战前的5倍；除非同时对工资水平做程度相当的调整，否则商品价格不存在进一步上升的可能。目前如果不考虑其他障碍，价格失调在下列两方面对进口的恢复具有阻碍作用，而进口的恢复是一国经济重建的基本前提。

第一，进口商品的价格水平过高，使大多数人无力购买，[2]人们期望在解除封锁后能够有大量的进口商品，而这在商业上不具有现实性；[3]

第二，对于贸易商和生产商来说，利用外国贷款进口原材料并用于生产，以此换回价值极不稳定且可能无法实现价值的马克，这是一种风险极高的冒险行为。

人们很容易忽视后一个阻碍贸易恢复的因素，因此我们应当对其稍加关注。

1　与此类似，奥地利的价格应当为其战前的20～30倍。——原注

2　停战期间，协约国政府在管理德国的被占领区时面临一个备受关注且十分明显的困难，即：尽管它们把食物运送到这些地区，居民也无力支付这些食物的成本价格。——原注

3　理论上讲，过低的国内价格水平将刺激出口并最终实现自我平衡。然而在德国、波兰和奥地利，可供出口的产品少之又少或根本就没有，因为在有出口以前必须先有进口。——原注

我们目前无法断定德国马克在3个月、6个月或1年后能兑换成多少外国货币，外汇交易市场也无法提供确切的数据。所以，事实可能会是这样：一个关心其将来信誉和名声的贸易商，即使有人给他提供英镑或美元的短期信用，他也不会愿意接受这一信用，或者在是否接受这一信用上犹豫不决。他欠下的债务是英镑或美元，然而在国内出售产品后换回的只能是马克。而当他需要偿还债务时，德国马克与他要偿还的外币之间的汇率就成了一个大问题。商业丧失了真正的本质，变得比投机好不了多少，正常的商业利润完全被价格波动侵蚀。

面值20马克的德国货币。摄于1918年。

所以，有三个相互独立的阻碍因素影响贸易的恢复：

第一，国内价格和国外价格的失调；

第二，购买原材料的外国人个人信用不足，而原材料是保护工业资本、重新启动商业循环不可或缺的；

第三，混乱的货币体系使信用操作存在很大的风险或者使信用操作变得根本不可能，而这种信用风险并不同于普通的商业风险。

在法国，流通中的货币量是其战前水平的6倍，以黄金衡量的法郎的价值不足战前的三分之二。亦即，随着货币流通量的增加，法郎的交换价值并没有同比例地下降。[1]法国之所以形势较好，是因为基于以下这样一个事实：直到最近，法国进口的很大一部分商品并不是由它自己支付的，而是用英国和美国政府的贷款支付的。由于外国支援越来越少，实现进出口贸易平衡的愿望就变得异常迫切。目前，法国国内经济和法郎与外币的汇率水平都是以进口超过出口为基础而建立起来的，而这种情况是不可持续的。如果不降低消费标准，法国的经济形势如何好转就很难预测，然而即使降低消费标准是暂时性的，也会激起民众极大的不满。[2]

意大利的情况也大致如此。流通中的货币量是战前的5～6倍，以黄金来衡量的话，意大利里拉的价值大约为战前的一半。所以，相对于法国而言，意大利对流通中的纸币量的调整力度更大。与此同时，对意大利来说，来自移民汇款和游客消费等方面的“无形收入”下降明显；奥地利处于分裂状态，这又使意大利丧失了一个重要的市场；同时，意大利对外国船舶和各种原材料进口有着特殊的依赖性，这让它在国际价格水平上升的过程中受到了更多的伤害。由于这些原因，意大利的前景非常黯淡，

1 考虑到黄金价值的下降，如果法郎的交换价值的下降比例与货币流通量的增加比例相同的话，则法郎的交换价值应该少于战前的40%，而非实际上的60%左右。——原注

2 可以从下表看出法国现在的国际交换离均衡还有多大差距。

时间	进口（万美元）	出口（万美元）	进口超过出口（万美元）
1913年	14 035.5	11 467.0	2 568.5
1914年	10 670.5	8 114.5	2 556.0
1918年	33 191.5	6 905.5	26 286.0
1919年1—3月	38 714.0	6 667.0	32 047.0
1919年4—6月	42 141.0	8 389.5	33 751.5
1919年7月	46 756.5	12 367.5	34 389.0

注：这些都是经过平均汇率转换的数字，然而由于1918年和1919年的贸易是用1917年的官方汇率进行转换的，所以只是粗略的数字。法国的进口不可能继续保有如此大的数额，建立在这一事实基础上的是虚假的繁荣。——原注

它存在和法国一样严重的贸易赤字。[1]

在法国和意大利，政府在财政预算方面的形势极为不妙，致使两国现有的通货膨胀和国际贸易失衡进一步加重。

在法国，征税难是人所共知的事情。战前，英、法两国的人均预算和人均税收基本相同，然而在弥补不断上升的支出方面，法国却并没取得任何实质性的成就。据估计，战争期间，英国的人均税收从95法郎增加到265法郎，而法国的人均税收仅从90法郎增加到103法郎。法国在1918年7月至1919年6月底这一财政年度里，征税额还不足战后正常支出额（估计值）的50%。将来的正常预算支出不会低于44亿美元（约为220亿法郎），超过这一数字也是很有可能的。然而即使是1919—1920年这一财政年度，预计的税收收入也不会超过这个数字的一半。法国财政部长除了期望从德国得到大额赔款（法国官员自己也明白这是毫无根据的）外，实行任何计划和政策都不能弥补这一巨额赤字。同时，它们还卖出战争物资和多余的美国国债，即使是在 1919年下半年，它们也毅然决然地通过法兰西银行发行货币来弥补不断扩大的财政赤字。[2]

意大利在财政预算方面的形势可能稍好于法国。战争期间，意大利的财政政策比法国更加积极、主动，它花了更大的力气征税和支付战争费用。但是，意大利总理尼蒂在大选前夕（1919年10月）对选民发表一份书面讲话，直言有必要把他对形势的分析告诉选民，这一分析真可谓令人绝望：

（1）国家支出是财政收入的3倍；

（2）所有由国家从事经营的行业，包括铁路、电报、电话等，都处于亏损状态。尽管公众以很高的价格购买面包，但是按这一价格核算，政府每年仍然需要承担

1　意大利的进出口数字如下表所示。

时间	进口（万美元）	出口（万美元）	进口超过出口（万美元）
1913年	6 076.0	4 186.0	1 890.0
1914年	4 872.0	3 684.0	1 188.0
1918年	23 502.5	4 139.0	19 363.5
1919年1—3月	22 924.0	3 808.5	19 115.5
1919年4—6月	33 103.5	6 925.0	26 178.5
1919年7—8月	22 353.5	8 451.5	13 902.0

2　在我最近写过的法兰西银行的两个报告中（1919年10月2日和9日），货币发行量在1周内分别增加了9 375万美元和9 412.5万美元。——原注

约10亿美元的损失；

（3）每年出口所取得的外汇远少于进口所需的支付，前者仅为后者的四分之一或五分之一；

（4）国家债务每月增加约10亿里拉；

第一次世界大战期间的法国小难民。孩子们在等火车的时候，从美国红十字会士兵食堂得到面包和牛奶。摄于1917—1918年。

（5）现在每月的军事支出仍然比战争第一年时每月的军事支出多。

法国和意大利的财政状况尚且如此，其他欧洲交战国的情况就更糟糕了。在德国，中央政府、联邦各州、乡镇在1919—1920年度的总支出估计有250亿马克，而以前所余的税款最多也只够支付100亿马克。在俄国、波兰、匈牙利和奥地利，是否存在预算这个东西都很让人怀疑。[1]

以上所述的通货膨胀的危害并不仅仅是战争的产物，也不是随着和平的到来就能消失。它将是一个持续的现象，目前仍然看不到结束的任何迹象。

所有这些影响因素综合起来，不仅不能使欧洲立即提供足够的出口以换取所需的进口商品，而且还使欧洲的信用被削弱，使它难于获得所需的生产性资本以重新开始交易、循环；除此之外，由于违反经济规律，欧洲的经济不但不能趋于均衡，反而会远离均衡；这些影响会使欧洲继续保持当前的状态而不是好转起来。我们面临的是一个效率低下、失业率高、组织涣散的欧洲，它备受国内斗争和国际仇视的折磨，饱经战争、饥饿、掠夺和欺骗的沧桑。究竟如何才能使欧洲的前景摆脱目前的黯淡无光呢？

在本书中，我很少关注俄国、匈牙利和奥地利。[2]这几个国家在生活上遭遇不幸、社会面临瓦解，这已众所周知，无须分析；对于欧洲其他国家还是预言的状况，在这些国家已经变成了现实。它们拥有广袤的领土和众多的人口，它们是鲜活的例子，从它们的现状便能窥见人类可以遭受多少的苦难、社会可以达到多么腐朽的地步。重要的是，肉体上的疾病又如何在最后的大灾难中演变为精神上的疾病？无疑，对我们来说它们就是信号。经济物质方面的匮乏很容易形成恶性循环，只要这个国家的人对此听之任之，外面的人就不会关心。随着经济形势的恶化，人的身体机能和抵

1　1919年10月3日，M.比林斯基向波兰议会作财政报告。他估计未来9个月的支出要比过去9个月支出的两倍还要多，而过去9个月的财政收入仅为支出的五分之一，而未来9个月的预算收入是预算支出的八十分之一。《泰晤士报》有关华沙的相应报道说：普遍来说，M.比林斯基的语气是乐观的，其目的似乎在于取悦听众。——原注

2　施加在奥地利共和国身上的和约条款与奥地利令人绝望的现实形势之间并不存在必然的因果关系。维也纳的《工人报》在1919年4月发表以下评论：“从来没有一个和平条约的内容如此粗暴地背离和约得以建立的最初意图……在《凡尔赛和约》中，任何一条规定都隐藏着冷酷和无情，没有一丝人类的同情。背离了人与人之间的任何约定，都是对人性的犯罪，对饱受痛苦和磨难的人们的犯罪。”我对奥地利和约了如指掌，其中一些条款起草的时候我在场，然而我认为，难以反驳这种抨击的正义性。——原注

抗疾病的能力就会逐渐降低，[1]然而生命仍然继续，直到最终达到人类承受能力的极限。身处绝望和疯狂之时所听到的告诫会让受害者从沉沉死气中惊醒，于是人类振作起来，彻底打破旧俗的桎梏。

精神的力量是无可比拟的，只要是任何有关希望、幻觉或复仇的教导，他都会听取。正如我写的那样，至少在近期，俄国布尔什维克已经完全打破了旧俗。最近的丰收使我们度过了物资匮乏的最糟糕阶段，同时，《凡尔赛和约》也最终在巴黎签订了。然而，冬天来了。人们再也没有什么可以期盼的，也不会再有任何希望。那些城镇居民得不到缓解寒冷的燃料，也没有粮食来慰藉饥饿的身体。

然而，谁能断言人类还能忍受到什么程度呢？或者人类该往何处去才能找到最终脱离灾难的方法呢？

1　过去若干月中，一些有关中欧各国健康条件的报告表明前景是黯淡的。人们在引用这些报告的时候无不感到忧虑。然而它们的真实性不容怀疑，下面我将引用三份报告，读者不能不对它们予以关注。1919年5月31日的《新自由报》报告说："在过去几年的战争中，奥地利至少有3.5万人死于结核病，仅维也纳就有1.2万人死于该病。今天，我们至少有35万～40万结核病人需要治疗……营养不良造成正在成长的一代人贫血，他们的肌肉、关节、大脑都不发达。"检查德国医疗条件的医生委员会（由荷兰、瑞典和挪威的医学院任命）1919年4月在《瑞典新闻》上发表如下报告："结核病（特别是在儿童中间）以一种令人震惊的方式传染，总体说来这是致命的。同样地，软骨病更加有害，也更为流行。人类对这些疾病几乎束手无策。结核病患者得不到牛奶，软骨病患者也得不到鱼肝油……到目前为止，除了一些只在特殊病例中能看到的病症外，结核病被认为是最危险的病症。人的全身同时被攻击，处于这种状态的病症无药可医……现在在成人中结核病几乎都是致命的。医院90%的病例是由结核引起的。由于食物匮乏，人类对结核病几乎无可奈何……在腺体结核这种最严重的症状下还可能会化脓。"下面是一位作家（该作家曾陪同胡佛代表团到过厄尔士山脉）1919年6月5日发表于《福斯报》的一篇报告："我访问过大量的农村地区，其中约有90%的孩子患有软骨病，他们3岁才开始走路……如果你跟我一起去厄尔士山脉的一所学校，你可能会以为这里是一所幼儿园，实际上这些孩子的年龄在七八岁左右。一双呆滞的大眼睛长在一张瘦小的脸庞上，被蓬松、突出的额头遮盖，瘦弱的肩膀只剩下皮包骨，弯曲的、关节脱臼的双腿上是肿胀、突出的腹部，因饥饿而产生水肿现象……主治医生解释说，'你看这个孩子，他吃了大量的面包，但却一点都没有变强壮。后来我才发现他把所有得到的面包都藏在稻草床垫下面了。这个孩子的心中深植着对饥饿的恐惧，以至于他不是把食物吃掉而是储藏起来，被误导的动物本能使得他对饥饿的恐惧比对真实痛苦的恐惧更甚。'"但是为了减轻英国纳税人的负担，仍然有很多人要求这些不幸的人在四五十年的时间内支付赔款，而这在他们看来没有什么不正当的地方。——原注

第7章　补　救

在重大事务上坚持正确的观点是困难的。我曾经批评过巴黎和会的工作，他们描述欧洲的现状和前景的时候持悲观的基调。这是一方面的立场，并且我相信这种立场是真实存在的。然而，现象是如此纷繁复杂，在此现象之下不可能所有的预兆都指向某一方面。有时候，我们需要迅速地从也许是完全不相干的因素中得出结论，并且还不得不为之，这时我们得出的预期结果就有可能是错误的。黯淡的前景本身就容易使我们对得出的预期结果的准确性产生怀疑，过于悲观的评述会使我们的想象力受到抑制而不是得到激发，我们的大脑可能会产生这样的反应——“这种结局太坏了，它不可能是真实的”。

然而，在读者因为这些自然反应而产生严重动摇之前，在我把他们引导到改进补救措施并发现令人变得乐观的趋势之前——而这也正是本章的目的——让他们先对英国和俄国这两个国家进行回忆和对比，以使其思想重新恢复平衡。英国的形势可能会使他们喜出望外，而俄国的情形则会提醒他们仍有发生灾难的可能性，现代社会也未能幸免大的灾难。

第一次世界大战期间在比利时的法国士兵。

我在写作本书第1章的时候，并没有从总体上去思考英国的形势和问题。在我的叙述中，“欧洲”一词一般不将不列颠群岛包括在内。英国正处于变迁中，同时它的经济存在很严重的问题。我们也许正处在英国社会和工业结构发生大调整的前夕。我们中的一些人可能会欢迎这些变化，另一些人则对此表示痛惜，然而，这些变化与欧洲大陆即将发生的变化完全不同。在英国，我找不到任何发生大灾难或一般社会动荡的可能性。战争使我们变得贫困，然而还不算十分严重。

我认为，英国1919年的实际财富与1900年相比是相差无几的。我们的进出口贸易是逆差的，然而并没有糟糕到以打乱我们的经济生活为代价才能将其调整过来的地步。[1]我们存在非常大的预算赤字，然而并没有超出企业和谨慎的政治家的承受能力。工作时间有所缩短，这可能会使我们的产出有所减少，但是不要抱有过高的期望，认为这是社会转型的一个特征。

对熟知英国工人情况的人而言，没人会怀疑只要工作适合工人，只要他满意自己的生活条件，他最起码能做到在更短的工作日内，他的总产出和以前盛行的更长时间的工作日内的总产出一样多。英国最严重的问题在战争的催化下已变得异常尖锐，然而找到解决这些问题的源头才是根本。

推动19世纪社会按其道路行进的力量已被消耗殆尽。那一代人的经济动机和理想已不能再满足我们了，我们必须寻找新的道路，并再次经历新工业诞生初期的萎靡不振和最终的剧痛。这是其中的一个因素。我在第2章对另外一个因素已经做出了详述，即食物的实际成本增长以及任何由于世界人口的进一步增加所导致的自然产出的下降，这一趋势对一切的工业化国家和过分依赖进口供给粮食的国家造成的伤害更为严重。

但这些是长期性问题，在哪个年代都不可避免。这种情况完全不同于折磨中欧国家人民的情况。那些主要关注英国情形并熟知其情况的读者倾向于过分乐观，而那些与美国环境有过直接接触的读者就更加乐观了。其实，这些读者应当多关注俄国、

1　英国的进出口数据如下所示：

时间	净进口（万美元）	出口（万美元）	进口超过出口（万美元）
1913年	27465.0	21885.0	5580.0
1914年	25048.5	17946.5	7102.0
1919年1—3月	54789.0	24561.0	30228.0
1919年4—6月	55701.5	31231.5	24470.0
1919年7—9月	67963.5	34431.5	33532.0

然而这种贸易赤字绝不像看上去那样严重，因为目前商业船舶运费特别高，英国的各种“无形出口”可能比战前还高，平均每月至少为22 500万美元。——原注

土耳其、匈牙利或奥地利的情况，这些国家正经历可怕的灾难，人们正在经历饥饿、寒冷、疾病、战争、谋杀、无政府状态，正饱受痛苦的折磨。如果读者能体会到灾难的性质，就应该想到我们必须找出补救措施——如果存在的话——来阻止灾难继续蔓延。

接下来要做什么呢？本章尝试提出的建议对读者来说可能不够。然而，停战后6个月的时间里我们已经在巴黎错过机会，现在我们已无法补救当时所犯的错误。社会面临的巨大艰难和高危风险都已不可避免。我们现在所能做的就是倾尽全力矫正那些决定时下各种事件的基本经济趋势，从而促进繁荣重现、推进秩序重建，而不是让我们泥足深陷、面临更为深重的灾难。

西班牙流感大爆发期间，在美国新泽西州迪克斯营地，士兵们用盐和水漱口，以预防流感。摄于1918年9月24日。

首先，我们必须跳出巴黎和会的氛围，摒弃其使用的方法。那些控制巴黎和会的人或许会在舆论面前低头，然而指望他们带领我们走出困境是永远不可能的。我们很难相信四国委员会能够回头，就算他们想这样做也是不可能的。所以，欧洲现存政府的更迭几乎就是不可或缺的前提了。

对于那些认为《凡尔赛和约》不能持久的人，我向他们提议按照如下标题探讨一个计划：

①修改《凡尔赛和约》；

②解决协约国之间的债务问题；

③提供国际贷款和改革币制；

④处理中欧各国和俄国的关系。

下面，我们就这四点计划分别予以讨论。

1.修改《凡尔赛和约》

我们是否有合乎法理的修改和约的方式呢？威尔逊总统和斯穆茨将军认为：获得国际联盟的有保证的公约，其利益远大于和约其他条款的害处。他们表示，欧洲必须寻求国际联盟的帮助才能逐步拥有更好的生活。

斯穆茨将军签署和约时在其发表的声明中写道："在将来要对有关领土的协议进行修订。保证措施得以保留。我们都希望很快就看到这些措施与新的和平方式以及解除武装之后的前敌国的状态实现和谐共存。大多数心平气和的人可能更倾向于忘记那些预示的惩罚。有一些赔款的规定，其执行势必会阻碍欧洲工业的复苏，出于对全体欧洲人的利益考虑，应当以较为缓和的方式执行……国际联盟将会证明这是一条帮助欧洲脱离苦海、走出战争所带来的困境的正确道路，我对此充满信心。"

1919年7月初，威尔逊总统向参议院提交和约时说，离开国际联盟，"……长期不断地监督德国的下一代去偿还其承担的赔款，这是完全不可能的；[1]在和约所规定的行政安排和约束里，除非那些被认为再无益处或者执行时间太久会导致非常不公的条款，其他的都不应重新审议和修改。"

国际联盟的两位重要创始人鼓吹国际联盟能够为我们带来好处，我们能够平静地期待通过国际联盟的运行而获得这些好处吗？相关条文详见公约第19条，具体为：对于那些已经不合时宜的条约以及那些鉴于国际形势如果继续执行将会对世界和平产生威胁的条约，国际联盟的成员可以随时建议国际联盟代表大会对其重新审议。

然而可惜的是，第5条规定："除本公约或本和约另有规定外，代表大会或委员

1　威尔逊总统建议把监督赔款支付的任务托付给国际联盟，这种做法是错误的。我在第5章已经指出，尽管和约的绝大多数持续性的经济和领土条款被委托给国际联盟，但赔款则不然。赔款委员会在赔款问题及其修改方面拥有最高的权力，无论任何问题都不可诉诸国际联盟。——原注

会的任何会议如需做出决议，均需得到与会所有联盟成员的一致通过。”对任何和约条款的早期审议而言，这一规定不是完全把国际联盟变成浪费时间的机构了吗？如果和约各方一致认为在某些特定方面需要修改，那也不需要等到国际联盟和公约来通过。即使是联盟代表大会一致通过，也只能是“建议”那些有特殊影响的成员重新审议，仅此而已。

然而，国际联盟的支持者会说，即使这些“建议”无法取得法律上的效力，联盟可以通过运作从而影响世界普罗大众的观点，而主流的观点将在实践中发挥决定性作用。让我们祈祷这是真的。但是，国际联盟在训练有素的欧洲外交官手里，可能会变成用来阻碍议程和拖延时间的无可比拟的工具。修改和约不是委托给经常召开会议的委员会，而是委托给几乎不召开会议的联盟代表大会。而经历过协约国内部大会的人肯定知道，通常这种会议会乱作一团，有多种语言进行辩论，即使是最坚毅的决心和最好的管理都无济于事，我们无法做到集中起所有论点来反对安于现状的那些人的阻挠。

公约确实存在两个十分糟糕的缺陷：一个是第5条的规定，它规定要全体一致同意；另一个则是被人广为诟病的第10条的规定，即“联盟成员之间必须相互尊重彼此的领土完整和现有的政治独立，任何联盟成员在遭受外部侵略时其他成员均负有保全之责”。这两个条款合起来，在一定程度上使国际联盟作为进步工具的设想落空了，也使得它从一开始就对安于现状情有独钟，这种感情是致命的。正是这些条款使最初反对国际联盟的国家接受了国际联盟。这些最初反对的国家现在希望把国际联盟变成另一个神圣同盟，以使其敌人的经济永久陷于崩溃，并为了其自身利益而维持它们认为由和约建立起来的所谓的均势。

修改和约并非常规事务，如果出于坚持“理想主义”而隐瞒修改和约的实际困难，将是错误和愚蠢的。我们当中没有任何人有理由去诋毁国际联盟，世人的智慧能够将其变为强有力的和平工具，并且和约的第11～17条[1]已经取得了巨大成就。所以我同意，如果要修改和约，那么最初的努力必须通过国际联盟进行，而非其他途径。希望舆论的力量足够强大，必要时还可加上财政施压和财政引导，希望借此足以阻止少数顽固分子投否决票。如果在协约国主要国家产生新政府，那我们必须相信它们能够比前任表现出更高的智慧和更大的宽容。

1　这些阻止联盟成员之间以及联盟成员与非联盟成员之间发起战争的条款是盟约取得的重大成就，使像1914年那样，有组织的大国之间爆发战争的可能性出现实质性的降低。仅仅这一项就可成为向所有人称赞国际联盟的理由。——原注

我们已于第4章和第5章看到众多招致反对的和约条款。我并不打算在这里对它的细节进行逐个讨论，也不想逐条地对和约提出修改建议。最起码于我而言，我认为有三方面的重大改变是欧洲经济生活所必需的，这三方面涉及赔款、煤炭和铁以及关税。

美国油画《贝萨格利里》，描绘的是意大利军队中具有历史意义的步枪团贝萨格利里于哥伦布日（10月10日），在纽约市带领人们游行的情景。乔治·本杰明·卢克作于1918年。

（1）赔款

如果要求赔款的实际数额少于协约国对

和约条款做严格解释时有权得到的数额，那就没有必要对赔款所代表的项目加以详述，也没有必要对那些为赔款而编纂的论据进行审理了。所以，我要提出以下解决办法：

①德国的赔款以及承担的占领区驻军的费用总额应该固定为100亿美元；

②按照和约应当交付的商业船只和海底电缆、根据停战协议须交付的战争物资、被割让地区应该承担的公共债务以及德国对其前同盟国的权利要求，所有这些其总价值应当被估算为25亿美元，无须再逐项估算；

③剩余的75亿美元，未支付的部分不应当计算利息，并应当从1923年开始在30年内由德国每年支付2.5亿美元；

④赔款委员会应当被取消，或者如果仍然需要它来执行一些职责，那么它应该变成国际联盟的附属机构，并且该机构应包括德国和中立国家的代表；

⑤至于每年的赔款，应当允许德国按照适合它的方式支付，如果德国没有履行其赔款的责任，那么任何对其的控诉都应由国际联盟受理，亦即除了已经清算的财产以及由协约国的公共保管委员会和美国的敌对国家资产托管局所掌握的用于支付德国私人债务的财产外，我们不能再剥夺德国在海外的私人财产，特别是第260条应当被废除（该条款赋予了征收德国在公共企业收益的事项）；

⑥不得试图从奥地利索取赔款。

（2）煤炭和铁

①附件5所规定的协约国具有购买煤炭的特权应当被取消，然而由于德国破坏了法国的煤矿，德国补偿法国煤炭的义务应当予以保留。亦即德国应承担一定的义务，“每年向法国交付一定数额的煤炭，时间不超过10年。其量应等于毁于战争的诺德和加来海峡煤矿在战前的年份中和现在所讨论的年份中的年产量差额；在最初的5年中，每一年的煤炭交付额不超过2 000万吨，随后5年中，每一年的交付额不超过800万吨”。但是，由于上西里西亚产煤区在全民公决中最终决定从德国分离出去，因此履行这一义务所应交付的煤炭数额应当有所降低；

②除了两方面需要修改外，对萨尔河地区的安排应当好好保留：一方面，不应当再赊购德国的煤炭；另一方面，德国在10年后应当无条件地收回煤矿和领土，不需要做任何支付。然而这应当以与法国签订一份协定为条件，协定的内容是：同一时期内，法国应当从洛林向德国提供铁矿，其数量至少应达到战前德国从洛林输入数量的一半；而作为回报，德国向洛林供应煤炭，其数量应等于战前德国运送到洛林的煤炭数量与萨尔河地区的煤炭产量之差；

③有关上西里西亚的安排仍然有效。也就是说，应当进行一次全民公投，在达成最终决议的过程中，“协约国及其联盟国家的主要成员应当考虑当地居民通过投票所展现出的意愿，对当地的地理和经济形势予以充分考虑”。然而，除非上西里西亚的民众明确表示反对，否则协约国还应当宣布根据它们的判断，“经济形势”要求把产煤区划归德国；

④已由协约国成立的煤炭委员会应该变成国际联盟的一个附属机构，同时应扩大其参与国的数量，把德国、中欧和东欧其他国家、北欧中立国家和瑞士囊括进来。它的权力应当仅限于提供建议，应当允许其提出建议的议题包括如何对德国、波兰、前奥匈帝国组成部分的煤炭供给进行分配以及如何对英国剩余的可出口煤炭进行分配。所有参与煤炭委员会的国家都有责任向委员会提供详尽的信息，并在它们的主权和核心利益不受损的情况下接受委员会提供的建议。

（3）关税

应当在国际联盟的主持下建立一个自由贸易联盟，联盟的国家不能对联盟的其他成员的产品征收任何保护性关税[1]。德国、波兰、由于奥匈帝国瓦解而新成立的那些国家、土耳其以及委托国际联盟管理的国家必须最少加入联盟10年，10年之后可以自由选择是否还愿意继续留在联盟。除了上述国家，其他国家从一开始就可以自由选择是否加入联盟，但我希望英国无论如何都应成为其创始成员。

通过把赔款额限定在德国的支付能力之内，我们可以在德国境内重新唤起其希望和进取心，可以避免由于无力履行和约条款而导致的永久性摩擦以及非正常的压力，还可以使赔款委员会那令人无法忍受的权力变得毫无必要。

通过适度执行直接或间接与煤炭相关的条款以及适当进行煤炭和铁矿石的交换，德国的工业能够继续发展，生产效率的损失也会得到遏制。否则，由于政治划分的边界对铁矿和钢铁工厂坐落位置的影响会导致生产效率的大幅下降。

自由贸易联盟的建立可以在组织上和经济上挽回一部分效率损失，否则由于民族主义国家之间的贪婪、猜忌、幼稚以及经济主权不完整等因素产生的多不胜数的新的政治边界，必将造成巨大的效率损失。只要几个大的帝国拥有广阔的疆域，经济边界

---

1 “保护性关税”的定义如下：（1）完全禁止某些关税。（2）对本国不生产的商品征收奢侈品税或收益税。（3）对与本国产品相似的商品征收的抵消性关税，不超过5%。（4）出口税。除了自由贸易联盟大多数国家投票允许的关税之外，加入自由贸易联盟5年以前就已经存在保护性关税的，允许逐年等额减少，在加入联盟5年后完全取消。——原注

就可以为其所接受；然而，当德国、奥匈帝国、俄国和土耳其被分割成20多个独立的国家时，其经济边界就让人难以接受了。自由贸易联盟应包括整个中欧、东欧和东南欧、土耳其，若能如我所愿，我认为还应包括英国、埃及和印度。自由贸易联盟可以像国际联盟那样为世界的和平与繁荣做出重大贡献；可以预料的是，比利时、荷兰、斯堪的纳维亚诸国和瑞士很快会加入自由贸易联盟。而如果法国和意大利也申请加入，那将是与它们友好的国家热切期望的事。

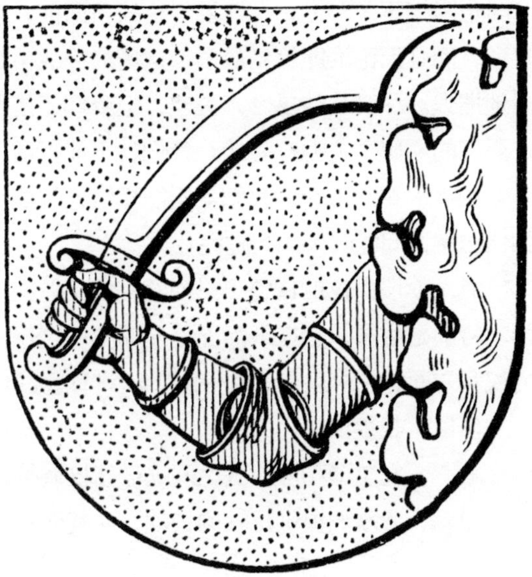

1918年以前的波黑盾徽的线描图（奥匈帝国）。

然而，我猜想一些评论家可能会对这种做法表示反对，他们会认为这种安排将有可能在某种程度上帮助德国实现其以前梦寐以求的中欧计划。如果其他国家都愚昧无知，不加入自由贸易联盟，而由德国独享加入联盟的全部好处，那么批评家们的这种说法可能是真的。然而这是一个各国都有机会加入并且没有任何国家能得到特殊利益的经济体系，这种安排肯定不会像他们在反对意见中评述的那样，成为一个具有排外性和歧视性的、公然的帝国主义阴谋。

我们在道德和感情上对未来的国际关系与世界和平的整体反应决定了我们对待这些批评所持的态度。如果我们持这样的观点，认为至少不能信任德国的下一代，不能给他们半点繁荣，我们新近的盟友都如阳光天使般善良，而我们所有新近的敌人——德国、奥地利、匈牙利以及其他国家——都如魔鬼之子般邪恶，德国的穷困必须年复一年地继续下去，它的孩子理应忍受饥饿和寒冷，它将被敌人重重围困。如果我们真的持此种观点，那么我们将摒弃本章的所有提议，尤其是那些可能会有助于德国重获一部分以前的物质财富的提议以及可能有助于德国的城镇工业人口寻找谋生手段的提议。这种与国家及其相互间关系有关的观点如果真被西欧的民主政治所采纳，并得到美国的财政资助，那我们就只能祈求上帝的保佑了。

我敢预言，如果我们的目的是使中欧变得贫困，那么我们肯定会遭到报应的。保守力量和绝地反击的革命力量之间的最终战争是任何事物都阻挡不了的，即使能阻挡一时也阻挡不了一世，在这场最终战争面前，最近的德国战争所带来的恐惧简直微不足道，而且无论谁能笑到最后，这场最终战争都会将我们这一代所有的文明与进步无情地摧毁。尽管其结果令人失望，但我们还是要问，为什么我们就做不到把行动建立在更好的期望之上呢？为什么我们就不能相信一国的繁荣和幸福可以促进其他国家的繁荣和幸福呢？为什么我们就不能相信人类能够做到休戚与共呢？为什么我们就不能相信国家之间能够亲如同胞呢？

我上面所提议的调整可以使欧洲的工业人口得以继续谋生，但仅有这些仍是不够的。特别是法国，它在纸面上是个输家（这仅仅体现在纸面上，因为在落实它所声明的权利方面，它永远得不到保障），只有通过其他办法方可使法国走出困境。

所以，我提议：

第一，在美国和协约国之间进行债权调整；

第二，为欧洲提供足够的贷款，使其能够重建资本流通体系。

2.解决协约国之间的债务问题

在提议对赔款的条款做修改时，我仅考虑了有关德国的那部分条款。然而，由于德国的赔款大大减少，出于公平的考虑，我们必须在协约国之间相应调整其赔款的分配方案。我们的政治家们在战争期间的每一个场合所做的演讲，以及出于其他各种考虑都曾明确表明，被敌人入侵而遭受破坏的地区具有优先得到赔偿的权利。尽管这是我们战争的最终目的之一，但我们从未说过，获取征属津贴是我们战争的目的。所以我提议，我们应当用实际行动来证明自己是真诚的和值得信赖的，英国应完全放弃对现金赔款的要求，将其让给比利时、塞尔维亚和法国。有的国家和省份是遭受实际入侵的，德国支付的所有赔款应优先满足这些国家和省份的重建需要。我认为，总共所得的75亿美元赔款足以满足全部重建活动的实际费用了。

除此之外，英国只有通过完全放弃它对现金赔款的要求，才可以坦然地提出修改和约的要求，并使其已被破坏的声誉得到恢复，因为英国的议员曾于1918年大选时宣誓，在向德国索取赔款的行动中要承担主要责任。

为了更体面地以及更有把握地解决赔款问题，我们可以再提出两个财政方案，每个方案都需要美国的慷慨解囊才能实现。

第一个财政方案：完全取消协约国内部之间因战争而产生的全部债务（即存在于协约国及其联盟国家政府之间的债务）。这一方案在某些方面已经被提出过。在我看来，这一方案对世界未来的繁荣是不可或缺的。英、美两国与这一提议的关系最为密切，如果这两个国家能够采纳它，那么这实在是一个远见卓识的行为。为实行这个方案，其所涉及的货币总数大致如表7-1所示。[1]

表7-1提议所涉及的货币总数

单位：百万美元

借入款项者	借自美国	借自英国	借自法国	总计
英国	4 210	—	—	4 210
法国	2 750	2 540	—	5 290
意大利	1 625	2 335	175	4 135
俄国	190	2 840*	800	3 830
比利时	400	490**	450	1 340
塞尔维亚和南斯拉夫	100	100	100	300
其他协约国	175	395	250	820
总计	9 450***	8 700	1775	19 925

*不考虑自布尔什维克革命以来的债务利息。

**向这些国家提供的预付款都没收取利息。

***来自美国的真实贷款总额应十分接近100亿美元，然而我没能获得最新的数据。

如果协约国之间的债务并不互相抵消，这样协约国之间的债务总额将非常接近200亿美元。美国扮演的仅是放贷者的角色。英国借出的款项数额大约是借入的2倍。法国借入的款项数额约是其借出的3倍。其他国家都只是借入者。

假如上述协约国之间的所有债务都相互免除，并且假定所有的贷款都是优良贷款，那么账面上的最终结果是：美国必须付出约100亿美元，英国必须付出45亿美元，法国则得到约35亿美元，意大利得到约40亿美元。然而，这些数字过高地估计了英国的损失，过低地估计了法国的收益，因为这两个国家的很大一部分贷款的去向是俄国，无论如何都不能将这些贷款当作优良贷款。如果对英国借给其联盟国家的贷款进行估值，将其价值估计为贷款总额的50%（虽然这样的假定是武断的，然而却很方

1　表中的数字部分是估算的，或许在细节上做不到完全精确，然而对于当前的论证来说，它们给出的大致数字的精确程度已经足够了。英国的数字取自1919年10月23日的白皮书（第377页）。在所有实际操作中，都需要根据某些黄金贷款及其他各方面来进行调整，而其中所蕴含的主要原理才是我关心的。总数中并不包括英国在美国市场的贷款、法国在英国和美国市场上的贷款以及法国在英格兰银行的贷款。——原注

便，财政大臣已经多次采用这种假定，而且依据这个假定完全可以制作出一个国家的资产负债表）。那么，免除债务对英国来说是不赔不赚。然而，无论最终结果是怎样在纸上计算出来，这种对当前债务的清算方法都必将使各国的忧虑大为缓解。因此，这个方案需要美国慷慨解囊。

关于在战争期间英国、美国和其他协约国的财政部之间的相互关系的私密信息，我也略知一二。所以，我认为欧洲如果是为了重新恢复整个欧洲大陆的经济这一崇高目标，而不是为了继续战争从中渔利或其他目的，那么要求美国慷慨解囊这一做法是完全正确的。美国在财政上做出的牺牲相对于其财富来说，比例上远小于欧洲各国，这也是合情合理的。这是一场发生在欧洲的战争，美国不可能与欧洲国家的做法一样，向民众证明举全国之力参与战争是正确的。在美国参战以后，它在财政资助方面慷慨大方，毫不吝惜。可以说，协约国是靠美国的财政资助才赢得了战争[1]，更遑论美国军队的参战所具有的决定性意义。欧洲也不应该忘记，美国通过胡佛代表团和美国救济委员会，在1919年上半年给予我们特别的资助。这份资助是有史以来最高贵且充满无私善意的，持久、真诚、熟练，既不要求感恩，也不附加条件。

对于胡佛先生的政治才能和眼光，以及他所率领的美国工人团队，毫不领情的欧洲各国政府所获得的帮助，要远远多于他们表示感谢的或将来愿意承认的。在那几个月里，也只有美国救济委员会能真正将欧洲的形势看得一清二楚，并用心加以感受。正是因为它们的努力、干劲以及由胡佛总统交由欧洲自由支配的美国资源，欧洲的重重障碍才得以克服，不但挽救无数欧洲人于水深火热之中，而且还力阻欧洲秩序的崩溃之势。[2]

然而，在谈到美国的财政资助时，我们下意识地假定这种资助并不是投资性的。我相信，当美国给我们钱的时候，它也同样是这么假定的。如果欧洲需要归还美国的100亿美元财政资助，并以年利率5%的形式复利支付，那么局面将彻底不同。美国的

---

1 财政资助的历史可以追溯到1916年夏末，到1917年4月美国加入战争时还在继续。除了在那些日子里整天与巨大的忧虑和无法满足的财政请求打交道的6名英国财政部官员外，几乎没有人能够完全认识到我们需要怎样的坚韧和勇敢。离开美国财政部的资助，我们就没有任何完成任务的希望。1917年4月以后的财政问题，与以前几个月相比，其状况已经发生了彻底改变。——原注

2 经过巴黎和会后，唯有胡佛一个人的声誉有所提高。他复杂的个性、惯有的像疲倦的泰坦巨人般的气质（或者说像一个身心疲惫的职业拳击手）、洞察欧洲真实形势的犀利眼光，都曾在巴黎的各个委员会中十分流行。当他参加这些委员会时，就会带来真实、博爱、宽宏大量、大公无私的气氛，如果在其他地方也能发现这些品质，可能已经带给我们美好与和平了。——原注

借款尚且不是这样处理，那么相比而言，它真实的财政牺牲就确实非常小了。

关于对牺牲的辩论无聊至极、愚蠢透顶。相对牺牲为什么必须相同呢？这是毫无道理的！当处于以下两种情形时，很多其他相关的考虑就变得完全不同了。所以，下面描述的两三个事实并不意味着替美国作有力的辩论，而只是为了表明事实：哪怕从一个英国人的自私观点出发，他当前提出的建议也不是为了免除他自己国家应当承担的那部分牺牲。

（1）英国财政部从美国财政部借入的贷款总额与美国参战后英国借给其他盟国的数额大体相等（不包括美国参战以前英国借出的款项数额）。所以，英国几乎所有欠美国的债务并不是因为自身原因产生的，而是因为帮助其余的协约国而产生的，[1]这些国家由于各种原因而无法直接得到美国的资助。

（2）英国出售了它持有的价值约50亿美元的外国有价证券，此外又举借了约60亿美元的外债。美国非但没有抛售，反而还买入了高达50亿美元的外国有价证券，并且实际上没有产生任何债务。

（3）英国的人口大约是美国人口的一半，其收入大约是美国的三分之一，所积累的财富则介于美国财富的三分之一至二分之一之间。所以，英国的财政承受能力大约是美国的五分之二。这一数字让我们得以做出如下对比：除了每一笔借给协约国其他成员的款项之外（假定所有这些借款都需要归还），英国的战争支出是美国的3倍，依据财政承受能力计算的战争相对支出则是美国的7～8倍。

尽可能简要地把这个问题阐述清楚之后，我将讨论更宽泛的问题——交战各方在战后的未来关系，现阶段的提议主要也由这一关系决定。

如果不按当前的

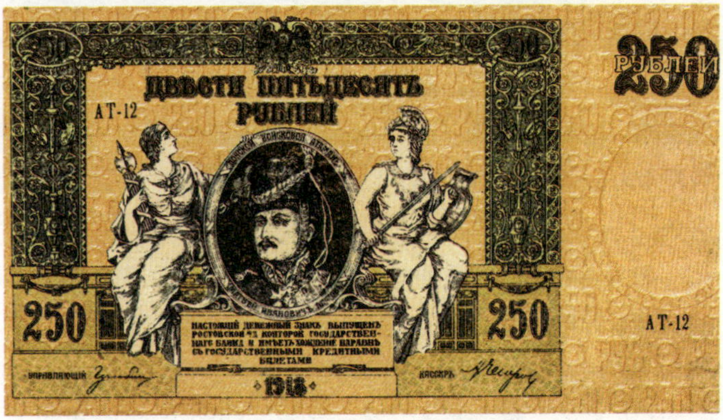

俄罗斯于1918年发行的250卢布上的肖像，为军事钞票。

1　即使在美国参战之后，俄国在美国以及其他国家的所有支出仍然由英国财政部来负担。——原注提议来解决问题，那么，在战争结束后各协约国之间就会存在沉重的贡赋，并且各国之间环环相扣。这个贡赋的总额甚至可能超过能从敌人那里获取的赔款，并且战争结束后很可能出现令人无法忍受的结果——协约国之间相互清理债务而不是从敌人那里收取赔款。

所以，协约国之间的债务问题就与欧洲各协约国对债务问题的强烈感觉紧密相连，这种感觉不是基于任何对德国实际赔款能力的合理计算，而是基于对本国财政形势的理解。这些国家发现，如果德国不赔款，它们自己的财政就很难维持下去。举意大利这个极端例子来说，如果意大利应当清偿的债务为40亿美元，那么德国支付的赔款数额肯定至少为40亿美元或更大一些。或者，如果决定（也一定会这样决定）几乎不需要奥地利支付任何赔款，如此，意大利将要承担重负，而奥地利则无须负任何责任，这是否令人无法接受呢？又或者与此略有不同，如果意大利看到捷克斯洛伐克支付很少或不支付，我们怎么能期望意大利做出巨额支付呢？

英国属于债权国一方。意大利与英国二者之间的财政状况不同，因为要求我们支付40亿美元与要求意大利支付这一数额对各自的影响不可同日而语，然而在感情上的影响却是相同的。如果我们不能从德国得到全部赔款，并且不得不接受这一结果，那么抗议者就会激烈反对我们偿还对美国的债务。也就是说，我们不得不接受德国、法国、意大利和俄国对那些破产财产的赔偿方案，而美国却在我们之前获得了优先抵押权。法国的情形至少也是非常严重的。它被破坏的地区几乎不能从德国得到全部赔款。但是，法国作为战胜国，必须清偿其对友国和协约国其他成员的债务，这一债务是法国在1870年被德国击败后，给德国赔款的4倍还多。相对于法国的盟国来说，俾斯麦的手段算是仁慈的了。所以，对于那些认识到从敌对国家获取赔款的真实前景并且没有发狂和愤怒的协约国民众来说，解决协约国之间的债务问题是一个不可或缺的开端。

如果说欧洲的协约国对其所欠债务的本金和利息并无支付能力，未免过于夸大其词，然而如果让它们清偿这些债务，的确会使它们雪上加霜。所以可以预期的是，它们会一直试图回避或者说逃避清偿责任，这种意图在未来的很多年里会不断成为国际摩擦和敌意的根源。债务国肯定讨厌它的债权国，如果法国、意大利和俄罗斯每年都必须向英国和美国进贡，并因此在很多年内使它们未来的发展停滞，那么期望它们对英国和美国有好感便是徒劳的。它们将有强烈动机，在其他方面寻找新的朋友，而且它们将来与我们断绝和平关系能免除外部债务，这会为其带来巨大的利益。而从另一个角度说，假如这些巨额债务能得到豁免，就会使国家之间最近建立的友谊更为可靠和真实。

由战争导致的巨额债务，对任何地方的财政稳定性都会产生威胁。可能在不久的将来，欧洲国家就会拒绝偿还债务，而这会成为一个重要的政治争端。就国内债务来说，由于债权、债务双方都有利益集团，争论的焦点不过是财富在国家内部如何重新分配的问题。然而，国际上的债务问题却非如此，债权国不久就会发觉它们的利益与维持债务国特定种类的政府和经济组织之间存在密切的联系。混乱的联盟与混乱的债权、债务关系相比，简直无足轻重。

但是，影响读者对这一方案（完全取消协约国内部之间由于战争而产生的所有债务）所持的态度的最后一个考虑因素，依赖于读者对战时的财政政策而产生的国内外巨额债务在未来世界进步中地位的看法，战争的结果是每一个国家都对其他国家负有巨额债务：德国欠协约国一大笔钱，协约国欠英国一大笔钱，英国欠美国一大笔钱。每一个国家的政府都欠战争贷款者一大笔钱，而纳税人又欠国家政府一大笔钱。整个财政状况充斥着虚假，也令人产生误解并大伤脑筋。如果我们不能从这些债务的束缚中脱离出来，将会举步维艰。除非我们能够在不使任何一方的利益遭受严重损害的情况下，有序地、充满耐性地解决相互间的债务问题，否则一把火把所有账目烧掉是十分必要的。因为等到最后，这些债务问题会引发激烈的冲突，使各方的利益都遭受严重损害。至于应对国内债务，有人认为每一个欧洲交战国都应征收财产税以清偿债务，这是保证财政健康的先决条件，它绝对必要。我同样也持有这种观点。然而，如果各国政府间大规模债务持续存在，这对政府自身是特别危险的。

在19世纪中叶之前，没有哪个国家是欠外国大量债务的，除非这个国家是被其他国家在军事上实际占领，在强迫之下交纳贡赋，或者这个国家曾经在封建制度下向不住在本地的领主交纳贡赋。欧洲资本主义在过去的50年里都有在新世界寻找市场的需求（现在仍然如此，只是相对而言规模变小了），从而导致像阿根廷这样的国家每年都欠英国这类国家大量的债务。虽然如此，但这是一个脆弱的体系，这一体系之所以仍然存在，是因为债务国还没到不堪重负的地步。同时，债务负担有真实资产做担保，并与一般的财产体系紧密联结在一起，并且已借到的款项相对于希望继续借到的款项来说并不算大。银行家们过去对这一体系非常适应，并相信这是社会永久秩序中不可或缺的一部分。因此，依此类推，在他们之间存在一种倾向，认为政府之间也存在一个类似的体系。然而，这个体系范围更广、更加令人难以接受，并且这一体系不以实物资产为代表，与财产体系没有多少联系。有这种想法是自然而然的，是有合理成分的，它合乎人的本性。

但是，我对这种世界观持怀疑态度。就算国内的资本主义制度能得到许多地方上的同情，它在日常生产过程能起到实际的促进作用，社会经济组织的安全也主要依靠它，这一制度仍非安全可靠。姑且就算这一制度是安全可靠的，心怀不满的欧洲人民愿意下一代把日常劳动所获的大部分果实用来偿还外债吗？而且，无论是欧洲欠美国的债务，还是德国欠其余欧洲国家的债务，其偿还理由并非天经地义。

一方面，从长远来看，欧洲必须依赖自己的日常劳动，而不是美国的慷慨解囊；然而，从另一方面看，如果把日常劳动成果运往其他国家而使自己变得穷苦，这是欧洲人民不可能接受的。一言以蔽之，我不认为所有这些贡赋会永远持续下去，它顶多能持续短短几年。这些贡赋既不符合人类的本性，也与时代精神相悖。

这一思维模式是不会有力量的，否则，自私就会与慷慨相一致了，并且那些可以最大限度地促进国家之间直接友谊的政策也不会与慷慨解囊者的永恒利益相冲突。[1]

3.提供国际贷款和改革币制

我现在就对第二个财政方案展开论述。欧洲的需求是迫切的。免除未来两代人对英、美两国的沉重利息（同时，每年从德国获得一些重建费用），这一前景将使它们对未来不再忧心忡忡，然而这并不能使欧洲当前的贸易逆差、逆汇以及货币混乱等问题得到解决。如果缺乏外部援助，单凭这些临时措施，欧洲产品很难重新获取优势。所以，我对某种形式的国际贷款持赞成的态度，就像法国、德国、英国和美国的很多地区曾经提倡的那样。无论采取什么形式的贷款，最终的支付都要由各个国家来分摊，但寻找直接资源的重担不可避免地主要落到美国头上，这是毫无疑问的。

在我看来，对这类计划的主要反对意见会有以下几点：美国在经历了近期的事情之后，不愿意继续纠缠于欧洲事务，并且，它目前并没有更多适用于大规模输出的资本。而且无论如何，欧洲所得到的财政资助不会确保能得到合理地使用，或者不会被浪费，也不能保证两三年后欧洲的情况不会像现在一样差。M.克劳茨会把这笔钱用于尽量拖延时间，晚一点征税；意大利和塞尔维亚将会将这笔钱用于两国间正在进行的战争；波兰将按照法国的安排，把这笔钱用于履行对全部邻国的军事职责；而罗马尼亚的统治阶级则会将这笔钱作为战利品而分掉。一言以蔽之，美国延缓自己的资本发展、提升自己的生活成本，其结果只能是欧洲把过去9个月里的行动、政策和人事等再延缓一两年。而对德国的资助，欧洲的协约国已经把德国所有的生产资本剥夺殆

1　有报道说，美国财政部已经同意在未来3年用贷款应得的利息来资助（即增加本金数量）协约国政府。我认为英国财政部或许会效仿这种做法。如果债务最终要偿还，那么以复利形式不断累积债务会使形势变得更为糟糕。然而，在美国财政部的明智安排下，我们得到了一个适当的休息时机，可以根据不久后就会明朗的战后形势来认真地思考整个问题。——原注

尽，并对美国代表在巴黎和会上发表的争辩和请求予以反对，现在却来求助于美国为其提供资金帮助，以使德国复原到足够的程度，让它们在一两年内能够重新掠夺，这是合理和可以接受的吗?

当前情况下，这些反对意见令人无法辩驳。如果我在美国财政部有影响力，我现在不会借给欧洲任何一个政府哪怕一分钱。尽管威尔逊总统没有发挥美国人民的力量，也没有坚持美国人民的理想，然而美国的共和党和民主党在这件事情上的态度却是一致的——不能再给欧洲政府提供资源让它们用于推行自己的政策。然而假如（我们只能祈祷会是这样）欧洲人民在思想上能在今年冬天发生转变，抛弃产生于战争并在战争中留存下来的虚假幻觉，摒弃心中的仇恨和民族主义思想，并以欧洲大家庭的幸福理想和团结希望取而代之。那时，自然流露的虔诚和人类固有的恻隐之心会让美国人民放下所有微小的反对意见和个人的利益，来完成他们未竟的事业，去把欧洲从有组织的暴政中解救出来，把欧洲从其自身中解救出来。即使欧洲的转变只是完成了一部分，欧洲各国只有部分政党对和解的政策持支持的态度，美国仍然可以指明道路，支持那些和平党人，并通过制订计划、提供条件，对重建欧洲新生活的工作给予帮助。

据说，在美国人心中，对摆脱混乱、纠纷、暴力、损失，以及那些莫名其妙的问题（这是首要的）的冲动非常强烈，这是不难理解的。对于欧洲政治家的愚蠢和不切实际，反感是在所难免的，无人能比笔者对此有更深的感触。那么，就让他们在自己的预谋中腐朽吧，我们走自己的路。

远离欧洲，远离它凋谢的希望；
远离它滴血的土地和浑浊的空气。

然而无论如何，欧洲是艺术和知识的发源地，如果美国能回想一下欧洲原来对它意味着什么，目前对它又意味着什么，回想一下欧洲现在是什么，将来又会是什么，那么美国就应该抛弃这些冷漠和孤立的议论，转而关注那些能对人类的进步和文明具有决定性意义的问题。难道不是吗?

假定美国仅为了维持我们的希望，打算为增进欧洲的正面势力而做出努力，并且不让我们经受像把我们的敌人毁灭那般的灾难，那么美国应采取什么形式来提供帮助呢?

我不准备对这些问题进行详细讨论，然而有关国际贷款的全部计划，其主要框架都是一样的。提供资助的国家，如中立国家、英国、美国，所需贷款额中最大的一部

1918年，乌克兰的100赫利文钞票上的农夫妻子和工人肖像。

分都是由它们提供的。它们必须向欧洲的全部参战国提供购买外国产品的信用，无论敌友，都应同等对待。所需的信用总额也许并不像有些时候假定的那么大，最初可能只需要10亿美元的基金就可以做很多事情。即使已经建立同样数额的另外一种基金，来取消协约国之间的战争债务，然而对于这笔用于国际贷款的基金，在其借贷时仍须确切表明是需要全额偿还的。为了达到这一目标，必须尽可能地保障贷款的安全，尽可能地完善有关最终偿付的安排。特别地，无论是偿还利息还是本金，这一贷款都应该排在全部赔偿要求之前，包括所有协约国之间的战争债务、所有国内战争贷款以及所有其他种类的政府债务）。那些有权得到赔款并且从这笔国际贷款基金中借到款的国家必须保证把收到的赔款全部用于偿还这一新的贷款。借款国都应当以金本位为基础来建立它们的关税，并确保将这类收入用于公共服务方面。

应当由借出款项的国家对贷款的使用进行一般监督，但不是对每项支出都做监督。

除了用于购买粮食和原材料的贷款基金外，如果再建立一个10亿美元的保证基金（此基金或许只需部分现金），由国际联盟的成员国依据各自的财政状况出资，那么，在这个保证基金的基础上，重新对通货进行整顿将是可行的。

通过这种方式，欧洲可以用最少的流动性资源来重振希望，使其经济组织得以恢复，把它巨额的内部财富用于增加工人的福利。当前，对这一计划做更为细致的描述是没有用的。在本章的方案进入实际政治领域之前，需要在舆论方面产生巨大的转变，我们必须静待事态的发展。

4.处理中欧各国和俄国的关系

本书中，关于俄国的情况谈论得很少。俄国当前形势的主要特点不必再多强调，而我们所知道的细节却几乎都不可信。然而，在讨论如何能够恢复欧洲的经济时，俄国问题中有一两个方面是非常重要的。

从军事上看，俄、德两国的军队如果最终联合起来，会令某些人非常担忧。实际上，保守力量的运动在这两个国家取得成功有很大的可能性，而列宁与当前德国的中产阶级政府结成有效联盟是不可能的。另一方面，害怕俄德联盟的这些人，其实布尔什维克的胜利对他们来说会更恐怖。他们无法否认，在俄国国内反对布尔什维克的有效力量是那些保守势力，在俄国国外则是德国那些代表既有秩序和权威的势力。所以，那些宣扬直接或间接干涉俄国的人，与他们的初衷始终是相悖的。他们不知道自己的目的是什么，也可以说，他们不明白自己的目的与他们的做法之间是相互矛盾的。这就是他们的政策变幻莫测和繁杂无用的原因之一。

从巴黎的协约国委员会对待当前德国政府的态度上可以看到，它们的意图同样也存在明显的冲突。斯巴达克思主义在德国的胜利会是各国革命的先声——它使俄国布尔什维克的力量得到增强，并促进了令人恐惧的俄德联盟的建立；它击碎了以和约的财政和经济条款为基础而建立的任何希望。所以，巴黎不欢迎斯巴达克思党。然而另一方面，每个人都认为保守势力如果在德国取得胜利，将对欧洲的安全构成威胁，还会危及胜利的成果与和约的基础。除此之外，在东欧，一股以勃兰登堡为精神家园的新的军事力量逐步建立起来。在整个东欧、中欧和东南欧，大量的军事天才和军事冒险者以及所有同情德国皇帝和憎恨民主的人士无不被这股军事力量吸引着。由于地理位置因素，协约国军队很难靠近它。至少在胆小者看来，这股军事力量很可能如凤凰涅槃一般，试图从全世界的军国主义废墟上中重新建立拿破仑一世式的独裁统治。所以，法国对勃兰登堡的态度是害怕而非喜爱的。

这一论调指出，我们应当给温和派势力以支持，让它们靠着德国人的民族特性来维持其社会现状。尽管这有点出乎世人的预料，然而现在的德国政府可能更多的是要维护德国的统一，而非其他。一些德国人认为，为了保住1870年以来的统一局面而付出的代价便是德国政府在和约上签字，这一代价是值得的。法国沿着莱茵河分裂德国的野心至今犹存，基于此，法国力求抓住任何一个侮辱德国的机会，最大限度地利用任何一个能降低德国政府声望、削弱德国政府影响力的场合，然而对于德国政府的持续稳定性，欧洲所有保守势力的看法仍然是一致的。

波兰在执行法国为它制定的任务时，其未来的处境同样进退两难。波兰应信奉天主教和实现军事化，要忠诚于法国，成为法国的核心伙伴或至少成为其心腹，在混乱的俄国和业已被摧毁的德国之间，波兰应逐渐实现繁荣和强大。只要罗马尼亚能接受劝告，多装点一下门面，就差不多与波兰相同了。但是，除非波兰的伟大邻国强大有序，否则，没有工业、只知道对犹太人进行迫害的波兰在经济上取得更大的发展是不可能的。如果波兰发现法国诱人的政策仅仅是连篇的谎话——既没有任何实惠，也没有任何荣誉可言，波兰就会立刻投入其他国家的怀抱。

所以，对外交的算计毫无意义。那些无聊而又希望寻求刺激的英国人和法国人希望俄国、波兰和邻近的国家怀揣着疯狂的梦想和幼稚的阴谋，这是他们当前最想看到的局面。英法两国认为外交政策就像表演一出廉价的情景剧，至少它们在行动上是这样表现的。

现在，我们转为关注一些更靠谱的事情。德国政府于1919年10月30日宣布，继续支持不干涉俄国内政的政策，“不仅在原则上，甚至从实践上来看，这种政策都是正确的”。如果我们最终也采取同样的立场，哪怕原则上不是这样，至少从实践上也应是这样。那么，在将来中欧和东欧之间，影响其关系的基本经济因素是什么呢?

在战前，西欧和中欧的谷物需要进口，其很大一部分都是从俄国进口的。没有俄国，西欧和中欧的诸多国家就会出现粮食匮乏的境况。1914年以来，由于俄国不再向这些国家出口粮食而造成的困境已经有所好转，部分原因是这些国家动用了粮食储备，部分原因是胡佛总统实行了粮食最低支持价格，这使北美粮食大获丰收。然而，最主要的还是因为消费的节俭和穷苦时代生活方式的延续。

1920年以后，西欧和中欧对俄国的粮食需求与战前相比有所增加，因为北美的最低支持价格不会再继续实行。与1914年相比，北美因为正常的人口增长而使其国内粮食需求大为增长，然而欧洲土地的生产力却仍没有恢复到战前的水平。如果不能恢复与俄国的贸易，除非所有季节都大丰收，否则1920—1921年间的小麦将非常短缺，价格会极其昂贵。所以，协约国最近宣布对俄国进行封锁是目光短浅、极其愚蠢的行为，与其说是我们封锁了俄国，倒不如说是我们封锁了自己。

不管怎样，俄国出口贸易的恢复注定将是一个缓慢的过程。现在，俄国农民的生产效率不可能像战前那样有大规模的出口剩余。其中显然存在很多原因——农业工具和配件不足、农民缺乏生产积极性（因为市场上缺少农民用自己的农产品能够换取的商品），最后还由于交通运输体系遭到破坏，使各地的农业剩余无法集中到大的配置中心。

除了通过德国的企业和组织等代理机构外，我找不到可行的方法，可以在合理的期限内弥补这种生产力的全部损失。由于地理和其他各种因素，英国人、法国人和美国人都不会承担这一重任——我们既没有动力，也没有办法足够好地完成这一工作。另一方面，德国既有经验，也有动力，而且可以在很大程度上为俄国农民提供过去5年中十分短缺的商品，使俄国人能够重建其交通运输体系，进而集中配置粮食，为了共同的利益，把我们现在极为匮乏的物品——粮食，运送到世界市场。当德国的代理商和组织者在俄国任何一个农村准备就绪时，强化一般经济动机对其的刺激是对我们有利的。这一过程与俄国政府是不相干的，然而我们能够十分肯定地预测到，贸易、舒适的生活和一般经济动机的恢复都不可能改变那些产生于战争和绝望的暴力。

在对俄政策中，我们不仅要赞扬和仿效德国政府所宣扬的不干涉政策，而且要终止那些既有损于我们长远利益又不合法的对俄封锁行为，我们得鼓励并支持德国重新为其东部和南部邻国谋求财富的行为。

很多人对这些提议抱有极大的偏见，我想让他们认真考虑一下，想清楚这些偏见所导致的后果。我们如果因为对德、俄的人民或政府怀有仇恨——无论这种仇恨是国家的、种族的抑或政治的——从而反对可以使德国或俄国能从实物上恢复其福利的所有方法，那么我们必须做好准备，来面对这种仇恨所造成的后果。欧洲临近的两个种族之间即使不存在道德上的一致，也必定有经济上的团结，我们不能忽视这一点。

现在，整个世界联结成了一个市场。如果我们不允许德国与俄国通过交换产品来养活自己，那么德国必定会与我们争夺新世界的产品。我们切断德国和俄国的经济联系越成功，就越有可能制约我们的经济水准，加重我们的国内问题。这是从最轻的程度上来讨论这一问题的。除此之外，对于这个使经济崩溃向更多国家蔓延的政策，还有其他的论据来加以驳斥，这些论据即使最愚蠢的人都不会忽视。

我在各地很少看到突发的或戏剧性的事变。目前，虽然有暴动和革命，然而并不具有根本性的意义。革命是反对政治独裁和不公待遇的武器，然而革命能够给那些陷于经济贫困之中的人们提供怎样的希望呢？这并不是由分配不公所致的经济贫困，而是社会普遍的经济贫困。唯一能够防止中欧发生革命的，就是使陷入绝境的人们相信，革命并不会带来任何使情况得到改善的可能性。所以，我们可能还将长期面临饥饿的威胁，生活水准和舒适程度将日益下降。如果我们对欧洲的破产和衰败听之任之，这终将影响到每一个人，虽然这种影响并不明显，也不直接。

然而幸运的是，我们仍然有时间重新思考我们的路线，有时间以新的角度来观察世界。由于在不久的将来事态将要失控，近期欧洲的命运将不再受任何人掌控。到明年，欧洲的事态将不再被政治家精心策划的行为所左右，而将由隐藏在政治历史表象之下的暗流汇聚形成。这一暗流将不断涌动，没有人能够预测到结果。对于这种暗流，我们只有一种对它产生影响的方法，那就是激发教育和想象的力量，使人们的观念发生改变。坚持真理、消除幻想、摒弃仇恨、开阔和教育人们的心灵，这些都是非常好的方法。

在1919年秋季我写了本书，这正是我们生命中最沉寂的季节。我们在过去5年做出了努力、经历了恐惧和痛苦，现在我们对这些曾经的努力、恐惧和痛苦的反应达到了极端状态，一些直接的东西，如超乎我们自身实际利益之上的情感力量暂时被屏蔽了。除了我们的亲身经历和最可怕的预期之外，我们对任何重大事件都麻木不仁。

人人都心存恐惧

它充满了毁灭：极度的恐惧
他们轻率地认定下面描述就是事实
虚伪和习俗是他们的精神家园

1835年，约瑟夫·特纳绘制的油画。画中描绘了英国泰恩河上装煤炭的帆船。泰恩河流经产煤区，沿河运煤的历史至少已有600年。

最初令人敬拜的教堂，如今被废弃了
他们不敢留给人类美好的东西
但是，他们并不知道自己的懦弱
善良的人们需要力量，但却只能孤独地流泪
强大的善良所希望的是：给他们更坏的需求
智慧需要爱情，而爱情则需要智慧
一切好的事物都与坏的事物混在一起
许多人强壮而富有，他们就是公正的
然而那些深受痛苦折磨的人
好像无法感觉：他们并不知道自己在做些什么

我们被深深地感动过，这早已超出我们的承受范围，现在我们需要稍事休息。在人的一生中，在现阶段，构成人类灵魂的一般性本质是最式微的。

由于这些原因，新一代人还没有发出他们的真实想法，而沉默的观点也尚未形成。为了在将来形成普遍性的观点，特呈献此书。

第二篇

传记文集

1933年初版序言

除了少数个例，本书中提到的人物大多是大家所熟知的——对人物的描绘也都是建立在直接印象上。这就意味着这些文章不是冷漠的历史记叙，而是亲历者的讲述（关于托马斯·罗伯特·马尔萨斯[1]的文章除外）。

关于劳合·乔治先生和托马斯·罗伯特·马尔萨斯先生的文章此前并未出版过，这是首次呈现给读者。

尽管我的主要目的是为一些人物树碑立传，但是在本书中我们也能看到一些有关历史和经济学学说进展的零散评论。通过一些细微的、看似不经意的描述，我勾勒出英国精英人士一脉相承的特点。

从洛克[2]那本第一部现代英语著作《论人类的认识》开始，这些精英就在随后的两个半世纪内铸造了人们的思想。我在下文列出了乔治·维利尔斯[3]爵士那些令人惊异的后裔。但这些精英的传承谱系并非彼此孤立，而是互相交错、互相融合的。

让维利尔斯血缘去迷惑君主和流氓们吧，让它看似如此地主宰那些过去的世事变迁吧！这里还有来自洛克学派的自豪之情，精神上的联系与血缘上的传袭形成了一条英国人的链条，这也正是本书中那些名字应归属的地方。

这些人物虽然不是最睿智的，但却是最诚挚的；虽然不是最优雅的，但却是最具

---

1 托马斯·罗伯特·马尔萨斯（1766—1834），英国人口学家、政治经济学家。著有《人口论》《地租的性质和增长及其调节原则的研究》《政治经济学原理的实际应用》《价值尺度，说明和例证》《政治经济学定义》。——译者注

2 约翰·洛克（1632—1704），英国哲学家、经验主义的开创人，同时也是第一个全面阐述宪政民主思想的人，在哲学及政治领域都有重要影响。——译者注

3 乔治·维利尔斯（1592—1628），第一世白金汉公爵，英国政治家。1614年成为詹姆斯一世的宠臣，1616年任侍从长，1617年封伯爵，次年升侯爵，1619年任海军大臣。在众多的宠臣中，乔治·维利尔斯最受詹姆斯一世青睐，于1623年2月获得白金汉公爵的封号。——译者注

妙趣的；虽然不是最富经验的，但却是最具良知的；虽然不是最具天赋的，但却是在人类知识范围内成就卓著的。

J.M.凯恩斯

剑桥，皇家学院

1933年2月

第8章　政治家素描

1.劳合·乔治先生：一个片段[1]

读者也许会问，在巴黎和会最后的结局中，英国首相扮演了什么角色？在最终责任上英国占有多大分量？对于第一个问题，谁来描绘这只能将扫帚柄缠住的变色蜥蜴呢？劳合·乔治尚未涂好底色，我并不渴望这项任务。而对第二个问题的回答，不是非常确定的。

英国是自私的，或者说正如其原来标榜的——合法利益。正如现实展示的那样，英国不像法国与十四点计划的冲突那样大，英国外交的温和性一如既往，不像法国人被头脑中的强硬逻辑所阻碍。即使从总统公开声明的角度看，他对舰队的覆灭，对海运权的剥夺，对殖民地的放弃，对美索不达米亚的宗主权移交没有特别的意见。尤其是当英国愿意向可能被要求的任何事情让步时，英国本身对德国舰队没有欲望，德国舰队的覆灭是裁军的一个步骤。剥夺海运权作为对非法的潜水艇战役（这曾是美国参战的明确理由）的补偿，是停战前形势下的一种特别措施。

对于美索不达米亚和殖民地，英国方面不要求任何排他性的最高权力，它们有国际联盟的托管权。因而，当英国代表团前往巴黎时，英、美谈判者之间似乎不存在不可克服的障碍。天空中似乎只有两朵乌云——所谓的海洋自由和押注于赔款的首相选举。但令人感到困惑的是，总统从来没有将海洋自由提上日程，这种缄默大概是他认为应该明智地付出的代价，因为他与英国在其他更重大事务上将有进一步合作。相

1　我在辞去参加和平会议的财政部代表之职后，随即在1919年夏天对四人委员会进行描写。征求朋友的意见，又写了这篇关于劳合·乔治的文章。但是，我对它并不太满意，所以没有将其收进《凡尔赛和约的经济分析》中出版。在《凡尔赛和约的经济分析》中的《巴黎和会》一章维持原稿，未加修订，我也受到某种歉疚之感的影响。在会议的特定阶段，我曾与劳合·乔治先生关系密切。事实上我认为，如同人们对他的评论一样，此处也有局限性。我不喜欢在这个心情激动的时刻出版对我而言即使在激动之时也显得不全面的东西。这种感觉至今还有。但是，将近14年的时光已经过去了，这些已经成为历史。同那个时候相比，至今能够更容易地做出解释：这是一个侧面，一件亲眼得见的事情，然而不是整幅图景；作为一个目击该过程的人在当时真实感受如何的一种记录，将它提供给读者。——原注

反，他认为押注于赔款的首相选举比较重要。

因此，英、美谈判者之间的合作有了可能，并在实践中也得到可观的实现。英、美双方成员之间充满着兄弟般的感情和相互尊重，本着诚实交易政策和宽宏的仁爱，忠诚地工作在一起、并肩作战。同样，首相也很快与总统结盟，使自己成为总统的朋友。可是，这两位强大的独裁者的联合势力在当时为什么没给我们带来所期望的和平呢?

我们要更多地从演出炉前地毯上的悲剧与喜剧的心灵与个性的密切运作中寻找答案，而不应该从凭空推测的政治家的帝国野心或哲学中寻找答案。总统、老虎（克里孟梭外号“老虎总理”）和威尔士女巫被关在同一个房间，历经6个月产生了这个条约。威尔士女巫——因为英国首相为这个三角阴谋施加了女性成分。上文曾提到威尔逊先生仿佛是一位不信国教的非正统的牧师。那么，让读者把劳合·乔治先生描绘成一位倾国倾城的妖姬吧！一位老人，一位妖姬和一位非正统的牧师就是剧中的人物。虽然有时候这位女士很虔诚，但还是难以期望十四戒律完好无损地出现。当扫帚柄在巴黎昏暗的天空掠过时，我必须努力使它现出原形。

巴黎会议上，劳合·乔治先生忠于职守，他是一切公仆的榜样。他不享乐、不偷闲，不享受作为英国首相及发言人在生活与工作上的便利。他的工作量非常大，他将储备丰富的精神与精力毫不吝啬地用于已经着手的艰难任务上。他真诚地拥护国际联盟，无私地支持在德国东部边疆地区公正实施自决原则。他没有强加迦太基式的和平的愿望，他真切地痛恨战争。在波兰战争期间，他人格中非伪装部分中的反战主义倾向和激进理想主义支配了他的头脑，按理来说，他应当更用心地在下

1918年7月4日，美国军队沿着巴黎重新命名的威尔逊总统大道行进，这是由美国通信兵拍摄的照片。

议院前保卫好和平，却不应当在实际上使它们倒退。

但是，在巴黎提供的关于性格与方法的考试中，劳合·乔治先生的勤奋、用之不竭的活力和良好的天性却对他并不利。在火炉旁边需要的是这样的素质：深深根植于永恒原则的政策、强烈的义愤、不屈不挠、诚实和忠诚的领导。如果首相没有良好的素质、魔力、魅力，那么他不会是危险的。如果他不是海妖，我们便不需要害怕漩涡。但是，对他运用普通标准进行评判是不合适的。他是海妖，是山羊脚的游吟诗人，来自克尔特古迹的森林——常受梦魇侵扰的神秘而迷人的森林——拜访我们时代的“半人”。对于不熟悉他的读者，我该怎样形容这个时代的这位非凡人物，并公正地描写他的形象呢？他圈子里的人们注意到了他极端的不负责任，远离萨克森优点与邪恶的存在，还夹杂着奸诈、不知懊悔和热衷权力。

这一切都赋予这位北欧民间传说中迷人的魔术师以魔力、迷醉和恐怖。威尔逊王子驾着三桅帆船“乔治·华盛顿号”自西方而来，踏入魔力醉人的巴黎城，准备从束缚与压迫及一个永恒的诅咒中将少女欧罗巴解救出来，这位少女是他母亲与新娘的合一，拥有永恒的青春与美丽。在城堡中，国王已经高寿百万岁，他的面孔有如黄羊皮纸，他的旁边陪伴着一位弹奏竖琴的销魂女郎，女郎唱出媚人的曲调。只要威尔逊能够解除蔓延到国王身上的麻痹，并画着十字向天国求救，那么伴随着雷霆和玻璃的碎裂，这座城堡将逐渐隐去，魔术师也将消逝无踪，欧罗巴就会投入威尔逊的怀抱。但是，半个世界的力量在这个民间传说中取得了胜利，人的灵魂臣服于地灵。

劳合·乔治深深地扎根于虚无，他空虚而无餍足；他是一个三棱镜，既聚集光又扭曲光，当光从不同角度同时射进来时，是它最光辉灿烂的时刻；他是一件工具，又是一位演员——他在同伴面前表演，同时被同伴们戏耍；他是一个掮客和剥削者的综合体。

英国与会的主要目标（除赔款外，如果它是其中之一的话），已经在会议最早的几个阶段实现了。那时，因为在保护法国的主要要求方面表现迟缓，克里孟梭遭到批评，但情况表明，他没有加快步伐是正确的。因为法国的要求与英国的要求相比，引发更大争论的可能性极大。在将会议宣言推向更为严峻的考验之前，要使英国深陷自我利益的纠纷中，这是基本的问题。英国的要求像是在正餐之前的一盘美味的开胃小菜，使总统能适应即将到来的更浓烈的滋味。

一旦劳合·乔治对法国的要求反应得过于苛刻，这种程序的安排就使他公开处于受指责的被动境地：他已经第一个获得了想要的任何可以想象的东西，但出于个性的奸诈，他准备抛弃对法国的承诺。这似乎是在巴黎的氛围中比实际情况严重得多的讥笑。但是，在三种特殊的背景下，它通过对劳合·乔治的影响而获得真实的力量。劳合·乔治在两个方面发现自己无法避免也无法摆脱地站在克里孟梭一方。假如总统坚持不屈不挠的决心，劳合·乔治就不可能期望在这些事情上随心所欲。所以，为了逐渐制服这种不屈不挠的决心，他对克里孟梭同样感兴趣。

如果劳合·乔治坚定地、实际地站在总统这边，就需要充满勇气和忠诚的行动，而且要以根本的信仰和原则为基础。可是他在这方面一贫如洗，出于政治的考虑他将走中间道路。

至此，读者就会了解劳合·乔治是怎样开始占据一种表面上的中间位置，一边向克里孟梭解释总统，一边向总统解释克里孟梭，并劝诱周围的人成为中间位置的角色。对于这种任务，他非常合适。然而，相比对付克里孟梭，对付总统要更适合。克里孟梭老于世故、有教养，而且善于冷嘲热讽，以致凭他的年纪没有被来自威尔士的这位女士的魔力所蒙蔽。但对总统来说，被这样一位专家支配，是一种美妙而近乎欢乐的体验。劳合·乔治先生迅速将自己装扮成总统唯一的真正朋友。

所以，展现给我们的是一位处于中间位置的劳合·乔治，他对总统和克里孟梭都是摇摆不定的，对总统则更为动摇。现在，大家收拢思绪重新回到那个隐喻。首相为换取阴影甘愿放弃此物之心；当月复一月犹豫不决时，他急切地想尽快地了结这件事并返回英国。即便如此，直到这件事情结束，观察者也从未认为这是不可能的真理：首相出众的直觉和较为真实的判断，或许曾经占据上风——他心里明白，这种和平会使他难堪，甚至有可能毁灭欧洲。但是，他已经给自己挖了一个很深的坑，以致他已经没有力气从坑里跳出来。他被自己的辛劳所俘获，被自己的方法所击败。此外，在其命运面临巨大危机的时刻，低级的本能占据了上风，这是他的一种特点，这种特点源于其内在存在及其同地球上的巨神和无灵魂幻影的亲缘关系。

我暂且不提其他国家的或较为次要的人，而介绍巴黎的名人：威尔逊总统——从道德角度上来看，最值得敬佩的人；劳合·乔治——从智慧角度上来看，最聪明的人；克里孟梭——从审美角度上来看，最高贵的人。条约从他们的不相匹配和弱点中诞生，而且秉承了他们三位最没有价值的属性，即非道德、无智慧、不高贵。

2.三人委员会的一次会议，1919年4月29日，巴黎

4月底，关于菲乌梅，威尔逊总统和意大利代表团之间的辩论达到了高潮。意大利代表团出于家乡舆论的压力，试图对总统施压，从而促使其态度缓和。意大利代表团有计划地虚张声势地撤离巴黎，并声称：他们将不再进一步参与这个会议的进程，直到总统愿意对意大利重大的国家利益更加尊重为止。但是，意大利代表团的离去并未产生什么效果。反而，意大利的恫吓受到了指责，会议照常进行。

会议少了一个盟国的状态加速了小组委员会的工作。但实际上，意大利人的离去产生了一种间接影响，这种影响在某方面很重要。它使比利时人的态度变得僵化了。因为，比利时人是这样盘算的：尽管会议能够镇定自若地承受一位参加者的离席，但如果失去两位参加者，事情就会变得严重，将会损害会议在外部世界中的声誉。因而，比利时在意大利恫吓之上的恫吓，或许能获得更多的、可观的合理性和有效性。因此，比利时代表团看准了这个时机，紧锣密鼓地宣称代表团被四人委员会（现在减为三人委员会）不恰当地忽视了，他们阐述的这部分是正确的。比利时代表团想凭借这一机会抬高并彻底改变自己的身价。他们还认为自身有更多的优势：尽管他们同其他欧洲代表团极为不和，但他们深受美国人的欢迎。在那里记录着胡佛[1]先生为他们的事情辩护的情况；对总统来说，他们是“一群小人物”，并且，重要的是，比利时的要求同美国没有任何关系，这就可以使得美国人以他国人民为代价，去实践他们强烈的利他主义嗜好。

在比利时代表团营造的氛围中，1919年4月29日的三个委员会会议，因得知比利时人的委屈而被搁置。比利时人向委员会阐述了对赔偿支付的优先权的要求，以及德国应该对全部“战争费用”承担责任，而不是仅仅承担补偿之责。比利时人的理由是，德国入侵比利时是破坏国际法的突破口，总统十四点计划之类的要求限制了赔偿的一般范围，并不适用于他们。由于委员会秘书汉基上校那天不在场，编写正式备忘录的任务就落在了我的身上。以下的内容，是以当时同时作的一些非正式记录为基础的。

总统、劳合·乔治和克里孟梭都处于一种盛怒状态，三人已经被意大利的恫吓所困扰，现在比利时人又加重了困扰。他们也被惹烦了，因为，外交中存在着利益，比利时人可能打算在听众中说的话，并不是对任何人都仅有微弱的利害关系。比利时人竭力渲染本国的重大牺牲和英勇忠诚等，对于这些华丽辞藻他们最为熟悉。但对M.海曼、范·德·赫维尔和M.范·德·维尔德三人来说，这是他们外出的日子，他们都不希望自己的固定发言被延迟。这个场景，正像我曾经在别处描写过的那样。坐在壁炉较远一侧的沙发上的是总统，然后是比利时人，中间是克里孟梭，劳合·乔治坐在总

1　胡佛（1874—1964），全名赫伯特·克拉克·胡佛，美国第31任总统，共和党籍。除从事政治外，还是采矿工程师、作家，曾任沃伦·G·哈定和卡尔文·柯立芝两届总统的商务部长，其间打出“经济现代化”的旗号推动政府干预经济。1928年大选，此前从未经选举而担当政府职位的胡佛轻松赢得党内提名，并在国内一片欣欣向荣的乐观气氛中完胜民主党候选人阿尔·史密斯而当选总统。他是美国迄今为止由内阁部长直接升为总统的最后一人。——译者注

统的对面，在他旁边和后面的矮一些的椅子上坐着我和一两名秘书。M.海曼从读信件开始提出比利时问题，对此无人响应。总统坐在沙发一侧，正浏览一张报纸。克里孟梭则煞有介事地闭着双眼，将双手叠放在肚子上，使自己保持镇静。只有劳合·乔治先生表现出参加议程的样子，但也仅仅是对身边的我们这些人悄声低语，以维持一簇批评的火焰；他的大意是M.海曼正处于最佳形象，其在外交方面是一个老式的装腔作势者，而且正试图进行敲诈。接着是范·德·赫维尔先生发言，他的声音让人觉得像是说谎，这使劳合·乔治感到非常有趣，于是他补充说：不管怎样，范·德·赫维尔先生是极其孤芳自赏的。

第三个发言的人是社会学家M.范·德·维尔德。发言开始后不久，他说的某句话惊醒了克里孟梭先生。克里孟梭是在三人当中第一个开始在议程中发挥作用的人。可是，他几乎刚刚张嘴，还没来得及说话就被M.范·德·维尔德不识时务地打断。克里孟梭不顾绅士形象，脸上显出耍脾气的孩童般的脸色，耸着肩膀气急败坏地说："那好，如果你不愿听我必须说的话，那我就没必要说了。" M.范·德·维尔德继续发言，同前两位发言人相比，他更称得上是演说家。劳合·乔治先生声称M.范·德·维尔德确实很不简单，可是与比利时的战斗相比，他过多地阐述了比利时的权利。事实上，比利时人拒绝战斗，丝毫没有战斗欲。但如今，他们却企图强取豪夺。劳合·乔治先生没办法容忍被欺凌。与曾浴血沙场的澳大利亚相比，比利时又有多少人参与呢？

比利时人结束了准备好的发言，此时总统也放下报纸并提醒大家：他的良心无法应允比利时对战争费用提出要求，因为这将同十四点计划相背离。

随后，比利时人带着一些官员离开了，不知他们是否能起草一份可行的议案。这时，一份电报占据了会议间歇，这份电报上载明了西格纳·奥兰多抵达罗马时对公众的讲话。总统看到奥兰多谈及与自己达成的一项安排时说："你可以打赌他做过。"克里孟梭看到奥兰多的意大利式夸张升至更高级别时，惊呼到："看啊！"同时指着他面前精致的壁炉台上雕刻的特米尼，自语道："这些雕像已失去耐心听奥兰多的鼓噪。"他们一直谈论着奥兰多的话题，最后，克里孟梭询问比利时人是否已经离开，于是关于奥兰多的话题就此打住了。因为M.海曼糟糕的举止、法语以及外交手腕，克里孟梭表示自己将杀死他，并劝其他人也这么做。正在这时，M.海曼返回房内，不承认会议间歇时已经与官员们的妥协，而是进一步声称比利时坚持其要求。"混蛋！混蛋！"克里孟梭先生高声嚷道。劳合·乔治先生认为是时候摆出狂怒的面孔了，于是他用一种恐吓的语调说："M.海曼是建议制造一种分裂的和平吗？"M.海曼愣了一下，显然吃了一惊。同时威尔逊总统建议M.海曼利用5分钟的时间再好好想一想。美国人的尖锐，对比利时人来说是一个很大的障碍，似乎超出了比利时人最初的预设，而且事实摆在眼前，的确超出了预期。

趁会议混乱之机，M.克劳茨企图填塞有利于法国的各种内容。这引起劳合·乔治先生的异议，并导致房间中发生大骚乱。最后，劳合·乔治先生怒气冲冲地离席，并声称他将寸步不让，会议就此落下帷幕。当我们出来走向汽车时，突然觉得臂上被克里孟梭先生捏了一下，只见他嘴角上扬，并喃喃低语："比利时的混蛋们……"

比利时对协约国的债务应被解除，这笔债务应添入德国人的义务中。我相信备忘录记入了这一内容，不过，最终解决方案的其他部分使比利时人最终真的优先得到1亿英镑。

霍斯角[1]，1925年4月15日

几天前，我与劳合·乔治先生交谈时让他回忆起这一事件，他给我讲述了克里孟梭先生同M.海曼之间的另一个小插曲。一天，克里孟梭亲切地将手搭在M.海曼的肩上，问道："M.海曼，你是否想为你的国家做出非常伟大的贡献？" M.海曼这位老外交家自豪地挺起腰板："克里孟梭先生，为了我的国家，我可以赴汤蹈火。""那好，"克里孟梭咆哮道，"去自杀吧。""是的，"劳合·乔治先生补充说，"当克里孟梭去拥抱一个人时，这总是一件危险的事情。'你的格拉德斯通[2]怎么样？'有一天他对我说，'他是一个怎样的人？''他是一个很了不起的人。'我回答说，这时站在旁边的博纳·劳[3]插言道，'他是个很了不起的骗子。'克里孟梭听了之后，伸出胳膊搂住我的脖子，'一切伟大人物都是伟大的骗子。'"

1925年6月20日

3.安德鲁·博纳·劳[4]

对安德鲁·博纳·劳先生的政敌来说，他的下台是一个很大的不幸，这种不幸感甚至超过了他的拥护者。除他以外，我们也许无法再找到这样一个如此没有偏见的保守党领导人。博纳·劳先生首先是一位忠心耿耿的党员，为党殚精竭虑，每一次危机

---

1 即德温特湖的霍斯角。——译者注

2 格拉德斯通（1809—1898），英国政治家，曾任首相。——译者注

3 安德鲁·博纳·劳（1858—1923），加拿大裔英国保守党政治家，1922—1923年出任英国首相，他是目前唯一一位生于英伦以外的英国首相。——译者注

4 该评论写于博纳·劳生前。当时的情形是，他刚从政府辞职。——原注

出现时他都临危受命、挺身而出。在关税改革和支持阿尔斯特这两个关键性问题上，他始终如一地采纳党的极端观点。然而，事实却是，他几乎没有丝毫保守党的原则。他虽然来自加拿大的基督教长老会，并且是会员，但对昔日的传统和象征他没有人们想象中的敬畏之心，也没有对既得利益的特殊关照，更没有对上流阶级、城市、军队或教会的任何依附。他总是依据每一个问题本身性质的好坏加以判断。

博纳·劳先生所坚持的保守主义不是基于教条、成见或维护英国生活特定方面的一种激情。他在私人交谈和公开辩论中展现出的高超技巧给所有观察者留下了深刻的印象。他在论战中的精彩表现，不仅是因为记忆的持久和思维的敏锐，也是因为他能将争论限于真正属于正题和能够确切预见超前步骤的实践。博纳·劳先生在论辩中的发言之所以难以被回击，是因为他几乎总能给出无与伦比的答案。

假设棋盘上可见的棋子构成争论的整个前提，做任何预见都因假想性太强、困难性太大而毫不值得，那我们就可以这样理解博纳·劳先生：除了在那些特定对局中做出正确的决策外，他毫无任何思想杂念地进行着辩论游戏，有时候，他像别的政客一样狡诈，正如他自己说的，他绝不像看起来那样简单。在任何既定场合，他毫无保留地、比其他人容易得多地表述自己的整个思想内容。在同博纳·劳先生争论时，他的对手经常发现自己处于极其不利的地位。他的推理能力、他的镇静，使其能将任何反方向看来是过分夸张或歇斯底里的东西变成牢固的信仰。

这些为这个国家而战的人中，在对事物的反应方面，没有谁的头脑比他更敏捷；在与该问题有关的经验教训中，没有谁比他汲取得更多；在获得必要的资料并在会议前短暂而紧凑的时间内将迫在眉睫的问题理出头绪方面，没有谁比他更迅速。然而，这种理解上的敏捷不仅是关于争论和事实的，更是关于个人及素质的。大约4年前，那些参加三一节纪念会的人都清楚地记得那次宴会后，他对大学生所做的迷人的简短演讲。在那次演讲中，他蔑视一所大学所代表的一切。博纳·劳先生一向喜欢将自己看作是坦率的商界人士，认为凭借自己对市场而不是长期趋势的判断，假如选择工商业的话，一定能赚一大笔钱。他认为自己能够准确地把握短期的重大变化，凭借冷静的头脑和一流工商业巨子的具体目标而掌控战争、帝国与革命。这是贯穿于他战时和战后政策的一个显著特点。例如，他认为防止法国进入鲁尔是一个几乎没有任何希望的提议，但是这样做的后果尽管很糟，却也不一定像有些人预料的那样糟。

有一点要值得注意，就是博纳·劳先生对成功的过度崇拜。他非常崇拜白手起家的百万富翁。他对别人达到成功的方法不太容易感到震惊。以前，基于劳合·乔治先生的成功，他曾经极度崇拜。但是随着劳合·乔治先生成功的衰减，他的崇拜也相应地衰减了。优雅、无私、谦逊的品质使他受到所有曾在他身边工作过的人的爱戴。

油画《瓜达卢佩的圣母》。马斯登·哈特利作于1918—1919年。

然而，公众的感觉却并非取决于这些简单的品质，而是取决于他们对关于他的一件更关键、更重大的事件的理解。公众觉得，他是一位伟大的公仆，他严肃的、恪尽职守的生活并不是为了自己，而是为他们服务的。很多政客过度沉醉于战争的隆隆炮声和刀光剑影中，他们欣赏自己的地位和职业，捧着甜蜜的开心果，只是为了自我取悦而已。

1923年5月

4.赫伯特·阿斯奎斯

在赫伯特·阿斯奎斯后期生涯，认识他的一些人很难相信有关他30年前或更多年之前的形象或名声的报道。才干和沉默寡言是会被认可的，但是某些容易引起麻烦的特征：他来自巴里奥学院[1]，是一位雄心勃勃的律师，是战时首相，在战后的角色也类似于首相，他是继格拉德斯通先生之后最优秀的人，慈祥的表情和令人肃然起敬的威严等，在后来的岁月里能够很容易被察觉到。

除了对自己麻木和对别人无情以外，赫伯特·阿斯奎斯具备伟大政治家的绝大部分天赋。也许人们想知道，像他这样敏感的人，在当代条件下，是否有足够的活力使自己暴露于公共生活中。赫伯特·阿斯奎斯保护自己的敏感性靠的是缄默以及对反击或抱怨的克制。他拒绝帮助，拒绝利用为金钱而奔走的新闻界。他可以当一个国家或政党的领导人，他情愿为保护一位同僚或朋友而奔走，但是，他不屑于保护自己，竟然达到难以适应生活的程度。但是，也许正是这种为人方式和性格，经过岁月的打磨，逐渐地塑造出他优雅而粗犷的面孔、高尚的形象，以及和蔼而镇定的风度。在他离开政府之后才认识他的那些人，将会把这些当作他的特征而铭记在心。

此时我们谈论他的品质，是自然而然的。在他为国家提供的建设性服务方面，在他生涯的结束阶段极少甚至可以说没有增加什么贡献，但这却极大地增加了世人对他个性的印象。不过，将其推向国家重要机构的，是他的智慧和勤奋。赫伯特·阿斯奎斯的智慧体现在——把头脑的清醒、理解的敏捷、判断的敏锐、丰富而准确的记忆和辨别、对偏见和错觉的超脱与独特性和创造力紧密地结合起来。我不能妄下断言，这种对独创性的需要是塑造成功个性的最必要条件之一。为了对付外部世界的既定事实，他的头脑顺势被建造，它不是一片涌泉之地或一个矿区，而是一台机器或一座工厂。赫伯特·阿斯奎斯没有能将他双足拉离地面的自我奋斗的气球，也没有能将他引入迷途的智力幻想，倾听和判断是他的专职。他担任内务大臣、财政大臣、首相，这

1　巴里奥学院，建于1263年，牛津大学最著名、最古老的学院之一，以活跃的政治氛围著称，曾经培养出多位英国首相和英国政界的重要人物。该学院早期并不引人注目，直到19世纪中期本杰明·乔伊特出任院长后才逐渐发展成牛津最重要的学院之一。英国前首相阿斯奎斯曾形容巴里奥学院的学生“平静地流露出一种自然的优越感”。——原注

是那种被职业政客占据的最佳职位。而对他来讲，只需要只言片语和极少的时间就能透彻地理解他人的意图，更重要的是，他能不偏不倚和熟练地运用合适的知识和经验处理事务。他天生就是保守的性格，加上少许偏见和一点愚笨，在政治上他同样显得保守。

回顾战前8年的自由党立法，我们惊讶地发现，该法在总体上十分完整地形成了各种事件的准绳，并且非常丰富且又有相当的选择性。这些应当归功于赫伯特·阿斯奎斯，不是因为他发明了计划，而是选择和执行它的智慧。在关于如何处理战争事务上，该法在1916年底首届联合政府垮台时达到顶峰，那时候我相信，现在也依然相信，他基本上是正确的。很少有人在自己的一生中完成过比赫伯特·阿斯奎斯更多的艰难工作。赫伯特·阿斯奎斯属于人类伟大的族系，我期望他们永续不绝。他从不屈服于速记这种现代灾祸及其造成的影响，相反，他能以学者的敏捷对付印刷或书写事务。他们能够亲笔以简短笔记的方式做必要的事。

赫伯特·阿斯奎斯的缺点与其工作相联系，大概表现为：他的注意力会随着工作被临时转移，当工作日的事务完成后他就不再把它们装在脑子里、挂在嘴边。有时候这无疑是力量的源泉，但有时候这也是弱点的起源。他的思想习惯能够为各种借口提供便利，特别是关于私人事务的借口。对忠诚的朋友和不太忠诚的对手，内阁运转必须有严格的要求和严明的纪律，但对他来讲，这是非常令人不快的。赫伯特·阿斯奎斯处于最佳的、最幸福的状态就是——当酝酿中的重大事情是丝毫不带私人性，而是纯政治性时；当他身边的支持者和副手与他同心同德，仅在激励程度上存在差别时。在这种场合，他能够直接踏上智慧之途并运用所有那些在重大政治集会上最有价值的东西。为自由贸易而战、为国会法案而战，战争开局之年为他提供了这类机会。此时，阿斯奎斯先生能够作为一位领导人站起来，神情镇定且充满力量。

应当被世人记住的一点是，赫伯特·阿斯奎斯非常热爱学习，他是一位真正的读者，他对图书馆的书籍充满爱意。在古典和文学方面的造诣曾经使他在人生阶梯上迈出最初的一步。当这些不再有用时，他也没有丢弃它们。我认为，他之所以喜爱这些，正如他喜欢政治的和宪法的重大论战一样，是因为它们同个人事务的污泥没有相互渗透。除了在特有的家庭环境中，那些与赫伯特·阿斯奎斯亲密、相知的人不会想起他。他是最欢乐、最光明的天地之核心，是那灿烂圆环旋转围绕的坚实中心，是现代英国最慷慨、最简朴的殷勤主人。智慧、丰富、直率和最粗鲁、最厚颜的那些东西以他为中心而飞翔，美貌绝伦的女舞伴与他面对面，置身于这样的辉煌中，赫伯特·阿斯奎斯总是表现得相当迟钝和沉闷以使自己放松，进而欣赏这理性和非理性之流。他轻轻地摸着下巴，微微地耸着肩膀，是一位睿智而宽容的仲裁人。

1928年2月

5.埃德温·蒙塔古

关于埃德温·蒙塔古的人格，报纸报道得非常少。有一类人，他们总是把生活和自己的角色搞得戏剧化，自身承受着剧烈的情绪波动，然后迅速地通过鲁莽的勇敢和自我辩护进而引发可悲的惊恐与沮丧。面对自己的本性，他们不是从最有利的视角，就是从最不利的视角来看待，却很少保持一种冷静和稳定的观点。埃德温·蒙塔古就属于这类人。在某一刻他身着华丽的服饰，骑着一头大象，是东方的帝王；但下一刻，他将富丽与光荣插入肮脏的灰尘，转身成为路边的乞丐。

埃德温·蒙塔古是一位富有智慧的东方人。西方气氛将其拉进了印度政治问题，并容许他与其人民保有本能的相互同情。但是，他是一位最热忱的政治家，他对所有的政治问题都感兴趣，而不仅仅是政治的个人方面，甚至别的任何事情都使他感到厌烦。一些传记作者甚至猜想他的真实身份是位科学家，因为从本性上看，他偶尔能从类似演员的职业中找到消遣；而其他一些人则根据他的出身猜想他是一位天生的资本家，显然这是不正确的。

当然，他的政治生涯是被劳合·乔治毁灭的。他像一只飞蛾，明知道那是一支蜡烛，火焰必将毁灭自己，但他没办法离开。我，还有其他很多人，曾听到他有关那位（在其主要方面）讨厌鬼的最真实、最辉煌、最聪明的描述。但同时，埃德温·蒙塔古的舌头主宰着这一场景。他的弱点自然地使他在实践中成为工具和牺牲品，因为在所有人当中他是最容易被利用并抛在一边的人之一。在我所了解的有雄心壮志的男人当中，从未有过比埃德温·蒙塔古更沉迷闲聊的，也许这正是他无法忍受处于局外的主要原因。在到处都是部长和官员们的公务大厅里，他是一位闲聊客。他的乐趣就在于，在内阁中参与争论国家事务，然后制作一首关于每一位大人物包括他自己说过的话的诗，并向一个小群体展示这首借助于模仿的、美妙的、有揭露性的讽刺诗。除此之外，他更喜欢的是他能将闲谈推至亲密的气氛。他总是强烈地渴望表白自己甚至暴露自己，以便从他的知己那里凑出一点——可能是非常勉强的——亲爱之情。

1924年11月

6.亚瑟·贝尔福

随着贝尔福[1]伯爵的辞世，皇家经济学会失去了卓越政治家中的最后一位，他们是40年前我们创立学会时最早的副会长。不过在最初的委员会成员中，如今有至少6位成员仍在为学会服务。贝尔福的天赋极高，甚至比任何人都高。他曾是现代大不列颠的首相，在我们的团体中担任高级职务。在剑桥的大学时代，作为他内兄亨利·西奇威克的学生和朋友时，他第一次接触这个主题。他在下议院首次演讲的主题是关于复本位制[2]的。

他的著作《关于狭隘自由贸易的经济评论》，毫无疑问是一位首相曾向其内阁传播的最具"学术性"的文件。他在复本位制和关税改革这两次经济大论战中承担了最重要的角色，并展示了其最显著的智力特征，以及兼有谨慎和平衡的保守主义的、卓越的、开放性的头脑。除了那些过于"热情洋溢"、过于草率以致无法将观念转化为行动的人，在英国的智力世界里，这位最博闻的、最辩证的、开放的保守人士，凭借魅力与完美比任何人都能吸引眼球，可以说他在过去和未来之间保持了完美的均衡。

我们首先来谈他无畏的政策飞跃。《经济学杂志》将贝尔福先生于1892年10月27日在曼彻斯特的演讲评论为 "标志着英国货币讨论史的新纪元。"他对金本位制[3]在19世纪90年代早期运作形式上的拒绝是坚决的。"你们实际拥有的这种交易工具，"他说，"不是一种好工具，出于你们的赞同，我提供一种工具，即使它不是完善的，也是在所有情况下最切实可行的，而且同你们用任何其他我所了解的方法可能会得到

---

1 亚瑟·詹姆士·贝尔福（1848—1930），英国首相中的哲学家，是索尔兹伯里侯爵首相的外甥和政治继承人。贝尔福爵士的一生是个传奇，在少年时代他因爱人早逝而终身不婚，1902—1905年出任首相，任内其政府因关税改革议题而陷入分裂，但他却跳出政党圈，一战中任海军大臣和外交大臣，1917年11月2日颁布《贝尔福宣言》，提出在巴勒斯坦建立一个犹太家园的计划。1922年被封为第一代贝尔福伯爵。——译者注

2 同时以金银作为本位货币的货币制度被称作复本位制。复本位制的最大问题是，这种制度要求金银有一个确定的比价，但在市场上金银的比价会受供求的影响。一座新的金矿的发现就足以改变金银的市场比价，从而给整个货币市场造成混乱。这是复本位制难以为继的根本原因。——译者注

3 本位制，以黄金为本位币的货币制度。在金本位制下，每单位的货币价值等同于若干重量的黄金（即货币含金量）；当不同国家使用金本位时，国家之间的汇率由它们各自货币的含金量之比——铸币平价来决定。金本位制于19世纪中期开始盛行。在历史上曾有过三种形式的金本位制：金币本位制、金块本位制、金汇兑本位制。其中金币本位制是最典型的形式，就狭义来说，金本位制即指该种货币制度。——译者注

的任何工具相比，它更好。”如今，在国会所有政治家当中，都不容易找到像1892年的贝尔福那样勇敢的人。贝尔福曾经发表的最杰出的、最科学的意见之一，就是他的《关于狭隘自由贸易的经济评论》，值得我们反复阅读。

我想，对于贝尔福的著作，今天的经济学家们将以怀疑、犹豫和模糊的态度来对待。L.L.普赖斯先生曾经在《经济杂志》上评论说，这本小册子出版次日，一种鲁莽的批评（A.C.庇古[1]先生在写给《时代》的信中）就宣称，在这种抽象形式上，贝尔福先生只不过表述了大多数现代经济学家都会赞同的提议，在某些论点上他们将走得更远。但是，他补充说，首相还没有全力以赴将这些没有受到异议的、无可置疑的、假定的推理，结合到当今英国的事实的联系当中。这种联系在判明一项实际政策时是有必要的，但这样的企图注定将要失败。今天我们重读这个小册子时感觉并不太明显。但谈及大不列颠情形的事实，如同后来的事件所证实的，人们一定会因为作者的预见和灵敏而产生敬佩之情。在剑桥的马歇尔图书馆，在阿尔弗雷德·马歇尔[2]的《经济评论》的复制件上，有许多用铅笔在空白处做的评论。

贝尔福这样写道，“我们现在必须接受这种事实：我们的商业竞争者中最先进的那些人，如今不仅是贸易保护主义者，而且从动态角度看将继续如此。”马歇尔的评论是“不一定”。在此，人们将再次深刻地领悟到这位政治家对商业与工业政策进程的预见，已经被事实证明是非常准确的。

亚瑟·贝尔福已经离开了我们，他是一个在任何礼貌或鉴赏场合都敏锐、雅致的人，是一位大学及其所代表的事物的热爱者，是一位处在科学、艺术和正确学识的高级位置的可靠朋友，是这个时代的最伟大的增光者之一。

1 庇古（1877—1959），英国著名经济学家，剑桥学派主要代表之一。青年时期入剑桥大学学习。先后担任过英国伦敦大学杰文斯纪念讲座讲师和剑桥大学经济学讲座教授。他被认为是剑桥学派领袖马歇尔的继承人。他任期长达35年，一直到1943年退休为止。退休后他仍留在剑桥大学从事著述研究工作。另外他还担任英国皇家科学院院士、国际经济学会名誉会长、英国通货外汇委员会委员和所得税委员会委员等职。他的著作很多，较著名的有：《财富与福利》（1912）、《福利经济学》（1920）、《产业波动》（1926）、《失业论》（1933）、《社会主义和资本主义的比较》（1938）、《就业与均衡》（1941年）等。——译者注

2 阿尔弗雷德·马歇尔（1842—1924），19世纪末20世纪初的英国乃至世界最著名的经济学家，剑桥学派的创始人。——原注

7.温斯顿·丘吉尔

（1）战时的丘吉尔[1]先生

《世界危机，1916—1918》这部光辉著作并不是对史实的叙述，而是系列的插曲、连续的鸟瞰。设计它是为了展现这一伟大角逐的特定侧面，证实作者关于现代战争行为有着广阔的战略观点。这种构思有极大的好处。丘吉尔先生给我们讲述了很多细节，这些细节对我们大多数人来说是一无所知，也是非常有趣的，但他没有在细节中迷失自我。关于战争行为的高层思想的基本问题，他是从战略角度来看待的。就像很多有价值的书一样，这部书也是有目的而为之。他与那些沉闷的作家不同，没有假装空洞的中立。在那些作家的头脑中，最伟大、最令人激动的历史事件一定会产生清晰的印象，且不会逝去。

丘吉尔先生凭借对事件主要发动者的思想和内幕事实的了解，自始至终近距离地观察这场战争。关于何处存在真理与错误，他得出清楚的结论。因此，他的著作大概包含最敏锐、最精练的智慧，而不仅仅是借助于日后发生的事件。在这里，他用修辞的而不过分华丽的语言告诉我们这些。这意味着他告诉我们最多的是有关他离得最近的地方，他提出的批评最多的是有关他自认为最明智的地方。但在这样做的同时，他一直试图避免不适当的自我吹嘘。他不展示敌意，不追求报复。即使是他的分析的牺牲品——阿斯奎斯先生、劳合·乔治先生、贝尔福先生、博纳·劳先生、爱德华·卡森[2]爵士，也没有被过分地追究，只是公正、友好地谈及他们，承认他们的一些品质，不去打击那些因他们处在同一战线、确实提供过服务的人。自迪斯雷利[3]以来的任何政

1　温斯顿·丘吉尔（1874—1965），政治家、画家、演说家、作家及记者，1953年诺贝尔文学奖得主（获奖作品《第二次世界大战回忆录》），曾于1940—1945年及1951—1955年期间两度任英国首相，被认为是20世纪最重要的政治领袖之一，带领英国获得第二次世界大战的胜利。据传他为历史上掌握英语单词词汇量最多的人之一（12万多）。被美国杂志《展示》列为近百年来世界最有说服力的八大演说家之一。2002年，英国广播公司（BBC）举行了一项名为“最伟大的100名英国人”的调查，丘吉尔名列榜首。——译者注

2　爱德华·卡森（1854—1935），英国律师和政治家，他领导北爱尔兰粉碎了英国政府想在整个爱尔兰实行地方自治的企图。以致直到今天北爱尔兰9郡中的6郡还保留在英国手中。——译者注

3　本杰明·迪斯雷利（1804—1881），犹太人，英国保守党领袖、三届内阁财政大臣，两度出任英国首相（1868、1874—1880）。在首相任期内，是英国殖民帝国主义的积极鼓吹者和卫道士，他任首相期间大力推行对外侵略和殖民扩张政策，他的名字同英国殖民帝国紧密地联系在一起。他还是一个小说家。——译者注

治家，都没有丘吉尔先生写得出色。这部书，无论它是否有成见、是对是错，都将极大地提高他的声誉。

丘吉尔先生的主要论点可以这样表述：从总的方面来看，每个国家的职业军人、高级军官在有关军事政策的重大问题上，无论是从事前争论的标准来衡量，还是从事后证据的标准来衡量，一般是不正确的。然而，职业政治家，那些被亨利·威尔逊先生（他自己也有一点“僧袍气”）称为“僧袍”的人们，一般是正确的。关于这个问题，在那时，对一位局外观察家来说，没有办法做出判断。这主要因为，虽然问题似乎是在战争的每个转折点上，每一方都犯了基本错误，但没有人能在内阁和总参谋部之间进行清晰的责任划分。在英国，主流意见是嘲笑那些将军们——那些比“僧袍们”更生动、更光荣的人物，那些从来不需要公开做自我解释的、享受着重大好处的人。对此，丘吉尔先生做出了自己的判断，他还借助于目前从各方面都能获得的充足资料来说服我们，使我们相信：从总体上看，决策明智的人包括阿斯奎斯、劳合·乔治、布赖恩德、潘勒韦[1]、克里孟梭和他自己，以及贝思曼·霍勒韦，甚至是在克朗王子那里而丧失战争主动权的或是面临危险的人，包括黑格[2]和罗伯逊，约菲和尼韦尔，以及法尔肯海恩[3]和鲁登道夫[4]。

让我来简要叙述一下丘吉尔先生对总参谋部的诉状。很显然，每一方都缺乏一个丘恩特·马克西姆斯，并没有出现费毕阿斯来观望、撤退和怂恿。在高级军官们已经拥有足够的储备来产生决定性结果之前，他们总是迫不及待地展示他们从敌军那里缴获的新型攻击性武器——德国毒气、德国U型潜艇和英国坦克；他们奔忙于致命的

---

1 保罗·潘勒韦（1863—1933），生于巴黎，法国数学家、政治家，航空事业的赞助者，法兰西科学院院士。在第一次世界大战关键时刻和1925年金融危机时两次出任法国总理。——原注

2 道格拉斯·黑格（1861—1928），英国陆军元帅，第一代黑格伯爵。黑格生于爱丁堡，其父约翰·黑格是一位富有的苏格兰酿酒业主。1909—1912年，担任印度军队的总参谋长，于1910年晋升中将。一战爆发后，1915年2月黑格出任第一集团军司令。12月10日取代约翰·弗伦奇担任英国远征军的新司令。1916年晋升陆军元帅。1919年他被封为黑格第一伯爵。1921年，他成为贝梅赛德的黑格男爵。他组建了英国皇家军团，致力于复员军人的福利与救济工作。1928年1月28日在伦敦去世。——原注

3 埃里希·冯·法尔肯海恩（1861—1922），生于东普鲁士贝尔豪堡（今波兰托伦市附近），德意志帝国步兵上将，第一次世界大战的总参谋长。——译者注

4 鲁登道夫（1865—1937），世界著名军事家，德国最伟大的将军之一。1908年任陆军总参谋部处长，在总参谋长小毛奇领导下对修改“施里芬计划”曾起到重要作用。该计划的核心是：占领比利时，从侧翼包抄法国并一举将其击溃。——译者注

“推进”所导致的无济于事的杀戮。战略放弃、有意撤退、引诱敌人进入包围圈内，所有这些都属于战争的更富有想象的有利计划，几乎从来没有被尝试运用。1918年7月面对福什的反向攻击，是这类努力中屈指可数的典范之一。然而，英国和法国的参谋部都倾向于反对和不信任。自始至终参谋部的观点基本上都是极端的——在防御方面，英雄般地死在第一道战壕里；在攻击方面，寻找敌军最精锐的部分，直面猛冲过去。

对于这条规则，只有两个例外：一是1917年德国人向兴登堡防线的撤退；另一个是约翰·杰利科[1]先生不变的态度。

在门外汉看来，丘吉尔先生对日德兰战役[2]的精辟分析表明，杰利科错过了他本应抓住的机会。但是，像丘吉尔先生承认的那样，杰利科肩负着比其他人更重的风险与责任的担子，他是唯一一个属于任何一方的人，是一个可以在一个下午输掉整场战争的人。他像成功的丘恩特那样坚定不移，尽管他可能错过机会，但他从头到尾并没有犯下丝毫灾难性的错误。即使从丘吉尔先生做出的尖锐批评的角度来看，我也不认为人们希望这场战争会推出除他以外的任何人来为北海战事负责。

在覆盖战争全部潜在领域的战略和政治想象力的广阔视野方面，丘吉尔先生的下一个观点涉及总参谋部狭隘的地理眼界和无能。军队就像磁铁一样，彼此紧紧地吸在一起。士兵们总是忙着探查什么地方的敌人最精锐，然后凭借相当的或更多的兵力去迎击他们，却从未研究它什么地方最薄弱，进而向薄弱处推进。在这个旧的争论话题方面，我们早就了解丘吉尔先生坚持的立场，劳合·乔治先生也坚持这种立场。对他们的事，我不知道这本书是否补充了很多，但丘吉尔先生的第三个论点——我后面将要谈到的——作为对胜利的暗示，作为与固执而僵化的总参谋部的对比，我认为确实证实了令政治家们不能安静地体会洞察力的潜在价值。丘吉尔先生认为，德国人特别

1　约翰·拉什沃思·杰利科（1859—1935），第一代杰利科伯爵，英国皇家海军元帅。一战中，杰利科小心谨慎且成功地维护了英国的海上优势，但是他在日德兰海战中却让一场辉煌的胜利从手中滑过。如果抓住那个机会，约翰·杰利科会成为一个像纳尔逊一样的人物。——译者注

2　日德兰海战（德国称为斯卡格拉克海峡海战，1916年5月31日—6月1日），是英德双方在丹麦日德兰半岛附近北海海域爆发的一场海战。这是第一次世界大战中最大规模的海战，也是这场战争中交战双方唯一一次全面出动舰队主力的决战。最终，舍尔海军上将率领的德国公海舰队以相对较少吨位的舰只损失击沉了更多的英国舰只，从而取得战术上的胜利；杰利科海军上将指挥的皇家海军本土舰队成功地将德国海军封锁在德国港口，使后者在战争后期几乎毫无作为，从而取得战略上的最终胜利。——译者注

是法尔肯海恩，在这方面犯的错误至少像我们一样多。双方的将军们一致支持西线，他们的部署相互促进，都背离了各自政府的意愿。

与这种狭隘的地理、政治视野相似的是士兵们狭隘的科学眼光，这些士兵们如坦克史所昭示的那样，在更新机械观念方面出奇地迟缓。坦克刚刚出现，我们的参谋部就立即反对，即使对坦克的效果充满兴趣，军需部也从来没有提出适量的需求。甚至鲁登道夫在坦克存在之前就已得知其秘密，但他从未在较大规模上对其进行仿效。数量众多的炮兵和不合时宜的骑兵，以及在1918年占用几乎与机械武器同等数量、为坦克人员2倍的英国兵员，这与在飞机、机械武器、坦克和毒气方面大规模集中人力的替代性政策相对比，无疑是脑袋不适应时代的明确的例证。除了于1918年采纳的丘吉尔参与策划武装干涉苏俄的政策之外，这些替代性政策一直未被采用。

温斯顿·丘吉尔的白描像。

大概构成丘吉尔先生著作中最新奇有趣的部分是他的第三个论点，这一论点涉及根据现在已从双方资料中完全了解的结果来判断，评价西部前线的大规模进攻的实际价值究竟如何。关于这一点，职业政治家和职业军人之间存在最尖锐、最持久的分歧。除了1917年劳合·乔治先生向着参谋部观点的暂时转变之外，职业政治家们自始至终坚持这样的意见：军人们过高地估计了进攻的潜在收益，而低估了防御的价值；在西部前线上猛攻敌军已加强的部位，绝不会达到决定性的效果。为此，战时内阁几乎总是一成不变地反对1915年、1916年和1917年的“推进”建议。既然连任的内阁对西部前线上的进攻没有过多的期望，就没有什么能够减少残酷的、于事无补的损失对其思想的影响。

1917年底，这种局势最终来临了，劳合·乔治先生避免了有关部队被派渡海峡，尽管他们确实需要被派驻那里；劳合·乔治先生之所以这样做，是因为他不相信自己能阻止道格拉斯·黑格爵士将有关部队派至曾发生大屠杀的法国。“但因为帕钦德尔在首相和战时内阁头脑中引起的恐怖，”丘吉尔先生这样写道，“黑格无疑已经提供了特殊的、更为强大的增援。”根据丘吉尔先生的证据表明，从阿斯奎斯先生长期、坚决地反对征兵开始，一直到1917年冬天，政治家们的心肠非常软弱，但是如果从军事背景上来看，他们总体上并没有什么错误之处。

战场上的每次进攻之后，总参谋部都热衷于承认结果是难以令人满意的，但他们同时也认定敌军付出了惨痛代价，我方在消耗敌人方面取得了某些令人满意的进步。对此，丘吉尔先生尖锐地表示不相信这些结论，他以现在能找到的来自双方的伤亡数字向世人表明，几乎每次进攻的结果都造成了进攻一方在人力上比以前更加削弱。对于这种对统计数字的解释，弗雷德里克·莫里斯爵士在给《时代》的一封信中提出质疑。但是，丘吉尔先生毕竟从总体上确立了这一问题。特殊的是，1918年鲁登道夫成功的进攻为德国的最终瓦解铺平道路，并使之成为不得不承认的事实。丘吉尔先生对双方最高司令部人物印象的描述是其书中最有趣的地方。

丘吉尔说：“总之，缺少那种在历史上伟大征服者中明显存在的帝王—勇士—政治家高度结合的人物。”抛开约菲这个可能的例外不谈，绝大多数最高司令官在其职业上无疑都是具有杰出才能的人，但是那些神经比想象力发达得多的、迟钝的愚蠢类型的人在他们当中占多数。在书中，兴登堡不是唯一的木头形象，约菲、基奇纳、黑格、罗伯逊、鲁登道夫也可以进行同样的深刻描画，这些人吃得香、睡得好，无论任何事情都不能令他们意乱心烦。这些人因为没办法自圆其说，于是十分信赖自己的直觉，因此，他们很难遭到反驳。在罗伯逊写给黑格的一封信中，罗伯逊建议在西部发动进攻，“更多的是因为我的天性促使我坚持这一点，而不是出于任何我可用以支持它的好意见。”对此，丘吉尔先生评论说，“这些话，在其导致近40万人牺牲时，是十分可怕的。”关于这种人物类型的描画，在丘吉尔先生关于皮埃尔·约菲的半喜剧性肖像画中，达到了极限。毋庸置疑，拥有较强敏感性的人是没办法忍受最高司令部的耗损的。用丘吉尔先生的话说，多亏了那些能在灾难性袭击中保持处变不惊风度

"甚至到了无法同麻木不仁相区别的程度"的人，他们才必须被淘汰。

除此之外，总司令也许是最后一个听到事实真相的人。一位军事参谋的整个思维习惯，是以意见的附庸为基础的。这意味着，不那么重要的政治家的思想，对于达到正确结论来说不是可有可无的。德国最终的失败，归根结底在于其总参谋部的最高权威。如果德国政治家具有像英国、法国、美国政治家那样的影响力，绝不会遭受类似的失败。据丘吉尔先生所言，对比利时的侵犯、无限制地使用U型潜艇、1918年3月的进攻，德国的这三个关键性错误都是总参谋部特殊的和独有的责任。而鲁登道夫是总参谋部影响力及其最高才能的最终化身——总参谋部的成员们，被职业同志关系和普通教义紧紧地束缚在一起。他们对军中的其他人，犹如耶稣会教士们在其最辉煌时期对待罗马教会的态度。他们对任何一个司令官身边的、总部的代表，说着自己的语言，并保持着自己的自信。这个善人团体视德国特种部队和陆军的将军们、陆军军团司令官们，还有兴登堡本人为傀儡。这是一个特殊的善人团体，将德国军队推到恐怖的边缘，激发和组织了极其残忍的行动，同时，也将自己推向惨败的深渊。

丘吉尔先生没有掩饰指挥大规模战争的强大体验带给他的快乐，因为这种宏大的规模是决策者所欣赏的。同时，丘吉尔先生也没有隐瞒规模宏大的可怕，这种可怕是对那些为自己的快乐提供原材料的人而言的。《世界危机，1916—1918》一书的重心在于重大决策和高层争论。但是，丘吉尔的著作并不因此在对读者产生的最终印象上削弱其反战的性质。相反，《世界危机，1916—1918》甚至比一部反战主义者的著作所能达到的效果还要显著。这是一个来自热爱这场角逐的人的一种揭示，不仅揭示了这场战争的目标以及愚蠢的方法，而且进一步揭示了这种愚蠢不是特定角逐者偶然的品质，而是其固有的精神与规则。

1927年3月

（2）和平时期的丘吉尔先生

丘吉尔先生的著作是绝无仅有的，他将史学家与天才作家的禀赋与事件主要推进者之一的深刻体验与实践结合在一起，这毫无疑问是对战争史最重大的贡献。我个人认为，最后这一卷（《世界危机：余澜》）没有前两卷出色，可能是关于作者在政府中失望经历的书。这是因为写作是一种全日制工作，财政大臣也是如此。不过，跟那些读过《时代》发表的看似华丽实则平庸的文摘的人所猜想的相比，它要好得多。因为，那些文摘失去了统揽全局的作用。

在序言中，丘吉尔先生描述了亲身经历的一系列重要事件。丘吉尔先生补充说，对大多数主要参与者而言，这也许只是一种很普通的经验——"一个印象代替另一个。”这对任何存在于政治变迁中的人来说都是如此。对我而言，比任何其他东西更能快速地刺痛我的是麦基斯蒂克饭店提供的米德兰铁路早餐中苦味柑橘酱的质量，我能深刻感受那种体验。只有对那些日复一日生活在战壕中或者经受反复的军事常规活动、印象逐次强烈的人而言，战争才能在记忆中重生。但是，丘吉尔先生想方设法传达出一种当时的动机与气氛的印象——令人好奇的是，他极少通过引述同时代的文件来传达这些印象，因为读者对文件的引述通常会忽略不读，这或许是读者的本能。

《世界危机：余澜》中也含有一些特殊的生动段落，带有深厚的情感印记。对此，我可以将关于英国军人退役和关于爱尔兰条约的描述作为例子。这本书引人入胜，将我们最容易忘却的每件事都重新展现在我们面前——暴力、血腥，以及战后岁月的纷争。

《世界危机：余澜》主要有四个主题，围绕主题的各章却是非常分散和相互混杂的，如和平会议、俄国革命、爱尔兰叛乱，以及希腊—土耳其纷争。就像人们预期的那样，在这些内容之中关于俄国事务的描述最令人不满。丘吉尔先生没有想过对自己在俄国内战的惨败中所担当的角色进行不恰当的辩护，但他没有站在长远角度上认识到该事件的重要性，没能区分本质与偶然的插曲的不同。丘吉尔先生极不情愿地承认自己实施的一系列措施最终无效，他让世人看到了他曾理想化的俄国白军性格的邪恶及其衰弱无能（“不是对物质财富的需求，而是对意志力量、同志关系和艰难中的坚定性的需求，导致斗争的失败。”）。福什坚决拒绝承认与此事有关，并说：“高尔察克[1]和邓尼金[2]的这些军队难以持久，是因为他们后面没有国内政府。” 在评论“有较强辨别力”时，丘吉尔先生引用了福什的话。但是，在丘吉尔先生看来，除去对列宁伟大性的赞美以外，布尔什维克们只是一种简单的暴力而已。丘吉尔先生的想象力

---

1 亚历山大·瓦西里耶维奇·高尔察克（约1874—1920），俄罗斯军事家，曾在日俄战争中与日本作战。第一次世界大战期间，他任俄罗斯黑海舰队的司令。俄罗斯二月革命后他曾逃亡，后支持临时政府，回到俄罗斯。在十月革命（1917）以后，他率领俄罗斯白军与俄共（布）领导的红军作战。他得到同盟国承认的俄国临时政府的首领地位（1918—1920），后来被布尔什维克俘虏并处决。——译者注

2 安东·伊万诺维奇·邓尼金（1872—1947），生于波兰华沙附近的一座小城。1905年参与日俄战争。一战时晋升为基辅地区驻军司令。1918年4月出任“志愿军”司令，同年秋在协约国的扶植下任南俄武装力量总司令，在其盘踞地区建立地主资产阶级军事独裁统治。1919年7月9日，俄共（布）党中央发布列宁起草的公开信《大家都去与邓尼金做斗争！》。10月11日，红军集中优势兵力转入全线反攻。1920年，邓尼金率残部逃往克里米亚，领导地位也被迫让给弗兰格尔。——译者注

使其无法将布尔什维克们视为强大的对手，无法将白军军官视为更像是在电影中被雇佣的演员。然而，丘吉尔先生竟然能相信自己美好的结局——“俄国，这个自我放逐的国家，在寒冷的北极之夜磨锐了刺刀，并向世人宣告憎恨与死亡的哲学。”这难道就是事实吗？

除俄国外，在对德国、爱尔兰和土耳其的问题上，丘吉尔先生表现出一位绥靖政策的热情而持久的倡导者形象。如1920年丘吉尔先生写给劳合·乔治先生的信——“休战以来，我的政策应当是，‘与德国人民保持和平，对布尔什维克发动战争。’”贯穿于整个和会期间，如同他所具有的影响力一样施加到温和派一方。丘吉尔先生在著作中对和平会议本身的描述较少掺杂个人色彩。究其原因，是因为他与会议的直接关系的确很少。丘吉尔先生只访问过巴黎一两次，主要活动还是在伦敦处理庞杂的事务。因此，与许多置身于谈判主流之外的英国内阁人士相同，丘吉尔先生对之持有的是一般性的看法，他的态度是为之痛惜，但也仅仅是耸耸肩而已。而实际上在当时及以后，已经有太多的人耸肩了。

丘吉尔先生为自己耸肩做了两点说明：一是因为政治家的确很怯懦且其怯懦是一种无能的体现；二是因为经济和金融上的错误自然会产生相应的结果，相反，没有被会议解决的棘手的边界问题却是唯一的长期存在的现实。关于战争本身的悲惨——现在已经全部结束了，关于此后进程中的大多数事情——仍在持续，但很多也会湮没在历史长河中。当政治家们不这样做就会丧失其职位时就必须悖其信念行事，这种教条使他们不像现实中那样容易替代。我当时坚信，而且现在也依然坚信：在某种环境下，对政治勇气的投资将会得到意想不到的收获。

关于会议的描写，丘吉尔先生缺乏对一个当时被困扰的人而言自然的强烈感受，但同时它却又是描写实际发生的一般人物活动的最好手册。关于这点，下述内容大家应该知晓。对1919年上半年对德国封锁的延长，丘吉尔先生明智地将其作为头等重要问题予以强调。此前，关于停战协定更新和德国粮食供应的持续谈判的历史，从未出版过。丘吉尔先生意识到它们的重要性，但他的描写却丝毫不详尽、不准确，并且指出他对很多细节已经不谙熟或忘记了。也许，应该被责备的不是“官员们”。如果一定要找出人来对致命的中欧贫困的延续问题负责，这个人一定是蒙斯若·克劳茨。我认为丘吉尔先生这样说是十分正确的，因为劳合·乔治先生对绞死德皇是非常坚持的，并且将这种情绪隐藏了很久，甚至持续到别人已经淡忘之后，但劳合·乔治先生从未在任何时候抱有关于赔款的任何幻想，也从未说过任何反复思考后不包括需要弥补的条款的话。

1919年6月1日，劳合·乔治先生在巴黎召开研究德国对和约草案之答复的英帝国代表团会议，关于这次会议，丘吉尔先生相对以前的出版文献给世人更多的描写，这也是值得赞许的。首相曾赞赏这次会议“促使他努力争取和平条件的缓和”。丘吉尔先生制作并散发了一份备忘录，并得到帝国总参谋部长官的赞同，声称我们至少应到中途去迎接德国人。这些观点实际上被整个内阁和整个代表团，包括时任财政大臣的奥斯汀·张伯伦[1]先生，以及洛德·伯肯黑德、洛德·米尔纳和贝尔福先生所接受。这次会议决定应当做出许多重要妥协，并附加一个决议，授权首相“运用整个英帝国的全部权力以拒绝英国陆军兵力推至德国境内，拒绝英国海军加强对德国的封锁”。这是劳合·乔治先生第二次做出天才的但却是失败的努力来争取“好的”和平，但事实并非如此。上西里西亚的公民投票通过了这一几乎唯一的让步。至于其他的，则是威尔逊总统——如我在《凡尔赛和约的经济分析》中描写过的——在这个阶段的“一无所获”。

丘吉尔先生对威尔逊总统的描述有很多。丘吉尔先生具备个人记忆和豪斯上校最新书籍的有利条件，而且豪斯上校的书已经对这一场景的描述做了充足的铺垫。随着证据的不断增加，这种印象被逐渐强化了：一位盲人，令人无法想象地脱离现实，并充满一切错误的怀疑，不过他的精神是和平的。对此，丘吉尔先生的总结是公正的。“对欧洲问题的解决，美国具有强大、超然、善意的影响，这是一种弥足珍贵的希望的力量。但是这种力量在含糊的冲突和半命令、半纠缠的干涉中被消耗殆尽。如果从一开始威尔逊总统就与劳合·乔治和克里孟梭团结一致，那么这三大巨头的整体力量可能会在欧洲悲剧的局面上施加绝对的、仁慈的力量。威尔逊总统将自己的及劳合·乔治和克里孟梭的力量浪费在冲突中，而且他在冲突中总是被打败。作为一位对手和纠错者，同那些能获得同志般关系的人相比较，威尔逊总统获得的成果非常少。他本来能够使每件事变得迅速而容易，却使每件事都朝着相反的方向转变。他原本能在领导力量强大时解决问题，但他却在精疲力竭和枝节横生的阶段妥协了，并默认了二流结局。……但是，威尔逊总统作为船长，却使自己的船沉没了。”

翻过丘吉尔先生著作的最后一页，感觉怎样？我们要感谢他，他能够以高超的雄辩和对作为所有经历这场战争中或在战争中生活的一代人的一部分事情的感受而写作，尽管他所看见的和所了解的比我们更贴近、更清楚。我们要钦佩他思想的活力及其对这一工作的智力兴趣和强烈的感情专注——这是他最好的素质。大概，还有一丝

1　奥斯丁·张伯伦（1863—1937），英国资产阶级的政治家、保守党人，曾任外交大臣（1924—1928）。1925年因促成洛加洛公约而和美国人道威斯一起获得诺贝尔和平奖。——译者注

嫉妒，由于他的不置可否的宣告：边界、种族、爱国心，甚至还有战争，如果需要的话，就是人类的终极真实。对丘吉尔先生来说，它赋予事件一种自负性甚至高贵性，而对其他人来说，这只是梦魇般的间隔，并应当永远避免。

1929年3月

8.雷金纳德·麦克纳

阿斯奎斯先生的辞职结束了个人和党派的裂痕，也终结了雷金纳德·麦克纳的内阁部长生涯，但此时的雷金纳德·麦克纳非常幸运地找到了一个新职业。雷金纳德·麦克纳在这个职业上的卓越程度已经不逊于在政治领域的表现。

但是，截至1925年这个国家遭受致命损失之前，阿斯奎斯先生周边曾围绕着的光荣班子——他们最富于冒险性、建设性和持久性的智慧，因为远离权力宝座而难以对事件进程发挥决定性的影响。从恢复黄金前的日子到它在灾难中被抛弃，一直到后期紧缩主义的声名狼藉，麦克纳凭借任何银行家都从未尝试的方式，将自己的主席职位塑造成一个讲坛，并通过讲坛指挥和训练着公众的舆论。麦克纳以这种方式扮演着信号的角色，他创造一种新的公众意见，使那时显得不可一世的“正统”如同旧伦敦的雾一样消失殆尽。在那样的岁月里，麦克纳是一位有力支持新观念的人，并在城市中不可挑战的位置上发表言论。不过，他只是一名教师而已，与实际政策的形成是相脱离的。灾祸发生后，他才能开始占据支配地位。

在发生着另一场战争的季节，我的思绪飘回1915年，当时的财政部大臣麦克纳真诚地接近为自己工作的人。现在回忆起来觉得很有意思，1915年6月在麦克纳访问奈斯期间，我与他首次密切接触。当时，麦克纳出访的目的是对财政状况进行安排，意大利在此基础上将站在协约国一方参战。在与麦克纳接触后，我了解了他的自信、乐观和多疑，他有时过于自信、过分乐观，甚至过度怀疑，但总是能够热情地投入到公众福利当中去。麦克纳坚定地拥护阿斯奎斯先生，他与政治同僚们的斗争引起了诸多挫折和分歧，以至于始终如一的战时财政政策几乎成了虚设，这是最大的不幸。战争期间，麦克纳习惯于因这一次处理事务比上一次好得多而慷慨地向其继任者表示祝贺。但是，在抛弃昂贵的货币和高利率时，麦克纳采取一如危机时期的做法——亲自操作。

雷金纳德·麦克纳的妻子继承了其母亲杰基尔女士的优良传统，这个传统不是英国富豪之家而是中产之家的传统。女主人对客人们的真诚照顾像优雅的诗歌一样令人感到舒适。在音乐和野外风光与气息的背景下，在闲聊中，人们至少可以通过放弃劳作而奉守安息日，即使战时也是如此。雷吉·麦克纳深爱着自己和睦的家庭，他这个久过单身汉生活的人体验着生活的温馨，他的儿子们正在茁壮成长。

1943年9月15日

9.伟大的维利尔斯血缘

冈恩[1]先生致力于推进一种搜集关于名人和准名人的遗传珍闻的题目，这个题目是高尔顿发明的，非常吸引人，并根据确切特征的迥然不同，如圆脑袋、蓝眼睛、六脚趾之类，科学地编制完整的家谱。冈恩先生的方法与高尔顿的方法相似，通过依次逐一选取相互区别的一定数目的“血缘”向我们展示：许多名人之间有着某种同族关系。

冈恩先生与德赖登、斯威夫特和霍勒斯・沃波尔[2]的血缘关系最引人注目，这虽然是冈恩先生血缘中毫不出奇的一个，但也值得提及。德赖登、斯威夫特和霍勒斯・沃波尔都是卡耐斯・阿什比和诺桑普顿・希雷之子约翰・德赖登的后代，迪安・斯威夫特是诗人约翰・德赖登的隔代远房表亲，霍勒斯・沃波尔是他的隔三代表亲（不考虑其父系的问题，霍勒斯传自其母一方——从德赖登的姨妈伊丽莎白）。

对于这种庞大的排列，冈恩先生一直想追踪到最开始的约翰・德赖堡的妻子——伊丽莎白・科普、伊拉兹马斯的朋友和拉尔夫・佛尼爵士的大孙女的孩子，她使许多人加入同一个血缘，包括罗伯特・哈利。而今，奥托兰・莫雷尔女士是这庞大的佛尼血缘关系的代表。此外，奥托兰女士不仅传自布匹商佛尼，而且传自威廉・皮尔庞特爵士（并通过他的妻子传自亨利七世[3]的恩普森，制筛商恩普森的儿子），对此如果我们还做记录的话，就建立了他同佛朗西斯・博蒙特、洛德・切斯特菲尔德和玛丽・沃特丽・蒙塔古女士的表亲关系。我们的族系失了原有支脉的踪迹，甚至我们不知道奥托兰自己是否知道她能称德赖登、博蒙特、沃波尔、斯威夫特、哈利和切斯特菲尔德为表亲。是一脉相传，还是人们在血缘关系中能察觉到一些特定的延续性元素?

约翰・里德1515年捐躯于弗洛登菲尔德，冈恩先生对他的后代进行分析，结果更为惊奇，至少对当今作家而言如此。这里有一种多才多艺的杰出素质，当然也可能是一种平凡的素质。18世纪，约翰・里德先生与博斯韦尔、布鲁厄姆历、史学家罗伯特森和建筑师罗伯特・亚当有相应的联系。他在世的后代有伯特兰・拉塞尔、哈罗

---

1 W.T.冈恩，《遗传能力的研究》的作者。——译者注

2 霍勒斯・沃波尔（1717—1797），英国作家。——译者注

3 亨利七世（1457 —1509），英国国王，1485—1509年在位，都铎王朝的建立者。——译者注

爱沙尼亚士兵在街上巡逻，摄于1918年。

德·尼科尔森[1]、布鲁斯·洛克哈特[2]，以及救世军将军布恩·塔克。

冈恩先生竭力证明，有为数不少的著名当代作家的血脉中流淌着古老的血液。冈恩先生提醒我们忆起R.C.特里威廉先生以及罗斯·麦考利小姐是苏格兰高地人奥利·麦考利的后代（并因此与T.B.麦考利血缘相近），关于其子肯尼思的著作，约翰逊博士这样写道："除了关于奴隶与自由的某些浮夸外，写得非常好。"冈恩先生提醒我们忆起奥尔德斯·赫克斯利先生不仅是他祖父的孙子，而且是汉佛莱·沃德——马修·阿诺德的侄女——的外甥女，以及休·沃波尔先生、利顿·斯特雷奇先生、康普顿·麦肯奇先生、莫里斯·巴林先生和弗吉尼亚·伍尔夫[3]夫人。

伟大的维利尔斯血缘是所有族系中最杰出的，这个族系有着很多拥有雄心壮志的魅力之士，这些人无论容貌还是声音都具有令人无法抵挡的强大魔力，是17世纪的君主们和此后议会民主政治领域内的宠儿和娇女。乔治·维利尔斯和圣约翰爵士是詹姆斯一世[4]统治时代的两位乡绅，前者的儿子与后者的女儿结了婚。这两个家族的著名后裔实在太多，在这里无法将其一一列举。但是，我们可以列出一个简要而令人印象深刻的名单：白金汉第一公爵，詹姆斯一世的红人；巴巴拉，卡斯尔曼女伯爵和克利夫兰女公爵，查尔斯二世的情妇；阿拉贝拉·丘吉尔，詹姆斯二世[5]的情妇；伊丽莎白，奥克尼伯爵，威廉三世[6]的情妇（斯威夫特称其为"我认识的女人当中最有智慧的"）；白金汉第二公爵；洛德·罗彻斯特；洛德·桑威克；贝里克公爵；马尔伯勒公爵；格拉夫顿第三公爵（乔治三世的首相）；两个皮茨；查尔斯·詹姆斯·福克

1　哈罗德·尼科尔森（1886—1968），英国著名的外交官、外交思想家、政治家和新闻工作者。——译者注

2　即罗伯特·布鲁斯·洛克哈特（生卒年不详）俄国十月革命期间驻莫斯科的英国外交官。——译者注

3　弗吉尼亚·伍尔夫（1882—1941），英国女作家，被誉为20世纪现代主义与女性主义的先锋。世界大战期间，她是伦敦文学界的核心人物，也是布卢姆斯伯里派的成员之一。最知名的小说包括《戴洛维夫人》《灯塔行》《雅各的房间》。——译者注

4　詹姆斯一世（1566—1625），英国国王，1603—1625年在位，同时也是苏格兰国王詹姆斯六世，1567—1625年在位。——译者注

5　詹姆斯二世（1633—1701），生于英国伦敦圣詹姆斯宫。1685—1688年是英国、苏格兰和爱尔兰的国王。——译者注

6　英国的威廉三世（1650—1702），苏格兰的威廉二世、奥兰治的威廉亲王，奥兰治亲王、荷兰执政、英国国王。他是荷兰执政威廉二世与英国国王查理一世之女玛丽公主的儿子。——译者注

斯；查尔斯·汤森；洛德·卡斯尔雷；内皮尔一家；赫维一家；兰斯多恩一家；卡文迪什一家；德文希尔公爵；赫斯特·斯坦诺普女士；玛丽·沃思利·蒙塔古女士；菲尔丁；以及在很多有同一血缘的在世的当代人——温斯顿·丘吉尔先生和法伦的怀康特·格雷。也许，这是英国真正的血缘王族。

由此，我们将得出这样的结论，如果我们都能追溯自己的族系，那么所有英国人在400年内都是表亲，或者说，相对特定的“小血缘”同其规模相比能产生非常多的卓越人物，这是真的吗？冈恩先生对此没能得到一个科学的结论，但如果有一个人，能够在放下冈恩先生的书后不带有一丝的偏见，那他一定是位善于怀疑的、非常细心的读者。

第9章　经济学家的生活

献给玛丽·佩利·马歇尔

威廉·佩利之曾孙女

艾尔弗雷德·马歇尔之妻

1.托马斯·罗伯特·马尔萨斯[1]

（1）第一位剑桥经济学家[2]

如果一个英国人的名字叫Bacchus，毋庸置疑，他的姓氏一定来源于Bakehouse（面包作坊）。以此类推，Malthus（马尔萨斯）这一罕见姓氏的来源是则一定是Malthouse（麦芽作坊）。如果我们对英语姓氏的拼法做一次彻底地、逐一地检查，我们基本上可以得出这样的推断：因为受语音、语源的双重影响，英语正式姓氏的拼写远没有它的读音来得固定。就以如下的检查为例，我们在对Malthus、Mawtus、Malthous、Malthouse、Mauthus、Maltus、Maultous进行仔细比较后，发现Maultus的第一个元音与麦芽（Malt）的发音完全一致，而其中h是否应该发音则值得商榷，所以马尔萨斯（Malthus）这一姓氏的正确读音应该是“马尔特斯”（Maultus）。

1　本文是凯恩斯为《传记文集》首版而准备的。该文是在1922年手稿基础之上修改而成。——译者注

2　在作这一传记式的素描时，我并未奢求为写一部完整的传记而搜集所有的资料。这部本应出于博纳博士之手的正式传记让我们空等了很久。我不过是用了一些一般的权威论述，包括毕晓普·奥特在马尔萨斯去世后的1836年编辑《政治经济学》第2版时写于书前的生平介绍，还有W.安普森在1837年1月号的《爱丁堡评论》上发表的对奥特版的评论，以及博纳博士的《马尔萨斯及其著作》（1885年第1版，1881年曾发表过《牧师马尔萨斯》。1924年出版第2版，传记性的章节进行了扩充。正是在这一版中我引用了一些参考资料。）另外，我还加了一些细节，这些细节是我无意间得到的。我并未试图对马尔萨斯在政治经济学方面的贡献做全面的概括和评价，因为这需要熟悉与马尔萨斯同时代人的著作。我的目标是选择那些有助于刻画马尔萨斯的主要资料，特别是有关他在家中和在剑桥成长的知识氛围的更为详尽的资料。——原注

罗伯特·马尔萨斯牧师，托马斯·罗伯特·马尔萨斯的祖上，克伦威尔[1]时期的北奥尔特教区牧师（这一教职在复辟时代被剥夺）。“虽然有发音缺陷，但他思维敏捷、博学多识、富有激情且富于雄辩，是颇具古风的神职人员”，这是加拉米对马尔萨斯牧师的评价。但或许因为他在收取什一税[2]时的严苛态度，他的教区人民彻底否定这一评价，他们认为他“完全是个无用的神职人员”。为了迫使其离开，人们在调离请愿书中称其“不但声音微弱，且表达能力有严重问题”，甚至还在请愿书中攻击其“对苏格兰的军事行动颇有微词”。看来罗伯特·马尔萨斯牧师与其曾曾孙的共同之处除了名字以外，还有下腭撕裂的问题。

丹尼尔，牧师的儿子，是个物质生活极为富足的人，甚至连他的遗孀都拥有马车和马匹，而这一切都仰赖西德纳姆医生的提携，使得他在成为威廉国王的药剂师之后，又幸运地为安妮女王服务。西德纳姆，是丹尼尔的儿子，一个法庭职员，同时也是南海公司的董事，在伦敦附近各郡及剑桥郡，他有多处地产，使得他的家庭在原有基础上更为富有，他甚至为女儿备下一份价值高达5 000英镑的嫁妆。

丹尼尔，我们主人公的父亲，西德纳姆的儿子，因其祖上的福荫，发现自己完全可以过上英国人所谓的“自立生活”。理所当然的，他毫不吝啬地对此进行了彻底地利用，他就读牛津的女王学院，虽然最终他也没能取得学位，他“游历欧洲各处，本岛各地更是无处不至”。而最终他选择安顿在英国一处宁静的乡村，他在这里养情操、觅知音、赋文章，过上了闲适的乡绅生活。据记载，他“为人善良，待人和气，所居地的穷人都蒙受其恩惠。”（《绅士杂志》1800年2月号，第177页）在其身后，人们称其为“完全意义上的奇人异士”。

丹尼尔·马尔萨斯于1759年买下“被称作燧石门农庄的位于多金附近的雅致庭院，庭院周边水静林深，风景秀丽。人们感叹于这般的美景良宅，将这里称作‘卢克里’，即‘群栖之地’”。1766年2月13日，托马斯·罗伯特·马尔萨斯，即丹尼尔的次子、《人口论》的作者就诞生在这小小的幽静庭院。1766年3月9日，即婴儿诞生

1　奥利弗·克伦威尔（1599—1658），英国政治家、军事家。17世纪英国资产阶级革命中资产阶级新贵族集团的代表人物、独立派的首领。1649年，在城市平民和自耕农的压力下，处死国王查理一世，宣布成立共和国。1653年，建立军事独裁统治，自任“护国公”。——译者注

2　什一税，源起于旧约时代，是由欧洲基督教会向居民征收的一种主要用于神职人员薪俸和教堂日常经费以及赈济的宗教捐税。这种捐税要求信徒按照教会当局的规定或法律的要求，捐纳本人收入的十分之一供宗教事业之用。由征收什一税而建立的制度亦称什一税制。——译者注

后的三个星期，让·雅克·卢梭[1]和大卫·休谟[2]雅聚‘卢克里’，或许正是两位先贤的亲吻赐予小小婴孩以天赋之资。

休谟在卢梭第一次来英国时，试图将其安顿在与丹尼尔·马尔萨斯相邻的萨雷。作为休谟的朋友、卢梭的虔诚追随者，丹尼尔·马尔萨斯对这一安排满意至极。他对卢梭满怀敬爱之心，希望成为他志同道合的伙伴，自然也“非常乐意为他效劳”。然而，如同以往许多次卢梭对朋友好意的漠视一样，这位不安分的客人这次也完全罔顾了休谟的盛情。许多年后，雷恩山脚下的一座小别墅被指定给范尼·博内用作“让·雅克的避难所”，这正是丹尼尔·马尔萨斯为他的偶像准备的舒适的隐居之所。1766年3月8日，让·雅克在经过一番检视后，没有接受这一安排。两个星期之后，在德比郡之巅的沃顿[3]，卢梭开始了他的苦行生活，他在那里表现出一贯的令人厌烦的孤傲，几个星期后，他与大卫·休谟的争执终于爆发。

我想，这场著名的笔仗是完全可以避免的。如果让·雅克当时接受丹尼尔·马尔萨斯的盛情款待，他会发现他的感情有了倾诉之地，他将获得来自朋友的无私的理解和安慰。对于一个善于自我克制的人来说，对让·雅克的崇敬和溢美或许是丹尼尔·马尔萨斯在其一生中唯一一次打破自己的处世原则[4]。让·雅克与丹尼尔·马尔萨斯一生仅有三次会面：第一次是马尔萨斯1764年春天在莫捷旅行期间。第二次是1766年3月卢梭与休谟一道拜访‘卢克里’。第三次则是同年6月马尔萨斯前去沃顿拜访卢梭。两人之间留存下来的信件（其中包含马尔萨斯致卢梭的13封信以及卢梭的1封回信）表明他们的会面是成功的、令人愉悦的。这些信件显露出马尔萨斯对让·雅克的敬爱，以及让·雅克的热情与友好，让·雅克在信中感谢马尔萨斯的“热情好客”并提及马尔萨斯“唤起了他的尊重并使他产生了依恋”，在信中两人甚至平和地对休谟

---

1 让·雅克·卢梭（1712—1778），法国伟大的启蒙思想家、哲学家、教育家、文学家，是18世纪法国大革命的思想先驱，启蒙运动卓越的代表人物之一。主要著作有《论人类不平等的起源和基础》《社会契约论》《爱弥儿》《忏悔录》《新爱洛伊丝》《植物学通信》等。——译者注

2 大卫·休谟（1711—1776），18世纪英国哲学家、历史学家、经济学家。休谟的哲学是近代欧洲哲学史上第一个不可知论的哲学体系。——译者注

3 卢梭正是在这里开始了《忏悔录》的写作。——原注

4 当时卢梭没有回信，丹尼尔·马尔萨斯于1976年12月4日写信道：“您可能已经收到我的信，却拒绝回复两封短信，简直让人难以想象。我并没有因为自大而破坏对您的友谊。请您不要尊重我而尊重您自己吧。您在一个生灵的心中留下了痛苦，而这是您可以消除的。您深情以待的那颗心将无法原谅您。”——原注

的品格进行辩论。有许多资料表明两人曾一同考察野生植物，因为卢梭表示“没有比伏案写作对我更不利的了，我必须做一些需要运动的工作”，所以在德比郡散步时，对于马尔萨斯不能辨认出地名，卢梭表现出极度不满。相对于朋友的抱怨，马尔萨斯表现的是完全的宽容和奉献。从资料中我们发现，1768年马尔萨斯为了使卢梭的植物学藏书更加完整而大费周章，因为这时卢梭极有可能正在构思将于1771年完成的著作《关于植物学的要素与一位女士的通信》。而1770年，卢梭则在处理藏书时又把这些书全部卖给马尔萨斯，当然其中也包含作为礼物的一部分植物标本。“我把我所有卢梭签名的植物学藏书和一盒卢梭先生送的植物标本都赠送给珍妮·多尔顿夫人”，在马尔萨斯的遗嘱中我们又一次发现这些藏书的身影。如今在艾尔伯里的多尔顿小庄园——罗伯特·马尔萨斯[1]先生住所的藏书室，还保留着雷的《英国树木概要介绍》和索瓦热的《通过树叶鉴别植物的方法》，而上面都有卢梭的签名[2]。

丹尼尔·马尔萨斯被奥特称作是“卢梭的遗嘱执行人”，这显然是不可能的[3]。但尼尔·马尔萨斯确实把对朋友及偶像的忠诚坚持到底了，他花费30个畿尼订购了6本卢梭的遗著《我的困苦生活的抚慰》，并且指出“如果某一天我成名了，不为别的，正是因为我是卢梭的朋友”。事实也正是如此，我现在不正在用这几页的文字完成他的心愿吗？

1768年1月24日，在致卢梭的信中，丹尼尔详尽地描述了自己的生活状态，在进行植物考察的夏日“我暂居您或许还记得的那个小山坡，常常与亨利埃特夫人和她的子女们组成一个大家庭去采集植物……而冬天我则常常做一些阅读（我想我已完全受到您的影响，感受到《爱弥儿》的魅力，完全被它迷住了），同时也和我的孩子们做

1 西德纳姆·马尔萨斯的曾孙，T.R.马尔萨斯的兄长。从儿子这一支来看，丹尼尔·马尔萨斯另外一位健在的后裔定居于新西兰。T.R.马尔萨斯有3个孩子，但没有尚在的子孙。从女儿这一支来看，丹尼尔·马尔萨斯一定有很多后裔。按照佩恩先生的记载，丹尼尔有8个子女，至少有19个孙子和孙女，曾孙辈内后代看来恐怕要超过30个。至于现在的曾孙辈，我已经数不清了。看起来这里有充分的空间使几何级数定律发挥作用。丹尼尔子孙中最杰出的一支是住在艾尔伯里附近的希尔的布雷家族，后来的法官布雷先生即是这一系的成员。——译者注

2 这个藏书室还原封不动地保留在多尔顿山，它日前属于T.R.马尔萨斯之子亨利·马尔萨斯牧师。这里既有一些丹尼尔的藏书，也有相当多的T.R.马尔萨斯的藏书。博纳博士为所有藏书编写了完整而细致的目录，正因如此我才获得这些细节。——译者注

3 也许后面的几卷《一般通信集》会使这一问题真相大白。在英国的时候，卢梭确实执行过一项遗嘱，其中涉及马尔萨斯。斯拉法先生提示我说，奥特可能被一个事实误导，那就是在卢梭临终之际，他把《忏悔录》的手稿托付给保罗·莫尔托。——原注

长距离的散步，我大半时间都待在附近城堡的茅草屋，农庄里总有新鲜的事物和新奇的经历，我像当地居民一样追逐狐狸，已经对这样的生活习以为常，而所有这些都使我对野外生活产生了丰富的想象。”

深受《爱弥儿》一书的影响，同时也作为该书作者的朋友，丹尼尔·马尔萨斯试图在家中进行教育试验，罗伯特的诞生和随之而来的希望完全唤醒了丹尼尔付诸实践的决心，他决定由他本人和家庭教师在家中共同教导次子。罗伯特的第一位家庭教师是“学识渊博而富于幽默的绅士”——理查德·格雷夫斯。理查德是申斯通的朋友，同时也是讽刺卫理公会教徒的著作《神界的堂吉诃德》的作者。罗伯特16岁时转入吉尔伯特·威克菲尔德门下，一个“粗鲁、不守本分、自相矛盾而又固执己见的诡辩者”，一个异教的圣职人员，一个卢梭的虔诚信徒。他与查尔斯·福克斯通信，并阐述自己的执教观点“家庭教师的职责在于培养学生的自我思维能力，引领其有序地吸纳知识，并使其自我开悟且心怀愉悦”。值得一提的是，因其让法国革命征服英国的言辞，吉尔伯特于1799年被关进多彻斯特监狱。

罗伯特·马尔萨斯十分依赖威克菲尔德，这一点在他的“学生式的信件[1]”中展露无遗。威克菲尔德曾是剑桥基督学院的会员，因此，在1784年的冬季学期，第一位剑桥经济学家，当年18岁的罗伯特·马尔萨斯成为基督学院的自费生。“我已安排就绪，课程将于明日正式开始，机械学以及麦克劳伦、牛顿和基尔的物理学将作为最初的科目进行学习，邓肯的逻辑学安排在周一和周五，塔西陀的《阿古利可拉传》则在周三和周六，我将从一个书商那里购买必需的书籍。我发现我将与高年级的同学一同学习，上星期我把数学复习了一下，并于昨日完成考试。数学是取得学位的关键所在，而此处的大多数人都是为学位而来，所以数学成了学院里的主要科目。当然，学院机智聪颖的学生有很多，我就与其中两个熟识，其中与我同年级的那个，极有希望获得优等奖学金。另外，我到教堂做过两次祷告。”罗伯特在1784年11月14日的家书中如此写道。他在学院的花费高达每年100英镑，而在莱比锡，25英镑就足以支付所有花费。父亲丹尼尔·马尔萨斯在信中表示：如果费用再增加，罗伯特将无法再赴学院就读。

“此时的剑桥正从长眠中苏醒，当初最为昏聩的基督学院，如今却成了精神源泉。”正是在这样的剑桥，正是在这样的学院，让马尔萨斯受到强烈的思潮冲击，这

1　科诺尔·西德纳姆·马尔萨斯，现在信件所有人的父亲，把这些信全部交给博纳博士自由处理。——原注

些影响不亚于父亲对他的精神影响。佩利的学生、普利斯特里[1]的密友威廉·弗伦德曾是马尔萨斯的导师，在1787年马尔萨斯入学后的第三年，弗伦德因为拥护一元神教派，而脱离圣公会，因宣扬思想自由以及主张和平主义而名噪一时，并成为剑桥一场著名论战的核心人物。佩利[2]的著作《道德法则与政治哲学》（原名《道德与政治法则》）于1785年在剑桥出版，这一年正是马尔萨斯入学的第一年，而这一著作毋庸置疑地对这位《人口论》作者产生了深远的影响[3]，即便佩利本人早于1775年离开了剑桥。当然，马尔萨斯还是一个优秀本科生群体的一员，毕晓普·奥特、E.D.克拉克都是这一团体的成员，其中，毕晓普·奥特是马尔萨斯的传记作者，E.D.克拉克则是著名的剑桥奇人、旅行家。柯勒律治则是在马尔萨斯获得文学学位之后的1791年来到基督学院的，当年轻的柯勒律治在楼梯右首、面朝大门的房间住下之后，基督学院不复往昔的死气沉沉。

回忆往昔，缪斯女神翩然而至，
我匍匐向前，等待女神的褒奖与赞誉，
她为我戴上一顶桂冠，并亲吻我的嘴唇，
以此作为对我誓言的回答。

一个生活在那个时代的人曾追忆到，“我们度过的是怎样的夜晚啊，一边在房间里享受所谓的填鸭式的晚餐，一边把埃斯库罗斯、柏拉图、修昔底德的著作和一大堆辞典丢弃一旁，并开始讨论伯克写出的那些小册子。这些册子，柯勒律治早上读了，晚上就可以完整地将其复述出来。因为费伦德的公案正在如火如荼地审理，这些小册子也就蜂拥而至，柯勒律治没放过其中任何一本，他把所有册子统统拿来仔细阅读。夜幕降临时我们就开始了激烈的讨论，伴着尼百斯酒。

马尔萨斯于1793年6月成为基督学院教师，并于同年12月19日附议了那条著名的

1　约瑟夫·普利斯特里（1733—1804），英国著名化学家。——译者注

2　我真希望在我的这些传记中有一篇是记述佩利的。因为现在已很少人提及佩利，他对剑桥的一代或几代人的影响仅次于牛顿。在某种意义上说，他才是第一位剑桥经济学家。如果有人重新阅读他的《法则》一书，就会意想不到地发现这是一本不朽的著作，或者浏览一下G.W.米德里那本引人入胜的《威廉·佩利传记》，也会发现佩利是一位可爱的智者，一位具有奇人风范的剑桥教师。——原注

3　虽然博纳博士认为马尔萨斯“更倾向于从塔克而不是从佩利那里汲取营养”。亚伯拉罕·塔克是《自然之光》的作者，在多金他与丹尼尔·马尔萨斯是多年的邻居。——原注

命令："同意：如擅自离开的柯勒律治在一个月内未能返回，且已支付导师酬金或出具支付证明，则董事会将开除其学籍" 。如此看来，柯勒律治当时已经被列为第15个暴徒——以西拉斯·汤姆金斯·库默贝克的名字。我将在此处终止对柯勒律治基督学院经历[1]的描述，但值得说明的是，这起恶作剧后，柯勒律治得到的惩罚是禁闭一个月并把德米特里·法莱雷奥斯的著作译成英文。世人皆知，柯勒律治后来对马尔萨斯的《人口论》进行了严酷的批判："最后，让我们来审视这一强大的国度吧，它的统治者和精英们以佩利、马尔萨斯马首是瞻！多么可悲！"（《塞缪尔·泰勒·柯勒律治文学遗著》，第328页）；"我严正声明，我相信基督教、哲学家、政客、市民以及这些令人厌烦的教条比那些由人类的愚昧、软弱、邪恶造就出来的邪教、异端和宗派更为可耻（《席间闲谈》，第88页）。"

马尔萨斯在学院时爱好板球和溜冰运动，曾获拉丁语和英语演说奖金，于1786年获得学院的布伦塞尔奖学金，并于1788年以剑桥数学考试甲等第9名的优秀成绩毕业。毕业前夕，他在家信中提及正在研读吉本[2]的著作，即将读到最后3卷。数月后，他写道："新近阅读吉本所著《罗马帝国衰亡史》，获益良多，其书涉及野蛮民族的起源与发展历程，我个人认为正是这些野蛮民族成就了欧洲今日的完善政体。这一时期长时间地占据历史舞台，激起了无数人的好奇心，而书中，吉本条理清楚地描述了这一黑暗时代的发端。吉本的文风或庄严、或充满趣味，有人或许对历史著作使用这种繁复华丽的文风持否定意见，但在我看来，吉本是个令人愉悦的作家，我满心期待他随后的诸多作品（1788年4月17日）。"

毫无疑问，马尔萨斯是个令人愉悦的人，虽然有时他显得过分的谦卑。奥特就曾这样形容他诙谐的性格"他的幽默在年轻时就显现出来，成年后依然故我，尤其是在剑桥的时期，当他兴起之时，他就会做出滑稽搞笑的表情和特有的腔调来愉悦他的朋友们"。

根据奥特的描述，我们看到马尔萨斯的独特之处在他本科时就显露无遗，"马尔萨斯表现出当时少有的温文有礼和慎思明辨，这些特质在他进行学术研究时也得以体

1　柯勒律治（1772—1834），作为一个无神论者当时正处于弗伦德的影响之下。他刚离开大学就宣称本人已经作为S.T.柯勒律治神父在巴思的一无神论者的教堂讲道，以此与"那些身着黑衣的绅士"划清界限。弗伦德在自己的小册子中对此大加指责，但柯勒律治却"已经身着蓝外衣，内衬白马甲地开始履行职务"了。——原注

2　爱德华·吉本（1737—1794），英国近代杰出的历史学家，影响深远的史学名著《罗马帝国衰亡史》一书的作者，18世纪欧洲启蒙时代史学的卓越代表。——译者注

现，他理性沉稳，对于剑桥的各种学术思潮都平等对待，而不是偏向任何一方”。

马尔萨斯于1793年6月10日被接受，成为研究员，此时正是因驱逐弗伦德而引起的风波处于高潮的时候。自此开始至1804年结婚，马尔萨斯都过着居无定所的生活。他于1788年取得牧师的职位，并于1796年后在剑桥和艾尔伯里担任副牧师一职。1803年11月21日，他离开该教区，在亲戚亨利·多尔顿的举荐下在威尔斯比和林克斯担任教区长一职。此后，他在余生里就以这一身份游历各地。

剑桥大学成立于公元1209年，最早是由一批为躲避牛津郡法庭对他们的控诉，而牛津大学逃离出来的老师建立的。剑桥大学经历了八百年多年的历史，培养了数百位科学巨匠，在众多领域都有建树。

父亲丹尼尔写给还是本科生的马尔萨斯的一些信件被收录在奥特的《传记》一书中，其中有一封信谈及马尔萨斯被接受为研究员一事，这封信清楚、明白地呈现了父子俩的关系，全文如下：

真诚地祝贺你取得成功，它给我带来了前所未有的快乐，你的成就弥补了我曾经的遗憾。因为我错失了它，所以我的祝福中也含着诸多感慨。

我知道我没有权力来与你谈论怠惰，亲爱的鲍勃，我只是对自己未曾企及的目标和追求感触良多，当我写下那封给你带来不快的信件时。我想，我在回想自己年轻时的言行时，预见到你将会拥有同样的自乱阵脚和过于自责的毛病，我只是希望自己以往的失败经历能成为你的前车之鉴，我相信这也正是你所需要的。我迫切地想让你明白，在我给你写信时，我比平常表现得更加心绪柔软，然而你回报我的却是严酷之语，这让我觉得痛苦，但或者也正是我应得的。正如你所说，你已经克服了这些缺点，而我也相信你完全有能力做到这一点，因为你所表现出来的完美无缺的品性，你文雅、明智，从不妄自菲薄，周边的每个人都感觉到你带来的欢乐。即便如我这般的易怒和挑剔，我想我也无法再找出一个比你更完美的伙伴。你从未让我的期望落空，从未让我感觉遗憾，除非我的那些期望过于诡异、无理或根本是错误的。你不知道当我克制向你表达感情、拒绝给予你赞赏的时候，我常常感觉自己要情不自禁地紧握你的双手，流下泪来。

亲爱的鲍勃，如果你觉得我还能为教堂做些什么，或者你还需要我做什么。写信告诉我，像我所做的一样。

爱你的

丹尼尔·马尔萨斯

《危机，一个宪法支持者对最近有趣的大不列颠状况的看法》，这是马尔萨斯的第一篇文章，写于1796年，这一年也是他持续批判皮特内阁的第13个年头。没有出版商愿意出版这篇文章，但从奥特和安普森的摘要中我们发现，这时社会政治、经济问题以及人口问题已经引起了马尔萨斯的兴趣：“就人口问题，我不敢苟同阿奇迪肯·佩利的论点，他认为：人口是衡量一个国家富裕与否的最佳标准，衡量一个国家的繁荣与富强，最重要的标准之一就是人口数量的增长。但在我看来，如果人口数量是衡量国家富足的标准，那它所代表的也只是过去的富足。”

1798年，32岁的马尔萨斯匿名发表了名为《人口论：人口对未来社会进步的影响，以及对戈德文、康多塞特先生和其他作者理论的评价》的小册子。

罗伯特·马尔萨斯之所以为人所知并最终闻达于世，正是源于他与父丹尼尔·马尔萨斯的讨论。这一说法来自毕晓普·奥特，而奥特的说法正是从马尔萨斯本人那儿听来的。1793年，戈德文的《政治公正》出版发行，于是，马尔萨斯父子就此对未来社会的幸福与平等问题进行了频繁的探讨，父亲抱持理想主义的观点，儿子却对此加以抨击。毕晓普·奥特对此进行了如下描述：“马尔萨斯在富有生气的讨论过程中确立了他的事业方向，即研究当人口增速快于人口生存能力的提升速度时，对人类社会的进步所造成的阻碍。”为使这一论点更具有说服力且更加完善，他写下这一论点的要义，而这正是《人口论》的基础。我们无从得知父亲是否接受了儿子的观点，但有一点是可以肯定的，丹尼尔·马尔萨斯认识到儿子手稿中所提观点的价值以及它所具有的重要性和创造性，因此他建议儿子将他的研究成果公之于众。

《人口论》的第1版与其后诸多版本皆不相同，它是约5万字的8开本，在后世更为著名。5年之后的第2版以4开本的形式出版，到第5版时已是字数达25万字的3卷本。“第1版的写作完全出于一时的冲动，所能使用的也是偏僻乡村能接触到的极为有限的资料”，马尔萨斯在第2版中如此解释道。其内容一方面是与完美主义者的争论，一方面却在证明造物主造物之道的可行性和合理性，从表面看来两者是相悖的。

马尔萨斯的第一篇论文采用演绎方法进行论述，通篇极富哲理，文风大胆，辞藻华丽，情绪饱满。而这位年轻人在其后诸多版本中，丧失了最初写作的这种才赋和激情，政治经济学取代了政治哲学的地位，基本的原理被大量社会学证据归纳所淹没。柯勒律治就曾在《人口论》第2版页边这样评论“难道这本书就是在教导我们贫穷将带来的巨大困境和罪恶，而贫穷将在那些嘴多过面包、头颅多过脑力的地方达到顶点吗？这完全是枯燥、冗长且毫无意义的重复。”

马尔萨斯在1820年声称自己从第1版中获得的收益不超过1000英镑，可见它的发行量很低，该版一经面世，立即脱销，且第2版在5年后才出版。该书刚一出版就引来多方关注和争议，135年来，围绕它展开的笔仗就从未停止过，博纳博士表示，在第2版出版之前的5年中关于第1版争议的小册子就多达20本。反对者们认为在主动追求幸福的过程中，人们是敢于从那些鼓吹支配性生存的人手里夺取政权的，并以此攻击所谓深埋于人性中的本能。

“人口衰减是一个国家可能遭受的最惨重灾难，人口增长的目标应当胜过其他所有的政治目标。”佩利本人就这么认为。政治家们对《人口论》同样予以高度关注，奥特就曾记载了1801年12月皮特与马尔萨斯的一次会面，他这样描述道：“皮特先生正巧在剑桥进行竞选访问……几个年轻的旅行者在基督学院院长的晚餐会上作陪，罗伯特·马尔萨斯就在其列。皮特先生轻松地与大家谈起西德尼·史密斯[1]爵士、雅法大屠杀、阿卡的帕夏，以及克拉克和卡莱尔等话题。” 皮特在1796年时还坚持认为多生孩子是“使一个国家富足”的重要举措，即使这些家庭都穷困不堪。而在与马尔萨斯

---

1 西德尼·史密斯（1764—1840），拿破仑战争时期的英国海军上将。当时英国皇家海军将星云集，出了不少怪才，帮助智利、巴西、希腊独立的托马斯·柯克伦是一个，纵横地中海的西德尼·史密斯也是一个。——译者注

会面的前一年，他已经放弃了《济贫法》观点，就此他解释说是对反对者的敬意，他表示“对反对者的意见必须予以尊重”，而这里的“反对者”据说指的就是本瑟姆和马尔萨斯。

《人口论》是马尔萨斯的天才之作，他清晰地认识到自己思想的重要性，并相信自己找到了人类苦难的线索。该书的重大意义不在于那些新奇的事实，而在于由此得出的原理，以及对这一原理的冲击性强调。事实上，马尔萨斯的观点曾被同时代的其他作家使用过，但由于拙劣的表达没能引起世人的关注。

这本书完全可以跻身对人类思想进步产生重大影响的巨著之列，它深深根植于苏格兰和英格兰的思想传统。我认为，这一传统在情感上存在非同一般的延续性，这一传统与洛克、休谟、亚当·斯密[1]、佩利、本瑟姆以及达尔文[2]和穆勒[3]这些名字联系在一起，这一传统没有丝毫的感情偏颇和形而上学，它拥有高尚的理性思维，表达了对真理的无限热爱，代表着真正的公正和民众精神。这些巨著在情感上是一脉相承的，在内容上也息息相关，而马尔萨斯正可当之无愧地身列其间。

1799年的一次旅行使马尔萨斯从演绎剑桥方法转向采用归纳性论点，剑桥方法正是数学学位获得者佩利以及无神论者广泛采用的方法。这次旅行的目的是搜集资料，为此他探访了当时为数不多的对英国旅行者开放的国家，包括瑞典、挪威、芬兰和俄罗斯。他还在1802年短暂的和平时期走访了法国和瑞士。基督学院的朋友奥特、克拉克和克里普斯与他一同完成了北方的旅行，E.D.克拉克是个极具天赋的旅行家和收藏家，他非同寻常的旺盛精力把马尔萨斯和奥特搞得筋疲力尽。

在那之后，克拉克和克里普斯又持续了两到三年的旅行生涯，他们最终携带大批

---

1 亚当·斯密（1723—1790），经济学的主要创立者，1723年出生在苏格兰法夫郡的寇克卡迪。其父亲在亚当·斯密出生前几个月去世，亚当·斯密一生与母亲相依为命，终身未娶。——译者注

2 查尔斯·罗伯特·达尔文（1809—1882），英国博物学家、生物学家，进化论的奠基人。曾乘贝格尔号舰作了历时5年的环球航行，对动植物和地质结构等进行了大量的观察和采集。出版《物种起源》这一划时代的著作，提出生物进化论学说，从而摧毁了各种唯心的神造论和物种不变论。除了生物学外，他的理论对人类学、心理学及哲学的发展都有不容忽视的影响。恩格斯将进化论列为19世纪自然科学的三大发现之一。——译者注

3 约翰·斯图尔特·穆勒（1806—1873），或译约翰·斯图尔特·密尔，英国著名哲学家、经济学家，19世纪影响力很大的古典自由主义思想家。他支持边沁的功利主义。——译者注

五花八门的东西从君士坦丁堡返回，很多东西目前仍然收藏于菲茨威廉博物馆[1]。而他们的朋友则怀着巨大的兴趣在基督学院的研究员休息室阅读他们的来信，其间的很多信函后来都被收录在克拉克的《生活与旅行》一书中。我们都知道，后来克拉克于1805年当选基督学院高级导师，1808年成为第一位矿物学教授，并最终在1817年成为大学图书管理专家。

同时，马尔萨斯仍在继续他的经济学研究，1800年，他匿名出版了名为《对目前供应的过高价格原因的调查》的小册子，这种匿名出版的方式与他《人口论》第1版出版的方式完全相同。这本小册子本身具有极其重要的意义，而且从中我们可以看到，马尔萨斯使用的一系列方法都是关于处理具体经济问题的方法，这些方法将在此后其与李嘉图的通信中得以持续展开。就我个人的观点，我认为这种方法比李嘉图的方法更有可能得出正确结论。

马尔萨斯认为价格和利润是由所谓的有效需求决定的。而李嘉图则认为这一说法过于浅显，他主张采用更加严苛、繁复的方法，他认为除“有效需求”外，价格和利润的高低还应归因于货币状况和产品的实际成本、实际差别，而这些因素将以固定不变的规律自行发挥作用。然而，我们看到在他试图使自己的论点简化的过程中，逐渐偏离了客观事实；与之相反，马尔萨斯却紧紧围绕现实社会中可能发生的事物，使自己的说法更接近于结论。当人们摆脱李嘉图创立的货币数量论[2]以及汇价购买力平价论[3]，摆脱这些伪算数定律时，才真正理解了马尔萨斯晦涩结构蕴含的真正意义，这可能是100年来首次出现这样的情景。

在这本小册子中，马尔萨斯天才地表达了他的“有效需求”概念。“这一想法甚至震惊了他本人，他急忙从黑斯廷斯[4]纵马到镇里的阁楼独处了2天，并熬夜到深夜2点，为的就是在议会开会前完成这一理论。”马尔萨斯一直思考供应价格增速远远高

1　从剑桥市中心北向南，沿圣约翰街、三一街、国王广场一直到川平顿街，会见到一座典型的新古典主义风格的建筑，这就是属于剑桥大学的菲茨威廉博物馆。博物馆得名于它的建立者，梅里恩的菲茨威廉子爵七世——理查德·菲茨威廉。——原注

2　货币数量论是一种用流通中的货币数量的变动来说明商品价格变动的货币理论，在李嘉图以前，休谟曾被认为是这个理论的代表者。李嘉图始终坚持劳动价值论，他说：“这种减色银币的数量超过了在只使用不减色银币情况下流通过程所能保持的银币数量，因此它便贬值而又减色了……通货贬值与否，完全取决于其数量是否过剩，而不是取决于它是辅币还是主币。”——译者注

3　购买力平价理论是一种研究和比较各国不同的货币之间购买力关系的理论。——译者注

4　黑斯廷斯，英国东南部的港市。——译者注

于收获不足将产生的影响，他并没有像李嘉图那样把原因归结于货币数量[1]，而是将其归因于劳动人民收入的提高，以及由此造成的随着生活费用提升而按比例增加的教职人员薪金。“我强烈地感觉到，在很多地区，伴随着谷物价格的提升，人们试图按比例增加教职人员的薪金，从而使国家也更加富足。提薪愿望的得以实现，应当是造成此次供应价格上涨的唯一因素，因为我们看到这次价格上升的程度远远超过了短缺程度，超过了那些以上因素无法起到作用的国家价格上升的程度……

“我们来假设这样一种情况，有一件商品是50个人都急需的，但由于一些原因，这一商品只足够供应40个人。如果第40个人是以2先令[2]的价格买下这一商品，而之前的购买者在不同程度上都要高出这一价格，剩下的10个购买者给出的价格都不足2先令，那么根据真实的贸易原则，2先令将是这件商品的实际价格……现在让我们再来假设那被排除在外的10个穷人每人得到了1先令，现在所有人都能支付原来确定的价格，即2先令。那么如果遵循公平贸易的真实原则，这件商品将会立即涨价。如若不然，我们就不得不质疑，是什么原因把能支付2先令的10个人排除在外？因为这件商品只能供应40人，而2先令无论是出自穷人之手或富人之手都是毫无差别的。如果我们不采取涨价的方式使最为穷困的10个人无力支付，那么我们就不得不采取类似于抛硬币、抽签甚至于动用武力的方法来决定谁被排除在40个人之外。以上这些方法显然背离了我们的初衷，因为我们的目的在于摒弃对钱进行不光彩的区分，而是去寻找更加恰当的方法来分配一国的商品。所以，根据商品交易的原则，同时根据文明民族的习俗，这件商品的价格必定将涨到能成功排除10个人的那个点上。这个点或许是2.5先令，或许是更高的价格，而上涨后的价格将成为这件商品的价格。而如果那10个人又每人得到了1先令，他们又能支付2.5先令，那么价格必定将随之涨到3先令或者更高，你完全可以以此原理进行类推。”

马尔萨斯的《人口论》中有很多伟大的内容，而这本《调查》也具有同样的特质，它毫无疑问是作者最好的作品之一。虽然采用了朴素的语言论述了简单的道理，但这的确就是系统经济学思想方法的发端，这本小册子中的很多段落，或者说是整篇

1　马尔萨斯并没有忽略这一因素，对此他令人钦佩地做了如下解释：“当商品价格上涨时，要使相同或相近数量的商品在全国流通，必定需要更大数量的媒介，无论这种媒介是什么……那么，如果纸币的数量在去年大大增加，我将倾向于认为这是造成供应价格上涨的原因，流通媒介的充足将是恢复较低价格的障碍。”——原注

2　先令，是英国的旧辅币单位（旧时英国的多数殖民地和也用相同的货币单位）、奥地利的旧货币单位和肯尼亚、索马里、乌干达、坦桑尼亚的货币单位，相当于人民币里的“角”。——译者注

都是值得引用的。“一个人出生在已经被分配完毕的世界，除非他能从父母那里得到财产，或者他的劳动被社会所需求，否则他将得不到哪怕一丁点的食物。他的到来将没有任何意义，因为在大自然的盛宴上并没有安排他的座席。就像在人类社会中，有人没收到邀请却贸然前往宴会，除非能引起一些宾客的同情，否则女主人将让其离开。而如果有宾客真的起身为其让座，那么随之而来的将是更多的希望得到同样恩赐的闯入者。而这将分得食物的消息如果被散播开来，宴会厅将充斥着不请自来的人，宴会的规则与和谐的气氛将被破坏殆尽，穷困将取代原先的富足，每个角落都将呈现痛苦的场面。不仅宾客们的欢愉将就此终止，闯入者们也会愤愤不平，因为他们没有得到被告知的可分得的食物。宾客们因为破坏了女主人的禁令而后悔不迭，他们最终会明白，女主人拒绝那些源源不断的人，是为了让她的客人们有足够的美食可以享用，所以当宴席已满时，她婉转地拒绝那些后到的人。”以上著名的段落出自第2版第571页，佩因在《人的权力》中这样评说：“表达了相似的思想，但在行文表达上进行了更为精妙的包装。”

《致萨缪尔·惠特布雷德议员先生的信——关于他修改〈济贫法〉的建议案》是马尔萨斯的另一本小册子，这本册子完全没有《调查》来得幸运，他被认为是对《人口论》原理的重复应用。惠特布雷德建议施行建房计划以补救可怕的房屋短缺现状，他支持“授权教士们来建造房屋”。但马尔萨斯却指出这根本不可能减轻所谓的“获得住房的困难”，因为在他看来正是因为住房的困难，“针对贫民的律法才没有如预期般的刺激早婚”。这些律法提高了税率，而高税率阻碍了建房，最终住房的短缺使贫民律法不能在其他方面刺激人口增长，从而避免了这一灾难性的影响。“如果拥有良好的住房条件，男女将过早地发生关系，毫无疑问人口数量将大大增加，大批劳动者随即被投入市场，原先的劳动者则将陷入前所未有的绝境。”经济学真是一门危险的科学。

《人口论》的新版于1803年出版，全书共600页，标价为1.5畿尼[1]，是精美的4开本。至此，马尔萨斯才得以摆脱其他事务，全身心地投入到经济学的研究中。他于1804年结婚，并在婚后第一年以39岁的年龄出任东印度学院的现代历史及政治经济学教授[2]一职。事实上，这一职位早在数年前就做出了任命，是英国史上最早的政治经济学教席。新成立的东印度学院开始是在赫特福德[3]，后又迁到海利伯里。

---

1 一种英国货币。1畿尼为21先令，1先令为12便士。——译者注

2 这一职务名称最初的提议是“通史、政治、商业和财政教授”。——原注

3 赫特福德郡，位于英国东部。——译者注

马尔萨斯一直生活在海利伯里钟楼下面的居所，直至1834年去世。后来，他讲座的最后一任主持——詹姆斯·斯蒂芬[1]爵士选择居住在这里。马尔萨斯一生有3个子女，一个女儿不幸早夭，另外一个女儿也就是普林格尔夫人，活到了1885年，而儿子雷维伦德·亨利·马尔萨斯则于1882年去世，一生无子女。

马尔萨斯关于《谷物法》的小册子于1814年和1815年出版，关于地租的著名文章于1815年出版，《政治经济学原理——由实际应用观点考察》是他的第二本著作，于1820年出版。事实上，这些书籍和篇章都是对于《人口论》的进一步引申和延续。

“马尔萨斯夫人在海利伯里学院时期一直保持着举办宴会的传统，伦敦的学术精英们经常在此欢聚一堂。[2]”“仆人一直跟随、照顾着马尔萨斯，直至他婚后生活稳定下来。[3]”作为辉格党[4]成员，他常常细致阐述上帝的仁慈，学生们都称呼他为“老爹”。他认为政治经济学对于那些“能理解此学科并不将此视为枯燥”的年轻人来说是一门适宜的研究，而海利伯里学院就是令人满意的存在。1798年，在《人口论》第1版中他曾如此论述：“通常来说，人生是一件与未来不相关的幸事……我们有理由相信，除去历史前进大潮中不可避免的罪恶，世上再无其他罪恶。”他善良的性情、可亲的脾气、忠诚的品格以及丰富的感情无一不成为这一论断的佐证。

然而，与刚刚描绘的马尔萨斯的可亲形象完全相反，反对者们在小册子里勾勒了残忍、恶毒、如怪物一般的形象。很多朋友都为此愤愤不平，但马尔萨斯本人却对此采取了漠视的态度。西德尼·史密斯算是这一事件中把握尺度较好的人，“上周，我参加了未婚者为哲学家马尔萨斯举办的欢迎会，其中只有一位女士有小孩。马尔萨斯是个温柔可亲的人，他对所有的女士都彬彬有礼，只要没有发现其身怀六甲……”西德尼在1821年7月给友人的信中写道。

“马尔萨斯身材高挑、体态优美，他的外貌如他的品行一般优秀，堪称是最佳的绅士典范。”在《绅士杂志》（1835年，第325页）的讣告中我们发现了这样的描述。

---

1 撰写《英国名人辞典》中关于马尔萨斯的词条的作者，当时是剑桥的一位年轻的牧师，主要因为他对徒步旅行的兴趣而广为人知，据说他经常把从剑桥到海利伯里去探望父亲的旅程看作是小菜一碟。海利伯里父亲的房子曾在很长时间内由马尔萨斯居住。——原注

2 参见《老海利伯里学院编年史》第199页。——原注

3 出自1835年的《民族》周刊中奥特所写的讣告。——原注

4 英国辉格党产生于17世纪末，19世纪中叶演变为英国自由党。——译者注

1833年，约翰·林内尔[1]曾为马尔萨斯画过一副肖像[2]，从这幅画中我们可以看出马尔萨斯是个红脸庞、异常英俊的男子，拥有红色或褐色的卷发，这些外貌特征也体现在约翰·林内尔那些著名的马尔萨斯雕像中。“马尔萨斯先生是全英国最本真、最高尚、最富于生活情趣的人……他是所有人当中在我不使用喇叭的情况下能清楚听到我说话的人。由于下腭撕裂的问题，马尔萨斯在发音上有很多毛病，当他的朋友安排我们会面时，我不得不为之忧虑。因为我的听力有问题，而他却不能清晰读出字母表中将近一半的辅音字母，同时我还想到他薄薄的嘴唇将使我很难听清他说的话，这将是一次惨不忍睹的会面。而当他开口说第一句话的时候我就知道我错了，他说话的语调十分舒缓，他在发辅音时确实稍微有些问题，其中对字母I 的发音最为糟糕，但他的元音却是响亮而准确的，我能轻松听懂他所发的每一个元音。当我理解了他所说的‘你难道不想去看看基拉内的湖吗？’这句话时，我就知道自己可以完全放松下来。”马蒂诺小姐在她的自传中这样写道。

上面所呈现的愉快场景终于使得我们的记忆又回到那个熟悉的年代，在卢梭和休谟之后我们经历了太过漫长的空白。因为约翰逊博士、吉本、伯克的深刻影响，我们淡忘了18世纪最后的四分之一，淡忘了那个马尔萨斯成长起来的年轻热情的英国时代。同样的，我们也淡忘了那带给人们无限失望的法兰西革命，它给英国带来的毁灭性影响，以及这两个历史事件在18世纪至19世纪的过渡过程中所扮演的重要角色，尽管我们还能从华兹华斯[3]、柯勒律治的文章或雪莱[4]热情洋溢的作品中了解到它。白云苍狗，世纪更迭，我们不得不说马尔萨斯已经在我们的生活和知识系统中被完全无视了。马尔萨斯的父亲丹尼尔、卢梭、吉尔伯特·威克菲尔德以及1784年的剑桥同仁们、佩利、皮特，甚至《人口论》的第一次出版似乎只是存在于完全陌生的另外一个世界，只属于另外一种文明。但我们又看到马尔萨斯以另外一种方式与我们紧密联系在一起，他以初始会员参与的政治经济学俱乐部[5]至今仍然于每月的第一个星期三聚

1　约翰·林内尔（1792—1882），英国19世纪著名的画家。——译者注

2　它挂在艾尔伯里的多尔顿山庄园中的餐室里，火炉上边悬挂着出自林内尔之手的马尔萨斯夫人的肖像画。在这些家庭成员的肖像画中，也有一副他们的儿子雷威伦德·亨利·马尔萨斯的画像，在剑桥大学的基督学院存有林内尔的肖像画的复制品。——原注

3　华兹华斯（1770—1850），英国诗人，华兹华斯生于律师之家，1783年其父亲去世，他和弟兄们由舅父照管，妹妹多萝西则由外祖父母抚养。多萝西与他最为亲近，终身未嫁，一直与他做伴。——译者注

4　珀西·比希·雪莱（1792—1822），英国文学史上最有才华的抒情诗人之一。——译者注

5　马利特现在在日记中提及，马尔萨斯几乎从不缺席他们的聚会。——原注

会，我们还知道皇家统计学会是他在去世前建立的，他还参加了1833年英国科学促进协会在剑桥召开的会议。

晚年与李嘉图的亲密关系对马尔萨斯影响至深，他曾写道："我从来没有如此地爱慕过他人，除了我的家人，我们完全坦诚相待，我们积极交换想法、探讨问题，只为了寻找真理，在我看来我们取得一致只是时间早晚的问题。"他们共同的朋友玛丽亚·埃奇沃思[1]的想法与马尔萨斯完全一致，在她看来："他们携手探寻真理，无论谁是真理的发现者，他们都一同诚心庆贺；我清晰地看到随着他们有力地拉动绞盘，真理女神缓缓地升出地面。"

1811年6月，马尔萨斯"唐突地介绍了自己"并"希望我们就这一问题求同存异，这样就可以避免无休止的笔墨官司"。这一举动正是他与李嘉图亲密关系的开始。自此，两人频繁往来于海利伯里和伦敦，开始了密切的交往，直至后来的岁月，马尔萨斯依然会依照惯例到盖特科姆公园李嘉图的家中小住几日。他们互相爱戴、互相尊敬，但两人的天性、禀赋却又迥然不同，李嘉图完全是抽象思维和演绎法的理论者，而马尔萨斯却是直觉和归纳性的调查者，他不愿太过偏离那些可印证的事实和直觉，这在两人探讨经济学问题时就形成了非常有趣的局面。然而，我们犹太裔的证券商和贵族血统的牧师在面对实际财经问题时，却表现得完全相反，以下这件小事就可以证明这一点。

我们都知道，李嘉图是拿破仑时期辛迪加的主要成员，而辛迪加正是负责包销政府债券的机构，他们通过参与招标的方式从财政部的总额中获得各种期限的债券，然后向公众销售这种投资机会。基于这样的背景，李嘉图在不需要马尔萨斯有任何支出的情况下，就将一部分债券份额登记在他名下。因为辛迪加的初始价格要远远低于市场价格，这就表明，只要马尔萨斯持有这部分债券的时间不要过长，他就可以轻松地从中获得收益。而就在滑铁卢战役[2]即将爆发之际，马尔萨斯发现自己手持的债券正处于一个"小牛市"，这样的发现令他无法冷静，他指示李嘉图："哪怕只有一丁点儿，请赶紧把你好意承诺给我的收益予以实现，只要没有错误或不方便的地方。"尽管消息来源告诉李嘉图公债将在滑铁卢战役那周达到牛市的顶点，但他还是执行了马

1　玛丽亚·埃奇沃思（1767—1849），爱尔兰作家。其作品以人物塑造和乡土色彩著称。处女作《拉克伦特堡》（1800）是她最有名的一部小说，讲述了一个爱尔兰地主家族的衰败。她还写过几部儿童作品，如《父母的助手》（1796），通过有趣的故事来阐释道理。——译者注

2　拿破仑一世的最后一战。1815年6月18日，法军与英普军在比利时小镇滑铁卢决战。由于种种原因，英普军获得决定性胜利。这次战役结束了拿破仑帝国。后世形容遭遇了惨败。——译者注

尔萨斯的指示。1815年6月27日，他在给马尔萨斯的信中写道：“我像往常一样成了公债的大赢家，获益颇丰。”紧接着，他就转到了商品价格上涨的话题，他说：“现在，来继续我们的老生常谈。”[1]

我们得以在马尔萨斯写于1815年7月16日的语句中窥见其懊恼之情：“我承认我曾以为胜利将属于波拿巴，因为他不仅拥有进攻的机会，还拥有威灵顿公爵[2]卓越的军事才能，他一度胜券在握。然而，我们在回望这场战事时就会发现，法国人并没有做好为保卫独立而奉献应有的激情和力量，事实上，一场战役的成败是无法决定法兰西命运的。”

马尔萨斯与李嘉图的文字往来是政治经济学发展历程中最为重要的内容，他们的友谊将永垂青史。博纳博士以自己署名的形式于1887年出版了李嘉图写给马尔萨斯的信函，这些信件为科勒内尔·马尔萨斯所有。一般来说，马尔萨斯所写的信件应为李嘉图家族所有，但在寻找马尔萨斯信件方面人们却毫无进展。福克斯韦尔教授于1907年在《经济学杂志》上发表一封史密斯女士所持有的马尔萨斯信件，这正是这些遗失信件中的一封，是大卫·李嘉图赠给热衷于收集名人手迹的史密斯女士的。“经济学家都将认同，马尔萨斯信件的遗失是仅次于销毁大卫·休谟对《国家财富》评论的文字灾难。[3]”福克斯韦尔教授曾如此说道。然而，任何事物在皮埃罗·斯拉法[4]先生眼前都无所遁形，为编辑《大卫·李嘉图》一书的全本和摘录（此书将于近年出版发行，是专门为皇家经济学会准备的），斯拉法先生发现了这些遗失的信件，这些信件

1　《李嘉图致马尔萨斯的信》第85页。——原注

2　威灵顿公爵（1769—1852），拿破仑战争时期的英军将领，英国第25、27任首相。最初于印度军中发迹，西班牙半岛战争（1808—1814）时期建立战功，并在打败拿破仑的滑铁卢战役（1815）中分享胜利。最终更成为英国陆军元帅，并获得法国、俄罗斯、普鲁士、西班牙、葡萄牙和荷兰6国授予元帅军衔，是世界历史上唯一获得7国元帅军衔者。被公认为是19世纪上半叶最具影响力的军事、政治人物。——译者注

3　另外一封信，由李嘉图写给麦克库洛赫，现在与麦克库洛赫的作品一起存于大英博物馆。这封信曾在1895年由霍兰德教授在李嘉图与麦克库洛赫的通信集中出版。——原注

4　皮埃罗·斯拉法（1898—1983），生于意大利的英国经济学家，是国际经济学界一位具有独特治学风格的理论家，除编辑十卷本的《李嘉图著作与通信集》外，他一生写成的唯一专著就是1960年出版的《用商品生产商品》。这本书耗费他30多年的心血，他的价格理论主要表现在这部著作中。这本书连同序言和附录一起不到100页，字数不到7万，但被誉为“一部划时代的著作”，无论在当代西方资产阶级经济学界还是在马克思主义经济学界，都引起了强烈的反响。——译者注

将在很大程度上提高此书的可读性。从两人的信件中，我们发现经济学理论的萌芽，同时也发现两人在论证命题时的不一致，可以说从一开始他们之间的分歧就很大，以至于让人很难认为他们是在用同样的定义进行论证。

李嘉图偏向于研究产品在均衡条件下的分配理论，针对的是货币中性经济这样一个假想概念，而马尔萨斯则倾向于研究决定现实世界每日产出量的根源，所针对的是每日环绕我们的货币经济。1817年1月24日，李嘉图在写给马尔萨斯的信中说道："我觉得我们存在观点分歧的重要原因在于，你太过专注于个别变化所造成的直接和暂时效应，而我则将其完全置之不理，转而去研究这些效应所造成的结果，也就是这些事物的长期状态。我们在对待这些直接和暂时效应时都有失偏颇，所以要正确对待和研究这些命题，我们就必须对此认真区分，同时考虑两方面的因素。"由此可见，两人都认识到分歧存在的真正原因。

紧接着，1817年1月26日，马尔萨斯对此做出回应："我完全赞同你对于我们观点分歧原因的分析，为了使写作真正在实践中有益于社会，我更倾向于从事物的本真去思考问题，我想只有这样才能避免犯下如拉普达岛的裁缝们一样的错误。另外，我个人仍然认为不应该忽略社会进步过程中包含的那些不确定因素，如若不然我们将偏离研究政治经济学的目的。因为如果忽略了那些在8年或10年时间段中促进或阻碍人口增加的因素，就相当于忽略了一个国家贫穷或者富足的原因。学者们固然可以根据各自的喜好做出种种假设，但我仍坚信他们无法从现实不能实现的假设中得出有意义的推断。正如现实中劳动工资是随着商品价格变动而变动，利润也随之上下波动，但你在关于利润的文章中假设实际劳动工资是固定不变的，这就致使你的推断无法应用到实际状态中。在我们周围的国家，尤其是英国，在长短不定的历史时期，都呈现出繁荣和萧条交替的社会状态，从来没有出现过一成不变的社会进步。

在我看来，你我观点存在差异的最根本的原因在于：你认为人类的需求和口味一直处于等待供给的状态，但在我看来激发人类新的需求和口味是极其困难的事，尤其是还要从原有的材料中创造出来。人们赋予的价值是需求的一个重要因素，供给越适合于需求，其价值就越高，也就是说一天的劳动就可以换取更多的可供支配的购买力……我可以肯定地说，相较于生产能力的不足，需求刺激的不足将在更大程度上阻碍生产以及人口的增长。"

如果详读这些信函，人们就会发现李嘉图的研究方法在长达100余年的时间里完全居于统治地位，而马尔萨斯的一系列观点则完全被抹杀，这是经济学发展历史中一场可怕的灾难。马尔萨斯在这些信札中反复地谈论到这些简单、实用的思想，但被蒙蔽双眼的李嘉图却无法感知这种力量。

年轻的农民开着一辆红色的老式拖拉机。

从1907年《经济学杂志》第274页刊载的马尔萨斯信件（信件由福克斯韦尔教授发表）中我们发现，早在1814年10月9日马尔萨斯就已明确表示：“在你看来‘由积累欲望引起的需求等同于消费的欲望’，即‘积累和消费一样能促进需求’，我完全无法赞同你的这种观点，因为我知道你如同往常一样在‘积累’上寻找利润下降的原因。而事实上，是生产价格比生产成本相对降低，或者说是有效需求的缩减导致了利润的下降。”可见马尔萨斯当时已经彻底明晰这些问题，但李嘉图仍不能理出这些问题的头绪，从1821年7月马尔萨斯两封信的摘要中我们可以看到两人的差距。

（1821年7月7日）庞大的闲置劳动力存在于世界各地，我对此的解释是：实际产品的不合理分配导致继续生产缺乏充足的动机。

动机问题是探讨财富增长时无法回避的问题，全部的产出是完全可以被消费掉的，但根本问题在于：这样分配产出的方式是否能在最大程度上刺激有效需求，从而激发继续生产，因为非生产性消费将随着快速积累的意图而大幅缩减，这将极大地损害一般性的生产动机，也必然阻碍财富的增长。探讨这样的问题才具有实际意义，至于是否应该用供应过剩定义这种不景气则是次要问题。假设快速积累的意图造成劳动和利润的不合理分配，而这种不合理损害了今后积蓄的动机和能力，最终对供给能力和人口增长造成损害，我们就不得不得出如下结论：快速积累的意图（储蓄过剩）会切实损害一个国家的发展。

（1821年7月16日）如果你在读了我的最后一章第一部分头两段内容后，仍然认为“将庞大生产力投入生产对人类是有害的”，那么我想我们永远也无法在这一问题上取得一致，我甚至要怀疑我是否有清楚表达自己观点的能力。

阐明引发生产力的根本原因是我的目标所在，虽然我也建议保留一部分非生产性消费，但那也是为了在最大程度上保证继续生产的动机。事实上，根据土壤的肥力状况保持一定比例的非生产性消费，对一个国家的财富来说是必不可少的……运作产业的人得以获取适当比例的产出，是各种生产动机中最为核心的问题。你主张大规模的暂时储蓄，即在利润足以促使其投入生产时你选择将其储存起来，这样做的结果就是产品的不均衡分配扼杀了继续生产的动机。

我不知该如何定义一定时间段里没有进一步增加生产的社会状况，尤其是在正在成长的一代也深陷失业困境的年代。以往的经验告诉我们，只有工人的失业状况持续相当长的时间，劳动的货币价格才会下降。

资本的停滞以及地主和资本家无法在多余产品中占有适当的份额，将造成劳动需求的停滞，问题在于这一结果是否会损害国家的发展，是否会导致人们富足程度的降低。反之，如果地主和资本家得以从社会剩余中获得一定的非生产性消费，而继续生产的动机也得以保持，对劳动需求的突然缩减也得以避免，那么社会的幸福和富足程度还会降低吗？

如果资本和劳动的停滞不会对社会造成损害，那么过于节俭对生产者和国家也都不会造成任何实质的损害，也就是说，在失去继续生产动机的时候，增加地主和资本家的非生产性消费将毫无意义。

如果19世纪的经济学引领者是马尔萨斯而非李嘉图，那么今天将是一个更加明智、富足的时代。为了重新发现有价值的观点，为了冲出误导我们思想的迷雾，我们付出了巨大的艰辛和努力，而事实上马尔萨斯在最初就明确地指出了这些观点。我一直认为罗伯特·马尔萨斯是当之无愧的第一位剑桥经济学家，在阅读这些信件之后，我对其产生更多怜悯与崇敬之情。

“将非生产性消费者引发的分配作为增加生产交换价值的方式”，这是1820年马尔萨斯《政治经济学原理》第7章第4部分的论点，马尔萨斯的信件确实是这一论点的重述，但信中这一论点更加的明晰。遗憾的是，这一观点并没有打动李嘉图，也没有对后世的思想产生影响。

从《政治经济学》中我们已经可以窥见马尔萨斯精妙论点的端倪，在书中，马尔萨斯运用这些原理来解释“1815年以来劳动阶级苦难的根源”，他指出苦难的根源在于将资源投入战争和储蓄。而在储蓄不足不再是问题根源，且储蓄本身也仅是个人行为而非公共责任的情况下，公益事业以及地主和财产持有者的消费才是解决问题的方法。

“当利润无法确定且明显偏低的时候，当资本家的资本遭受损失的时候，当诸如以上的原因造成资本外流的时候，也就是说对国内资本缺乏有效需求已经成为根本问题的时候，却建议把更多的收入转化成资本，却建议进行储蓄，这难道不是违背了政治经济学的一般原理吗？这难道不是违背了最重要、最普遍的供给和需求原理吗？这难道不是相当于在人们遭受饥荒、居无定所的时候却荒唐地建议他们操办婚礼吗？”

综上所述，在我看来，当士兵、水手或其他阶级的人民转化成劳动者，从而造成生产与消费的不平衡时，解决这种均衡紊乱问题最有效、最直接的方法就是雇佣穷人筑路或参与其他公共工程，而地主和资本拥有者则致力于建设和改善工地，以及雇佣工人和仆役。”以上两段引自马尔萨斯对1815年至1820年事件的最好的经济分析。

马尔萨斯在书中序言部分就已经提出储蓄和投资平衡的问题：“亚当·斯密认为节俭使得资本增加，所以每个节俭的人都是对社会有益的，而财富的增长则依赖于消费及生产之间的平衡。这一说法可以说在很大程度上是正确的……但这一命题的成立也不是毫无条件的，因为过度的储蓄会损害生产的动机。

如果所有人都安于粗茶淡饭，安于破衣烂衫和简陋的居所，那么这个世界将不会再有其他的食物、衣服、居所……两个端点是显而易见的，我们所需要的是一个中间点，政治经济学可能无法确定它，但基于生产能力和消费欲望考虑，这个点应该是最能激发财富增长的。”

完全忽视这一系列的思想，对李嘉图来说是个重大错误。但不可否认，马尔萨斯也存在不足之处，因为他完全忽略了利息率的作用。20年前，我可以反驳马尔萨斯：除非利息率降为零，否则他所设想的状态是不可能发生的。马尔萨斯确实洞察了什么是正确的，但只有解释清楚过分的节俭不会致使利息率降为零，才能彻底阐释清楚为什么它是正确的。

对我们这些后辈来说，亚当·斯密、马尔萨斯、李嘉图等人带给我们的不仅是一般的情感，还有精神上的激励。天赋品质的不同并未阻碍马尔萨斯和李嘉图的友谊，和平与友好地交流伴随他们一生。

“亲爱的马尔萨斯，我想我的生命即将结束。在如此多的争论之后，我们依然像其他争辩者一样坚持各自的观点，然而这些辩论丝毫动摇不了我们的友谊，即使你赞同我的观点，我也不会比现在爱你更多。”这是李嘉图去世前写给马尔萨斯的信中的最后一句话。

马尔萨斯比李嘉图多活了10年，他在去世前写道：“我的观点是公开的，我至多只会在语言上稍做修改，而且我不确定是否能改得更好。”

马尔萨斯去世前一年，也就是1833年，马蒂诺小姐前往海利伯里拜访他。她高兴地看到：“赫兹郡的绿化条件非常好，几乎每天我们五六个人都要在工作之余骑马相聚，足迹遍布这里的每一条林荫道，欣赏这里的每一处景色。其他教授们的家庭团体也充满欢乐，我们对哪个学生将成为未来印度的行政官这样的话题没有任何兴趣，年轻的男士们互相尊重，谈论时下流行的笑话，不时爆发出笑声；年轻女士们的射箭术；波斯语教授略显独特的君子之风；勒巴校长的博文广识和诚恳的学者风度，以及夏夜聚会中颇有古代遗风的谦卑……所有这一切都如此美好，而所有这些都过去了。”

（2）罗伯特·马尔萨斯：百年训谕[1]

雪莱在《伊斯兰起义》的序言中写道："形而上学以及对人类道德和政治科学的讨论，正在转向使那些已经被破除的迷信重新生出的妄想，或者图谋使那些压迫者在永恒的胜利中安睡，正如马尔萨斯式的诡辩。"

乡村夫妇的经典照片，大约摄于1900年。

戈德文的女婿亦抨击《人口论》对人类未来前景的描绘。另外一个反对马尔萨斯观点的诗人是他在基督学院的同窗柯勒律治："贫困将带来巨大的苦难，而贫穷将在那些嘴多过面包、头颅多过头脑的地方达到极致，难道这本书就是在教导我们这些诡辩？"就柯勒律治的其他评语，博纳博士写道："书中的其余批语多是一些有欠文雅的词汇（如'蠢驴！'）。"

看来，无论是激进的诗人还是保守的诗人，马尔萨斯对他们来说都是经济学家中诡辩者的代表——这个爱唠叨的讨人厌的家伙完全背离了人道主义的根源，他企图证明：所有试图减轻灾难和贫困的举措都将适得其反；比起慈悲的心肠，自利行为则被

1 选自1935年6月《经济学杂志》。——原注

视作是一种社会公德；商人们为那些极为富足者奋斗，而一旦这些商人无法继续，世界将陷入极为悲惨的境地。

这两个秉性相异却同样睿智的诗人如此解读他们听到的理论，他们将矛头指向19世纪的经济学家，而时至今日，我们也没有完全逃脱他们的控诉，可见他们的指摘也并非全无道理。

如此纪念马尔萨斯可能有失公允，《人口论》的第1版是基于批评戈德文的《政治公正》而诞生的，而第2版则是基于批评佩恩的《人的权力》，其中有一段话语经常被引用："一个人出生在已经被分配完毕的世界，除非他能从父母那里得到财产，或者他的劳动被社会所需求，否则他将得不到哪怕一丁点儿的食物，他的到来将毫无意义。"

当惠特布雷德先生提议"授权教士们建造房屋"以减轻住房压力时，马尔萨斯在小册子里强调无论如何不能减轻"获得住房的困难"。如此提及马尔萨斯我们仍旧忽略了一点，即他作为普通人的生活和他作为经济学家的工作是完全分离的两个部分，每一部分都产生于其周围的事件及由此产生的影响。其中第二部分可以称为是无效的努力，马尔萨斯试图推翻李嘉图及其学派试图套在我们脖颈上的理论。事实上，在前文雪莱的引言中，他还继续写道："我们的小说和诗歌正被阴云笼罩，然而我却感觉到缓慢却持续进行的变化，人类正从昏睡中觉醒。"

"公众希望苏醒的标志"，这是雪莱在一个脚注中对《人口论》各个版本变化的慷慨赞誉。而《人口论》第2版中接近结论的部分正是雪莱加以赞誉的部分："因为人口原理的作用，减轻苦难的前景或许不如我们想象的那般光明，但也并不是没有丝毫希望。在胡思乱想之前，我们无论如何也不能排除人类社会向前进步的事实，而这也正是理性期望的目标。我们应当感激财产和婚姻的法则，以及那些狭义的自爱原则，正是这些原则促使人类发挥天才，推动人类由野蛮走向文明。我们可以理直气壮地根据人口论得出结论，虽然我们无法越过使我们升高的阶梯，但我们可以借助它向前进步。未来的图景中很多社会结构特征将保持原样，社会仍然存在资产阶级和工人阶级，但两个阶级之间的比例将有极大的变化，整个社会将充满和谐。如果道德哲学和政治哲学在自然科学日新月异的年代依然停滞不前，甚至无法解决由于人口增长造成的社会前进的障碍，这将是多么可悲的情景。但我们仍心存希望，我们仍不会放弃人类社会进步的事业，尽管在这一事业中我们将面临非常坚固的障碍。只要我们得到哪怕一点点的回报，我们都会满怀憧憬并拼尽全力。虽然人类的美德与幸福不太可能与自然的光辉历程齐头并进，但只要不妄自菲薄，我们仍坚信，前者在很大程度上将随着后者而进步并从后者的成功中获得好处。"

劳动阶级的低水平生活在18世纪的最后几年引起了马尔萨斯的注意。正是为了解决滑铁卢战役及其后的失业问题，马尔萨斯提出了人口论。他强调只有减少劳动供给才能提高这一生产要素的报酬水平。他在第1版中强调减少劳动供给的困难，而在后来的几个版本中，他却强调缩减劳动供给的意义。战后的失业问题扩大到无法收拾的境地，而这一问题也困扰了他的后半生。本来应该有人在100年的时间跨度里读到他对强大的李嘉图的有力反击，哪怕只带着一丝丝的同情和理解。然而，马尔萨斯提出“有效需求原理”的天才直觉被遗忘了，他的名字因人口论而不朽。

马尔萨斯以最佳途径接近了经济学理论的核心问题，今天，让我们把马尔萨斯看作是第一位剑桥经济学家，尤其是将其当作用规范的思维方式面对纷扰世事的伟大先驱。在佩利时期的剑桥大学，马尔萨斯走向成熟，他有志于运用政治哲学家的演绎方法来研究哲学和道德科学。在接下来的几年时间里，他又吸收了大量的历史资料，运用历史归纳法来研究经济史实和当代世界问题。最终，他又回归了演绎方法，不过这次他将其作为专属经济学家的纯理论方法。他试图通过直觉选择规范的思想方法，并将其用来透视事实资料，从而解释问题并寻找解决之道。总之，在经历了道德学家的幼虫阶段和历史学家的蛹阶段之后，马尔萨斯最终以经济学家的身份展开思想的翅膀翱翔于世。

让我们以马尔萨斯关于经济学家应如何对待经验与理论的一段文字来作为结论：“在那些自以为在实际生活中精明强干的人中，我们经常听到反对的理论和这些理论家的声音。但我们应当意识到差劲的理论是非常可怕的，这些理论的发表者不仅没有丝毫用处，反而成为害群之马。这些实践的鼓吹者甚至没有察觉到他们自己往往也像他们反对的那样，他们中很大一部分属于极具危害性的理论家。无论大小，当一个人对别人讲述他所观察到的事实时，这一行为将对社会有益，因为这将增加社会知识的总量。但当一个人从经营小农场的经历，从与邻里的琐碎事件中，从他局限性的经验中做出一般性的推断，还以理论者的身份出现，这是极其危险的，遗憾的是这种事情经常发生。经验是确立理论的唯一基础，但人们往往在不仔细区分局限性经验和普遍性经验的情况下，就被词汇的音节迷惑了。”我们有充分的理由来称颂马尔萨斯，他拥有深刻的经济学直觉，他始终对不断变换的经验图景保持开放的思维，而且始终不间断地以规范思想中的原理来诠释这些经验，并把二者巧妙地结合起来，所有这些无不体现了他非凡的才能。我坚信，一个世纪后的今天，我们在他的母校纪念他，应向他致以永恒的敬意。

2.威廉·斯坦利·杰文斯

（1）

马尔萨斯去世后的第二年，斯坦利·杰文斯[1]诞生；之后第七年，马歇尔出生；之后第十年，埃奇沃思[2]出生。福克斯韦尔教授一直在马尔萨斯获得教授职称之前代替他主持大学学院的讲座。早年，我在父亲的讲述中第一次听到马尔萨斯的名字，父亲将其看作是一个经济学家和逻辑学家，还提及他是父亲在1875年参加剑桥大学伦理学学位考试时候的监考人。时至今日，他去世已有50余年，福克斯韦尔教授代替他主持学院讲座也是60年前的事了，我们在他100周年诞辰的今天才来纪念他看来是有些晚了。在1873年穆勒去世后的半个世纪里，马尔萨斯是统治经济学思想的伟大经济学家之一，今天我们齐聚于此，把他当作我们的导师和前辈来表达我们的纪念之情[3]。

斯坦利·杰文斯的家族并没有学术界的社会关系，他们处于脱离国教教派且受过教育的教友阶层，但在19世纪前半期，他们却是利物浦、曼彻斯特、利兹[4]、伯明翰知识界的重要组成部分，是成立于1826年的伦敦大学附属学院本瑟姆基金会的骨干成员，同时也是创建于1846年的曼彻斯特大学欧文斯学院的中坚力量。斯坦利·杰文斯和他的家庭及众多亲友一样都是无神论者，他的父亲是蒂芬森的朋友，一个铁器商，对当时的机械革新充满兴趣，据说他于1815年建造了第一艘能在海上航行的铁船，他还独自出资支持建设泰晤士隧道，甚至曾经写过一本关于法律的小书和一本有关经济学的小册子。他的母亲是威廉·罗斯科家族最年长的孩子，一位诗人，杰文斯是她的第九个孩子。威廉·罗斯科家族是个颇具天赋的家族，他本人是利物浦的律师和银行家，同时还是一位收藏家、艺术爱好者、历史学家，他写有《洛伦索·德·梅迪奇传》《利奥五世的生平和教皇生涯》等许多著作，甚至还著有一本名叫《蝴蝶的舞会

1　威廉姆·斯坦利·杰文斯（1835—1882），生于利物浦，英国著名的经济学家、逻辑学家。他在著作《政治经济学理论》（1871）中提出价值的边际效用理论。杰文斯同卡尔·门格尔、里昂·瓦尔拉斯共同开创了经济学思想的新时代。——译者注

2　弗朗西斯·西德罗·埃奇沃思（1845—1926），英国统计学家，数理统计学的先驱。——译者注

3　我自由使用了有关他生平的主要资料来源——他妻子编写的他的《书信与日记》。我也十分感谢他的儿子，H.S.杰文斯提供的资料，他目前是我们的议会成员。——原注

4　利兹，英国西约克郡城市，位于奔宁山脉东麓，艾尔河畔，其附近煤、铁资源丰富。原为艾尔河北岸的盎格鲁-撒克逊人城镇，后发展成为地方集市、贸易中心。——译者注

和草蜢的宴会》[1]的儿童文学作品。杰文斯的妻子是《曼彻斯特卫报》创立者J.E.泰勒的女儿，泰勒与《旁观者》的R.H.哈顿同样有姻亲关系。

尽管极具天赋且为人诚信，但杰文斯的父亲和外祖父罗斯科都没能摆脱破产的命运，他父亲在1848年的财政危机中破产，而他外祖父的破产则是因为他的银行在1816年遭受挤兑。我们后来发现，杰文斯对自己的投资和财产状况给予了极大的关注，这与其长辈的遭遇以及其获得的良好遗传密不可分。如果他信札中的暗示可信的话，我们会发现他的商业循环理论和煤储量耗尽理论与他的经营活动有着千丝万缕的联系。杰文斯的妻子有一些家产，但他本人的资本并不多，据说他通过对他们储蓄的有利投资来获得收益。但在事业面临困难时，为了保证实现人生的主要目标，他会毫不犹豫地抛弃钱财，就这一点来说，他堪称典范。当然，也不能说他视金钱如粪土，因为在不得不花费钱财的时候他往往痛苦不堪。杰文斯在绝大多数方面都堪称优秀的维多利亚时代[2]的人，无论从精神上还是道德上他都十分嫌恶极“左”表现，欣赏保守党的“不惜一切代价”的言论，用他自己的话说，就是“要像保护普遍利益的主要堡垒一样来保证一个国家的持续的、特有的繁荣。”但在另一方面，他也欣赏类似“不要过于谨小慎微，要大胆地挖掘自然法则和它不受拘束的趋势”这种自由党的言论。

由于自身的生活经历，社会问题和经济问题对斯坦利·杰文斯产生了极大的吸引力。他的外祖父威廉·罗斯科积极投身于社会改革，主张废除奴隶贸易。他的父亲曾写过一本名为《地主的富裕不能依赖谷物法》的小册子。而他的母亲，据记载曾与他一同阅读大主教惠特利所著的《论货币问题》一书。后来成为爱丁堡大学政治经济学教授的霍奇森博士则是他第一次求学时的利物浦机械学院高等学校的校长。杰文斯接受了数学、生物学、化学、冶金学方面的而非道德科学方面的教育[3]。在达尔文发表《物种起源》的7年前，也就是1852年，时年17岁的杰文斯在日记中写道：“我与哈里的几次颇具学术性的道德哲学讨论显示我是个全然的‘道德依附论者’，我不相信‘道德感’与动物性情感是完全割离的或是截然不同的。我也曾涉及物种起源或称之

1 这本书是他与自己的孩子们逗乐写的，1807年出版，第1年就卖了4万册，在随后的四分之三个世纪里风行一时。——原注

2 维多利亚时代，前接乔治时代，后启爱德华时代，被认为是英国工业革命和大英帝国的巅峰时代。它的时限常被定义为1837—1901年，即维多利亚女王的统治时期。也有学者认为，应将通过改革法案的1832年视为一个新的文化时期的开端。——译者注

3 他在科学上的训练有素影响他对经济学的研究方法，即统计方法和逻辑方法。这一点在他被选为皇家学会的成员时有所体现。据我所知，继威廉·配第之后，他是第一位被该学会选中的经济学家，在他之后只有吉芬和帕尔格雷夫获此殊荣。——原注

为动物诸多物种衍化方式问题的讨论，就我目前的学识，我坚持动物都是由某种原始形态演化而来，而气候、地理等条件在数千年甚至数百万年来持续影响着这一演化过程。莱尔为拉马克[1]的相关理论增添了许多极具趣味的观点，但并未提出很好的反对理由。”

由于家境困难，杰文斯不得不在18岁的时候中途辍学，离开大学学院，担任悉尼造币厂（该厂是因当时在澳大利亚发现金矿而设）的检验员，并且一干就是5年，这极大地打击了他的雄心壮志。他在澳大利亚的5年正是创造力处于巅峰的年纪，那时的沉思与思想积淀极富成果。而后为了完成文学硕士课程，他离开澳大利亚，返回后不久，那些知识的轮廓就牢固地根植于脑海。30岁之后，杰文斯的主要工作就是阐述并巩固他所发掘出的知识精华。

1862年的邮票。

与1859年底返回英国后的研究相比较，杰文斯在澳大利亚及其后所做的一系列研究范围要更为广泛。他的这些深思熟虑的成果主要分为两部分：一部分是对经济波动的归纳性研究，另一部分与其所演绎的经济学纯理论相关。1862年，在他与英

1　拉马克（1744—1829），法国博物学家，生物学伟大的奠基人之一。生物学一词是他发明的，他最先提出生物进化的学说，是进化论的倡导者和先驱。他还是一个分类学家，林奈（1707—1778）的继承人。主要著作有《法国全境植物志》《无脊椎动物的系统》《动物学哲学》等。——译者注

国科学促进协会的通信中，这两部分的研究都有所预示。但在讨论这些之前，让我们先来谈谈《煤炭问题》[1]——他的第一本著作，通过该著作，他第一次为世人所瞩目。

（2）

《煤炭问题》虽然算不上是杰文斯最出色的著作，但绝对是一部天才之作，在给读者带来强烈冲击的同时也对读者产生了无以复加的吸引力。当然，如果我们以今天的眼光来审视这本书，就会发现有许多牵强和夸大之词，也正是因为基本论点的不成熟，书中的预言最终也无法实现。

《煤炭问题》的论点是：只有保持一定程度上重工业的持续增长，才能维护大不列颠的繁荣和工业领导者地位，而煤炭产量的几何级数增长是实现这一目标的前提。他将这一理论命名为“社会增长的自然法则”，并将之视为对马尔萨斯人口原理的延展。他用这一方式来阐明“性质相同或处于同样环境中的物质将以相同的几何级数倍增”这一原理，在他看来“这一原理不言自明，只要你真正透析这句话的含义”。他曾警告说：“就算不改变我们自己的内部特征，我们所处的外部环境也将照常变化”，但即使如此，这一原理的引申也极易产生误导，因为接下来他就说道：“现在，这一原理不仅仅对人口数字来说是正确的，事实上它对生活的其余要素同样有效。除非我们的特性与祖先相去甚远，或者所处的环境差异太大，否则我们将创造出与先辈一样的社会进步，将一样使我们的收入、铁的消耗、农业产出翻番。

“煤”的地位在这里越发接近马尔萨斯理论中“谷物”所具有的地位：“谷物不再是我们赖以生存的存在，《谷物法》的废除使我们将生之仰赖由谷物转向煤炭，这标志着我们已经迎来将煤炭当作一国主要产品的时代，标志我们在制造业中的收益将开始上升。而以上所述也不过是煤的使用得到发展的同义词。”

我们极易看出这将得出一个怎样令当代人深信的惊人推断，人们接受这一推断就如同接受了马尔萨斯理论的一个简单翻版。正如杰文斯所指出的：“事实上，煤的消耗量是包含人的数量和人均消费量在内的一个双维度的量。在整个数字中，如今的人口数量比世纪初大约翻了一番，而煤的消耗量增加了8倍甚至更多。个人消耗量在这里又是一个组合量，它包含在原有使用方法下的增长和发现新的使用方法。确实，我们不能总倍增铁路的长度或者船只、桥梁、工厂的规模，而煤炭的新的使用方法却是没有极限的。”

---

1 《煤炭问题》，由麦克米伦出版，杰文斯后来的著作几乎都是如此。麦克米伦并不知名，但是反应非常迅速。——原注

但读者在这时已被引离了他初始精心构造的原理。杰文斯以明确的、令人振奋的语句表述他的结论："我们正在走向富裕，我们的人口数量极为可观，我们有一笔充足的资源财富，这些资源足以满足我们的需求。所有这些造就了这个国家持之以恒的、非同凡响的增长速度，就如同我们刚刚在一个新的国度落户，我们的目力根本不能企及这个国度的边界。

但紧接着我们不得不挑明一个不幸的事实：如此快速的增长将在不久的将来使煤炭消耗量与目前的供应量持平。随着煤矿深度的增加，开掘难度也将不断增大，我们将不可避免地到达那个貌似不能企及的边界，停止增长。就如同我们看到人口的浪潮试图冲破堤岸，但紧跟而来的却是一个回流。作为定居者，我们无法到达内陆深处那片肥沃的处女地，我们只能选择退回到更差的地方，到山腰上去耕种。也就是说，我们已经无法像以往那样发现新煤田，而只能无比痛苦地在原有的煤矿上继续深挖。

当然，这里还有另外一个重要区别需要大家注意。即一个农场，无论已开辟多久，只要精耕细作总能获得收成，而矿产则完全不同，它是不能再生的，一旦开采殆尽，就意味着产量将迅速降为零。所以，既然我们的财富和进步都依赖于煤炭，我们就不仅仅是停住，而是必须无奈地后退。"

杰文斯希望这本书能成为了不起的著作，但1862年他与英国科学促进协会的富于创造性的通信并未取得预期的效果，同年他对商业预测的图解也如同烤得半熟的面包，毕竟60年的时间还是太短。他自费出版了这本预言的小册子，最终却只有《泰晤士报》和《经济学家》提及了它。毫无疑问，杰文斯赔了钱。但在我看来，一味地把此书夸张的修辞手法看作是他试图引起人们对他思想的关注的极度渴望是有失偏颇的。1863年，他关于黄金的小册子[1]虽然引起了人们的一些关注，但最终也只售出74本。即便如此，他仍坚持为社会奉献价值的使命感。

他在1863年4月25日的日记中写道："关于黄金的论文问世后，我只得到姐姐的一句赞扬，而她也不过是出于姐姐的义务才这么说而已，这使我的情绪非常低落。如果我的所作所为得到的都是同样的对待，那我该怎么办？一方面开始怀疑自己的信心不过是幻象，一方面彻底认清即使是最杰出的作品也可能永不被人接受并称颂。我最近想了很多，书不尽也言不尽，有时我甚至想自己像个傻瓜，很多观点都是荒谬的。而最终我认识到，广交朋友是敲开世界大门的重要方法，你得给朋友们留下你是聪明人的印象，并让他们广而告之，把他们推荐的书籍当作一根根杠杆，把你推向你想到达的地方。而这一切莎士比亚在他第66首十四行诗中就已彻底明了。"

1　即《黄金价值的严重下降和它所带来的社会影响：以两个图解确证》。——原注

“显然，我空耗精力与钱财去出版著作是毫无用处的，它不会引起任何人的关注。我必须用一种新的方法从头开始，随时随地去迎合他人。因为一个人的观点只有经过岁月的积淀，才可能有机会让有能力判决它的人过目。”

“我可能犯过很多错误，但我认为自己并不是自私自利的人，而且我正在努力远离它。有时候我甚至会想，只要我的努力起到哪怕一丁点的作用，我也许会不具名地来做这些事，我不该去关心诸如声望、钱财、舒适等身外之物，我甚至都不应该关注生活本身。然而，尽管朋友们的诘难和所处的境遇都让人难以忍受，但他们的爱慕之情和赞颂之声却又那么让人心醉神迷……我想我必须朝着另外的航向前行。”

为了引起世人的注目，为了将政治经济学从土星带回人间，杰文斯将所有吸引眼球的手段都派上了用场。亚历山大·麦克米伦先生在数日后就发现他出版了一本畅销书，并在一年之内大获成功。杰文斯在日记中记录：“1865年12月3日，晚间晴好，思想者和发明者的工作不可能是永无用处的，但即使它已经踏上成功之路，也不能或不会马上被人们接受。我想我之所以对社会缺乏爱意，究其根源是因为我的希望和感情几乎双双破灭了。”

“1865年12月14日，约翰·赫谢尔爵士的来信于昨日送抵我处，他盛赞了我最近寄给他的《煤炭问题》一书。这封信使我在长时间的劳作和压抑后得到片刻的满足，或者我该说得到了足够的补偿。很少有人读过或理解这本我倾注了心血和热情的书，但如今它得到这位最有资格就此问题作出全面评价的科学界人士的肯定。”

这位精明的出版商甚至还给格莱德斯通先生寄了一册书，而格莱德斯通不负所望地写了回信，甚至还邀请作者去拜访他。回信中，格莱德斯通写道：“本书就这一庞大的、内涵无限的题目做出了精彩的回顾。”而有关拜访事宜，我们的作者记录到：“我不会轻易忘记这件令人兴奋的事——拜访格莱德斯通，一个籍籍无名的作者会见位于权力巅峰的伟大人物。”穆勒在对议会的一次演讲中也提请与会者关注此书，“在演讲中，他督促人们为了子孙后代的利益做出更大的努力，以实现目前减少国民债务的任务。”事实上，这本书只是碰巧成了偿债基金大辩论的政治弹药。因为杰文斯在书中写道：“人口数量增长，但人们总能获得生存空间；国民收入增长，但伴以税收缩减；资本得以累积，同时伴以利润和利息的上升。以前很少有国家经历这种有利状况的结合，即使有，也不能期望一个国家长期如此 。”

杰文斯的说法让人极易得出这样的结论：我们仰赖自然资源而生，所以当务之急是迅速缩减不堪重负的债务。而实际上，只要我们稍微转变一下思维，就会发现既然我们对煤炭的需求呈几何数无限增长，这也就意味着国民收入也将随之快速增长，那么解决债务膨胀将不再是难事。杰文斯实际上并不关心哪种想法能摆脱尖锐的批评，我甚至怀疑人们共有的心理特征影响了他的结论，而这种特征在他身上显得更为突出，他情愿经受那种资源耗尽所带来的兴奋和震撼，这是一种隐秘的本能。H.S.杰文斯先生在与我通信中就此做出有趣的说明，因为纸张对原材料需求庞大，杰文斯忽略技术进步的因素，而是怀有纸张即将耗尽的想法。为了应对自己的恐慌，他不仅刻意储存纸张，甚至还储存薄的棕色包装纸，以至于在他去世50年后的今天， 他的子孙们还在继续使用他留下的包装纸。他购买纸张并不是拿来自用，而更像是一次投机，因为按照习惯他在做笔记时，常常是写在那些应该被扔进废纸篓的旧信封上或者碎纸片上。

（3）

现在，让我们回到杰文斯对商业波动和价格的归纳性研究上来。1862年，他在英国科学促进协会上宣读的“对周期性商业波动的研究，附五个图解”论文是这一研究的起始，而这一不足十二页的简短论文也是经济科学新阶段开始的标志。杰文斯不是第一个注意到商业季节性变化以及商业形势好坏更迭的人，他也不是第一个用图示来诠释经济统计数字的人。实际上，他的某些图示与普莱费尔[1]的图示极其相似，而杰文斯应该是拜读过普莱费尔著作的。但杰文斯以全新的手法来编排、处理这些经济数据，以全新的角度来分析这些经济数据。这些方法的意义在于：他更加接近实际生活中复杂的经济事实，而他无论是字面上的还是暗藏于文字之间的方法，都与气象学极为类似，事实上他从前的许多论文都是有关气象学的。“其他复杂科学的方法，尤其是气象学和地球磁力学的方法，有必要运用到对商业波动的调查中。”在做出这样的宣言后，他才将二者结合起来。

如同我们后面即将看到的，杰文斯对纯理论的概括与抽象一样精通。他清醒地认识到，资料是繁杂且不断变化的，只有经过处理、比较、分析才能发现它们的一致性和变化规律。杰文斯以一个自然科学家特有的眼光和丰富而克制的想象力来观察经济数据，他是第一位做到这一点的理论经济学家。他可以数小时不间断地整理、描绘、变换这些图表，然后小心翼翼地为它们上色，就如同解剖学家细心制作幻灯片一样。接下来他就投入所有的精力来观察、思索，努力去揭开其中的秘密。当我们回望过去，就会惊奇地发现，这一归纳经济学的魔术在1862年后的50年间，极少有人学习和模仿。但如今他已经有了难以计数的继承者，虽然准确解读沙粒一般的经济数据不是常人所能为之，这需要一种科学的天分。

1 莱昂·普莱费尔（1818—1898），英国科学家、政治家。——译者注发现和消除季节性波动首先引起杰文斯的关注，事实上，如果他在英国科学促进协会上朗读的论文是在暗示其内容是关于商业循环话题的，是极易误导他人的。杰文斯指出，虽然商人的头脑中总有一些没有写出来的商业波动知识，但他只了解到吉尔巴特的银行券流通研究和巴贝奇关于票据清算数据的研究两方面的相关课题，这两个研究分别于1854年和1856年在《统计学杂志》上发表。接下来，他针对贴现率[1]、破产情况和统一公债价格、小麦价格的季节性波动做了进一步研究，大的商业波动这时还没有被纳入其思考范围，其对气象学兴趣也还没有转向太阳黑子。但是，从1844年起在他头脑中已逐渐形成研究物品月度价格的想法。“1853年前后，总体价格波动给我留下深刻的印象，我甚至开始怀疑价格基准变化是否存在。”在此之后的第二年（1863年），他的《黄金价值的严重下降》一书就将他的研究从循环波动引向长期波动。

当这个籍籍无名的年轻人自费发表黄金观点的时候，这一研究课题还是非常落后的。金矿在加利福尼亚和澳大利亚的发现使薛瓦利埃于1859年做出金价将急速下跌的预言，然而当时人们还没有明晰黄金价格这一概念及与之相适宜的度量标准。在此之前，纽马奇和麦克库洛赫[2]曾于1857年和1858年分别表示并不存在黄金购买力的下降，所以在薛瓦利埃发表其观点后，纽马奇分别于1859年、1860年和1861年发表了自己的一系列见解，使这一问题在数年内一直悬而未决。杰文斯不得不切实地从头解决价格指数问题，可以毫不夸张地说，他在这薄薄一册中取得的研究进展相当于所有后继者的总和[3]。逻辑、辩证、称量问题在这本册子中得到细致的考察，算数方法和几何方法得以做出选择，波动不正常的物品被列入排除行列，或者说他开始考虑选择哪些商品作为最佳样本。他甚至以39种商品的平均月度价格为基础，以79种小商品的平均月度价格为补充和检验，编写了从1845年到1862年每年的价格指数。“我想我可以自信地断定黄金价格下降的事实。虽然有关这方面的数字令人沮丧，但是在我看来，价格下跌了近15%，甚至更多。当然，还需要以很多年的数据做参考，才能具有更大的准确度。”

1　贴现率是指将未来支付改变为现值所使用的利率，或指持票人以没有到期的票据向银行要求兑现，银行将利息先行扣除所使用的利率。这种贴现率也指再贴现率，即各成员银行将已贴现过的票据作担保，作为向中央银行借款时所支付的利息。——译者注

2　约翰·雷姆赛·麦克库洛赫（1789—1864），英国资产阶级经济学家、李嘉图学派主要代表人物之一。——译者注

3　杰文斯对于寻找并记录他工作领域中的先驱们有着极大的兴趣。——原注

以上是杰文斯对自己最终结论的表述。最后，杰文斯研究了货币价格变化将对社会造成的影响，根据受影响程度分类各种收入，估算其将对预算和国民债务产生的影响，并探讨“是否需要或是否存在解救方法”“金本位制是否应该被放弃”“世界财富是否在发现金矿之后得以增加”。他得出的最终结论是：“排除个别不幸的存在（如果它们存在的话），我不得不同意麦克库洛赫的观点。总之，金价的下降确实已经带来了有利的影响。它起着其他任何东西都无法起到的作用，即使得债务和习惯上的束缚得以放松。创造财富和获得财富的人的报酬都陡然增加。这使上进的、有一技之长的阶层更加努力生活，而且他们的负担将在一定程度上像减少破产后的债务一样得以减轻。想要取得这样的效果，必须保证良好的国民信用，因为如果信用关系被破坏将造成难以弥补的可怕后果。”

这本小册子在我们这一领域树立了独一无二的地位，不仅体现在它创造性地处理大量统计数据并恰到好处地把握研究资料上，同时也表现在作者在缺乏减轻工作量的工具下独自进行研究而付出的巨大劳动力上。书中附带的大量图示和表格也体现了极高的价值。

对季节性商业波动的研究把杰文斯引向对价格长期变动的探索，而正是对后者的研究和分析使他明晰了同一时期循环的商业波动所具有的特征，对循环波动的研究在他对付论敌时发挥了极大的作用。人们对金价长期下降这一话题存在分歧的主要原因在于这一长期的变动被商业循环所引起的价格变动所遮盖。否认价值标准存在长期

一枚印度古董金币。

变化的人，把他们所观测到的变动归因于商业状况的好坏转换，并以新的精确度对商业循环进行定期、度量。这使他后来做出一个著名的推断，但目前他只是附带进行了对商业循环内在原因的观察，虽然我认为他这阶段的研究比他后来通俗化的结论更加醒目。他做出这样的概括："这些大约在10年中结束的巨大商业波动改变了商业的进程，所有参与商业活动的人对此都不陌生。商业波动的深层原因还不能完全确定，目前看来似乎是永久性和远期投资的资本和为求增值而用于短期投资的资本之间的变动不定的比例关系。"

"如果一个国家每年都能拿出一定比例的资本用于长期投资，那么它所获得的投资回报也将像投入本身那样有规律。但事实并非如此，我们发现这些庞大的、长期的项目总是在特定的时间内增加。"杰文斯把联合王国37年来每年生产的砖的数量、进口木材的数量以及铁的价格都列成图表用以支持自己的结论，这也是杰文斯对归纳的强烈兴趣的体现，以及这一时期他勤奋异常的例证（这仅仅是其中的一个插曲）[1]。

杰文斯在1864年6月4日的日记中写道："我目前正在考虑通过自荐的方式成为统计学会的会员，因为无论是使用这一称号，还是使用它的图书馆和其他统计学家的结论都将对我大有裨益。"我想现在提及此事是恰当的。

1865年5月，杰文斯的另一篇论文《论自1782年以来的价格和通货价值变动》在统计学会宣读。他在这篇论文中发展了指数理论，并付出巨大的努力来继续对18世纪的系列回顾。他于1866年在统计学会宣读了扩展性研究论文。这些论文有效地扩大了他的交际圈，并在1877年他成为协会秘书和国会议员时达到顶点。此时他已经移居伦敦并经常参加我们举行的会议，他于1880年辞去秘书职务时被任命为副会长。

杰文斯的精神和头脑在1862—1866年的时间里一直处于紧绷状态，他靠在澳大利

1　这一插曲原本是《统计图表集》的一部分，杰文斯在1861年曾致力于此。在致兄弟的一封信（1861年4月7日）中，他写道："这一工作的主要定义在于解释1793年、1815年、1826年、1839年、1847年、1857年等年份的商业风暴，使其原因更清晰。我发现议会法案的数目、专利的数量和砖头生产的数量是临近恐慌的最明显的先兆，这些可能由在诸如机械、航道和铁路等不能马上获益的工程上投入大量劳动引起的。砖头生产的曲线能有这样的效果是令人奇怪的，因为砖头和砂浆的生产是最具延续性的。当然，一般这些数字大部分都是人们知道的，但从未这样以图示完整地联系起来、展现出来。有关专利的统计数据，其中有些是文学方面的，是很新的。这种以曲线和直线表示数字的方法当然会在现在的某个时候被人使用过。实际上，在上个世纪末，我发现一本《商业图表》出版了，它的原理与我的原理非常相似，但在其中所用不多的统计方法却全然错误。我认为应当像在地理学中使用地图那样使用它。"（《书信与日记》第157、158页）。——原注

亚的积蓄维持生活，他没有职位，倍感孤单和失落。即便在他已声名鹊起的1866年早些时候，焦虑和压抑也一直困扰着他。1866年5月，杰文斯被任命为曼彻斯特大学欧文斯学院的逻辑学、精神学、伦理学教授，以及政治经济学的科希登讲座教授。他在日记中写道："我现在每年从学院得到的收入是300英镑，从自己的钱财中得到的收益将近108英镑。有了这些钱，我还有什么做不成的呢？"但现在他的大部分精力都消耗在思考和写作之外的事情上。1867年他结了婚，而他的另一项重要的统计学研究在10年之后才得以开始[1]。

人们常常会遗忘，杰文斯的太阳活动理论是在其晚年时期才得以发展的，他以太阳活动的规律来解释商业循环周期，因此这一理论永远烙上他的印记。这一理论分别发表在他于1875年、1878年在英国科学促进协会宣读的两篇论文中，其中第一篇较为简短，论文中他不仅仅是在提出一个可供探讨的问题。威廉·赫歇尔[2]爵士曾于1801年"把太阳黑子每11年一次的变化作为标志，努力去发现谷物价格与阳光能量之间存在的关系。"而R.C.卡林顿[3]于1861年"在他关于太阳规范的工作中给出了一个图示，这一图示反映了19世纪和本世纪谷物价格和太阳黑子活动曲线的比较关系。"以上两次研究都以失败而告终，但亚瑟·舒斯特（杰文斯在欧文斯学院的同事）却使这一理论再现生机。他指出："大约每11年西欧就会出现葡萄丰收的年景，而这一规律与太阳黑子明显活动的平均周期完全吻合。"《英国的农业与价格史》是索罗尔德·罗杰斯于1866年出版的，此书的出版为杰文斯分析较长时间段内小麦的价格提供了丰富的资料。在他生活的年代，每10年或11年就会发生一次商业危机，1825年、1836—1839年、1847年、1857年、1866年这些年份就曾发生过商业危机，这中间难道没有必然的联系吗？于是，杰文斯断言："虽然这样的思路表面看来太过牵强并且像精心设计的，然而，金融危机在最近50年发生得如此有规律，以至于哪种解释看起来都是合理的。"但他很快就醒悟过来，这只是一个思维的碎片，他还不能将这一想法发表。"后来的研究证明了这一点，我的数字并不支持我从其中得出的论点，于是我将论文撤回，未予发表。"

1　他的论文《联合王国的金币状况，参考世界通货问题》于1868年在统计学会宣读，它并不是很重要，尽管是经过精心加工的。——原注

2　弗里德里希·威廉·赫歇尔爵士（1738—1822），出生于德国汉诺威，英国天文学家及音乐家，曾有多项天文发现，包括发现天王星等。被誉为"恒星天文学之父"。——译者注

3　卡林顿（1826—1875），英国天文学家，发现了著名的卡林顿太空天气事件。卡林顿太空天气事件指一次强大的太阳风暴有可能给地球带来的灾难，它会危及人造卫星和宇宙飞船，使无线电通信中断，还会破坏输电设备。——译者注

然而，每个深陷“天衣无缝”意念中的人都难以自拔，这种因子深植于他的体系中。杰文斯于1878年在英国科学促进协会宣读的论文表明他的研究又回到原点，他在《自然》上发表的论文还对这一观点做了重述。以下三个新的发现成了支持其论点的理由：第一，他几乎上溯到18世纪初的研究，这使他发现了10年或11年一次的规律性商业危机。第二，他的天文学家朋友指出太阳的周期变化是10.45年，而不是他所猜想的11.1年，更正后的数字与商业危机的序列更加吻合。第三，因为价格数字产生的不利结果，他放弃了用欧洲的收成来解释太阳黑子对商业产生的影响，取而代之的是印度的收成情况。对此，他的解释是印度农民的购买力在持续增强，他们在购入进口商品的同时也促进了欧洲的经济发展。

杰文斯的观点史无前例的明晰，他以大量的论据来证明约每10.5年发生一次商业危机的规律，他将此与天文学家得出的10.45年的太阳周期进行比较，并将其称为“完美的一致”，事实上，他对这一巧合的推理无疑是武断的。在写给《自然》的文章中他提及：“在经过深入详细地研究之后，我是如此急切地想要证明，每11年一次的商业危机确实依赖于相同周期的气象变化。”然而，他却忽略了与商业危机时间相关的坏年景的时间核算，而这是寻找商业危机周期与气象变化周期之间是否有直接联系的不可或缺的第一步。在1875年的一篇论文中，他发现了丰收年景带来的乐观精神这一环节（当时他还将研究建立在欧洲的收成之上）：“刊登于《曼彻斯特统计学会会报》（1867—1868）的约翰·米尔斯先生的关于信用循环的优秀论文指出：这些周期性的危机从根本上源于沮丧、希望、兴奋、失望、恐慌等心理的反复变化，它实际上是精神性的存在……然而，即使假设商业信用和企业变化主要是精神性的，那么难道就没有外部因素使人们在希望、失望、沮丧这些情绪之间转换吗？可能英国的商业阶层就像现在这样形成一个群体，这个群体在受到精神或其他方面的影响下经受了貌似与太阳黑子有关的周期性波动。在这样的背景下，如果以相同的方式反复出现食品价格的微小波动，那么在波动的某个相关点上，就有可能产生强烈的反应，从而造成强烈的影响。”

1878年，他将研究的一切基础都建立在由印度或其他地区的周期性收成变动而造成的对外贸易每10年一次的规律波动上，他还将这一理论称为“奇思妙想假说”。不幸的是，这一研究方法造成时间确定上的困难，而他却不可思议地忽视了这一点：“当英国发生商业危机时，印度德里的价格却居高不下或正处于上升状态，这是目前研究面临的一个困难。结果是不可能先于原因的，我们应该设想到，我们这里可能要在一两年后才能感受到印度坏年景带来的影响。事实上，正是在马德拉斯[1]的饥荒之后，孟加拉才发生同样的事情。”

归纳性观点在这里显得极其脆弱，但如果假定世界范围内的歉收年份与大丰收年份能交替出现，且出现的规律与太阳周期一致的话，杰文斯就可以为其理论找到坚实的基础，并因此把目前的论题与商业周期源自投资波动理论相联系（后一个理论他在1863年就已经提出却被抛诸脑后）。 因为由消费过多而引起的作物产品储存的投资或不投资波动规律，与杰文斯同样归因其上的对耐用品新增投资的波动规律在结果上是相似的。

把假说建立在归纳性研究之上或许是错误且轻率的，但杰文斯的研究无疑给人类带来一次革命性的变化。作为逻辑学家和专于理论演绎的经济学家，杰文斯创造性地运用了截然不同的方法来研究问题，从经济学方法转向以实践为基础的自然科学方法，这使经济学向前跨越了一大步。经济学所面临的是反复无常的实际素材，杰文斯苦苦追求的是极端困难的艺术，可以说，他是孤身一人在空前绝后地磨炼技艺。

杰文斯所写的关于太阳黑子的文章无论是在天赋上还是在成就上都无法与《黄金价值的严重下降》相提并论。后来，天文学家们转而认为11.125年才是太阳的平均周期，而7或8年的周期比10或11年的周期更常发生商业危机，这些对杰文斯的理论都造成很大的冲击。但他的儿子H.S.杰文斯教授在1909年又以巧妙的方式重新思考了这一问题，他提出：根据统计数字，收成的周期规律可以是3.5年，而正是2个或3个这样的小周期形成了7年或10.5年的周期变化。威廉·贝弗里奇[2]爵士则在战后对收成统计做了更加精细的研究，结论是一个复杂的15.2年的周期，且这一周期可分解成若干个次周期[3]。目前，人们已广泛认同这一观点，即使收成周期与太阳周期或其他更复杂的气象现象有关联，也不能作为是对商业周期的一种完整解释。过于绝对、过于精密的表达形式使杰文斯关于气象现象、收成波动、商业循环依次影响的观念陷于偏见中，然而即便如此，这一理论也不会轻易被抛弃（尽管今天它已不像过去那么重要了）。

---

1 马德拉斯，金奈的旧称，南印度东岸的一座城市，坐落于孟加拉湾的岸边。——译者注

2 威廉·贝弗里奇（1879—1963），英国人，福利国家的理论建构者之一，他于1942年发表《社会保险报告书》（也称《贝弗里奇报告》），提出建立“社会权利”新制度，包括失业及无生活能力的公民权、退休金、教育及健康保障等理念。他是自由主义者，主张市场经济。他于1944年发表《自由社会的全面就业》一书，主张由国家及市场导向的私人企业来联合运作，对当代社会福利政策及健保制度深具影响。——译者注

3 发表于1920年和1921年的《经济学杂志》以及1922年的《统计学杂志》的文章中。在统计学会的讨论中，他对15.2年周期的进一步分析遭到尤尔先生和其他人的严肃批驳。——原注

（4）

对于建立在简化抽象的假设之上的演绎经济学，杰文斯同样做出了富于创造性的贡献。他的思想可以追溯到1858—1859年其在澳大利亚的独自思考时期，当时他只有二十二三岁。1860年他在伦敦大学工作时，一个成熟的理论已经形成，他在1860年6月1日给兄弟赫伯特的信中写道："前段时间，我花费很大的精力来研究政治经济学，幸运的是，短短数月我就得出了'真正的经济理论'，我对此深信不疑。这一理论是如此合理、透彻，以至于我再去阅读其他相关著作时简直充满愤慨。我认为这一理论在原理上都是数学问题，当然，它的数据计算异常庞杂，目前完全没有完成的可能性。但是，我已经用数学方法证明了所有以前得出的政治经济学的主要原理，它们如同许多几何问题一样，非常严谨且相互关联，只需要处理一系列的定义、公理、定理就可以得出结论。其中最重要的一个公理是：随着商品消费量的增长，从最后一部分商品中得到的效用和益处以某种规律递减。以人们必须消费的简单食物为例，在用餐的过程中，人们所得的享受从开始到最后是递减的。我做出一个假设：平均来说，效用比率是商品数量的一个连续数学函数。政治经济学家们总

文森特·凡·高（1870—1890）的作品《戴帽子的割草者》，画中描绘的是一个农民正用镰刀收割成熟的谷物。

是用复杂得多的形式来表达效用原理，并称之为供给与需求原理。而事实上，如果以简洁明了的方式来进行表述，政治经济学将更加清晰。当然，在证明的过程中，多数结论和表述方法都是原有的，但就我所知，我提出的资本定义以及资本利息原理还是相当有新意的。我并不打算将这些观点束之高阁或被他人抢占先机，我计划在明年春天就将其公布于众。”

然而，他理论的大概内容在两年后才公布。杰文斯将一篇题为《政治经济学一般数学理论的介绍》的短篇论文寄给英国科学促进协会的下属机构。1862年，这篇论文在剑桥举行的会议上得以宣读，当时他并不在场，而当时马歇尔正是剑桥的一年级本科生。虽然心存疑虑，但杰文斯对这篇论文的水准和价值充满信心，热切盼望它能产生某种效应。在1862年9月写给兄弟的信中，杰文斯写道：“虽然我知道这篇论文所蕴含的价值等于其他所有宣读的论文的总和，但我不敢确定它一定会被人们接受，我担心它是否会被宣读，或者人们会不会将其看成是作者的胡言乱语……实际上，我十分好奇这篇论文将会对我的朋友们乃至世界产生怎样的反响。我会像炮手关注炮弹或弹丸的飞行轨迹一样去关注它，看它能否产生我预期的效果。”

但这篇论文并未引起任何关注，甚至没能发表。英国科学促进协会的秘书回复他：“对上述理论进行深入解释并发表的工作将被推迟，直到适宜的时机将如此困难的问题确立为研究目标。”4年之后，这篇论文才得以在《统计学杂志》（1866年6月）上发表，占了5页的篇幅。杰文斯的27个段落对于现在的读者来说是很流畅的，但作为一个完整理论的摘要和提纲，还是稍显复杂。然而，我们换个角度来看，这篇短小的论文包含了他后来所有思想的实质性内容。一个享乐主义者的计算使我们在消费带来的效用和劳动产生的负效用之间寻求平衡点，商品的价格由消费的边际效用和生产的边际负效应之间的平衡决定，而非取决于商品的总效用。或者如他所表述的：“物品供给最后那个无限小的增加值与它所带来的快乐增加值之间的比率就是效用系数。”“劳动将在一定的强度和持续时间下被连续使用，直到继续使用劳动带来的痛苦比由此产生的快乐要多。而资本量则由资本用于投资所造成的享受推迟所代表的效用来估量……因为劳动必须要有一定的资本相辅助，而利息率则总由新的产出增量和用于生产的资本增量的比率决定。”以下的结论句表明他与古典学派的分歧：“资本的利率与对劳动的全部回报无关，与之相关的是最后的资本增量所增加的回报。”

5年后，这一摘要在1871年10月出版的《政治经济学原理》中完整地表述出来，虽然它并未比第一次宣读时获得更多的重视。H.S.杰文斯教授表示：“根据父亲手稿上的一条笔记[1]推断，要不是弗莱明·詹金教授发表于1868年和1870年的两篇文章带来的影响，这本书极有可能推迟到1871年后才能出版。”无论从顺序上还是实质内容上来看，这本书都紧扣杰文斯10年前的那个摘要，只是它完成了摘要中做出的承诺："减少以数学形式表述这一科学时遇到的主要难题"，他以插入图示和以数学形式表述论点的方法来做到这一点，为此他频繁地使用微积分符号。

人们熟知杰文斯的《政治经济学原理》以及它在这一学科历史上所处的地位，此处对于本书的内容，我就不再赘述了。1871年的时候它独特的开创性已不如1862年时那么明显。因为，即使不谈古诺、戈森[2]、杜普特、冯·屠能[3]及其他的一些先驱者，还有另外几个以瓦尔拉斯[4]和马歇尔为主的经济学家正忙于描绘各种方程，"X"和"Y"、"Δ"和"&"。然而，我们无法否认，价值的主观评价、边际原理以及政治经济学中常见的代数和图示技术正是在杰文斯的《原理》中第一次得以完整地体

1　这一笔记原文如下：对于这篇以及弗莱明·詹金教授的其他论文，看来我有必要澄清一下，以免误解。我的理论最开始是在1862年英国科学促进协会上宣读的，并且发表在1867年的《统计学杂志》上。1868年3月，詹金教授为《英国季度评论》写了一篇文章，他在其中以数学语言重述了供给和需求法则。他很殷勤地寄给我一个副本并征求我的意见；作为回答，我把上面提到的论文的副本寄给他，并寄一封信，对理论进行修正，其中我为了说明问题，在正误两方面都使用了曲线图。这件事在某种程度上促使我在1871年写作并出版《原理》一书。——原注

2　赫尔曼·海因里希·戈森（1810—1858），德国经济学家，是边际效用理论的先驱，生于德国西部的迪伦；1829—1833年先后在波恩大学学习法律和公共管理学，毕业后曾当过律师、地方政府税务官；退休后与他人合办过保险公司，后退出经营，专心致力于经济学研究与写作。——译者注

3　约翰·海因利希·冯·屠能（1783—1850），德国农业经济和农业地理学家。其一生主要研究农产品的运输与农业生产区域的关系问题。曾提出"农业区位论"。1826—1865年出版3卷本的《孤立国》。该书设想一个孤立的城市位于一个肥沃平原的中心，四周为荒野，无水路运输。在这一模型中，农业生产表现为一系列的同心圆。较重的易腐农产品的生产靠近城市的中心带，较轻的、易于储存的农产品生产则安排在较远的边缘带。距城市越远运费越高，土地的报酬将递减，直到其地租为零。此外，耕种方法也不同，城市附近，地价较高，耕种最精细，反之则粗放。这种农业区位论模型曾一度被普遍采用。——译者注

4　瓦尔拉斯（1834—1910），法裔瑞士经济学家。在瑞士洛桑学院开创了后来以"洛桑学派"著称的经济学学派（1870—1892）。其作品《纯粹政治经济学纲要》（1874—1877）是最早用数学方法对一般经济均衡进行全面分析的著作之一。瓦尔拉斯在完全自由竞争社会制度这一假设下，创立了一种数学模型，其中生产要素、产品和价格会自动调节以达到均衡。这样，他就把生产、交换、货币和资本各方面的原理联系起来。——译者注

现。这是经济学的第一本现代著作，这本书对那些新近被吸引来的智慧头脑具有独一无二的吸引力，它简洁流畅而非闪烁其词，它以大刀阔斧的方式来诠释马歇尔精雕细琢的篇章。为了让你回想起它的这些独特之处，让我们随便翻开一页来读读："事实上，劳动一旦付出，就永远失去了，它对物品的未来价值也就不存在影响了。我们都保持清醒的头脑，在每一个起点通过事物未来的效用来判断其价值。而实际上，工业是具有前瞻性而非回顾性的，很少会有一项事业的结果能与最初对它的预期一致。

"价值并非取决于劳动，但在很多情况下，劳动却起到决定性的作用。因为最终的效用程度决定价值，而这一效用程度又由消费商品的多少来决定，而改变消费商品的方法则是增加或减少劳动。由此我们可以看出，从劳动到价值有两个步骤，劳动到供给、供给到效用程度，而效用程度则决定了价值或交换比率。让我们以行列的形式来表述这一关系，以确保其准确无误：

供给由生产成本决定；
最后效用程度由供给决定；
价值由最后效用程度决定。

因为与奥地利学派[1]一起强调了资本数量的两个向度，以及从资本到产出所必需时间，杰文斯的资本理论最近获得了特别的赞誉。然而，正如罗宾斯教授所指出的，那些被"工资基金"思想的附和玷污了作为一个整体的杰文斯的理论。按照杰文斯的说法，"资本只存在于那些必须由某个行业或某个阶层的劳动者持续不断工作的商品集合中"。在他看来，"工厂、船坞、铁路、船只仅仅代表沉淀下来的资本，它们本身并不是资本"。"所以，我会说铁路中有资本，而不会说铁路是资本。事实上，铁路确实不是资本，资本是那些铁路建设者的食物。"在一些段落中，他令人钦佩地洞察到：在供给方面，预期的当前效用量决定着资本；而在需求方面，预期的未来效用现值决定着资本。

出人意料的是，这本书也没有马上获得应有的关注。关于此书只有两篇重要的

1 奥地利学派是近代资产阶级经济学边际效用学派中最主要的一个学派，产生于19世纪70年代，流行于19世纪末20世纪初。因其创始人门格尔和继承者维塞尔、柏姆·巴维克都是奥地利人，都是维也纳大学教授，都用边际效用的个人消费心理来建立其理论体系，被称为维也纳学派。又被称为心理学派。——译者注

评论——代表老一代的凯尔恩斯[1]的评论以及代表新一代的马歇尔的评论（这篇评论是马歇尔发表的第一篇文章）。凯尔恩斯表示，由于他不懂数学，这本书读起来晦涩难懂，但这显然并不妨碍他最终对此书的全盘否定。马歇尔的评论则显得平平淡淡："哪怕你确实熟读此书，也不会发现确有新意的观点。这本书的价值在于创造性的对细微之处的描述，在于暗藏的评论和谨慎的类推，而不在于冠冕堂皇的原理。"最终，他极具个性地做出自己的评论："如果剔除其中的数学论述，只保留图示，这本书将有所不同。"面对这样的评论，杰文斯在信中表明自己的态度："这篇发表于1872年4月1日《学术界》上的评论，虽然看上去比《星期六评论》上刊登的那一篇公平些，但也不值得你去费心关注它，它同样没有什么评论价值。"杰文斯在1874年还写道："我并不清楚是否某个英国的著名经济学家接受了我的观点，但他们中确实有人对此刮目相看，这些人是学界内年轻的数学家和经济学家，其中包含著名的博物学家之子——乔治·达尔文[2]先生，他是一位优秀的数学家、敏锐的经济学家。"

杰文斯与马歇尔的关系很有意思，在杰文斯过世后8年，马歇尔才在其《政治经济学原理》中勉强提及杰文斯，他很不情愿承认对杰文斯有所亏欠。杰文斯在1874年前从未去过剑桥，那年他首次来到剑桥并充当伦理科学学位考试的监考人。马歇尔在给我的信中写道："我唯一一次见到他是在1874年，当时他担任我的监考人。肯尼迪博士曾经写下如下的诗句：'他们是年近花甲还是已然接近古稀？哦，皮尔森、加德纳、福克斯韦尔、杰文斯'。"

事实上，他与福克斯韦尔教授经常有书信往来，他们是亲密的朋友。在杰文斯1875年和1879年致福克斯韦尔教授的两封信中表明，他们的讨论涉及马歇尔在一些理论建树上的所属权。杰文斯在1875年的信中写道："你在信中提及我的论文，我对此很感兴趣。事实上，它告诉我很多目前剑桥风行的哲学思潮，而这是我以前无从得知的。例如，我就不知道马歇尔很早就接受了政治经济学的数量理论，它没能及时发表真是遗憾。"

"你、他以及其他人反对我所采用的数学方法，这在我看来是坦率之举，我个人也很乐意接受来自各方的评论。但我想争论的是：我的效用观念是正确的，而建立它

1　J.E.凯尔恩斯（1823—1875），英国古典经济学家。——译者注

2　乔治·达尔文（1845—1912），英国天文学家，生物学家查理·达尔文的第二个儿子，生于肯特。1868年毕业于剑桥大学。自1873年起在该校任教，1883年晋升为天文学和自然哲学教授。1879年被选为英国皇家学会会员。1899年任英国皇家天文学会会长。1905年受封为爵士。——译者注

的唯一适宜的方法是数学方法。”

他在1879年的信中写道：“关于工资和地租原理的相似性，我根本不知道1869年马歇尔在他的讲座上讲过什么，因为我不在现场，而且我也从没见过讲座的笔记。如果硬要说有什么的话，我曾以监考人的身份听到考生们的答案，但我完全不记得谁谈及过这方面的内容……

木刻作品，描绘的是一名美国执法官正在堪萨斯州和内布拉斯加州边境地区执法。约作于1870年。

“我完全没有这样的愿望，也没有理由来怀疑马歇尔的独创性，但你似乎忽略了一点，即早在1862年英国科学促进协会的剑桥会议上，我的主要观点就已经被完整地表述出来。我不曾怀疑马歇尔见到过我第一篇简短论文的只言片语，但同样，在我1871年的《政治经济学原理》一书中，我也不可能从马歇尔那里借用什么。不过，在已经发现了戈森、古诺、杜普特等人著作的现在，我们再来争论所属权问题已经没有多大的意义或根本没有意义了。当然，我们还可以讨论那些细节以及整体的表述方法。”

在上文描述中，杰文斯还漏掉了一点，就是1866年他整个理论的摘要都已经在《统计学杂志》上发表过，而要找到这篇摘要并非难事。那些关于杰文斯抄袭马歇尔的暗示是极其荒谬的，但其他人在杰文斯做出上述澄清后，仍对“1869年讲座上马歇尔的演讲内容”保持缄默。马歇尔是否因为缺乏同情心而对杰文斯有所亏欠呢？对此，数年后我们在马歇尔的文札中捕捉到他的不安：“我兴致勃勃地阅读了杰文斯的《原理》，它对我并无多大帮助，但从此以后，我将给予其较高的评价。他考虑问题全面周到，能巧妙地把统计数字与分析研究结合在一起，这些都给我留下了深刻的印象。如今，我已将其尊为最伟大的经济学家之一。但我仍坚持认为他在《原理》中的核心论点立意不如古诺和冯·屠能的著作。他们都是运用数学的高手，手中紧握能照亮自然力的多方面相互作用的镜子。而杰文斯则如同大卫穿上了梭罗的铠甲，在描绘货币、统计学以及一些实际问题上无人能及。然而，数学也同样拖累了杰文斯的核心论点，他居然试图渗透自然运动的法则，并将它们逐一列出。他的忠诚和慷慨是促使其如此行事的部分原因：学生们深受穆勒教皇般权威的危害，杰文斯也未能幸免。为了与穆勒和李嘉图保持一致，他甚至试图扭曲自己的观点，事实上最终他也没能做到这一点。李嘉图在没有受过专门数学训练的情况下，顺利走过了数学推理中最易迷惑人的部分，他的这一天分是穆勒所不具备的，也正是因为这一点，他成为我心目中的英雄，我对他的热切崇拜在阅读杰文斯的《原理》时达到巅峰。《学术界》的编辑听闻我对这本书费尽心力，就请我为此撰写评论。虽然已历经四分之一个世纪，但我仍清楚地记得，那些愤怒的字眼如何写进我的草稿，又被迫删去，如何用在其他地方，而后再次将其删去……在经济学领域的诸多方面，杰文斯教会我的东西要比其他经济学家多得多。但在我的《原理》序言中，我更有义务向古诺、冯·屠能表达感激之情，而非杰文斯。”

两位现代经济学奠基者相互缺乏认同感的原因在这一段落得以揭示，是因为采用了相同的方法而导致竞争更加激烈。这就是两人对待李嘉图这个预言者的分歧，虽然身份相异，他们对此都投入极大的感情，两人的态度都符合这一学科的要求，但立场却恰恰相反。杰文斯在1875年致信福克斯韦尔教授：“我开始强烈地感到，从斯密经由马尔萨斯到西尼尔[1]这一支是经济学发展历程中正确的一支。至于李嘉图到穆勒的这

1 纳索·威廉·西尼尔（1790—1864），英国著名古典经济学家，对当时的政治事务影响力极大。求学于伊顿公学和牛津大学，1812年毕业，是19世纪上半叶的主要经济学家。——译者注

一支，虽说也带来了真理，但同样带来了诸多谬误。”杰文斯在1879年《政治经济学原理》第2版的序言中得出这样的结论：“在经济学正确体系最终趋于建立之时，我们发现，是滥用才华的李嘉图将经济学引入歧途，而他的追随者——同样滥用才华的约翰·斯图亚特·穆勒则在这一歧途上渐行渐远。像马尔萨斯和西尼尔这样的经济学家，虽然当时没有完全摆脱李嘉图式的错误，但对正确的学说有更好的理解力，但他们深受李嘉图—穆勒学派的排挤，从头再来在经济学研究中是一项极其繁重的工作，所以盼望经济学有所进步的人决不应望而却步。”

人们都知道，杰文斯对穆勒的反感甚至达到病态的地步。“批评穆勒的作品而不招来敌意，这几乎是不可能的。你认为我对穆勒的批评并非因脾气暴躁或出于感情用事，我希望你的这一判断是对的。我是在经过对其著作的长期思考后，才评论过或即将评论有关穆勒的一切。我越来越相信，穆勒的思想绝不应如一种新教义一般强加在我们身上，无论它对于激发思考和引导社会科学研究有多大价值。”在1874年的一封信中，杰文斯这样写道。

在与他交往密切的年轻人中，福克斯韦尔教授的观点就被完全扭转过来，当然这一过程不可否认地存在同情心的因素。至于常常和他在汉普斯特德荒原上漫步的埃奇沃思，则仍然“深陷于穆勒的谬误中”，这让杰文斯无法原谅他。我认为，杰文斯的这些情感和态度与其人生经历密切相关。他于1860年从澳大利亚返回后不久，便开始在大学学院攻读文学学士学位。随着自己的理论进一步地酝酿和成形，他产生了一种对考生来说极其危险的想法，他认为自己将成长为世上唯一一个掌握正确概念的经济学家。然而，我们发现，在学院考试结束之后的1860年6月，他不得不面对这一情形：“在政治经济学上，我遭遇了前所未有过的挫折。我抛弃那些平庸之作，阅读成堆的优秀作品，对这一学科做了独立且富于创造性的研究。当我信心满满地以为第一名奖学金将非我莫属的时候，却被排在第三或第四。我只能认为教授们是因为观点的分歧而对我的回答心存偏见，这完全是被允许的。我决心在一个切实的基础上重建这门学科，当我公布自己的《经济理论》时，我要进行强烈的报复。”

有趣的是，比杰文斯小3岁的H.H.科斯–哈代获得了第一名的奖学金，哈代后来成为罗尔斯学校的校长。数月之后，杰文斯在政治经济学李嘉图奖学金考试中击败了科斯–哈代。在6月的精神与逻辑哲学考试中，杰文斯与西奥多·沃特豪斯并列第一。所以，实际上，并没有什么值得他抱怨的。但这对他的精神却造成奇怪的影响。在他成为欧文斯学院教授的时候，学生们已经习惯了伦敦大学的考试方式，他的良知告诉他让学生们继续经历他所遭受的冷遇是不公平的，所以他选择掩藏个性化的教育方法。很久以前，父亲告诉我，杰文斯的课程主要局限在对穆勒学说的陈述上[1]，正是由于对自己理论的压抑，使杰文斯对穆勒的厌恶之情达到巅峰。我最近看到一个学生关于杰文斯课堂内容的记录，这一记录证实了以上的说法。

（5）

在撰写艾尔弗雷德·马歇尔的传记时，我突出了其独具的多种天赋，这似乎是经济学家的必备条件[2]。杰文斯可被誉为这方面的典范，科学和实验的训练使他深谙归纳研究的方法，而天赐的逻辑和分析能力使他精通演绎的方法，除此之外，历史学甚至文物学也引起了他强烈的好奇。杰文斯在早年就拥有这种天然的倾向，对归纳性研究和感兴趣的理论他都一定要追本溯源。他在《煤炭问题》中使用的历史资料是如此的丰富，很少有经济学家能做到这一点。他在研究太阳变化的时候，将商业循环的历史追溯到18世纪初，并且对数个世纪的收成统计进行了考察。杰文斯试图把自己塑造成价格史和商业波动史领域的先驱。

对于经济思想史和经济理论史，杰文斯的兴趣远不止于此。对于所接触的每一个专题和关心的每一个理论，他都有兴趣挖掘出那些不知名或已被遗忘的先驱们，他在

1 他在对在欧文斯学院的教学方法进行解释时（《书信与日记》第284页）写道：“我一般都是遵循穆勒在《政治经济学》中的论题顺序，但需要时，我会在观点和方法上保持很大的独立性。涉及通货这一专题时，我干脆把他的书抛在一边。”但我相信，这不足以是他冒险教授边际原理及《原理》中的其他个性化的教义，而他在通货上的观点与穆勒的观点相差无几，参见《书信与日记》第409页。多年以后（1879），杰文斯为银行家协会的考试推荐了穆勒的《政治经济学》并辩解说：“为有能力的读者提供理性判断的观点是一回事，而以考试的方式向年轻人灌输观点是另外一回事”。科利特小姐告诉我，由于政治经济学只是伦敦大学文学学士学位考试的科目，而不是其文学硕士学位考试的科目，所以，杰文斯那些参加伦敦大学考试的欧文斯学院的学生中，为获得硕士学位而参加逻辑学考试的人远比参加政治经济学考试的人多。她还认为，杰文斯对穆勒的反感主要集中在逻辑学而非政治经济学。但是我认为，杰文斯对穆勒的《政治经济学》心存敌意是毋庸置疑的，其程度最少可与逻辑学的敌意相比。——原注

2 许多资料表明，杰文斯非常清楚作为一个经济学家所需的多方面的素质，参见《书信和日记》第101、116、118页。“经济学，科学地说，是一种集成度很高的学科。它实际上是一种模糊数学，用以计算人们辛劳的起因及结果，并说明利用辛劳的最佳方式。有大量属于不同分支又相互联系的知识与人们的境况相关，这些知识与政治经济学的关系类似于机械学、天文学、光学、声学、热力学以及其他物理科学的各个分支同纯数学的关系……从事物理科学的人源源不断，而实践性科学及艺术可能只有放任自由，但在我看来，透彻地理解社会原理乃是当今最强有力的事业。”——原注

这方面最辉煌的成就是发现了康替龙的著作，并挖掘出它们的重要意义。而在经济文献目录方面的探索工作则是他最具实际意义的贡献，他在《政治经济学原理》第2版上附录了“数理经济学著作、学术论文以及其他出版作品”上的参考文献目录，而货币问题的文献目录则附于《通货与金融研究》之后。

除此之外，作为天生的收藏家，杰文斯是经济学图书收藏癖一族的首倡者。收藏籍籍无名的经济学图书和小册子的人当首推杰文斯，虽然它们作为历史资料的价值是被麦克利勋爵第一个发现的。正是因其留下的风尚，书商们四处搜罗那些最不知名的经济学小本本和小册子。当然，杰文斯却并没有达到收藏爱好者那种如痴如狂的境地，他从未高价收购过图书，因为他本身就是收藏丰富的图书馆。即便如此，福克斯韦尔教授也已深受其苦[1]。我们现在还能从他的信件中发现那些让现代藏书家无法企及的记载：“我做了一笔大买卖，购买了近500本经济学和政治学小册子，每本大约半便士[2]。其中的一些尤为难得，有一两本罗伯特·欧文[3]的著作，我还得到精心誊写的宛如图书目录般的藏书清单。”杰文斯于1879年4月8日在索尔兹伯里写给妻子的信中写道。

“我的大部分时间都消耗在塞纳河边，我已经淘到将近一整箱的经济学书籍，它们极富科学和历史价值，但价格却难以想象的低廉。”1881年，他从巴黎写来的信中提到。

他的妻子记道：“他享受在悠闲的午后逛老书店的乐趣，无论接触的是比他地位高的还是地位低的人，他都一样的温和、恭谦，这让书店店主们深受感动。起码有两家他常光临的书店把他当作朋友来对待，店主们都乐于将那些他们认为适合他的书籍留下来等他过目。”

去世之前，杰文斯的藏书已达数千卷，有的沿墙摆放，有的安置在走廊，有的只能堆放在阁楼。如何处理这些书在当时给他的妻子和家庭造成很大的困扰，这些书在后来逐渐被移走并分散到各地。曼彻斯特大学欧文斯学院图书馆在1907年首先获得允许来挑选藏书，他们带走约2400卷书，并贴上特殊标签藏于图书馆。伦敦大学学院图

1　有一天，杰文斯对福克斯韦尔说：“为什么你不时常到大波特兰大街（当时是一个旧书市场，特别是与欧斯顿路相连的部分，如今是一个二手市场）走动呢？我到那里很少空手而归。”福克斯韦尔教授告诉我说，这是事情的开始。1881年，杰文斯又致信福克斯韦尔教授：“我偶然听说你到书商那里去了，相信你又搜罗了一堆经济学书籍”。这句话适用于随后55年的每一天。——原注

2　便士，英国货币辅币单位，类似于中国人民币的“分”。——译者注

3　罗伯特·欧文（1771—1858），英国空想社会主义者，也是一位企业家、慈善家。——译者注

书馆在后来也被允许取走了几百本书。他的儿子H.S.杰文斯教授在剩余的书中保留一部分，主要是当作工作用书的一些较为现代的书籍。在他放弃阿拉哈巴德大学教授职位时，他把这部分书籍捐献给大学里由他建立的经济学图书馆。杰文斯还藏有一些银行券，他将其称为“其他人几乎不可能拥有的收藏品”。

（6）

只以杰文斯在经济学和统计学上的杰出贡献来概括他的全部工作是远远不够的，杰文斯作为逻辑学家的声望与其作为经济学家的声望不相上下。以现代的观点来判断，后穆勒时代，逻辑学的英国学派就已难以为继，杰文斯与其同时代的学者在逻辑学上的重要性日趋下降。1866—1876年是他工作的第二阶段，其中关于逻辑学的思考不仅占据了他大部分的时间，还成了他教学任务的一大块（欧文斯学院时期一直如此）。逻辑学著作在他一生所出版的书籍中占到半数以上，《科学原理——一篇关于逻辑学和科学方法的论文》是其中篇幅最长的论著，多年来被广泛使用。即便如此，杰文斯在经济学和统计学发展历史上起到的作用也要远远高于他在逻辑学发展史上的影响，对其在这一领域的贡献我就不再一一回顾了。

杰文斯在其一生的最后十年产生一种强烈的愿望，就是以简洁、条理清楚、充满趣味的文风概括他所喜欢的专题。将那些在美国发行和以六七种外文发行的众多版本排除在外。截至目前，他出版于1870年的《逻辑学初级教程》已售出13万本；出版于1876年的《逻辑学入门》已售出14.8万本；出版于1878年的《政治经济学入门》售出9.8万本。出版于1875年的《货币与交换机理》是另一本内容广泛的基础性著作，这本书在英国已售出约2万本，在美国销售也不好，甚至一度出现廉价的盗版书。

半个世纪里，那些学习逻辑学和政治经济学并生活在英国、印度和自治领的初等学生们，实际上都是从杰文斯的这些著作中汲取营养并茁壮成长的。他的这些小册子观点鲜明、简单易懂，没有过分的教条主义，也毫无沉闷之感。这些特点正符合基础教育的要求，因为依据此书，教育者们可以简单而明确地给出考试题目。作为一个考试制度的推崇者，杰文斯对此毫无责备之心，何况考试制度确实对当时的教育和行政做出过重大贡献。他曾在《精神》（1877）上发表一篇关于“束缚”的文章，其中的结论是这样的：“我并不想一一批驳针对大学考试制度的反对意见，我的目的在于阐明自己的观点。在我看来，无论是对智力施以严格而确定的训练，还是从那些经受严峻考验的人中选拔人才，考试都是最为有效的方法。这是我对那些反对“束缚”的人的回答。我坚信，如果人们在某种教育模式下从严格、公正的考试中脱颖而出，那这必定是一种优秀的教育体系。不可否认，教育能够唤起人们的智力、道德，甚至体

1870年发行的西班牙银币。

力，而经验也证明了考试可以使人们更好地适应生活。”

“哲学家、学者和各种各样的天才都同诗人一样是天生的，而不是教育出来的。所以，教师的职责不在于培养这些天才，也不在于把那些指导日常生活的知识强加给学生（这才会成为所谓的‘束缚’）。教育的终极目的在于开发头脑潜能，让学生能清醒、理智地对待人生中可能遭遇的种种经历，而被认为是‘束缚’的考试制度正是达到这一目的最精良、有效的训练体系。以上就是我对教育的观点。”

在道德和感情方面，杰文斯是一个彻底的充满热情的个人主义者。在生命的最后历程，他对政府和社会经济生活的关系产生了浓厚的兴趣。他在1869年为曼彻斯特统计学会做了一次新奇的演说，在演讲中他表示一个人的品格与健康无关，而且品格比健康更加重要。他还表示各种各样的免费医院和医疗慈善机构败坏了穷人的品格，为此他深感痛惜。他是这样表述的：“在我看来，政府针对免费公共医疗处、诊疗所、医院以及大部分的私人慈善机构制定的这些医疗慈善事业的政策存在很多问题。穷困阶层因为能从这些慈善机构得到日常用品而放弃了自食其力的打算，选择依附于富裕阶层。”在这种维多利亚式的强硬背后深藏着伟大的感情，如果我们能重新直面这种严苛的感情，或许它就会支撑我们，给予我们面对厄运的力量，以及忍受痛苦的信念。杰文斯最终给出这样的结论：“尽管社会的发展还没能做到完全抛开一个阶级给予另一个阶级的公共或私人的慈善行为，但我们应该朝这一方向努力。最终，社会的进步将会使每个阶级都能自食其力。”

由于受到一些现实想法的影响，随着时间的推移，杰文斯逐渐向“左”靠拢。他认为教育与医药等慈善事业不同，它并不会改变穷人的“品格”，所以他始终坚持呼吁对教育和适宜的博物馆给予大规模的公共投资。当然，他的这些“左”的言论仍然远远没有达到穆勒生前的程度。像亚里士多德一样，在“民众的娱乐”一文中，他把为民众提供有益的音乐看作是一项公共职责。“大批定居的、有教养的德国中产阶级”促使了大厅管弦乐的产生，杰文斯将其视作可以引进曼彻斯特的最好的东西。在伦敦时，他曾写道：“嘹亮的长号、连续而低沉的鼓声、庄严鸣响的音叉以及那伴随着高潮越来越急促的兴奋感，这些都是人们时常渴望从伟大的管弦乐中得到的。”由此看来，他会为英国广播公司欢呼。无论杰文斯对医院持什么样的观点，他已经表现出对公共事务越来越强烈的兴趣，就邮政事业而言，他不止一次发表过关于包裹运输和电报政策评判标准的文章。写于1882年的《政府与劳动者的关系》是杰文斯出版的最后一部著作，在书的序言部分，他采用谨慎折中的态度来表述：“最重要的一点是，我们支持自由放任原则并在许多方面向地方或中央权威挑战的原因在……这一质询的答案将促使我们不再继续制定粗制滥造的法则，而是确实根据是非曲直来判断每一件事。”

记录杰文斯出版的著作截至目前的发行量是一件有意思的事，当然，这里不包括前文提到过的通俗读本。

《纯逻辑》，1863年出版，1000册。

《煤炭问题》，1865年出版，2000册。

《政治经济学原理》，1871年出版，7000册。

《科学原理》，1874年出版，9000册。

《演绎逻辑研究》，1880年出版，6000册。

《政府与劳动者的关系》，1882年出版，9000册。

《社会改革方法》，1883年出版，2000册。

《通货与金融研究》，1884年出版，2000册。

《经济学原理》，1905年出版，1000册。

从表面来看，他的一生似乎没有更多需要记录的了。他于1876年成功获得伦敦大学政治经济学教授一职，他生活在汉普斯特德高处荒原边的一处居所。由于健康每况愈下，而且他也更乐于专门从事写作，所以，杰文斯于1880年辞去教授职位。他计划花三到四年的时间在瑞士完成构想中的《经济学原理》一书，遗憾的是这本书最终没能完成，遗著已经完成的部分得以在1905年出版。1882年8月13日，星期天的早晨，他在加利、贝克斯希尔、黑斯廷斯之间游泳时，突然身子发虚，溺水身亡。杰文斯一生有3个子女，1个儿子和2个女儿。赫伯特·斯坦利·杰文斯，他的儿子追随了父亲，接受了科学方面（地理学和化学）的教育。然而，最终他依旧凭借经济学方面的天赋找到了自己的道路，成为加的夫大学、阿拉哈巴德大学、仰光大学的经济学教授。杰文斯的妻子比他多活了近30年，直至1910年才离开人世。

杰文斯在46岁时英年早逝，对于他的死，可谓举世同悲，但在我看来，他死得其所。他天赋的才能、直觉以及神圣且炽热的使命感在1857—1865年处于鼎盛时期，然而在最后的时刻，他智慧的火焰已经变得微弱且变幻不定。

（7）

杰文斯究竟是个什么样的人？没有任何关于他的强烈个人印象的记录，而在他去世54年后，认识他的人已所剩无几，即使有，也很难再从他们的头脑中找到有关杰文斯的清晰记忆。我想，在他的整个人生历程中，他从未给同伴们留下任何深刻的印象。如果用现代语言来描述，我们可以形容杰文斯是一个很内敛的人。他凭借天赋的思维能力独自开展工作，外部世界既吸引他也排斥他。

在少年时期，他就对自己的能力充满信心，他渴望去影响他人，而不是被他人影响。他深爱自己的家人，但与他们的关系并不亲密。在他27岁的时候，曾这样形容自己在16岁时的精神状况："1851年的时候，我生活在高压街一所阴森的房子里，同伴们要么自私，要么品格恶劣，我过得并不快乐，事实上，那段经历至今让我心有余悸。那段时期，每当我在屋顶的卧室独自拥有哪怕一个小时的安静时光，我就开始想，我完全能够而且应该比别人做得更多……我将动机和目标隐藏得极深，我相信没人能知其一二，或许父亲了解少许，但我从未与他敞开心扉交流过。我在学校和学院的成绩不过证明了个人能力，而我所向往的和真正在做的都被我小心翼翼地掩藏起来。我常常会想，我这种冷淡的性格一点也不讨喜，但这不正是我这样的人所需要的吗？"

杰文斯并不愿意参加澳大利亚殖民生活的各种社会活动，这段时期，他基本都过着独居的生活。1857年，22岁的他写信给姐姐分析自己的能力："我并不拥有想象和机敏方面的能力，我仅有的是糟糕的记忆力，和大多数人一样，我只能记住所学东西中很少的一部分。我不应该只是一个杂物间，而应该是一台制造物品的机器，只要给我一些事实和资料，我就能得出缜密的、井井有条的理论，或者给予它们全新的外观。我的头脑中有着最有序的结构，有时候，这种为事物分类的强烈兴趣甚至给我带来痛苦。确实，如果硬要说我拥有哪方面的能力的话，那一定是创造力，我能创造出新的东西。当然，这并不意味着我能快速形成新思想或者新观点，而是说我能迅速将一两个想法发展成新的更协调的东西。就像一个万花筒，只要一个曲别针或其他任何小玩意儿，就能显现出全新的、匀称的图案。”

1865年，在即将结婚前，杰文斯在日记中写道：“丰厚的报偿将随着成功一同到来，但在其他时候，责任的压迫将一直紧随我左右。我深知摆在面前的是一项不可能摆脱的毕生事业，我所怀有的潜能应当得到全面的培养和开发，任何对它们的误用和忽视都是不可原谅的背叛。然而，这项艰难、繁杂的工作也给我带来了沉重的压力，由此产生的责任与其他责任冲突，我的头脑无时无刻不处在矛盾之中。我知道我将爱

19世纪英国的新式乡村油画。

与被爱，但是我的研究是如此吸引我以至于我怀疑自己是否能在其他方面实现愿望。首先，我的一生注定是贫穷的，我将不能如我期望的那样对他人施以援手，在这样一个物质的世界，忍受贫穷以及随之而来的粗鄙并不是一件容易的事。即便我自己能承受这些，我也不能指望妻子或其他亲人同样能承受这些。所以，我只能怀着伤痛将另一半感情和挚爱深深埋葬。”

杰文斯的个性在结婚后也没有多大改变（他的妻子拥有私人财产），他只有极少数熟识的朋友，他很少出门，音乐、游泳、独自散步始终是他最喜欢的放松方式，其中音乐是他生活中不可或缺的部分。他并不是一个容易相处的人，家庭生活的琐碎常常使他恼怒；他对噪声过分敏感，总是为自己的健康心神不宁；他沉默寡言并极易陷入沮丧情绪。事实上，肝病、消化不良、便秘常年以来一直困扰着他，这些病痛愈演愈烈，甚至严重影响并经常打断他的工作。当然，这其中或许还有更深层的原因。

他的讲座平淡无奇，不受学生欢迎，在给大学学院的退休报告中，他写道：“有时，我是喜欢上课的，尤其是逻辑学课，但这么多年来，当我走向教室的时候就像走向颈手枷。”事实上，他的讲座价值之所以受损主要是因为他极少介绍自己的思想，而选择推销他个人认为是毒药的穆勒的思想。据我所知，他从未培养出杰出的学生，只有福克思韦尔和埃奇沃思这两个年轻人在他晚年时与他相交甚密[1]。他在伦敦时，福克思韦尔几乎每个星期天都会叫上他一起到汉普斯特德荒原长距离散步。埃奇沃思也住在附近，两人也经常往来。前些天，当我和福克思韦尔教授谈起杰文斯时，他回忆起那些日子，并写道：“他不善于表达，是个极其糟糕的演讲者，来听他讲座的人寥寥无几。他工作起来断断续续，从未一次性将事情做完过”，然后他停顿了一下，用另一种情感讲述到：“杰文斯唯一值得提出的一点，就是他的天才。”

《书信与日记》一书的前面附有一张人们所熟悉的杰文斯年长时的照片。弯曲的胡子、鬈曲的头发、宽宽的眉毛、方正的脸庞、圆鼻孔以及饱满、突出的下唇，这样的相貌就像是从犹太人的模子里印出来一样。而福克斯韦尔教授也确认了杰文斯就是埃文斯的一种不同形态，这一点可以从他的威尔士血统中得到解释。他的头发是暗棕

1　还有菲利浦·威克斯蒂德。杰文斯可能对威克斯蒂德和埃奇沃思转向经济学起了一定的作用。他们都接受了一流的教育。埃奇沃思在贝德福德学院做了关于英语语言与文学的演讲，在皇家学院做了关于逻辑的演讲，从此开始了他的学术生涯。没有证据表明他与杰文斯结识之前就对经济学感兴趣。威克斯蒂德、埃奇沃思以及福克思韦尔都可以看作是杰文斯的传人，但杰文斯与他们三人结识都是在他们取得学位之后。帕尔格雷夫的“辞典”中关于杰文斯的词条就是出自威克斯蒂德之手。——原注

色的，眼睛则是蓝灰色的，这张脸给人的感觉是孔武有力但并不容光焕发，像一个高贵的维多利亚时期的银行家。另外一张照片则有趣得多，照片中的他二十二三岁，显得强壮且敏捷，脸面光洁、鼻子挺直、双目有神、气色上佳，一头未经打理的黑发披在宽阔的额头上，这张照片上的男子是个天才而非银行家。这两张照片的对比恰恰证明，伟大的杰文斯是青年时代的杰文斯。

从1852年17岁时起到1867年年底结婚为止，杰文斯一直保留自己的日记，这本日记向世人展示了杰文斯的品性，价值极高。我本身也频繁地从中引用一些段落，当然，如果我能看到全本日记而不是他妻子出版的选本就再好不过了。据说，当他的子女获得版权时，这本《书信与日记》的卷数还会有所增加，遗憾的是，这些日记至今仍下落不明。这本日记包含了他所有的信念和自省——一种过分的自省。就像我们前面曾引述的，大部分的日记记载了他心灰意冷的时刻，但有时候，他也会记录下一颗富于创造力的心灵闪现光芒时的欢乐。就如这段他在1866年3月的一天写下的话："当我从晨曦中醒来，阳光照进我的房间，我猛然醒悟：是我发现了未来世界的真实逻辑。在这短短的几分钟，我感受到人们不常感受到的那种欢欣。"但随即他又写道："然而我又立即意识到，在需要完成的如此浩大、艰深的工作面前，我是一个多么弱小而无用的工具。"

附

对凯恩斯先生的文章的讨论

H.S.杰文斯先生：对我来说，凯恩斯先生充满趣味的文章有着非常独特的意义，为此我要向他表达诚挚的谢意。数月前，当我得知他将在父亲百年诞辰纪念会上发表这篇文章时，我感到由衷的高兴。对父亲的一生和工作给出全面、公正的评价，他无疑是最佳人选。凯恩斯先生不仅熟知统计学和经济学，而且因为和父亲的关系，他对逻辑学也知之甚多。

在凯恩斯先生看来，多才多艺是经济学家的核心特征。当回顾父亲对不同学科知识进步做出的贡献时，我当然会把他看作具备了多方面这种核心素质的学者。他的研究始于自然科学，在悉尼时期，他在气象观测方面投入了巨大的精力，且这样的观测持续了两年。他是唯一一个在新南威尔士州[1]进行这类气象观测的人，现在这些观测结果将被保存下来并永远作为该州气象记录的一部分。父亲在这方面写了很多文章，

---

1 新南威尔士州，位于澳大利亚东南部，东濒太平洋，北邻昆士兰州，南接维多利亚州，是英国在澳大利亚最早的殖民地。——译者注

《以提高标准雨量计测出的雨量缺乏》就是其中的一篇。

针对父亲的统计学文章，凯恩斯先生也做出了相应的评论，在这些文章中，父亲引入的研究方法具有永恒的价值。而他所熟悉的自然科学方法（即概念与精确的定义）则被运用到他的经济学理论和逻辑学著作中。发明逻辑机是另外值得一提的事，这台机器是通过机械方式实现相互影响的。父亲甚至制造了两台样机，在牛津，与波德雷恩图书馆相连的存放科学仪器的那个博物馆，你就能看到其中一个。

经济学的社会应用也引起父亲强烈的兴趣，这种兴趣在《悉尼社会调查》中首次得以体现，这一调查极有可能是他在悉尼的最后一年做的。《调查》没能在国内出版，只有一些摘录于近年在澳大利亚出版，令人遗憾的是，我没能找到他在调查时使用的地图。而《社会改革方法》一书则发表了许多他关于社会改革的文章。

在我看来，《商业团体》是《煤炭问题》一书中最为有趣和富有远见的一章，他在这一章拓展分析了煤炭成本上升带来的第一轮影响。其中有个段落谈到当时对美国征收的莫里尔关税，以及各国之间不断增长的财政保护和自给自足的状态。他预言，英国将随着这一趋势的愈演愈烈进入一个糟糕的时期，我们不得不往更深处挖掘矿井，煤炭价格将越来越高，与外国制造商的竞争也将越来越艰难。

凯恩斯先生公正地描述了父亲与马歇尔先生的关系，包括马歇尔先生对父亲的感激之情以及一些负面的情绪。如果做一个这样的假设一定很有趣，那就是如果父亲的生命能有幸延续得更长一些，久到他能读到马歇尔先生的《原理》，那他们之间的关系将会如何发展呢？我想，他们一定会走到一起，而这对他们将产生巨大的影响。

如果一定要诚实地表达，那么，凯恩斯先生有一个评论是我完全不能赞同的。他认为马歇尔和杰文斯采用了相似的研究方法，但在我看来，他们采用的方法是完全不同的。的确，在使用数学方法处理经济学问题这一点上他们是相同的，他们同样都选择了使用这一特殊方法。但如果仔细细究那些基本假设和处理方法的真实基础，你就会发现他们的不同点。我父亲的方法源于经济学的心理学派创始人边沁[1]，他的理论是属于这一学派的，边沁的言论也被大量引入父亲的《政治经济学原理》一书。

父亲对西尼尔也一直心怀感激。心理学派的创建仰赖于本国的许多学者，而它的进一步发展则必须归功于奥地利学派。我认为，这一学派与穆勒—马歇尔学派截然

1 杰里米·边沁（1748—1832），英国法理学家、功利主义哲学家、经济学家和社会改革者。他是一个政治上的激进分子，亦是英国法律改革运动的先驱和领袖，并以功利主义哲学的创立者、动物权利的宣扬者及自然权利的反对者而闻名于世。他还对社会福利制度的发展有重大的贡献。——译者注

不同。

这里，我还要稍微提一下商业波动与太阳周期的关系问题，时至今日，这仍是一个颇有难度、颇具争议的课题。当然，在我看来，如果人们在100多年前讨论父亲的工作，他们极有可能将这看作是他最值得称颂的发现。随着对这一课题的深入研究，我越来越相信人类的许多事情都和太阳辐射波动有着紧密的关系，而这种波动是一种不确定的周期变化。熟悉近年来自然科学读物的人会惊奇地发现，这些周期性变化正成为众多的生物学家、植物学家和农学家的研究对象，例如地球表面动植物的分布与气候波动的关系。这些研究成果恰恰可以与某些变化联系在一起，这些变化是气象学家有能力追踪的，它们在世界的某些地方显现出很明显的特质，而对这些变化的研究正逐渐回到对太阳辐射波动的研究中。

我在最近几个月有了惊人的发现，即太阳辐射对无线电波的影响很大，而这些影响与太阳黑子的变化一致。这一发现对实践具有重要的意义，人们急迫地希望弄清这一问题。

我已经占用太多时间了，但有一点我还是不得不提，就是凯恩斯先生没有谈及父亲的政治活动，虽然这些活动并不多，但这也真实地反映了他的观点。他的政治兴趣和活动范围都局限在曼彻斯特，他在那里组织了一个辩论协会，前些日子我还看到这

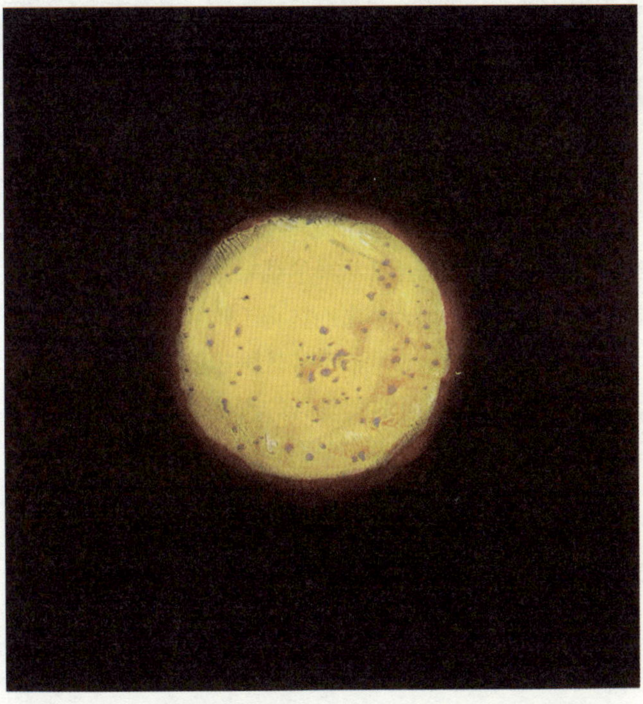

1953年，草间弥生绘制的太阳黑子图。在太阳的光球层上，由于强磁场下温度比周围低，黑子就会出现。

个协会的活动记录。协会的主要成员是一些学院的同事，还有部分学生，该协会维持的时间并不是很长。但在这之后，父亲又起草了一份反对授予维多利亚女王“印度女皇”称号的请愿书，这份请愿书如今还在我手里，并试图寻找途径呈交给当今首相。父亲在学院为请愿书征集到六个签名，但由于没有得到更多的签名，这件事以失败而告终。

我要再次声明，聆听凯恩斯先生笔调轻松、优雅的文章是一件让人愉悦的事，让我们向他致谢吧。

博纳博士：今天这个纪念威廉·斯坦利·杰文斯百年诞辰的活动，有两个明显的特点：首先，是我们亲爱的朋友杰文斯教授——伟大的威廉·斯坦利·杰文斯之子的出席，杰文斯教授本身也享有崇高的声誉。另外一个特点就是，凯恩斯先生向我们宣读了他写的纪念文章，卡莱尔曾说过“筛选万物”，如果让我们来筛选，我不知道能不能找到一个比凯恩斯先生更合适的人选。你可以拿自己来做比较，如果是你，今晚能比凯恩斯做得更好吗？这几乎是不可能的。凯恩斯先生与杰文斯有如此多的相似之处，他是经济学家，同时也是统计学家，而且不止如此，他也像杰文斯一样拥有多种天赋。对凯恩斯先生的各种天赋我了解得并不多，不知道他是否也跟杰文斯一样精通气象学，我想他很可能达到了一定的水准。

批评在凯恩斯先生的评论中占了很大一部分，这或许有点遗憾，但事实上，那些只会歌功颂德、粉饰太平的传记文章并不是我们所期望的。在评论中我们看到杰文斯先生的各种尝试，这些尝试有的成功了，有的失败了，但总的来看，正是这些不断的尝试使他几乎登上高山之巅。我们留下了一些关于杰文斯尝试失败的印象，但你要知道，这种失败是先驱者的失败。他或许没有说服那些他试图说服的人，但最终许多人都深深信服于他。

我不敢想象，如果我们继续这样的联想将产生什么样的结果，这一点杰文斯教授刚刚已经指出。这个联想就是如果杰文斯没有因为早逝而终止工作，如果他顺利完成了他的工作，情况将会怎样。在凯恩斯先生看来，我们不应该再抱怨什么，我们已经拥有了非凡的杰文斯。但是，换个角度，对于一个像他这样的人来说，四十六七岁的人生确实过于短暂。《所罗门的智慧》中有这样一句谚语，“他在短时期内已经显得如此优秀，如果有更长的时间他将臻于完美。”我希望我没有引错，而这句谚语完全可以用在杰文斯身上。

有些“高层次的批评家”认为“我们没必要称颂一个没有任何杰出作品的人”。我要说明的是，这些人当中没有任何一个具备凯恩斯那样的鉴别力。他们认为，杰文斯总是徒劳地去尝试那些他根本无法完成的事情，而且总是这一块、那一块，无法使它们形成一个整体。但试问，有多少人能比他做得更好?

对于杰文斯采取的授课方法，我个人是非常气恼的，他为了保证欧文斯学院学生的考试成绩而选择讲授约翰·斯图亚特·穆勒的思想。因为如果他选择传授自己的观点，学生们将在考试上“挂红灯”。他这样的选择是对还是错，我想还是让那些善辩的人来评判吧!

至于穆勒其人，我个人有一个关于我们学会的小小轶事供大家参考。曾经有一次我记起穆勒曾参加我们组织的会议，所以我就请工作人员查了一下约翰·斯图亚特·穆勒是不是我们的会员。没有任何迹象表明他曾经成为学会成员，如果杰文斯和穆勒之中谁更值得纪念，那我会坚定地投杰文斯一票。我个人非常支持向凯恩斯先生致谢的提议，因为他本人、他的文章、他的题目都为我们学会带来了荣誉。

威廉·贝弗里奇爵士表示他想就这篇文章引出的三个问题发表一些见解。首先，他想大家可能愿意听听他关于太阳黑子问题的看法，他一直认为太阳黑子与商业循环、商业和就业的较大波动，以及与发生在19世纪的其他事情没有一丁点关系。他在28年前的文章里就表明了自己的观点，认为太阳黑子与商业循环没有任何关系，他指出商业循环的周期是不停变动的，这一点与太阳黑子周期的恒定不变截然不同。当然，因为天文学家时常变动太阳周期的长度，他也担心自己的说法不完全正确。但他仍坚持表示没有任何证据，也不可能有证据表明太阳黑子与农业收成、与工业国家主要的周期运动有关系。

至于人们考虑到的其他方面的问题，例如太阳辐射的波动是否会影响地球上的事情，这种影响会如何反映到经济统计学中，则是完全不同基点上的问题。

如果说庄稼的生长没有受到太阳的任何影响，那是极其不合情理的，因为这个世界上的许多现象都与太阳有关。基于此，他认为应当继续调查研究，而且他也确实亲自着手了。庄稼生长表现出一个15.2年的周期，基于统计上的有力证据，并在排除其他结果之后，尤尔先生认为这一数字是完全正确的。正是这一点把威廉爵士引向了价格史研究，但他在研究过程中有意减少了对天气周期的关注，是为了避免因为先入为主的观点影响价格本身呈现的结果。

威廉爵士认为，最终杰文斯将被证明是正确的，原因不在于他揭示了商业波动与物理现象的关系，而在于他发现了物理变化可以用经济数据来解释。

价格史是威廉爵士对杰文斯工作最熟悉的一部分，他认为这项工作值得继续下去。杰文斯因这项研究证明了他不仅是一个归纳性的经济学家，还是一个演绎性的经济学家，事实上，所有经济学家都应该具备归纳和演绎两种能力。对此，威廉爵士的观点非常明确。在他看来，如果只依靠单纯的演绎，学者们不能达到任何地方，至于单纯的归纳将把研究者引向何地，他表示对此并不是特别不清楚。在很高的层次上将这两者完美结合起来正是杰文斯的伟大之处，我们相信未来将有一大批经济学家成为杰文斯的追随者。

最后，威廉爵士表示，凯恩斯先生的致词使人感到无比愉悦，他也赞同向凯恩斯先生致谢。

R.G.霍特里先生也表示，他愿意向凯恩斯先生流畅、出色的文章致谢，他认为在特定的目的下，两卷本传记的价值都抵不上这篇文章的价值。

杰文斯在《政治经济学原理》中为经济分析所做出的贡献是他最感兴趣的部分。从智力活动中获得快乐是杰文斯的突出才能，他蓬勃的激情能激起科学研究和调查，而且他渴望表达自己，渴望将那些饱含激情的思想传达给世界。杰文斯完全承认，在他的分析体系之前，已经有经济学家采取各种方式开展过类似的研究，遗憾的是，他们都没能将这些研究结果呈现出来。

杰文斯的另一个独特特点是，他拥有无与伦比的表达能力，他的《政治经济学原理》的特色就在于采用了最非凡的方式，选择短小的篇幅来表达大量的思想，这也是这些思想得以在人们头脑中保留的原因。在这本书中，他所传达的后来成为政治经济学精华的思想以及他所表现出的才能，完全不逊于现实生活中名将良相的领导才能，这样的才能可以将同时代的人为了一个目标聚集在一起。伟大政治家和伟大将领拥有的是卓绝的领导才能，而伟大的经济学家则拥有给予人们精神力量的才能。正因为具备这样的素质，杰文斯从来不惧怕那些在同一领域与他争夺思想先创权的人。

当然，一些先驱和诸如马歇尔在内的同时代的学者为引入这些思想发挥了很大的作用，但霍特里先生认为，杰文斯拥有比马歇尔更精练的才能。马歇尔在某些方面的视域远不如杰文斯宽广，在创建这些思想的时候也没有付出足够多的精力。而与之相反，杰文斯陈述思想的才能与精力在他做出贡献的许多领域都得以完美体现，人们一直谨记他的贡献，即使有些人或许不能接受他的结论，但仍对他所陈述的思想保持强烈的兴趣。

霍特里先生表示，他需要补充一个文中没有提到的事实，那就是杰文斯加入曼彻斯特统计学会先于其加入皇家统计学会。他在更早的时候就已经为曼彻斯特统计学会做出过贡献，并在其移居伦敦之前当选主席之职，在加入皇家统计学会的时候他已经是享有盛誉的杰出统计学家。

格林伍德教授表示，纪念活动已经进行到现在，是时候向大会投票了。但在此前，他依旧要按照惯例提醒凯恩斯先生不必为任何批评给出回答，要是他愿意，尽可把回答写进日记。他表示大家已经深深被这篇文章吸引了，如果它可以再长一些，在场的每个人都会非常高兴，因为这正是大家此刻的感受。

他先谈了一点自己很感兴趣的凯恩斯先生的心理学。他认为职业者对业余者下意识的讽刺可能是早年马歇尔反感杰文斯的原因之一，年轻的马歇尔知道杰文斯接受的数学训练远不如自己深入，他似乎也察觉出杰文斯在使用数学方法时既不熟练也不优雅。

杰文斯内敛的性格是被广泛关注的，但天才的典型情况不正是情感发展与智力增长不平衡吗？像歌德[1]那样各方面都均衡发展的天才是极为罕见的。威廉·法尔[2]，学会的另一个英雄，直到晚年还相当缺乏某些方面的实际常识。正是因为缺乏这样的常识，杰文斯时常自命不凡，但他却不向学生们讲授在他看来极其重要的真理。确实很难想象，一个具备相当教学和考试经验的情感正常的人，会认为向学生传授他认为正确的东西将不利于他们的毕业考试。当年轻人满怀热情地看待某些东西，别人却不屑一顾时，通常情况下，他们也会对这些东西慢慢淡忘，凯恩斯或许应该考虑下这种情况。

最后，他表示将把热情的一票投给凯恩斯的文章，并以此来表示他的谢意。

J.M.凯恩斯先生的回答：非常高兴我的文章能够引起大家的兴趣，在这样的场合宣读这篇文章我也感到非常荣幸，因为杰文斯的儿子和他的孙女今天都在座，据我所知，他的孙女也是一位经济学家。

认为杰文斯的工作已经结束，在这一点上我可能过于武断。最近，我按照杰文斯的写作顺序几乎把他所有的作品都通读了一遍，得出这样一个结果，即临终前虽然他的研究工作也同样出色、同样有趣，但确实已远远不如早年那般才华横溢，他早期作品中显现的天才之处几乎超过了其他所有的经济学文字。关于格林伍德教授认为杰文斯情感不成熟的看法，我本人很感兴趣，但的确再找不出更多的例证来证明这一点。我认为他只是一个内向的人，这种性格的人在面对冤屈的时候，更趋向于去掩盖它而不是去辩解、消除。关于马歇尔对杰文斯的反感是源于专业者对业余者的讽刺一说，在我看来这可能是正确的。

---

1 约翰·沃尔夫冈·冯·歌德（1749—1832），德国和欧洲最重要的剧作家、诗人、思想家。歌德除了诗歌、戏剧、小说外，在文艺理论、哲学、历史学、造型设计等方面都取得了卓越的成就。——译者注

2 威廉·法尔（1807—1883），英国统计学家和人口统计制度的奠基人。法尔对统计学的贡献主要在生命统计学—人口统计学方面，尤其对有关疾病患病率、死亡率，疾病与死亡原因的统计研究，以及建立英国官方人口统计方面，皆有突出的贡献。——译者注

凯恩斯先生在宣读这篇文章后，又将克拉拉·科利特小姐提供给他的一些关于大学学院经济学教学的更详细的资料添加进去。

3.艾尔弗雷德·马歇尔[1]

（1）

1842年7月26日，艾尔弗雷德·马歇尔在克拉彭出生。他的母亲名叫丽贝卡·奥立弗[2]，而父亲威廉·马歇尔则是英国银行的一名出纳员。马歇尔家族是英国西部的一个牧师世家，威廉·马歇尔[3]牧师是他的曾曾祖父，于17世纪末在康瓦尔郡[4]萨尔塔什地区担任教区牧师一职，他因力大无穷而成为当地的传奇人物。据说，在德文郡[5]做牧师期间，他曾徒手扭弯马掌，这令当地的铁匠魂飞魄散，以为自己遇见了魔鬼[6]。约翰·马歇尔牧师是马歇尔的曾祖父，曾担任克塞特语法学校校长一职，他的妻子是查尔斯·霍特里牧师的女儿玛丽·霍特里，她曾是埃克塞特[7]天主教的副教长，是天主教教团的成员，同时还是伊顿中学校长的姑母。

1　艾尔弗雷德·马歇尔（1842—1924），英国近代经济学家。这部《艾尔弗雷德·马歇尔传》在凯恩斯生前曾发表在1924年9月的《经济学杂志》、1925年由A.C.庇古编辑的《艾尔弗雷德·马歇尔纪念文集》以及1933年出版的《传记文集》。——译者注

2　这一传记的准备工作（1924年8月）得到了马歇尔夫人的大力协助。她交给我一些文章，由我随意挑选，又写下个人见解，由我自由引用，因此我必须向她致以谢意。艾尔弗雷德·马歇尔自己也写了一些自传性文章，对它们我已经尽可能地利用。1924年，我撰写了一份艾尔弗雷德·马歇尔著作的完整目录，发表在1924年12月的《经济学杂志》上，后来又重印于《艾尔弗雷德·马歇尔纪念文集》中（1925年由A.C.庇古编辑）。——原注

3　他的第三任妻子玛丽·基特森，是他在教区施以洗礼的第一个孩子，当时他曾开玩笑地说，这个孩子将来会成为他的小妻子，没想到竟成为现实。——原注

4　康瓦尔郡，大不列颠岛西南端的半岛，英国西南端的区。康瓦尔东与德文郡相邻，南临英伦海峡，西、北临大西洋。——译者注

5　德文郡，英国西南部的郡。——译者注

6　关于他的力大无比，艾尔弗雷德·马歇尔还喜欢讲这样一个故事：他在德文郡的一条小巷里驾驶一辆轻便马车时，迎面驶来另一辆马车，他放开马，把马车提过路边的篱笆，那辆车才得以通行。威廉·马歇尔晚年身体笨重，行动不便，又受痛风困扰，上下楼都成了问题，于是他就让人在客厅的天花板上开了一个洞，上面就是他的卧室，他就坐在椅子上，由滑轮吊着上或者下。——原注

7　德文郡的首府。——译者注

马歇尔的父亲是个脖颈细长、下颌突出且长有硬须的英国银行出纳员，他具有与生俱来的虔诚的福音派[1]教徒的秉性，性格古板，意志坚定，且富于洞察力。他曾自创了一种盎格鲁-萨克斯语言，并用这种语言写了一首颂扬福音教派的叙事诗，在小圈子里赢得了一定的声誉。专横的性格始终伴随这个出纳员的人生，他的家庭不幸成为这种天性最方便的发泄对象，而他的妻子则理所当然地成了第一个牺牲者。事实上，他的这种蛮横的观念是针对所有女性的，他在晚年还撰写了一篇名叫"男性的权利与女性的义务"的短文。遗传的力量是如此强大，父亲性格的阴影始终笼罩着马歇尔的人生，他也遗传了这种对女性的傲慢之情，而这种情绪与他对妻子的深情和钦佩，与他所生活的社会环境是相互冲突的，更何况他本人与妇女教育、与解放事业的联系是如此紧密。

（2）

这位出纳员在马歇尔9岁的时候发现了孩子的天赋，于是在他的恳求下，一位银行董事保举艾尔弗雷德进入莫肯泰勒学院求学。父亲秉承了詹姆斯·穆勒的特点，对待儿子慈爱有加，同时又事事严厉。他经常陪伴孩子做功课，教他学习希伯来语，直至深夜11点。艾尔弗雷德苦不堪言，他常常说是他的路易莎姑妈救了他的命。路易莎姑妈陪伴他在道利什附近悠闲地度过了漫长的暑假，把小船、猎枪、小马当作礼物送给他，让他任意四处游玩。在假期结束即将返家的时候，他的体格已经有了明显的变化，长得黝黑、健壮。他当时的班长E.C.德默[2]曾说过，在此之前，马歇尔在学校的形象是瘦弱不堪的，他脸色苍白、邋里邋遢、神色委顿，同学们给他起了个绰号叫"蜡

1　福音派一词始于16世纪，当时的宗教改革者以此称呼表明反对罗马天主教的立场，它不是一个宗派。福音派也指随着宗教改革而来的属灵运动，例如：敬虔主义、清教徒主义等，在内容上也包括个人经历福音的必要性。——译者注

2　马歇尔"蜡烛"的绰号实际上来源于他。——原注

烛”。而且他本身也不爱和同学玩耍，也不喜欢交朋友[1]，经常独自一人琢磨棋艺[2]。

马歇尔在1861年获得牛津圣约翰学院的奖学金，正是在此基础上，他享有了获得皇家学院伊顿奖学金、新学院温彻斯特奖学金的永久性资格，并于三年后被接纳为圣约翰学院的研究员。这些正是父亲为他设计的职业轨迹，轨迹的终点是福音派教职，这就意味着夜以继日的苦读古典文学的生活将始终伴随着他[3]，而这并不是艾尔弗雷德的目标。在他那些不堪回首的记忆中，独裁的父亲总是强迫他通过挑灯夜读来攻克希伯来文，还禁止他进入向往已久的数学宫殿。因为父亲对数学不屑一顾的态度，艾尔弗雷德只能在回家路上偷偷阅读藏在口袋里的波兹编写的几何学书籍。每读完一个定理，他都会在脑海里进行思索并下意识地停下来用脚尖比比划划。在他就读莫肯泰勒中学六年级的时候，微积分课程激发了他的天性，数学教师艾里认为他“极具数学天赋”。对艾尔弗雷德而言，数学就意味着解放，而父亲对数学的一窍不通恰恰成了他的幸事。不！他不会埋没在牛津死气沉沉的气氛中，他要逃离这里，逃往剑桥，即使在那里他只能做一名杂役，他也要以这个身份探寻几何的奥秘，窥测无穷的宇宙。

一位好心的叔叔适时地出现在他面前，并答应借给他一小笔钱以帮助他打开通往数学和剑桥的大门。而父亲在他放弃牛津奖学金后，因为自身生活的拮据已无法再继

---

1 他在中学的好朋友主要有后来成为牛津圣约翰学院研究员的H.D.特雷尔和成为艺术家的悉尼·霍尔。特雷尔的哥哥给了他一本穆勒著的《逻辑学体系》。马歇尔和特雷尔满怀热情地一起阅读这本书，甚至吃饭时还在餐桌上讨论。——原注

2 马歇尔夫人写道：“还是个孩子的时候，艾尔弗雷德就饱受头痛之苦，而减轻痛苦的唯一办法就是下象棋，为此他父亲开始允许他下象棋，但后来就要求他保证永远不要再摸象棋。艾尔弗雷德终生都遵守这一诺言，但每当在报纸上看到象棋问题的时候他还总是兴奋不已。他说，父亲禁止他下象棋的做法是对的，否则他会终生都沉迷于棋艺中。”艾尔弗雷德·马歇尔有一次曾说道：“我们不能无休止地下象棋，或者是沉溺于其他没有实际意义的游戏中。年轻人从身体或智力活动中享受乐趣是无可厚非的，然而时光不饶人，况且我们任重而道远。”——原注

3 临终之际，对于自己古典文学的学习，马歇尔写下这样一段极有特色的话：“上中学的时候，人们告诉我不必管那些希腊单词的读音，于是我想，记忆读音会白白浪费时间和精力，又妨碍我做其他事，所以我碰到单词的时候就不再翻字典查找读音，为此我深受其害。这件事告诉我，学习古典文学不能促使人珍惜时间，于是我就远远地躲开它，转而投身数学。后来我发现，学习科学的优秀学生都惜时如金，而那些学习古典文学的人们则视时间为鸿毛。值得一提的是，我的校长思想开明，对我并不强求。他在写作拉丁论文时，不是用英文构思然后译成拉丁文，而是直接用拉丁文进行思考。对于他的宽宏大量，我实在应该表示感谢，这胜过他在其他方面对我的帮助。”——原注

续资助他。在获得学位后不久，马歇尔就利用教学挣来的钱和从剑桥圣约翰学院[1]领取的每年40英镑的帕金奖学金还清了借款。这位叔叔在40年后又留给马歇尔他250英镑的遗产，促成了他的美国之行。马歇尔乐于向人们介绍这位叔叔的发家史：在金矿大发现时期，查理斯·马歇尔来到澳大利亚谋生并最终在这个国家安顿下来，他身上承袭的独特的家族特征使得他具备一种间接的生财之道。他在澳大利亚继续经营牧场，而且令邻里感到高兴的是，他选择雇佣那些身体有缺陷的人，那些或跛或盲或身有其他残疾的人。在淘金热达到顶峰的时候，他的这一举措给他带来了丰厚的回报，因为所有的青壮劳力都移居到金矿区，他就成了唯一能继续经营的人。数年后，他衣锦还乡，并对自己聪颖任性的侄子颇为赞赏。

马歇尔在1917年对他当时及之后的工作方法进行了如下描述："我生活的新纪元大约是在17岁的时候开始的。有一天，我看到一个工人神情专注地站在摄政街一个商店的橱窗前，好奇心使我驻足观看。原来他正在准备用白颜料将商店的经营宗旨写到橱窗上，他非常细致，一笔一画地书写，为了使字体显得更为美观，他总是在高度集中的一两秒钟之后就停下来歇息几分钟。我想，如果他为了节省这几分钟的时间而选择一气呵成，那他的雇主需要付出的代价将不仅仅是他全天的工资。这件小事引发了我一系列的思考，我最终决定在头脑不清醒时要及时地选择休息一下或彻底放松，而不是继续工作。在剑桥期间，我已经拥有了相当的自控能力，我的方法是不连续攻读数学一刻钟以上，我总是利用中间的休息时间阅读手边随时准备着的轻松文学读物。因此，我曾数次通读莎士比亚的几乎所有作品，以及《约翰逊传》（鲍斯韦尔）、《阿伽门农》（埃斯库罗斯，这是我能轻松阅读的唯一一部希腊戏剧），其中还有卢

1 剑桥大学圣约翰学院是剑桥大学第二大学院，在学生人数上仅次于三一学院。学院原来是13世纪时修建的剑桥圣约翰医院，到16世纪初时医院已经破旧不堪。罗彻斯特主教约翰·费舍尔于是向亨利七世的母亲、剑桥大学基督学院的创办人玛格丽特·博福特女士建议在医院的原址上兴建一所新的学院，获得其允诺。1509年，博福特在学院的蓝图还未规划好之前就去世了，费舍尔之后又花了两年时间才取得国王和大主教对学院的支持，并最终于1511年4月9日创办了这所圣约翰学院。——原注

克莱修[1]的大部分诗作及其他许多文学书籍。当然，数学常常使我兴奋异常，我在半个小时或者更长的时间里不间断地阅读并研究它，在此期间我的头脑高度集中，但我想这对身体并没有什么不利的影响。”

这个特点贯穿马歇尔的整个人生，那就是他可以在短时间内全神贯注，但若时间稍长一些，他的思想就无法集中，他很少能一次性完成稍微繁重的工作。同时，他还深受记忆力不强之苦，本科的时候，记忆数学课本上的内容对他来说是一件大费脑筋的事。更甚者，他逐渐丧失了童年时期超强的算术能力。

19世纪时，蒸汽动力和电力改变了人们的生活，我们可以从图中看到蒸汽机、电报机车和蒸汽船，该图绘制于1876年。

1 卢克莱修（约公元前99—前55），古罗马哲学家。他继承古代原子学说，特别是阐述并发展了伊壁鸠鲁的哲学观点。他认为物质的存在是永恒的，提出“无物能由无中生，无物能归于无”的唯物主义观点。他反对神创论，认为宇宙是无限的并有其自然发展的过程，人们只要懂得自然现象发生的真正原因，宗教偏见便可消失。他承认世界的可知性，认为感觉是事物投射出来的影像作用于人的感官的结果，是一切认识的基础和来源，并驳斥了怀疑论。他认为幸福在于摆脱对神和死亡的恐惧，得到精神的安宁和心情的恬静。著有哲学长诗《物性论》。——译者注马歇尔在剑桥圣约翰学院实现了自己的抱负。1865年，雷利勋爵还是该校的高年级学生，而马歇尔就在这一年获得了数学学位考试的第二名，并被接受为研究员，他计划献身分子物理学的研究工作。在他本人非常尊敬的珀西瓦尔的指导下，马歇尔曾有一段时间在克利夫顿担任数学教师，他因此得以自食其力并偿清查理斯叔叔的借款。不久，他又回到剑桥担任短期数学荣誉学位考试的辅导老师。在经历这些事后，马歇尔说："是数学使我偿清了借款，并使我能够按照自己的意愿做事。"

马歇尔在克利夫顿期间的主要收获是结交了H.G.戴金斯，1862年克利夫顿学院建院时，戴金斯前来就任院长助理一职。通过戴金斯，马歇尔得以与J.R.莫兹利相识。正是在两位友人的带领下，马歇尔进入以亨利·西奇威克为核心的知识界的小圈子，而在此之前，他与当时的名流们并无交集。回到剑桥后，他就被吸纳为"格罗特俱乐部"这个小型非正式讨论会的成员。

约翰·格罗特牧师在特郎平顿住所举行的餐后讨论会是格罗特俱乐部的起源，自1855年起至1866年去世，格罗特牧师一直在伦敦西部的奈特布里奇担任伦理学教授。除格罗特之外，俱乐部的创始成员还包括亨利·西奇威克、奥尔迪斯·赖特、J.B.梅厄、约翰·维恩等人。稍后入会的还有皇家学院的J.R.莫兹利以及来自圣约翰学院的J.B.皮尔逊。关于自己与这个讨论会的关系，马歇尔曾这样记载[1]："1867年，我被吸纳为会员，当时活跃的成员包括格罗特的继任者F.D.莫里斯教授，以及西奇威克、维恩、J.R.莫兹利、J.B.皮尔逊……讨论会在1867年或1868年后曾沉寂一段时间，直至W.K.克利福德[2]和J.F.莫尔顿的加入，两人给俱乐部注入新的活力。西奇威克、莫兹利、克利福德、莫尔顿和我在后来的一两年都是俱乐部的积极分子，每次活动我们都会准时参加。因为对哲学所知不多，克利福德和莫尔顿在讨论会的前半小时总是沉默不语，他们只是凝神静听他人的发言，对西奇威克的发言尤其关注。之后，他们俩便会踊跃发表观点，畅所欲言。如果让我忠实地记录一次精彩的发言，我想我会将西奇威克和克利福德侃侃而谈的两三个夜晚记录下来。大概是在1868年也有一次非常值得纪念的场景，遗憾的是我没有将此记录下来，那是一次聚会开始之前的茶间谈话，当时的发言者只有莫里斯和西奇威克，西奇威克尽情地引导莫里斯发言，莫里斯则神采飞扬地回顾了30、40乃至50年代英国的社会政治生活。两人之间睿智而充满节奏感的

1　参见《亨利·西奇威克自传》第134页。——原注

2　W.K.克利福德（1845—1879），英国数学家。生于英国埃克塞特，卒于马德拉。15岁入伦敦国王学院，1863年入剑桥大学三一学院，1868年任伦敦大学学院应用数学教授，1874年当选为皇家学会会员。克利福德在非欧几里得几何与射影几何方面有许多贡献。——译者注

谈话使得满室生辉。谈话结束后，包括我在内的其他人纷纷向莫里斯表达谢意，感谢他带来了如此美妙的夜晚……”

然而，就在这样的境况下，马歇尔却经历了一次精神危机。后来他常常向人们说起这件事，用他自己的话来描述，就是他在进行物理学研究计划的时候：“因为对知识的哲学基础，尤其是神学产生了浓厚的兴趣，物理学研究计划被迫终止。”

在剑桥大学读本科的时候，比起古典文学，马歇尔更喜欢数学，但他始终坚持自己的宗教信仰。他希望能得到教会的任命，并对到异国他乡传教充满热情，可以说他是一名传教士。但他的宗教热情在一次激烈的思想斗争后逐渐转弱并消退了，在之后的岁月里，他成为一名所谓的不可知论者。关于当时与西奇威克的关系，他曾在1900年11月26日三一分会举行的纪念西奇威克的集会上这样说道：“从名义上说，我不是他的学生，但在伦理学研究领域，我确实是他的弟子，并且是那些寄宿学生中最为年长的一个，是他成就并塑造了我。可以说，他是我精神领域的父母，我在困惑时向他寻求帮助，在痛苦时向他寻求抚慰，而他从未让我失望过。与他在一起的分分秒秒都是我人生中最珍贵的时刻，是这些时光使我重获生机。我所经历的那些困难与思想上的疑虑有可能和他早年的经历类同，只是他更加学识渊博，更加富于洞察力。想要向他表达谢意的人可能有很多，而我应该是最应心怀感激的一个。

如果从历史学家的角度看，马歇尔开始他剑桥生活的时候，正是一个至关紧要的时期。因为基督教教义正是在这一历史时段从英国或者说至少是从剑桥的哲学世界中隐退。24岁的西奇威克在1863年同意将遵守“三十九条信纲[1]”当作享有研究员资格的必需条件，并在此时细心研读希伯来文的《申命记》和进行《使徒行传》课程讲授的准备工作。穆勒，作为那一时期对青年知识分子影响最大的学者，在出版《汉密尔顿哲学探讨》（1865）前从未写过任何明确背离教义的东西。我们也可以看看同时期知识界的其他成员，莱斯利·斯蒂芬，英国国教会牧师；詹姆斯·沃德，脱离国教教派的牧师；艾尔弗雷德·马歇尔，牧师职位候选人；W.R.克利福德，高级国教教徒。1869年，为了“挣脱教义的束缚”，西奇威克放弃了研究员资格。之后不久，上述的这些人都不再被称为基督徒了。当然，西奇威克与马歇尔都尽可能地回避“反宗教”态度，对基督教的道德准则、理想和动机，马歇尔仍抱持认同的态度，在他的表述中，从未出现贬损宗教的言语。连他的学生都很难说清楚他的宗教观。弥留之际的马

1　新教安立甘宗英国国教会的信仰纲要。16世纪中叶，英国国教会在宗教改革时期，为澄清同天主教及新教其他各派在教义上的分歧，并阐明关于英国教会的统一及教会与国家政权间的关系等问题，曾先后制定一些条款，并最终确定于本信纲的第二稿。——译者注

歇尔这样说道："宗教于我是一种人生态度"，由此可见，虽然他放弃了神学，但对于信仰却越来越笃信。

这场60年代的大转变不是后来时代中发生的那种伦理上或者情感上的转变，而是理智上的根本转变，是知识分子之间的争论引发了这次转变。马歇尔就常常将围绕H.I.曼塞尔的《班普顿演讲集》展开的争论视为自己思想转变的原因，他在J.R.莫兹利处第一次看到这本书。曼塞尔对于我们这个时代的人来说或许算不上大人物，但作为试图在理智基础上建立基督教教义的最后一个尝试者和倡导者，他在60年代是显赫一时的人物。曼塞尔曾是牛津大学的导师，后又成为圣保罗学院的院长。他的思想可以视作是人类思想的一次古怪逆转，曼塞尔于1858年"依从了汉密尔顿[1]的独特理论，把康德[2]引入英国国教事业"，同年，他出版了《班普顿演讲集》，作为传统观点卫道士的曼塞尔声名鹊起，在之后的整整50年，这种理论在牛津一直有着巨大的影响力。1865年，马歇尔刚刚获得学位并开始专注于探讨宇宙奥秘，而穆勒也正是在这一年出版了他的《汉密尔顿哲学探讨》，书中批评了曼塞尔把汉密尔顿附会于基督教神学，当然曼塞尔对此做出了答复。马歇尔表示，曼塞尔为传统观念所做的辩护"向我表明，需要辩护的地方太多了"。这次大辩论对马歇尔的思想产生了深远的影响，一度导致马歇尔醉心形而上学，之后又转向研究社会科学。

在《班普顿演讲集》出版后的第二年即1859年，《物种起源》问世了，他将人们的思想从云霄带回陆地，并开创了一条光明大道。赫伯特·斯宾塞的《第一原理》（现在读依然晦涩难懂）也在1860年到1862年，也就是汉密尔顿–曼塞尔争论中应运而生，这本著作另辟蹊径，将形而上学融入不可知论，它告诫那些形而上学观念还未根深蒂固的人不要走入死胡同。这一时期，形而上学的不可知论、进化论以及功利主义伦理学（这一理论是前一代知识分子推崇并保留下来的）一起将青年一代的思想推向崭新的方向。

马歇尔因此从形而上学研究转向伦理学研究，事实上，马歇尔从未明确表示要背离曾经深入经济学前辈头脑的功利主义思想。他细心谨慎地处理了这些问题，这一点

1　1836年，威廉·汉密尔顿爵士在证明了他的家世并获得准男爵的勋位以后，被任命为爱丁堡大学逻辑学与形而上学教授。他在接下来的8年中，发表了一些著名的演讲，进行了一番危险的尝试，他试图在苏格兰注重常识的传统之中添加来自康德和其他德国哲学家的影响。——原注

2　伊曼努尔·康德（1724—1804），德国哲学家、天文学家，星云说的创立者之一、德国古典哲学的创始人、唯心主义者、不可知论者、德国古典美学的奠定者。他被认为是对现代欧洲最具影响力的思想家之一，也是启蒙运动最后一位哲学家。——译者注

是西奇威克无法企及的，在这一问题上，杰文斯则站在完全相反的立场。从马歇尔的著作中我们看到，没有一项专门针对某条伦理学教义的经济学研究。对马歇尔来说，经济问题的解决并不是享乐主义计算的应用，而是发挥人类更高才能的先决条件，至于“更高才能”到底指什么则无关紧要。经济学家可以向世人做出这样的宣告：“针对贫穷原因的研究等同于对世人堕落原因的研究”，这一宣告准确地反映了经济学家的目标。所以，我们可得出这样的结论：社会的进步“在很大程度上由经济学领域的事实与推断决定，而经济学研究的主要目标和最高宗旨也在此得以体现”。当然，我们不能否认，“人类的道德与政治天性”在一定程度上也决定着社会的进步，而“经济学家在这些事情上并没有特殊的资料来源，他们也只能与其他人一样尽可能地展开联想”。

马歇尔通过伦理学涉足经济学研究，并将此作为自己的最终选择。他在晚年曾对自己的精神历程做过这样的回顾：“我是从形而上学领域转向经济学研究的，当时我认为要系统论证现存的社会状况并非易事。然而，一位在道德科学领域很渊博的朋友总是如此对我说：‘噢！如果你了解政治经济学，你就不会做出这样的判断。’于是，我就将穆勒的《政治经济学》拿来阅读并被其深深地打动了。我更加质疑的是机会不均等状况的合理性，而非物质享受不均等状况的合理性。所以，假期时，我走访了几个城里的贫民区，我从这些贫民区穿行而过，看到一张张饱受贫困折磨的脸庞。为此我下定决心，要尽我所能地彻底研究政治经济学。”

对于转向经济学研究的根由，马歇尔在1917年为《货币、信用和商业》所做的序言中也有描述[1]：“我接触到曼塞尔的《班普顿演讲集》大约是在1867年，当时我正忙于剑桥的数学讲授课程，这本演讲集使我产生了这样的想法，即最重要的研究课题应该是人本身蕴藏的各种可能性。于是，我对形而上学研究了一段时间，但不久之后我的研究方向就转向更为前沿的心理学。心理学探讨了人类才能更快地向更高方向发展的可能性，而这种探讨将这样一个问题带到我面前：英国或其他国家劳动阶级的生活状况需要达到什么样的程度才能过上美满的生活？睿智的前辈们告诉我，现有的生产资料并不足以支撑大部分人享受闲暇并获得从事研究工作的机会。不仅如此，他们还告诉我应当学习政治经济学。我采纳了他们的建议，开始从各种枯燥的事务中摆脱出来，并期待能获得思想上的丰收。对经济学研究得越深入，我就越发现自己知之甚

1 这段话出自马歇尔夫人从废纸篓里捡出来的几张纸，马歇尔许多辛勤的成果都被他丢进废纸篓了。这一点与他的曾叔祖理查德·马歇尔牧师颇为相似：据说他是个优秀的诗人，人们敦促他发表自己的作品，而他却极力反对，甚至将之付之一炬，生怕人们在其死后发表。——原注

少，越觉得自己应该在这一领域投入更多精力。到现在，我已对这一领域进行了近半个世纪的研究，但我仍清醒地认识到，比起刚入门时，我显得更加无知了。”

1868年的马歇尔还沉浸在对形而上学的研究中，是想要阅读康德原著的渴望把他引领到德国，并和指导过西奇威克的一位德国教授住在德累斯顿。有一次，他说：“康德不仅是我的导师，还是我唯一崇拜过的人，但也仅仅如此。他的书除了晦涩难懂外，对社会问题的见解也并不全面，难道只有少数人才拥有享受真正生活的机会吗？”同时，他还深受黑格尔《历史的哲学》一书的影响，他接触的德国经济学家，尤其是罗雷尔的著作也对他影响深远。在院长贝特森博士的游说下，圣约翰学院甚至专门为他设立了道德科学讲师的职位，他的经济学家生涯也由此得以展开。当然，他也曾一度讲授过逻辑学与边沁的功利主义这样一些道德科学的其他分支学科[1]。

他决心为经济学奉献终身的愿望终于得以实现，在他看来，这才是他注定要走的精神之路，而不是遵从父亲的意愿和安排。这两年的犹疑不定和反复思量给他留下了深刻的印象，在之后的执教历程中，他常常向学生们讲起这段经历，并以此告诫学生要与经济学这一高尚的学科相配。因为他们必须满怀无私的精神去研究日常生活中的经济事务，研究它的方式和原则，而人类走向幸福和美好生活的机遇在很大程度上正是由这些决定的。

他在19世纪的最后几个年代担任剑桥伦理科学教授一职，亨利·西奇威克、詹姆斯·沃德都是他的同事。他们三人都属于贤人兼牧师，同时又身兼科学家的身份，可以说，他们被赋予双重天性。作为神职人员，与其他神职人员相比，他并没有什么特别之处。但作为一名科学家，他却是百年来这个领域里最为伟大的存在。尽管如此，在他看来第一个自我才是主人，而第二个自我则是仆人，所以他总是把第一个方面的天性放在更为突出的位置。按照他的说法，第二个自我只需要自发地在自己的范围内寻求知识，而第一个自我则受制于推动实际进步的抽象目标。为了完成一个说教者的使命，已张开翅膀并有着锐利眼神的鹰隼常常要被召回陆地。

马歇尔的双重天性是一条重要的线索，循着这条线索，我们就能理解为何他时而坚定，时而脆弱；可以理解为何他的目标会相互冲突以及为何他还会徒劳地进行研究；可以理解他的双重观点；可以理解他同情与反感并存的情绪。

这种多重的天赋从某些角度来看完全是一种优势。事实上，经济学研究并不见得一定要求具有出类拔萃的天赋，与哲学及其他纯科学的那些高深莫测的内容相比，经

1 马歇尔夫人记得70年代初在纽纳姆学院的时候，玛丽·肯尼迪（R.T.赖特夫人）和她不得不完成他布置的论文《边沁与禁欲主义者之间的对话》。——原注

一位天主教牧师为跪在地上的移民祈福。在马铃薯饥荒期间，他们离开爱尔兰的家人，前往北美。绘于1850年。

济学可以说是简单得多的学科。然而，即使如此，优秀的或合格的经济学家仍然凤毛麟角。为何对一个简单学科的精通者寥寥无几呢？这与前面的说法似乎存在矛盾，或者接下来的解释可以给我们一个说法：一个经济学大师必须集多种天赋于一身，他必须具备相当水准的各方面知识，然后把这些巧妙地结合起来，并融为一体。从某种程度上讲，经济学家同时还应该是数学家、历史学家、政治家和哲学家。他必须能领会符号并将之诉诸言语，他必须在研究当下状况的同时回顾过去、展望未来，他必须将人类所有的天性和习俗纳入视野，他必须富有激情，在追寻自己目标的同时避免先入为主的观点，他必须像艺术家那样远离俗世，又像政治家那样踏实、肯干。虽说马歇尔并未达到这种多才多艺的理想状态，但确实已经具备了很多方面的天赋，多重天性和后天的训练赋予他经济学家最基本和核心的素质。他不仅是出类拔萃的历史学家，同时也是异常优秀的数学家，他游刃有余地遨游于特殊与一般、短暂与永恒之间。

(3)

一部著作要经历从最初的动机出发、向学生口授等漫长的间隔期，才能最终面世。所以，要详尽阐述马歇尔关于经济思想的发展历程并非易事，那么在进行这一尝试前，我们不妨先就其一定时间跨度内的人生做一次简单的回顾。从1868年马歇尔被任命为剑桥圣约翰学院讲师，至1885年他继任剑桥政治经济学教授这段经历就是不错的选择。

9年来，马歇尔一直都是圣约翰学院的研究员和讲师，这时的他虽未发表过任何作品，但已经奠定了自己的经济学基础。在他被介绍加入格罗特俱乐部后，W.K.克利福德[1]和弗莱彻·莫尔顿与他成为密友，克利福德常常有出人意料的行为，但他却是俱乐部中最受欢迎的成员之一。不久后，马歇尔成为"埃拉努斯"成员，并得以有机会与西奇威克、维恩、福西特、亨利·杰克逊以及其他剑桥开放初期的领导者结交。他在这段时期一直保持着到国外度长假的习惯，马歇尔夫人就曾写道："60英镑[2]和一个旅行背包是他的随身物品，他简装出发并在阿尔卑斯[3]高大的山脉间长时间漫游。他的身体在经历数个夏天的旅行之后逐渐由虚弱变强壮。他在6月份时拖着疲惫的身躯离开剑桥，10月份归来时已变得黝黑、强壮，且旅行包使得他的腰身自然挺直，直到80岁他仍保持着这一身姿，有时候为了保持挺拔的仪态，他不惜忍受疼痛。在阿尔卑斯山漫游期间，他每天坚持6点起床整理行装，8点之前他肯定已经动身上路，在背着背包行走了两三个小时之后，他会停下来，找个地方坐下，有时甚至坐在冰河上，开始

---

1 克利福德比马歇尔年轻3岁，他于1863年进入三一学院，1868年被选为研究员，1871年之前他就住在剑桥，当时他的住所成了"一群朋友们的聚会地点"（参见F.波洛克爵士的回忆录）。——原注

2 他总是认为自己作为一个单身的研究员，1年所需费用300英镑就足够了，其中包括60英镑的假期旅费。——原注

3 阿尔卑斯山，欧洲最高大、最雄伟的山脉。山脉长约1 200千米，最宽处201千米以上，是西欧自然地理区域中最显要的景观。山势高峻，平均海拔约达到3 000米左右。海拔 4 000米以上的山峰有100多座，耸立于法国和意大利之间的主峰勃朗峰，海拔4 807米，因峰顶终年积雪而得名，是欧洲第一高峰。——译者注

阅读歌德、黑格尔、康德、赫伯特·斯宾塞[1]的著作，之后他会继续赶路，直到到达另一个夜宿地。这是他进行哲学研究的阶段，后来，国内和国际贸易理论占据了他的漫步思考时间。在一个星期或者更长的时间里，陪伴他的只有一个背包，至于一大箱子的书和其他物品他则让人从一站送到另一站。他在急流中清洗衬衫，将其搭在登山杖上、扛在肩上将其晾干。正是在阿尔卑斯山的独自漫游和思考使他很多艰深的思想得以成形。

“因为这些独自漫游的时光，他对阿尔卑斯山怀有深深的眷恋之情。1920年，我们最后一次来到南蒂罗尔山，他在白云生处休息、工作。”

“艾尔弗雷德偏爱露天工作，这使他显得精神抖擞。成为圣约翰的研究员后，那些重要的思考都是他在上午10点至下午2点和晚间10点至凌晨2点之间完成的，白天，他在旷野独处；夜晚，他于修道院独居。80年代早期，他在巴勒莫[2]一间安静的旅馆屋顶上，用浴帘搭出简单的凉棚并在那里开始工作。他在牛津的花园里建了一个专门用来写作的书斋。在剑桥期间，他先是选择在阳台工作，后来他将一间旋转式防护棚改装成工作室，他把这间工作室称作‘方舟’。 在蒂罗尔[3]山区，他更能就地取材，用一堆石头、一把折凳、一个气垫搭建出他的‘宝座’。晚年，我们随身携带帐篷来到这里，白天的时光他都选择在帐篷里度过。”

1875年，马歇尔进行了为期4个月的美国之旅，足迹遍布整个美国东部，甚至抵达圣弗朗西斯科[4]。他所到之处无不受到盛情接待，人们频频把他引荐给社会名流。他时常与经济学家们在哈佛和耶鲁促膝长谈。他此行的主要目的是“对新建国家的贸易保护问题进行研究”，为此，他进行了多方探询。旅行即将结束时，他在一封家书中写道：“我与那些保护主义倡导者在费城进行了长达数小时的交谈，现在我认为，只要通读他们推荐的那些著作，他们的观点和立场就会了然于胸。我想，截至目前，还

1　赫伯特·斯宾塞（1820—1903），英国哲学家。他为人所共知的就是“社会达尔文主义之父”，所提出一套学说把进化理论“适者生存”应用在社会学，尤其是教育及阶级斗争。但是，他的著作对很多课题都有贡献，包括规范、形而上学、宗教、政治、修辞、生物和心理学，等等。在斯宾塞的时代有许多著名哲学家和科学家，如约翰·斯图亚特·穆勒、托马斯·亨利·赫胥黎和查尔斯·达尔文等，都是知名的人物。——译者注

2　巴勒莫，位于西西里岛西北部。西西里岛是地中海最大的岛。——译者注

3　蒂罗尔，位于奥地利西南部，分为北蒂罗尔及东蒂罗尔两部分，面积约12 647平方千米。——译者注

4　圣弗朗西斯科，即旧金山，位于美国加利福尼亚州西海岸圣弗朗西斯科半岛，面积约47平方英里。——译者注

没有一个英国人能说出这样的话。”

1875年11月17日，他刚返回英国就在剑桥伦理科学俱乐部宣读了论述美国工业的论文。随后，他又于1878年在布里斯托尔大学做了“美国经济状况”的演讲。这次美国之行不仅仅给他留下了深刻的印象，而且对他以后的工作产生着深远的影响。他总是向人们说“实际了解了什么并不是这次旅行带来的收获，知道自己真正需要了解些什么才是此行的意义所在”，而且旅途中他还学会了用比例关系来观察事物。这次旅行也让他切实了解了正逐渐走向强盛的美国，以及这个国家迅速发展的原因和未来的发展方向。

当时，福西特和亨利·西奇威克已经成为剑桥大学的教授，马歇尔一直致力于帮助他的这两位朋友把政治经济学建设成真正具有正式地位的研究科目。马歇尔最早的学生中包括H.S.福克斯韦尔和我的父亲约翰·内维尔·凯恩斯（他于1875年完成伦理科学学位考试），这两位年轻人与上面的三位前辈一起肩负起开展剑桥大学政治经济学讲座的任务。

1876年，艾尔弗雷德·马歇尔与著名副主教的曾孙女——玛丽·佩利小姐订婚。佩利小姐是马歇尔早期的学生之一，也是纽纳姆学院的经济学讲师[1]。马歇尔出版于1879年的第一部著作《工业经济学》就是与她合作完成的——她是在剑桥大学函授部讲师的要求下写作的，所以，这本书实际上应该属于她而不是他。1877年，两人结为夫妇，在婚后47年的生活中，她的深情成为马歇尔的精神支柱。她几乎将自己的一生都无私地奉献给他和他的事业。他们之间心意相通、情意相连，以至于朋友们和学生们都很难将他们区别看待。可以说，马歇尔取得的伟大成就与妻子的支持和才华是息息相关的。

由于失去了研究员资格，马歇尔在结婚后暂时离开剑桥，并以首任院长和政治经济学教授的身份前往布里斯托尔[2]的大学学院。马歇尔曾这样记载这段经历：“牛津大学巴里奥学院和新学院当时正在布里斯托尔筹建第一所‘大学学院’，此举的目的主要是为那些没有大学的大城市创办学院，从而向城市居民提供接受高等教育的机会，

1 在纽纳姆学院建院之前，佩利小姐是一个5人小团体的成员，1871年居住在摄政大街74号，并在克拉芙小姐的指导下学习。这里是亨利·西奇威克专门为此而购置并装修的。她和布利小姐作为“剑桥妇女高等教育促进会”的学生，于1874年参加伦理科学学位考试，她俩是这批女生中最先获得剑桥学位的人。——原注

2 布里斯托尔，英国西南区域的名誉郡、单一管理区、城市，建市于1542年，西临爱尔兰海，是英国西南部的最大城市，自中世纪起便是一个重要的商业港口，地位一度仅次于伦敦，直到1780年才被利物浦、曼彻斯特、伯明翰超越。——译者注

而我忝为首任院长。妻子在上午时段为以女学员为主的班级讲授政治经济学，而我则在晚上为以年轻实业家为主的班级授课。”

除了学院的正常课程之外，马歇尔还在晚间开展一些公开讲座，其中就包括关于探讨亨利·乔治[1]的《进步与贫困》的系列讲座。马歇尔夫妇的工作在布里斯托尔受到热烈欢迎，以至于他们离开后，这个小镇的人还以浓厚的兴趣关注着他们。然而，由于布里斯托尔财源匮乏，院长的主要行政事务之一就是四处筹款，这使马歇尔难以忍受。而且因为患有肾结石，婚后不久，他的身体就异常虚弱，常常感到精力不济。身体和工作的双重负担迫使他急于辞去院长一职，直到1881年拉姆齐被任命为学院的化学系教授，他才找到称职的继任者，得以卸去身上的重担。在之后将近一年的时间里，他偕同妻子居住在意大利，其中有5个月的时间他们生活在巴勒莫，其间他在一间幽静旅馆的屋顶上工作。随后，他们前往佛罗伦萨和威尼斯。由于仍是学院的政治经济学教授，他不得不于1882年返回布里斯托尔，他的身体状况在这时已大有好转，然而，在余下的后半生，他一直对自己的健康状况满怀忧虑，总是觉得自己快要垮掉。事实上，他的体格十分强壮，这使得他在高龄时仍能笔耕不辍。真正脆弱的是他的神经，一旦他的头脑因为与人辩论或意见分歧而兴奋起来或者一旦用脑过度，他的神经就会失去平衡。由于无法长时间地保持注意力的高度集中，他常常在面对繁杂工作时感到力不从心。而这时，他已经清晰地看到未来的研究前景，也急于把已经成形的理论结晶奉献给世人，但体力和精力的不济阻碍了他这一伟大的愿望，他为此痛苦不堪。时至1877年，他已经35岁了，但完成的工作还远远不足以建立这门对人类至关重要的新科学。他的健康在之后的5年里迅速恶化，尽管决心和信仰从未动摇，但现实的身体状况确实使得他大展宏图的勇气倍受挫折。

牛津大学巴里奥学院院长乔伊特[2]博士、亨利·史密斯教授都是布里斯托尔大学学院的董事，因公务需要，他们会定期前往布里斯托尔。在小镇停留期间，两人常常到马歇尔家中拜访。乔伊特对经济学一直怀有强烈的兴趣，在担任导师期间，他在巴里奥学院开设了政治经济学系列讲座，他坚持在这一学科上单独辅导本科生的习惯也

---

1 亨利·乔治（1839—1897年），美国19世纪末期的知名社会活动家、经济学家。他提倡征收单一地价税的主张，曾经在欧美一些国家盛行一时，颇有影响。他主张土地国有，征收地价税归公共所有，废除一切其他税收，使社会财富趋于均等。——译者注

2 本杰明·乔伊特（1817—1893），英国学者、古典学家、神学家。19世纪英国最伟大的教育家。他以译介柏拉图作品而闻名于世。曾担任过牛津大学巴里奥学院的院长。——译者注

一直延续到晚年[1]。而在董事会会议后的夜间长谈中，他开始深入了解、赞赏并信任马歇尔。阿诺德·汤因比[2]在1883年不幸英年早逝后，马歇尔就被乔伊特邀请接任巴里奥学院研究员并担任政治经济学讲师，同时给那些驻印度行政机构的候选文职人员授课[3]。

马歇尔在牛津大学的经历虽然短暂但却是极其成功的，很多有才华的学生被他吸引，越来越多的人赶来听他的公开讲座，这群听众的热情是他教学生涯中绝无仅有的。通过各个场合的公开辩论，他越来越得到亨利·乔治和海因德曼的认可与信任，他在牛津大学的地位也日渐显赫。但由于政治经济学教授福西特于1884年11月去世，马歇尔不得不于1885年1月重返剑桥接任这一职位。

（4）

1867年，马歇尔正式开始研究经济理论，到1875年，他已形成独树一帜的理论，1883年，这些理论终于成形。然而直到1890年《经济学原理》的面世，这些理论从未以著作的形式出现在世人面前。直到1923年《货币、信用和商业》面世，他最早开始研究并完成于1875年的课题才得以出版。马歇尔并不是想把这些思想成果据为己有，事实上，通过各种讲座以及与朋友、学生们的交流，他早已毫无保留地和人们分享了自己的思想。而且，一些私下印行的小册子和学生们的作品也使他的思想得到了更广泛的传播，甚至皇家委员会的征询录也摘录了他的一些分散的理论。所以，当他的著作问世时反而失去了应有的轰动和震撼，阅读到他著作的世界各地的经济学家，甚至不能理解为什么与他同时代的和后来的英国学者要赋予他如此崇高的地位。为了解答这些疑惑，我想我不妨做一个这样的尝试，尽管因为资料的缺失而难免有所遗漏，但

1 马歇尔为《经济学杂志》（第3卷，第745页）撰写了一篇乔伊特的讣告，这则讣告篇幅短小但引人入胜。“对于现代经济学家们所关注的大部分问题，他都有所建树，但他自己主要精通柏拉图和李嘉图。对于他们所说的一切，以及能从中直接引发出来的一切，他都很感兴趣……在理论经济学领域中，他最感兴趣的是货币问题，他积极参与了最近有关货币问题的大讨论。他的观点总体上说来是保守的，他从未转向金银双本位制的观点。但他对李嘉图总是亦步亦趋，在前不久的一封信中他还提出这样的问题，即世界会不会脱离金本位制而采用会使吉芬先生愤怒的某种人为的本位制度。”——原注

2 阿诺德·汤因比（1852—1883），英国历史学家，专门研究经济发展史。阿诺德·约瑟夫·汤因比的叔父。——译者注

3 乔伊特一直很喜欢马歇尔，在马歇尔夫妇离开牛津后，当他到剑桥访问时，他们还总待在一起。——原注

我将竭尽全力去追寻马歇尔的思想发展轨迹，并解开他著作迟迟没有出版的原因。

我们知道，1867年马歇尔开始深入研究经济学，但在梳理他的研究历程之前，让我们先来回顾一下：1848年，约翰·穆勒的《政治经济学原理》第 1 版印行，1871年，穆勒1873年去世前亲自修订的最后一版（也就是第 7 版）印行；1868年，马克思的《资本论》出版；1871年，杰文斯的《政治经济学原理》[1]出版；1871年，门格尔的《国民经济学原理》出版；1874年，凯尔恩斯的《主要原理》出版。

马歇尔起步的时期，正是穆勒和李嘉图的地位牢不可破且被尊为泰斗的时期。只有马歇尔经常提及的罗雪尔[2]可以与他们比肩。当时，将数学运用到经济研究方法上的观念已经萌芽，但没有形成任何实质性的成果。在《经济学原理》的初版序言中，马歇尔提到古诺于1835年出版的《财富理论的数学原理研究》对他产生了独特的影响，但我无法确定他是在什么时候接触到这本书的[3]。古诺著作的影响；那个时代的剑桥数学家面对李嘉图时的自然反应；或许还有穆勒在论述‘国际价值’的算数示例中隐藏的代数分析，穆勒的《政治经济学原理》第 3 篇第18章中可以找到这一论述；以上的所有这些，就是马歇尔的起点。马歇尔曾对自己1867年至1875年的美国之行中思想发展状况作过记述[4]。在担任私人教师时（1867年），他不但讲授数学，还试图把李嘉

1　杰文斯的《黄金价值的严重下降及其产生的社会效应》一文发表于1863年，他的《价格变动》发表于1865年，在这两篇文章中，序数的现代方法已露出端倪。他关于商业危机周期性的主要论著则是稍后发表的（1875—1879）。——原注

2　威廉·罗雪尔（1817—1894），19世纪德国历史学派的创始人，他否认古典学派关于经济发展存在着普遍规律的观点。他认为，如果采纳古典学经济学说，在自由竞争中，德国的经济必然要被先进的资本主义国家所扼杀。他赞成贸易保护，认为政治经济学不是一门独立的科学，而是“一门论述一个国家经济发展规律的科学。”他根本否认进行理论研究的重要性及必要性，而把政治经济学仅仅归结为对经济发展过程作经验主义的观察和描述。他称政治经济学为“国民经济的解剖学和生理学”，把自己的研究方法称为“历史的方法”。——译者注

3　在欧文·费雪（1867—1947）编著的古诺著作的附录中，提供了前前后后所出现的数学方法表述的完整目录。弗莱明·詹金写于1868年的短篇论文在1870年之前还不为人知。然而，当时马歇尔肯定已经知道了（见他在1872年的《学术界》上对杰文斯的评论）。杰文斯的《略论政治经济学的一般数学理论》于1862年呈交给英国科学促进协会的剑桥会议，并在1866年的《统计学杂志》上发表。但实际上这篇文章根本不包含任何的数学表述，它不过是要暗示一下“效用系数”（或最后效用）这个概念，并宣称，以这一概念为基础，经济学就可以变成对享乐主义者计算的数学表达。

4　当一个德国人对著名经济学家的肖像和生平进行汇编时，马歇尔为他撰写了这篇记述文字。——原注

图的推理转换成数学方法并尝试使之更具一般性。同时，他也被罗雪尔等德国经济学家，以及马克思、拉萨尔[1]等社会主义者的新经济观点所吸引。关于他不赞同的观点中，我们发现他认为历史学派经济学家的分析方法并不足以证明他们为经济事件确定的原因是正确的。在他看来，预测经济的未来以及正确解释过往的经济状况都不是轻易能做到的，而且，社会主义者们通过废除私有财产清除人类天生的缺陷与弱点，这样的观点低估了他们所遇到的困难，是仓促之间下的定论……

为了了解各种主要工业的各项技术特征，同时也为了与那些社会主义者、合作者以及其他工人阶级领袖建立联系，马歇尔努力去了解实业界的实际运作规律和工人阶级的生活状况。遗憾的是，经过数年的实际研究，他并未取得显著的成果，于是他决定基于现有资料中可以找到的事实资料抽空撰写一篇关于对外贸易的文章或专论，并希望能把这些文章或专论合编成综合性的论著，这一论著的涵盖范围与穆勒的著作相似。依照他的设想，最佳的工作顺序是在完成这部论著之后着手撰写一本简短且通俗易懂的书籍。

但由于各方面的压力，他的这一计划并未得到妥善执行，甚至可以说，他的工作计划完全被打乱了。当然，他确实撰写了一篇关于对外贸易的专论草稿，为了细致地研究新兴国家的贸易保护问题，他于1875年前往美国访问了那些重要的工业基地，但是这项研究也不得不因为婚姻而中断。他与妻子合著了一本关于工业经济学的短论，为了使工人阶级读者能够看懂，这本书被他极大地简化了。然而他在此时却身患重疾，看起来在一段时间内他都不能再负荷任何繁重的工作，幸运的是，不久后他感到精力在一定程度上得到恢复，于是他接着完成了关于经济问题的图解说明。尽管1873年左右已故的瓦尔拉斯教授曾敦促他出版这些图解说明，但他觉得在具体研究实际状况之前发表这些成果会使它不像表面所看到的那样切合实际，所以他并没有这样做。于是他开始做一些必要的限制并添加一些必要的条件，而这些最终成为他第5本著作《经济学原理》的核心内容。当然，在这些核心内容的基础上，他又做了些修改和补充，于1890年才全部定形并出版。

马歇尔放弃了他的一个写作计划，即先写一批“关于各种经济问题的专论”，再将它们合编为一部综合性论著，这是一个至关重要的决定，因为只有经过一个经济学大师严密的思考才能最终完成这样一部伟大的著作。因此，他的那些专论的面世时间

1　拉萨尔（1825—1864），德国早期工人运动活动家，机会主义代表人物之一，全德工人联合会创始人，联合会主席。他提出，在资本主义制度下，工人阶级的贫困是由所谓“铁的工资规律”造成的。——译者注

荷兰水彩画《鞋匠》，约泽夫·以色列（1850—1905）作品。

不得不大大延后，尤其是其中关于货币与对外贸易的内容，由于从逻辑安排来看，它们是属于靠后的内容，所以直至50年后它们才得以重见天日。

马歇尔的研究顺序可以记述如下：由于受到李嘉图和穆勒等人的影响，他于1867年开始发表研究方法，并在对外贸易的研究中对这种方法进行特别的应用；而后，在古诺的影响下，当然在一定程度上也是在冯·屠能的影响下，他“开始认识到一个至关重要的事实，即无论在伦理还是物理方面，我们在观察世界时都更注重增量而非总量。例如对物品的需求是连续的过程，而这一需求的“边际”增量将与相对应的生产成本增量维持稳定的均衡。如果不利用数学符号或图解说明，这种连续性论点是很难阐述清楚的。

到1871年时，他已经沿着这条线索前进了一大步，他向学生们详细地讲述了这些新思想及其图解经济学的切实基础。然而同年，杰文斯出版了《政治经济学原理》，这是一部完全独立完成的著作。这本书的出版或多或少让马歇尔感到失落和恼怒，因为他正在相同的方面进行逐层的研究，而在他还未找到适当而确切的方法表述这些新思想时，这本书却抢先一步拔得头筹。但不管怎样，关于“边际”（或者按杰文斯的说法是“最后”）效用的一系列思想是杰文斯首先发表的。马歇尔尽量避免与杰文斯争辩，但同时他又间接而明确地指出，他并未从杰文斯那里吸取过什么。

在1872年的《学术界》上，马歇尔评论了杰文斯的《政治经济学原理》[1]，这篇评论虽未持否定的态度，但字里行间都透露着几分冷淡并毫不留情地指出几处明显的错误，评论的最后说：“那些突出的理论并不是这本书的主要价值，它的主要价值在于对那些次要问题的具有开创性的论述以及那些颇具启示价值的评论和细致入微的分析。新瓶装旧酒之处在书中比比皆是……例如，商品的总效用与其最后的效用程度并不成正比，这一道理是人人都熟悉的……但杰文斯教授却将其视为头等大事，并为此花样百出地展示了大量的经济事实。”

一方面，他在评论中写道“与其他论述一样，不幸的是，杰文斯在论述这一点时的得意之情使他做出一个不仅仅是不准确、而且是错误的结论……”但另一方面他也说道：“在当今这个时代，很少有作者的天才创造力像杰文斯这般接近李嘉图。”他甚至说：“几乎没有哪个思想家的成就能像杰文斯那样使我产生如此多方面的、强烈的敬佩之情。”

杰文斯的《政治经济学原理》确实可以称得上是一部天才之作，但在面对马歇尔

1　我认为马歇尔终生只写了两篇评论，包括这篇1872年对杰文斯的评论和1881年对埃奇沃思的《数理心理学》的评论。——原注

孜孜不倦、力求全面、只知耕耘不求回报的态度时，这本书就像一本残缺不全的小册子，显得仓促且漏洞百出。当然，书中的一些观点确实给人留下了难以磨灭的印象，例如，关于最后效用的概念以及有关劳动负效用与产品效用平衡的理论。但当所有这些在面对马歇尔饱含耐心、坚韧与天分的巨大工作机器时，就显得脆弱不堪，像是一闪而过的思想火花[1]。就如同在面对水壶里的水沸腾时，杰文斯表现得如同兴奋的小孩子般大喊大叫，而马歇尔则沉默地坐在一旁开始制造发动机。

马歇尔同时还概括了在阐述对外贸易和国内价值纯理论时发现的图解法，大概在1837年前后这些论文就已经完成了，而且他也与学生们（尤其是与亨利·坎宁安[2]爵士）做过交流，这些论文作为不连贯的几个章节被收录在《对外贸易理论》中。而这本书在1875—1877年间，也就是他刚刚从美国返回后就已接近完成，书中囊括了他自1869年以来的研究成果。1877年，他转而与妻子合著了《工业经济学》。1879年，因为担心别人从马歇尔处夺取优先权，亨利·西奇威克私下印发了这些文稿，并向国外的一些著名经济学家邮寄了文稿的副本。但遗憾的是，这些章节最终没能正式出版，现在我们已经很难找到原文了。不过，其中最精华的部分在《经济学原理》第5篇第11章和12章中得以体现，在文稿写毕后的50年，它们被收入《货币、信用与商业》的附录J中。

我们完全可以肯定地说，马歇尔是现代图解经济学的奠基人，因为他在经济理论中能对数学和图解方法进行娴熟的运用、全面的陈述而且表现得严谨合理，而这些都远远超过他前辈们的那些"思想火花"。图解方法是异常精致的分析工具，聪颖的初学者常常被它吸引，它带来很多方面的启发，它帮助验证直觉，它甚至可以被当作速记手段。而一旦我们对这一学科的研究步入正轨，它又将成为我们的研究背景。只有很小的圈子才得以接触马歇尔研究成果的完整形式，这些思想以分散的形式一点一滴地渗透到外部世界，这确实使他丧失了本可以得到的许多世界性的荣誉，甚至在某种程度上这阻碍了学科的进步。但我想在进行深入了解后，我们可以理解马歇尔为何不愿仅仅以发表图解方法的形式开始他的研究生涯。

原因在于，过分强调或者沉迷思维方法背离了马歇尔早年已经确定的研究经济学

1　现在再来回顾，他的这些成果实在令人失望，他的思想火花不过是把经济学蜕变成为对享乐主义者计算的数学表达。——原注

2　亨利·坎宁安爵士（1849—1935），逝世于1935年5月3日，享年87岁。在马歇尔最喜爱的诸多学生中，他第一个离开了我们。他有着杰出的天赋，早年的时候，他在自己称作"几何经济学"的领域中取得了很大成就。——原注

的正确态度，尽管思维方法对这个学科来说是必不可少的。当然，我们还可以找到其他原因。马歇尔曾获得数学学位考试的二等荣誉，并对研究分子物理学怀有抱负，因此无论是从思维还是审美角度，他都无法忍受数理经济学中那些杂乱无章且七零八落的初等代数、初等几何、初等微积分[1]。与物理学不同，当它们在面对那些针对复杂、残缺的经验事实的经济解释时，那些能用数学表达的经济理论显得太过简单[2]，而且它们对得出结果并不会起多大帮助。

马歇尔具有他的学生们未必具有的强烈感受，在他看来，初等数学不过是小孩子的游戏，他想要到更广阔的实践中去聆听他们的呼声并从中分辨出不同的声音，然后用实业家的语言来发声。而他也的确如他所说的那样去做了，"他努力去了解实业界的实际运作方式和工人阶级的生活状况。"

由此可见，是马歇尔最早建立了现代图解方法，但他没有对此邀功，而是毫不犹豫地将其放在适当的位置。我们甚至只在《经济学原理》的脚注中看到图解，充其量不过是在附录中进行了简短描述。他早在1872年评论杰文斯的《政治经济学原理》时就写道："一些英国和欧洲大陆训练有素的数学家在研究经济学时用他们善用的数学方法来解决问题，而他们也确实提出过一些有意义的建议，我们应当对此表达谢意。但事实上，我们完全可以用普通语言来表达他们做出的所有推理和结论……如果去掉这本书中的数学内容而保留图解，我想将会有所改善。"

他在1881年评论埃奇沃思的《数理心理学》时写道："天才的迹象得以在这本书中显现，我们能够预测未来作者将做出更大的贡献"，然后他又加了这样一句话："这本书最有趣的一点在于，它在避免采用作茧自缚的数学方法和尽可能贴近经济现实方面取得了很大的成功。"1890年，他终于在《经济学原理》序言中强调，相比代数，他更偏爱图解。在他看来，图解在一定范围内还是有用的，而代数则完全是作者

1　数理经济学对于那些刚刚接触这一学科而又未曾接受过数学技能训练的学生来说，有一种超乎寻常的吸引力和影响力。因为它不但易于掌握，还把一小部分优秀学生引向探查纯粹形式与结构的快乐，把一块块积木交到他们手中，让他们亲自操作，对于那些从未见过现代数学的宏伟结构和精微细节的学生们来说，这种经历无疑让他们兴奋不已。——原注

2　著名的量子论的创建者，柏林的普朗克教授（1858—1947）有一次曾向我宣称，他早年时期曾想过要学习经济学，但最终发现它太难了。普朗克教授可以在几天之内轻而易举地掌握数理经济学的全部内容，显然他指的并不是这些。经济学对逻辑与直觉的双重能力，以及对那些并不精确的事实资料的渊博知识提出了最高的要求，而像普朗克教授这样的科学家，其主要天赋在于进一步探究那些相对简单但精确度高的事实的含义与先决条件，经济学的要求对这样的人来说无疑是非常困难的。——原注

试图抄近道的权宜之计。

还有一个不太合理的动机使马歇尔反对滥用数学方法，他担心过多的数学方法会吓退那些实业家读者，他在这方面确实走得太远了。因为不管怎样，“人们一旦将图解方法使用在许多纯理论问题上，他们就不愿意再尝试其他方法了”，图解方法必定会成为经济学高级教程的一部分，这一方法应该被以最完整和最清晰的方式提供给学生。

因为其中存在一些缺陷，所以马歇尔未能在1877年发表其关于对外贸易理论及其与自由放任主义相关联的若干问题的研究成果，这堪称一大憾事[1]。然而无论如何，这方面的专题研究是由马歇尔开始的。算上“从文件中找到的相关主要事实”，再加上他访美期间因进行新兴国家贸易保护实际运作调查而取得的第一手资料，就足以构成一本专著。遗憾的是，他的这一愿望最终未能实现，持续恶化的健康状况是部分原因，他感到自己或许时日无多，所以把全部精力放在完成关于价值和分配的基本思想上。

直至晚年，马歇尔才出版了他的《货币论》，对此我同样深感遗憾。因为随着时间的流逝，那些原本生气勃勃的思想和敏锐而犀利的表述也渐渐失去了光泽。而在马歇尔所有的经济学研究中，对货币的研究是最能集中展示其创造力和专注精神的，也是最能清楚呈现他的洞察力和渊博知识的。

货币研究在经济学中属于一个半独立的部分，它完全可以形成一部专著。然而马歇尔关于货币问题的见解，除了在皇家委员会证词中的阐述以及偶尔见诸报端的文章，再也没有属于他自己语言、自己风格的东西奉献给世人。自从70年代开始，货币问题就成为马歇尔最乐意在讲座上谈起的题目之一，正因如此，他这方面的思想广为学生所知[2]。从马歇尔的讲座开始，剑桥就形成了一种口授的传统，在他退休后，庇古教授的讲座取代了这一位置。我想可以这样说，这种方法不仅不同于而且优于出版书

1　实际上，他最终放弃出版这本书的原因并不十分清楚。很明显，直到1877年为止，他还是打算出版的。我父亲曾在1877年2月8日的日记中指出：“马歇尔交给我一部分他目前正在撰写的关于对外贸易的手稿，让我翻阅一下。”西奇威克和杰文斯也都读过手稿，并且给予了很高的评价，这在马歇尔申请布里斯托尔的任命时，他们于1877年6月所写的推荐信中可以看出。西奇威克写道：“这本书的大部分已经完成，我毫不怀疑这本即将出版的著作将会令他声名远播。”杰文斯写道:“你那本关于对外贸易理论的著作，熟悉它内容的人正在翘首以待，它将会令你跻身于这门科学中最富创见的作者行列。”——原注

2　他讲课的方法不够系统，因而使那些中等甚至优秀的学生都无法很连贯、完整地做笔记。——原注

籍，直到最近情况才有所改变[1]。现在，简要叙述一下马歇尔在货币理论上的主要贡献是十分必要的。

在金银复本位制[2]大辩论前，关于货币问题，马歇尔没有发表过任何见解，甚至在辩论开始以后，他也是在观望很久之后才介入辩论。马歇尔首次对这一课题发表见解是在1886年，当时他对皇家委员会就贸易和工业萧条状况的问卷做出了回答。紧接着，在1887年3月号的《当代评论》上，他发表了关于“总体价格水平波动的解决方法”的文章。1887年和1888年，他又分别将大量证词呈交给金银委员会，随后，他在1899年向印度通货委员会呈交了证词。直至1923年，他才在《货币、信用与商业》中系统地阐述了自己关于货币问题的思想，而他几乎所有的主要思想在此时都已经在其他著述中公之于众了。

他已经80余岁，精力大不如前，将之前分散的文章连缀成篇是他目前唯一能做到的事。与20年前或30年前的作品相比，这些表述显得枯燥无味，他想尽办法试图避开繁难之处。不得不说，与其之前的作品相比，此时的内容大为逊色。现存的手稿包含马歇尔在1871年前后的文章，这些文章正好是讨论他的货币数量理论的，这不仅是说明从1867年到1877年他的思想始终保持连贯性的绝佳例证，也是他《货币、信用与商业》第 1 部分第 4 章全部内容的来源，这一章节的内容论述得极为全面，在阐释和说明方面精雕细琢，是50年后的他所不能企及的。我无法考证他是在何时确立在《当代评论》上的文章及在提供给金银委员会的证词中表述的主导思想[3]，不过，关于“商业危机”的段落已经可以在《工业经济学》中找到。在回答贸易萧条委员会的提问时，他也引用了这些观点。这表明，他在1879年就已经怀有同样的想法了。接下来，我将逐条列举马歇尔关于货币理论的最重要和最具特色的创见。

其一，在阐述货币数量论时，将其当作一般价值理论的一部分。他反复强调，货币的价值不仅是货币供给量的函数，也是货币需求量的函数，“能够保证每个人能随

1　就几个方面来说，欧文・费雪教授都是发表与马歇尔相似见解的第一人，但马歇尔发表的时间比费雪早得多。——原注

2　金银复本位制是本位制的一种，曾在18—19世纪被英、美、法等国长期采用。在这种制度之下，黄金与白银同时作为本位币的制作材料，金币与银币都具有无限法偿的能力，都可以自由铸造、流通、输出与输入。金币和银币可以自由兑换。这一制度的出现弥补了黄金产量不能满足市场需求的问题。——译者注

3　在向金银委员会详述他的“金银混合本位制”时，马歇尔说：“我喜欢谈论金银复本位制的问题……这到现在已有10年了。”——这句话把他的这一系列独特思想带回到1878年之前。——原注

时购买的商品量的平均储存量”可以用来度量这种需求量。他还进一步阐释了如何比较货币与其他财富形式并在他们之间寻求平均，以确定自己持有的货币量。在上文提到的1871年的手稿中，他写道：“人民希望能随时购买到的商品量总额等于英国全部货币的交换价值。这样，在银币通货制度下，在知道流通中的全部银币的总盎司数的前提下，我们就可以用刚才所说的商品总量除以总盎司数，从而计算出每盎司的银代表的商品的价值。我们可以做这样的假设，如果平均来说每个人希望能随时购买的商品数量是他年收入的十分之一，而银币又是流通中唯一的一种通货，那么，全英国的货币价值就是全国年收入的十分之一。但如果人们为了以其他方式获得财富，改变了原先的消费习惯，在购买力增加的时候却不急于购物。举个例子，如果每个人平均希望能随时购买的商品数量只占到他年收入的二十分之一，而流通中的银币数量却没有改变，那么银币的价值就会下降，而工业用银就会增加，银矿产银量将减少……”

他指出，这种方法的最大优点在于绕开了“流通速度”这一笨拙的概念，尽管他能精准地说明两者之间的逻辑关系。“我们如果试图将‘流通速度’和货币价值联系起来，问题就会变得错综复杂。对于这个难题，穆勒先生就一清二楚（体现在《政治经济学》第三部分第八章第三节后半部分的内容），遗憾的是，他并未给出解决办法。”有时由于对货币缺乏足够的信任，人们不愿持有它，从而导致价格上涨，由于最近发生的一些事情，这种现象备受关注，马歇尔曾详细地说明这种现象的前因后果。他清楚，价格水平与商业循环紧密相连，它与人们愿意持有的“即时支配额[1]”波动密切相关。

其二，“实际”利率与“名义”利率之间的区分，以及当货币价值波动时，这一区分对信用循环的重要意义。我认为，对此所做的明确说明是在1890年出版的《经济学原理》第六部分第六章的结尾注释中。

其三，货币供应量的增加在现代信用制度下对价格因果顺序的影响，以及贴现率在其中起到的作用。关于这方面的观点，人们常常会引用（当然也是中学生能够参考的唯一详细论述）是1887年马歇尔呈交给金银委员会的证词（尤其是前半部分的证词），以及1899他呈交给印度通货委员会的证词。大约在四分之一世纪的时间里，学生们只能从那些呈交给对一时的实际问题产生兴趣的政府委员会的证词中找到这些原本属于货币理论的最基础内容，不得不说这有点奇怪。

其四，详细阐述了决定不可兑换货币在各个国家间兑换比率的是“购买力平价”这一理论。事实上，李嘉图才是这一理论的功臣，卡斯尔教授为了适应现代情况重新

1 这是马歇尔的叫法，我称之为“实际余额”。——原注

表述了李嘉图的理论，但在此之前，马歇尔的备忘录[1]已经发表了。这份备忘录附在1888年他呈交给金银委员会的证词之后，在1899年提交给印度通货委员会的结论中，这一理论也占据重要地位。接下来的这段摘录是马歇尔对金银委员会发表的意见，阐述了他的理论概况："在每个国家，货币量及其与自身发挥的功能之间的关系决定了货币价格。我们假设B国有一种诸如卢布[2]这样的不可兑换的纸币，随着贸易的进行（当然还要考虑到运费因素），黄金与卢布的比价将与A国金价与B国卢布价格之间的比率达到一致。"

其五，编制指数的连续法。马歇尔在1887年发表的"总体价格水平波动的解决方法"的最后部分，即标题为"如何估计一个单位的购买力"的注脚中首次提到了这一方法。

其六，提议在金银混合本位制的基础上实现纸币流通，这一建议与李嘉图的对"一种既经济又安全的通货"建立一脉相承。这一建议最早见于他在1886年回答商业萧条问题政府专员的提问时。他争辩说，变相的金属本位制将逐步取代普通的金银复本位制。他认为如果我们不进行尝试，而在将来因为金银复本位制大吃苦头的话，完全是咎由自取……我的替代方案来自李嘉图的简单方案，让我们用实例来解释这一方案。我们需要把2 000克银条与100克金条结合起来，而政府则能够随时买卖这些成对的金条和银条，以确保维持流通中的货币总量的稳定状态……这一计划无须其他国家的协同就可以在任何一个国家单独启动。

当然，他并不是说要马上采用这种本位制，而是意在向人们说明这至少优于金银复本位制。在1887年的文章"总体价格水平波动的解决办法"和1888年呈交给金银委员会的证词中，他又先后提出这一建议。

其七，提议编制按物价指数计算的官方币值标准表，以便于签订长期合同时选用。1885年在"工业补偿会议"上，马歇尔宣读了一篇探讨解决就业不连续状况对策

1　题为《各国间货币差异对国际贸易产生的影响备忘录》。他以英国英镑与俄国卢布和英国金币与印度银币为例证，来说明这种影响。他认为长期背离购买力平价（他没有使用这个术语）的情况不大可能出现，除非存在"对俄国经济前景的普遍不信任，从而导致投资者从俄国撤回资本"——这是对当时事态的一个出色的预见。这个备忘录的部分内容重现于《货币、信用与商业》附录G的第一部分之中。——原注

2　卢布最早为沙皇俄国的货币单位。1800年开始确立与黄金的比价，1897年卢布纸币的含金量为0.774 234克。——译者注

1915年，农民在田纳西州采摘棉花，人们依靠这种作物来维持他的黄金平衡。孟菲斯和约翰·卡尔文·库维特拍摄。

的论文[1]，在这篇论文的附录中他最早提出这一建议。1886年，他在回答针对商业萧条问题政府专员的提问时，重申了这一建议。不仅如此，他还增添了一些新内容："人们不清楚1英镑在一段时间以后还能值多少钱，这是工业运转缺乏连续性的重要原因之一……如果经济学家们长久以来一直呼吁的一项计划被采纳了，那么由此造成的不良影响将大为减少。我提出这一对策并不是要求政府自己去经营实业，而是期望政府能够为实业提供帮助。政府部门应该公布币值表以用来跟踪黄金购买力的变动，这将方便签订合同时按照固定购买力单位来确定报酬……因为双方都是自由地做出选择，所以这种恒定的一般购买力单位适用于多种合同形式，包括有关利息支付的几乎所有合同，关于偿还贷款的合同，关于地租的合同，以及工资和薪水的合同……我需要强调的是，这一建议与我们的货币流通形式并不相关，我并不是要改动这一形式。当然，我承认这一建议对于国际贸易来说很难行得通，但它对稳定国内商业起着极其重要的作用，而且它还具备易于实行且不会像政府干预企业那样产生弊端等优点。基于以上论述，我冒昧地恳请诸位对这一建议给予密切的关注。"

在上文提到的"总体价格水平波动的解决方法"中，马歇尔再次深入阐述了这一重要建议。这篇杰出论文的前三部分标题分别为：《价值标准波动的弊端》《贵金属

1 标题为《可补救的那些原因对（a）持久就业和（b）工资率产生的影响不利到何种程度？》——原注

并不是一种合适的价值标准》《价值标准与金或银并不相关》。把最新颖、最重要的部分放在脚注是马歇尔写作时特有的习惯，接下来的这段文字就摘自这篇论文的一个脚注[1]："我认为，每一项试图通过控制货币供给来维持币值稳定的计划都应当局限在一个国家内进行，而非扩大至国际上。尽管我不赞同下面两个计划中的任何一个，但我还是要引用它们来说明这一点。在第一个计划中，货币是不可兑换的，当1英镑的价值超出了1个单位，政府就会为了投放货币而自动购买公债，相反，如果1英镑的价值不足1个单位，政府就应当为了回笼货币而售出公债……在另一项计划中，货币是可兑换的，人们将有权按照当时的金价和银价要求政府部门把1英镑的纸币兑换成半单位的金和半单位的银。"[2]

因为担心被指责为过于脱离实际或凌驾于传说中的怪物——实业家之上，所以在面对《经济学家》对金银混合本位制以及备用币值标准表的嘲讽时，马歇尔没有继续坚持他的观点。

(5)

在前文中，我曾承诺要揭示马歇尔为什么推迟他的图解方法、对外贸易理论、货币与信用原理等成果的出版时间。确实有很多原因使他做出这样的选择，其中的一些贯穿他的一生，而就结果来论，有些是有利的，有些却是不利的。让我们先从有利的谈起。

前文已经提到过，在很早时候，马歇尔就已经认识到纯粹的经济学理论不仅本身并无多大价值，而且对得出切实可行的结论也没有多大帮助。它所有的价值就在于解释当前的经济生活，这就需要深入了解工商业的实际状况，但是这些具体的经济事实以及它们与个人的关系一直处在持续且快速的变化中。在剑桥的就职演说[3]中，马歇尔表明了自己的立场："正是由于发现了人本身在一定程度上也是环境的产物并且将随着环境的变化而变化，当代经济学的观点才有所转变。英国本世纪的经济学家所犯的主要错误并不是他们忽视了历史和统计，而是将人看作一个定值，不去关心他的变化。因此，他们得出的结论与实际情况大相径庭，他们认为供给与需求的作用是恒定的、机械的，原因就在于他们没有看到工业中的常规和制度是变化莫测的。虽然社

1 对于马歇尔的大部头著作，看来应该阅读它的脚注和附录，而不是正文。——原注

2 本句的最后部分假定已经采用了金银混合本位制。第二种方案与欧文·费雪教授的"美元补偿"计划相似。——原注

3 《经济学的现状》，1885年。——原注

会主义者感受事物的方式过于强烈，但他们确实对人类行为的隐秘动机有所了解，这正是当前的经济学家们所欠缺的。李嘉图和他主要的追随者们并未向世人讲清楚（我想，他们甚至自己也不十分清楚），他们所建立的只是在发现某些真理时普遍应用的工具，而非普遍真理。在我看来，具有普遍性的是经济学核心的分析框架，而非某一条经济学教条，因为它们本身也只是探索实际真理的工具，而非实际真理。”

马歇尔所处的年代，正是这些经济学前辈们的错误危害达到顶点的时候，自然而然地，基于自己所持的观点以及对前辈们的反对意见，马歇尔不愿意将那些孤立的经济学专论在与实际情况相结合之前就过早地发表出来。单独发表图解方法和纯理论极有可能是弊大于利的，因为数学和社会科学会因此在目标和方法上更加混淆，从而做出与他本意相悖的强调。将那些纯智力成果在对理论和现实世界的联系进行深入探索之前就发表出来，会造成一个错误的示范，而人们则会纷纷效仿这一错误做法。但换个角度来看，在当时要得到相关事实依据是十分困难的，起码比现在要困难得多。尤其是19世纪七八十年代的美国，事物的变迁速度超乎寻常，经过处理的信息资料极为罕见，远远比不上现在这般丰富。马歇尔在1875—1895年的20年间，大大提高了对事实资料的掌握及对经济学的判断力，所以，如果他选择在1875—1885年间而非1885—1895年间发表那些著作，这些著作将失色不少。

个人特质是另外一个重要原因，马歇尔的身体在至关重要的时刻垮了下来。在有所恢复之后，他又不得不花很多时间和精力去准备课程、培养学生，这大大推迟了他的写作计划。而且，他在写作时要求极高，不仅要求表述准确，而且力求精益求精，这也使他无法成为一个多产的作家。同时，他并不擅长把各部分整合为一体或为了使各部分相互照应而改写等工作。他一直试图写出大部头的著作，却欠缺运笔如飞的才能，缺乏穆勒那样长时间集中精神的特质，又不能做到如亚当·斯密那样保持前后一贯的整体感，而对于圆满完成一部鸿篇巨制来说，这些特质是不可或缺的。

我在前文已经指出，马歇尔认为现实世界的变迁日新月异，经济学不可能达到所谓的极致状态，而他本人不仅没有足够的空余时间来著书立说，在文字表述能力方面也有所欠缺。正是这些原因使他不得不放弃先进行独立专著创作，再将它们编辑成一部鸿篇巨制的计划。在我看来，因为这些现实的障碍和自身的不足而选择放弃这样一个伟大的计划，是十分令人惋惜的。

相较于那些健在的同时代的经济学家，马歇尔十分清楚自己具有独特的能力和非凡的优势。在1885年的就职演说上，他说道：“在12年前，英国拥有或许是世界范围内最具才华的一批经济学家，穆勒、凯尔恩斯、巴奇霍特、克利夫、莱斯利、杰文斯以及纽马奇、福西特都在这一行列，像这样在同一时代同一国家荟萃如此多精英的情况可以说是绝无仅有的，然而不幸的是，他们一个接一个地离开了我们。”而那些尚在人间的经济学家中，再无人可与马歇尔并驾齐驱。考虑到学生们将要承担未来的经济学研究，马歇尔对他们进行了精心的指导和培养。然而与此相反的是，马歇尔不愿意将尚未烤熟的面包撒向水面，他也不考虑与他人合作，他没有让世人从他身上汲取滋补养分的意愿，这不恰恰与他的目标和信条相背离吗？我并不否认大部头的经济学论著具有很大的教育价值，每个时代的确也需要拥有自己的鸿篇巨制。然而，在面对变动不定的经济事实且孤立的经济学原理又毫无价值的情况下，为了经济学的进步，同时也为了将这一学科切实作用于现实经济问题，我们的先驱者和开拓者们不正是需要撇开大部头而专注于小册子和专论的写作吗？我在前面提到过杰文斯的《政治经济学》不失为一部杰作，而这部杰作在我看来正是属于小册子的范畴，严格来说，杰文斯所有的经济学著述其实都属于小册子，但也正是因为杰文斯不拘泥于形式，乐于与世人分享自己的精神和思想，才使他赢得了不朽的、崇高的个人地位，产生了其他经济学家无法企及的影响力。而马尔萨斯在出版第1版的《人口论》后，试图将其扩展成大部头著作，反而毁掉了《人口论》。李嘉图最伟大的著述也不过是一些风行一时的小册子。穆勒虽然凭借天赋成功完成了一部巨著，但它对科学的意义远远不及对教育的意义，何况在新一代的辛巴达们乘风破浪时，他也只能如同年迈的老人枯坐一旁[1]。鸿篇巨制的荣誉由亚当·斯密一人独享就足够了，而其他经济学家应当废寝忘食地撰写专著和短论，并祈求这一方式能使自己不朽。

马歇尔的这种做法不正与他天赋的独特真实本性相背离吗？正如他自己在前面的引文中所指出的：“经济学本身并不是实际真理，它不过是探索实际真理的工具而已。”确实，马歇尔创造了我们目前所使用的大部分“工具”，他向世界展示了这些“工具”并早早把它们交到学生手中，这些“工具”的创造正是马歇尔那独有天赋的最主要的成就。在马歇尔看来，经济学不是实际真理，他也确实在极力追求实际真理，遗憾的是，在这方面他确实没有什么过人之处。作为他曾经的学生兼同事，我父亲目睹了马歇尔思想从始至终的发展历程。在我还不知道何为经济学的时候，就常常听父亲感慨马歇尔那顽固不化的脾气使他无法分清自己的优势和劣势；感慨他那不可理喻的雄心使他不能把自己思想与天赋中真正有价值的东西奉献给世人。我们的经济学本来是可以发展得更快的，而马歇尔的地位、权威和影响力本也可以更大一些，唯一的要求就是，他稍稍改改他的脾气。

1　杰文斯非常恨穆勒，主要是因为他被迫使用穆勒的《政治经济学》作为讲课时的标准教材。——原注

此外，马歇尔还有两个特质不得不提。

第一个特质是，他过于害怕犯错误，耻于面对批评，无法承受反对意见，即使在那些不十分重要的事情上，这种极端的敏感使他无法容忍他人的批评和反驳。这种由于害怕批评而过于谨言慎行的心理在他人生的其他方面也造成非常不好的影响。事实上，偶尔的小错误是无伤大雅的，尤其是这种错误如果能被及时发现，更不会造成任何恶劣影响。当然，我们是在马歇尔对科学准确性和真实性的严格要求下，才将此定义为马歇尔的“缺陷”，马歇尔的严要求和高标准达到了学生们望而生畏的地步。

第二个特质就是，马歇尔做善事的心愿过于迫切。对于这一学科中与人类福祉或者工人阶级生活不直接相关的部分，甚至那些看起来非常重要的间接相关的内容，他都不屑一顾。在他看来，如果他进行了这些方面的研究，那就远离了自己追求的至高无上的目标。这一选择源自他内心的矛盾与冲突，充满了艰难、枯燥、严苛，以及冰冷无情的理智与完全相反的、包含热望的激情之间的冲突。理智要求他去追寻图解方法，去探索对外贸易和货币理论，但有一个小精灵却在他内心说，“不，这样不行。”在他的生命行将结束时，理智之火也即将熄灭，而那个长久以来一直被压抑的

1850年，法国巴黎的铸造厂正在生产铁器。

小精灵却得以挣脱出来，有一次他甚至说："如果生命能重来一次，我将选择献身心理学。经济学离现实的世界过于遥远，如果我在这方面陈述过多，那么实业家们也将远离我的作品。"然而在他的一生中始终选择坚持原来的观点，他常常向人们讲起发生在早年的故事："当我下定决心用我所有的才智对政治经济学（当时还未创造出'经济学'这一词汇）进行彻底研究时，我在街头的橱窗看到了一幅小小的人物油画，画中的人是一个落魄者，他面容憔悴，若有所思。我花了几先令把这幅画买了下来，并将它挂在学院宿舍的壁炉架上，从此之后，它就成了我的'保护神'，我下定决心要让那些处在画中人一样境地的人获得幸福。当时，我异常偏爱经济学理论中的数学部分，然而当我抬头看一眼我的'保护神'，它又把我带回我应该坚持走下去的路上。甚至有一次它将我从对终极目标的研究中拉了回来，使我转而研究当时极为热门的金银复本位制问题。虽然我本身对这一问题并不热衷，甚至可以说是鄙视这一问题，但追求真理的本能还是将我引向它们。"这就是马歇尔的另外一个特质：在崇高的无私和献身公益的精神中存在瑕疵，但这点瑕疵并不影响学生们为他的无私和奉献精神而感动。

（6）

马歇尔在1877年的时候正帮助夫人撰写《工业经济学》（于1879年出版）。这本书本来是用作其夫人在剑桥大学函授部讲授时的教材，但随着写作工作的进展，马歇尔承担的工作越来越多。在其《经济学原理》出版后，马歇尔不仅推迟这本书的出版，而且还在同一题目下以完全不同的内容替代了原书。改写后的书基本上是《经济学原理》的缩写本，而且，为了"适应低年级学生的需求"，他的价值理论只得以简短且不完善的形式表达出来，而人们也被迫接受这样的理论表述形式。我想，也正是因为存在以上问题，马歇尔才在11年后考虑改写此书。他于1887年、1888年在《经济学季刊》上与美国经济学家的辩论，也进一步表明了这一想法。同时，他还放弃了那种只需一个半指导性的函授教师和一本半严肃的教材就足以教授低年级学生的想法。1910年，他在写给1879年版《工业经济学》的一位日本译者的信中写道："在刚开始撰写此书时，我希望能巧妙地把简明易懂和科学严谨结合在一起，但现在看来，或许有些专题是可以写成简明的著作的，但其中并不包含经济学的核心理论。"

这些情绪使他对这本书心怀偏见，实际上，这本书从出版伊始就受到业界人士的高度赞誉，这是目前能找到的最优秀的小型教科书。如果说有初级教科书这一概念的话，这本书将完胜福西特夫人、杰文斯所编写的入门书以及后来出版的一些教科书，成为当时出版的同类著作中最优秀的。不仅如此，这本书的第3篇后半部分论述商业联合、工会、商务争议、商务合作的章节，是当时对这些重要题目的表述中最令人满意的。

马歇尔的身体每况愈下，在本书脱稿后衰弱到极点。在1881年出国休养期间，他选择专心研究后来出现在《经济学原理》一书中的那些核心理论[1]，而不是重回关于货币或对外贸易课题。这一时期的马歇尔俗务缠身，他先到牛津任职，后又回到剑桥执教，并参与辩论金银复本位制问题，为金银委员会作证词等等。

最初，马歇尔计划将全部经济学内容融合成一步著作，他的分配理论在1883年和1884年初显雏形[2]，在1885年夏天从湖区回到剑桥的第一个长假期，他开始最后定型这本书："这一年的工作不是很令人满意，我正摆脱对这本书的陈旧狭隘的设想，努力突出那些构成经济学支柱的抽象推理。但与此同时，我却没有立即着手撰写一部2卷本著作的勇气和决心，我相信只要加以润色，这部著作就将成为我一生著述中最重要的成果。"

1886年："目前，我的工作重点是对写作计划进行改造。这一工作在克罗姆附近的谢林汉姆度夏时告一段落，那时我已经基本确定全书的内容，起码就第1卷来说是这样的。紧接着，我开始按照排印的设想，对各个独立章节进行安排。"

1887年写于格恩西岛："在此书的写作方面大有进展，且出版事宜已与麦克米伦出版公司进行了协商，我会在这一学年结束后开始向印刷商寄校样。除了第6部分的一半内容，其余章节已经打印妥当，虽然还不能直接用于出版，但已初具出版的轮廓。我是说，各方面事情已经基本完成或已安排妥当。"

1888年："长假即将结束，第5部分的内容已交付印刷商，第4部分的内容也即将完工。接下来，在撰写'正常价值或分配与交换'之前，我准备增加关于深入讨论'生产成本'的内容，把原本准备在'正常价值'论题后半部分讨论的内容稍做补充后放在这一篇里。也就是此书现在的第7部分，因为这一想法是逐步形成的，所以这一学期的进展并不是很明显。"

1889年："这一年的前4个月我都忙于撰写第6部分的内容，先是完成了前4章的初稿，随后对第5部分进行了修改。同时，我也将很多精力用在对数学附录的撰写

1　马歇尔夫人写道："关于需求的第3部分大多是于1881—1882年2月在巴勒莫的屋顶上构思并完成的。"——原注

2　这一雏形出现在1884年夏天大约用两天时间完成的一篇论文的提纲中，当时他住在格恩西岛的罗夸米湾。这篇论文就是发表在1885年的《合作年刊》上的《工资的理论与事实》，同年作为他在"工业补偿会议"上宣读的一篇论文的附录加以重印。——原注

上，其中的很大一部分内容如今已付印。在波多尔港，我度过了8个星期的长假，其间的主要工作是撰写第6部分5、6两章和第7部分1到5章的内容。”

这段时期马歇尔的写作工作进展顺利，这本书最终在1890年7月出版。

马歇尔在1890年之前已经非常出名了，而《经济学原理》第1卷的出版则使他的声望更上一层楼。报章杂志以配有大标题的长篇文章大张旗鼓地进行评论，记者们或许不能准确分辨这本书给科学界带来的贡献和创新，但他们敏锐地判断出这将是经济思想的一个新纪元。《蓓尔美尔新闻》评论道：“这是一件了不起的事，我们这位在古老大学执教的教授，用他的毕生精力将政治经济学改造成推进社会完善的一门科学。”旧的经济学“只把人看作是全然自私的、只懂攫取的动物，而这些动物所组成的群体则被视为国家。如今，这些陈旧的观念将一去不复返[1]，因为全新的政治经济学诞生了。”《每日新闻》评论道：“人们对政治经济学的信任曾一度动摇，如今，这本书将重新巩固这种信任。如同穆勒的《政治经济学原理》对上个时代产生的影响一样，这本书也将对这个时代产生非凡的影响。”《曼彻斯特卫报》则这样评论道：“因为这本书的面世，这一学科中的其他著述都成了过时的东西……将马歇尔教授的著作视作政治经济学发展中的里程碑并不为过，正是因为它，经济学研究的方向得以明晰，经济学研究的进程得以加快。”以上不过是一片赞誉声中的寥寥几例。

我们这一代人是在马歇尔及其著作的哺育下成长起来的，让我们来确认那段漫长的空白期，即从穆勒的《政治经济学原理》到马歇尔的《经济学原理》这一时期中经济学的发展状况是一件非常困难的事情，要判断《经济学原理》的出版具有何种意义则是更加困难的事。即使如此，我也将在埃奇沃思教授提供笔记的帮助下，进行一种尝试，明确几个这本书为人类知识宝库做出的尤为突出的贡献[2]。

其一，对需求和生产成本在价值决定中各自所起的作用进行最终澄清，这一话题曾因为李嘉图的隐晦和杰文斯的不理智而引发一场不必要的争论。在马歇尔的分析后，这一话题最终得以取得定论。埃奇沃思教授就曾写道：“对生产成本的全新描述使人们认清了它在价值决定中所起的作用，正如马歇尔所说的，在古典学者们强调供给的作用甚于需求的作用时，他们凭借直觉找到了正确的答案。这些老一代的作者曾在19世纪七八十年代遭到杰文斯、庞巴维克[3]等人的贬低，但当马歇尔在此书的第1版

1　并不是说原来的政治经济学的确如此，这不过是记者们以他们的方式表达了马歇尔的观点给他们留下的印象。——原注

2　包括早期著作中的预言和提示。——原注

3　庞巴维克（1851—1914），奥地利经济学家。奥地利学派经济学说的全面发展者。——译者注

中重新回归这些先辈的观点时，却给人留下这样的印象：‘那些甚嚣尘上的批评带来的迷雾终于被驱散了，山峰又得以在熟悉的高度以它那永恒、雄伟的姿态显现在世人面前。’”

其二，将“价值是由需求和供给在某个均衡点上决定”这一命题发展为一般性的思想，这就如同发现了一个完整的哥白尼体系[1]。在这个一般性思想的指导下，经济学领域的各要素才得以在彼此均衡及相互作用的过程中各就其位[2]。至于经济均衡的一般理论之所以得以巩固并成为一种有效的思想法则，是因为得益于“边际”与“替代”这两个重要概念的引入。

边际的概念远远超出效用的范围，它可以用来描述那些能够做定量微小变动处理的经济要素在特定条件下的平衡点，也可以用来表述它们与特定量的边际变动的函数关系。为了准确描述达到均衡与恢复均衡的过程，“替代”这一概念被引进来，尤其是“边际替代”这个概念，它带来的成果难以想象的丰富，不仅能用来说明消费过程中两种物品的替代关系，还能说明生产要素的替代关系。

不仅如此，“相互作用的双重关系存在于各种生产要素之间。一方面，在使用上它们是相互排斥的，功效与成本之比较高的要素不仅会替代那些较低的要素，还会限制对后者的需求价格。另一方面，它们被使用的可能性正是通过相互组合才得以实现。任何一种要素的使用可能性都不可能是单独实现的，这种可能性是其他要素为其提供的。例如，国民报酬正是这些要素共同作用的成果，国民报酬随着每一种要素供给的增加而增加，而这些要素唯一的需求来源也正是国民报酬。”

在供给与需求这个一般价值法则下，这一分析方法不仅包含了货币理论，也包含了对工资和利润的分析。同时，关于劳动者工资或雇主利润的供求作用的特点也获得了全面的分析。

其三，在经济分析中引入时间因素，是马歇尔的功劳之一。他提出“长期”和“短期”的概念，而他之所以引入时间因素是为了追溯“一条把供求均衡的一般原理与长短各异的时间段联系在一起的贯穿始终的连线”。同时，马歇尔还首次对与此相关的另外一些概念进行了区分，而此举使我们如今拥有了进行清晰思考的重要依据。

---

1 即哥白尼提出的“日心说”，它的提出沉重地打击了教会的宇宙观，这是唯物主义和唯心主义斗争的伟大胜利。——译者注

2 早在1872年，在对杰文斯进行评论时，马歇尔就已树立了经济要素相互依赖的观点。“正如太阳系中每个天体的运动一样，”他在文中写道，“它既影响着另外天体的运动，同时也受另外天体运动的影响，这一点也正适应于政治经济学问题中的诸要素。”——原注

荷兰水彩画。画中描绘了一个衣着破旧的女孩转动着咖啡研磨机。约作于1850—1899年。

例如他区分了“外部经济”“内部经济”[1]以及“主要成本”“辅助成本”。我认为，第一对概念在《经济学原理》出版面世时，绝对称得上是一个完全意义上的创新。至于后一对概念，要么曾经存在于经济分析中，要么曾经存在于工业词汇中。

“正常”价值的含义通过区分长期与短期而得以确定，“正常”利润说则借助马歇尔“准地租和代表企业”这两个独创的概念而形成。

这些具有开拓意义的思想是人们进行清晰思考时不可或缺的存在。然而，在我看来，马歇尔对这一部分的论述是最不全面、最不令人满意的，需要后继者完成很多他遗留下来的问题。正如他的《经济学原理》初版序言中提到的，“时间因素可以算得上是每个经济学难题的核心”。

其四，消费者地租或者称之为消费者剩余，这一独特的概念是从杰文斯的思想派生出来的，这一概念产生的实际结果或许并不像最初预测的那样富有成效。但就思维工作而言，它却是必不可少的，在《经济学原理》中这一概念显得尤其重要，用埃奇沃思教授的话来说：“因为它的使用表明了自由放任主义（无限制的竞争）的最大收益，并不等于可能获得的最大收益。”

马歇尔证明，自由放任主义在某些条件下是不能作为社会最大利益的原则的，在实践上行不通，在理论上也无法自圆其说，这一发现具有重大的哲学意义。但马歇尔自己并没有进一步阐述这一独特的论点，而是让他的得意门生和后继者庇古教授来继续研究这一领域。庇古教授的研究表明，对那些领会这一思想的学生来说，马歇尔的分析方法在艰难的探索之路上是无与伦比的利器。

其五，这里我们应该对马歇尔的垄断分析进行说明，我认为在这里提及他的报酬递增分析，尤其是在外部经济存在限制条件下的报酬递增，是最合适的。

马歇尔在这方面的观点以及他对社会主义思想怀有的强烈同情，并不与他对竞争力量的推崇相互冲突。埃奇沃思教授曾写道：“我想那是80年代的事了，当我第一次接触马歇尔时，他认为价值决定中的支配地位将长期由竞争来决定，我对他这种旗帜鲜明的表述方式印象深刻。当然，他并没有亲口告诉我这一观点，但这与他在《经济学家的老一代和新一代》这篇文章中的观点完全一致。‘如果买家接受了卖家的出价，他们就会置国王、议会、托拉斯、工会的禁令于不顾而达成交易。’”

其六，在术语和思维工具的创造上，经济学家从马歇尔引入的“弹性”概念中获

1　这一区分对于报酬递增条件的均衡理论是至关重要的，这一点现在已经一清二楚，但在《经济学原理》出版之前并非如此。——原注

益良多。他设定了“需求弹性”的含义，这一概念的最早表述[1]出现在他的《经济学原理》第1版第3部分第3章中。如果失去了这一概念的帮助，价格与分配的前沿理论研究便很难取得进展。

需求对价格变动的反应一直表现为比之多或比之少，而不是呈现出正比关系，在经过19世纪初关于供给与小麦价格关系的讨论之后，这种观念已经广为人知了。也正因如此，穆勒和杰文斯都没有进一步澄清这一概念，这的确是一件让人匪夷所思的事。然而，我们不得不相信事实确实如此，是马歇尔创造了$e=(dx/x)/(dy/y)$这一概念。

在引入“弹性”这一概念时，马歇尔并没有说明这是一个创新，他的这一举措发人深省，也充分体现了他的特色。然而，在新的研究领域被这一思维工具开辟之后，进一步研究的累累硕果却再一次被庇古教授而非马歇尔悉数吸取。

其七，我们值得对《经济学原理》中涉及的历史部分做一些评论。在该书第1版出版时，《自由工业和企业的成长》两章内容被安排在第 1 部分中。然而，在最近的几个版本中，我们只能在附录中看到这些章节保留下来的部分。由此可见，马歇尔始终对相关问题犹豫不决。

一方面，他深深地了解有关经济学的事物是变动不定的，因而十分重视对历史背景的研究，并试图以此纠正那种现存公理将永存不灭的观点。然而，另一方面，他又担心历史研究将占据他过多的时间。确实有一段时间，他在历史研究方面投入了大量的精力，据他所说，这一研究如果诉诸文字将占到6卷的篇幅，而他是不愿意将这些内容当作著作重心的。在马歇尔致力于研究经济史的那个时代，相关资料非常少，虽然他投入了很大的气力，但仍然只是徘徊在这条偏僻的历史小道上，同时，将历史背景在书中以何种地位体现也让他大伤脑筋。最终，就像《经济学原理》中体现的那样，他做出了折中的选择，这一选择不得不说是不尽如人意的，因为所有的内容都被压缩成泛泛之谈，相关论据也无法得到详细地体现。

《工业与贸易》中的某些部分可以说是马歇尔在历史方面最出色的作品。这本书是1919年出版的，此时他已完成了自己的大部分著述。威廉·坎宁安博士对《经济学原理》中有关历史的章节进行了强烈的攻击，他在皇家历史学会的演说内容被刊载在

---

1 严格来说，最早提到“弹性”这一概念的，是在马歇尔为《皇家统计学会50周年纪念集》而撰写的文章《统计学的图示方法》（1885）中。但这里他只是在结尾注释中做了简短的介绍，目的在于说明，如果用图示法来度量弹性，可以用两轴之间的需求曲线的切线被切点分成的两部分的长度之比来表示。——原注

《经济学杂志》第2卷（1892）中。面对这一批评，马歇尔打破了对批评置之不理的一贯原则，而是选择在这一杂志的同一期著文反击，从而成功了结了这场争论。

漫不经心的读者可能会忽略《经济学原理》的写作方法存在不同凡响的地方。书中免除了一切关于新颖与首创的声明，也极少指摘他人的错误，对于那些声名卓著的前辈作家，无论他们曾说过什么，在马歇尔看来，他们的初衷都是好的，都是无可指责的[1]。“自然界没有飞跃”“万物归一，一寓于万物”是马歇尔的两个座右铭，而正如这两个座右铭所示，经济要素之间的一贯性和连续性是经济学难题的症结所在。即使是对初学者，这本书（尤其是前四部分的内容）也是十分浅显易懂的，它的表述清晰而准确，如同是对平常事情所做的文雅表达。

正是这种行文方式使马歇尔实现了目标。这一著作被大众广泛接受，提高了马歇尔在经济学界的声誉，且极少引发争论。评论者们普遍欣赏作者对待论题、前辈和读者的态度。而马歇尔的高兴之处则在于此书唤醒了人们对道德因素的重视，使人道主义精神在经济学中重焕光彩。最难能可贵是，这本书的学术价值并未因此受损。相反，随着时间的推移，这本书所蕴含的精神品质潜移默化地影响了英国的经济学。因为这一过程是悄然进行的，没有引发任何喧嚣与骚动，以至于人们常常感觉不到它的影响。

当然，这种写作方法也产生了不良的影响。此书在落墨时有欠分明，除了那些有重大突破的理论，马歇尔对那些一般突出之处都选择一笔带过，如此一来，读者也就极易忽略这些地方。困难被掩藏起来，棘手的问题则被放在脚注中加以描述，原本含义隽永、富于创见的内容却只能平淡地表述出来。

如果将读者的头脑比作衣橱，那作者的这一表述方式就等于既没有为自己的思想贴上名牌，也没有为此设计衣钩。学生们可能因为《经济学原理》的明白晓畅而着迷，以为自己通晓了所有的道理，然而一星期后，却又发现自己几乎一无所知。甚至那些在此书的哺育下成长起来的学生，在偶尔碰到一些新问题和新解决办法时回头查阅这部著作，却发现关于这一问题以及对此更好的解决方法已然在书中有所体现，只

1　在这一点上，马歇尔太过分了。但他始终坚持的一点的确指出了真谛，这就是有些人凭借他们在经济学上的特殊天赋和强有力的经济直觉所得出的结论和含蓄的推断，往往比他们的解释和明确的表达更正确。也就是说，他们的直觉胜过其分析。他们所获得的巨大声望主要是因为其总体思想框架。抓住他们的某个错误而喋喋不休是很无聊的事情。马歇尔本人的经济直觉就很出众，而他对前辈那些明显的错误又如此宽容，因此他当然有权在将来得到同样的对待。——原注

是自己一直没有注意到而已，这种情况可以说屡见不鲜。由此可见，要找到马歇尔《经济学原理》这一知识宝库的门径，需要经过勤奋的学习和独立的思考。

（7）

1885年，马歇尔夫妇回到剑桥的时候，正是针对研究员的结婚禁令解除不久的时候。夫妇俩为自己建造了一处名为巴里奥·克罗夫特的小房舍，这处住所位于马丁利路，土地属于圣约翰学院。它地处巴克斯镇郊区，临近巴克斯河，一侧有着开阔的风景，大片村落向马丁利山伸展开去。马歇尔在这里生活了近40年，他拥有很大的花园，设计不俗，光线充足，而空间刚好能容纳下夫妇二人及一个忠诚的女仆。摆满图书的书架占满他的书房，只有壁炉旁才能腾出地方摆放两把椅子，他和学生们就在这里进行了一次又一次的促膝长谈，天色将晚时，他就为来访的学生在边上的凳子或架子上准备一杯清茶、一块蛋糕。楼下则是举行大型聚会的地方，把餐室和马歇尔夫人的起居室合并起来就可以作为娱乐室之用。这所住宅始终保持着这样的气氛：楼上是满满的书籍和放着手稿的抽屉，楼下则是镶嵌着米开朗琪罗[1]西斯廷教堂[2]人物画像的家具，而门口则迎面站着女仆萨拉[3]。马歇尔的学生们被这些深深吸引，他们年复一年地坚持来这里拜望导师，就像来到圣人栖居之地朝圣一般。

这时正是剑桥婚姻小团体的第一个年代，那个由学院领导夫妇和几位教授夫人组成的小范围的社交团体正在逐渐扩大，一些当时最知名的导师，尤其是伦理科学方面的导师，先后迎娶了纽纳姆学院的女学生。如此一来，一个单一杰出的精英团体就由来自夫妇双方的联系构成了。

这个团体在我童年时期生气勃勃地成长着。我稍微年长后，就被邀请到这些人家中做客，参加他们的午宴或者晚宴。这样的场合总是弥漫着温馨而高尚的气氛，这种气氛在今天庞大而喧嚣的剑桥已经很难找到了。在之后的日子里，马歇尔夫妇常常为

1　米开朗琪罗（1475—1564），全名米开朗琪罗·迪·洛多维科，雕塑家、建筑师、画家和诗人。他与列奥纳多·达芬奇和拉斐尔并称“文艺复兴三杰”，人像作品“健美”著称，即使女性的身体也描画得肌肉健壮。米开朗琪罗一生追求艺术的完美，坚持自己的艺术思路，他的风格影响了几乎三个世纪的艺术家。——译者注

2　西斯廷教堂由教皇西克斯图斯四世发起创建，教堂的名字“西斯廷”便是来源于西克斯图斯。教堂是依照《列王纪》第6章中所描述的所罗门王神殿，按照比例所建。西斯廷教堂是罗马教皇的私用经堂，也是教皇选举仪式的举行之处。——译者注

3　她与他们一起生活了40多年，他们之间的关系几乎是亲密的。她的判断力和智慧常常得到马歇尔的称赞。——原注

了款待某位经济学同行，尤其是某位来自国外的同行而在家里举行聚会。一些本科生和来自纽纳姆的学生或年轻讲师也常常被邀请参加这样的小型午宴，我至今还清晰地记得，我和阿道夫·瓦格纳[1]以及N.G.皮尔逊这两位经济学代表人物就是在这样的场合结识的。马歇尔更愿意在自己小小的居所招待客人们，而不太愿意前往别人家中做客。在自家的宴会上，他总会使马歇尔夫人忙得团团转，自己则周旋于客人之间，谈笑风生、妙语连珠，对五花八门的事情侃侃而谈，他脸上挂着微笑，眼中充满光彩，不时表现出几分滑稽。在这样的场合，你说还有谁不会满怀欢乐呢?

早些时候，尤其是在1885年至1900年间，他乐于邀请一些工人领袖一起共度周末。诸如托马斯·伯特、本·蒂利特、汤姆·曼等人都曾受到他的邀请。有时候，这种聚会恰逢社会问题讨论协会开会之时，拜访者们还会在会上进行演说。正是通过这样的方式，他得以与过去那个时代大多数重要的合作社成员和工会主义者结识。事实上，除了他们的学术思想，马歇尔与穆勒一样同情工人运动及社会主义等等与之相关的一切[2]。

此时，马歇尔已经安定下来，他已经习惯于这种一成不变的生活。接下来，让我们对他辞去教授职位后1885年至1908年之间的这段人生进行简要的描述。

正如前文提到的，1885年至1890年，他的主要精力都投放在《经济学原理》的写作上，当然，除此之外，还有其他几项活动占据了他的时间：他在1885年向“工业补偿会议”提交论文；在1887—1888年向金银委员会呈交证词；在1889年的合作大会上进行主席演说；而在1890年的夏天，他在英国科学促进协会利兹会议上为经济学小组进行了引人入胜的题为“关于竞争的若干问题”的主席演说；当然，他的很多时间还被上课所占据。可以说，这是他人生中最活跃、最富有成效的五年。

他一周讲授两次普通课程，对于那些在理论上有特殊困难的课程，他还要再增加一次讲授。作为惯例，三个学期当中他只讲授两个学期的课程，1年大概有45个课时

---

1 阿道夫·瓦格纳（1835—1917），德国著名财税学家，优秀的经济学家，资产阶级近代财政学的创造者。——译者注

2 他在《工业与贸易》的序言中写道：“10多年来，我一直相信，与‘社会主义’这一词语相关联的种种建议是极其重要的研究课题，即使这不是对世人而言，至少对我是如此。但社会主义者的著作在吸引我的同时又在拒斥着我。部分出于这一原因，我决定在深思熟虑之前少发议论。现在我已年老，思考和发言的时间所剩无几，我看到工人阶级的才能在各个方面都取得了惊人的进步，或许可以说，社会主义设想的基础比穆勒那时更宽阔、更坚实了。在我看来，真正推动了向这一遥远的尽善尽美的社会组织目标前进进程的，是那些埋头解决前进路上某些具体困难的人，而不是那些把这些困难抛在一边而唱高调的人。”——原注

的课程。马歇尔教授还宣布了这样一个决定，即每周的两个下午，从4点至7点："任何大学里的成员，无论是否听过他的课，都可以去家里拜访他，他将尽可能为来访者提供建议和帮助。"在80年代后期，大概有40—70人来听他的公共课，至于专业课和理论课的听讲人数，大概是这个数字的一半。但他的授课方式是故意为之，使那些不太认真的学生选择不再来听课，半途而废。而几个学年之后，前来听讲的人又少了一些。

马歇尔没有把课程写成讲义的习惯，马歇尔夫人曾描述到："他极少事先做笔记，除非是要讲授经济史。在经济史讲课之前他会做些笔记，并在前往课堂的路上进行梳理。他说正是因为他不按部就班地授课或提供资料，而是选择让学生们自己思考，才使他的很多学生善于进行独立思考。每个星期，他都要针对那些没有讲完的课程出一些思考题，然后在课堂上给出答案。我想，他在批阅作业的时候一定非常痛苦，因为这意味着他要不停地用红笔勾画。"

我想他的课程到后来越发不规范了，因为在我1906年去听他的课时，已经很难做一些条理清晰的笔记。但他仍坚持保留原来的那种授课方式，而不是像西奇威克那样在课堂上讲授即将成书的讲义，这可能也是妨碍他著作出版的原因之一。他明显偏爱口头讲授，不愿意按书本授课，此举大大激励了那些优异的学生和小课堂上的学生。但是，这种授课方式并不适用于超过40人的大课堂（印象中，我去听讲的课程人数都在20人而非40人）；对于那些对经济学没有真正兴趣和了解意向的人，这种方法也同样不适合，遗憾的是，现今的大部分课程都是为这些人设计的。他在返回剑桥后不久开设了以下几门相互关联的课程，从中我们可以看出他想要讲授的内容：

> 1885—1886
> 秋季学期讲授对外贸易与货币
> 春季学期讲授投机、税收及其他（穆勒的第4和第5部分内容）
>
> 1886—1887
> 秋季学期讲授生产与价值
> 春季学期讲授分配

《经济学原理》于1890年出版后，马歇尔的第一个任务就是撰写这一著作的缩写

荷兰水彩画。画中描绘的是幽默的一幕，猫儿在一只熟睡的狗的房子下盯着小鸟。荷兰画家亨丽埃特·罗默绘。

本，该缩写本被命名为《工业经济学》[1]，于1892年初出版。同时，他还将许多时间用在不断修订《经济学原理》，其中在1895年的第3版和1907年的第5版中他进行了最重要的改动。至于改进的程度与投入的劳动量是否相关，我们就不得而知了，但是这些修订工作确实妨碍了他继续撰写《经济学原理》第2卷的计划。

事实上，当选皇家劳工委员会1891—1894年的成员是打断这一工作的主要原因。马歇尔本人是乐于接受这一职务的，因为这样他就可以直接且深入地接触研究课题的原材料了。他在“总结报告”的起草工作中起着举足轻重的作用，其中关于工会、最低工资、无规律就业状况等部分的内容都出自他的手笔。

当然，他一直在坚持进行《经济学原理》第2卷的撰写工作，只是不断变换论述方式使他浪费了大量时间。他在1894年着手进行历史方面的论述，因为这项工

1　关于工会问题的结尾一章超出了《经济学原理》的范围，揉进一些原来的《工业经济学》中的资料。——原注

作实在太过浩大，写成书都要用很多卷的篇幅，所以他将其称之为“白象”，在后来的《工业与贸易》描述性部分他引用了“白象”的一些片段。

劳工委员会的工作只是马歇尔为政府进行的研究之一。他在1893年向皇家委员会呈交了关于“老年穷人”的证词中，建议将慈善组织委员会与《济贫法》管理机构联系在一起。他在1899年初向印度通货委员会呈交的精心准备的证词中有关货币理论的部分内容与他在11年前向金银委员会提供的证词一样，但在他看来，新版本有很多改进，这是他对货币理论的最好表述。他还特别为那些涉及印度的部分提供了许多统计图表，牛津时期为派驻印度的文职见习生进行的授课使他对印度经济问题和通货问题产生了兴趣，对自己在印度问题上开展的细致入微的实际研究，马歇尔十分满意，为了研究需要，他总是将那些并未全部发表的大卷印度图表放在手边。

他为皇家地方税委员会准备关于帝国税、地方税的分类和影响范围备忘录，是1899年晚些时候的事情。1903年，正值关税改革辩论的高潮时期，应财政部请求，他撰写了题为《国际贸易的财政政策》的备忘录。这份备忘录令人惊叹，在1908年得到时任财政大臣劳合·乔治的推荐，且因为其“确实富于独创性”而得以作为议会文件印发。但在整整五年之后，这份备忘录才得以发表，马歇尔对此的解释是：“关于这份备忘录的一些重大修改和补充内容于1903年8月在国外邮局遗失了[1]。秋天的时候，我重读了那些未经修改的论证，对它们十分不满意，所以拒绝了将其单独出版的好意。在这份备忘录中，由于成文仓促、落笔匆忙，在一定程度上造成了布局不当和武断见解过多的结果，有些论点是我本应进行认真且仔细推敲的。而且，这也与我远离争论的原则相悖。还有，我在这篇文章中可以说是只知其然而不知其所以然，甚至还不如学生作业来得认真。因此，我决定直到我能以更缜密、更完整的形式表达想要说的东西之前，我都将对财政问题保持沉默。我现在正在努力寻找最佳的表达方式，但时间飞逝，进展却很缓慢。”

从字里行间，我们可以看出马歇尔似乎不如从前才思敏捷了，无法准确地表达心中所想几乎成了他一生无法克服的困难。他在1908年辞去教授职务，希望能摆脱繁重的教学任务，加快写作进度。

（8）

在担任教授的23年里，马歇尔参与了三次值得细细道来的重要活动，分别是：创办英国经济协会（如今的皇家经济学会）；参与辩论剑桥大学授予妇女学位的话题；

1 泰罗尔地方邮局的一位女工作人员因为看上了信封上的邮票，就偷走了它们。——原注创建剑桥大学经济学荣誉学位考试。

其一，创办英国经济协会（如今的皇家经济学会）。

1890年10月24日发出的“成立一个英国经济协会的建议”的公开信，是朝着建立皇家经济协会这一方向努力的第一次公开行动。在其他人的协助下，这封信由艾尔弗雷德·马歇尔一个人签署[1]。在信中，那些来自联合王国所有大学和公众学院的经济学教师、来自伦敦和都柏林市议会的成员、来自曼彻斯特统计学会的成员、来自伦敦政治经济学俱乐部的会员、来自英国科学促进协会下属委员会的成员都收到了请他们前来参加1890年11月20日在伦敦大学学院举行的一次会议的邀请。财政大臣戈申勋爵[2]是这次会议的主席，“讨论创建英国经济学会或协会并出版经济学杂志的建议”是会议的议程。学会成立后将实际遵循的总路线在这封公开信中得到了设定[3]。会议得到了各方的热烈响应，萧伯纳[4]先生是会上唯一持异议的人[5]。

其二，参与辩论剑桥大学授予妇女学位的话题。

---

1 之所以由马歇尔签名，我想主要是由于他作为1890年英国科学促进协会经济学部主席的身份，在那年的会议上，创办了一种经济学杂志的要求很迫切。——原注

2 即乔治·戈申，第一代戈申子爵（1831—1907），英国商人与政治家，曾任英国国会议员、驻土耳其大使、爱丁堡大学校长等职。他一开始是自由党党员，之后为自由统一党党员，而在1895年普选之前加入保守党。——译者注

3 一开始就存在的意见分歧主要是关于学会的规模，“如果说有什么意见分歧的话，唯一的问题就是学会是否应该对所有对经济学有足够的兴趣并愿意为基金捐款的人敞开大门……有些人认为需要遵循一个总的方针，就是要把学会办成一个英国的‘学术性社团’；而另外的人则乐于效仿美国经济协会，尽量少开会，会员也不需要有文凭。”会上一致通过了一项由考尼特先生提出、西奇威克教授和埃奇沃思教授表示支持的决议，即任何有志于推进学会实现其目标的人，一经大会通过，就可以被接纳为会员。学会章程的行文中有一些把两种想法进行折中的迹象，但在实际执行中，一直是遵循美国经济协会的先例。——原注

4 萧伯纳（1856—1950），爱尔兰剧作家，同时也是积极的社会活动家，与社会主义运功关系密切。因为作品具有理想主义和人道主义而于1925年获诺贝尔文学奖。——译者注

5 在1888年英国科学促进协会经济学部的会议上，萧伯纳先生宣读了一篇文章。L.L.普莱斯先生（当时的协会秘书）转述说，他在文章中宣称，他自己由街头一跃来到这个学术团体宣读文章，是这个时代的标志。西奇威克就此事写道：“委员会邀请了一位活跃的社会主义者，据他自己说，他是个‘来自街头’的烈性子。他做了一次不同凡响的演说，勾勒出论现代社会和平过渡到社会民主制度的一系列步骤。演说的结语大胆而富于煽动性。总之，这是一件引人注目的事——这个人的名字叫作萧伯纳。迈尔斯告诉我，他的著作值得一读。”（《亨利·西奇威克自传》第497页）。——原注

1896年的剑桥因为针对向妇女授予学位的争论而被一分为二，马歇尔出人意料地站在反对妇女要求的阵营中。通过夫人和西奇威克的关系，马歇尔早在纽纳姆学院建立之初就密切关注着妇女教育问题。在前往布里斯托尔的时候，他就曾说过："那个地方之所以吸引我，原因在于它是英国向妇女敞开大门的第一所学院"，妇女是他学生群体中很大的组成部分。在他于1873年发表的第一篇文章——《工人阶级的未来》的开篇中，他就郑重声明将对穆勒关于妇女解放的言论予以支持。在文章中，他指出穆勒的所有例证都"意在说明，只要解除了人为习俗强加于妇女头脑中的束缚，让她们获得承担社会责任的充分机会，那我们的社会进步将向前迈进一大步。"正因为他一直以来对妇女教育持有的支持观点，马歇尔在辩论中的选择深深打击了他周围的那个小圈子。而且以他的智力，完全足以找到维护现有立场的强有力的论据，可以说正是因为另一个阵营对他理论的大肆鼓吹，使改革者们最终惨遭失败。其实，在呈交给校评议会的那份长长的文件中，他在表达自己反对妇女教育与男性完全平等时，语气温和谦恭，言辞华美有力。马歇尔之所以做出这样的选择，可以说是因为一种天生的偏见和一个男人54年生活经历所积累起来的一种神秘力量。他的理智屈从了偏见。

其三，创建剑桥大学经济学荣誉学位考试。

这是马歇尔为剑桥大学经济学系的创建所做的努力和贡献。

马歇尔于1885年返回剑桥的时候，政治经济学既是伦理科学也是历史学学位考试的科目。这两个系在20多年前先后建立，可以说是它们创造了剑桥学术研究的新天地。但在担任教授后，马歇尔强烈地感觉到是时候"更上一层楼"了。当时的课程设置使经济学居于附属学科的地位，他对此颇有微词。因此，1885年，一回到剑桥他就开始据理力争，反对只将经济学当作考试的一部分，也反对他的课程屈从于考试[1]。

实际上，他在就职演说中就已经提出了赋予经济学新地位的要求，这一点可以说与西奇威克不谋而合。这一宣言喊出了为经济学争取地位的先声，而如今，这一梦想已经得到普遍实现。下面我们来看看他在演讲中的宣言："我们现在缺少对事物更广泛、更具科学性的知识，也就是说我们缺少更有力的研究方法，它将帮助我们更好地分析并解决当代经济问题。我们的头等任务是对这种研究方法进行正确的发展和运用，而完成这项任务需要那些受过科学训练的人充分发挥他们的才能。经济学中已经有太多的口若悬河和旁征博引，我承认它们也具有一定的优点，但我们目前更需要的是使头脑保持冷静、清晰的能力。只有这样，我们才能研究并分析那些由复杂原因引起的复杂作用。除去那些天才不谈，只有经过深入研究各种前沿科学才能获得这种才

1 他与西奇威克在这个问题上的争论，见《亨利·西奇威克自传》第394页。——原注

能，剑桥大学拥有比世界上任何大学都要多的人才，遗憾的是，他们中极少有人担当起这项任务。一部分的原因可能在于经济学的重要性只体现在伦理科学课程中，而许多可以从事最尖端、繁难经济学工作的人，一方面他们并不愿意研究伦理学中的形而上学，另一方面他们又被迫处于伦理学的樊篱之中。

马歇尔的呼吁与他在著作中对这一学科所持的观点相互呼应。他是第一位前所未有的真正伟大的经济学家，他的一生都致力于使经济学拥有自己的基础，使之成为一门独立的科学，并且拥有像物理学或生物学那样高度的科学精准性。“或许是某个特里默夫人、马塞特夫人，也可能是马蒂诺小姐在聪颖的家庭女教师的帮助下，以口头问答或讲故事的方式向依偎在身旁的孩子们介绍经济学的真谛。以往她们单靠这些就能赢得声誉，但如今这样的时代已经过去。”马歇尔的推动使这一点不再那么容易实现[1]，在他之后，经济学已经不像穆勒、杰文斯、西奇威克那个时代一样，只是伦理科学的一个分支，可以轻易由一个哲学家驾驭。马歇尔最早建立起了对这一学科的专业科学态度，他让经济学超脱世俗争论，使之像生理学远离普通医学那样远离政治[2]。

随着时间的推移，政治经济学终于占据了伦理科学荣誉学位考试第二部分的位置，这接近于马歇尔心目中的理想位置。但是，直到1903年，经济学和政治学的相关学科合建为一个独立的系并为此设立了荣誉学位考试之后，他才获得了圆满的胜利，他自己也才完全满意。

这样看来，从一个正式意义上说，马歇尔是剑桥经济学系的缔造者。而就他与几代学生们的关系来说，这一荣誉更加当之无愧。他把他的大半生活都奉献给了他的学生，与此同时，他也决定了学生们的生活。

对同事们来说，有时马歇尔也许顽固不化、令人厌烦；对外部世界来说，或许马歇尔显得刚愎自用、高高在上；而对学生们来说，马歇尔始终是一位真正的圣哲和导师，在学生们眼里，所有的批评都化为乌有，马歇尔就是他们的精神之父，就是他们获得灵感与抚慰的唯一源泉。对学生们来说，马歇尔的那些怪癖和嗜好或许是他与外部世界之间的障碍，但这些正是学生们深爱的一部分。学生们为马歇尔编造各种逸闻

1　出自他的文章《经济学家的老一代和新一代》，刊载于1897年1月的《经济学季刊》上。——原注

2　1900年，西奇威克在临终之际也终于转向了这个想法。马歇尔对经济学教育的理想方案是在他的《恳请设立经济学课程》和《经济学学位荣誉考试介绍》两篇文章中提出的。——原注

趣事（费伊先生或许是这种轶闻趣事的仓库）。如果他们的苏格拉底[1]不是那么古怪，他们是不会罢休的。

把马歇尔对学生们产生的影响以及产生影响的方式在纸面上准确描述出来并非易事。当学生从马歇尔家离开时，头脑中的强烈印象有可能是：刚刚的经历如同一次最有趣的、至关重要的海上探险。他怀抱一大摞马歇尔从书架上取下给他的书，沿着马丁利路慢慢返回，一回到住处，他就迫不及待地开始阅读这些书，并渐渐领悟到老师给予自己的课题是值得花费毕生精力去研究的。

马歇尔常常在不经意间流露出自己的双重天性，这使环绕在他周围的学生们获得了双重启迪。一个知识分子品格的正直和对目标的公正无私得以同时展示在学生面前，这使他们在理智和道德上都受益匪浅。对学生而言，与导师刚刚探讨的课题竟如探囊取物一般，在拥有无限可能性的同时，又都可以追寻得到。

桑格先生在1924年7月19日的《民族》中记述了这样的时刻："一切都是那么融洽，那么无拘无束。他从不把经济学像语法和几何那样说成是已成定论的科学，说成是一门人们只能进行学习而不能加以批评的学科。相反，他将经济学当作一门正处在发展中的学科。在向学生们赠送其名著时，马歇尔通常会写下这样的赠言：'某某惠存，谨望他使此书成为过时之物。'这并非自嘲，而是他对信念的坚守，那就是：经济学正处在成长阶段，其中没有任何一部分的内容已告终结。"

你不要以为马歇尔对学生是一味地和蔼可亲，有些时候，他是那么严厉，甚至达到刻薄的程度。当然，他也试图鼓励学生，但那常常起到相反的效果，当学生们把自己的著作给他过目时常常感到惶恐不安，不知道他将作何感想并给出什么样的评论。克拉彭博士曾经讲述的一则关于他的轶事，很能说明马歇尔在授课时敏锐的洞察力：马歇尔对学院的一位导师说："有两个你们学院里很有趣的人来听我讲课，当进行到比较难的部分时， A.B就喃喃自语：'这太难了，我不想学了。'C.D虽然努力去学，但却没能弄懂。"他大声说完后，发出爽朗的笑声，马歇尔对这两个学生的智力和秉性都有很精准的把握。

马歇尔之所以成为英国经济学之父，与其说是通过自己的著作，不如说是因为自己培养的优秀学生。福克斯韦尔教授早在1888年就写道："他的学生占据了联合王国

1 苏格拉底（公元前469—前399），古希腊著名的思想家、哲学家，教育家，他和他的学生柏拉图，以及柏拉图的学生亚里士多德被并称为"古希腊三贤"，被后人广泛认为是西方哲学的奠基者。——译者注

经济学领域的一半教席，这个比例在英国的一般经济学教育中甚至更大。”[1]通过学生以及学生的学生，可以说，如今他已完全统治了经济学。把他一生的成就与他1885年时在就职演说结束语中确定的目标进行对比，我们就会发现，很少有人能像马歇尔那样含笑瞑目。“尽管我才疏学浅、力量薄弱，但我仍要怀有这样大胆的宏愿：我将尽我所能为剑桥——英才的伟大摇篮培育出更多的人才，使他们在真正走入这个世界的时候头脑清晰、内心热情，能坚毅地与周围的社会困境作斗争，为使社会大众拥有更多美好、高尚生活所必需的物质财富而奋斗，不达目的决不罢休。”

（9）

1908年，马歇尔已经66岁了，他从剑桥政治经济学教授的职位上退休。在那个年代，教职人员工资微薄且退休后也无养老金。虽然他从事了一些与政府政策咨询和报刊相关的工作，但并未从中获得额外收入[2]。即便如此，他还是尽最大努力从他仅700英镑的年薪（包括作为大学评议员的报酬）中拿出一部分，为本科生们建立了一个规模不大的借书室，并设立了奖金为60英镑[3]的3年一次的优秀论文奖，旨在鼓励创造性研究；此外，他每年还要为一两位青年讲师提供数额100英镑的私人津贴，学校并没有这方面的专款，马歇尔的行为也是为了使他们安心于教学工作。

当然，他也从出书中获得了一些收益，而这些积蓄足以支付他退休后的生活所需[4]。尤其是在《工业与贸易》出版后，他从中获得的收益相当可观，这使他晚年的生活比以往任何时候都要殷实。他常常这样说，当拿到麦克米伦公司的年度支票时，他都不知道要怎么处置这笔钱。最终，他选择把经济学图书馆留给剑桥大学，并将大部分财产和未来的版权收入都让渡给大学，用以奖励经济学研究。

远离了教学和培养学生的工作后，马歇尔就可以用余下的时间和精力，做最后一次努力，将盛年时的那些成果重新进行整理。现在距离《经济学原理》的出版已有18年之久，在这段时间里积累的事实资料足以结集成书。当然，界定晚年几卷著作的范围和内容并非易事，他为此几次变更计划。因为累积的材料太多，对他来说，要把它

1　“英国经济动态”，《经济学季刊》第2卷第92页。——原注

2　他为政府提供的诸多服务当然都是不计报酬的。——原注

3　1913年，他转给剑桥大学一笔本金，数额足够提供永续的年金收入。——原注

4　他总是坚持把自己的著作的售价定得比同等大小、同等性质的著作低一些。他在校对时粗心大意，总是让书稿待在打印机上数年后才出版。《工业与贸易》的某些部分是在做了15年的校对后才出版的，据说这创了纪录。除非特殊情况，他从不把著书立说看成挣钱的行当。——原注

第一次世界大战期间，在马恩河战役中，法国士兵对受伤的德国对手进行急救。摄于1918年。

们有机地合在一起已经心有余而力不足了。对此，他在1907年的《经济学原理》第5版序言中解释说，在1895年时，他计划把这些材料编为三卷，分别是：第一卷、工业与贸易的现代状况；第二卷、信用与就业；第三卷、政府的经济职能。而到了1907年，他认为这些材料必须编为四卷，并决定集中全力编出其中的两卷，即：《民族工业与贸易》以及《货币、信用与就业》。这是他最后的编撰计划，只是到了后来，他用国际贸易或商业取代了就业的内容。直到他77岁时，也就是12年后，《工业与贸易》才得以出版。

因为在这段时期，其他事务并不太多，所以马歇尔得以专注于手头的主要工作。偶尔，他也给《泰晤士报》撰稿，其中就有对1909年劳合·乔治先生所做预算的评价；在1910年因与卡尔·皮尔逊[1]教授进行辩论，他撰写了《酒精中毒与效率》；一战前夕的1914年则撰写了《战斗到底》以及《战争中的平民》；1919年他论述了有奖债券。他在1916年写给《经济学家》的信中敦促提高税收以支付战费。并在1917年为W.H.道森先生编著的《战后问题》撰写了《战后的国家税收》章节。

马歇尔写给《泰晤士报》的信件在战争爆发时体现了一定的价值。在正式宣战前，他受邀签署这样一项声明，声明指出在这场即将爆发的战争，我们与任何一方均无利害关系，因而不应贸然参战。

他对这一邀请的回答是："在我看来，战争与和平的问题不仅牵扯到我们的利益，还与我们的民族责任息息相关。我认为我们应当马上进行战争动员，一旦德国侵入比利时，我们就应立即宣战。而我想，所有人都可以看出来他们是一定会入侵比利时的。"多年来，他始终保持着对泛日耳曼主义的戒心，"战斗到底"是他唯一的信念。

所以说，马歇尔持有的是明确的反和平主义态度，而且这一态度贯穿始终，并未随着时间的推移而改变。不过，对于蓄意煽动民族情绪的行径，他是极端厌恶并十分反对的。他表示自己"了解并热爱德国这个国家"，这个国家的人民是"诚实正直的民族"[2]，所以，"我们应当给予他们尊重，并清楚地表明我们希望得到他们的友谊，但与此同时，我们又要全力以赴同他们作战，因为这不仅是我们的利益所在，同时也是我们的责任所在。"

他也曾有过这样的担心——"一种不安的预感，公开演讲恐怕会激起民族情绪，而这不但对保证胜利毫无帮助，反而会大大激发双方的相互屠杀，这将是我们为反抗德国侵略倾向付出的代价"。他的这些观点自然招致狂热爱国者的愤怒。

《工业与贸易》最终于1919年出版了，他坚定的意志力功不可没，因为很多他这个年纪的人早已选择安享晚年而不是辛勤工作。

1 卡尔·皮尔逊（1857—1936），现代统计科学的创立者，是19世纪末20世纪初罕见的百科全书式学者。——译者注

2 他在1914年8月22日的《泰晤士报》的文章中写道："凡是了解并热爱德国的人，即使他反对那里比这里更普遍的张牙舞爪的军国主义，他也应该想到，我们没有理由藐视他们，虽然我们有足够的理由与他们战斗……作为一个民族，我相信他们非常诚实、正直，乐意响应责任的召唤，家庭情感细腻，对待朋友忠贞不二。"——原注

这本书与《经济学原理》迥然不同，大部分的内容都是描述性的，对长期工作成果的总结占据了整整三分之一的篇幅。在书中，马歇尔将各部分生硬地合为一卷，给人以斧凿之感。多年来这种整合能力的欠缺一直困扰着他，这次他也未能真正克服这一缺点。本来，这本书赋予了他一个机会，让他把想要向世界诉说的相互关联且有价值的东西整合起来，但遗憾的是，这本书在结构上反而缺乏整体性。尤其是在附录部分，他将16篇单独的专论和文章收录在其中，有几篇在此书出版前很多年就已完成，这些篇章都适合单独出版，但马歇尔却选择将它们无秩序地堆积在一起，只能说这是一个令人痛心的错误。

这本书的内容被分成了三个部分，与附录一样，如果每一部分的内容单独出版，效果将大为不同，情况可能会好得多。

第一部分的标题为《工业与贸易现存问题的根源》，主要涉及的时期是19世纪后半段，马歇尔在这一部分论述了从英国、法国、德国直到美国的工业领导地位变迁的历史。

第二部分的标题为《企业组织的主导趋势》，这一部分虽然不是完全在谈历史，但也花费了大量笔墨来描述19世纪后半段企业组织形式的演化过程。如果说第一部分的内容从国别的角度研究了这一时期的经济演进过程，那么第二部分则是从技术角度对此进行了研究。

第三部分的标题为《垄断趋势及其与公共福利的关系》，这部分细致地探讨了同一时期由交通、托拉斯、卡特尔、联合企业所引发的特殊问题。

如果说这本书还具有一定的整体性，那是因为他描述了1900年左右在西欧确立的个体资本主义的形式、变迁及其与公共利益的关系。当然，从整体上说，这本书还表明了一个马歇尔反复强调的观点，那就是企业组织形式和经济活动形态是不断变化的。为此，他还特别提请人们注意，英国处于工业领导地位时所依赖的基础并非是一成不变的。

然而，这本书的核心主题却不是它的价值所在，它的价值反而体现在那些不那么确切甚至有些模糊的地方，马歇尔的博文广识和深沉心思也正是在这些地方得以体现。如果我们用其他事物来比喻，这本书更像是一座矿藏，而非一条铁路。因为它像《经济学原理》一样，蕴藏许多有待发掘的宝藏。通俗易懂是这本书与《经济学原理》的另一个共同点。但我相信，能真正意识到这本书价值的不是初学者，而是具备一定知识的人，书中包含了众多提示以及研究的出发点，是第一本清楚地为读者罗列那些独创性研究来龙去脉的书籍。对于那些初入门的人来说，要从字里行间抓住马歇尔的精神要领并非易事，而且这本书的行文又过于平淡、流畅、文雅，个人特色也不十分突出。

《工业与贸易》取得了相当大的成功，受到了社会的普遍认可。第二版也很快就应运而生了，截至1932年底，已经印刷达1.6万册。这本书的受众范围十分广泛，可喜的是，如此多的读者却极少有苛刻的批评，对年事已高的作者来说，这可以说是极大的鼓励和安慰。他感到，在向这个世界表述自己思想的时候，时间这个可怕的敌人并未成为他的障碍。

然而，岁月不饶人，就如他在《工业与贸易》序言中写的："年老说明我用来著书立说的时间已经所剩不多了。"写作一事并不像大型绘画一样，即使你老态龙钟仍可以继续工作。很多马歇尔构思完整的著述恐怕将不能发表了，但即使垂垂老矣，他的决心和勇气足以使他再出一本书。

马歇尔的精神集中能力和记忆力都开始快速下降，他的生活重心全部放在写作上并且为此节省每一丝气力。因为与来访者的交谈使他疲惫不堪且大大影响了他的工作进度，马歇尔夫人不得不开始谢绝那些来访的客人。此后，就只有夫人一直陪在他身边，而他则努力和时间做着斗争。为了放松神经，他需要长时间的休息，以及那些自动钢琴弹奏的他所喜欢的乐曲，在他人生的最后十年里，这给予他莫大的安慰。有时候他也会听夫人为他阅读熟悉的小说，每个晚上，他都会在黑暗中独自沿着马丁利路漫步。在他78岁生日时，他说自己并不那么渴望来生。马歇尔夫人曾这样问他：如果在一段时间之后，例如一百年之后，是否愿意再来世间走一遭，看看世上正发生着什么？他回答说即便愿意，那也仅仅出于好奇。他接着说道："我现在所关注的是那些地球变得适宜居住之前或许就已具备高度文明水平的数百万天体，以及那些在太阳冷却、地球不再适宜居住后有可能达到相似发达程度的数百万天体。"[1]他表示，他不清楚来世是从人类的哪个阶段开始的，而这正是他很难相信存在来世的主要原因，你很难想象类人猿或早期树居人类会有来世，那么，出现来世这一巨大的变化又是从哪个阶段开始的呢？

消化不良困扰着马歇尔的一生，到晚年的时候尤其严重。在他80岁时，也就是1921年10月，他曾做了这样一则记述："身体的状况让我越来越苦恼，一工作就头脑发胀、浑身没劲，而且这种感觉越来越严重。只要还有哪怕一点点精力，我就必须再整整工作两年，如果只以一半的时间工作，那就还需要4年的时间，当然前提是我能活那么久。在这之后，我就能说'永别了'。我并不在意寿命本身，我只是想要安排好我的工作，有机会把在我看来比较重要的东西讲述出来。"

1 参见《货币、信用与商业》第101页上的那条引人注目的注释。——原注在他80岁生日后不久，也就是1922年8月，《货币、信用与商业》完稿并在1923年出版。这本书最终的内容与他的设想并不相同，“研究那些可以利用的资源对人们生活和工作的影响”并没有出现在书中，书中展现了他在货币理论和对外贸易方面的贡献。

书中的大部分内容是马歇尔早期文章的片段，有些甚至是写于50年前的作品，对此，我们已经在前文有所记述，并概要评价了他在这方面的贡献。《工业与贸易》中所没有的年老迹象在这本书显现出来，但这仍是一本资料翔实、思想丰富的书，其中收集的很多篇章是学生们无法见到或很难见到的。埃奇沃思教授曾在《经济学杂志》中写道：“书中的大部分内容如果都是写于19世纪80年代，那么，到了20世纪80年代，其中很多内容还是值得一读的。”

在《货币、信用与商业》的序言中，他写道：“虽然年纪一直在逼迫着我，但我仍希望那些已经形成的关于社会进步可能性的观点能够得到发表。”尽管记忆力在减退，身体也到了极端虚弱的状态，但在完全失去气力、卧床不起之前，他仍奋力支撑着自己去编写那部计划命名为“进步：它的经济条件”的著作，虽然这项工程非常浩大。当然，他在某些方面的才能依旧如从前一般卓越，他还能在篇幅较短的信中清晰地表达自己的思想。在82岁高龄的某一天，他说他要读一读柏拉图的《理想国》，因为他要描绘出一个“理想国”，柏拉图如果活着，将会因此感到欣慰。然而，尽管他还坚持伏案写作，衰老却迫使他不得不就此止步。

在最后的那段日子里，他眼窝深邃，目光炯炯，白发如雪，头戴黑帽，比起以往的任何时刻，此时的他更像一位圣哲或先知。但最终，他一点点地衰弱了，在早晨他依然能够醒过来，只是彻底忘记了自己目前的状况，以为还能如从前一般投入工作。在距离82岁生日还有2个星期的1924年7月13日，马歇尔与世长辞。

4.玛丽·佩利·马歇尔[1]

今天，我们怀着恭敬的心情来纪念玛丽·佩利·马歇尔，不仅仅是因为艾尔弗雷德·马歇尔是她的丈夫。诚然，艾尔弗雷德·马歇尔的著述生涯如果离开她的理解与奉献，将不可能如此圆满。我们因其在纽纳姆学院历史上的地位而纪念她，大约在75年前，她成为剑桥大学的第一位女经济学讲师。当然，我们也因其在最后20年的生活中对剑桥马歇尔经济学图书馆的发展做出的贡献而纪念她。

她血统高贵，祖上是形成这个国家诸多美德与价值标准源泉的自耕农，这一阶

1 选自《经济学杂志》，1944年6—9月。——原注

层在16世纪及之前拥有自己的土地，但从18世纪起，他们变成简朴的教区牧师和古典学者。佩利家族好几代都定居在约克郡的吉格莱斯威克，1733年，她的曾祖父的父亲取得了剑桥大学基督学院的学位，并在吉格莱斯威克中学任校长一职达54年之久。威廉·佩利，她的曾祖父，出生于整整两百年前，是基督学院的研究员和导师，也担任过卡莱尔的副主教，并著有《道德和政治哲学原理》一书。此书先于边沁的同类著作，被人称为“佩利的证据”。书中阐释了自然神学，或依据自然现象推测并表明上帝的存在及其具备的属性。查尔斯·达尔文，下一个时代的基督学院学生，在阅读这部著作后，选择摒弃这些观点而走上正途。马歇尔夫人生前将那幅一直挂在她房间的这位伟大副主教的小小画像赠予笔者。她还曾向笔者展示过一只刻有花纹的箱子，里面珍藏着的是这位最不浪漫的哲学家的一小袋情书。F.A.佩利，副主教的孙子，是19世纪中叶的古希腊语学者。副主教的另外一个孙子就是玛丽·马歇尔的父亲，斯坦福德附近的厄福德的教区长，严苛的西米恩教派的福音派教士。而玛丽·马歇尔的母亲是约克郡沃莫尔德家族的成员。

晚年时，玛丽·马歇尔把那些自传性的文字合订起来，并将其称为《所忆》。她一直把这个合订本放在座位旁，直至弥留之际。有时，她一个人静静地坐在那里，往事悠悠，浮上心头，她就动笔将这些回忆写下来，为这本书增加新的篇章。书中记述了纽纳姆学院建立初期的那些时光，还有1882年剑桥解除婚姻禁令后，那段犹如在荒漠上焕发出勃勃生机的订婚夫妇们的美好生活。这本书应当出版，因为书中对那段时间进行了最细腻、最风趣的记述。在接下来的写作中，我将从中摘录一些段落，如果这本书不是一经完成就立即出版的话，我想我可能还要摘录更多的段落[1]。

她在这些文字中追忆了那段在乡间教区住宅生活的时光。她于1850年10月24日在那里出生，她这样记述：“我在一所错落有致的住宅里度过了近20年的岁月，屋子前面种满红色和白色的玫瑰，远处是绿绿的草地和树林，花园边上是长长的植物沿边和绿色的台阶。然而，直到几年前，当我已经是个老妇人时，我才察觉到这个地方的美妙之处，才真正感受到这一切的美好。”在读过这段文字之后，紧接着你再读读库尔顿（他的家世可以上溯到16世纪，祖上也是约克郡的自耕农，后来也成了牧师和律师的家族）对相隔不久的在诺福克郡[2]成长经历的描述，你就会发现如今我们这个世界失去的是什么：朴素的生活、高尚的情操、内敛的美感和克制的情感，而这些都曾是陶冶心灵的美妙因素。或许那些不是从小就按照福音派教徒或非国教教徒培养的人，将

1　1947年，剑桥大学出版社出版了玛丽·佩利·马歇尔所著的《所忆》。——原注

2　诺福克郡，英国东部的郡。——译者注

法国印象派油画《让·莫奈在他的业余马上》，克劳德·莫奈绘于1872年。莫奈一生都保存着这幅他儿子5岁时的画像。

来是无法自由思考的——这意味着很快将没有人能自由思考了，而事实也确实如此。良好的环境与自然赋予玛丽·马歇尔优雅、高贵、诙谐的品格与情感，这种风采始终贯穿她94年的人生。在图书馆，最年轻的学生也能从她身上感受到那种文明时代的美感，如今这一切已经一去不复返了。

但这些清规戒律却又是这么的荒诞可怕，为什么被称为伟大时代的只有那些相信荒谬或教导人相信荒谬的岁月？这位西米恩教派的教区长始终心怀苛酷的信条，这导致没有任何一个临近的教士与他关系亲密。在他看来狄更斯[1]的道德是不容置疑的（也

1　狄更斯（1812—1870），19世纪英国批判现实主义小说家。他特别注意描写生活在英国社会底层的小人物的生活遭遇，深刻地反映了当时英国复杂的社会现实，为英国批判现实主义文学的开拓和发展做出了卓越的贡献。主要作品有《双城记》《匹克威克外传》《雾都孤儿》《老古玩店》《艰难时世》《我们共同的朋友》。——译者注

许的确如此），所以，在他亲爱的玛丽逃离这些狭隘的教条后，深深的鸿沟就横亘在他们之间。她曾如此描述自己的童年："妹妹和我原本是有玩具娃娃的，直到有一天灾难降临到我们头上，父亲认为这是偶像崇拜并把它们全都烧毁，自此我们就再也没有娃娃了。"

然而，他却破天荒地允许玛丽成为剑桥大学的学生，他与孩子们嬉闹，给予她们优秀的教育。玛丽·马歇尔在80余年后回忆道："听父亲为我们朗读马卡姆夫人的《英国历史》并从《近邻》《远方》这两本书中学习地理知识，这就是我们在9岁之前接受的教育。直到1859年，一位德国女教师才给我们带来较为正规的课程。历史课程主要围绕一些日期展开，依靠一种记忆法，我们从诸如'卡西贝鲁德·博德尔普'此类的东西开始记忆；地理课程则围绕一些城市与河流的名字展开；法语和德语课程贯穿始终，吃饭的时候全家人都说德语；从《儿童知识启蒙》《酿酒人指南》两本书中，我们学习了一些科学知识。但我现在只记得一些琐碎的'知识'，例如黑色长筒丝袜何时传入英国；还有就是'雷雨之夜你该怎么办'，答案是'把床挪到屋子中央，把灵魂托付给万能的上帝，做完这些后上床睡觉'。父亲还教授了我们一些拉丁语和希伯来语，还有就是欧几里得[1]几何学。至于说故事书，我们可以选择的是《大世界》《假日的房间》以及《亨利和他的脚夫》《桑福德与默顿》。我们还会在每个星期日学习教会的教义问答集、短祷以及圣歌和考珀的诗，《家中星期天》是当时出版的一种周刊，这也是我们的读物。而《天路历程》《费尔柴尔德家族》是我们的挚爱，祈祷文和圣歌附在这两本书每一章的结尾处，我认识的一些孩子对此只是浏览一下，就直接翻到最有趣的部分津津有味地读起来。不过，我们的文学知识主要源自父亲傍晚时分阅读的书籍，他为我们朗读《一千零一夜》[2]《格利佛游记》[3]以及《伊利亚特》和《奥德赛》[4]，当然还有莎士比亚戏剧和英译的古希腊戏剧，而司各特[5]的小

1 欧几里得（约公元前330—前275），古希腊数学家，被称为"几何之父"。他最著名的著作《几何原本》是欧洲数学的基础。——译者注

2 《一千零一夜》，阿拉伯民间故事集。——译者注

3 《格列佛游记》，乔纳森·斯威夫特的一部杰出的游记体讽刺小说，作者用丰富的讽刺手法和虚构幻想的离奇情节，深刻地剖析了当时的英国社会现实。——译者注

4 《荷马史诗》，希腊最早的一部史诗，包括《伊里亚特》和《奥德赛》两部分，相传是由盲诗人荷马所作，实际上它产生于民间口头文学。它是重要的古希腊文学作品，也是整个西方的经典之一。——译者注

5 瓦尔特·司各特（1771—1832），英国著名历史小说家和诗人，生于苏格兰的爱丁堡市，毕业于爱丁堡大学，当过律师，担任过副郡长、高等民事法庭书记官等职。——译者注

说则成为我们的最爱。我们相互称呼书中主人公的名字，在花园中表演这些故事，每天我们都盼望傍晚时光的来临，那情景让我终生难忘。对于父亲允许我们阅读司各特的小说而不让我们读狄更斯的小说这一点，我始终迷惑不解。我在长大后才偷偷地阅读了《大卫·科波菲尔》[1]，我想他之所以这样做，原因可能在于司各特的作品中有些宗教色彩，而狄更斯的作品中却没有。”

剑桥大学在1869年建立了对18岁以上女生的地方高等考试制度，这一举措宛如阳光普照四方，而这只乡间的小蝴蝶将在光芒中张开她的翅膀。她的法语和德语已经非常不错了，父亲与她一起准备神学和数学课程，之后，她来到伦敦参加考试。“利文教授是监考教师，在交上二次曲线的答卷后，我禁不住哭了起来，是克拉夫小姐走过来安慰我。”她在这次考试中的表现得异常出色，只要她随克拉夫小姐到剑桥去，就可以得到一份奖学金。“父亲为此感到高兴且自豪，出于对克拉夫小姐的敬仰，他选择将女儿送到剑桥，在当时这可以说是惊世骇俗的行为。父亲与克拉夫小姐成了知心好友，在几年后我们举办的舞会上，我看到他们带头跳起一种乡村舞蹈。”诗人亚瑟·休·克拉夫[2]是克拉夫小姐的哥哥，但这位思想自由的哥哥并未对克拉夫小姐产生深远的影响，她像她的祖先——伊丽莎白时期托马斯·格雷沙姆[3]爵士的著名代理人理查德·克拉夫一样举止严谨，奇怪的是，这位理查德·克拉夫居然也是思雷尔夫人的祖上。在玛丽和安妮克·拉夫之间始终存在深厚的友谊。

玛丽·佩利在1871年10月成为克拉夫小姐的5位学生之一，他们一起住在剑桥的摄政大街74号（即现在的格伦加里饭店），而这里成了纽纳姆学院的核心。这个由勤奋的女孩组成的群体在第二年就增加到12人，并且搬到了默顿大厅居住。“这里有美丽的花园，夜莺啼叫不停，这使我们难以入睡，一直流传着古老的毕达格拉斯学院闹鬼流言，但我所知的唯一来访的“鬼”就是那种大蜘蛛。”杜绝丑闻是至关重要的，所以以亨利·西奇威克为首的这项新运动的支持者们制定了严格的纪律和礼节。当时

1　《大卫·科波菲尔》，狄更斯的重要代表作，概述深入探索人生的奋斗历程，具有自传性，是反映19世纪中叶英国中下层社会的巨幅画卷。主人公大卫是当时社会中为善良而奋斗、坚持正义的中产阶级青年的楷模。——译者注

2　亚瑟·休·克拉夫（1819—1861），英国诗人。他出生在利物浦，在拉格比学校时是托马斯·阿诺德的学生；在牛津大学，又与马修·阿诺德成为朋友。他因出现在阿诺德的一首感人悲歌《塞西斯》中而广为人知——译者注

3　托马斯·格雷沙姆（1519—1579），英国商人、金融家、伦敦证券交易所创办人，被称作“证券之父”。格雷沙姆提出的最著名的理论就是“格雷沙姆法则”，也就是“劣币逐良币”法则，即“劣币”会把“良币”挤出流通领域的经济法则。——译者注

的《笨拙》杂志或许会将她们形容成一群邋遢的女人，但事实并非如此，玛丽·佩利就是个相貌高贵的女孩，她有美丽的秀发，面色光鲜，虽然她自己从未记述过这些，但她的同学曾这样描述："玛丽·肯尼迪，我的室友，有着一双爱尔兰人的眼睛，皮肤娇嫩，美丽异常。这些使西奇威克先生十分不安。多年后，我的挚友皮尔夫人生动地给我们描述了西奇威克先生是如何在她的客厅紧握双手，一边踱来踱去，一边喃喃自语"她们是这样美丽，这可真叫人头疼。"一些住在剑桥的女士们反对妇女就学，她们看不惯我们的服装，当西奇威克听到风传我们穿着"背后系扣"的衣服（这在当时十分时髦），就问克拉夫小姐这是怎么回事。克拉夫小姐却跑来问我们："背后系扣的衣服，能解开吗？"（马歇尔夫人在谈及往事时一贯言语风趣，她大概在93岁高龄的时候写下这段惟妙惟肖的文字。）

玛丽·佩利和埃米·布利在三年后迎来了令她们激动万分的时刻，作为纽纳姆的两个先锋，她们将参加男人们的考试——1874年的伦理科学荣誉学位考试，这是当时唯一不包括政治经济学的考试。这两位考生通过考试的过程很不正规，玛丽·马歇尔记述了最后的时刻："考试在肯尼迪博士（就是教拉丁语语法的那位）贝特曼街家中的客厅进行，他情绪起伏不定，容易激动且脾气暴躁，我们称他为'爱红脸的小伙子'"。

至于那些取试卷的人，我们戏称他们为'跑腿儿'，他们负责从校评议会办公处拿到试卷，并疾跑至贝特曼大街的考试点。西奇威克、马歇尔以及塞德利·泰勒和维恩就是当时的'跑腿儿'。当时还没有在考官会议上设立能投关键一票的主席，所以当我获得两个一等荣誉评价和两个二等荣誉评价时，我的境况就很尴尬了，正如西奇威克所说的：'上不着天，下不着地'[1]"，为此，肯尼迪博士写了几行诗句：

两人给予了她最高荣誉，
两人只是做出了适当的赞许，
每个考官都暗暗称奇于
她的精神、品格和那坚强的毅力。
他们众说纷纭，各执己见，
哦，就像福克斯韦尔·加德纳
皮尔逊、杰文斯。

1　在马歇尔夫人的文札中发现了她的荣誉学位考试成绩的羊皮证书，这张证书证明了这点。上面记载着"两位考官把她列为一等，另两位把她列为二等"，而这就是最后的结果。——原注

“因为是克拉夫小姐的学生中最先参加考试的，我们两人得到了格外的关照。肯尼迪家的小姐们特意准备了精美的午餐，在考试结束后，她们还把我们带到埃利，并在结果公布前一直陪着我们，以防我们情绪过于激动。”

这些“跑腿儿”都是我年轻时在剑桥熟识的人，除了马歇尔，其他人都身材矮小且长髯飘飘，也许他们当时的胡子还没有25年后那样长。在我眼里，他们就像充满智慧且心地善良的小矮人，焦急地试图用灵丹妙药把沉睡中的公主们唤醒，让她们的智力达到男子的程度。而“她的精神、品格以及坚强的毅力”则将在随后的70余年里得到证实。

次年，也就是1875年，玛丽·佩利受西奇威克之邀住进纽纳姆学院的老楼，在那里已经有20名学生应克拉夫小姐的召唤聚集在一起，她则接替马歇尔为女学生们讲授经济学。那时的纽纳姆汇集着多么出类拔萃的一群女子啊！这批最早到来的女孩出现在马歇尔夫人的笔记中，其中有“凯瑟琳·布拉德利——‘纽纳姆的女诗人’（她与外甥女命名的迈克尔·菲尔德更为人熟知），艾丽斯·加德纳，玛丽·马丁（詹姆斯·沃德夫人）以及埃伦·克罗夫茨（弗朗西斯·达尔文夫人）和梅里菲尔德小姐（维罗尔夫人）、简·哈里森[1]”，这些女生都各有才华。在提到简·哈里森时，她更是滔滔不绝：“前拉斐尔[2]时期，莫里斯的作品被贴在我们的房间，我们还买来伯恩·琼斯[3]的照片，并模仿照片里的模样梳妆打扮。玩草地网球时，简·哈里森特别为我们设计了网球裙上的刺绣图案。她的绣上石榴，我的则绣上五叶地锦。晚上，我们就聚在一起边绣边聊。在还是孩子的时候，我就听说过她的名字，那时她就被称为‘全英国最聪明的女子’。虽然最终她选择了攻读古典文学荣誉学位，但先前她差点被马歇尔先生说服去攻读伦理科学荣誉学位。在后来的日子里，她一直把他叫作‘骆驼’，她解释说一见到他就会像马见到骆驼那样战栗不止。她还总是宣称，正是因为那天她在我的衣服上缝上洁白的褶边，我才得以与马歇尔先生订婚。”

玛丽·佩利与艾尔弗雷德·马歇尔在接下来的这一年，也就是1876年订婚了。我

1　简·艾伦·哈里森（1850—1928），西方古典学历史上里程碑式的人物，剑桥学派“神话-仪式”学说的创立者；英国维多利亚时代的文坛女杰，同时也是现代女权主义的学术奠基人之一。著作诸多，已翻译成中文的有《希腊宗教研究总论》《古希腊宗教的社会起源》《古代艺术与仪式》等。——译者注

2　拉斐尔·圣齐奥（1483—1520），本名拉斐尔·桑蒂，常简称拉斐尔，意大利画家、建筑师。与列奥那多·达芬奇和米开朗琪罗合称“文艺复兴三杰”。——译者注

3　伯恩·琼斯（1833—1898），新拉斐尔前派（又名牛津会）最重要的画家之一，拉斐尔前派的热情支持者与实践者。——译者注

巴西纸币局部。人物为奥斯瓦尔多·克鲁兹（1872—1917）。

猜想，在5年前，也就是在剑桥摄政大街74号的第一个学期，她就对马歇尔一见钟情了，她曾回忆道："对西奇威克先生和马歇尔先生的最初印象是在那个晚上，我们围坐在克拉夫小姐的起居室缝制家用亚麻品，当时我第一次见到马歇尔先生。我从未见过这样一张充满魅力的脸，他面目清秀、双眼炯炯有神。在他们与克拉夫小姐讨论那些高深问题的时候，我们就在一旁满怀敬畏地静静聆听。"

院长住宅区的马车房专门被校方租来用作女生们的教室，她在第一学期就去听他的课。"马歇尔先生在黑板旁边授课，他显得十分紧张，甚至连鹅毛笔都被弄弯并从指间滑落了，他讲得十分投入，两眼熠熠发光。"圣约翰院长的夫人贝特森，曾在院长住宅区的舞厅筹办了一个小型舞会。"马歇尔先生看起来有些抑郁，于是我就邀请他跳兰瑟斯。他很惊讶，说他不会跳，但他还是接受了我的邀请，随后我就带着他跳起舞来，其中难免有一些为难之处。我深深震惊于自己的大胆言行，一句话也没说，我想他也一直未曾开口。”后来，他在圣约翰学院新庭院的房间里请她喝茶，克拉夫小姐作陪。有一则关于马歇尔先生课程的引人入胜的记述，我想我不能弃之不用。“他经常在课堂上发表一些个人关于实际问题的观点，比如跳舞、婚姻、赌博、走私等等。”在谈及婚姻时，他这样说：“人们常说，所谓理想的婚后生活就是丈夫与妻子都为对方而生活。在我看来，如果这种说法是指两人都为满足对方而生活的话，是极不道德的。夫妻双方不应该为了对方而生活，而应该一起为了某个目标而生活。”马歇尔夫人对这番言论的评价是“他是个伟大的说教者”。

其间，她允诺斯图尔特教授为函授部讲师编写一本教科书。两人订婚后，他开始帮助她一起编写这本书。“1879年，这本书以我们两个人的名义出版，是艾尔弗雷德坚持这样做的。事实上，在我看来，随着时间的推移，这本书已经成为他的作品，后半部分的内容几乎都由他完成，其中就包括许多《经济学原理》的萌芽。但一直以来他都不喜欢这本书，说这违反了他‘简短的道理就是错误的道理’的信条，他还说‘你不能为了两个半先令就说出实话’”。

事实上，这是一本非常出色的著作。多年来，再也没有出现过更好的教科书，或许应该说根本就没有出现过其他教科书。我父亲曾说过，马歇尔决定停印这本书是极不公平的，因为这本书原本是属于马歇尔夫人的，但她还是毫无怨言地同意了丈夫的观点，尽管这本书当时的需求量非常大。另外一本书在1892年取代了这本书，书名与原书一致，但只有马歇尔一人的署名，这本书几乎就是《经济学原理》的缩写本，是一本性质完全不同的书。1879年的那本绿色封面的小书，而不是麦克米伦公司印行的那本布封面的大厚书，可以说开了一时之先河。

他们在1877年7月完婚，但我想，直到1881年他们才真正开始蜜月生活，那时马歇尔已经担任布里斯托尔大学学院院长一职达4年之久，他的健康受到了极大损害，于是，他们一起到巴勒莫做长时间的疗养。在巴勒莫的那几个月可以说是她一生中最幸福、美满的时光。她在60年后这样回忆道：“我们在巴勒莫那个旅馆呆了5个月，每当我觉得应该想些快乐的事情，我就开始回忆那个名叫奥利瓦的意大利小旅馆的房顶，那是一个平整的屋顶，铺着彩色的瓦片。在屋顶上，艾尔弗雷德把活动浴室的盖撑成帐篷，白天他就坐在美国式的椅子上工作，他在这里写下《经济学原理》的前几章。有一天，他从屋顶上下来，并告知我他发现了‘需求弹性’这一概念。”

以上是一段文章的开头，接下来她引人入胜地描绘了西西里迷人的风光。在当时，肾结石对马歇尔的困扰还没有那么严重，这正是他最年富力强的时期。这里没有无休止的争论、课程，没有沉闷的同事，没有一点点烦扰来打乱他那过于敏感的神经，马歇尔夫人为了做到这一点耗费了大半生的时间。大自然是如此的美好，“你可以看到向内陆绵延数英里的黄澄澄的橘子林和柠檬树林；看到形态各异的、两面临海的围成半圆形的山峰。”当向下望时，就能看到一座小小的院落。“院子小巧精致，曲径通幽，葡萄架上爬满青藤，成串的葡萄挂满枝头。院中有一棵橘子树和一棵柠檬树，处处盛开鲜花。周边房屋的露台上铺着彩瓦，一到圣诞节，火鸡们就栖息其上，成群的鸽子则聚集在墙洞和角落。”一大早就到市场买水果是她的乐趣之一，当然还有水彩画，直到垂暮之年她都始终热衷于水彩画，虽属业余但也算得上颇有天分，描描画画对她来说是最快乐不过的事。当艾尔弗雷德·马歇尔在屋顶上潜心写作《经济学原理》时，玛丽就拿着画笔和水彩外出作画。“教堂是我最爱去的地方，我常常花数小时的时间在那里作画。那个地方狭小、阴暗，刚从外面阳光普照之处走进来时，除了一丝微微的亮光，几乎看不到其余的东西。但渐渐地，从黑暗中浮现出那些美妙的轮廓和细微之处。那是正在劳作的诺曼人[1]和撒拉逊人[2]的轮廓，画中人色彩绚丽，身着东方服饰。当然，其中最美的要数那金色的教堂后殿，在朦胧中，伟大的基督头像若隐若现。”这是一段无比幸福的时光。

她在接下来40年的人生中完全融入了他的生活，当然，他们的相处方式并不像韦伯夫妇那样互为搭档，如果他们性格迥异，这是极有可能的。虽然马歇尔曾经认同夫人的睿智，并从中分享这种精神营养，但他越来越认为妇女的头脑用处并没有多大。“大审判”终于在1896年来临，在关于是否向妇女授予学位的争论中，马歇尔背弃了那些终生挚友们，甚至罔顾妻子的感想，站到完全相反的立场。然而事实上，对于这种“信念苛刻”的男人，玛丽·马歇尔从小就有了接触，并对他们予以接受和尊重。她的那些玩具娃娃就曾被自己所爱的人烧毁，这样的遭遇已经不是第一次了。

但即便如此，他们依旧心心相印。这一方面是因为马歇尔对夫人的全然依赖，如果没有她，他可能一天也生活不下去；另一方面是因为夫人对他的深情与崇敬，这种情感日久弥深。因而他们的关系并没有因为她心明眼亮、能洞察一切而受到损害，没有什么东西能够逃脱她那双直指人心的眼睛。为了让他省心，她不得不应对一切，因为那种天生的品格、聪慧的头脑以及我从未见过的心灵手巧，无论是面对琐事、烦

1　诺曼人，又称维京人，是8—11世纪自北欧日德兰半岛和斯堪的纳维亚半岛等原住地向欧洲大陆各国进行掠夺性和商业性远征的日耳曼人。——译者注

2　撒拉逊人原指生活在今天的叙利亚到沙特阿拉伯之间的沙漠牧民，广义上则指中古时代所有的阿拉伯人。——译者注

心事还是无聊事，她都能诙谐谦恭地应付自如。无论是在马歇尔在世之时还是在他去世之后，她都从未为自己谋求和盘算过什么，她的头脑中一直有这样一个念头，就是千万不能给别人添麻烦。

如今，这个情操高尚的女子已把自己完全融入他的生活，她在布里斯托尔和牛津讲授经济学，但并没有在这两个地方待太久，在他们重返剑桥后，她开始重新担任纽纳姆学院的讲师，多年来，一直管理着学生们。她认真校对了前几版《经济学原理》的校样和索引，虽然没有做过公开、直接的评论，但她以自己的方式影响着这部巨著的进程。她还获得了布里斯托尔大学的文学博士学位。据我所知，她从未与来访者讨论过经济学问题，甚至未曾参加巴尔奥·克罗夫特那些无休止的经济学谈话。每当话题涉及严肃的问题时，她就自己到楼上的书房去，把客厅留给男人们或是来访者，我想，即使是最无知的女士也未曾像她这样装作毫无学术素养。她在假期的时候也不从参与奥地利学派经济学家们的理论问题讨论，而是以南蒂罗尔山为对象醉心于创作水彩画。事实上，她具备很高的艺术天分，虽然她极少向朋友们展示自己的作品，但她会定期参加剑桥绘画协会的展览，最终她将这些画留给了C.R.费伊先生，后者则选择将这些画存放在马歇尔图书馆。她携带画具和画架进行风景画创作的时候，我们的大师就在地上铺一个气垫，在石头旁靠放一个折凳，将其做成一个舒适的靠背，然后就在这个“宝座”上，用比她画画的手更颤抖的手，写下具有代表性的篇章。

从巴勒曼回来后，他们又在布里斯托尔待了一年。马歇尔在1883年接替阿诺德·汤因比，开始担任牛津大学巴里奥学院的讲师，负责给印度学生授课。牛津时期是他班上学生最多的时期，因为前来听讲的人中除了成长中的印度文官，还有一些“大人物”。她曾这样记述道：“亨利·乔治的《进步与贫困》在当时非常引人注目。艾尔弗雷德在布里斯托尔时就针对这本书作了三次演讲，埃利奥特女士如此形容这三次演讲，说这使她想起了巨蟒吞食猎物前用涎把它弄湿的情景。他曾在牛津与亨利·乔治面对面争论，当时的场合是约克·鲍威尔做东，而马克思·米勒则在一旁作陪。紧接着，因为海因德曼提起亚瑟·西奇威克的《见鬼去吧，海因德曼》，他又与海因德曼发生论战。当时争论的焦点还有复本位制和地方自治，但由于这类话题过于危险，并不适合在宴会上提出。”

无论是在巴里奥的短暂插曲，还是在其名声大振、别具异彩的时候，都同样把艾尔弗雷德·马歇尔带到从未到过的新天地，他成了乔伊特手下的年轻人之一。身为布里斯托尔大学理事会成员的乔伊特在这里与马歇尔相遇，在牛津时期与马歇尔夫妇建立了友谊，他在后来到剑桥去的时候还常去拜访他们。马歇尔夫人曾这样记述：“在帕西瓦尔夫妇的宴会上，我第一次见到先生，他和亨利·史密斯同是学院理事会的成

游记《世界之旅》（1872）中的插图《圣玛莎的屠夫》。

员，每三年他们都会定期来这里开会，而每次他们都会到我们家做客，他们的来访于我们是一件乐事。他们两人异常投契，在一起时彼此都很愉快，乔伊特是个内向、沉默的人，但只要与意气相投的亨利·史密斯在一起，他就会挥洒自如。而亨利·史密斯可以说是我见过的人中最为才华横溢、最富于幽默感、最健谈的人。我会经常陪他们一起谈话，马歇尔则往往要陪伴他们到半夜。由于乔伊特的内敛和羞涩，直至5年以后我们才得以融洽相处，到后来，我们的谈话就完全是兴趣所至了。有些时候，我会和他一起散步，他不时会说上几句，要不然，他就会哼上几支小曲。”

马歇尔夫妇就这样轻松地在巴里奥和牛津的社交圈站稳了脚跟。当时，巴里奥学院的研究员中包含以下这些人：伊夫林·阿博特、刘易斯·内特和希尔普、安德鲁·希拉德利，以及斯特罗恩·戴维森、艾伯特·迪西、艾尔弗雷德·米尔纳等。“最近，妇女学院得以设立，我荣幸地结识了沃兹沃思小姐——玛格丽特女子宿舍楼的第一位主管者。她聪明诙谐、妙语连珠，与她一同漫步无疑是一件乐事。当时，拉斯金在牛津教授绘画课，听者甚多，他常常鼓励本科生们锐意求新。而汤因比楼也正在建设中，巴尼特夫妇常常来到巴里奥学院鼓励年轻人参与这项工程。费尔普斯先生担任主席的慈善协会也刚刚设立，艾伯特·迪西先生和埃莉诺·史密斯女士（和她的狗一起）会定期参加协会会议。还有一个由悉尼·鲍尔先生领导的专为讨论社会问题而成立的协会。可以说，在牛津我们度过了充满乐趣和兴奋的四个学期。

除了这些，还有乔伊特的宴会："几乎学期中的每个周末，他都喜欢把朋友们邀到其寓所一聚，包括那些想要相互结识的人，也包括那些想要相互帮助的人。他还计划在星期六举行一次规模更大、安排更周到的宴会。因为有许多陌生人成双成对地到来，所以亚瑟·西奇威克将此称为'诺亚方舟'宴会。罗斯伯里女士和暹罗王子是非常有趣的一对，女士身材高大，而男士却身材短小。客人中还有戈申夫妇、赫胥黎[1]夫妇以及马修·阿诺德夫妇和罗伯特·勃朗宁[2]，当然还包括罗伯特·莫里尔爵士、科妮莉亚·索拉比、艾尔弗雷德·格雷夫妇等。晚间，他喜欢与朋友们一起分享静谧的时刻。他曾会见艾伯特·迪西和亨利·史密斯的姐姐埃莉诺·史密斯，正如她的弟弟天生具有的幽默感为人所熟知一样，埃莉诺以谈吐犀利而闻名。还有一次，他约请了罗斯金[3]，罗斯金给大家讲了许多笑话，他口中的小猪让我们笑得前仰后合，跟他熟悉的史密斯小姐说以前从未见他如此兴奋。艾尔弗雷德在某天偶遇了维诺格勒多夫教授，他喜出望外，随即邀请他到家中共进晚餐并希望其与晚上要如约而来的乔伊特会面。因为乔伊特对生人总是过于腼腆，而他之前也没有见过维诺格勒多夫教授，所以最开始的时候，气氛难免有些拘束。但渐渐地，谈话就越来越轻松，越来越无拘无束了。我们在晚餐之后来到屋后的小花园，皓月当空，树影婆娑，如此良辰美景，正是乔伊特曾描绘的谈论哲学与诗艺的'好时光'。那次谈话有太多值得回忆的地方，我还从未曾见过乔伊特像那晚一样海阔天空地谈话。他乐于与艾尔弗雷德讨论经济学问题，每每谈及他特别感兴趣的观点，他就掏出小笔记本将其记下来。他曾跟我说过，艾尔弗雷德的谈话是他听到过的最精彩的谈话，还说'艾尔弗雷德是我见过的最无私的人。'连我们忠实的老女仆萨拉也引起了他的兴趣，萨拉也只与他谈论自己在宗教信仰方面的困扰。直至后来，他到剑桥拜访我们，也总要和萨拉到厨房坐一会儿，谈论她的那些难处。"

马歇尔夫人对他们1885年回到剑桥的情况作了最好的记述："我们在四个学期之后已经很好地融入了牛津的生活，位于伍德斯托克路的住宅和花园都使我们感到满足和惬意。我喜欢教我的女学生，艾尔弗雷德也乐于进行他的大课堂讲授。尽管他一直觉得剑桥才是他真正的家，但当时的我们都认为我们的未来在牛津。然而，福西特

1 托马斯·赫胥黎（1825—1895），英国著名博物学家，达尔文进化论最杰出的代表。——译者注

2 罗伯特·勃朗宁（1812—1889），英国诗人、剧作家。——译者注

3 罗斯金（1819—1900），19世纪英国杰出的作家、批评家、社会活动家。——译者注

在1884年去世了，艾尔弗雷德和英格利斯·帕尔格雷夫都是这一职位的正式竞争者，最终艾尔弗雷德有幸当选。我们于1885年1月来到剑桥，头一年，我们在切斯特顿路租了一处住所。在巴尔奥·克罗夫特于1886年建成后，我们就搬到那里并居住下来。1885年时建房的价格很便宜，这座房子在合同上的支出费用是900英镑，虽然建筑师出了一些错，但也只花费了1 100英镑。我们之所以选择这个建房地址是因为那片葱郁的树林，几年中，马丁利路甚至只有我们这一所房子。为了节省更多空间，尤其是厨房，艾尔弗雷德在参与设计房子时大费周章。因为他认为在剑桥住得离地面越远越好，所以他坚持把书房建在几层楼上，好在建筑师J.J.史蒂文森说服了他，把书房建在二层并设计了一个阳台。”

巴尔奥·克罗夫特近60年的租约在马歇尔夫人去世后就到期了，房子被以2 500英镑的价格出售给另一位从巴里奥移居到剑桥的教授。从中，我们可以看到货币价值变动之大。这笔钱也成了马歇尔夫人遗产中的一部分，她遗产的其他部分还包括副主教的大量稿费，祖上在18世纪长期担任吉格莱斯威克中学校长的积蓄，以及更遥远时期家族作为约克郡自耕农的一些家产。这些遗产先是被用作建造这所房子，现在则被转入剑桥大学马歇尔图书馆。1944年6月购买马尔萨斯《政治经济学》原稿，就是这笔遗赠的第一项成果。

马歇尔夫妇的最后40年时间过着相似的生活，“年复一年，年年相似。”夫妇俩生活在一所小住宅里，一位忠诚的女仆帮助款待初入世的本科生或早已声名卓著的采访者。关于这位“忠诚的女仆”，非常值得一提。它在生前被叫作萨拉，死后则是佛洛伦斯·萨拉，马歇尔夫人曾写道：“她总在11月的时候说要离开，但我从未将此放在心上，因为深知她是不会离开我们的”。她是那个最阴郁教派中最为阴郁的那支——普利茅斯教友会的成员。“她是一名出色的厨师且乐于承担重任。尽管在她看来贪图安逸及享受快乐的情绪是错误的，但她还是常常说起英国科学促进协会在剑桥举行会议的那个星期，说那是她人生中最幸福的一个星期。那时，每顿饭将近有12人一起用餐，所有的饮食都由她一个人料理，她往往在夜里也无法入睡，想着第二天的菜式。她曾有一段时间十分消沉，觉得自己在世上没有多大用处，但后来她想到自己可以做好饭菜，让艾尔弗雷德保持身体健康，写出重要的著作，这一想法使她感到无比欣慰。”

马歇尔夫人很懂得如何赢得爱戴，这方面她受到了那位杰希女士的影响，“70年代的时候这位美国妇女来到英国，她的出现让导师们神魂颠倒，他们一个接着一个地为她倾倒。”正是这位女士在谈及仆人时表示她相信赞扬的作用，她说“甚至连万能的上帝也需要人们的赞颂”。

在劳工运动的初始阶段，一些工人阶级领袖常被邀请到马歇尔家中做客。“我们的座上宾包括本·蒂利特、汤姆曼和伯内特，当然还有那位特别令人愉快的托马斯·伯特。”经常到访的还有埃奇沃思。“来自美国、德国、意大利、法国、荷兰的许多经济学家前来拜访。我们俩很喜欢皮尔逊教授夫妇，这对夫妇也在我家住过多次，除此之外，我们也很欢迎陶西格教授夫妇的到来。”一旦有很有趣的人物到访，我们这些学生就会出现在午餐会上，有的时候我们也独自到书房品茶，这些对我们的心灵与头脑都非常有帮助。

那时的剑桥，除了因来访客人组成的社交团体，自己也拥有引人注目的团体：“我参加了女士聚餐会，这个小团体大概有10到12个成员，每个成员在每个学期大概要有一次或者两次在家里轮流做东。此时，丈夫们就只能在各自的学院用餐或独自在书房吃饭。女主人的职责不仅在于准备一顿美餐（但不准喝香槟），还要提出适宜的谈话题目。如果有需要，还可以引荐一位圈外的女士参与进来。但这仍是一个排外的团体，但凡有一个人投否决票，拟议中的新成员就将被拒之门外。我们的成员包括克赖夫人、亚瑟·维罗尔夫人、亚瑟·利特尔顿夫人，以及西奇威克夫人、詹姆斯·沃德夫人、弗朗西斯·达尔文夫人和巴罗尼斯·冯·休格尔、霍勒斯·达尔文女士，还有乔治·达尔文女士、普罗瑟罗夫人和杰布女士。”在暮年之时，马歇尔夫人回忆道：“如今，这个团体的人物已经不像从前那么多了”。我想，这恐怕是很中肯的。

大多数时候，马歇尔夫妇的长假期是在南蒂罗尔山区度过的，费洛梅纳在阿希泰托尔的斯特恩路边开设的小旅店是他们最常光顾的地方。“有一年，我们发现一群奥地利学派的经济学家聚集在邻村，冯·维塞尔[1]夫妇、庞巴维克夫妇以及米克坎多尔夫妇和其他几位都在其中。我们鼓起勇气邀请所有这些人到我们宽敞的卧室来参加茶会（这个卧室已经是这所小旅店能提供的最大、最舒适的房间了），之后我们到附近的田野里搭起帐篷，并在其中稍事休息。因为有这么多杰出的客人到来，费洛梅纳异常自豪，他在清晨四点就起床，开始为宴会准备新鲜的黄油和美味的菜肴。庞巴维克是个身材瘦小、结实敏捷的人，他热衷于爬山，几乎每天都要去爬一座白云石的山。这或多或少消耗了一些他的精力，从而使他无心谈论利率理论，因为他最近不厌其烦地与艾尔弗雷德通信讨论这一题目，所以现在一碰到这个题目我就感到害怕。维塞尔教授则是个相貌不凡，令人愉快的朋友，他的夫人和女儿也颇具风采。在一位老农的漂亮房间，也就是这些奥地利学派经济学家们的消夏之地，他们为我们举行了答谢茶

---

1 弗里德里希·冯·维塞尔（1851—1926），奥地利经济学家、社会学家，奥地利学派主要代表人物之一。——译者注

会，我们为此倍感快乐。”

他们在1920年进行了最后一次国外旅行的尝试，这是一次十分危险的尝试。因为此后不久，他们甜蜜伙伴关系的日子就结束了。“我们在多塞特郡[1]那美丽幽僻的小海湾里什·梅尔度过了接下来的三个夏天，他在那里继续致力于写作第三卷的内容。但在1919年完成《工业与贸易》后，记忆力就愈发衰退，医生在不久后悄悄告诉我‘他不能再从事任何创造性的工作了’。幸运的是，他自己并不知晓这一情况。”在过去的日子里，他常常从楼上的书房走下来，说：“这段时光多么幸福啊，没有什么能与创造性工作带来的欢乐相提并论。”

玛丽·马歇尔在艾尔弗雷德过世后的20年里，依然展现着她那恬静的美，与艾尔弗雷德那些早期的学生及他们夫人之间的友情也越来越深厚。

专门为学生设立且能外借书籍的图书馆在40年前是很少见的，而马歇尔教学方法的核心却恰恰是让学生尽可能地广泛阅读本学科书籍，并以此学会善用图书馆。一个三年级或四年级的学生在回答价格指数问题的时候，只是去查阅那些最新的权威著作是远远不够的。他必须追溯到更远，如果追溯不到毕晓普·弗利特伍德，起码也要到杰文斯和吉芬。他还必须查看刊载在《经济学杂志》上的近20年来的所有这方面的文章，如果他能翻阅一下中世纪以来的价格史，或对梭伦和查理二世时期按工资计算的小麦价格进行一下比较也是有益无害的。如果一个学生在翻阅10到12本书之前就匆忙做出结论，那就称不上是马歇尔的得意门生，因为他将有负于经济学家的伟大使命，将无法承袭崇高说教者的传统。

为此，马歇尔采取三种方法以做到这一点。首先，他在教室设置了一个浅显读物的书库，这一书库规模虽小，但与本科生自己的藏书相比还是要丰富得多。在辞去教授职务之时，他将书库留给继任者，我想我就是这个书库的第一个正式管理员，我还特意为它编制了第一份目录。其次，他希望学生们能充分阅读他的藏书，他允许学生们在巴里奥·克罗夫特喝过茶后，尽可能多地将他的藏书拿回去阅读，只要学生们在沿着马丁利路往回走时能背得动这些书。最后，他将学术期刊拆开，按论题挑选出来并装订成册，如今，这些册子都收在马歇尔图书馆。刚入门的学生能通过这些论文集及其脚注按图索骥，从这本参考书找到那本参考书，不到一周，他就能成为这个论题的活文献。为了做到这一点，他常常要增购一套期刊用以保存。但是，我们都不能忘记，制作这些论文集，并把它们按作者、课题编好目录并放进那些“棕色盒子”的是

1 多塞特是位于英国西南英吉利海峡沿岸的一个郡，东与汉普郡相邻，东北与威尔特郡相邻，南临英伦海峡，西与德文郡相邻，西北与萨默塞特郡相邻。——译者注

马歇尔夫人。

对于所有这些因教育而建立的个人联系和激励学生的手段，马歇尔夫人都予以热情的支持。那些背负书籍离开的来访者总会在楼下与她道别，而她也一直目送他们出门并沿着车道远去，眼中充满无限的满足。所以，在艾尔弗雷德过世后，将这一传统传承下来并将这些书籍流转于一代代学生手中，就成了她最为珍视的目标。

首先，马歇尔夫人将丈夫的全部藏书移交给剑桥大学，并将这些藏书与上述提到的教室学生书库读物合并，组成马歇尔经济学图书馆，供学生们使用。随后，她用依照协定条款所得的款项设立了一笔相当可观的留本基金，每年还要从马歇尔著作的版税拿出一定的数额来补充这笔基金。马歇尔著作的销量在其过世后不降反增，在她的遗嘱中，她不仅留给图书馆10 000英镑，还留下她丈夫的全部版权。然而她最重要的决定是：成为马歇尔著作和新一代学生的保护人。她在75岁的时候被任命为马歇尔经济学图书馆的荣誉助理管理员，并在这一职位上工作了近20年。这一举措违背了大学教职员工65岁必须退休的规章制度，这一规定在现在看来是合理的。她每天都骑着自行车从马丁利路前往图书馆，1935年图书馆迁到了一所紧挨唐宁街地质博物馆的精致

荷兰油画《海的孩子》，约瑟夫·以色列绘于1872年。

宽敞的楼里，这里原本是乡绅法律图书馆。她穿着便鞋完成这段不近的路程。穿便鞋是她在60年前，也就是前拉斐尔时期就留下来的习惯。在将近90岁时，医生阻止了她继续骑自行车往返，她很不情愿。她最终放弃骑自行车的原因更多是因为朋友们的劝阻，而不是对自己身体状况的考虑，而朋友们则是考虑到在剑桥可能遭遇危险的交通状况。上午的时间，她就在图书馆从事管理工作，随着工作量的不断增加，从1933年开始协助工作就从最初的本科生转而由一名专职的图书馆管理员米森先生负责。历任马歇尔图书馆的馆员，丹尼斯·罗伯逊、赖尔·费伊以及1931年之后（中间有一段时间的间隔）的皮埃罗·斯拉法都在很大程度上减轻了她的日常工作。不过，那些整理“棕色盒子”的工作还是由她专门负责，这也是她最爱的工作。她把这里称为“我的图书馆”。在漫长的人生旅途中，无论从心灵还是精神角度来看，这都成了她接触生活的主要方式。在这里，她感受到从60年前的巴尔奥·克罗夫特就开始猛烈跳动的剑桥学派经济学家们的脉搏。

1936年11月7日（《经济学杂志》，1936年4月号第771页记载），马歇尔经济学图书馆举办了一个小型的庆祝仪式，马歇尔夫人将一幅威廉·罗森斯坦所画的马歇尔肖像的复制品赠送给图书馆，而原作则挂在圣约翰学院的大厅里。此后，这幅画被挂在图书馆前厅中间那张办公桌的上方，马歇尔夫人就在这里伏案工作（如今还幸运地保存有一张她如此就座的颇具特色的照片）。1941年，也就是91岁时，她的气管炎开始发作，首次没能照常上班。等到1942年，她已经无法再到这里来工作了，不过，在当年的11月14日，她还是应邀出席了马歇尔诞辰百年纪念活动（《经济学杂志》，1942年12月第289页记载），并精神百倍地发表了演讲，向与会者讲述了丈夫从研究工作中获得的幸福和快乐。她在1944年3月7日与世长辞，骨灰被撒在巴里奥·克罗夫特的花园里。

谦和好似清晨，聪敏则似白昼璀璨，
温婉好似傍晚，激情则似夜色阑珊。

5.弗朗西斯·伊西德罗·埃奇沃思[1]

1845—1926

弗朗西斯·伊西德罗·埃奇沃思可以算得上是著名家族中男性一系的最后一员，

1 选自《经济学杂志》，1926年3月号。——原注这样的出身导致他对“平均律”产生了偏爱。弗朗西斯·埃奇沃思是他的曾曾祖父，一生娶了3个妻子[1]。古怪而著名的理查德·洛弗尔·埃奇沃思是他的祖父，一生娶了4个妻子[2]，生了22个孩子，他过世后还有7个儿子和8个女儿活了下来。F.Y.埃奇沃思就是这第6个孩子中的第5个。

1911年，继承人相继死去，却都没有留下男性子嗣[3]，他就顺理成章地继承了家族在朗福德郡[4]埃奇沃思镇的产业。伊丽莎白女王统治时期，埃奇沃思家族在这里建立了家业。他们的姓氏来源于埃奇韦尔，也就是从前米德尔塞克斯[5]的埃奇沃思。在继承家业后，他热衷于搜集整理族谱，并希望已婚的侄女蒙塔古女士能打理、照料好埃奇沃思镇的庄园，使它恢复原来的传统。每年夏天，他都要返回爱尔兰，虽然不在埃奇沃思镇居住，但他仍表示希望能看到自己的祖居重现“过去时代”的快乐时光——尽管我不确定他是否相信这一时代真的曾经出现过[6]。

埃奇沃思与一个世纪前的很多名人都有关联，小说家玛丽亚·埃奇沃思[7]生于1767年，在这一世纪就已声名显赫了。而埃奇沃思正是他的外甥，他还是诗人托马斯·洛弗尔·贝多斯的大侄子。而埃奇沃思的姑母更是与当时的名流有着千丝万缕的

---

1 《理查德·洛弗尔·埃奇沃思回忆录》第1卷，第15页。这本书中写了许多关于埃奇沃思的祖先的有趣的故事。这位弗朗西斯在今天的“旧世界”（指发现新大陆以前的世界）里没有男性继承人。——原注

2 他的最后一妻子，F.Y.埃奇沃思的祖母，活到1865年，这是她丈夫出生后的第121年，享年96岁。埃奇沃思的头一个20年就是在她的屋檐下长大。——原注

3 理查德·洛弗尔的长子早年按照卢梭的原则接受教育，后来移居美洲，并在他父亲之前去世。这位父亲没有让他在美洲的孙辈分得家产。据说，现在在美国有一些姓埃奇沃思的人自称是这位长子的后裔。——原注

4 朗福德郡，爱尔兰的一个郡，位于爱尔兰岛中部，历史上属伦斯特省，面积1 091平方千米。——译者注

5 米德尔塞克斯，英国东南部旧郡，滨泰晤士河。——译者注

6 他对自己的年纪感到羞愧，而不是骄傲。我本来想在《经济学杂志》上公开祝贺他的80岁生日，但被他拒绝了，因为他不愿意人们把他和老态龙钟联系在一起。——原注

7 实际上，埃奇沃思的父亲是玛利亚好几个故事中的主人公。F.Y.埃奇沃思在回忆他的姑母时，说她是个“非常普通的老太太，长着一张惹人喜爱的脸”。然而，他姑母在其4岁时就去世了。——原注

联系，瓦尔特·司各特爵士在《威弗莱》[1]第1版印行时特意拿出一本赠予她，并在书中的最后一章（后来则是在小说序言中）写道，正是基于她对爱尔兰特色的描述才促使他在苏格兰进行了一次类似的试验。简·奥斯汀[2]也将《爱玛》第1版赠她一本。麦考利不仅将《历史》送给她，还在书中谈到她。她在晚年的时候还曾到盖特科姆庄园拜访过李嘉图。

弗朗西斯·博福特·埃奇沃思是F.Y.埃奇沃思的父亲，生于1809年，在沙特蒙斯[3]和剑桥求学。在那里，他是斯特林周围的一个小团体中的突出成员。在《约翰·斯特林传记》的第2部分第4章中，托马斯·卡莱尔[4]用3页的篇幅毫不夸张地对他进行了描绘，这使他的名字得以传世。卡莱尔写道："弗兰克是个身材矮小却匀称的人，他有着光滑、白皙的方形脸膛（这跟他父亲很相似），阴郁的笑意常常闪烁在他蓝色的小眼睛中，他的声音沙哑而尖利，语调则透露出几分刻薄、几分固执，或许还有几分讥讽的味道。这个家伙冷漠、武断、沉溺于玄思且无比苛刻和讨人嫌。他在哲学与文学方面的造诣很高，精通柏拉图和康德，除了柏拉图式的和康德式的那些幽灵般的信条，他不接受任何其他信条。他用阴郁的眼神，无休止的古怪嗓音和轻蔑的冷笑把所有保守党式的做派和迷信抛到一边。当然，从其他方面来看，他是个非常诚实、勤奋，或许还具备很多其他美德的人。"

而托马斯·莫兹利牧师笔下的弗兰克·埃奇沃思则与卡莱尔描述的"矮子弗兰克"判若两人，在他的《回忆录》中用了一章的篇幅来描写弗兰克·埃奇沃思："我的耳朵诚实地告诉我，埃奇沃思的声音比较悦耳，他的语调时而温柔、时而谦和……

1 1814年，司各特开始创作历史小说，匿名出版《威弗莱》。它以18世纪苏格兰詹姆斯党人起义为题材，歌颂高地人民的英勇，也哀悼苏格兰落后的氏族社会制度必然衰亡的命运。主人公威弗莱既怀着正统思想，又同情起义者，在两个阵营之间徘徊不定。这个人物类型在司各特的历史小说里一再出现，被匈牙利批评家卢卡契称为"中间道路"的主人公。——译者注

2 简·奥斯汀（1775—1817），英国著名女小说家，她的作品主要关注乡绅家庭女性的婚姻和生活，以女性特有的细致入微的观察力和活泼风趣的文字真实地描绘了她周围世界的小天地。——译者注

3 T.莫兹利这样描绘他："他是个黄头发、蓝眼睛、脸色白皙的矮个子，说话很快，很流利，经常不是若有所思就是滔滔不绝，在沙特豪斯的那个小圈子里，他很受欢迎。他想象力丰富，脾气极好，对当时的任何思想都可以侃侃而谈，而且还经常帮助别人去理解……他在学校讲授'永恒意向'，而这通常是走向迷茫的第一步。"——原注

4 托马斯·卡莱尔（1795—1881），苏格兰评论、讽刺作家、历史学家。他的作品在维多利亚时代颇具影响力。——译者注

相互冲突的思想体系折磨着弗兰克·埃奇沃思，其次困扰他的还有幼年时就存在的相互矛盾的敏感。他同时还是个极富同情心且能够自我牺牲的人。”从斯特林自己对弗兰克·埃奇沃思的描述中，我们可以看到他儿子的影子。“在我看来，埃奇沃思还没有完全摆脱纯粹的观念式的生活，他显然还不知道自己应该做到从‘知识’转向‘本质’（也就是从‘认知’转向‘存在’）……我认为埃奇沃思应该非常庆幸能来到英国，因为如果在意大利，他甚至不可能对存在的现实世界有任何感受，这是一个与纯粹的‘玄思’和‘观察’完全不同的世界。如果他没有来到英国，他将仅仅在‘灵知’上止步不前，就如同一个穷光蛋，虽然手里攥着地契，但属于他的地产要么被熔岩覆盖，要么就已然沉入海底。”[1]

当然，斯特林的这位朋友只是创造弗朗西斯·伊西德罗·埃奇沃思特性的一方面。弗朗西斯·博福特·埃奇沃思“迎娶了一个年轻的西班牙妻子，当时他们在伦敦浪漫地邂逅了”。埃奇沃思的母亲就是这位名叫罗莎·佛罗伦蒂那·埃罗尔斯的西班牙妇女，当时，在外甥T.L.贝多斯的陪同下，弗兰克·埃奇沃思前往德国去学习哲学，为了到大英博物馆阅读，他们不得不在伦敦暂留，于是就巧遇了塞纳丽塔·埃罗尔斯。她是一位来自加泰罗尼亚的政治避难者的女儿，当时年仅16岁。他们在三周之内就完婚了，婚后就奔赴佛罗伦萨，并在那里住了数年。F.Y.埃奇沃思是个语言家，能用法语、德语、西班牙语、意大利语进行阅读，这种爱尔兰−西班牙−法兰西的混合血统[2]极有可能影响着他在头脑中形成显著的世界观念。

我们很快就可以讲完埃奇沃思一生所达到的边界。其父弗兰克·埃奇沃思试图成为一所学校的校长但没达成所愿，从佛罗伦萨返回埃奇沃思镇后，他就一心治理家产。埃奇沃思于1845年2月8日降生于埃奇沃思镇的庄园，父亲在他两岁的时候去世。他在家庭教师的管教下成长，直至17岁时离开埃奇沃思镇到都柏林三一学院求学，那时，他的记忆力和机敏的头脑就已经可圈可点。他在临终前几个星期告诉在牛津的表

1　黑尔的《斯特林》，第74页。——原注

2　他的曾外祖父是丹尼尔·奥古斯塔斯·博福特，是一位法国胡格诺教派避难者的儿子。在W.M.博福特1886年私下发行的《法国、荷兰、德国、英国的博福特家族》中可以找到博福特家族的族谱以及埃奇沃思家与他们的关系的纪录。——原注

妹们，他还清楚地记得年轻时学过的那些诗歌，对弥尔顿[1]、蒲伯[2]、维吉尔[3]、荷马的全部作品他都能脱口而出。在各种场合，他都能原原本本地将那些古典名著运用自如，在他去世的时候，已经很少有人保有这种传统了。

他以麦格德伦·霍尔奖学金获得者的身份进入牛津求学，随后升入巴里奥，在这里，他获得了一等荣誉文学学士学位。在牛津，人们对于埃奇沃思结业考试时的那次口试总是津津乐道。据说，他在被问到一些艰深问题时就会反问："您觉得我回答得简短一点合适，还是详细一点合适？"紧接着他就在半个小时的时间里滔滔不绝，他的风采完全遮盖了不足，使那些只够获得二等荣誉的地方显得微不足道，正是因为这次考试，他被授予一等荣誉。他在1877年成为一名法庭辩护律师，在伦敦度过了一些时光。在此期间，他还没有从诸多的天赋与兴趣中找到最终方向，这位破败的爱尔兰家族中比较小的儿子的最小儿子在伦敦生活窘迫。后来，他成为伦敦大学国王学院的逻辑学讲师，并担任图克讲座的政治经济学教授。在1891年，他接替索罗尔德·罗杰斯的职位，成为牛津大学德拉蒙德讲座的政治经济学教授，并当选万灵学院研究员，因此，他就一直生活在这里。他在1922年从牛津教授职位上退休时还是埃默里特斯讲座的教授。

1889年和1922年，他两次当选英国科学促进协会经济组组长。他不仅是皇家统计学会的前会长，还曾是皇家经济学会的副会长和英国科学院的研究员。当然，最重要的是，他是《经济学杂志》的设计者、创造者以及这本杂志的第一位编辑。自1891年3月杂志创刊的第一期直至1926年2月13日他去世，他始终身兼杂志编辑、编辑委员会主席、合作编辑的职务。我也有幸成为这本杂志的编辑，在得知他去世的消息后，我还收到最后一封他关于编辑事务的信件。

埃奇沃思在巴里奥时期十分推崇乔伊特，当时的乔伊特对政治经济学充满兴趣并正教授着这门课程，埃奇沃思最早对这门学科产生兴趣极有可能是源自这里。然而，杰文斯才是对他早期经济思想产生最重要影响的人，两人在伦敦相识，埃奇沃思位于汉普斯特德的住所仅与杰文斯家相隔几步之遥。对于后来接触到的马歇尔，埃奇沃

1 约翰·弥尔顿（1608—1674），英国诗人、政论家。弥尔顿是清教徒文学的代表，他的一生都在为资产阶级民主运动而奋斗，代表作《失乐园》和《荷马史诗》《神曲》并称为西方三大诗歌。——译者注

2 独居生活。——原注

3 维吉尔（公元前70—前19），古罗马诗人，生于阿尔卑斯山南高卢曼图亚附近的安得斯村。在家乡受过基础教育后，去罗马和南意大利攻读哲学及数学、医学。约公元前44年回到故乡，一面务农，一面从事诗歌创作。他是奥古斯都时期最重要的诗人。——译者注

荷兰油画《村民》。这幅画描绘了一个女孩靠在木栅栏上，手里拿着编织物，和一个抱着孩子的邻居说话。雅各布·马里斯绘于1872年。

思也无比的尊敬。马歇尔在1881年的《学术界》上评论了埃奇沃思的《数理心理学》，这是他仅有的两个评论之一，另一个评论是关于杰文斯《政治经济学原理》的。正是这篇评论使他们相识，并由此衍生出持续一生的私人友谊和精神伙伴关系。尽管两人的谈话方式格格不入，但马歇尔夫人还是常常满怀愉快地回忆起埃奇沃思对剑桥的访问。

从他出版的著作可以看出，埃奇沃思与马歇尔一样，是从数学和伦理学转向经济学的，但他们的相似也就到此为止了。马歇尔的兴趣在于智力和道德，而埃奇沃思则偏爱智力与美学。埃奇沃思希望创建智力趣味和美学趣味兼而有之的定理，而马歇尔则更想写出具备实际意义和道德意义的箴言。马歇尔在数学训练以及笔法精巧可靠方面比埃奇沃思略胜一筹——马歇尔在剑桥数学学位考试中排名第二，而埃奇沃思获得的是文学学士学位。尽管埃奇沃思常常在使用数学工具时显得笨手笨脚，但无论从创造力、造诣还是天性偏爱来看，他都是相当伟大的数学家。在我看来，这点毋庸置疑，对于倡导在社会科学领域精巧、广泛地使用数学方法方面，埃奇沃思是40年来最杰出、最多产的存在，他的《数理心理学》也被赋予这样的评价。

列出埃奇沃思作品的完整清单是一项十分艰巨的工作，因为他所有的作品几乎都是投给各个学术期刊的稿件。《伦理学的新旧方法》是我最早接触到的他的著作，这是一本他在1877年32岁时，由帕克和牛津出版的92页的纸封面书。西奇威克曾出版《伦理学方法》一书，1877年，巴勒特在《精神》上对其进行了批评，而《伦理学的新旧方法》则是对以上两者的评论，此书的主要内容是讨论基于对功利主义的考察所引起的大量问题。埃奇沃思遣词造句之卓越、行文之晦涩、目标之模糊、方向之犹疑，以及他的谦卑、谨慎、精明、机智、渊博和保守，所有这些奇异的特性，都在这里显露无遗。在对微积分进行一番演算后，紧接着，他引用了大段的希腊作品，这让外行的读者完全摸不着头脑，不明白荷马的诗句为什么能与抽象的数学符号放在一起。然而无论如何，经历漫长旅行的航班最终到达终点，他做出这样的结论："庞然大物一般的伦理科学正走向前方，它在一位大师的引领下走向豁然开朗的新天地——缺乏这种理论的新天地。这时，一个掉队的人正慢慢赶上来，他走的是一条曲折的小路，但仍一步一个脚印地踏实向前。这条小路正逼近从前被视为奇思异想且从未涉足过的新方法，这种运用数学方法的崭新的快乐体验必将通向真正的自然伦理学，这是冥冥中注定的。"

《数理心理学：关于在伦理科学中使用数学方法的论文》，这本150页的薄薄小书于1881年问世。这是埃奇沃思首次对经济学做出贡献，其中包含了他最出色的思想。临终前的最后几个月里，他反复考虑着，想要重印其中的一部分。

他曾在关于伦理学的论著中试图对功利主义进行数学计算。而在《数理心理学：关于在伦理科学中使用数学方法的论文》中，他将这种"对情感，即对欢乐与痛苦的计算"更上一层楼。这篇论文包含两部分的内容，"分别对在社会科学中使用数学方法的原理及实践、根源及成果、应用性及应用方式进行了讨论"。第一部分篇幅较短，"旨在说明使用数学推理但不涉及数字的可能性"，在当时，这一观点是极富创见且意义重大的。"我们数不清生活中的金色沙粒，也无法数清爱的海洋中无数的微笑，但我们可以观测到或多或少的一些快乐单位总量和幸福的程度，这就已经足够了。"第二部分则是他数理经济学大量工作的根源，其中特别描述了自由市场中的契约及其可能存在的不确定性，也正是在这部分的内容里，他著名的"契约曲线"首次显露真容。

埃奇沃思的这两本早期著作曾使我爱不释手，尤其是在《数理心理学：关于在伦理科学中使用数学方法的论文》中，他的精神及其艺术的独特韵味得到淋漓尽致的发挥。这本著作因风格古怪而饱受嘲讽，但在我看来，埃奇沃思在后来的著作里再也不曾如此充分地展露过他的天性。他独有的拼盘式的诗艺与卖弄、科学与文艺、智慧与学识虽然奇异却非常引人入胜，然而到后来，那些外行评论家们的冷言冷语让他有点经受不住了。他耗费大量心思试图隐藏自己的风格，但这些尝试不过使他所奉献的精神产品变成了愈发躲躲闪闪、扭扭捏捏的东西。终其一生，他都对男女工资收入不平等问题充满兴趣，并将其定位1922年英国科学促进协会就职演说的题目。这时的埃奇沃思已近80高龄，人们在读到他对这一问题的观点时几乎能听到他狡黠的轻笑："性别的尊卑也建立在这一基础上，它认定男性在获取幸福方面具有更为卓越的能力，更为高效率的行动和思考能力。总之，"女性完全不能与男性相比，她的感情之于我的心肠如同月光之于日光，又如清水之于佳酿。但这种被认定的女性总体能力的不足是可以获得补偿的，因为她们身上有着某些特殊的情感、别样的美丽和纤细精巧。正是基于这种天赋的美感，现代女性得以分享更多的财富、奢华和青睐。但是风流倜傥——'这一源自古代骑士制度的纠缠不清的情感'中还包含其他因素。谦和有礼的休谟将其称为对弱者的关怀，而如火一般热情的卢梭则认为这只是天性使然……总而言之，无论这些对于女人天性的观点是否正确，都体现了这样一点：关于效用原则的推论与包围着现代女性的无能力和特权完美一致。"

埃奇沃思又一次出色地将数学运用在伦理科学中，是"对信仰，对概率计算"的应用，我想，关于这方面的研究可能是他最喜爱的工作。他在1883年和1884年为《哲学杂志》《精神》以及《赫墨塞纳》撰写了关于概率和误差法则的七篇文章。他后来一系列的作品正是源自于此，其中对误差法则的更为精细的论述出现在最后一篇文章，这篇文章在其去世后刊登在《统计学杂志》上。

就概率论而言，埃奇沃思最重要的作品是刊登在1884年《精神》上的《机会的哲学》一文，以及在《大不列颠百科全书》（1911年修订）中他写的"概率"词条。埃奇沃思是以概率频率理论追随者的身份开始这项研究的，正因如此，他将概念的基础建立在自然的而非逻辑的基础上，正如他曾作为功利主义伦理学追随者时，将其基础建立在自然的而非先验的基础之上一样。但他本人对这两项研究都还心存疑问，而且这种疑问随着时间的推移越来越深。但进行这两项研究的过程中，他依旧没有推翻自己最初的假设，这样的结果使他对这些理论的哲学基础越来越持怀疑态度。然而，即便哲学基础不稳固，但建筑其上的实际应用却取得异常的成功，埃奇沃思在这一点上采取了实用的态度。逐渐地，他的兴趣中心由概率论转向统计理论，从功利主义转向经济学边际理论。

我常常敦促他就这样一个问题提出意见：如果频率理论降为一条逻辑法则，那么现代统计学及相关的关系理论还能维持多久？他的回答是这样的：统计学理论将随着频率理论的崩溃而得到普遍使用。在他看来，庞大的统计数据将足以满足统计理论所需的各种条件，不管这些条件是什么。希望他的观点是正确的。这种态度对于一个有意从事统计学研究的人来说是可以理解的，同时也传达出这样一种观念——对于早年较为思辨的成果，埃奇沃思并不愿意修订或重新研究。对自己的经济学研究，他也抱有同样的态度。他和大多数古典学派的经济学家都不愿意深究这个问题：如果功利主义伦理学和功利主义心理学失败了，那么各种关于边际理论的假设是能继续维持还是将随之濒于失败？因为正是前者引发了边际效用理论。对于功利主义心理学，穆勒、杰文斯以及70年代的马歇尔和70年代末、80年代初的埃奇沃思都是深信不疑的，他们还在这种信仰的引导下奠定了这门学科的基础。至于后期的马歇尔、后期的埃奇沃思以及年轻一代的学者则对此心存疑虑。然而，即使并未对这一根本基础的成熟性进行彻底考察，我们仍然坚信那些建立其上的上层建筑。

随着时间的推移，与埃奇沃思对概率论的贡献相比，他对统计学的专门研究占据了越来越重要的地位。他从1885年起陆续发表了一些内容比较宽泛的文章，其中，《统计学方法》刊登在1885年的《统计学杂志》50周年纪念集中，而《概率计算在统计学中的应用》一文则在1910年的《国际统计协会公告》刊登。这些文章具有极高的价值，英国的学生们从中接触到由莱克西斯创立的德国学派的思想，并从一开始就能对英国统计学家关于相关关系的理论予以支持、批评或赞扬。他的创建性的工作，特别是到了晚年，主要集中在对自己的“误差的一般法则”进行精益求精却繁复无比的讨论。在我看来，埃奇沃思在这里采用的独特处理方式部分原因是考虑到要少用假设的需要，这样他的结论就可以从更具普遍意义的假说中得出，而不是建立在其他统计学公式上。在当前统计理论的逻辑基础与实用主义基础上，他在逻辑方面是有所欠缺的，而他采用的独特方法正弥补了这一点。

埃奇沃思在38岁的时候（1883年）撰写了关于概率和误差法则论文，同时他又开始了自己第五个课题的研究：指数，即以数学方法对经济价值进行度量[1]，这一研究课题是他一生研究范围的终点，为他的研究生涯画上了句号。这五项数理心理学的应用研究分别是：对效用或伦理价值的度量；对经济均衡的代数和几何方法的确定；

1　我指的是埃奇沃思为1883年《统计学杂志》撰写的第一篇稿件《确定金价变化的方法》。后来就是他向英国科学促进协会提交的著名的1887年、1888年和1889年备忘录，另外他还写了一系列的文章，其中有些又收录到他的《选集》第1卷。——原注

对信念与可能性的度量；对论据和统计的度量；对经济价值的度量或称之为指数。埃奇沃思一生的工作正是由这五项研究以及它们的推论、分支、阐释构成。如果埃奇沃思是善于撰写论文的人，那么毋庸置疑，在1900到1914年间将出现五本以"数理心理学"为题的论著。然而事实并非如此，他只是在1877年和1881年发表了两个专论，直至1887年才发表第三个专论——《米制、概率与效用的度量方法》，这本书非常令人失望，没有太大的可读性（他本人也同意这一点）。此后，他并未从写专论跃到写论文，而是走上了与马歇尔极端相反的道路上——沉湎于各种文札、短章写作及具体事务。40余年里，他睿智头脑中迸溅出的火花照亮了（一定程度上也使之晦涩）《统计学杂志》《经济学杂志》的每一页。

当我在某次问及为何他没有试图去创作鸿篇巨制时，他面带独特的笑容回答说：过于浩大的事业，譬如进行巨著的创作或男女婚姻之事于他并没有吸引力。也许他将这些视作白白浪费心力而且得不偿失的事情，或许也可以说这些事情超出了他的能力范围，也超出了他划定的事业范围。"奥卡姆剃刀[1]"使我不必多言，这样的解释已经足够。当然，这其中也应该存在乐于奉献的动机。

无论是作为一门科学还是作为一项研究，数理心理学最终都没能实现它的既定目标。在18世纪七八十年代，将其看作是前景光明的学科是顺理成章的。年轻的埃奇沃思在选择这一学科时，极有可能梦想做出能与当时物理学的辉煌发现相比肩的贡献。但是，当提到马歇尔逐渐改变了对数理经济学的态度时，我们发现这一梦想非但没有实现，反而濒于破灭。像物理学中的原子理论那样风光无限的学说并未出现在心理学中，不仅如此，我们还时时处处都面临着如何有机整合各部分的问题。各个部分之间是分割的、不连续的，而这一整体显然不是各部分的简单加总。单纯进行数量比较是无效的，因为微小的变化就有可能引发巨大的效应，我们做出的均匀一致的连续性的假设显然不能令人满意。这样，数理心理学就沦为从其他理论中衍生出来的东西，而非其他理论的基石，就被降为对序数的计算，而非度量，最多也就是对度量的近似而已，何况由于指数常常出错，连近似也不是那么精确，以指数和近似表达的东西也就更不可信了。这一切没有谁比埃奇沃思更了然于胸，在其一生的智力活动中，他始终都清楚这一点：思想的根基正在松动。面对他与生俱来的谨慎、苛刻、怀疑、自相矛

1 奥卡姆剃刀定律又称"奥卡姆的剃刀"，是由14世纪逻辑学家、圣方济各会修士奥卡姆的威廉（约1285—1349）提出。这个原理称为"如无必要，勿增实体"，即"简单有效原理"。奥卡姆生于英国的萨里郡。他在《箴言书注》2卷15题说"切勿浪费较多东西去作用较少的东西同样可以做好的事情。"——译者注

盾以及现在的顾虑和困惑，那个巨大、沉重的上层建筑如何还能吸引他全部的注意力？他清楚自己的处境就如同在脆弱的冰面上起舞，岁月在一年年流逝，命运却跟他开了一个恶毒的玩笑。他越来越喜欢在冰上起舞，但却越来越无法容忍脚下的冰面。当充满恶意的目光向他投来时，他就左顾右盼；当命运刁难他时，他就躲躲闪闪，他自欺欺人地把不好客的黑海当作热情好客的海洋，把怀有恶意的真理卫士当作善良之人。他很少直面读者以及那些想和他交流问题的人。他说话拐弯抹角、晦涩难懂，总想着一个人悄悄溜走，当被他人喝止时，他反而加紧逃离。

1887年《米制》问世以后，除了他在战争期间所做的四次讲演被印成小册子[1]，埃奇沃思就再没有其他单独的出版物了。直到1925年，他编辑完《经济学论文选集》之卷本，并以皇家经济学会的名义出版。埃奇沃思对经济学这一学科的贡献在这部书中以适宜的方式被保留下来，这些正是他所希望的，而前文提到的《数理心理学》的部分内容却被排除在外。

他从这一经济学论文的出版中获得极大的满足。他本人或许是谦逊而甘于寂寞的，从他本人的意愿来讲，他并不愿出这样的风头，但当其他人为这件事费尽心思时，他也就顺水推舟，开始遴选文章、着手准备出版事宜。而在出版后获得极大的成功，四面八方的赞扬之声纷纷传来，世界各地的学术刊物纷纷发表评论，褒扬之声纷至沓来，就如同这位与世隔绝的作者是刚刚才被人发现一样。我想，这样的世界性声望确实震撼了埃奇沃思，但他也从中获得无穷的欢乐。

虽然他一直坚持写作学术文章，但《经济学杂志》的编辑工作占据了他最后35年中的大部分时间。因为他崇高的声誉，人们总是把他想象成是一个不谙世事、不理俗务、遥不可及、耽于抽象思维，且以玄奥为乐事的人。但作为一个与其共事15年的人，我要说的是，事实恰恰相反，他作为一个编辑在实际工作中是极有天分的。他工作准时、行事老练，在所有日常事务中都值得信任。他不善于发现自己文章中的排印错误，但却能敏锐地发现别人文章中的错误。他有一种天生的能力，能辨认出什么是好的书稿，但这一能力在面对自己的文章时却无法发挥。对于这一能力，他屡试不爽，他往往喜欢利用自己作为编辑的权力对稿件进行严格的要求并施加个人影响，力求稿件简洁、明了。他总是优先考虑那些具有时事价值的文章，对方法论及类似的东西，如果拖沓、冗长，他就加以限制。在他看来，德国刊物就深受此害。而我个人则偏爱那些分量重的文章，所以不知不觉间，我发现自己竟和埃奇沃思站在对立

1 它们是《政治经济学与战争的关系》《战争的成本》《战时的通货与金融》以及《对资本征税》，这些都是他优秀的作品。——原注

的位置。这本杂志的国际声望是由埃奇沃思建立起来的，他本人也有强烈的愿望将这种声望保持下去。我相信，他对外文的精通程度是任何英国经济学家都无法企及的，而且，他还与世界各国的经济学家有着最为广泛的交游。埃奇沃思还是个热情好客的人，外国的经济学家，不管他知名与否，很少有到了伦敦却未受到埃奇沃思热情款待的。他拥有想要使全世界经济学一体同心的强烈愿望，他还费尽心思从各地发掘有经济学天赋的人才，并以爱尔兰和西班牙传统中特有的优雅风度待之。他的耐心可以说是无所不包的，虽然自己声誉卓著，但他从不吝于奖掖后进，以至于有时候让人觉得，如果这不是有意讽刺的话，那这样的赞扬实在是太过分了。他将自己所有的奇异和古怪都局限在写作中，至于自己出色的实际工作能力以及精明强干的风格则全部奉献给《经济学杂志》。

埃奇沃思能给所有认识他的人留下强烈的印象，但这并不意味着描述他是件容易的事。他和蔼、热情、谦和、喜欢自嘲、言行幽默且拥有直视人心的能力；但同时他也自制、古板、有心机、骄傲、敏感、拘泥、着意表现谦恭，绝不对外部压力低头。在谈到埃奇沃思家世时，马歇尔常说："弗朗西斯无疑是个迷人的家伙，但在面对伊西德罗时，你可得小心提防。"

他拥有强健的体魄和旺盛的精力，这是常人所不能企及的。甚至在70岁后，他还常常爬山，在帕毫斯普莱热时，他会在一大早就跳到冰冷的水中游泳，或是不知疲倦地在牛津郡草场上漫步。他总是不停歇地工作、阅读、校对、确证参考资料（他极度尊重权威，甚至不愿意用自己的言语表达任何东西，这使他浪费了大量时间），或是专心致志地在纸片上演算深奥的定理（根据玛丽亚·埃奇沃思的记载，这也是他祖父热衷的事情），或是写信，总之，他不求收获，而只是耕耘不止。他在临终之际已经很难用言语表达完整的思想了——随着年龄的增长，他开始失眠且焦躁，这并不是什么好兆头。但在80岁之后，他在写作上仍毫无问题，最后，他像自己希望的那样在工作中死去。

埃奇沃思一生未婚，但这并不是因为他缺乏感情，并不因为他对生活的观念阻碍了他与别人建立真正亲密的关系，原因在于他那难于共处的性格使他错过了本应享有的幸福。但事实上，从很多方面来看，他的品性更适合过单身生活。他仅需极少量的生活用品，他不愿意被任何家庭责任牵累，他满足于这种没有私生活的日子。不曾有任何一个人像他那样始终游走在教员休息室、图书馆、俱乐部之间并为从中获得的一点点惬意而流连忘返。他的财产少得可怜，几乎没有任何家具，没有任何瓶瓶罐罐，甚至没有多少书籍（他更愿意有一个公共图书馆在附近），他也没有贴身的记事本，没有文具、邮票。我能想起的归他所有的东西就只有红线绳和胶水。但他又是个十分讲究仪表的人，总是按照自己的风格精心打扮。他的长相与埃奇沃思家的人并不相像，更像是个西班牙人，他前额宽阔、鼻子很长、脸色带有一点绿色，还拥有精心修剪的短髭，双手粗大。他是个相貌高贵的人，但有时他的形象让人觉得他的衣服似乎不是很合身或身体不是很舒服。在牛津万灵学院时，他住在一所简朴的房子里。他在伦敦时则住在弗农山5号，在汉普斯特德的悬崖上还有他两所孤零零的房子耸立其上，俯瞰平原。那是在50年前他在这里住过1周后买为己用的。当然，他在每年夏天都要回爱尔兰小住几周，金斯敦的圣约翰俱乐部就是他的住宿之所。他在万灵学院的餐厅、阅览室、萨维尔或艾尔贝马尔等地解决饮食问题。而大英博物馆、都柏林的三一学院、皇家统计学会图书馆则是他的阅读之地。

据说，在埃奇沃思镇度过他的童年时，埃奇沃思总是喜欢爬到苍鹭的窝里阅读荷马的作品。看来，他始终乐于待在远离凡尘的地方。

6.赫伯特·索默顿·福克斯韦尔[1]

圣约翰学院在19世纪的60年代末、70年代初堪称剑桥经济学的摇篮。马歇尔在1868年由数学研究转向伦理科学研究[2]，同年，福克斯韦尔也参加了伦理科学学位考试，亨利·坎宁安则在1870年参加了这项考试。圣约翰学院将马歇尔和福克斯韦尔这两个孩子奉献给剑桥大学，他们两个相互对比，相互补充，我想这两人除了相似的真诚外再无相同之处。在我看来，圣约翰与三一学院是在圣约翰的校长——伟大的贝特森博士的个人影响下，开始共同鼓励并展开伦理科学新研究的；而在此时的剑桥大学，年轻的教师们在从事这样研究是得不到任何捐助的。当哲学（西奇威克和詹姆斯·沃德）和法学、历史学（梅特兰和威廉·坎宁安）成为三一学院的兴趣重心时，圣约翰的兴趣则完全转向经济学（马歇尔、福克斯韦尔）。这个学院独自切实地为这些学科做了相当多的准备工作。J.B.梅厄和J.B.皮尔逊在60年代初被任命为学院伦理科学的讲师，马歇尔和福克斯韦尔则分别在1868年和1875年继任这一教职。从后来取得的成就来看，自1873年起，直到颁布“新规则”以及取消伦理学高年级招生为止的那段时期里，伦理科学学生比数学学生要更加出色，而这段时期取得伦理科学考试一等荣誉的18名获得者中，就有9名来自圣约翰学院。

最初，福克斯韦尔主要讲授逻辑学、心理学、哲学，而将经济学留给马歇尔。但

1　选自《经济学杂志》，1936年12月。——原注

2　马歇尔称自己在1867年专攻数学，而在1867—1868年，他的思想开始转向道德教育学。——原注

福西特在1877年获得教授职位后，马歇尔离开剑桥前往担任布里斯托尔大学学院的负责人。此后，在很大程度上，福克斯韦尔与亨利·西奇威克、J.N.凯恩斯一起担当了讲授经济学的光荣任务。直至马歇尔于1885年作为教授重新回到剑桥为止，这个状况持续了8年。从这时开始直到1908年，在马歇尔担任教授的这段时期里，福克斯韦尔无论是在教学上、授课上、还是政策的制定上（尤其是在1901年创立经济学学位考试一事上），一直都处于二把手的地位。值得一提的是，1874—1875年是福克斯韦尔第一次对学位考试进行监考，他与杰文斯一起担任监考老师，而此时，詹姆斯·沃德、J.N.凯恩斯正在校求学。而1900年到1901年的那次监考是他最后一次监考，A.C.庇古、D.H.麦格雷戈此时正在校读书。30年后，他主持了皇家经济学会。由此可见，他在剑桥经济学的发展历程中经历了非常大的跨度。尽管与伦敦大学关系密切，但他从未离开过剑桥。他晚年虽然已不再参与教学，但如果按在剑桥居住的时间计算，他去世时是他在剑桥的第205个学期。福克斯韦尔在60余年的时间里一直是学院的讲师和导师，剑桥只授予了他这两个职务。

对于没能获得其他职务一事，福克斯韦尔往往会不无苦涩地说，这是因为马歇尔并不赞同他在这一学科上的治学方法。曾经有一次，马歇尔特意写信给福克斯韦尔说道："我们不仅在观点上有很大的分歧，在性格方面也格格不入。以至于我高度关注的事情在你眼中却毫无价值。" 19世纪中叶，在剑桥风行一时的行为准则在福克斯韦尔的成长历程中产生了深刻的影响，这一准则不仅要求一个人要维护自己的权利，同时也要维护朋友的权利，所以，当马歇尔在1908年退休时选择庇古教授而非自己作为继任者时，福克斯韦尔被遭背叛的情绪所困扰，无法原谅马歇尔。但事实上，福克斯韦尔可以说是马歇尔第一个真正关心的经济学学生，而福克斯韦尔的第一批学生中就包含马歇尔夫人[1]，在马歇尔还没有到布里斯托尔时，他们都住在剑桥的学院里，交往密切。他们在1907年还保持着亲密的私人往来，尽管在两人的通信中，争吵一直未曾停止[2]。他们都十分清楚对方具有的天赋，在马歇尔写信给杰文斯为自己争辩时，福克

1　他给她讲授笛卡尔和洛克。1873年前后，福克斯韦尔在其简短的日记中几次提到佩利小姐。——原注

2　在争吵中，马歇尔写了一些很有特色也很有趣的信，他在信中谈到在课堂上或在讲座中能不能批评同事的观点的职业道德的问题。但当他收到福克斯韦尔的回信时，非常生气。他们之间在对劳动者有利的是价格上涨还是下降这个问题上有分歧，而福克斯韦尔在回信中说，如果不让他在讲座里对双方的观点进行比较，那他的讲座就会了无生趣。虽然他们之间的通信都言辞激烈，但庆幸的是，这些信都很引人入胜。——原注

斯韦尔予以支持[1]，而当1901年福克斯韦尔申请伯明翰商会主席职位时，马歇尔也写信表示支持。

有一段关于福克斯韦尔的文字，我认为极有引用价值："世人皆知他是英国一流的经济学家，尽管他的作品还未结集成册，但他已经在世界精神宝库中确立了自己的地位，他的睿智、清晰的头脑以及强大的思维能力、广泛的感知能力和优秀的直觉都是其成功的源泉；当然还包括他那一旦涉足就不遗余力的勤奋精神，以及他那流畅而优雅的口头和书面表达能力，很少有人拥有他的这种能力，后人恐怕也无人能超越他……他乐于结交实业家，人们能很快了解并信任他。他举止温文尔雅，博文广识，处世老练。人们一定会因他迷人的风度而爱戴他。"

但在经济学性质这一问题上，他们的观点极端对立，这使他们没有更早建立友谊并相互尊重。福克斯韦尔这样表达自己的观点[2]："我不能假装自己对实业有任何的亲身经验，但事实上我成长于实业和铁路建设的环境，并且自小养成了按部就班、井井有条的习惯。环境的变化使我在最近15年里与本国很多地方的商人、实干家们建立了密切的联系，也获得了很多观察实业经营方法的机会，同时也了解了实干家们面临的各种经济问题。这一经历使我愈发坚信我一直坚持的观点，即经济领域的所有实际问题都必须实事求是地去对待，当然，事先对面临的特殊环境进行细致的比较是必不可少的，但在那些箴言中寻章摘句或照抄普遍教义是徒劳的。"

这些表述与他的谈话和讨论中的发言比起来，可以说仅仅是和风细雨。根据艾尔弗雷德·霍尔先生的回忆，早年在圣约翰时，他曾坚持认为经济学甚至不能算是一门科学。60年后，他没能向皇家经济学会做有关李嘉图的会长演说。李嘉图使世人相信，资本与劳动之间存在不可避免的冲突，但福克斯韦尔解释自己放弃演说的原因却是自己对李嘉图进行了过于挑衅性的抨击。但这并不表示福克斯韦尔不赞同对经济问题进行严格的推理。事实上，在90年代关于金银复本位制的大讨论，以及在战后关于金本位制的大讨论中，他都毫不留情地讽刺了银行家和他们所谓的"本能"。在认为有效的推理必不可少的同时，他也认为推理的对象应该是那些既有历史又在当代范围广泛的事实资料，而非抽象的、臆造的假说。福克斯韦尔沿着这条思路前进，并成了"自由放任主义"教条的有力反对者，他在这一点上比同时代的大多数学术界人士都要觉悟得早。但对于自由竞争的普遍优势，他并不像他们那样了解深刻。他随时准备

1 参见他在1887年《经济学季刊》上发表的文章，在这篇文章中，他对马歇尔的影响力评价甚高。——原注

2 摘自1901年他申请担任伯明翰商会主席的申请书。——原注

题为“适者生存”的漫画，为了庆祝金本位制战胜由民粹主义推行的银本位制。

支持货币控制计划的出台。80年代他曾支持工业联合，90年代他则支持复本位制，对于19世纪的温和保护主义他也予以支持（他拒绝在著名的教授宣言上签名），而进入20世纪以来，他则支持放弃金本位制。对于英国经济中愈演愈烈的“非道德”趋势，他予以严厉抨击，在他看来，“这比道德败坏更严重，它导致的结果将是……完全脱离了时代潮流，阻碍本世纪那些成功的运动的进展[1]”“它精神的本质是极端实利主义，不惜牺牲国民福利来积累个人财富，而资本主义在有些作者的笔下已经越走越远，他们竟然对高工资表示痛惜，认为这是与坏收成相当的灾难。”

在他年轻时的预言中，我们可以看出：他受金斯利、F.D.莫里斯、拉斯金的深刻影响，并同情他们的抗议行为。我想，尽管福克斯韦尔强烈反对马克思的观点，但他有可能是第一位承认马克思重要性的英国经济学家。他在有些方面与另一位剑桥经济学家——亚瑟·詹姆斯·贝尔福很接近，贝尔福与他几乎是同时代的人[2]，他们都受70年代剑桥经济理论的影响，形成了怀疑主义的态度，但他常常貌似谦恭地进行冷嘲热讽，这一点与福克斯韦尔是不同的。我们可以看到，在马歇尔最初的理论建树与1890年问世的“原理”之间存在一种方法上的转变，我想这一转变多少受到福克斯韦尔早年言辞的影响，而这并非空穴来风[3]。无论如何，虽然极少形成文字，但福克斯韦尔通过许多讨论和谈话表达了自己的观点，即经济学并不是逻辑学或数学的分支，而是一门处理公共事务的艺术，这门艺术采用的方法是在充分调用全部经验的基础上合理地推断和分析。所以在后来，当马歇尔义无反顾地沿着这一方向前进时，福克斯韦尔在剑桥的存在或多或少成了一种讽刺[4]，这种讽刺在福克斯韦尔支持副主教威廉·坎宁安时显得更为突出，因为此人不仅能言善辩而且以争吵为乐。然而，无论怎样争执不休，马歇尔始终是剑桥学派的首领，那些前途光明的青年都在他的统治之下，而这在另一方面愈发削弱了福克斯韦尔“二把手”的地位，使他在剑桥的地位更加处于下风，福克斯韦尔自始至终都被这种处境困扰着，这也成为观察福克斯韦尔人生历程时无法抹煞的背景。

1849年6月17日，赫伯特·索默顿[5]·福克斯韦尔出生在曼迪普斯的谢普顿玛列

1　摘自福克斯韦尔发表于1887年10月的《经济学季刊》第85页上的文章《英国的经济学动态》——这是他最出色的文章之一，这篇文章也体现了他的地位。——原注

2　贝尔福参加伦理科学学位考试是在1869年，福克斯韦尔是在1870年。——原注

3　在1897年1月30日的一封信中，马歇尔试图说服福克斯韦尔，他们之间在经济学方法上的差异并不像他想象的那样大。福克斯韦尔曾坚持认为“凯恩斯调和了你我的方法”。马歇尔回答说：“对凯恩斯《范畴与方法》的书稿，我提出的大多数建议都是为了尽可能地与施莫勒的观点保持一致。其中某些被接受了，但是我仍然认为，在方法上，我是凯恩斯、西奇威克、施莫勒、阿什利之间的调和者。”——原注

4　这一讽刺主要源于坎宁安。实际上，马歇尔和福克斯韦尔还是能够彼此理解的。马歇尔从未把福克斯韦尔和坎宁安归为一类。——原注

5　我想，这个古怪的教名源于他的出生地索默塞特。——原注

特。他的父亲是个小五金商人，后来又从事石板和木材的经营，生意十分顺利，但在投资方面却屡屡受挫，在1866年的奥弗伦·格尼破产风潮[1]中遭受不小的损失。到儿子即将上大学的时候，家里已不如从前那么富有了[2]，这位父亲开始不停地抱怨（儿子后来也承袭了这一习惯并持续终生）他的投资。即便如此，福克斯韦尔最终在1868年1月22日的日记中心平气和地写道："和妈妈下象棋，父亲对我去剑桥很满意，因为正是我的好运气使花费减少了。"他的父亲忠于家教信条，并努力把他培养成卫理公会[3]教徒。他在年轻的时候热衷参加布道。比如，1868年1月5日"早晨的时候，雷弗德·威廉姆斯做'来自上帝的抚慰，它们是不是微不足道'的布道，在晚上则向年轻人做'伯沙撒当晚死去'的布道，这两个布道都十分精彩"。在紧接着的一个星期他又来到伦敦，"上午在美丽的坦普尔教堂进行出色的礼拜；下午则前往威斯敏斯特教堂[4]聆听优美的颂歌；晚上就在圣保罗大教堂[5]的圆顶下做礼拜，感受穆尔蒙斯的精彩布道和庄严肃穆的场景。"他于1868年2月16日，也就是来到剑桥的第三个星期天，参加了五个礼拜活动，"上午和晚上在学院的教堂，晚上的时候杜里尔[6]进行布道，

1　在英国本土，1860—1865年间，包括银行、贴现公司、金融信托公司在内的各种金融企业的数目和资本直线上升，英国殖民地银行也急速膨胀。出现这种局面的原因主要是，在19世纪60年代前半期，印度的棉业出现一次投机的热潮。棉业投机带动着金融投机。但是，随着美国内战的结束，震撼欧洲的棉业危机开始了。伦敦首当其冲遭受了沉重的打击。1866年4月，伦敦贴现公司和巴奈特银行先后倒闭。5月10日，"在英国金融界享有最佳声誉"的阿弗伦特·加奈公司宣告破产。随后，危机以料想不到的速度和猛烈程度继续肆虐。在1866年，一连倒闭了17家银行，伦敦的奥弗伦·格尼银行也破产了，影响很大。——译者注

2　到1866年，他们的家境已非常殷实。家中拥有一所很大的住宅和花园，带女仆，一驾马车和两匹马。他们对每一项教会义务都慷慨大方，比如在周日捐款盘中放入1英镑。然而在这之后，由于投资失利，他们陷入困顿。1886年其父亲去世，只留下微薄的遗产。——原注

3　卫理公会，基督教新教卫斯理宗的美以美会、坚理会和美普会合并而成的基督教教会。——译者注

4　威斯敏斯特大教堂，坐落于伦敦泰晤士河北岸，原是一座本笃会隐修院，始建于公元960年，1045年扩建，1065年建成，1220—1517年重建。该教堂在1540年英国国教与罗马教廷决裂前，是天主教本笃会即天主教的隐修院修会之一的教堂，1540年后是伦敦的国家级圣公会教堂。——译者注

5　圣保罗大教堂，位于伦敦泰晤士河北岸纽盖特街与纽钱吉街交角处，巴洛克风格建筑的代表，以其壮观的圆形屋顶而闻名，是世界第二大圆顶教堂，它模仿罗马的圣彼得大教堂，是英国古典主义建筑的代表。——译者注

6　他在圣约翰时的导师。——原注

利奇菲尔德大主教则于下午在圣玛丽教堂[1]进行布道，内容是关于教会在本国的失败，这完全称得上是高尚而无畏的布道，卡特先生则在上午与晚上在卫理分会教堂进行布道。”但卫理分会在1872年时已经逐渐不再布道了，只有学院教堂在每星期天下午还在进行。他在后来的日子里很少表达自己的观点，表现得更像一个有神论者，他对宗教持有宽容而同情的态度。

福克斯韦尔的生母是他父亲的第二任妻子，汉德科克家族的一员，卡斯尔曼因勋爵是这个爱尔兰家族的首领，福克斯韦尔本人对他的历史十分感兴趣。福克斯韦尔的母亲是一位极具天分且十分聪颖的妇女，她的四个儿子都是在她的教育下成长，直到12岁左右他们被送进汤顿的卫理分会学院。她还弹得一手好钢琴，福克斯韦尔对音乐的浓厚趣味就源自于此。福克斯韦尔十分爱戴自己的外祖母，他在4岁的时候就开始跟着外祖母学法语，因为外祖母的母亲曾属波因德斯特里[2]家族，生活在海峡之间的岛上，所以主要语言是法语而非英语。福克斯韦尔本人也偏爱法语，法国和爱尔兰气质在他的性格中显而易见。童年的时光让他永生难忘，那段在家中嬉戏的日子是那么多彩而迷人。他和兄弟姐妹们在大花园里尽情玩耍，他们拥有豚鼠、白鼠和25只兔笼子，艾伦家和隔壁怀布伦特家的孩子会过来和他们一起兴高采烈地玩，他甚至还拥有一匹名叫“范尼”的小矮马，追随他们多年的露茜细心地呵护着他们，妈妈会在茶后弹奏钢琴，父亲则与他们一起进行长途旅行，漫游在曼迪普斯的荒原上。直至去世，这些自始至终都是他生活的一部分。

虽然没有达到约翰·斯图亚特·穆勒那样11岁就可以阅读牛顿的《原理》的程度，但福克斯韦尔确实是个早慧的孩子，4岁时他就能读懂法文，7岁开始就对报纸上发生的事情品头论足。他16岁时的日记已经显得十分成熟。西布利先生对这位汤顿女王学院的寄宿生进行了精心的教育。他在1866年就光荣地成为伦敦大学录取名单上的第三名，这时他刚刚达到入学的最低年龄即16岁。刚过18岁，他就被授予伦敦大学文学学士学位。18岁半时，他成为圣约翰学院伦理科学的学生。并于1870年获得伦理科学荣誉学位考试第一名，并在1872年获得休厄尔奖学金。1874年，他当选为学院的研究员。他将自己的好运归因于三一学院院长W.H.汤普森先生，因其职务，汤普森先

1　圣玛丽教堂是牛津大学的主教堂，属后哥特式建筑，已有近千年历史，建筑宏伟、华丽。站在尖塔上可以饱览整个牛津的风光。门廊建于1637年，其螺旋立柱是英国建筑史上的一大创新。1645年的战争给门廊留下了弹痕。——译者注

2　据福克斯韦尔记载，她哥哥是美国的一位参议员，在那里，人们把他的名字错叫为“波因德斯特里”。——原注

生得以成为休厄尔考试的考官，福克斯韦尔的论文深深打动了他，随后他向圣约翰学院院长贝特森博士描述了这一印象。然而，福克斯韦尔的头脑既不长于玄思，也不精于抽象，甚至不善于概括，他的性情决定了他不适合做哲学家。他更像一位历史学家——许多偏见还存在于这个领域。他的记忆、品味、天马行空的想象力及井井有条的做事风格都是他的天赋。正是他的井井有条、喜欢分门别类地习性以及一点鉴赏力，决定了他一生的工作。他在很早的时候就习惯于按部就班。他在17岁的时候就开始记录自己每天走路（或如他所说的"出门漫游"）的里程，他还一一记录了每天睡觉和起床的时间[1]，他将这些习惯保持了很多年。凡是对他略知一二的人，都清楚他那些贴贴补补或满是笔记的纸张。他的字体粗大、醒目，本科毕业后，除了字体更大以外，这种风格保持了下来。

在马歇尔离开剑桥前往布里斯托尔前不久，福克斯韦尔遇到了对他极为有利的一件事情。1874年，福克斯韦尔还很年轻，却被幸运地指定为当年伦理科学学位考试的监考老师。与他一同监考的就是杰文斯，杰文斯也得以借此机会首次访问剑桥。这成了他们亲密友谊的开始，这一友谊自始至终得到了很好的维系，直至杰文斯1882年去世。我们看到，福克斯韦尔在1875年的信中曾试图缓和杰文斯对李嘉图和穆勒的严厉抨击[2]。杰文斯在1876年的春季学期已经当选为伦敦大学学院的教授，但因其还不能离开曼彻斯特欧文斯学院，福克斯韦尔就在此时替他主持讲座。他在5年之后的1881年5月7日接任了杰文斯在大学学院的教席。杰文斯在同年12月在剑桥对福克斯韦尔进行了最后一次拜访，当时杰文斯正着手选辑他的《通货与金融研究》，他在1882年去世后，福克斯韦尔被邀请来完成此书的编辑工作，这本书最终在1884年问世。后来，他又在整理、校对杰文斯未完成的遗著《经济学原理》上花费大量的时间，但最终这本书的编辑工作由希格斯先生完成并于1905年出版[3]。

正是由于杰文斯的关系，福克斯韦尔得以与伦敦联系在一起，这种联系一直持续到他辞职（1922），长达40年之久。在伦敦经济学院于1896年建立后，他就在那里讲

1　每年年末，他都要计算平均数。——原注

2　1875年荣誉学位考试的一道题中，杰文斯似乎曾经在"李嘉图地租理论"前面加上"所谓的"一词，因为"地租理论绝非李嘉图所创，马尔萨斯就曾对这一理论做过出色的表述，很可能安德森也做过。"（杰文斯的《书信与日记》第344页）但福克斯韦尔代表其他考官说服杰文斯删掉了这个修饰语。——原注

3　本来计划由福克斯韦尔写一篇介绍性文章，但他始终未能完成，因此这本书也迟迟未能出版，这使杰文斯夫人心中很是不满。18年前，即1887年10月的《经济学季刊》的"记事与备忘"栏目称此书正在印刷，此书于当年冬天才得以出版。

授通货与银行学。他甚至还是第一任新的伦敦大学经济学院的院长。但他从未在伦敦居住，与伦敦大学的关系也不尽如人意。他曾两次申请过其他职位，在1901年参与伯明翰商会新一任会长的竞选，A.J.贝尔福、吉芬、马歇尔、埃奇沃思以及尼科尔森和J.N.凯恩斯都很支持他，但因为戈申、米尔纳的影响，这一职位最终落在W.J.阿什利的头上。他在1908年还曾试图接替马歇尔的职位。下面附有一则科利特小姐关于福克斯韦尔与大学学院关系的记述，在漫长的伦敦教学岁月中，长久以来最令他感到满意的可能就是与亨利·希格斯之间的友谊了。希格斯是他在伦敦最早的学生之一，他们俩在长达50年的岁月里并肩工作，且始终保持着相同的品味、兴趣。在福克斯韦尔晚年，希格斯着手编辑《经济学文献目录》以后，他们的友谊愈发深厚，因为很大程度上这本书依赖于福克斯韦尔所做的大量笔记和收藏，福克斯韦尔在生前看到了这本书第1卷的问世。

由于在伦敦和剑桥担任双重教学任务，福克斯韦尔不得不在两地之间来回奔波，再加上一些其他因素，他无暇再从事创造性的工作。他在1886年发表了自己的第一篇论文——《就业的不稳定性和价格的波动》，遗憾的是，这一研究最终未能完成。他将太多的精力花费在考试上，还经常因一些微不足道的琐事与人通信，尽管有时他会延迟回信。事实上，各种细枝末节缠绕了他一生[1]，使他没有机会专注于某本书的写作。除了上述原因，他还经常一本正经地宣称，虽然他喜欢看到自己的作品被印成铅字或装订成册，但除非是为了某个严肃的目的，否则他并不愿埋头写书。他不赞成那种认为学术界人士就该整天爬格子的观点。日常生活中的小小快乐已经让他心满意足了，他认为不需要让两个硬封面之间的那些书页来减轻痛苦的药剂，这些只是为那些不能如他一般从生活本身获得快乐的人准备的。事实上，“硬封面”也只利用了他一次，为别人的著作提供资料或者帮助撰写介绍性的文章是他更愿意去做的事。我将在下文一一记录他在漫长一生中写的各种作品，福克斯韦尔是众人当中最应该为他撰写作品目录的人，但其中并不包含他的精华部分，也没有体现他对培育英国经济学研究所起的重要作用。

我们可以看到，金融与货币是他的主要论题，尤其是金银复本位制。他在关于金银复本位制的辩论中独占鳌头，他既是学术界推动变革的杰出人物，又是来自美国

1 奥德里·福克斯韦尔小姐告诉我一个有关他的兴趣的小故事：“不管什么小事，都能引起他的关注，而且他从不厌烦。有一次他对我说，应该把缝补衣物当作一种有趣的消遣，因为你可以发现没有哪两块补丁是完全一样的。他也从不剪开系包裹的绳子，而是宁愿自己解开绳结，并且留意它是如何系的，思考怎样才能最快地解开。”——原注

当局的F.A.沃克和达纳·霍顿的朋友与智囊。但对英国早期社会主义者的记述却是其最完整、最重要的作品，这是一篇为安东·门格尔的英文版《获得一切劳动产品的权利》所写的介绍性前言，这是一篇长达百页的前言，在文后还附有长达80页的文献目录。从文中三处对李嘉图、穆勒、科贝特的引用，我们可以窥见福克斯韦尔的思想（但或许针对那些不知名作者的评价以及它对欧文[1]产生的影响的论述才是这篇序言最重要的价值）："随着对社会主义各种文献研究的加深，我越来越深刻地感受到，李嘉图以及他那些有能力但却生硬、刻薄的拥护者给经济学教育投下的不祥的颜色，这将带来严重的灾难性后果。我们经常低估在学术训练中十分重要的方法训练的价值，在这方面，我们常常会想起李嘉图。李嘉图和他学说的鼓吹者们在思考社会问题时就使用了不科学的假说，在实际事务之上强加了主观臆断的结论，他们将以危险地使用谬误方法的范例永久流传下去。当李嘉图将其过分精巧的推理不假思索地用于解决严肃的实际问题时，这种方法就会带来恶劣的、误导性的后果。他对自己早已深陷抽象而脱离现实的状况浑然不觉。而正如杰文斯所觉察的，英国经济学的历程被李嘉图大大扭曲了。因为他，英国的经济学脱离了历史，脱离了现实，丧失了科学的根基，沦为政治党派的工具。不仅如此，经济学还险些因此失去了在立法和公共事务中的权威地位。直到那些致力于更为精确论述的理论家，以及赋予那些真实命题更开阔视野的历史学家的出现，才在大厦将倾之际扭转了这种方法上的错误。

"在詹姆斯·穆勒和希鲁厄姆之后，再没有哪位重要的经济学家对英国的革命社会主义予以关注了，经济学家们并不熟悉那些社会主义主要作家的名字。最近，这一情况才有所改变。很难理解这些人为什么会被J.S·穆勒所忽略，因为按照霍利约克的讲述，早期的合作社会议上经常可以看到穆勒的身影。而且，他也一定从他父亲那里听说过霍奇斯金，并从边沁那里听说过汤普森。事实上，他与汤普森之间存在很多共同点。但约翰·穆勒最擅长的思想领域是传播社会哲学公理，而针对那些真正富于创见且含义深刻的概念，无论它是属于形而上学的还是属于社会学的，他都很难在短时间内接受。没有任何迹象表明他知道马克思、恩格斯、拉萨尔这几位同代的人，反倒

1　即罗伯特·欧文（1771—1858），19世纪初期英国伟大的空想社会主义者。——译者注

是这几位从他那里获得不少启发。穆勒对社会主义的理解仅限于傅立叶[1]和欧文的浪漫乌托邦，或者圣西门[2]与孔德[3]的空想工业主义。他流畅的文风和富于煽动性的气质无论是在这一问题上，还是在其他问题上，都能得到淋漓尽致的体现。他让读者产生这样的想法，即他的著作是不可逾越的高峰。可以说，他的强大影响力造成了万马齐喑的局面，在他的《原理》出版后，整整一代的英国经济学家手中只拿这一本书。”

“威廉·科贝特[4]的祖上也曾是农民，与其将这位最伟大的民众领导人称之为社会主义者，不如将其称作一位政治家。这与他同时代的罗伯特·欧文恰恰相反。他抨击的对象更多是人和阶级而不是信条，更多是政策而不是制度。

编纂定版的《亚当·斯密文集》是福克斯韦尔准备进行的第一项浩大工程，杰文斯在1880年9月曾写信表示：“希望你的亚当·斯密进展顺利。”然而，他的工作进展得并不十分顺利，这项工作最终还是由埃德文·坎南[5]接手了。虽然福克斯韦尔的教学和社会活动与银行业和通货问题息息相关，但即便说他完成了什么巨著的话，那也只可能是关于经济思想和经济文献发展过程方面的内容，早些年他在剑桥就经常讲授这一课题。他的书目文献使他形成了别人难以匹敌的渊博学识和历史洞察力。不仅如此，他还对那些经济学中的离经叛道之说怀有同情之心，这使他能够了解那些潜藏的观念并对其加以解释。福克斯韦尔对此津津乐道，当然其中没有掺杂任何个人好恶。

福克斯韦尔擅长谈话、乐于交游，他是那些讨论经济问题的俱乐部和社交小团体

1 夏尔·傅立叶（1772—1837），法国思想家。傅立叶通过刻苦自学，积累了丰富的自然科学和社会科学知识，从19世纪初起，他先后发表了《全世界和谐》《四种运动论》《新世界》等著作，揭露了资本主义制度的罪恶，主张以他设计的“和谐制度”来代替资本主义制度。他理想的“和谐社会”是由一个个有组织的合作社组成，名叫“法朗吉”。1832年，他和几个门徒一起创办了一个“法朗吉”。1837年10月9日，傅立叶和两个信徒进行了长谈。第二天早晨，人们发现，他已穿好衣服伏在床边去世了。——译者注

2 圣西门（1760—1825），法国哲学家、社会改革家，空想社会主义者。生于法国巴黎一个贵族家庭，他早年曾以此为荣，并自豪地说：“我是查理大帝的后裔”。他于1825年逝世于巴黎。——译者注

3 奥古斯特·孔德（1798—1857），开创了社会学这一学科，被尊称为“社会学之父”。——译者注

4 威廉·科贝特（1762—1835），英国散文作家、记者。英国政治活动家和政论家，小资产阶级激进派的著名代表人物，曾为英国政治制度的民主化而斗争。——译者注

5 埃德文·坎南（1861—1935），英国剑桥学派的代表之一。他以首先校订和编辑亚当·斯密的《国富论》等书闻名于世。1926年退休后为名誉教授，1932年任英国皇家经济学会会长。他主要从事经济学和人口学的研究，写下了大量的著作。——译者注

的有力支持者。早在1882年被任命为大学学院教授时，他就成了政治经济学俱乐部的成员，直至去世他一直都是其中的成员。在建立英国经济协会，也就是如今的皇家经济学会一事上，他起到尤为重要的作用[1]。他不仅是理事会的创始成员，还是三个名誉秘书[2]之一，他一直担任这一职务，直到将近47年后去世。不仅如此，他还在1929年至1931年担任主席一职。英国科学院的创始研究员中就有他一个，英国科学促进协会F部的秘书一职也曾由他担任。他还参加了这一协会在加拿大召开的会议。科利特小姐曾记述了他在建立并维持经济学俱乐部的过程中所起的作用。俱乐部过去经常在大学学院集会，如今集会地点已迁移到伦敦经济学院。他在1879年加入萨维尔俱乐部，成为早期会员之一，一直持续到1917年。多年以后，他参与创建了星期二俱乐部，这个俱乐部成立于战时的1917年，在近20年的时间里，众多公务员、记者、学生、金融和工业界人士汇集与此，一起讨论时下的热门话题，俱乐部一度热闹非凡。在这些集会上，福克斯韦尔的发言最为引人入胜，最为彬彬有礼，也最具超凡的魅力。一代又一代的同事都乐于在圣约翰的教员休息室里聆听他那清新脱俗的谈话，尽管他始终固守学术这片领域以及它所孕育出的每一个保守观念，但在他的言谈中毫无学究气。他的生活做派也表现得恬淡、质朴，一餐美食、一瓶好酒、一个知己，都能让他感动不已。

他在1898年7月（55岁）迎娶著名的曼彻斯特货运公司成员W.E.多灵顿的长女——奥立夫·梅之前，一直单身。执教期间，他把学院的那间屋子用来放置书籍，自己则到剑桥哈维路1号居住，一直住到他去世，他在这里生活了将近40年。他一生有两个女儿，奥德里是长女，在妻子于1930年去世后，奥德里就一直为他操持家务，并以无限的爱心陪伴他从晚年直到垂暮，对他的照顾可以说是无微不至。福克斯韦尔拥有非凡的个人魅力，但却不是一个好相处的人。他任性、顽固，有时还极不近情理，如果谁想与他解除误会、疏通龃龉、避免争吵，就会发现他是个蛮不讲理的人。可能是因为承袭了爱尔兰血统，他显得倔强、不肯退让，并且完全无视英国人那种避免决裂和出言谨慎的习惯。在面对那些脸皮薄的英国人羞于进行的争吵，他显得十分无所谓且泰然自若。他的第一批、也是最重要的一批书籍存放在戈德史密斯图书馆。

1　第一次公开阐述这一设想的，我想是福克斯韦尔发表在《经济学季刊》1887年10月号第103页的那篇文章。——原注

2　名誉秘书最初是比照皇家统计学会的名誉秘书而设立的，职责是编辑杂志以及处理学会的事务。但是，其职责逐渐发生了变化，作为一个百年之中被召见不超过四次的团体，他们与学会主席及其他官员组成了理事会的核心小圈子，负责重大事务的协商。——原注

1872年10月，在新泽西州的帕滕堡，爱尔兰劳工杀害了一名非裔美国工人。受害者是四名铁路工人中的一名，他们在一次种族骚乱中被爱尔兰同行杀害。

当时，伦敦大学处置这一图书馆的态度惹恼了他，他感到极度不满并与校方进行了无休止的争吵。争吵的结果是，他在1915年后就再未踏入过这个图书馆的门。我们完全相信他有理由抱怨，但如果他采取较为温和的方式，事情极有可能就会得到解决。我行我素是他天性的一部分，但这也成为他在讨厌争吵的英国学术界获得更大成就的绊脚石。我曾认为60年前，在剑桥的青年福克斯韦尔的脾气并非如此，他的脾性是在后来才发生转变的，但事实看来恰恰相反。刚刚我们提到戈德史密斯图书馆，这让我们又回到那个最后的、也是最重要的主题上来。福克斯韦尔一生的主要工作及他为后人所称道的成就在于，他对17世纪至19世纪有关经济学的所有书籍和文字进行的研究、分类和收藏。

与约翰逊博士一样，麦考利也强调了那些短命的论文、小册子的重要性，因为正是在它们的指引下，历史学家才得以追溯当代思想的渊源。最先对这样的经济学文字进行收藏的人是麦克库洛赫，不过，按照福克斯韦尔的话来说，他的收藏缺憾很大，因为他“排除了所有那些不符合自己正统标准的书”。杰文斯是第一个做最全面收藏的人，福克斯韦尔正是从他那里承袭了这一习惯。那是在1875年，他们俩在大波特兰街上漫步，在一个书亭前，杰文斯建议福克斯韦尔买下一本兰德纳的《铁路经济》，此后，福克斯韦尔就一发不可收拾，在接下来的60年里购买了7万多本书。他细致地研读那些二手书的目录，挑选、购买并阅读新发现的书籍，对它们进行批注，为它们编写目录，并把它们捆扎起来。福克斯韦尔一生中的大部分时光和精力都被这件事占去了。

他阅读了大部分买来的书籍，有多达数千件的简短而重要的笔记和摘要。笔记和摘要布满了书的封面内侧、衬页、衬页的纸封套以及纸封面，这些大大增加了其藏书的价值。有很多他收藏的小册子都是为哈佛大学预订的。随着时间的推移，他越来越不满足了，他开始购买成套的著作，而不只是单行本。对他来说，错过一本值得购买的书简直就是犯罪。我记得他曾劝告过我，在这种事上绝不能有丝毫迟疑。"我经常后悔没有买下某一本书，但却从未后悔买了哪一本书。"他常常说这样的话。去搜寻、查访一本书，如果可能就把它买下来，这对他来说就是一笔意外的收获，什么也不能阻挡他去买自己喜爱的珍稀书籍。不过，也许因为那个时代他需要独自支付这些费用，所以他并不习惯现在已经十分常见的高价格，这种难以遏制的热情常常令他陷入相当尴尬的境地。他拥有的财产十分微薄，也从未担任过任何报酬较高的职务，我甚至怀疑他的年收入是否到过1 000英镑。他设法成为世界上最大藏书家之一的理想的确令人赞叹，但这也意味着他必须在其他方面有所节制并得到夫人的热心帮助。多年来，他们竟没雇过仆人。

他经常大量透支费用，数额之大即便是比较宽容的银行也不允许。几次比较大的危机不出意外地发生了，这使他不得不卖掉一部分藏书。然而，一旦有了收入来源，他就马上开始另一批收藏。他前后共积攒了四批藏书，两批较大，另外两批则较小。

第一批藏书是他最辉煌的收藏，世间难有。戈德史密斯公司于1901年买下了这批藏书并将其转赠给伦敦大学。福克斯韦尔在希格斯先生所编的帕尔格雷夫《政治经济学词典》第1卷的附录中，以"经济学图书馆"为题描述了这次购买的经历，并谈及许多关于这批藏书的情况。一家美国图书馆本来有意购买这批藏书，但在英国却没人表示出购买意向。"在经历许多失败的尝试后，1901年6月25日，皇家经济学会理事会在《泰晤士报》上向公众发出了呼吁[1]，一位有魄力的领导人也在当天表示支持。令人尊敬的戈德史密斯公司在两天后表达了购买意向，于是双方达成交易。这批藏书终于被留在英国，藏书的内容正是关于英国历史的描述。随后，戈德史密斯图书馆

1　由希格斯先生起草，戈申勋爵作为学生会主席签署。——原注

将这批藏书赠给重组后的伦敦大学，它们最终被储存在南肯星顿帝国研究所的中心大楼。”最初，戈德史密斯公司答应支付的价格是10 000英镑，但是在1901年之后的13年里，这个公司慷慨大方地追加了将近4 000镑的金额，使福克斯韦尔能够继续从事书籍收藏事业，并且使他有足够的金钱来装帧这些小册子。然而，在继续收藏和装帧这些书的过程中，福克斯韦尔却遭遇了挫折。这一挫折不是来自戈德史密斯公司，对于该公司的慷慨大方福克斯韦尔始终赞不绝口，挫折来自伦敦大学。福克斯韦尔认为，本应细心照管藏书的大学官员们总是忽视这些藏书的独有价值。尤为过分的是，藏书室同时还被用作会议室、衣帽间及其他用场。而正是因为这些毫不相干的事情，将那些对经济学求知若渴的学生拒之门外。同时，在如何处置那些用额外赠款购置的图书上，许多官僚主义问题也体现出来。最终，福克斯韦尔忍无可忍地退出图书馆委员会，并从1915年春天开始不再造访这些属于他的珍爱之物。福克斯韦尔因此遭受了沉重的打击，以至于这成了他后面三分之一生命里焦躁与愤怒的持久源泉。这件事对他的影响是如此之大，只要我们说起他，就不能不提起这件事。问题的根源在于，当时大学的空间过于拥挤。后来，在离大英博物馆不远的地方——希鲁姆斯伯里，建立新的大学，大学专门为这批书设计了与之匹配的图书室，福克斯韦尔的灵魂最终得以在其财富的上空心满意足地盘旋。

福克斯韦尔的收藏始于1880年，当时他是为了编纂“具有历史意义的全本《国富论》”而搜集资料，正如我们已经了解的，他将此当作当时头等重要的工作。福克斯韦尔后来曾记述道：“工业革命激起了阿诺德·汤因比[1]的特殊兴趣，为了满足他的需求，藏书涵盖了1760年到1860年这一时期。因为放弃银本位制[2]这一不幸事件逐渐引人注目，藏书也不得不开始关注通货和银行业问题。这样，藏书就显现出一种总体上的特点：在涉及英国历史的内容上务求全面，而某些关于国外动态的内容也尽量使其具有代表性……关于英国经济思想史的内容十分完整，而关于法国大革命时期以及大革命前的经济学家的资料也非常全面……如果硬要说其中有什么侧重的话，那就是它努力搜集那些残缺晦涩的文字，因为沿着这条线索，将发现那些几乎默默无闻的大众们

1 福克斯韦尔对汤因比如此描述道：“对那些与他并无私交的人来说，准确地描述他是一件很困难的事。他是英国经济学家中绝无仅有的人物，他敏感、极富同情心、奉行利他主义近乎苦行。他的精神世界就像透明外壳下深深的海洋。有时，当思维的灵光闪现或心怀渴望时，他那平常显得苍白的面容就会容光焕发，再加上他那雄辩有力的谈话，他似乎被感染了，而他也极大地感染了和他接触的每一个人。”（《经济学季刊》1887年10月，第93页）。——原注

2 银本位制，以白银为本位货币的货币制度。——译者注

的观念。而这些观念和文字，可能在将来产生极其独特的价值和感人至深的意义。”因此这些藏书显著地体现出个人的色彩[1]，它展示了福克斯韦尔在各个阶段的主要兴趣。福克斯韦尔最终将它确定为未来历史学家记录社会阵痛和思想困惑的资料，这与经济哲学家们对终极幻象的憧憬相去甚远。但是，我们不得不承认，现代社会正是从这些阵痛和困惑中诞生的。

这样，直到1913年或1914年，福克斯韦尔的主要工作就是完善戈德史密斯图书馆的藏书，尽管早在很多年前，他就有机会通过购买这些藏书的复本构成自己的第二批藏书。不过，第二批藏书在此后不久就成了他的主要目标。战后，那些英国绅士在17—19世纪收藏起来用作家居装饰的图书大量流散，这成了福克斯韦尔寻找并收藏图书的大好机会。1929年，在他80岁时，尽管还有戈德史密斯公司支付的购书款所带来的收益，但他又一次不可避免地陷入财政危机。在福克斯韦尔看来，这些独一无二且总是升值的藏书应当被银行家们看作更安全的投资，而其他投资，以他个人经历来看，常常是没有任何价值的。然而，银行家们都坚持自己的观点，福克斯韦尔对此常常表示抗议，且不是装腔作势的那种抗议。除了他的主要藏书外，大约还有4 000件复本包含在第二批藏书中，为了解决当下的经济危机，他不得不首先把这些复本卖掉。为此他写了一个内容梗概，专门对这批书的特点进行介绍。后来，阿利·扬教授他当时在伦敦短期供职得到了这个简介，也正是在他的建议下，哈佛大学以4 000英镑的价格买下了第二批藏书。不过，当福克斯韦尔为此访问剑桥时，他发现那些在圣约翰和哈维路参观到的主要藏书要有价值得多。此次访问的结果是，这批藏书最终也转归哈佛，不过藏书的大部分都是在福克斯韦尔死后才被转交的。比起1929年，这批共计20 000余册的图书在今天显得更有价值，更加难以替代。它与伦敦的戈德史密斯图书馆、哥伦比亚的塞利格曼藏书并称为三大世界上最杰出的经济学图书典藏。当然，它在某些方面无法与戈德史密斯图书馆相比，戈德史密斯藏书中包含了许多名家的图书，而且这些藏书的精美装帧标准是哈佛这批藏书无法达到的。但是，它在另外一些方面显得更为突出，尤其是它包含了丰富的关于美国独立战争时期的作品。早年，福克斯韦尔并未对此产生特殊的兴趣，但他越来越发现，这些内容对历史、对经济制度的进程都具有相当高的价值。福克斯韦尔很早就把那些人们现在称作制度主义的内容当作经济学家必须进行研究的课题，他是最早意识到它们的重要价值的先驱之一。另

1　1897年9月7日，马歇尔曾写过一封感情饱满的信，恳求福克斯韦尔不要卖掉他的藏书，而应该以其他方法解决金钱上的问题。“出卖这些书就等于部分地出卖你自己。没有这些藏书，你就不再像你；而没有你，这些藏书也就不再是你的藏书了。”——原注

外，对于那些证明社会只是独立个人的简单加总的虚假证据，他也经常予以严厉抨击。总之，哈佛的这批藏书与戈德史密斯图书馆的收藏相比，在历史价值方面表现得更为突出。无论是那些研究经济思想发展历程和经济文献的历史学家，还是那些对经济生活和经济制度演化过程进行研究的历史学家，甚至那些研究政治史和一般历史的历史学家，都将从中获得极具价值的资料。

纽约剧院的报童和擦鞋匠。这是美国政府于1872—1887年间为贫困社区提供低成本娱乐。

福克斯韦尔的藏书具有两大特点。他首先按年份，其次按专题对它们进行目录编写和整理，而不是按作者来进行编排。比如说，所有发表于1741年的作品都将被编排在一起。学生们可以从中概览每年发生的事件和观念，从中了解并判断出那个年代的人关注的问题。《经济学书目》的基础主要就是建立在福克斯韦尔藏书之上[1]，希格斯先生在编写此书时遵循了福克斯韦尔的这一程序。英国科学院和皇家经济学会对这

1　也包括福克斯韦尔的大量剪辑，因为没有得到这些书，他只好从书商的目录中抄下这些剪辑了。——原注

本书的编纂予以赞助，剑桥大学出版社已经出版了此书涵盖1751—1775年内容的第一卷。福克斯韦尔藏书的第二个特点是他把截止点选在了1848年。对于这一年份之后出版物的收藏则仅限于历史方面的著作，以及那些与1848年之前有关的著作。对于这一年份的选定，他做出的解释是：部分原因在于穆勒在这一年出版了《政治经济学》，部分则因为在这一年发生了欧洲革命。或许我们还应该不无伤感地加上一句，还有部分原因在于福克斯韦尔希望他本人和整个现代社会在接下来的1849年，按他的说法，"在这个收获的年份获得新生"。福克斯韦尔仅仅选择了那些在他作品发表之前就已经发表的作品。

福克斯韦尔与杰文斯的不同之处在于，他不仅是个藏书爱好者，简直就是个藏书狂。他喜欢拿着一本漂亮的书，回想它来自哪个著名的图书馆或曾经属于哪个所有者。在笔记上记载藏书的出处是他最常做的一件事，同时他还经常向人们谈起这些事，他是如此津津乐道，以至于读者或者听者也不得不相信这些细节是极其重要的。那些曾到哈维路书房拜访过他的人中，有哪个不曾握过原来属于大佛星德里克的斧柄呢？又有谁不曾读过1882年1月16日他以3先令6便士的价格在布里斯托尔买下的那本还算像样的《国富论》第一版的抄本呢？那些本属于桑德兰、奥斯特利公园、汉密尔顿宫以及萨塞克斯公爵、坎布里奇公爵、伯克卢公爵、波特兰公爵，或许还有劳德代尔伯爵、乔治·查默斯、罗伯特·皮尔爵士和蒙蒂格尔勋爵、翁斯洛议长、阿什伯顿勋爵的某些藏书，实际上，戈德史密斯图书馆包含了战前半个世纪中大量流散出的书籍。当然，其中还包含来自亚瑟·扬、亚当·斯密、李嘉图、科贝特，以及弗兰西斯·普雷斯、奎特赖特、西尼尔、斯迈尔斯等人的个人藏书。除了搜集大量议会的印刷品和法案外，福克斯韦尔还藏有一部分旧的银行券和许多经济学家的雕版画、版画。我想，如果他的钱袋足够支付这些珍爱之物，他会像成为藏书家那样成为狂热的印刷品收藏家。

重要的是，他在经历一番认真的试验后，形成了一些包含许多思想、经验和行家品味在内的固定原则，有些方面非常值得一提。相较于卡片目录，他更偏爱在一张四开纸上写下很多条目。显然他是对的，因为卡片目录完全不符合那些喜欢一目十行的人们的习惯，而最难办的事情是，我们只能在图书馆和办公室找到合适的家具来放置它们。他还极有可能是第一个背离18世纪以来习惯的人，他坚持独立装订每一本小册子。而事实上，直到19世纪，在剑桥或其他地方，人们还是习惯于按照内容的不同将6—8本小册子粗略地装订在一起，目的是使这些书形成一个系列。对于给书重装背衬一事，他是极其反对的。他认为只要原书的装帧饶有趣味，即便这本书快要散架了，也应该妥善地用盒子装起来，只有在原书装帧毫无价值的情况下，才需要重新装订。

或许他在这方面确实走得远了，但有一件事是其更为讨厌的，那就是书商们在买到书后，肯定会在出售之前进行重新装订。尽管他个人也喜欢制作精美的装帧，但并不赞同继续沿袭这种装帧方式。当然，他并不反对“简装本”和“纸护封”，因为这样不仅用起来十分方便，而且相当于没有额外的包装。既然他要固守这些原则，就不得不承担装订任务。在戈德史密斯公司那笔特殊捐款的协助下，这项工作才得以完成。多年来，这项工作一直由保有16世纪剑桥工艺传统的斯托克利公司承担。对于自己需要什么，福克斯韦尔一清二楚，他能细致、精确地给装订工人下达指令。一开始他选用摩洛哥[1]的材料，后来改为更好的尼日尔[2]的材料。一般的工序是本色压印或在硬封面上加上细薄的金色镶边。最初，他对书籍和珍稀的早期小册子采用的是全精装工艺，其他的则是半精装，但最终他更偏好皮脊精装（两头都是上等皮纸）。熟练劳动力曾在一段时期内十分便宜，于是他就重拾现在已弃之不用的19世纪的习惯，逐页把那些有价值的书擦净并重新上光。对此，斯托克利的工人们驾轻就熟，按当时的标准来衡量，工作完成得极为出色。

他经常细致入微地阅读那些二手书目录，在他看来，研究像麦格斯公司那样的出版物是自由人应当接受的一种教育，他常说：“他们比我懂得多。”阅读这些目录成了他垂暮之年特别快乐的一件事，从目录中查阅老朋友们的标题和价格就像新的研究发现一样让他高兴不已。在他去世前一年，他曾微笑着对我说，他已经找到了欣赏书籍目录的诀窍。87岁那年他已年老体衰，最让他焦躁不安的事是，在读完当天的目录之前眼睛就已经受不了了。他的图书管理员——圣约翰的司各特先生每天都来拜访他，请他回忆那些他早已了然于胸的东西。他已至耄耋之年，老态毕现，穿着晨衣站起身来，一手持目录，一手持电报表格，这一姿态正是伦勃朗[3]应当刻画的“老收藏家”的好形象。

福克斯韦尔的性格在一些细节上就能显现出来，1906年2月12日，马歇尔曾写信给他：“我注意到这样一个现象，只要哪本书或者小册子引起你的强烈兴趣，你总将之形容为‘有学者派头的’。而我却从未对哪样东西满怀热情，除非它在我眼里是完

1　摩洛哥，位于非洲西北部，东部以及东南部与阿尔及利亚接壤，南部紧邻西撒哈拉，西部濒临大西洋，并向北隔直布罗陀海峡和地中海与西班牙相望。——译者注

2　尼日尔，位于非洲中西部，是撒哈拉沙漠南缘的内陆国。——译者注

3　伦勃朗·哈尔曼松·凡·莱因（1606—1669），欧洲17世纪最伟大的画家之一，也是荷兰历史上最伟大的画家。伦勃朗早年从师P.拉斯特曼，1625年在家乡开设画室。他的画作体裁广泛，尤其擅长肖像画、风景画、风俗画、宗教画、历史画等。——译者注

全‘合乎科学’的。”这是两人之间实实在在的区别和个人特色。福克斯韦尔的秉性既像学者又像艺术家，在他身上从来不会出现朝三暮四的毛病，或者我们可以说他是个守旧的人。事物的外观、材料的手感、手工的技艺以及精良的制作都能给他带来无限的快乐，而一旦发现这样不错，他就不愿意再进行改动。无论是一块饼干还是一种装帧工艺，他都会费尽心力去寻找最好的，一旦找到，就不再改弦易辙。他对自然之美有一种强烈的热爱，这种热爱也是一经形成就永不变更的。威尔士的巴尔茅斯多年来一直是他的世外桃源[1]，他不厌其烦地向别人描述从巴尔茅斯俯瞰埃斯特里和凯德·伊德里斯的情景。在他看来，这里是世间最美的地方，他经常无法自制，神游于此。最终，他将这块高地选作自己骨灰撒落之处。

就这篇文章的写作，我得到奥德里·福克斯小姐的极大帮助，她将笔记和资料给了我，供我参考。另外，希格斯先生也为我提供了许多资料。

出版物

1884年——编辑出版杰文斯的《通货与金融研究》，书中附有内容介绍。此书的新版在1909年出版。

1886年——《银行业的社会方面》。1886年1月20日，银行家朗读协会；1886年2月号的《经济学杂志》。重印时编辑为一本51页的小册子。旨在反驳奥地利学派的观点，为利息正名，同时也指出了利息存在负面影响的可能性。

1886年——《就业的不稳定性和价格波动》。以三篇演说为基础编辑而成，初次发表是与其他论文一起收录于工业补偿会议基金主持出版的《劳动的权利》一书。后又重印两次。80页版本的价格为2便士，96页版本的价格为6便士。此为福克斯韦尔个人的主要的作品。

1887年——《英国经济学动态》。1887年10月号的《经济学季刊》（哈佛）第84—103页。此为福克斯韦尔最重要的文章，对当下的经济学观点变化进行了描述。

1888年——《若干与金银复本位制中固定金银比价政策相关的错误概念》。这篇演说发表于1888年4月4日的曼彻斯特金银复本位制会议上。文中研究了金银复本位制中金银比价的问题。10年中印行了6个版本，共20页。

《垄断的增进及其与国家职能的关系》。1888年9月7日，巴思，英国朗读协会。这可能是第一次由一位说英语的经济学家对大规模的工业联合做出的辩护。发表于

1 在他临终前几天，我去看望他时，看到桌上放着一本陈旧的旅行指南和时间表，上面的路线是从夏隆到巴尔茅斯。——原注

1888年10月13日的《都市评论》。吉德教授翻译的法文版本则发表于1889年9月的《政治经济学杂志》。本文被收入下文将提到的《当前金融问题论文选》中。

1892年——《戈申先生关于通货的建议》。1892年3月号的《经济学杂志》第18页。文中研究了银行储备问题。

《国际货币会议》；1892年12月号的《当代评论》第797—816页。1893年以小册子的形式重印；1895年被再次重印，共31页。

1893年——《金银复本位制：含义与目标》。发表于《经济评论》。

1894年——1894年2月6日在金银复本位制联合会曼彻斯特年会上进行的演说。发表于1894年的会刊上，共14页。

1895年——《关于货币本位问题对法勒勋爵的批评》。发表于1895年1月号的《民族评论》。文中研究了货币稳定性的含义与检验。重印时为一本小册子，共24页。1895年，以德文发表“英国政治经济学与币制问题”，柏林第一年度的《金银复本位制月刊》第四、第五分册上。

1895年——《货币状况》。1895年3月27日宣读于民族自由俱乐部政治经济学小团体。重印为一本44页和两幅插图的小册子。由吉德教授译为法文“货币状况”。1895年，《政治经济学杂志》第九卷。

《肖的〈通货史〉》。1895年10月的《英国历史学评论》上发表的一篇评论文章。

1896年——“肖的〈通货问题论文选〉”。此文为1896年6月《经济学杂志》（第8页）上发表的一篇评论文章。

1899年——为安东·门格尔博士的英文版《全部劳动产品的权利》一书所撰写的介绍（106页）和文献目录（87页）。科尔曼教授将其译为德文，并以“英国的社会主义思想发展史”为题发表，这篇文章是威廉·汤普森的《财富分配》的内容介绍，此书由他编辑并于1903年在柏林出版。

1907年——《马尔萨斯致李嘉图的一封信》。1907年6月号的《经济学杂志》第4页。

1908年——《戈德史密斯公司的经济学文献图书馆》。1908年在帕尔格雷夫的《政治经济学词典》（参考“经济学图书馆”的词条）附录中发表。后又在1925年希格斯所编的此书新版第1卷（第870—872页）中发表。

1909年——《银行储备》，1909年3月——《秘书》。此文是对特许秘书协会的一次演说，后被收入《当前金融问题论文选》。

《美国的1907年危机》。此文发于1909年4月号的《秘书》第125—133页及五月号的第150—158页，这是对特许秘书协会的一次演说，后来被收入《当前金融问题论文选》。

在安德烈亚德斯的英文版《英国银行史》一书中撰写的序言。

1910年——在W.R.比斯乔普的《伦敦货币市场的崛起》一书中撰写的序言。

1911年——在冯·菲利波维茨的《英国银行史及其为国家提供的金融服务》一书的第16页撰写的序言。

1913年——《J.M.凯恩斯的〈印度的通货与金融〉》。这是一篇发表于1912年12月的《经济学杂志》第12页上的评论文章。

1914年——《哈特利·威瑟斯的〈货币变化〉》。这是一篇发表于1916年6月号的《经济学杂志》的评论文章，共5页。

在G.H.波纳尔的《英国银行业》一书中撰写的序言。

1915年——《英国战时金融》。1915年12月的《经济学杂志》第18页。是一篇评论文章，后来被收入《当前金融问题论文选》。

1916年——《道路与方式》。1916年3月的《经济学杂志》，共19页。后被收入

美国20世纪初期的银行，近代银行产生于中世纪的意大利，交通都靠船运，威尼斯凭借其特殊的地理位置，成为当时的贸易中心。也正是各地贸易需要对来自几十个国家和地区的货币进行鉴别、估价、存管，同时放账，孕育了第一代的近代银行。

《当前金融问题论文选》。

1917年——《工业斗争的性质》。发表于1917年9月的《经济学杂志》第15页。两篇为皇家研究院所做的演说中的第一篇。后被收入《当前金融问题论文选》。

1917年——《贸易与工业的金融问题》。发表于1917年12月的《经济学杂志》第21页。是为皇家研究院所做的演说中的第二篇。后被收入《当前金融问题论文选》。

《通货膨胀：因何存在及能在何种程度上加以控制》。1917年10月的《精算师协会会刊》。这是为精算师协会所做的一篇演说，后被收入《当前金融问题论文选》。

1919年——《威廉·坎宁安副主教讣告》。发表于1919年9月的《经济学杂志》第12页。

1919年——《当前金融问题论文选》（第17—280页），是关于上述载录的某些文章的重印。

1922年——《英镑》。发表于1922年11月21日的《会计员》第6页。这是一篇为藏书家协会所做的演说。

1927年——《巴克利银行史》。1927年9月的《经济学杂志》第7页。这是一篇评论文章。

7.亨利·坎宁安[1]

1935年5月3日，亨利·坎宁安爵士去世，享年87岁。他是第一位离开的马歇尔最喜爱的学生之一。他拥有杰出的天赋，早年在他自己称作“几何政治经济学”的领域取得极大的成就。

坎宁安出身于军人和法官的家庭。父亲是一位将军，祖父哈丁子爵则是一位陆军元帅，他还是大法官瑟洛和卡姆登的后裔。最初，来自这两方面的遗传因素使他摇摆不定，先是加入皇家工程院，后来才下定决心要成为一名律师来到剑桥。1870年，坎宁安进入圣约翰学院攻读伦理学学位。当时，马歇尔刚被委任为学院的伦理学讲师，福克斯韦尔则取得伦理学学位考试的第一名。入校后不久，坎宁安就受到了他们两人的影响。1873年，坎宁安获得伦理学学位考试的第二名，威廉·坎宁安与梅特兰于此前一年同获这一学位考试的第一名，而詹姆斯·沃德则在此后一年获得第一名，我父亲J.N.凯恩斯则于再后一年获得第一名。马歇尔极有可能是在与坎宁安的通信中第一

1　选自《经济学杂志》，1935年6月。——原注

次讨论了关于对外贸易与国内价值的纯理论[1]。在坎宁安于1904年撰写关于曲线的著作时，马歇尔在给他的信中提醒到要注意那些从前就熟悉的对外贸易曲线。在信的结尾，马歇尔写道："我不想因为这封信的冗长而向你道歉，因为从中我回忆起过往的时光。那些古怪的教室、贴近地面的小窗子以及窗外高高的榆树，当然还有那些我至今仍深深热爱的一张张脸庞，这封信的收信人就是其中之一。而写信之人正是不修边幅的老教师——艾尔弗雷德·马歇尔。"

这封信对坎宁安产生了持久的影响和思想启发，大概在20年后，他成为第一篇数理经济学论文的作者，当时刚刚组建的《经济学杂志》（1892）刊登了这篇文章；而30年后，他的《几何政治经济学》（1904）得以面世。马歇尔夫人曾在写给我的信中追忆那段日子："亨利·坎宁安是70年代初马歇尔最喜欢的学生之一。有一次马歇尔在课堂上说，他十分惊讶坎宁安竟然只获得伦理学学位考试的二等荣誉，而不是一等荣誉，那是我第一次听说坎宁安其人。后来，当时的圣约翰校长告诉我，他经常看到艾尔弗雷德和坎宁安一起坐在'新建筑'走廊的台阶上，热烈地讨论经济学问题。在获得学位后，他经常来拜访我们。他无论对经济学还是其他偶尔感兴趣的学科都充满激情，讲起话来滔滔不绝，常常出人意料。我至今还能清楚地描绘他的外貌：身宽体健，圆头圆脑，微笑始终挂在红润的脸上。他一点儿也不流俗，我还记得和他一起漫步贝克斯的那个星期天，当时他头戴高帽、嘴叼烟斗，举止与80年代的剑桥格格不入。他在70年代为艾尔弗雷德发明了一个工具，可以画出一系列均匀分布的双曲线，这个工具在他讲授关于垄断的章节时派上了大用场。"

关于马歇尔夫人提到的能在黑板上画出均匀分布的双曲线的工具，我想那40批听过马歇尔课程的学生并不陌生。在他把自己最早的一篇经济学论文（也就是他第2篇印成铅字的文章）呈交给剑桥哲学学会时，这一工具就更广为人知了。1873年10月的《剑桥哲学学会会刊》刊登了这篇论文，题为《若干以一系列双曲线图表示的与垄断相关的经济问题》。

坎宁安在离开剑桥后的职业几经变化，让人觉得不可思议。最初，他撰写了一部颇受欢迎的关于专利法的论著，后来他的职业却慢慢由法庭转向行政机构，其间他担任了皇家委员会的秘书，并取得良好的成绩。1884年，他被任命为处理城市慈善基金的助理专员，组织并建立了伦敦综合工艺学校，这是他的杰出成就之一。他的另一项

1　坎宁安在他的《几何政治经济学》第9页写道："1870年，马歇尔教授向学生们讲授需求和供给曲线时，其形式与弗莱明·詹金的表达非常相似"，这是在《纯理论》私下发行的前九年。詹金的论文出现于1870年和1871年，而瓦尔拉斯第一次出版著作是在1874年。——原注

杰出成就是在1906年当选皇家委员会煤矿委员会主席后，经过斡旋和努力，使用《煤矿法》于1911年得以通过。《泰晤士报》曾这样报道："这位委员会主席虽然有时会异想天开，但他的才能的确非同小可。他在大不列颠不知疲倦地奔走，身着各种稀奇古怪的工作服穿行于各种矿井间，亲自到实地考察矿工们的工作条件。"

1880年，他担任英属圭亚那[1]事务专员；1888年，担任帕内尔委员会秘书；1892年被任命为白令海调解委员会秘书；1894年，担任鲍厄勋爵委员会处理"羽石骚乱"问题秘书一职；后又担任各种驻法、驻德国际委员会的英方代表；1899年，担任皇家委员会处理铁路事故的委员；1903年，担任皇家委员会战时食品供应方面的委员……诸如此类，不胜枚举。1894年，阿斯奎斯先生任命他为法律事务助理兼国内事务办公室副秘书，他在这一职位上工作了20年之久。就他在这一职务上的履历，《泰晤士报》的讣告作者作了如下总结："你恐怕很难找到还有什么重要的政府职务是由坎宁安这般古怪（或称之为颇具个性）的人来担任的了。毫无疑问，他拥有非凡的聪明才智，但是政府部门的日常工作却不是展现这些才智的最佳场所。他似乎了解所有的学科，所有的论题他都能滔滔不绝。他甚至还是一位电气技师，一度担任电气工程师协会副主席一职，并在家中设有实验室和工作间。他常常在正式会见中引用黑格尔的哲学、巴尔扎克[2]的小说（对小说中的情节，他了如指掌）、中世纪经院哲学家的观点，最近他正孜孜不倦地研究其他文学或学问分支，他的引经据典、旁征博引使会见增色不少。曾经有一次，火柴生产中的'磷毒性颌疽'问题引起国内事务办公室的关注，坎宁安宣称自己发明并生产了一种安全无磷的火柴。随后，他为了验证这一发明，在国内事务秘书办公室举行了一次会议。遗憾的是，坎宁安发明无磷火柴的前景在一阵腾起的烟雾中破灭了。另外一次，在参与皇家矿业委员会关于预防矿工肺结核病的调查中，坎宁安在工作间制造了一个尺寸很大的模型人，这个模型人能演示喉咙和肺的工作情况，还能进一步说明烟尘进入呼吸系统的过程，同事们为此惊诧不已。上述这些不过是他在公共服务领域锐意求新的典型例子。就他本人来说，如果能专精于某一方面的学识或实际知识，他也许就是那个时代最伟大的专家之一了。但与此同时，他

1　今圭亚那合作共和国，位于南美洲东北部，印第安语意为"多水之乡"。其国民主要是印度裔和黑人。——译者注

2　奥诺雷·德·巴尔扎克（1799—1850），法国19世纪伟大的批判现实主义作家，欧洲批判现实主义文学的奠基人和杰出代表，法国现实主义文学成就的杰出代表之一。他创作的《人间喜剧》共91部小说，写了2 400多个人物，充分展示了19世纪上半叶法国的社会生活，是人类文学史上罕见的文学丰碑，被称为"法国社会的百科全书"。——译者注

的政治历程并不比那些智力不如他的人更成功。1908年，在麦肯齐·查默斯爵士退休后，国内事务办公室负责人一职并未委任与他，他感到十分失落。”即便如此，坎宁安仍旧是英国政府部门的骄傲与光荣。

另外需指出的是，他有着诸多爱好，他不仅是制图员、上釉技师，还是钟表方面的权威及黑格尔的忠实信徒。他曾写过《金属上釉工艺》《欧洲的釉质》，以及《电腐蚀》《时间与钟表》和《哲学短论》等著作，他甚至还写了一本关于电照明的书。

经过搜寻，我将坎宁安在经济学方面的作品罗列如下：

①《一种能画出一系列均匀分布的双曲线的工具》，发表于1873年10月的《剑桥哲学学会会刊》。

②大约是1883年，他在由大学函授教育伦敦协会主办，在汤因比楼举行的活动上发表了十次演说，演说的题目是“英国的政治、社会和工业状况”。演说的概要被收入马歇尔图书馆的一本论文集，相关内容是从《慈善机构记事录》上翻印而来的。

③《某些表述交换价值、垄断和地租的简单几何方法的改进》，1892年，《经济学杂志）第2卷，第35页。

④《以几何方法检验，并从价、量的方面分析进出口关税效应》，1903年，《经济学杂志》，第13卷，第313页。

⑤《几何政治经济学，用图解方法对经济学纯理论进行基本论述》第128页，1904年，牛津·克拉伦敦出版社。

⑥发表于1912年英国科学促进协会经济学部、统计学部的主席演说，1912—1913年，《统计学杂志》第76卷，第88页。

今天，我们完全可以就其在1883年汤因比楼的演说讲一堂精彩绝伦的课，因为像所有经济学家做到的那样，他既是一位经济学家，也是一位道德科学家。我们引用以下的两个预言性的段落：“人们的习惯性思维和潜意识总是认为，只要持续使一个民族保持无知，那么革命是可以避免的。然而，事实却恰恰相反……穷人正在任意支配富人的财产和生活，人们不需要认字就能体会到这一教训。事实上，无知的人更容易掌握这一点。俄罗斯农民驱逐了他们所憎恨的犹太人，他们一旦掌握了‘人的权利’这一概念，那么，即将遭遇灾难的就是那些拥有庞大家产的人和那些建造在远方的城堡。”

“我建议，在这些及其他理论找到更稳固的基础前，人们在这段时间里要像科学家对待假说那般对待它们——姑妄听之，不可行之。”

“英国人当今的首要任务是要承担起肩上的工作，去教育我们的下一代，去铲除那些徇私舞弊的行为，去全力以赴地支持公正，并且，尝试以最明智的方法减轻困苦，推进国家的社会状况和道德水平。我想，为了更加清晰、全面地了解社会问题的理论观点，我们最好还是先等待，而不是在破晓之前就滥用我们那点微不足道的见识的微光。”

发表在1892年《经济学杂志》上的文章是他最为重要且最富创见的作品，文章对几何方法的发展具有重要意义。许多资料夹杂其中，我将在下面把基本观点挑选出来并加以说明：

其一，一开始，坎宁安就强调指出几何法优于代数法，因为我们在经济学中表述的并不是严格意义上的函数关系，例如，将$f(x)=y$当作供给函数，我们并不能得出f函数曲线的整个形状，因为存在于经济学的是实际的统计关系。在他看来，在使用图解时，我们也不能像写下错误的分析函数f那样去忽略这一点。这显然是很有说服力的，它值得所有当代作家关注。

其二，他试图用一种自己称为“连续效用曲线”的分析工具说明：从总体上说，需求曲线并不是独立于供给曲线的，因为与之相对应的是供给曲线的不同状态。实际上，这涉及了这种现象的三维特性，坎宁安的阐述可以说是这方面独具匠心的创见。

其三，与此类似，他还引入“连续供给曲线”的概念，用来说明短期内的成本上升以及长期中的成本下降。他的论述有些不清楚，并不能令人完全满意，但毫无疑问，这是一次较早的解释生产者剩余可能性的引人注目的尝试。如今，人们通常把这看作是与报酬递增相关的工业问题。就试图严谨地解释报酬递增这一难题来说，这是最早的一次尝试。

如他的其他作品一样，这篇文章笔调优美、流畅，不时闪现思想的光芒。接下来我引用的段落就极好地体现了他的思维能力和想象力。“在法律保持稳定的前提下，只要能够进行，资本积累总会根据环境的变化进行自我调节。如果将共产主义排除在外，那么，能够成功破坏资本积累的方法要么是定期征用财产或在其所有者死亡及其他情况下瓜分财产；要么是在不确定、无法预知的时机里依照法律全部或部分地征用财产。在法国，前者有所运用；祖鲁人[1]则通过所谓的巫术审判法对后者进行有效运用。根据他们的理论，当人们获得不正当财富时不能正当地占有它，他的财产将被剥夺，转归首领所有。无论是共和民主政体，还是独裁政府，成功实施这些方法的前提是必须先让人们感到安全，诱惑他们积累资本，然后将这些财产突然夺过来。有时这种行为是依靠工厂主的支持来打击地主，有时却是联合土地利益来打击工业资本。如果这种方法被经常使用，那么资本可能将最终落入金融辛迪加之手。因为这种组织不

---

1 祖鲁人，南非黑人的主要部族之一，大多集中居住在夸祖鲁—纳塔尔省。——译者注

仅行动迅速，而且能够打破极其缓慢的操作规程。同时，它使不定期的全部征用成了必要，有时甚至是驱逐出境，就如犹太人在俄国的遭遇一样。”

有趣的是，马歇尔读到这篇文章时表现出极大的不满，1892年3月26日和28日，他在一封写与埃奇沃思的未发表的信中表达了自己的观点。他准备部分接受“连续效用曲线”，他写道：“我将它们称为‘暂时’需求曲线，并在这里细致区分了‘暂时’和‘短期’，这个技术术语是为专门目的而使用的，这与坎宁安的方法大不相同，在他那里这只是随意的体现。在经过深思熟虑后，我断定，与能够转换形状的名义需求曲线相比较，暂时需求曲线没有任何实际价值，它们将会给读者造成困难，并将转移他们对更重要部分的注意力。我已讨论过它们所表达的概念。”

接下来的一些内容引述自《经济学原理》。

但马歇尔无论如何也不能接受“连续成本曲线”“我无法理解这些到底是什么，我知道其他人对“连续成本曲线”给予极高的评价，并大力著文称赞，而我想说的却是，我无法理解它们……在读这篇文章的时候，我无法理解其中的内容，我想作者本人也不一定真正懂得。在与他通信后，我对这一点更加地确信无疑了。他可能头脑聪明，但性格却过于鲁莽，自始至终他都认为理解了自己想要表达的东西，但事实却并非如此。你是性格比较沉稳、写作也比较负责的人，所以，在你运用强大的权威力量对我认为似是而非的概念予以支持之前，我有理由请你先对一个简单的问题做出答复。如果坎宁安的连续成本曲线方程式是$y=f(x)$，那么，这里的y表示什么？x表示的又是什么？……我问过坎宁安‘连续’是不是代表‘短期’，他回答说，不！他还说，‘连续成本’也不同于我在第483页所说的‘特别费用’。但在我看来，这与它极其相像，可以说几乎没有差别。”

当我们今天重读这篇文章时，就会感到，如果马歇尔当时以更清晰的术语准确地表述他所说的“名义”供给曲线的含义，那么坎宁安将会向他解释得更清楚。事实上，建立更具一般性的需求和供给曲线是坎宁安主要想做的事，并努力使它们脱离一般情况下曲线所需要的那些隐含的限制性假设。

他在1903年的《经济学杂志》上发表的第二篇文章也极具参考价值。在这篇文章中，他的目的同样是令过分简化的表述更具一般性和现实性。他提出了反向相切曲线的概念，从一方面来说，这摆脱了对外贸易易货理论中的报酬恒定假设，另一方面又表明了各国依据进出口做出调整的产出规模决定了该国的生产成本。

坎宁安《几何政治经济学》的内容并未超越这两篇文章，也没有添加什么更有新意的内容。但这的确是一本出色的小书，我还清楚地记得当时阅读它时的愉快心情，那是在此书出版后的第二年，我在参加数学荣誉学位考试后刚刚把兴趣转到经济学。

伊利运河花了八年时间修建，1825年完工后，它为五大湖区和西北地区的贸易和移民开放了大门，1829年用现代水彩画作画。

马歇尔和埃奇沃思认为这本书重新唤起了12年前的那场争论，马歇尔对他手中的这本书（现收藏于马歇尔图书馆）做了大量批注。他对“连续曲线”的观点如下：“或许复合曲线有一定的用处。在表达特殊单位的成本时，我从未使用过曲线，我只在表述（长期或短期）名义需求和供给的情况下使用它们。他所做的不过是暗示他的推理与我的曲线之间存在某些联系，从而使那些学生徒增迷惑。”在1905年的《经济学杂志》第15卷第62页上，埃奇沃思对这本书进行了细致的评价。他仍旧保持着精彩绝伦的文风，虽然他个人是认同坎宁安的，但是，回顾1892年的通信，我们会发现，他在小心翼翼地避免引起马歇尔的不快。我们都知道经济学家是身上带刺的一群人，这并不是什么新鲜事，这一点或多或少让人感到宽慰。

8.亨利·希格斯[1]

基于亨利·希格斯为皇家经济学会所做的独特贡献，我想我们应当在《经济学杂志》上为他作一则单独的记述。1888年2月7日，年仅23岁的他写信给福克斯韦尔：“在我看来，拟议中的英文杂志很快就会赢得一批读者。当下，许多事务都被分散在统计学会、英国科学促进协会以及银行家协会、政治经济学俱乐部和当代的报刊、评论杂志中，如果有效集中这些事务并成立一个经济学会，那将成为一个非常有用的组织。我心甘情愿地做一个队伍中扛枪的士兵，作战计划则由那些上级军官们去完成。”他在1890年学会建立时就是初始会员，并从1891年开始为第1卷《经济学杂志》撰稿。不过，第二年即1892年年末，他才与学会建立更为密切的联系，自此之后，直至他去世前的50年时间里，这种联系从未中断过。

最初，埃奇沃思身兼学会秘书和《经济学杂志》唯一一名编辑的职务，希格斯于1892年接替他成为学会秘书，1896年则开始作为一名助理编辑与他一起主持编务。直到1905年，他一直担任这两个职务并与埃奇沃思保持密切的联系。埃奇沃思在这一年成为首相的私人秘书，“更高的官方事务压力”（《经济学杂志》如是说）迫使他辞去这两个职务，但他一直都是理事会的成员。虽然埃奇沃思本人极具能力，但他对行政事务显得信心不足，希格斯在这方面曾给予他极大的帮助。在埃奇沃思看来，他生来就是处理世间事务的人，也将在社会公共工作中青云直上。他们两人都具备非凡的描述事物的能力，今天我们恐怕很难找到具备这种神奇本领的人了。在讨论学会事务时，他们是如此的温文尔雅和郑重其事。在我看来，希格斯推动学会通过了皇家委员

---

1 选自1940年12月的《经济学杂志》。凯恩斯的这篇记述是作为克拉拉·科利特撰写的讣告的附录2发表的。——原注

会的认可，并在1902年英国经济学协会顺利过渡到皇家经济学会的过程中起了重要作用，与这些事务相关的各个步骤都是由他来完成的。

在辞去公务员职务后，他为学会做的主要工作（不包含作为理事会成员所担任的那部分工作）之一就是开展文集编选工作，我们已经出版了这一文集；还有一本未曾完成的经济学文献书目，该书目是在福克斯韦尔藏书的基础上编辑的，是为W.R.司各特主导的一个联合委员会编写的，该联合委员会是英国科学院、皇家经济学会以及戈德史密斯公司的代表，三方分别承担了部分开销。可以说，这是一项艰难而繁重的工作。为此，晚年的希格斯投入了大量的时间和精力，此时的他已经没有余力来严格推敲那些细微之处了，当然，这些细微之处也并非这一浩大工程的重点所在。他的天赋与这项工作并不相称，是对福克斯韦尔的忠诚与爱戴让他接手了这项工作，当然他也真心地希望能在这一劳动与学习的过程中有所收获。类似这样的工作，福克斯韦尔本人也是厌烦的。

希格斯是个十分善于交际的人。他在我们学会成立的当天，又在大学学院筹划、组织了一个经济学俱乐部，并将其定位为初级的经济学会，科利特小姐记述了他在这一过程中起到的领导作用。除此之外，他还经常出席政治经济学俱乐部的宴会，他的出席次数恐怕是所有人当中最多的，他甚至还为该俱乐部编纂了百年纪念文集。出于某种思想上的偏好，他总是在学会的理事会上强调学会应该成为一个思想界的团体，其成员不能像《经济学杂志》订阅者那样随意，它应该是一个更个性化的团体，对成员的资格审查应当更加细致，而成员之间则应该进行经常性的会晤，以便讨论问题，为此，学会还必须拥有一处永久性的场所。在初次制定章程时，他的这一主张就遭到马歇尔的反对，从而未被采纳。学会中持这种意见的人一直存在，但他们始终都占少数。

为了这一论题，他总是精心准备，且总是准时参加理事会会议，即便不住在城区，他也要准时赶去赴会。唯一的例外就是其逝世前访问埃及的那段时间。到了晚年，他几乎完全失聪了，无法听到别人的评论，尽管他从不关心别人的看法，但当他突然提出与讨论主题完全无关的话题时，他的发言就彻底成了独角戏。从我以往的经历来看，会议主席埃德文·坎南是唯一能在他没说完就打断他发言的人，坎南经常在希格斯耳边扯起喉咙大声喊叫，告诉他会议正在讨论其他话题，并用手捂住他的嘴，直到他不再说话为止。当他迫切地想知道讨论主题的时候，就会不停地摆弄桌上那几乎失灵的电子设备，让它发出刺耳的声音，一时间，会场内什么也听不到了。对于希格斯极具个性化的发言方式，我希望我能做一个说明。当你处在这个时代或者类似于上面的环境，如果你过于急躁，就会招人厌烦且欲速不达。而如果你有耐心一些，那么不仅会得到好的结局，本身也显得富有美感且风度翩翩。虽然他在这些理事会上的发言常常文不对题，但这些发言都是经过精心准备且令人愉快的。我有时想，他的这些言论很值得一听，因为其中良好地体现出他的个性。他有可能是在模仿那些自己曾效力的维多利亚政治家，这些政治家同时也留下了一些可怕的习惯，19世纪80年代的那些内阁会议可能就是这么召开的。悲哉！埃奇沃思、马歇尔以及福克斯韦尔、坎南这些先辈都已先后逝去了，如今，希格斯也离开了这个世界，剩下的只有我们这些凡夫俗子！

9.艾尔弗雷德·霍尔[1]

当被告知艾尔弗雷德·霍尔于1938年11月6日去世时，我的心情异常沉痛，这一天正巧是他过完88岁生日后的第二天。他在我们学会建立的第一年（1892）就当选为理事会成员，并自那时起就一直担任这一职务。他在1907年成为学会的查账员，并在过去大约25年的时间里担任学会的名誉会计员。

他是亨利·霍尔的第五个儿子，生于1850年11月4日，是那个时代著名的银行家家族的核心人物。他在伊顿公学[2]获得汤姆莱因数学奖金，并因这一荣誉进入剑桥的圣约翰学院。在1873年，他以数学学位考试第14名的优秀成绩毕业。他与H.S.福克斯韦尔是同代人，两人在福克斯韦尔还是一名本科生时就已相识，但他对经济学的兴趣却是在此后才表现出来。对于自己的数学成绩，他从未感到过骄傲，在晚年时常常说把时间花在数学上是一大憾事，他希望自己学的是古典文学。后来，他转而学习医学，并获得外科医生资格，但事实上，他从未攻读医学学位，而是受邀加入舰队大街的一个家庭银行。后来他表示这是一次正确的抉择，他说自己从来不具备“猜想”的能力，所以永远不可能成为一名优秀的医生。

1882年，他成为霍尔银行的合伙人，直至1925年退休一直保有这一身份。霍尔银行是英国银行业发展过程中唯一幸存下来的私人银行，而霍尔是20世纪的伦敦私人银行界中少数几个仍享有稳固地位并受人尊敬的人之一。在1870年的《隆巴德大街》

1　选自《经济学杂志》，1938年12月。——原注

2　伊顿公学，英国最著名的贵族中学，坐落于离伦敦20英里的温莎小镇，地处白金汉郡的泰晤士河河畔，与女王钟爱的温莎宫隔岸相望。伊顿公学是一座古老的学府，由亨利六世于1440年创办。伊顿公学以“精英摇篮”“绅士文化”闻名世界，素以管理严格著称，学生成绩大都十分优异，被公认是英国最好的中学，是英国王室、政界经济界精英的培训地。这里曾培养出20位英国首相，及诗人雪莱、经济学家凯恩斯，这里也是英国王子威廉和哈里的母校。——译者注

上，贝奇霍特曾撰文颂扬伦敦的私人银行家，这些颂词完全适用于霍尔，因此，我想读者们一定会原谅我在这里引用这早已为人所熟知的段落。“人们认为他具备将金钱上的精明和接受过良好教育的素养合而为一的品质，在社会的其他阶层中，这一品质并不多见。在那个时代，商人阶层的表现要比现在粗鲁得多，而许多私人银行家却恰恰相反，他们知识渊博、志趣高雅，这在当今时代都是极为罕见的。这样的身份具有得天独厚的优势，这种行业可以代代相传，父亲将银行的信用业务传给儿子，而儿子在继承财富的同时也继承了高尚的品质。虽然从事银行业必须时刻保持警惕，但无须过度劳碌。即便是大宗业务，银行家也可以确信自己的交易是万无一失的，所以他们不必过度劳心，可以将一部分时间和头脑随时用来追求其他事物。而且，只要一位伦敦银行家愿意，他就可以加入世界上精英人才最密集的社交团体。世上恐怕从来也没有比作为伦敦私人银行家更幸福的事了，而且大概以后也不会再有了。不过，这一阶层能否延续下去是值得怀疑的，意识到这一点着实令人沮丧。”

这家银行在1673年[1]成为一项家庭产业。并在此后一直延续父传子的传统，直到今天第九代传人成为该银行的合伙人。他们在1690年迁到舰队大街，并于此后一直在这里开展经营活动。他们没有因为分支机构的开设而引起混乱[2]，没有因为合并而使规模缩小，没有被任何世事更迭搅扰，没有在历经两个半世纪的金融危机中动摇。他们之所以能避过许多风险，是因为他们既不好高骛远，也不滥用“猜想”。他们提供的对象包括塞缪尔·佩皮斯[3]、约翰·伊夫林、纳西瑟斯·勒特雷尔，以及罗杰·诺斯、约翰·德莱登和戈多尔芬。1714年，伊顿学院在这里开设了账户。而我作为国王学院的财务管理人员，则在这里有一个开设了200多年之久的账户。艾尔弗雷德·霍尔在这段时期有四分之一的时间都在这里工作，甚至包括夜晚，因为霍尔银行的合伙人们始终保留着一个古老的习惯，即必须要有一个人晚上睡在营业所，以方便第二天早上亲自开张营业。多年来，艾尔弗雷德每周都要有三个晚上睡在舰队大街。他常常带人参观银行后面由石子铺成的小花园，花园的尽头有一个游泳池，早晨他都会在这里游上片刻。

虽然他需要花些时间来处理银行业务，但还远远称不上事务缠身，他完全可以选

1 可靠记载的时间始于此，但很可能这项业务从1597年就已经开始了，那时，他是个金匠。坐落于离伦敦20英里的温莎小镇，

2 在雷恩公园开设的分行除外。——原注

3 塞缪尔·佩皮斯（1633—1703），17世纪英国作家、政治家、海军大臣，以散文和流传后世的日记而闻名。——译者注

择过一种学者式的生活，并成为一个谨慎而热情的好伙伴。他在伦敦郡的第一届议会上，以进步党人的身份成为霍尔伯恩的代表，他还在本届金融委员会上担任主席，并成为第二届议会的参议员。即使他不是慈善机构协会的创建者，那么他起码是最早的成员之一，对于这个组织的活动，他极为热心。他是倡导在以合理速度为工人阶级提供体面住房的先驱，是东头住宅公司以及公寓住宅公司的创始人之一，在直至去世的52年的时间里他始终担任公寓住宅公司的主席。不过，他还是将充沛的精力主要放在学者工作上。在一段时间里，他尽可能地放弃其他一切活动，而致力于用节约的时间编纂一本意大利语-英语词典。最初他的意大利语并不专业，但依旧孜孜不倦，每天早早起床，凌晨四点就在空荡荡的银行里工作。他将字母表分成两部分，一半放在银行，一半放在家里，并在8年的时间里为此辛劳不辍。在序言中，他像约翰逊一样将自己的计划解释为：分辨那些过时的用语、方言和“拉丁俚语”的衍生词。此前，他从未写过书，也怯于发表任何作品。但在1911年，这本词典却通过了剑桥大学出版社的核准，并最终于1915年出版。此书一经出版就很快成为一本标准的参考书。紧接着在1919年，他又出版了一本分为意-英和英-意两卷的《简明意大利语词典》，这两卷都曾多次重印。

他读过很多书，像埃奇沃思一样，涉猎几乎所有经济学和古典文学的著作，其尤其喜欢荷马和但丁[1]的作品。他在编完词典后，就把兴趣转到经济学。他一直勤勤恳恳地阅读最新的理论，然而一旦他觉得那些理论与现实联系不大，就没有耐心读下去了。他是个思想开明、不存偏见的人，但同时又生性谨慎，偏好个人主义的观点，所有这些因素结合在一起就决定了他在控制通货膨胀和国债增加（这两个是他特别感兴趣的题目）时的态度。他乐于奇思异想，但却从不逾越雷池；他总想另辟蹊径，但在行动时却异常谨慎。他写了几本简短的小册子，《英国的国民需求》就是其中之一。对于这本书，埃奇沃思曾在《经济学杂志》第31卷的第91页做出评论。他在87岁时，又尽力研读我的《就业通论》，为此我们还多次通信。这些信件是他为《经济学杂志》撰写的稿件的基础，这一稿件以“时论”为题收录在第760页。我曾表示他的术语虽然有用，但较为拗口，他为此特意发明了一套术语，但听起来更不顺耳。他在去世前一天给我写了一封信，以下是这封信的摘录：“希望你身体健康，我是不行了，

---

1 但丁（1265—1321），意大利中世纪诗人，出身于佛罗伦萨贵族世家，担任过佛罗伦萨最高行政长官，后因政治因素被当局流放，终身再未回到佛罗伦萨。也正是这种经历，使他完成了举世闻名的代表作品《神曲》。该书被誉为中世纪文学的巅峰之作，并成为文艺复兴时期的先声。人们将但丁、莎士比亚与歌德并称为世界文学三大巨匠。——译者注

昨天又长了1岁，已经88岁了。虽然不敢肯定，但我想我们恐怕再也不能相见了，请你在下周四[1]把这封信读给我们的朋友听。可以说，我们的学会是统计学会的衍生物，但就像哈罗德所说的，我们将它的动态方面进行发展，因而现在它已经没有什么特别明显的统计学方面的特征。我希望学会加强对非党派政治的关注，可以效仿最近出现的几个例子，由几个经济学家通过联合发表公开信的形式向公众解释可能提出的计划的可行性与局限性。在他们指明了局限性后，公众的目光就会被引向更长远的未来，而不是像现在这样目光短浅。可喜的是，现在看来世界是能够保持和平发展的，各国也可以沿着各自的道路发展下去。几乎可以肯定英国的发展道路是社会主义的，差别不在于某项社会改革是不是具备社会主义性质，而在于推行它的速度。

所有这些都与关税、税收、通货膨胀等问题相关。特别是通货膨胀问题，应该保持适度的通货紧缩，而这是政府管理的应有之义，但是有关这方面的研究还远远不够。以上这些就是我的遗言，衷心希望学会成员能够予以考虑。"

以下这段摘录取自他生前最后一个月写的另外一封信。"没有人知道未来将会怎样，但在我看来起码有一件事是可能的，那就是，假如信仰得不到更广泛的发展，欧洲将不会走向繁荣。这里的信仰并不是特指某种宗教或者教会，而是专指认识到对上帝和人类的责任，同时拒斥只针对某一国家的责任，除非是偶尔发生的重大国家责任。"

1881年，他娶爱德华·邦德之女——比阿特里斯·波拉德为妻，他的妻子于1930年去世，他们育有4个女儿和1个儿子。他的女儿海伦·霍尔小姐曾这样记述他："在萨塞克斯，他置了一小处地产并和妻子一起建了一所住宅和一个花园，他们一起将孩子们抚养成人。他尽享这个大家庭的天伦之乐，经常与家人一起做游戏，特别是草地网球和高尔夫。他爱好打猎，自行车的发明让他兴奋不已，他同时还热衷打桥牌。晚年的时候，他又有了另一项爱好，就是整天兴冲冲地种树。尽管精力逐渐不济，但直到去世他还是能干点儿什么的。小时候他的身体十分虚弱，是在与他们共同生活了70余年的保姆的精心照顾下，他才能长大成人，后来他的身体变得非常好。邻里们都清楚，无论刮风下雨，他都会到车站做长达4英里的散步，即便在他晚年也依然如此。他的脾气冷静、平和，几乎不知生气为何物。他是个包容、心胸宽广的人，他曾说过，在他所认识的人当中只有两个他不喜欢。他表示自己喜欢自负的人，因为他们确有值得自负的东西！'无中有万物'是他最喜欢的哲学箴言。"

1　指的是皇家经济学会理事会于11月10日召开的一次会议，他原本打算参加这次会议。——原注

从我早年担任学会官员起，到后来的很长一段岁月，一方面我得到了埃奇沃思的支持，另一方面得到了艾尔弗雷德·霍尔的帮助。跟随这两人逝去的还有我们深爱的古老文明。我们听到，野蛮人正蠢蠢欲动。

第10章 人物小品

1.威廉·莱克斯

我们沉痛地宣告威廉·莱克斯教授的逝世，这个不幸的消息刚刚从哥廷根[1]传来了。1837年7月17日，莱克斯生于阿肯附近的埃施韦勒[2]，1855年入读波恩大学[3]，学习数学和自然科学。他曾在波恩预科学校当过几年助教。1861年，他前往巴黎，开始研究法国的经济状况，很快他就声名鹊起，成为一名经济学家。1872年，他被聘为斯特拉斯堡的政治经济学讲座教授。两年后，他移居多尔帕特；1876年，他又前往布赖斯高的弗赖伊。1884年，他又应邀来到布雷斯劳；最终，他于1887年定居于哥廷根，并在那里继续从事教学工作达25年之久。

在经济学方面，莱克斯的工作主要与著名的《社会科学大辞典》有关。在这部著作的编辑工作中，他是康拉德教授的同事之一（在《法尔比彻》的编辑中也是）。编辑的内容庞大而繁复，他在其中负责有关通货和货币的一般问题及公共财政等的大量工作。直至临终前，他仍一直就货币科学与实践的进展问题为《法尔比彻》撰稿。

将统计调查应用于人口和性别比率的问题，以及由此引发的纯统计理论应该是莱克斯对知识最具有创造性的贡献。以《婴儿性别比例的先天可能性问题》为代表的论文就是他在这方面的重要贡献。在这些文章中，莱克斯提出了至关重要的新理论概念。但是，大约在1886年以后，莱克斯的头脑似乎已开始转向货币与金融问题；而他的统计观点的进一步发展——其重要性逐渐得到大家的普遍认可——则留给了别人，尤其是留给了拉迪斯劳斯·凡·伯特克维茨。1885年，埃奇沃思教授在其名为《统计方法》的文章中将莱克斯的方法介绍给英国读者，并引发人们的关注，这篇文章刊登于《统计杂志》狂欢节卷。

1904年，莱克斯当选为皇家统计学会名誉会员，是《经济学杂志》极有价值的嘉

---

1 哥廷根，德国下萨克森州一座城市。——译者注

2 埃施韦勒，德国西部北莱茵-威斯特法伦州的一座城市。——译者注

3 波恩大学，位于德国北莱茵-威斯特法伦州波恩市的一所公立大学，坐落于风景秀丽的莱茵河畔，它是18世纪启蒙运动的产物。——译者注

宾撰稿人。他于1895年撰写了《黄金升值与国际贸易》，于1897年撰写了《德国的新汇兑法》，并于1910年完成了《德国银行委员会》的写作。莱克斯兼具卓越的科学精神与无私的可敬个性（例如他对复本位制问题的态度），是资深经济学家群体中令人尊崇的一位；这个资深经济学家群体中的少数几位，一直占据德国主要的政治经济学讲座教授席位。上个世纪七八十年代，在德国经济科学中，这些席位被赋予了极高的荣誉。

法国花岗岩雕塑（1865）。

2.弗雷德里克·凯林[1]

弗雷德里克·凯林是康沃尔的第六任公爵，他在索姆河前线牺牲了，他的牺牲使学会失去了一位在社会和经济状况研究领域极有希望及前途的学者，使杂志失去了一位珍贵的撰稿人。1916年8月18日，凯林倒在德国战壕里。

1　摘自1914年9月的《经济学杂志》。——原注凯林30岁时，曾在温彻斯持（由于他对“公学传统”的厌恶，有时他倾向于隐瞒这一事实）和剑桥三一学院学习。在剑桥时，他因英勇而闻名，他的一些英勇行为可以说为其赢得了大学社会中一种被信任、被尊敬的职位。凯林是剑桥大学费边社[1]的实际重建者，曾任该社主席。他的继任者是鲁珀特·布鲁克[2]，时值该社名望与影响的第二个全盛时期。

凯林离开剑桥之后，在伦敦南区的一处工人住宅生活了几年，随即成为政府就业辅导处的一名管理者。在此期间，凯林写了一本关于童工管理的书。战前不久，凯林返回伦敦，在从事其他活动的同时经常担任《新政治家》的投稿人，并负责编辑《蓝皮书补编》。战争爆发以后，弗雷德里克·凯林立即入伍，并迅速升至准尉[3]职位。根据弗雷德里克·凯林的个性和理论，他轻蔑地拒绝了这样的建议：作为准尉这么重要的权威，应当屈尊接受陆军中尉的委任状。他的营队在奥尔德肖特和索尔兹伯里平原[4]训练了很长一段时间，在这期间凯林感觉非常幸福，他在排和营中体验着团体生活带来的强烈冲击感，这是他一直渴望的事。令朋友们感觉有趣的是，凯林曾热衷于争辩诸如共同就餐是否有巨大精神好处等问题。在军队中，凯林的天性和活动需求得到满足：编辑营部杂志，组织越野赛跑，在第一军团优越感的基础上高谈阔论，甚至吹到具有远征军的神话般的优点。他的一位朋友，一位在奥尔德肖特准尉食堂拜访凯林的人认为：凯林的头脑充满了渴望和喧嚣，最终快乐地综合着共产主义、同志关系和阶级的多样化等平等思想。

---

1 费边社，20世纪初英国的一个工人社会主义派别，其传统重在务实的社会建设，倡导建立互助互爱的社会服务。尽管费边社本身并未创建一套完整的社会福利理论，但是在社会实践中，明显地贯穿着期望通过社会各阶层的平等，包括平等的财产、社会地位和政治权利的分配而达到自由，由实践平等和自由的理念达到社会合作和互爱的人际关系的理念。这是英国工人群众对福利国家制度最早、最直接的要求。——译者注

2 鲁珀特·布鲁克（1887—1915），第一次世界大战期间“战争诗人”的代表人物。其父是一位校长。布鲁克在剑桥大学学习文学并加入费边社。他早期的诗歌显示了其对和平的热爱。1914年一战爆发后，他去皇家海军服役。1915年4月，在开往达达尼尔海峡的航程中因得了血中毒症而去世。他最著名的作品是十四行诗组诗《1914年》（1915），包括流行的十四行诗《士兵》，诗作表达了面对死亡时的理想主义，与他后来在战壕里写的诗形成强烈的对比。——译者注

3 准尉，军人的职衔，地位介于军官与士官之间，经上级选拔推荐、军官候补教育合格后可晋升为少尉。——译者注

4 索尔兹伯里平原，位于英国南部，主要在威尔特郡内。——译者注

在过去的几个月中，在法国，凯林同他的轰炸机团队一直执行一项危险、严格的任务，他负过一次伤。尽管他的全部身心几乎都投入战壕建设和炸弹使用中，但他仍然考虑旧问题，并在延期的一封信中写道：只要我们能养成称帝国为“联邦”的习惯，将有许多好处。近来他也出现了那些在法国见得太多且在其阴影下生活得太久的人们的忧郁和悲惨的兆头。但他几周前给我写信说：“当然，我现在精神正佳。我们都惧怕任何大的炫耀，但我想如果有必要的话，我们会在需要时满腔热忱地冲进去。”这个联邦，她的高贵的热爱者的熔炉，已经为了男人、女人和人类而吞没凯林的胡须、笑容及充满活力的激情。

3.A.A.楚普柔

4月19日，我们十分沉痛地宣布A.A.楚普柔教授在日内瓦辞世，终年53岁[1]。楚普柔最初在莫斯科大学做研究工作。1902年，著名的彼得格勒理工学院开办后，楚普柔在那里担任了多年的经济统计学讲师。但是，他生命的大部分时间都与德国联系在一起，他的很多最重要的论文都在德国发表。楚普柔在柏林和斯特拉斯堡[2]研究经济学和统计学，他在准备第一部重要论著时，还是纳普的学生。俄国革命以来，楚普柔滞留于斯堪的纳维亚[3]，之后，他主要生活在德累斯顿。楚普柔总是希望摆脱教授席位的束缚，让自己的头脑保持完全自由，从而投入创造性的工作。在布拉格担任教授，是他迫于财务状况而在生命接近终点时才接受的，事实证明，这是不适合他的。战后，无论在俄国还是在德国，贫穷的物质生活一直存在，但楚普柔总是最看重彻底的智力独立性。所以，楚普柔关于理论统计学的一些最重要的论文都形成于他在德累斯顿的岁月。

从数学、经济学和应用统计学到理论统计学，楚普柔成为统计理论和概率理论交叉领域内最重要的作家之一。楚普柔在某些方面为英国、德国和俄国学派的统计学者间的工作提供了一种联系，而楚普柔的英年早逝的确是这个领域内的一大损失。

1　摘自1926年9月的《经济学杂志》。——原注

2　斯特拉斯堡，位于法国国土的东端，与德国隔莱茵河相望，是法国阿尔萨斯大区和下莱茵省的首府。——译者注

3　斯堪的纳维亚半岛，位于欧洲西北角，濒临波罗的海、挪威海及巴伦支海，与俄罗斯和芬兰北部接壤。——译者注

4.本杰明・斯特朗[1]

本杰明・斯特朗，纽约联邦储备银行总裁，51岁时离世。他的离世对我们来说是一个巨大的不幸。自1914年联邦储备体系成立以来，斯特朗一直担任该银行的领导，并且在随后体系的演进中无疑拥有最重要的影响力和指导力。斯特朗的正直、独立的人格、对公务问题深刻的洞察力都有着不可估量的价值。在思想深度上，即使是在美国学术界，超过他的人也为数不多。例如，两年前他在关于信用管理的一些基本问题上对国会稳定委员会提出的方案就可证明这一点。“公开市场政策”——其重要性在现在的美国几乎已与贴现率一致——作为控制信贷发展的方法，就其现有形式而言主要是斯特朗创造的。斯特朗的逝世让我们失去了一位具有宽厚的国际同情心的人，他在减轻国外货币困难问题中总是扮演慷慨和明智的角色，是位非常可靠的朋友。斯特朗与英国银行现任总裁有特殊的关系，因之，这两个机构之间的合作措施能够正常运行。没有斯特朗，我们的货币问题可能会处于更加困窘的境地。

5.C.P.桑格

1930年2月8日，年仅58岁的桑格先生逝世了[2]。对此，我们都深感痛惜。桑格先生曾经是剑桥三一学院的高级成员，也是一名执业律师。近年来，桑格先生有脱离经济研究领域的倾向，但他一直是计量经济学和数理经济学方面的权威。就这些方面，桑格先生曾在伦敦大学讲过课，还常在剑桥监督经济学学士学位考试。桑格先生曾是《经济学杂志》的长期投稿人——通过查看记录，我惊讶地发现，他给我们杂志的投稿不少于50次——并曾服务于我们的学会委员会。皇家统计学会的成员们对他表示特别痛惜和悼念，因为他曾经非常积极地参加他们的议程和活动。

桑格的头脑敏锐并富有判断力，他如鸟一般的灵感闪现不适于通过论文这种方式表达出来，而在谈话、讨论和教学中，他的才华才则显露无遗，他的天赋受到人们的钦慕和欣赏。因此，所有那些曾在过去35年中通过口头方式参加经济讨论的半学术性的伦敦圈子中的人将沉痛地悼念他，因为他是一位值得深交的人以及他和蔼可亲的人格，更因为他出众的才华。

桑格和拉姆齐都是三一学院和温彻斯特的学者，都是被经济、科学强烈吸引的数学家。G.洛斯・迪金森在2月2日的《民族》周刊上纪念桑格时，把他与弗兰克・拉姆

1 摘自1928年10月28日《民族》周刊。——原注

2 摘自1930年3月《经济学杂志》。——原注

齐[1]联系在一起，并这样写道：

对桑格的大学要求太多就称不上剑桥人，我也不想这样做。但是我想，以某种特殊方式来看，它有一种珍贵的特定类型与我的母校联系在一起。我想到的正是像莱斯利·斯蒂芬（梅迪雷思的佛农·怀特福德的创始人）、亨利·桑迪威克、梅特兰那样的人，像一个几天前还带着所有没能实现的愿望刚刚去世的那些人一样。他属于这一类型的人：虽不世俗但也不神圣，虽无野心但也不松懈，热情而又不伤感。无论好的、坏的报道和评论，都遵循他们所见的真理之光而努力追求、继续工作；能够质疑而不被蒙蔽，满足能够了解的东西，谨慎判断不了解的东西。这样的人永远无法推动世界的进程，因为其行动源于无知和疯狂。然而，世界需要这样的人，他们是暴风雨中的灯塔，并且现在比以往任何时候都更加需要这样的人，希望他们的后继者永续不绝！

6.沃尔特·凯斯[2]

沃尔特·凯斯，纽约投资银行家梅瑟·凯斯的企业——波默罗伊公司的总裁去世了。凯斯在伦敦有非常广的人脉圈及关系网。

凯斯曾与许多建设事业有联系，包括战后早期的罗德西安铜矿的建设、美国南方铁路的修复和世界各地的各种形式的现代科学勘探的冒险。随着时间的推移，由于性格原因，凯斯进一步投入需要企业家和先锋勇气的活动中，他将证券交易所和业务中纯粹金融的方面的内容视为最有用的，因为这些业务为他提供了开发世界资源的资金。凯斯在当代美国金融家中是出类拔萃的，他对将科学用于商业事务有着近乎疯狂的热情——无论是化学、经济理论、冶金学、地理学还是气象学，为了获取有益的建议和帮助，凯斯总是十分慷慨、出手大方。沃尔特·凯斯在自己周围组建了一个非常出色的智囊团，以前曾担任英国银行和联邦储备委员会的顾问沃尔特·斯图尔特先生就是他的主要伙伴。

尽管凯斯是专家报告和备忘录的热心读者，并爱好辩论，但他却从来没写过什么东西，甚至懒得提笔，他过度依赖电话，超过了一般美国人对电话的依赖程度。凯斯几乎每年都会访问伦敦，在这个夏季，他的朋友们高兴地发现，如他所愿，他从一场长期的严重疾病中康复了；但后来事实证明，恢复活动对他来说过度了。今天，华尔

1　弗兰克·拉姆齐（1903—1930），英国数学家、哲学家、逻辑学家、经济学家，在他短促的一生中，对许多领域做出了开拓性的贡献。——译者注

2　摘自1937年12月22日《时代》。——原注

街上再也见不到独具魅力的凯斯的身影了。凯斯是独一无二的投资家和银行家，但他从不满足。凯斯固执却精明、大胆冒险却小心谨慎，他对科学观念和新发现的兴趣，使其成为资本主义世界中那些勇于探索的人的杰出伙伴。

7.乔治·布鲁姆霍尔[1]

6月23日，乔治·布鲁姆霍尔去世了，对此我们非常痛惜。他可能是我们时代最伟大的应用统计学家，他的去世不应只引起经济学家们的注意。有许多这样的事例：广泛的数据首先被私人企业使用，而政府只是收集。然而，作为一种惯例，这种开拓工作进行了好几年后才被官方接手；一旦政府注意到这件事，就能处理更广泛、更详尽的数字了。布鲁姆霍尔和《谷物贸易新闻》是这方面的卓越事例，因为他不仅建立了处理极其重要事务的非常有效的开拓性机构，而且在长时期工作以后，逐渐成为各种官方和半官方机构，包括世界主要政府在罗马的农业研究所和斯坦福大学的研究所的首要权威。人们可以发现，这些机构编纂的各种材料仍然较多地依靠布鲁姆霍尔在《谷物贸易新闻》中的资料和数据，而不是依靠他们自身。

布鲁姆霍尔所受的教育非常适于他从事的事业。他先在伦敦一所大学求学，随后又在德国一所学校学习。毕业后，布鲁姆霍尔从事有关谷物贸易的工作，首先在伦敦，随后在利物浦，最后与一位伙伴合伙开办了属于自己的经纪公司。与之相联系的是，“他对商业经济科学的兴趣和热爱要大于贸易”。1888年，布鲁姆霍尔创建《谷物贸易新闻》，在他去世那一年，《谷物贸易新闻》已走过50年的辉煌历程。从那时起，布鲁姆霍尔就彻底抛弃了投机和私人贸易。布鲁姆霍尔的报告和预测得到了广泛的认可，被公认是毫无偏见的，并且世界谷物贸易的参与者们都不止在一个场合、不止一次地对布鲁姆霍尔给他们带来的帮助表示尊敬和感激。因公务所需，布鲁姆霍尔常去各地旅行，他的足迹遍布南美、北美，贯穿西欧、东欧、乃至俄国。

布鲁姆霍尔还在利物浦市中心建立了自己的印刷工厂，这样，《谷物贸易新闻》作为日报和周刊就能及时、顺利地与大家见面。1891年，布鲁姆霍尔又创办了一个专门服务于面粉加工业组织的刊物——《磨粉》。

布鲁姆霍尔的工作态度非常认真，他投身于出版通行统计数据的迅捷也难以一一列举。但是，我们可以清楚地知道，他的数据覆盖了相当大的范围：包括全世界各种各样的油籽和谷物，以及与谷物贸易有关的、详尽而广泛的运输统计数据。可以说，世界上还从来没有任何一家私人企业在统计范围和重要性上能够与《谷物贸易新闻》

1　摘自1938年9月的《经济杂志》。——原注

相媲美。这样说并不夸张：在过去50年中，在为国际贸易最大的部门提供有秩序的、有价值的帮助，以及使他们的贸易更为便利这方面，没有任何人起过比乔治·布鲁姆霍尔更重大、更有益的作用。

8.弗雷德里克·菲利普斯[1]

弗雷德里克·菲利普斯历经很多变动，他比很多公务员经历的变动还要频繁。1908年，他首次进入公务员行列，四年以后得到一次提升，在那期间出现了一件令人震惊的事件——他单独被国会召见。后来，这成了他作为财政大臣时常谈起的事。1917—1918年，朗达勋爵的一个食品配给的发明证明了菲利普斯的主张。继而是与这个国家和其他国家的金融机构进行交往、做出努力的岁月。国际联盟是菲利普斯的特殊兴趣和工作重点所在；菲利普斯是联盟金融委员会主席，并在国际联盟的金融活动中担任领导角色。而且，作为一位高素质的、有经验的财政人员，菲利普斯知道，如果联盟要生存，就必须保持适当的预算平衡，他为联盟的预算平衡做出了巨大贡献。

但是，菲利普斯出色的工作表现，出现在战争期间。在华盛顿的英国财政部代表要执行很多困难但又关系微妙、具有冲突性的任务时，菲利普斯总能镇定自若、游刃有余。他能恰到好处地把握工作节奏，且他的每次代表活动都很有成效。他不仅能有原则地忠于他所代表的利益，更能灵活地处理纷繁的事务。此外，菲利普斯还有一个重要的成就，就是他工作的专业程度和直率诚实使他获得了摩根索先生和美国财政部官员的信赖。

菲利普斯也是一个很有特色的人，他简洁的风格，他表达想法时、同意时、争辩时的咕噜声，在渥太华和华盛顿被知名和理解的程度，恰如他在日内瓦白厅能在数种语言中保持沉默一样令人印象深刻。他笨重的身体、硕大的脑袋及其透过眼镜上方的令人不安的直视，使他在第一次会议时就给人留下难以对付的印象。但是，他很少有官式的冷漠，也从不给人任何傲慢的感觉。他对纷杂无绪的冗长思考和辩论极为厌烦，如果一种观点好，他就第一时间接受它；如果不好，他那前兆性的咕噜声则预示着简单而清晰的批评。很少有人能像他一样以如此简短而清楚的语言表达如此丰富的意思。看他横扫纷杂的争论，中肯地提出问题的本质所在，向他们表达冷静的、建设性的判断，对他的同事而言，简直是上了生动的一课。

众多的经验和固有的尊严使他更加成熟和老练。很多人通过他的腼腆发现了他的简洁风格及巨大的智力兴趣——菲利普斯对一种题目，通常比团体的其他大多数人懂

1　摘自1943年8月13日《时代》。——原注

大约在1860年使用的拉式镰刀式割草机，摄于美国犹他州。

得更多：从不动产权到法国文学或者侦探故事——一种令人始料未及的热情、粗犷而颇具讽刺性的幽默。大家对这位“老人”的怀念将会更加深切。他以自己的方式对一个巨大的空间进行填充，对那些必须接过他曾经如此胜任的工作的继任者而言，他们将越来越感觉到，没有菲利普斯的智慧和良好的人际关系来指导和加强这些工作，是多么大的缺憾。

第11章　他在皇家学院的朋友们

1.弗兰克·拉姆齐

（1）作为经济学家的拉姆齐[1]

弗兰克·拉姆齐是剑桥皇家学院会员、昔日温彻斯特和三一学院的学者、马格达兰校长的儿子。尽管他的主要兴趣在哲学和数理逻辑方面，但是他在26岁时英年早逝，对经济学纯理论来说是一个重大损失。我想他大概16岁的时候，其早熟的头脑就开始对经济问题产生强烈的兴趣。从拉姆齐的大学时代开始，生活于剑桥的经济学家们就习惯于在“他的逻辑的天赋和判断力的锐利锋刃上”试验他们的理论。假如拉姆齐单凭爱好选择一些容易的道路，我无法肯定他是否会丧失思考的练习：这个头脑在那里试图抓住自己的尾巴，为了我们最合适的道德科学分支的愉快之旅。在那里，我们可以以舒适的方式进行直觉想象、事实判断和理论推理。

当他真正从他习惯的高地下来的时候，在一种比大多数经济学家喜欢呼吸的更稀薄的大气中，他仍然毫不费力地生活，他用一种习惯挑战困难事物的轻而易举的优雅，操纵着科学的技术仪器。关于他的力量的见证（不包括其哲学论文）只有两个：一个是1927年3月在《经济学杂志》上发表的《对税收理论的一个贡献》的论文，另一个是1928年12月发表的《一个关于储蓄的数学理论》的论文。我觉得无论从哪种角度来看，《一个关于储蓄的数学理论》都堪称对数理经济学最杰出的贡献之一。对一位经济学家而言，《一个关于储蓄的数学理论》是极难读懂的读物，但这并不影响我们欣赏其中混合着的科学和审美的素质。

因此，对拉姆齐的朋友们而言，集个人品质与智慧力量于一身的拉姆齐的离去，使他们久久难以忘怀。在那辉煌的高处、在他的成就被收集之前，拉姆齐笨重的身体、发自内心的欢笑、反应与感觉的简洁、时而近乎残酷的半警惕性、他的诚实和谦虚、令人惊异的头脑及其轻而易举的效率、微笑的脸庞，都从我们这里被带走了。

1　摘自《经济学杂志》，1930年3月。——原注

（2）作为哲学家的拉姆齐[1]

逻辑，像一首热情的诗，它不是中年人的工作。尽管拉姆齐死于26岁，但或许在这个册子[2]里有我们这一代中最聪明的头脑能够给出的最好的阐述。对愿意以现代方式思考基本问题的那些人而言，我觉得这个小册子的重要性是其他任何书籍都无法比拟的。

我们通过查看拉姆齐发表的所有逻辑论文，能够清楚地察觉其思维方向。它是一个奇异的事例：一个年轻人如何才能在这样一种高水准上从事研究和探索，对此，承担它的各代人都有些喘不过气来。但是，拉姆齐在这个起点上继续前进。甚至，人们不得不相信，在马格德兰附近的幼儿室里，拉姆齐从1903年到1914年间无意识地吸收了任何人在三一学院可能说的或写的东西。在拉姆齐出生的1903年，伯特兰·拉塞尔的《数学原理》出版后赋予正统逻辑学以新生，似乎在其范围内也创建了新的王国。《数学原理》提出了许多特定的基本问题，但却没能令人满意地予以全部解决；在出版后的7年中，拉塞尔和怀特黑德在《数学原理》中更多地专注于有关揭示数学和正统逻辑学之间真实联系的技术问题，而没有加强它们得以建立的基础。同时，路德维格·维特根施泰因渴望与拉塞尔交谈而被吸引到剑桥，并完全投身于逻辑分析的基础问题中。当时，19岁的拉姆齐承担旨在向世人详细解释其含混难解的内容的一个英语译本的准备工作。

时至今日，拉塞尔承认生命的每段时期都有与之相适应的业余爱好，而逻辑的基本练习不适合60岁以上的人。维特根施泰因对他的下一本书能否完成表示怀疑，至于拉姆齐，唉！正当他像一位年轻的农人进入庄园要取得丰硕的成果时，却离世了。

本书的第一部分由其之前发表过的论文组成，包括在拉塞尔和维特根施泰因的论著中一些悬而未解的问题，这些问题被拉姆齐很努力地解决了，并且解决得十分优雅、清晰、明了、成功。本书的第二部分之前从未发表过，解决的是概率及相关问题，以批评我于1921年出版的《概率论》。这一部分从未发表的原因是它不完整且不完全令人满意。然而，其自身内容，加上其在实施第一部分抛出的提示中，在某种较为详细的程度上显示离开他近期的先驱们所形成的、客观的解决方式有多远，这是最有趣的。

拉塞尔的著作给人留下的第一个印象是其形式逻辑有着惊人广阔的领域。但是，

---

1 摘自《新政治家与国家》，1931年10月3日。——原注

2 《数学基础》，F.P.拉姆齐. 基根·保罗，共15页。——原注

在他自己，在维特根施泰因和拉姆齐手中，形式逻辑处理的渐进的完美渐渐地导致内容的空洞，越来越将内容削减成干枯的骨头，直至使它看起来不但排除了一切经验，而且排除了通常绝大多数原则的合理思想。对此，维特根施泰因的解决方法是将其他一切视为一种神的感召，是无意义的瞎扯。这对个人而言的确有重大价值，但是没办法准确地讨论。而拉姆齐的反应则是他曾描述过的一种实用主义，他对拉塞尔并不是不同情，但对维特根施泰因却有些反感。“实用主义的本质，”他说，“我认为应参考它将导致的行为来确定一个句子的意义，或者更模糊地说，应决定于它可能的原因和结果。这是理所当然的，再也没有更多的限定了。”

这样一来，他被引导着将“人类逻辑”与“形式逻辑”区别开来。形式逻辑只是关于一致思想的规则，而不是关于其他的。然而，应该补充的是，我们还有特定的“有用的心智习惯”来解决我们的洞察力、记忆和可能以其他方式提供给我们的材料，走向或达到真理；分析这样的习惯也是一种逻辑。将这样的观念应用在概率逻辑上，将会产生非常多的成果。在对我曾经提出的观点予以反对时，拉姆齐争辩说，概率论涉及的不仅是命题之间的客观联系，在某种意义上，还涉及信念等级问题；拉姆齐继续说，概率的微积分仅相当于一系列的规则，并以此来确保我们持有的信心等级体系是一贯的体系。因而，概率的微积分属于形式逻辑，但是信心等级的基础——或者说一个更重要些的概率，正如他们曾习惯于被称呼的——是我们人类全副武装的一部分，或许只是自然选择赋予我们的，类似于洞察力和记忆力而非形式逻辑。到此，我向拉姆齐做出让步——我认为他是对的。然而，在试图区分信心的“理性”等级和一般信心时，我觉得他并不是很成功。仅说它是一种有用的心智习惯，难以达到归纳原理的最终结果。当形式逻辑高度受限的范围已被适当确定并整理好时，拉姆齐从形式逻辑和描述性心理中，试图将一种“人类”逻辑区分出来，他这样做或许已经指出了通向下一个领域的道路。

在拉姆齐的常识和对待事务实用性方面，更容易让人想起休谟而不是其他人。读者将会发现，很多段落都反映出他头脑、思维的特别之处，很多内容的表述——尽管没有被他囊括在哲学目标中——仍是件令人高兴的事。

（3）一篇短文

拉姆齐的大部分著作都在他死后才发表，并刊载在文集《数学基础》《经济学杂志》和《大不列颠百科全书》上，技术性非常强。然而，他生前未发表过的，甚至从未为发表而进行润色的部分都被汇总在《数学基础》末尾的札记中，其中，也有一些警句和精彩的片段小品文。我为大家从中挑选了一些可能传达“他的思维的特殊味道”的文字，但对从未真正有过直接体会也从未认识他作品和人格的那些人而言，就如同留下一种独特的整体印象。这就是为什么布雷斯维特先生能够公正地写道：拉姆齐的去世对作为剑桥主要荣耀之一的人来说，绝不可能将任何东西都准确无误地传达给他们。

（4）哲学

“哲学必须有实用性，而我们也必须严肃对待它；哲学必须清理我们的思想和行为。否则，哲学将成为我们必须检查的一种陈设；换句话说，哲学的主要命题是哲学是无意义的”。接着，必须再次严肃地认为哲学是无意义的，而且不同于维特根施泰因那样假装哲学是重要的，这种假装毫无意义！”

“我们在哲学中，采纳在科学和日常生活中的命题，并试图以一种逻辑体系用简单的术语和定义将其展示出来。从本质上来说，哲学的本质就是一个定义体系，或者是一种关于如何下定义的体系。”

“我觉得没必要与穆尔说通过命题定义解释我们迄今所注意的东西，而宁愿说它们表明我们怎样试图在将来应用它们。穆尔会说它们是相同的，哲学不会改变任何人通过‘这是一张桌子’这句话所表达的东西。但是，在我看来它可能是会改变的，因为意义主要是潜在的，某种改变可能在稀有或关键场合才被显露出来。除此之外，有时，哲学应当清晰地决定我们未来的指义，并澄清和区分以前模糊的和被混淆的观念。显然，定义不仅仅给出任何一种获得特定结构的好方法，而且至少会给出我们未来的意义。”

“过去，我习惯于在极端的经院哲学中关于哲学的性质问题上自寻烦恼。我没办法理解我们怎样理解这个词，也无法设想它的定义是否正确。我没有认识到关于理解的整个观念的模糊及其涉及的东西，它涉及大量的行为。逻辑事例的同义反复、数学的相似、哲学的定义都是琐碎的，但都是组织和澄清我们思想的重大工作的组成部分”。

其一，关于哲学思想。

“对我而言，仿佛在澄清思想的过程中遇到一些不能通过定义来说明它们的意义的术语和句子。如我们不能定义理论术语，但我们却能解释它们被应用的方式，在这种解释中，我们不仅被迫要看正谈及的对象，还要看我们自己的心智状态。”

“于是，这意味着如果搞不清意义，我们就无法理清某些术语和句子，我们好像进入无法理解的境地。例如，关于时间和外部世界，如果不首先确切理解我们与之有牵涉的时间和大概的外部世界，我们也就无法理解其意义。因此，我们无法使哲学向着目标有序前进，而不得不将问题作为整体跳向一种同时解决问题的方式；这将具有假设的性质，因为我们接受它是作为我们想得到的、需要得到满足的几种中仅有的一个，而不是作为直接推论的结果。”

“当然，我们不该严格地谈及推理，但在哲学中有一种类似‘线性推断’的过程，事物在其中变得连续、清晰。综上所述，既然我们没办法将其贯彻到底，我们就处在科学家中的平常位置，进而满足于零碎的进步：我们能搞清几个事物，但我们没办法搞清楚所有的事物。”

“我发觉除了在一个十分有限的领域内，在哲学中自我意识是无法避免的。我们被推及哲学家态度是因为我们并不清晰地知道我们的意义；问题总是‘我通过X表示什么意义？’我们只有偶尔能够解决这个问题而不是反映意义。这种对付意义的必要性是一种障碍，无疑也是通向真正意义的基本线索。假如我们忽略了它，就可能会进入孩童在对话中的窘境：‘说早餐。’‘不会。’‘你不会说什么？’‘不会说早餐。’”

“除模糊和懒惰之外，哲学的主要危险是经院哲学，其本质是将含糊的东西当作似乎是精确的东西来对待，试图将一个精确的逻辑部门填充进去。维特根施泰因持有的观点，是一种典型的经院哲学。他认为所有的日常命题都是有序的，不合逻辑的思考是不可能存在的。（后面这句话好像是说打破桥牌规则是不可能的，因为如果你打破它，你就不是在玩桥牌，而是像C夫人所说的那样——是在玩非桥牌。）”

其二，有什么要讨论的吗？

“除专家之外，不宜讨论科学、历史和政治。其他人除依据权威接受更有资格的那些人的意见外，无法做任何事，他们只是简单地处在需要更多信息的地位，直到已获得所有可得到的信息为止。哲学对外行人也已经变得过于技术性。除了这个不利条件外，最伟大的现代哲学家的结论是：没有哲学这样一门学科；它不是一种教义而是一种活动；其目标是治疗头痛而不是回答问题。除了这种以逻辑为中心的技术性哲学外，可能被思考的是一种流行的哲学，其解决人与自然的关系、道德的意义等诸如此类的问题。然而，严肃地对待这种题目的任何企图，都会将它们贬低为科学问题或者是技术性哲学问题，或者导致我们更迅速地察觉到它们没有意义。”

“我认为我们极少讨论基本的心理问题，却经常简单地比较几种经验，而这不只是一种讨论方式。我觉得我们很少认识到我们的辩论经常是以下面这种方式进行的。A：‘我今天下午去了格兰切斯特。’B：‘不，我没有去。’我们经常做的另外一

加拿大安大略省惠特比的众圣徒圣公会教堂，建于1860年。

件事是讨论何种类型的人或行为让我们感到钦佩或耻辱。例如，当我们讨论爱的永久性时，A说如果他不坚定，那么他将感到愧疚；B说他一点也不觉得愧疚。但是，尽管这是消磨时光的手段，却不是在讨论任何东西，只是在比较意见而已。”

“另一方面，对真正的心理学，我们中的绝大多数人还是知之甚少，以至于难以指导我们去尝试一种意见。”

“最后，有美学，其中包括文学。通常，这比其他东西更能让我们感到兴奋；然而我们对其真正讨论得并不多，对这方面的论证也是极其虚弱的，我们处在这样一种阶段——‘赶肥牛者必自肥’，关于美学真正包含的心理学问题却讨论得极少。例如，为什么颜色的特定组合给我们如此特殊的感觉？我们真正喜欢做的只是再一次比较我们的经验；一种情境下，特殊的活动是因为评论家能够对其他人指出一些事物，如果他们做的话，将获得珍贵的感受，否则就不会获得，我们不去讨论、也无法讨论一种艺术作品是不是比另一种好，我们比较的只是它给予我们的感受而已。”

“实际上，我的结论没什么要讨论的，这一结论符合我关于普通交谈获得的感受，相对来讲，它是起源于19世纪的一种新气氛。这一趋势贯穿于19世纪并逐渐发生作用的原因有两个：一个是宗教的衰落，另一个是科学的进展，这使所有旧的一般问题成为技术性或荒谬的问题。我们每一个人都在自身重复文明进步的过程。例如，作为新手我曾经对交谈与论证的兴趣胜过世上任何事，但是现在，我已逐渐认为它越来越不重要。因为似乎除了人们的私生活和购物之外，从未有其他任何要谈论的，而这两者都不适合进行一般的交谈……

“假如我要写一本《世界观》，我将不会称之为‘我信仰什么’，而称其为‘我感受什么’。这与维特根施泰因的观点有联系：哲学仅仅能减轻精神不适的感觉，而不能给我们信仰。而且，假如我要为拉塞尔的讲座[1]争吵，针对的是它给出的关于他感受什么的暗示，而不是针对他信仰什么。人们没办法真正与一个人的感受进行争论；只能自己拥有不同的感受，也可能认为自己的感受更值得钦敬，或者更有助于幸福的生活。从这个观点出发——即从“它不是事实问题而是感受问题”出发，我将通过一些评论进行总结，这些评论是关于一般事物的，或者我宁愿说的是关于一般生活的，而不是关于一般事物的。”

“在与我的一些朋友的不同之处中，其中之一是对物质尺寸而言，几乎没有什么重要性。在宇宙面前我丝毫不感到卑微，星辰虽然巨大，但它们无法思考或爱；而思考或爱远比尺寸的大小更能给我留下深刻的印象。而我并不因体重问题而获得荣誉。”

“我以透视法描绘关于世界的图景，不像是一个按比例的模型。其中最引人注目的地方被人类所占据，星辰像3便士硬币那样微小。对于天文学，除了作为人类（可能还有动物）的感觉过程的一部分复杂描述外，我并不真正相信。我不仅将透视法运用于空间，也运用于时间。在时间上，世界将变冷，万物将死亡；但那是一个离我们很远的时间，它复合折扣的现值几乎为零。然而，现在绝不因为将来是空白而使价值变低。人类，充满了我的图画前景的人类，我发觉是有趣的、总体上是值得崇敬的。

1 《我信仰什么？》。——原注

我发现至少在这一刻，世界是个令人快乐、兴奋的地方。或许，你发现它使人沮丧，我为你感到惋惜，你蔑视我。但是，我有理由，而你却没有，你将只有一个瞧不起我的理由。如果你的感受是以一种与我不同的方式与事实相对应，而这二者又都不与事实相对应，我认为事实本身无所谓好与坏，问题仅仅在于，它使我兴奋却使你沮丧。另一方面，我有为你遗憾的理由，因为兴奋比沮丧更愉快，并且不仅更愉快，而且比其他一切感觉都好。”

1925年2月28日

2.桑迪·沃拉斯顿

桑迪·沃拉斯顿在多年历经荒僻国度和崇山峻岭的危险后，生命结束于皇家学院僻静角落的一颗子弹，成为一位偶然的、无辜的牺牲品。杀他的凶手似乎是一个寻衅滋事的南美人。

沃拉斯顿是天才中的一个极端例子，杰出的天赋使他不屑于在普遍被认为能取得成就的领域寻找出路。沃拉斯顿具有一种难以言说的、极其罕见的优秀特质。这种特质不是在沃拉斯顿的思想或成就中，甚至不在其感受中，而是在其行为本身的某些特质中。沃拉斯顿是这样的一个人：在他的组织活动中，拥有任何涉及行动的、琐屑的经验都是一种特殊的快乐。沃拉斯顿那独具魅力的眼睛和声音能使小事增添价值，大事情就更不用提了。上周，在大学校长就职典礼上，沃拉斯顿被鲍德温先生恰当地描绘为人中之王。

大概，沃拉斯顿先生最值得一提的是，他倾身于周围的环境而不是他自身。他的观察力、演讲力和叙述能力，以及冷静、迅速、果断行动的能力，连同他的聪明、他对事实的敏感和实际的认识，都从根本上促进了他的完美。

在有关沃拉斯顿探索和游历的记述中我们看到，天赋并不是其生命中最伟大的部分。他几乎能赢得所有人的爱戴。沃拉斯顿独特的品质，在安静的地方会给人带来特别的快乐和愉悦，对于在压力和紧急情况下与他一起的那些人来说，则如急需的酒肉般雪中送炭。

然而，在沃拉斯顿的生命中，作为皇家学院导师的最后两年，可能——首先有点出乎他的意料——是他一生中最圆满的一个阶段。在生活在皇家学院一代人的记忆中，沃拉斯顿作为完美的导师，所有生命的美与智慧的体现——这位幸福的战士能以寥寥数语与年轻人愉快交谈。对于一个不得不面对大量未知的年轻人而言，他们有必要了解世事。在这个学院始终存在赢得有同等权威的人们的能力，无论他们的性情是行为的还是智力的，无论他们是文明的还是原始的。除此之外，沃拉斯顿还是这样一个人，他的言谈总是不同寻常，他能用一道目光和一个词打开别人的心门，去破除每个人的沉默。

3.威廉・欧内斯特・约翰逊[1]

星期三，威廉・欧内斯特・约翰逊先生不幸去世了，终年72岁。多年来，约翰逊先生作为剑桥皇家学院的高级成员，在这所大学道德科学教学中一直扮演着领导的角色，特别是在逻辑学和心理学方面，既作为一位讲授者，又作为个人研究者，并在最近的30年中成为桑迪威克讲座的主持人。

约翰逊极有判断力的智能并没有被完全用在著作事业上。除了在《头脑》上发表多篇论文和对《经济学杂志》的重要贡献之外，约翰逊在1921—1924年之间从未出版过他的主要著作，当时在策划的四种著作中，三卷《逻辑学》终于完成了。多年来，约翰逊一直被公认为是剑桥最深刻的哲学家之一，特别是他对过去40年中几乎全部剑桥道德科学家们的讨论和交谈的爱好一直为人称道，这些人中有很多都是他的学生，并且深受其影响。的确，交谈性讨论可以说是他最伟大的天赋；他和蔼的性情和敏锐的头脑，使半交际、半辩论的交往成为可能，甚至，这成为促进哲学进步的最好手段。如果要对约翰逊对剑桥思想的影响进行简要总结的话，这样说或许是比较恰当的，即约翰逊是第一个实践逻辑学的知识派的人，努力实践在心理学和思想的逻辑学之间的联结。在一个自然倾向是向着形式逻辑的思想学派中，他以特别的才华阐释形式逻辑学并评论任何事物，他一直沿着这条正统的路线前行，并且在这方面做出了很大的贡献。

约翰逊是著名的剑桥家庭中的一员，这个家庭中的有好几位成员已在大学享有很高的声誉。他没能在1885年当选为皇家学院高级成员，这一年J.K.斯蒂芬[2]被选中了；但1902年，学院依据条例的一项特别条款选中了他。约翰逊已经从曼彻斯特和阿伯丁大学[3]获得了名誉博士学位，并自1926年以来成为不列颠学院的高级成员。数年前，他的妻子去世后，妹妹范妮・约翰逊为他打理家里的事务。在约翰逊的两个儿子中，较小的斯蒂芬・约翰逊先生是斯旺西湾大学的古典文学教授。

---

1 摘自1931年1月15日的《时代》。——原注

2 J.K.斯蒂芬（1859—1892），皇家学院高级成员，古典学者、作者、诗人。——译者注

3 阿伯丁大学，成立于1495年，英国第五所古老的大学，以教学和研究质量举世闻名。——译者注

4.威廉·赫里克·麦考利[1]

威廉·赫里克·麦考利来自一个著名的家庭，他的父亲、祖父与曾祖父都是牧师，而其祖上约翰·麦考利在英国因弗雷里甚至拥有很高的职位，约翰和博斯韦尔在旅途中还曾拜访过他。他的曾叔祖是扎卡里·麦考利，他父亲的近表亲里包含托马斯·巴宾顿·麦考利、特里威廉女士、乔治和罗伯特·特里威廉的母亲；他的侄女则是罗斯·麦考利。如他名字所显现出来的，通过他的祖母，他还与罗伯特·赫里克有着血缘联系。他的一生几乎都献给了皇家学院，先后担任学院的会计员、导师和副院长。毫无疑问，他将被认为是学院的最后一位也是其中最伟大的建立者之一。在他们的带领之下，学院从最初创建到现在，发生了巨大的改变；他还是为人所知的近几代人中最好的内务会计和导师。他是一个具有杰出个性和力量的人，具有几乎绝对可靠的判断力，无论在智力方面还是在感觉方面，对于那些他注意到的事务，他总能按照自己的标准，依从自己的名誉和尊严妥善地处理好一切，在这一过程中从来不会出现哪怕是最微小的差错。

他属于皇家学院非伊顿学院成员的第一代学生，毕业于温彻斯特学院。他在达勒姆大学[2]读完中学后；进入剑桥之前的那段时期，是这所大学的高级成员。皇家学院时期，他成为以桑迪威克和亨利·杰克逊为核心的皇家学院和三一学院一个小圈子的成员，不但如此，他还是这个小圈子里杰出成员的亲密朋友。他是1877年的第六任辩手，并在1879年入选高级成员团体。然而，在他重新被带入学院打算长期在此工作之前，5年时光已匆匆走过，这段间隔给他带来了两个持久的影响。

1879年8月，他得到高级成员资格不久，便与弟弟肯尼思一同踏上远赴加拿大西部长达数月的旅途。这次旅行给他留下了很多有趣的回忆，他对拓荒者和在遥远地方风餐露宿的人们给予强烈的同情。这成为晚些时候，他与皇家学院的两位伟大朋友——L.F.吉宾和A.F.R.沃拉斯顿之间的特殊纽带。多年后，作为另一位热衷于伐木的皇家学院朋友M.A.格兰杰的客人，对这个国家进行了重访。对那些远走他乡者的赞许和同情，对事物价值的可靠判断以及天赋的才能，使他（尤其是作为学院导师期间）在这些方面得以成为弟弟雷金纳德形成正确见解的顾问：主要是依据他的观察从剑桥年轻的精英当中为博母贝公司、博母贝-伯马法人公司吸收高级职员。对于那些将特定的天赋和与之相适应的目标、信心相结合的人们，那些最先发现火和布料或最

1　摘自1937年1月15日《剑桥评论》。——原注

2　达勒姆大学，英国第三古老的大学，建于1832年。大学散落在达勒姆大学城的数个地点，相互间步行即可到达。——译者注

先开始建造桥和船的人，以及那些山峦和森林的开拓者，麦考利表达了自己最深的赞同和爱。他对这些极具天赋的人的赞同远远超过了对那些哲学家、政客、文人雅士和其他言语含糊的小贩们的评价。

从加拿大返回后，他很快就适应并着手制造耐切割材料方面的事务。最开始是在斯梅西克、斯庞莱恩的钱斯兄弟玻璃厂，这一事务开展了一段时间，他的弟弟肯尼思就是在这个玻璃厂起步创业的。此后，这一事务在芒特萨德花岗岩公司开展了近4年的时间——这是一家莱斯特郡[1]的建立已久的采石企业。芒特萨德企业的现任首脑罗伯特·马丁先生曾这样写道：

“人们或许会产生这样的疑问，如此普通的企业生涯是否真的符合麦考利的志趣。事实上，他与公司的人事、管理者、职员以及采石工人等职员都维持着和谐的关系。在他返回剑桥数年后，人们还能忆起他在阅览室里所做的有关坦尼森的讲座。他对精确、完整措辞的执着和热情，给与其共事的人和手下的职员留下极深刻的印象。”他们中的最后一个在世者曾说道：“麦考利先生是一个非常好的绅士，但假如你对他说的话是真假掺杂的，那他就会变成一个可怕的人。”

这位先生的最后一句话如此完整且准确地描绘了实际生活中的麦考利，它几乎可以当作他的墓志铭。你会发现，当你对他隐瞒实情时，他会变得难以理喻。通常人们字面上的意思正是所要表达的意思，然而他却总是期望别人能从他寥寥数语的暗示中了解他的观点。而且他还总是这么做，似乎他那少得可怜的暗示就能使你洞察他所有的思想，不仅如此，他还声称自己的观察和言语中没有遗漏任何东西。默认并纵容他这种行为的人，很快就会发现自己无可避免地被牵扯进去。他的确对真假掺杂的话语十分迟钝，但它却将这一点运用为一种批评形式，不仅在于那些混乱虚假的知识，在于各种各样的胡说和欺诈，也在于习惯保守的感觉、错误的观点以及浮夸的言辞，等等。

返回剑桥后，他找到了对他来说非常合适的两个职位，并在这两个职位上工作了很多年。1884年，他被任命为学院的数学讲师，后来又担任大学的应用力学讲师，并在1887年出任第二任会计。尽管在名义上他是数学讲师，但实际上他的职责已经被带回第一任工程教授詹姆斯·斯图尔特初创的事业——在大学协助他发展尚未成熟的工程学院，这正好与麦考利的天赋和兴趣相契合。抽象和“优雅”的剑桥数学对他并没有太大的吸引力，但他还是乐于将自己的数学才华运用在材料应用、拉力、实际物体运动等方面。在较早的一段时间里，他参加了克拉克·马克斯韦尔的讲座并将其视为

1 莱斯特郡，英国中部的郡，首府莱斯特。——译者注

英雄，而皇家学院的密友和同龄人卡尔·皮尔逊、詹姆斯·斯图尔特则给他带来更大的影响，不久后，他就将热情投入应用数学的另一方面。他在学习和研究方面成绩卓著，但出版的著作并不多，这点与他的祖父奥利·麦考利非常相似，后者多年来沉迷于《梅兰克顿的生活》的写作，但最终也未将其出版。直至退休后，他才得以在空余时间按照自己严格的标准为出书做精细的准备，其中剑桥大学出版社出版了他编写的学生用书《热力学定律》（1913）、《固体几何》（1930）。

在担任长达15年之久的第二任会计期间，他主要负责学院的建筑等项目。这一时期的主要事务包括博德利的建筑、教堂的窗子和结构工程、学院的布局和原来办公室的变动（普罗沃斯特·奥克斯去世后），并为伟布法庭和礼堂的扩建做准备工作。在针对建筑事务，尤其是有关建筑材料的事务中，麦考利比他雇佣的人更了解应该怎么处理。曾有一位当时的剑桥送货员（同时也是建筑师和画家）这样描述："我们乐于为皇家学院工作，因为麦考利先生是一位极其优秀的绅士，他永远知道自己想要完成什么样的作品并知道如何来完成它，这是其他人所不具备的素质。"他总是特别乐于研究石头和玻璃，而且他还有一个明显的特点：在向其他人提出建议时，他从不表示自己是这些领域的专家，在学院里这一事实广为人知。

1902年，他成为唯一的会计主管，在晚些时候又成为伊顿学院的院长，随着职位的变化，他的职责性质也发生了很大的变化。在面对年轻人时，他显得缄默而腼腆，对大学生来说，他并不是特别出名。然而，或许在演讲和谈话中他曾经显得腼腆，但他并不害怕面对年轻人，且能正确地判断他们的性格。对于那些真假掺杂的话和任何类型的闲话，他会尽量避开，他尊重年轻人的思想和秘密。我想，这是他最大的优势之一，一个小学生要向他讲述一个故事并请求他帮助是很容易的，因为他将带着确切无疑的公平，友善地接受无止境的麻烦。不可避免地，他总会遇到难以平息的狂暴，但他是少数知道如何把公平与大度完美结合起来的人。有序社会的各种法律法规应该是明辨是非而且令人满意的，但是，他们的受害者们能依靠麦考利的援助和兴趣这样做，如同他是他们的儿子一样。当他认为这些法律和规则不合时宜时，就会选择破坏规则，他经常会说："规则，规则，规则是为了什么？……应该打破，应该打破。"对于规则，我们大多数人不是注意得太多就是注意得太少，而在这方面，麦考利拥有一项杰出的品质：通过直觉，能确切地知道规则在一个道德社会里应处的正确位置。

年近50岁时，他成为会计主管。这是一项辛苦且紧张的工作。他常常在深夜还要以那清晰、漂亮的字迹书写数不尽的信件，这些工作耗尽了他的精力。1913年，已经60岁的他退休了。他进一步被战争期间的严峻形势束缚着，但在沃尔特·邓福德于1918年当选院长时，他成为副院长，继续在学院工作，同时作为学院所有主要委员可

在印刷厂工作的妇女。

信赖的顾问，他成为1926年新法令的带头起草人。1933年，在他年满80岁时，岁月的磨砺和沧桑使他衰弱不堪，他返回邻近斯陶尔布里奇的克伦特居住，住在那所继承自弟弟肯尼思且与姐姐史密斯夫人相邻的房子里。麦考利一生未婚，尽管他在学院是独居的单身汉，但由于他的家庭关系，他从未感到过孤独，因为他拥有一个有兄弟姐妹的大家庭，拥有一个众多表亲和侄儿侄女组成的大圈子。这在他的生活和感情中占据了很大的一部分，这些关系给他带来了亲情和同伴情谊。

对于那些深刻了解和喜爱他这种风格的人来说，麦考利确实是一个能给人带来快乐和愉悦的人，他知识渊博，是一个拥有超强记忆力的伟大读者。他缺乏对内省和外侵（如果有可能创造这个词的话）的认知，他那无意识的无兴趣难以被计算，同时他却拥有清晰的感觉。所有这些使得他生活在一个更加纯洁的世界。

他的家族成员都拥有优秀的外貌，他也不例外，尤其是在以后的岁月里，那些经历和性格塑造并雕刻了他的容颜。他的容貌高贵可敬，在皇家学院联谊室中挂着一幅由罗杰·弗赖伊画的他的肖像画。他热衷于所有的活动，不管是在室内还是在野外。他是学院里最后一位遵循旧俗保留一匹马的高级成员，直至战争时期，他与一些朋友常常到邻近地区骑马、打猎或出游。直到70岁，他都一直追寻着德文和萨默塞特，舒适和纵情对他来说并非必要，他所具有的是这样一种品质：适应于它的目的。这个社会（他长久服务和崇敬的社会）因他的逝世而贫瘠了许多。简而言之，我们将深深怀念他，因为他是这样一个人：很多最值得我们钦佩的行为与感觉自发地支配着他，在那儿，你不需要任何选择或决定。

5.迪尔温·诺克斯[1]

曼彻斯特的毕晓普·诺克斯有四个儿子，迪尔温·诺克斯就是他的次子，曾先后被授予拉格比公学[2]和伊顿公学的入学奖学金。我可否写一点有关他的文字，用来纪念那段他在1897年作为我的学校领导，进入伊顿学院后一起经历的最亲密的生活，以及纪念那个直到上次战争离开剑桥、前往政府接受特殊工作的人。他并不是一个擅长表现自己的人，而且他近来的工作性质更决定了他不可能广为人知。但我们这些认识他的人都意识到，与同时代的人相比，在他精心为自己设定的狭窄限度内可以选择从事的任何事务上，他具有最天才、最灵巧、最复杂的大脑，无论是在传统学识较为隐蔽的区域，还是作为一个颇具灵感的扑克牌游戏参与者或设计者，抑或是需要特别资质的政府工作，比如从上次战争期间开始，他在海军部和外交部工作了长达30年之久，直到生命终结。最近，他的一位老朋友对我说，除非是那些尤其要紧的事，否则多数时候他都持怀疑态度，因为他总是充满激情。我们这些来自伊顿学院和皇家学院的老朋友们，将永远无法再见到他了，这真是让人悲痛。

6.朱利安·贝尔[3]

1908年，朱利安·休厄德·贝尔诞生，他是克莱夫和文萨·贝尔的儿子，是莱斯利·斯蒂芬的孙子，是弗吉尼亚·伍尔夫[4]的外甥，是J.K.斯蒂芬和H.A.L.费希尔隔了一代的近表亲，在一首“自传诗”中，他这样描写自己：

> 我坚持自我本色——
> 花费数百个英国年的时间，
> 源于被驱逐的低酬劳动者；

1　摘自1943年3月10日《时代》。——原注

2　拉格比公学，位于英国中部沃里克郡拉格比镇，是一所男女兼收的寄宿学校，也是英国最古老的公学之一。拉格比以其作为橄榄球运动发源地而闻名于世。——译者注

3　摘自1937年11月30日《皇家学院年报》。——原注

4　弗吉尼亚·伍尔夫（1882—1941），英国女作家，被誉为20世纪现代主义与女性主义的先锋。两次世界大战期间，她是伦敦文学界的核心人物，同时也是布卢姆茨伯里派的成员之一。最知名的小说包括《戴洛维夫人》《灯塔行》《雅各的房间》。——译者注

源于经营牧师贸易的维恩斯；
源于弑君者克拉彭教派；
源于高度的维多利亚式智力；
还有莱斯利以及菲斯詹姆斯。

他在莱顿·帕克求学，并在1929年的历史学士学位考试以及1930年的英语学士学位考试中位列第二等级的第一部分。他在1930年获得了雷金纳德·约翰·史密斯学者职位，在1931年获得了奥古斯塔斯·奥斯汀·利学者职位。在获得学位后的第四年，他开始投身会员资格工作，为此，他首先发表了一篇关于教皇诗歌的论文，随后则是一篇有关伦理学在美学、政治学上的某些应用的论文。然而，那些关于西班牙事件的少量且时效不佳的新闻促使他于1937年匆忙返家。他渴望为西班牙的左翼政府效力，并不顾阻挠重访剑桥，以卡车司机的身份加入在西班牙的英国医药联合会。1937年7月18日，当他驾驶救护车行驶在布鲁内特前线时，一架来自叛军的飞机将其炸死。他被埋葬在马德里北部约两英里处的丰拉卡尔公墓。

政治和诗歌几乎平分了朱利安·贝尔的兴趣和感觉，他像战后那一代人一样，在对政治活动的积极参与主义以及对季节、田野尤其是对鸟类的观察和沉思默想（有时是抽象的诗）的寂静主义之间摇摆不定：

光秃的犁形山脊直扫而上，
黑色的灌木结不出浆果，枯死的草一片褐色。
尖端呈褐色的灯芯草生长于每一片野地，
当然还有那光秃秃的树林，浓雾弥漫。
当夜晚模糊了傍晚的景色。

他常常独自一人在苏塞克斯丘陵草原生活几个星期，他在草原上观察并细致地描写大自然，然后重返都市，参与一些朋友狂烈而放荡不羁的聚会，并进行热烈的政治辩论。对他来讲，一旦将想象力从华而不实的现在转向未来时，未来就绝不是和平的。他拥有高度坦诚的性格和纯洁的动机。他简洁高雅，正是他的真诚逐渐雕刻出的个性并将其表达出来。他的成长和发展十分缓慢，只在最近才有些成熟，他最终的成就（虽然现在已经中断）极有可能大大超过他早期的承诺。《冬天的运动》（1930）和《为冬天而工作》（1936）是他出版的两本小诗集，人类学家在将来极有可能从中撷取几个片段。他还在1935年编辑了由卡奈·H.R.L.谢泼德作序的《我们不战：1914

年—1918年抵抗者的经历》。在他的介绍中，我们可以清晰地看到他那一代人思想转变的特征——从拒绝抵抗的和平主义向相信无论如何都存在值得和需要牺牲的事情。其中在那与生俱来的不顺从（引导他走向初次同情的、无畏的、个人判断的权利和责任）和促使他越过所有阻碍走向一种未使他感到惊讶的最终牺牲之间，包含着一种深深的内部一贯性。

他在1935年介绍自己的一些句子中表达出来的忠诚，应该是他最好的墓志铭。在比较了包含自己在内的同代人和那些理想主义者、有责任心的反专制主义者的态度之后，他写道："我们这代人，这代关心人类和人类所发生的事件的人，已经逐渐开始相信，有效的行动才是唯一有价值的存在……更年轻一代的战争抵抗者，已经从敌人那里学到了很多，他们已经成长起来（甚至在和平时期），形成了一种战争头脑。尽管它存在缺陷，但我相信，我们这代人的战争抵抗运动将最终在消灭战争中胜利——如果必要的话，通过战争。"

第12章　两位科学家

1.牛顿，真正的人[1]

关于牛顿，一直以来，我都在累积各种资料和整理我的印象，以纪念1942年的圣诞节——他的300周年诞辰[2]。但是面对战争，我既没有时间充分思考如此重大的题目，也没有空闲查阅图书和文章来印证我的记忆。因此，如果你们认为所看到的研究文本比事实更为简略，希望大家能够谅解。

另一个问题。我认为牛顿很伟大，但我相信他与习惯图画中的那种样子并不相同。他是特殊的，相对于19世纪形形色色的更不平凡、更杰出的天才们，他仍有很多独特之处。因此，希望大家不要认为我的目的是诋毁剑桥最伟大的儿子。我只是试图用最真实的视角去看他，如同他的朋友和同代人一样，无一例外地将他视为最伟大的人物之一。

18世纪以来，牛顿一直被认为是现代科学界史无前例的伟人，一位理性主义者，是教会我们在纯粹的和冷静的理性路线上思考的人。

但是我不用这种眼光看他。牛顿在1699年最后离开剑桥时留下了一个整理好的盒子，里面内容尽管有所丢失，但是大部分流传了下来，我认为任何一个仔细研读过这个盒子内容的人都不会用这种眼光去看他。牛顿不是理性时代的第一人，他是魔术家中的最后一个，他是苏美尔人的最后一个，也是巴比伦人的最后一个，他是最后一位伟大头脑，他用不到10 000年前开始构建我们的智力遗产的人的眼光观察这可见的、智力的世界。1642年，伊萨克·牛顿出生了，他是个遗腹子。

假如有时间，我愿意不带评论地、原汁原味地给大家读一读关于牛顿的童年记录。虽然牛顿的传记作者对此非常熟知，但是因为它尚未大量出版，鲜少人知道。呈现在这里的，是关于这位年轻魔术师的带有传说性的版本，是一幅充满快乐的图画，

1　凯恩斯1946年7月17日在剑桥三一学院的牛顿300周年纪念会上的演说稿。——原注

2　按现行公历，牛顿生于1643年1月4日。在牛顿那个时代，欧洲通行两种历法，一种是儒略历，一种是格里历。牛顿出生时，格里历比儒略历快10天。牛顿出生的英格兰当时使用儒略历，因此牛顿出生于儒略历1642年的圣诞节，或格里历1643年1月4日。——译者注

展现了这位年轻人同时也是学生的焦虑、忧郁和神经质的天才的开放头脑。

因为用时下流行的术语说，牛顿对不熟悉的事物特别神经过敏，但是我要从记录中得出他属于一种最极端的类型。他天性的深处是玄奥的、隐秘的，带着深深的遁世，对世人的探究和批评可以赤裸裸地袒露他的思想、信仰以及发现的麻木性害怕。惠斯顿，他的后继者说道："（牛顿具有）我所知道的最惧怕、小心和多疑的性格之一"。非常著名的典型例证就是牛顿与胡克·佛拉姆斯蒂德和利贝内兹之间的冲突和不体面的争吵。与这类型的人一样，他完全与女性疏远。他几乎从不发表和出版自己的见解，除非朋友们施以重压。直到生命的第二阶段，他面对极度的孤独，通过强烈的内省，仍以一种无法匹敌的精神毅力坚持研究。

我坚信他将在非比寻常的、倾力地、持续的内省力量中发现其思想的线索。就如同卡特斯那样，可以认定他是一个成功的实验家。在他还是一个小男孩时发明了机械的传说比任何事情都引人入胜，关于他的望远镜和视力实验，这些基本的成功，可以部分归结于他无可匹敌的、全能性的技巧，然而，我能确信成功不只是缘于他特殊的天赋。他具有能够在头脑中一直持有一个纯粹心智的问题直至看透它为止的力量，这是他的特殊天赋。我猜想，他早期的成就归因于他的直觉力量——一个人曾被赋予的最强大、最坚韧的力量。尝试过纯粹科学或哲学思想的人都知道，一个人怎样才能于刹那间在头脑中抓住一个问题，并运用自己所有的专注力去洞穿问题，知道问题将怎样不能解决和逃避，于是，你会发现你在勘测的是一片空白。我相信牛顿能够在头脑中抓住一个问题数小时甚至数天和数周，直至它放弃自己的秘密。接着，作为一个高水平的数学技师，牛顿能够装扮它，但卓尔不凡的是他的直觉——"在他的推测中如此幸福，"德摩根说，"以至于好像比他有可能以任何方式证明的知识要多得多。"那些证明，如我已说的，是为了表明那些思想是有价值的而被装扮起来——它们不是发现的工具。

有一个故事，讲的是有一次他告诉哈雷关于行星运动的基本发现之一。"是的，"哈雷回答说，"但你怎样知道的？对它，你证明过吗？"牛顿呆住了，"啊，我已经知道它多年了，"他回答，"假如给我几天时间，我必然能为你找到它的一个证据"，正如他所言，他按时找到了证据。

当然，毋庸置疑，用来装扮《原理》阐释的、特殊的几何形式与牛顿实际得出结论的思想历程一点也不相似。我觉得，牛顿的实验不是发现的一种手段，而是证明他已经发现的东西的一种手段。

我将牛顿称为魔术师的原因是，他看待整个宇宙及宇宙内的事物如同一个谜，如同一个将纯粹的思考运用于特定证据、特定神秘的线索，上帝将线索放置于世界各

牛顿（1643—1727）的画像。牛顿是伟大的物理学家、天文学家、哲学家、数学家。

地，并允许一类哲学家去获取秘密通道——能够被解读的秘密。牛顿坚信这些线索的一部分将被发现于天空的证据中，或者元素的构成中，另一部分存在于特定的文献和习俗中，兄弟们将带着未被打开的文献和习俗传承下来，这可以追溯到巴比伦原初的秘密启示。牛顿将宇宙看成万能者存放的密码文件——正如他自己也被包裹在一个密码文件中。当他与莱布尼兹通信时发现了微积分。牛顿相信，借助头脑的专注，通过纯粹的思考，这个谜底终将揭晓。

牛顿确确实实解读了苍穹之谜。他坚信通过与内省想象相同的力量，还将能继续解读神性之谜、神灵预先设定的过去与未来事件之谜、元素及其原始构成的无差别的第一物质之谜，甚至健康与不朽之谜。对牛顿来说，只要他能够坚持到底，不被自己打断，一切谜底都将揭晓。没有人进入他的房间，读、复录、检验，所有这一切都是他亲力亲为，在他的探究过程中没有打岔、没有揭露、没有不一致的闯入，更没有批评。当他猛烈攻击半命令、半禁止的事物时，他也有害怕或退缩的时候，爬回自己的胸怀，正如同投入母亲的怀抱一样，"独自航行在奇怪的思想之海"，不像查尔斯·莱姆，"除非它像一个三角形的三条边那样清楚，否则他不相信任何事物。"

就这样，他持续奋斗了大概25年。1687年，当他45岁时，《原理》出版了。

我将在三一学院向你们介绍牛顿是怎样生活在你们中间的，他最伟大的成就是在这里取得的。17世纪下半叶，在三一街与大门和教堂建筑之间的空地上，建着一个围墙花园。南墙出了大门的角楼与教堂有一段距离，宽度相当于现在的人行道宽度。这个花园有一定的规模，正如1690年洛根关于学院的版画显示的那样，这是牛顿的花园。牛顿在守门人的住处与教堂之间有一套高级住宅。我估计现在那里被布罗德教授侵占了。这个花园连接着一条有扶栏的楼梯，这楼梯通向木柱撑起的阳台，而阳台从建筑区凸伸进花园，在楼梯的顶部放置着他的望远镜，这是离开剑桥后，罗格·科茨和牛顿的继任者惠斯顿所用的天文台。这个木制建筑物于1856年被休厄尔拆除，布罗德教授卧室的隔间取而代之。在花园的教堂一端是一个小的、木制的二层建筑，是牛顿的试验室。当牛顿决定准备出版《原理》一书时，雇了一位年轻的亲戚——汉佛莱·牛顿来做他的抄写员（《原理》的手稿，当《原理》出版时在汉佛莱的手中）。从1684到1689年，汉佛莱与牛顿在一起待了5年。牛顿逝世后，他的内侄康迪特为他的回忆录向汉佛莱写信，在我拥有的文献当中就有汉佛莱的答信。

在漫长的25年研究生涯中，数学和天文学只是牛顿研究的一部分，或许并不是他事业中最具吸引力的部分。关于这些的记录几乎全部局限于他离开三一学院去伦敦时保存并放在盒子里的文献。

我将给出一些关于这些主题的、简单的提示。它们是伟大的鸿篇巨制——或许，我应该说在他尚存的手稿中有100万字以上。然而，它们几乎没有任何实际价值，除了作为一个吸引人的侧面来观察我们最伟大的天才的头脑。

在对抗200年来曾如此顽强地被创造出的另一个牛顿神话时，我还是不要夸大其词为好。在他的疯狂中有一种极端的方法。关于他所有秘密及神学方面未发表的著作，均有着这样的印记：仔细的研究、精确的方法和极端清醒的措辞。如果它们的整个事务及其目的不是魔性的，其智慧是可以与《原理》相比的。它们分几部分，几乎都是在与牛顿教学研究同期的25年之内创作的。

在早期的生活中，牛顿在三一学院抛弃了正统的信仰。当时，在知识分子圈中，索西奴斯教派是一个重要的教派，或许牛顿受到了索西奴斯教派的影响，但我认为并非如此。他的这一结论不是站在"如此这般说来"的怀疑或理性的立场上，而是整体基于古代权威的解释。他被说服认为表面的文件没有支持三位一体的教义，而它应该是后来伪造的。

但是，这是一个足以致命的秘密，牛顿在一生中忍受艰难痛苦而掩饰它。这就是他拒绝霍利奥达斯的原因。所以，他只得到特殊分派持有高级成员资格，却不能担任三一教师。从总体上看，秘密随他的逝去而消逝，但他的大盒子中的很多著作展示了他的秘密。牛顿去世后，毕晓普·霍斯利奉命检查牛顿的盒子，并希望出版盒子中的著作，但是当他看了盒子中著作的内容后，万分惊恐并迅速将盒子合上了。100年之后，戴维·布鲁斯特再次看了这个盒子，他以小心挑选的摘录和一些严肃的小谎言完全掩盖了痕迹。戴维·布鲁斯特的传记作者莫尔先生反而更加坦诚。我估计在牛顿未发表的论文中，他广泛地反三位一体主义的小册子是最有趣的。我拥有一个完整的小册子，除了肯定他更严肃的信仰之外，充分表明了牛顿想到了记载的极端不诚实和篡改。对此，圣·阿萨内修斯负有责任，这很大程度上因为他散布了关于阿里亚斯死在厕所的谎言。

17世纪后半叶，三位一体信徒在英国获得了胜利，不仅仅像圣·阿萨内修斯的最初凯旋那样完全，而且像他那样辉煌。有个很不错的理由认为洛克是一个唯一教徒，我曾经见过有关弥尔顿也是一个唯一教徒的论证。但是，牛顿在这里留下了一个污点记录：当他的继承者惠斯顿因为公开承认牛顿曾在过去40多年中暗自坚持意见而被逐出教授职位和大学时，牛顿没有任何反驳。

对这种异端邪说的持有加剧了他的沉默、隐秘和内向的性格。

另外，一大部分涉及启示著作的所有分支，从中他探索宇宙的秘密——所罗门神殿的力量、丹尼尔之书、启示录。其中一部分是在牛顿晚年出版的巨大卷册的作品，与之相随的是数百页关于教会的历史之类的描述。

通过对牛顿最早的著作之中的笔迹进行判断，我认为盒子里的内容中有一个大片段与炼金术——转化、哲人之石、长生不老药——相联系。这些文献的范围及特点一直秘而不宣，或者被几乎所有察看过它的人降至最低限度。1650年前后，伦敦出现了一个集团，这个集团以出版商库珀为中心，在此后的20年中，他们不仅复兴了对15世纪英国炼金术的兴趣，而且阐述了中世纪及其后期的炼金术士的兴趣。

剑桥图书馆里藏有数量可观的关于早期英国炼金术士的手稿。或许在这所大学内部有某种延续的秘密传统，在1650—1670年的20年时间里，这种传统兴起并且十分活跃。无论怎样，牛顿是一个放纵的沉溺者，他沉溺于“大约春天6个星期和秋天6个星期”，正好在他构思《原理》的几年——关于这些，他对汉佛莱只字未提。除此之外，牛顿几乎全身心投入解读传统之谜，而不是严肃的实验，发掘隐义诗的意义，模仿以往世纪创始者宣称但主要是想象的实验。关于这些研究，牛顿留下了数量可观的记录，我觉得其中大部分是他所做的现存书籍和手稿的阐释和复制本，其中也有大量的实验记录。我曾经浏览过这方面的资料，至少10万字，可以说，完全没办法整体否认它是魔法；也完全没办法不承认，因为牛顿对其进行了多年研究。对于比我装备更好、更悠闲的某个研究者而言，弄清楚牛顿与传统及其时代的确切关系，有时可能是非常有趣的，但也可能是无用的。

牛顿的一只脚在中世纪，另一只脚则为现代科学踩出一条路。牛顿就是在这些混合和奇特的研究中度过了他人生的第一阶段。在三一学院生活期间，他做了所有他真正的工作。现在我们将进入第二阶段。

《原理》一书出版后，牛顿的习惯和生活方式中有了一个彻底的改变。我相信他的朋友哈利法克斯首先得出这样的结论：他必须从在三一学院循规蹈矩的生活中拔出脚来，否则他很快会身心俱疲。总之，出于他自身的动机和别人的劝说，他放弃了研究。他开始从事大学方面的事务；朋友们试图为他获得一些高贵、有报酬的职业，如皇家学院院长、宪法院教职和造币厂主计员等。

牛顿是教徒，因此他无法担任三一学院教师。因为他不是伊顿学派的人，所以他也无法担任皇家学院院长。牛顿认为这很不合理，于是准备了一份提纲以说明他能担任院长的理由。但是，他运气不好，牛顿作为院长职务的提名恰逢这一时刻：皇家学院已经决定对抗皇家提名权，而且在这场斗争中，皇家学院取得了胜利。

其实，对于对这些职位中的任何一个，牛顿都是很有资格担当的。我们不能因为他的内省、他的恍惚、他的隐秘和他的孤独，就武断地认为他在处理事务时缺乏资质。很多记录都能证明他拥有伟大的能力。例如，读一下当他作为大学在议会的代表在必须处理1688年革命之后微妙的誓约问题时，从他与副首相、科维尔博士的通信中可见一斑。他与佩皮斯和浪兹一同成为最伟大、最有成效的公务员之一。他是一位十分成功的投资者，避过了南海泡沫[1]，他死时是一位富人。非常罕见的是，他几乎拥有每一种智力和才能，他是律师、历史学家，而不仅仅是数学家、物理学家和天文学家。

当生活的转折点到来时，他将他的魔术之书放回盒子时，对他而言，这是十分容易的：将17世纪扔在身后，演变成18世纪传统牛顿的形象。尽管如此，在朋友的参与下，改变生活的措施还是未免有些晚了。1689年，牛顿深深依恋的母亲辞世了。大概在他50岁生日时，也就是1692年的圣诞日，在某个角落，他患上了我们现在所称的严重的精神崩溃。忧郁、失眠，对烦扰的恐惧——他给佩皮斯、洛克及其他人写信，这些信件让人们以为他已经神经错乱了。用他自己的话说，他失去了“从前思想的一致性”。他再也没有投身于旧风尚，也没有做任何新工作。牛顿精神崩溃的状况大概持续了两年，并且伴随着轻微的神经衰弱，但仍旧毋庸置疑的是，牛顿爵士仍是英国最有力量的头脑之一。

1696年，牛顿的朋友们成功将他“弄”出剑桥，在不止另一个的20年中，他作为他的时代——随着他的力量的逐渐衰弱，他的和蔼可亲与日俱增。

他与外甥女凯瑟琳·巴顿组建了一个家庭，她毫无疑问是他忠诚的老朋友查尔斯·蒙塔古·哈利法克斯伯爵和财政大臣的情妇，当牛顿是三一学院的大学生时，他曾是牛顿最亲密的朋友之一。大多数人认为凯瑟琳是伦敦最灿烂、最迷人的女性之

1　南海泡沫事件是英国在1720年春天到秋天之间发生的一次经济泡沫，它与密西西比泡沫事件及郁金香狂热并称欧洲早期的三大经济泡沫，经济泡沫一语即源于南海泡沫事件。事件源于南海公司，南海公司在1711年西班牙王位继承战争仍然进行时创立，它表面上是一家专营英国与南美洲等地贸易的特许公司，但实际上是一所协助政府融资的私人机构，分担政府因战争而欠下的债务。南海公司在夸大业务前景及进行舞弊的情况下被外界看好，到1720年，南海公司更透过贿赂政府，向国会推出以南海股票换取国债的计划，促使南海公司股票大受追捧，股价由1720年年初的约120英镑急升至同年7月的1 000英镑以上，全民疯狂炒股。然而，市场上随即出现不少“泡沫公司”浑水摸鱼，试图趁南海股价上升的同时分一杯羹。为规管这些不法公司的出现，国会通过了《泡沫法案》，炒股热潮随之减退，并连带触发南海公司股价急挫，至9月暴跌回190英镑以下，不少人血本无归。南海泡沫事件使大众对政府的诚信破产，多名托利党官员因事件下台或获罪；相反，辉格党政治家罗伯特·沃波尔在事件中成功地收拾混乱，协助向股民作出赔偿，使经济恢复正常，从而在1721年取得政府实权，并被后世形容为英国历史上的首位首相。此后，辉格党取代托利党，长期主导英国的政局。南海公司并没有因为泡沫而倒闭，其在1750年以后中止了对南美洲进行贸易的业务，最终维持至1853年才正式停业。——原注

一，她的出名并非因其在斯威夫特的杂志上的富有想象力的故事。而牛顿，“当他驾着马车时，总是一只胳膊伸出马车，而另一只胳膊在另一边伸出。他淡红色脸的上方是一团雪白的头发，“当他拿去长假发时，则是一幅令人肃然起敬的模样，越来越仁慈而庄严”。一天夜晚，牛顿在三一学院的后厅，被安妮女王授予爵士的荣誉。在近24年的时间里，他一直位居皇家学会主席。对于所有来访的外国知识分子而言，他成了伦敦的主要景致之一，而他则慷慨地款待他们。他很喜欢在身边由聪明的年轻人编辑《原理》的新版本，有时似乎仅仅是新版本。

魔法已经全部忘记，他已然成为理性时代的智者和君王。正统的伊萨克·牛顿爵士被塑造成了。沃尔塔亚结束伦敦之旅返回时，做了关于牛顿爵士的报告：“这是他独有的幸福，不仅出生在一个自由的国度，而且出生在一个所有的学究的无礼被抛出窗外的时代。理性是独自成长的，人类仅是它的学生，而非它的敌人。”秘密的异端邪说和学究的迷信曾是牛顿一生的研究对象，但他将其隐藏起来。

然而，他从未倾尽全力地恢复“他头脑以前的一致性”“在他的目光和举止言行中有些迟钝的东西”“有客人在时他说得极少”。

我猜测他很少看那个大盒子，当他离开剑桥时，他将所有关于曾占据和极其吸引他强烈热情的精神的证据装进大盒子里。

然而，他没有销毁它们，并将它们保存在大盒子里，令任何一双18或19世纪探察的眼睛感到震惊。牛顿的大盒子里装着大量未发表的著作，这成为凯瑟琳·巴顿及莱名顿女士的财产。1888年，关于数学的部分被送给剑桥大学图书馆，并被编制了索引，但至今没有被编辑。此外，牛顿大量的著作被凯瑟琳·巴顿的后代洛德·莱名顿于1936年分散拍卖了。我试图重新收集大约一半的著作，其中包括几乎整个传记的部分，我想将它们带回剑桥并永久保存。我没能收集到的其他大部分被辛迪加获得了。他希望借最近的300周年纪念之际以高价出售它们，我想他大概会选择在美国出售。

当人们深深地思索这些奇怪的收藏时，似乎比较容易理解——我希望以一种不在另一个方向上被歪曲的理解——这个奇特的灵魂，他被撒旦怂恿着相信——当他正在解答着这样庞大数量的问题时——他能通过纯粹的头脑力量探测到自然的所有秘密——将哥白尼和福斯特斯集于一身。

2.萧伯纳和伊萨克·牛顿

如果将牛顿的生活分成两个部分，那么这一部分的生活显然不同于另一部分生活。这两个部分的分界线大约是1692年，那年他50岁。萧伯纳出版了《在好国王查理的黄金岁月》。通过对众所周知的事实轻率的叛离，他对牛顿的描绘正与牛顿当年的情形相左。但通过洞察他天性的可能性的预言，我们可以看到他提供给我们一幅30年后勉强合理的画卷——“国王乔治的黄金（远远胜过金黄色的）岁月”。通过说明他的过时的预言性，我可以在这儿称赞萧伯纳吗？

这场戏始于一个小细节，背景是牛顿在某处的一所房子里，很显然，牛顿在剑桥镇从来没有过这样一所房子。牛顿在剑桥的所有时光都住在三一学院，至今有的房间还保持着原貌。但是萧伯纳确切地谈到“外面有一个铁阳台，连接一个铁楼梯通到花园里”，尽管这些现在都不复存在了；因为作为牛顿的花园，他曾拥有现在建筑物和街道之间的一块草地，而他的实验室就在花园里。30年后，在莱斯特广场旁边的圣马丁街，牛顿的确拥有如他描述的那所房子。根据记载，牛顿的窗帘和室内装饰物全都是深红色，剧作者可能将此记住了。牛顿在剑桥也没有管家和女仆，有时会有一位年轻人、一位学院的公费生或以后的秘书在牛顿的住处借住，帮他做一些杂事。

然而，在1860年，处于他生活的第一时期的牛顿在剑桥时，除了几位科学家朋友之外，知道他名字的人并不多，此时距《原理》的出版还有7年。牛顿像隐士一样生活，疯狂专注于所有的宇宙之谜，像一位魔术师带着不为人知的秘密，以怀疑的、孤独的姿态独处，无法与光明世界相交。正好我们有一张汉佛莱·牛顿作于1685年的画，在学院里，汉佛莱·牛顿与他住在一起，在《原理》创作的最后阶段担任他的抄录员。“当时，他的仪态十分温和、庄重，而且谦恭，从不发怒，思想深沉。他的面容柔和、快活、漂亮。”“他的头发雪白。”“他十分专注于研究，以至废寝忘食的地步。他经常忘记吃饭，我走进他的房间，发现他的饭一点都没动，当我提醒他吃饭时，他总会问‘我吃了吗？’然后整理好手头的事情走到桌旁，站着吃，可以说我没有看到过他坐在桌旁……他在凌晨两三点之前很少上床睡觉，有时要忙到凌晨五六点，之后躺四五个小时，特别是春天和秋天，他经常要在试验室里进行6个星期的研究，无论白天还是黑夜，他很少熄灯，他一直不停地熬夜，直到完成化学试验。在操作过程中，他最大限度地保证细致、严谨、准确。我无法看透他的目标，但通过当时他的辛苦、勤奋，我认为他的目标在于超越人类艺术与勤奋所及的什么东西。除了就餐外，我不曾见过他喝啤酒或者麦酒，他非常艰苦。除非在公共聚会的日子里，他极少去大厅进餐，如果没人提醒他，他会趿着鞋子、不系长筒袜、穿着白披挂，顶着极少打理的头发十分马虎地出去。

汉佛莱的怀疑是正确的，如同留存下来的大量的未发表的手稿所证实的，那时，牛顿正寻觅哲人之后、长生不老药和基本金属向黄金转化的可变性。他的的确确是位魔术师，他坚信将强大的专注力用在传统密卷和隐藏的书籍上，就能够发现自然的秘密和未来事件的进程，正如通过将纯粹的智力游戏运用于观察事实，他已经揭

开了苍穹之谜的面纱一样。当他的工作向前瞻望，并向着现代科学的所有奇迹引路时，他自己的精神却穿过中世纪回望到最古老的东方的传统和秘密。在萧伯纳的剧中，他口中的话是对的——“有这么多更重要的事情需要做：长生不老药，物质的转换，光与颜色的魔术，压倒一切的是圣经的隐义。当我集中思想专注于这些事时，我发现自己开始漫游，并进入到沉思无穷系列数目的闲散的游戏中，将弧分成不可分的短三角形边。这多么愚蠢！多么浪费时间——无价的时间！”这些话是正确的，尽管难以想象这些话曾经从秘密人士紧密的双唇中讲出来，甚至他都没有向与他

20世纪初一位绅士在餐厅用餐时抽着雪茄。

生活了5年的汉佛莱提示实验室里的火中可能隐藏的东西。

萧伯纳允许戏剧中的角色解读几十年后才发表的牛顿的著作，这样做没有害处。但我是否能公平地抱怨一下？因为它不仅改变了年代（牛顿比剧中晚45年才说出这一思想），而且改变了牛顿为数不多的、被记录的思想表达的最可爱、最著名的话：

萧伯纳剧中的牛顿：我倾尽一生的时间来沉思我无知的海洋。我曾吹嘘在无尽海洋的沙滩上捡起过一颗卵石，实际上，我只应说是一粒沙子。

牛顿自己：我无法知道可以向世界表达什么；但对我自己来讲我仿佛像一个小男孩，在海岸上玩耍，对自己偶尔发现的比普通的更光滑的一颗卵石或更漂亮的一只贝壳而感到高兴，但伟大的真理之海还尚未被发现。

正如汉佛莱描述的那样，经过10年或者更多地紧张热烈的研究和自我忽视之后，已经给这世界带来了《原理》。牛顿到了更年期，失去了深深依恋的母亲，患上了神经衰弱。这如我们现在描述的那样，非常强烈以至助长了一种传言，说他疯了。他精神错乱且有病，失去了头脑的集中力（并且再未恢复如初）；他觉得自己被朋友们迫害和欺骗，于是就给他们写信，信中带着荒谬和无稽的控告。1692年，牛顿50岁，当时的他是位著名人物。朋友们觉得什么都无法恢复他的理性，只有将他从三一学院的房间里弄出来，并为他寻找某些名誉的、高贵的职业才可能可行。朋友们的第一次努力没有成功，对牛顿神经的影响令他厌恶整个计划。国王将他提名为剑桥皇家学院院长，但这遭到学院的拒绝，因为牛顿既不是伊顿学院派，也不是国教牧师；朋友们还有一个使他成为宪法院教师的计划。最后，一位三一学院的老朋友、时任财政大臣查尔斯·蒙塔古和洛德·哈利法克斯，为牛顿先后谋取了造币厂监察员和雇主的职位，这一职位有相当可观的收入和适度的职责。

牛顿移居伦敦，并在此后的30年里在伦敦社会占据着如同萧伯纳在其早20年到30年的背景中为他预料的那个位置。此时，牛顿已经进入人生的第二阶段。魔术之书已经合上，他的长筒袜也已经拉好，他的头发也变得整齐（尽管他的饮食没有变好：凯瑟琳·巴顿经常说：“他总是要让午餐晚2个小时；粥、牛奶或鸡蛋，这些热着端给他作为晚饭的东西，却经常被他当作早餐吃”）。他加入波普和斯威夫特的圈子，被一个人称颂却被另一个人讽刺；牛顿，皇家学院的主席，对伏尔泰[1]和所有来自大陆的拜访者来说，是伦敦的风景之一，科学家与高贵的、学术的年高德劭者和赞助者，英

1 伏尔泰（1694—1778），原名弗朗索瓦-马利·阿鲁埃，伏尔泰是他的笔名。法国启蒙思想家、文学家、哲学家。他是18世纪法国资产阶级启蒙运动的旗手，被誉为“法兰西思想之王”“法兰西最优秀的诗人”“欧洲的良心”。——译者注

国与世界的、被公认的光荣。在一个场合，的确，他去了剧场，而且仅有一次。“有太多的好东西。”他后来说，“它仿佛是一顿过量的午餐。第一场，我快乐地听；第二场，我已经到达了忍耐的最大限度；第三场，我跑掉了。”

年仅17岁的凯瑟琳·巴顿是从乡下来为他打理家务的，她是他的外甥女。凯瑟琳被称为伦敦社交界最聪明、最漂亮的女子之一。斯威夫特喜欢与她单独进餐，在给斯特拉的一封信中，他写道：“我爱她胜过这儿的任何人。”凯瑟琳成了哈利法克斯的伙伴及某些传闻中的情妇。她照料牛顿的生活起居整整30年，牛顿死时很富有——如同莎士比亚、达尔文和萧伯纳一样富有。

我盼望萧伯纳能够填充他的疏漏，将凯瑟琳·巴顿和查尔斯·蒙塔古也带入剧中。牛顿在圣马丁大街的房子和图书馆（经过长时间的流浪之后，今年他的书又重新回到了三一学院），十分接近现在麦克米伦先生的房产，屋子里的窗帘和装饰都是深红色的，凯瑟琳·巴顿为他理家，这或许正好是萧伯纳给予他的拜访者和对话的场景。然而，剧作家们有其公正的特权，他们将1710年的牛顿向回移动30年，要比假装查理二世[1]及其女士们在乔治一世[2]统治下硬朗有力更容易些。萧伯纳毫不迟疑地表示：“自莎士比亚使特洛伊的赫克托引用亚里士多德以来，舞台上从未犯过更令人惊愕的时代错误。”在我看来，在这部戏中，他头脑中的特殊例子（使牛顿明白了水星的近日点有问题）是他在这个安排中所犯的最小的错误。“同时，我承认，”萧伯纳总结说，“我剧中的牛顿是一位舞台天文学家：那不是一个时代，而是所有时代的天文学家。作为一个人，牛顿是不平凡的人当中最奇特的一个；关于他的矛盾，我有章节和诗句说明。”那确实是真的，我只需要通过说明牛顿比他在这里显示出的奇特来证实它。当牛顿离开剑桥并合上魔法之书时，他将大量的手稿装在一个大盒子里。在他去世后，凯瑟琳·巴顿的丈夫添上了他所能搜集到的关于这位神童和天才魔术师生命第一阶段的所有故事和回忆录。它们一直躺在大盒子里，直到几天前拍卖者的木槌将它们分散给不同的买主。这些手稿的某些部分很著名，但这些手稿从来没有像它从大箱子里出来那样被当成直接的、连续的故事而发表。有充分的证据表明，他是

1　查理二世（1630—1685），斯图亚特王朝的苏格兰及英国国王，是查理一世与亨莉雅妲·玛利亚的长子。——译者注

2　乔治一世（1660—1727），汉诺威选帝侯、英国国王，是汉诺威选帝侯奥古斯都和英国国王詹姆士一世的外孙女索菲的儿子。1714年，英国安妮女王驾崩无嗣，乔治一世根据1701年的“王位继承法”继承英国王位。他成为汉诺威王朝的第一位国王，也是一个母语是德语且不会讲流利英语的英国国王。——译者注

“最奇特的”——永远最奇特——“在不平凡的人当中”，几乎从他作为遗腹子出生开始。

我希望大家不要错过这册献礼之书，然而，被这个世界令人困惑的太多的事物占有、剥夺了头脑的闲暇——我只能匆忙写下这几行文字，这是远远不够的。对于我对萧伯纳抱有的爱与尊敬而言，它们太不公平了，太轻了。

1946年4月7日

3.爱因斯坦

未见过牛顿的沃兹沃思为牛顿的雕像写道：

一个头脑的大理石表征，永远；
航行在奇特的思想之海，独自。

我曾经见过爱因斯坦，因此，不得不明确地记录某些东西，而这大概正是真正不同的地方：爱因斯坦是个淘气的男孩——淘气的犹太男孩，当世界“踢”他屁股的时候，他伸着长鼻子；爱因斯坦是个可爱的顽童，脸上始终带着纯洁的傻笑。显然，可以毫不夸张地说，爱因斯坦的屁股已被踢了无数次。对此，他早就想到了，他发现它与真和独立是相适宜的，甚至可以说是独立的象征，它没有使他感到沮丧。

爱因斯坦出席了我在柏林大学所做的一次演讲，也出席了随后的一个官方宴会。这样看来，在柏林他们并没有把爱因斯坦看成明星。他是为数不多的、我没有对其作个人介绍的客人之一，我不得不将他找出来，当时他坐在桌旁下手倒数第二个位置上，而我则不太幸运地坐在教区长夫人和部长夫人之间。我第一眼没有认出他。当我看到一位奇怪的暗色生物带着好看的圆脑袋怯生生地走进房间时，我戏谑地对邻座说，这儿来了个M.布莱恩特！随后被告知那是爱因斯坦，我靠近一些看到真正的相似者是查理・卓别林。带着莎士比亚式前额的查理・卓别林是爱因斯坦的最好写照。查理的神情和顽皮的斜视正好是相同的。爱因斯坦是那种犹太人，那种极少将它的头高出水面，甜甜的、温柔的小淘气，不曾将不朽升华为复利[1]。

爱因斯坦谈及我的讲座——看来他能理解英语但不说英语。对于我演讲的最后一段，我问他是否同意，我暗示了一种对共产主义的同情。“是的，”他回答，“我心中是红色的，但我的头脑却不适应。”

1　摘自凯恩斯的《我的柏林之访》，1926年6月22日。——译者注

在午宴上因为距离的原因，我只能在远处观察他。在德国宴会上，在每一道菜中间都进行一次讲话，其间侍者退出并关紧门。当第二次讲话进行时，爱因斯坦想起了一个主意，正如莉迪亚[1]所说的将水洒出一点，然后微笑着起身走向门口，再次难以言喻地使人联想到一个逃课的男孩。但他发现门从外面关上了，于是他只好腼腆不安地回到座位上，带着更深、更局促的笑，他的屁股被周围老德国人的目光踢了一下，这个举动有些无耻，使他困窘，显得外行，但他却不难为情、不悔悟、不畏惧。爱因斯坦独自航行着，他的神情是一个头脑的表征——即使用沃兹沃思的语言也无法完整地描绘他。

宴会结束后，我不得不与老经济学家们交流，但在爱因斯坦离去之前我从他那得到了对我演讲的共鸣和一点赞扬。对爱因斯坦，我的确曾有点淡然处之。

或许除了莉迪亚十分喜欢的银行家老富尔斯特伯格和来自汉堡的不可思议的经济学家卡特·辛格之外，爱因斯坦是我在全柏林看到的最好的，并且唯一的天才，他是一位犹太人，富尔斯特伯格和辛格也是。

1 莉迪娅·卢波科娃，凯恩斯的夫人，俄罗斯出众的芭蕾舞演员。——译者注

第13章　两篇回忆录

1.《两篇回忆录》序[1]

这里印出的两篇回忆录是凯恩斯勋爵晚年所写、读给一部分年老的和亲密的朋友的，我是其中之一。在很长的一段时间内，我们一年聚会两三次，在一家餐馆进餐，饭后聚会时，我们会大声朗读一篇或两篇回忆录，并以此来唤起我们对昔日生活的回忆。

在此后的岁月中，这种聚会经常在凯恩斯勋爵的家中举行。我记得一个夏夜，我们在蒂尔顿会面。实际上，我们经常在戈登街第46号会面。

莉迪亚总是热情地接待我们，并将我们带到楼上的一个大房间，这个大房间是凯恩斯将46号和47号起居室打通而成的。梅纳德（约翰·梅纳德·凯恩斯，后成为凯恩斯勋爵）经常斜斜地躺在长沙发上让其心脏得到休息，在他旁边摆放着一盏读书灯，他的头正好在阴影里，有时他会回想起书中读到的人谈及的事件或人物。

回忆录第一篇的主题非常具有历史重要性，关于这点无需强调。这篇文章对停战信号发出后，继续在1919年对德国实行长达数月之久的食品封锁负有责任的人们的性格与生活进行了清晰的分析。在当时最优秀的评论家看来，在政治上实行那种政策是不明智的；他们的观点被这一事实所证实：希特勒最有效地利用了持续封锁这一手段，通过对抗和约以及和约制定者们来加强他的地位。

这两篇回忆录都未做丝毫改动地出版了，作品中包含着读者能迅速领会的隐义和诙谐的个人风格。对此，我没有全部注释，但我添上了人名清单，因为这些没有被完整提到，难免给读者造成误解或费解。但同时请读者记住，那是他的特权。这是仅为特定的人而写的：对他们而言，作者能淋漓尽致地说，而他们也永远不会曲解作者的意思。很多人认为，智慧与真实是令人惊讶的优点，它们只有隐藏在得体的面纱下，才应该在公共场合出现。然而，这里没有面纱，但那时的回忆录并不是为发表而写，如今这些回忆录被发表也不是因为其丰富的趣味或文字上的优点——尽管我认为它们

1　这篇和下篇文章最初由鲁伯特·哈特-戴维斯在1949年以前以单行本形式，以《两篇回忆录》为名发表。在1949年凯恩斯去世前，曾请求戴维·加尼特写一篇说明性序言。——原注

是凯恩斯勋爵最优秀的作品之一；这些回忆录被其遗嘱执行人发表，以满足遗嘱中的一个明确愿望：这些文章，这些凯恩斯勋爵从未发表过的单独的著作，应予以印行。

戴维·加尼特

2.梅尔基奥尔博士：一位被击败的敌人

（1）

在伦敦，与和平会议有关的官员中没有一个人知道会议开始的确切时间，这符合首相的一贯作风。必须拥有数量充足的、没有明确任务的官员，以防突发时刻无人可用。然而，关于会议的真正事务将由首相本人及其（两位或三位）亲信来处理。官员们对正在进行的事了解得越少，首相就越自由。于是，在某个未事先公布的特定日子，首相将动身前往巴黎。但从会议进程来看，开始将以巨头们之间的非正式会谈的形式进行，官员们何时被需要及其需要干什么，都是极其不确定的。

这样一来，这些官员将陷入最尴尬的境地：如果早些时候启程前往巴黎，可能意味着抵达后将无事可干；如果在伦敦的办公室，却有一大堆事务等着他们来完成。另一方面，通过努力已经被选为会议工作人员的那些人，认为自己的职位很重要，因为没有他们，会议是根本没办法举行的。此外，每个人的位置都不确定，所以存在极大的风险：在现场的那些人有可能“近水楼台先得月”，先“上车”。最后，麦基斯蒂克饭店被选为举行会议的最佳地点，也许最后到达的人将没有入住的机会。

面对这些问题，我决定采取折中的做法，首先，我把秘书杰佛里·佛赖伊派往麦基斯蒂克饭店，先去抢占房间。然而，这个任务并不能显示出他强大的能力。同时，我也把我的主要顾问达德利·沃德送上旅途，让他去探察会议气氛、汇报小道信息、保护财政部的特权，并及时迅速地打电报以防患于未然。对于这些任务，据我了解，达德利·沃德是完全可以胜任的。

1919年1月上旬，当我抵达巴黎时，情况正如我的预料那样，还没有人知道会议正在讨论什么，甚至没人知道它是否已经开始了。但是，麦基斯蒂克饭店的特殊气氛和预演已经显露无遗：打字员们在休息室里悠闲地喝茶，餐厅服务员也已经分成两拨，来自苏格兰场的安全官员焚烧着法国清洁女工觉得毫无用处的废纸，那种可怕地方的疯狂的、持久的、讨厌的闲谈客已经充分发挥出愤世嫉俗的、卑微的、藐视一切的和惹人厌烦的、兴奋的特殊味道，而且，这种味道是永远不会淡化的。

然而，我抵达巴黎之后发现，达德利打听到的一件事虽然与会议无关，但却非常重要。1918年11月11日，协约国与德国订立了一项停战协定，这曾被认为仅仅是海军和陆军的事，并没有非军方权威人物出面或参与。这类或许需要与敌人在陆地上进一步讨论的问题将是陆军的事，也就是说，这将由马歇尔·福什并且仅由马歇尔·福什一个人来处理，并没有任何其他协约国军事代表参与。英国海军在海上同样拥有一些毋庸置疑的特权，由海军上将布朗宁全权代表，布朗宁像一头最乖戾与无知的海豹——他有一只真正的大爪子而不是手，具有极强的航海传统；他没有什么主意，有的只是对一个屈辱的失败之敌的进一步羞辱和灭绝。当会议的这些安排初次达成时，与会者设想的也许是停战将只持续几星期，但是却忘记了以下问题，即封锁的持续、对敌方国土的占领，以及其他许多方面，必将导致无穷无尽的金融和经济问题，而这却是非军事部门的事情。于是，法国人快速抓住了形势中可能的机会。

当时，达德利·沃德发现了在马歇尔·福什所管辖的整个事务进程的掩盖下，法国人悄悄任命了一位财政代表，而且这位财政代表没有与其他协约国协商，直接与德国人进行了财政谈判，谈判就在布朗宁的眼皮底下进行。法国与德国谈判的事非常的重要。一向多疑、生怕被晾在后面的美国人首先发现了这件事。沃德就是从美国人那获得了这个重要消息。因此，我与美国财政部代表诺曼·戴维斯商定，如果一两天后我们登上前往特里尔[1]的马歇尔的列车——他将在那儿会见埃茨贝格[2]及其他德国人，以讨论或指示目前事务——这将是非常有趣和可能有益的。我向洛德·哈德格发了一个通知，并给财政大臣发了电报，一切安排妥当。时间一到，我们就上了马歇尔的列车，但是很显然，这令马歇尔感到厌烦，但他也无可奈何。

在我的记忆中，似乎没有见过关于马歇尔·福什的详细报道。尽管他的样貌人尽皆知，但除了空洞的外表外，人们对他的普遍想象是怎样的呢？马歇尔·福什是位虔诚的基督徒，在生活方式上，他和妻子是一对非常资产阶级化的夫妇。关于这些，世人已经听过很多回。在印沃雷兹和特里尔，关于马歇尔·福什，我有如下印象：

马歇尔·福什相当矮，还有很明显的罗圈腿，有着一个十足的法国小农形象。他的小胡子打理得很糟糕，而他总是用力扯它；在印沃雷兹的办公室里，他悠闲地吸着烟斗；在听到他厌烦的平民讲话时，他有个非常典型的怪癖——通过舌头对着假牙的运动而使下唇耷拉下来，并使它来回摆动。马歇尔·福什每天很早起床、吃饭，而且很早就休息。他没有自我意识，也不自高自大。他具有一种权威风度。他的这些品质，赋予他一种仪容和相当可敬的尊严。如果不知道他是谁，你也许不会注意到他，

---

1 特里尔，德国最古老的城市之一，甚至曾经是东罗马帝国的首都。特里尔位于摩泽尔河中游河谷的一段宽阔处，城市的大部分地区都在摩泽尔河右岸。——译者注

2 马赛厄斯·埃茨贝格，一战停战协议德方代表，1921年被暗杀。——译者注

德国柏林的威廉皇帝桥，约1900年。

但当被告知那人就是伟大的马歇尔时，你也不会完全失望。而我则怀疑他是否过于雄心勃勃。

从严格意义上来讲，仅凭马歇尔·福什狭隘的思想来看，他是一位军国主义者。马歇尔·福什相信，在军方和民间事务之间，存在绝对的界限。军方拥有自身的重要性，但平民管闲事是令人无法容忍的。关于民间事务，马歇尔·福什是完全无知的并声称的确如此，甚至他以一种礼节性的蔑视来对待它。如同牧师和耶稣会会员们拥有其特定事务、并公正地讨厌门外汉们的干涉一样，军方事务也不应被干涉。

我几乎可以断定，马歇尔·福什的思想和性格属于极为简单的那种，类似一种近乎中世纪式的简单。他是诚实、无畏的，但十分之九的人类事务被他从视野抹掉了。所以，在适宜的环境中，如同其他狭隘的，拥有自以为是的头脑加上强有力的简单个性的那些人显示的那样，马歇尔·福什会对人类福利构成威胁。但是，千万不要因此而高估马歇尔·福什的重要性，尽管他是个真正的人物，但却是个如同小农般的小人物。

我并不清楚马歇尔是否亲自撰写报告，但他的语言表达能力是孱弱的。在委员会，他总是默默地坐着，而且长时间面无表情，直到他被问及意见；他总是以毫不妥协的态度表达自己的意见。有时，魏格德[1]将军如同侍奉精灵般，基于马歇尔的利益发言。马歇尔没有任何辩论艺术，也没有任何劝说艺术。可以说，作为主席他是不称职的。因此，在应付外国政府文职代表们的一次会议上，他从头到尾几乎没提出什么概念，不过，他在总体上保持着好脾气。我初次见到马歇尔·福什是在一片人声嘈杂中，当时他无力地摇响一个小铃铛，对于文官们的毫无秩序，似乎他更多地感到自己被轻视，而非惊讶或恼怒。

在整个和会期间，特里尔之旅是我唯一打桥牌较多的时期。在飞驰的火车上有四个人，即两位美国人诺曼·戴维斯和同食品界有关的谢尔登、米德兰铁路律师和食品部长官约翰·比尔爵士以及我。在整个旅途中和在特里尔停留的三天中，除了真正与德国人开会外，我们几乎夜以继日地打桥牌。

对我们一行人来说，踏上德国的土地仿佛是1919年1月非同寻常的一次冒险。我们很想知道，特里尔的街道看起来怎样，当地的孩子们是否饿得皮包骨，以及商店里有什么商品。达德利·沃德在街道上快速行走，并不断收集银行零票、纸币及其他纪念品。但是，我们对特里尔的所见甚少，因为我们在火车上住着，很少离开火车站。我对一个场景记忆犹新，那时特里尔处于美国占领区，被美国陆军所掌控。美国代表们据此请求为他们征用合适的房间。美国代表们对特里尔优越的地位感到非常骄傲，并邀请我去做客、居住。就这样，我们一行被一位美军中尉带着，去看供我们选择的地方。第一处是一个典型的德国上层中产阶级家庭，家里空荡荡的，但收拾得一尘不染。房主面容悲伤但很有礼貌，男女主人带着这些外国征服者四下参观。对于这件事，我感到十分羞耻。我们彼此之间大声地讲话、察看床垫、询问洗澡间，最后宣布

---

1 魏格德将军，大约45岁，肤色较暗、讲话清晰。他似乎是马歇尔的主要私人秘书。马歇尔总是带着他，他的职责五花八门，但他似乎从不慌张。起初，我以为他是马歇尔的智囊，但事实上并不是，他是马歇尔的传声筒。我猜他是一位天主教徒，像他的主人一样。——原注

这个住处总体上还过得去，并拿到了房子的钥匙。我认为，我们的确力图做到体谅他们的感情和有礼貌。这位美军军官的举止是无可挑剔的。然而，来自华尔街的绅士们显然没有为这种偶然场合受过训练，对这些美国人来说，情形是这样的：虽然在豪华的火车里的确要舒服得多，但我们应该尽情行使战胜者的权力——出于暂时的、细微的便利，而将意志强加于这些可怜的人。我们文官为自己取到的正是一种类似的兴奋感。当时，我第一次真切地意识到：一支胜利之师当中最卑微的人，一定也感觉到这种兴奋——当他们驻扎在被打败的外国国土上时。真的，确实，我们正在对可怜的人施以残暴，而那却是如此惬意的东西。

我们在一个半小时之后都悟到这点：深夜离开豪华的火车，步行穿过泥泞的街道，仅仅为了获得睡到我们掠夺的草垫上的这种利益，将会是一大自扰。因此，我们再也没有去过住处。当我们即将离开特里尔时才发现，我还拿着那位女主人的钥匙。

我们在特里尔期间，德国人会见了我们。我们乘坐的火车是在早餐时间抵达的，德国人从柏林来，到得稍晚一些。埃茨贝格穿一件皮外套，肥胖而令人讨厌，缓慢地走下站台，走进马歇尔的会议厅。随行的两位分别是一位将军和一位海军中级军官，海军中级军官的脖子上挂着铁十字勋章，他的脸型和身材酷似《爱丽丝漫游仙境》里的猪。将这些德国人与愚蠢、冷漠的军国主义者——我们的海军上将布朗宁做个简单的对比吧!

我们像观光者一样观察这些德国人，他们步伐呆板、充满不安，似乎是一部电影或一幅照片中的人在抬脚前行。通过火车车厢的窗子可以看见马歇尔用力拽着自己可笑的小胡子，并放下手中的烟斗。

不久，我们被叫回车厢，因为那些德国金融家到了。铁路的车厢很小，而我们双方人数众多，我们该怎么表示呢？是应该握手吗？我们一行挤在车厢的一端，一张小桥牌桌横在我们与德国人之间。他们拥挤着进入车厢，随后机械地鞠躬，我们也机械地鞠躬，因为我们中的一些人以前从未鞠过躬。我们紧张地做出似乎要握手的动作，但是却没有握。我以一种故意装出的愉快声调询问德国人是否都讲英语。

在早期的日子里，这些德国人是悲哀的，他们的脸总是绷着并且显得很沮丧，眼睛疲惫地凝视着。但是，在这些德国人中间，有一个身材矮小的人迅速走上前来，并站在中间位置。这个人动作极为干净、利落，穿着优雅而整齐，戴着一个显得比一般领子更为干净、洁白的高硬领；他脑袋圆圆的、头发是灰色的，发型很像密织地毯，头发边缘在脸和前额画出了一条极为鲜明、高贵的曲线；他盯着我们、眼睛里闪着光，眼神中透露着不同寻常的悲伤，像极了一头处于绝境的诚实的困兽。他就是梅尔基奥尔博士。在以后的数月中，我对他产生了一种奇妙的亲密感，并拥有一些奇特的经验片段。

（2）

在第一部分的结尾，梅尔基奥尔博士进入特里尔的火车车厢。也许，我最好先解释一下会议的议题。

实际上，1918年11月的停战是为持续封锁而专门安排的，但是补充以“协约国对德国供给的考虑将被视为必要的程度”。在英国和美国不了解的情况下，由法国和比利时的金融代表于1918年12月达成了停战协定附件，即禁止德国动用其在海外的任何黄金、外国证券或其他流动资产，理由是这些都是一种抵押，协约国的目的是将这些用于赔款。革命发生之后两星期，在运气和活力方面都最为衰弱的情况下，德国人接受了该条款。也许你们会感到惊讶，这样一个条款竟然能加到最初的停战协定上去。然而，三个最初的停战协定都规定了一个月的有效期。法国人认为，在每次更新的时候，都有权从自己的角度添加任何新条件，尽管这些新条件在最初的协定中被遗漏了，但现在会对我们有好处，并在这种威胁下坚持让德国人接受推迟停战以及德国的重新入侵。

之后，对德国的封锁持续进行，他们从邻近中立国购买食品的剩余金融资源全被冻结了。德国没办法购买任何食品，于是这样的局面摆在德国人的眼前：自己收获的果实消耗殆尽，饥荒将持续，直至生命消失；政府垮台，希望之柱被完全摧毁。

在胡佛先生的影响下，部分作为人道主义者预想到对德国封锁的后果的美国人认为这个政策是错误的，在12月间，伦敦正进行着激烈的争论。我根本无法想象，我们英国人决定促进该政策实施的理由是什么。我将原因部分归结于管理该事务的雷丁阁下的优柔寡断，因为那时雷丁阁下夜以继日地密谋成为赴巴黎代表团的一员，他惧怕在任何可能引起争议的问题上持有太过鲜明的态度。我回忆起跟他一起的片段，那是在白厅花园的战时内阁（他的房间里），他连续几分钟都在不停地修着左手拇指的指甲，处在静观其变、以待时机的疑虑和痛苦中；他的高顶丝帽无可挑剔、脸庞轮廓鲜明、整个人显得光润、整洁，处处都反衬出其细微的光芒，以至于人们期盼将他当作一枚别针卡在领带上；若是别针上套着别针，人们就无法分清哪个是公爵、哪个是饰品。真是个可怜的公爵！

在对德政策上，我认为更深层次的原因是官僚政治。在当时，封锁已经成为一种完美无瑕的工具。白厅花费4年的时间创造了它，是其最优异的成绩；它已经在英国人心底最微妙的地方唤起他们的特性。它的缔造者开始喜爱它；假如它走向终结，那么它所包含的一些最新进展将被浪费；它极其复杂，关于它的一个庞大组织已经建立起了既得利益。所以，专家们报告说，它是将和平条件强加于德国的一个有力工具，一旦暂缓不决，我们就几乎不可能再强加条件了。

所以，当我们一行抵达巴黎时，对我而言，这个问题似乎是最重要和最紧迫的。我作为最高经济会议的英国财政代表有条件对该问题感兴趣。很显然，和谈或许要持续几个月，在此期间，寻找向德国供给食品的某种途径，必然是政策的基本目标之一。如果德国政府机构瓦解，那么混乱将会席卷莱茵河畔的欧洲大部，这对任何人都没有好处。这个方案不是没有希望的，因为罗伯特阁下公开表示赞同，首相也是如此，只有法国人反对这个方案。

1919年1月12日的经济会议和次日的战争会议，成了双方博弈的开端，并一直持续。当时精神尚未混乱的威尔逊总统，以其高尚而华美的辞藻作详细发言。“只要饥饿持续吞噬德国，”他说，“政府的基础将继续瓦解……”威尔逊总统信任法国财政部的话——“将撤回他们的异议，因为我们正面临布尔什维克主义的重大问题和瓦解的力量，它们正威胁着社会。”M.克洛茨略有屈服地说，他将乐于满足总统的愿望，可它不全是食品供给问题，也是一个正义问题。将它作为一件有关正义的事务，他问道，为什么德国应优先为食品付款，而不是优先还清作为其所犯罪行造成损害的补偿的债务？那一天博弈的胜利者，实质上是克洛茨，因为尽管他不得不原则上同意德国可以为食品付款，但他在关于应当如何付款的问题上坚定地持保留态度。

我前面已经讲过，威尔逊总统用了高尚的辞藻发言，但是与会者的动机是多种多样的。胡佛先生作为美国食品事务的负责人坐在威尔逊总统旁边，胡佛先生已经向美国农民承诺，要为他们的猪肉争取较高的底价；承诺已经过分刺激了那个大陆上的母猪们；猪价正在下降。下面是当天晚上我从巴黎寄给财政大臣的一份报告的摘录：

“至于熏肉，美国人已经建议我们卸下准备运往德国的低级熏肉的巨额储备，取而代之的是来自美国的更新鲜的储备，它将更易于销售。……形势很明朗。对中立国，正在解除对脂肪的封锁，德国将收到大量的脂肪供给。布尔什维克主义将被挫败，新纪元即将开始。在最高战争会议上，威尔逊总统在关于即刻实施的这些政策做了雄辩的发言……这时胡佛先生正睡在这样一种梦魇中：猪群从他的被褥上奔驰而过。他坦率地承认，必须不惜任何代价将这种梦魇驱散。”

这就是我待在特里尔的原因。我们竭尽全力去挫败法国的计划，因为按照他们的计划，在停战期间将只有军方要人与德国人进行会谈。我们要在那里为向德国供给食品一事做初步的安排，并同德国文职代表们讨论他们可能选择的支付方式。

在返回特里尔车站的列车车厢之前，我必须详细地解释两个较为复杂的困难情况，因为这两个情况非常重要。

虽然来到特里尔的我们一行人中有部分人是为食品和财政方面的事，但同时还有一件事务要处理。最初拟定的停战协定遗漏了很多事情，随之而起的欲望将会把它们提上议程。德国商船队就是这些事情中的一个。协约国煞费苦心地想要将这些船列入和约，但同时却没有获取它们的有关条款。但是，吨位的供应极为紧缺，德国船只或许应该是有用的。于是就设想第二次停战协定的条件之一——它们的船只立即让渡。大家会记得，这第二次重订，正是由如今在特里尔的福什负责谈判。但是，这件事并不像听起来那么简单。当然，德国人会用尽全力抵抗船只的让渡。但是，既然世界舆论，尤其是美国舆论将在多大程度上忍受对德国的侵犯是有疑问的，那么认定德国人的拒绝将威胁停战，就不可避免地含有大量的诈骗成分。除此之外，当时同现在一样，德国军队没有被真正遣散和解除武装，因此，侵犯将不得不使用武力，这样一来，将拖延我们自己军队的复员，使政治家们不再受欢迎。

欧洲港口城市一角。

海军总司令部曾被要求报告英国海军简单地突袭德国码头，并海盗般地劫取德国船只的可能性。对此，海军司令部的回答是：这将是一项尴尬的努力。

这样一来，就存在着外交余地。将船只的放弃与食品的供给联系起来，是我们外交计划的重点。既然无论德国是否放弃船只，向德国供给食品都对我们有利，那么我们的外交计划也包含一种虚张声势的成分。不过在世人面前，可以使计划以更美好的形式出现，因为我们能够很真诚地——像事实上我们做的那样——指出：如果德国不把他们的船只交给我们，我们将很难找到足够的船只向其供给食品。通过他的潜艇，德国已将运输能力减少到使整个欧洲面临饥饿危险的水平上；如果它希望得到食品供给，唯一合理的做法是它将储存在港口的船只借给我们，以便我们向它及邻国运送食品。所以说，船只换食品是一笔合理的交易。这个诈骗也不是那么危险，因为德国对食品的需要，或许比我们对船只的需要更为迫切。

此外，还有一个比较复杂的问题，就是如何使屈服的、迷茫的、神经崩溃的、甚至饥饿的德国代表理解这一计划的实质。在后面你们将看到，为了使德国代表顿悟，最终需要采用什么冒失的方法。在德国代表的思维中有两个支配性的观点。一个是德国代表或许希望不用自己的资源，而是通过来自美国的一笔贷款来为他们的第一批食品付款。因为当时，他们很愿意相信美国总统仁慈的意图及美国人的人道主义动机。另一个是在和平谈判中，这些船只可能是他们最好的交易筹码，除非为了一种完全确定的等价物，这些船只是绝不能被提前交付的。然而，这两个观点实质上都不对。这是因为，当时美国的反德情绪已经达到顶点，以至一笔对德贷款（必须经过国会投票）获得批准的可能性绝对为零。而我们也是铁了心，无论如何要得到这些船只作为对德国潜艇造成的损失的弥补，他们最终的交换价值反而是微不足道的。

德国人坚持的两个观点妨碍了他们看清真实的形势：英美两国是诚心盼望并力图为向德国供给食品提供便利的；由于不得不与法国进行周旋，我们不能过于公开地表达或做出绝对承诺。因为国内政治的因素，我们无法给他们借款，但允许他们为购买食品而动用其海外资产。因为如果不动用这些海外资产，肯定会在将来被抵作赔款。如果德国人力图保有这些船只和黄金，就会落得一无所获的下场。其原因是，在这个关键时刻，它们将被允许用来换食品，但如果根据条约规定，它们是将被抵作赔款的。我们与他们之间的关系虚虚实实，但这些德国人无法辨别什么是实、什么是虚。另一方面，我认为，我们过于高估了当时德国人进口食品的迫切性。时至今日，我似乎觉得当时德国人实际上有我们预料之外的更多的锦囊妙计。在以后3个月的谈判中，出现了一个奇怪的特点：根据所知所见来判断，英国对于德国食品供给的焦虑，从其与时间相联系的紧迫性来看，要比德国人的焦虑更为强烈。在我的思维中，从来没有很清楚地弄明白这些事：这在多大程度上归因于德国人秘而不宣的储备；多大程度上归因于对德国人供给食品所需时日——从海外购买小麦的谈判之日到小麦实际运入德国之日——的低估，对此我们是十分了解的；多大程度上归因于当时德国首脑们头脑中的对大计划破产的不负责任、缺乏先见和计划。

我们面向德国代表机械地鞠躬，然后拥挤地坐在列车车厢的一端，我们和德国代表中间有一张可折叠的桥牌桌。他们有6个人，我们是9个人。大家都同意讲英语，这具有排拒法国人的优点。但有位伯爵有些不高兴，他将一根长手指搭在长鼻子上，并不合时宜地说："为了我本人，我不能依从""为了我本人，我抗议"。这个傻瓜！我甚至怀疑他是不是有病。我不认为自己曾对任何人如此粗鲁过。在罗亚尔咖啡店的午餐会上，我第一次遇见他。当时，我和他正在从事西班牙证券交易所的工作，我们相处得还算融洽。我认为他是一位有教养的基督徒，在和平时期，他凭借略微有些可疑的财务，勉强维持着一小块不动产。但后来，他摇身一变，成了福什在法国财政部的侦探，以受过训练的耶稣会会员的那种狡诈、惬意、半瞎闯的风格玩着他的游戏。一次，我在他巴黎的小公寓里跟他吃饭。那是一个小型宴会，受雇的三名侍者穿着洁净无瑕的衬衣，戴着干净的白棉手套，非同凡响；每道菜都配有一杯新酒；那些丰盛而精美的食品不知道是什么地方做的，但每一盘及其调料都做成土豆的各种形状，这一切恰好像某次我在伊利斯参加的正式午餐的复制品。关于我是一位单身汉的话题，那位夫人诙谐地与我交谈，彼此交换着妙语。一位法国母亲在路易斯安那生下他，并作为唯一会说法语的美国人而获得至尊之荣的克罗斯比先生喋喋不休，讲述内战后在他儿童时代南方所遭受的贫困。我虽然难以描述，但仍然能感受到宴会上那个房间狭窄的不适和刻板的不雅，这使一种法国式的、贪婪的贫乏深深压迫着我。

作为发言人的梅尔基奥尔博士讲着有说服力的、生动的、近乎流利的英语。至于其他人，现在我只想起两位：一位是外事局的代表，属于特种部队学院的类型，狡猾而相当快活，咧着嘴开怀地笑着，急切地捕捉着我们一行人的目光。另一位是德国国家银行的代表考夫曼博士，他年龄较长，精神颓丧，双眼透露渴望和紧张，典型的中产阶级形象，似乎有点像一把陈旧的破伞；一开始他就没抓住会议的议题，也没有调整到议题上来，但是，他对梅尔基奥尔所讲的任何内容都急切地予以肯定。梅尔基奥尔以一种使人对其产生真诚印象的方式，谨慎、从容、不停顿地讲话。后来我才知道，有且仅有这位犹太人，建立了失败者的尊严。

在第一次会议上，几乎没有产生什么实质性的效果。我们在对付法国人的企图上浪费了一些时间。他们以避免遭受布尔什维克主义的威胁、使之更安全一些为借口，主张将存放在德国国家银行的黄金转移到占领区。对我来说，执行伯纳·劳先生的指示不难，即不鼓励这个方案。梅尔基奥尔为获取贷款进行徒劳的辩解，为此，他机敏地提出不同的设想。我则专注于我的职责，态度冷淡、明确地发言，力图使他们明白，他们必须放弃这种念头，因为在政治上它是不可能的；如果他们坚持的话，只会浪费时间。在船只换食品方案上，我们几乎毫无进展，因为对德国人来说，这种设想是全新的，他们没有得到来自魏玛的指示，并且他们的船运代表还没有抵达特里尔。

但是，在第一次会议上，我们的确达成了一项有益的临时性协议，通过这项协议，德国人立即以外币和黄金的形式向我们支付了约500万英镑的款项，用以交换一项即刻供应的炼乳和食用油。我们对他们的食品供给已经小规模地开始了，而专门负责供给食品的组织机构也正在组建。我起草了计划，尽可能在细节上做到公平。我认为，他们是高兴的，感觉到气氛并不是完全不友好，并开始认为（从食品供给正被考虑来看，的确不是被欺骗）存在着一种被公平对待的机会。

午后，德国的船运代表们抵达特里尔，这些人是官方代表，同时也是具有支配性的德国航运公司代表。这是因为，他们刚从电报中得知，关于他们船只的让渡事宜，将是停战协定更新的一项条件。这个会议没有我的事，但我出于好奇参加了这个会议。相对于召开会议的车厢，来自汉堡的大船东们人数太多了。因此，会议召开的地点定在特里尔火车站外的一个酒吧。协约国的代表们在接待室集合，而他们这些战败者因为没有地方，只好凑合着聚集在酒吧里。但是，这个酒吧处在营业状态，特里尔的职员们进进出出。B先生占了主席职位，这是一位自命不凡、近乎低能的美国人，曾因为从发明者那儿不费代价地购买对现代洗衣机而言很普通的一种小设计而发了财。德国人被叫到会客室，其主要代表已经在发言了，与此同时，年轻的法国翻译员开始翻译："诸位……"，一位德国人用英语急切地喊道"'诸位'！如果你愿意的话，请说'先生们'！"这些仿佛奄奄一息的海上霸主，就以这种方式向他们的命运致礼。

我返回巴黎时感到极不舒服，并发了高烧，两天之后就躺在床上休养了，比切姆博士说我在不干净的特里尔火车站感染了某种有毒细菌。在麦基斯蒂克饭店的套房里，我躺在床上几乎要发狂；在黑暗中，奇特的艺术壁纸图案的幻象使我感到苦恼，于是，我不得不打开灯，通过看真实的壁纸图案来缓解其幻象造成的可怕压力。退烧后，我的身体很虚弱，难以胜任混乱的辩论；在巴黎，事情进展得很缓慢；所以，我悄悄离开那里，前往里维埃拉，坐在西蒙·伯西的阳台上沐浴着阳光，就这样度过了两个星期。

达德利·沃德给我发来电报让我返回，至此，我已经在特里尔度过了1个月的时间。停战协定的更新再次失效，即将举行另一次会议。2月13日，我随马歇尔再次登上火车前往德国。因为，与表面现象相反，实质上特里尔的第一次会议几乎没有解决什么实质性问题。尽管我们已经成功说服梅尔基奥尔用价值400万英镑的黄金来支付食品货款，但我们还不能确定这能否成为现实，这将受到最高会议的约束，因为克洛茨对于为此目的动用黄金的禁令仍然有效。虽然我们可以寄希望于他接受这一笔小金额，却尚无谷物进口的财政供应和服务于这一食品计划。在与梅尔基奥尔的讨论中，

第一次世界大战期间，法国步兵带着枪和背包在路上休息。

关于其他非黄金的支付方式几乎没有产生什么预期的结果。并且，带着强烈的抵触情绪、处于威胁之下的德国人在船只问题上，尽管已经同意对停战条件的下列追加条款——“为确保德国和欧洲其余地区获得食品再供给，德国政府将采取一切必要步骤，在停战期间，将整个德国商运船队置于国际联盟控制和协约国权力的旗帜之下，由一名德国代表协助管理。这样的安排，无论如何不能影响这些船只的最终处置”——但是，关于这点没有确定日期，而且需要通过另一项协定对初始细节进行补充。为此，他们召开了一次毫无结果的会议，没有解决任何事情。当时，我正在法国南部。所以，一个月后我回来时发现，会议仍然没有通过关于德国食品进口的金融条款，也没有采取任何船只让渡的步骤。

马歇尔极力躲开我们。我们原先设想跟随他横穿法国。但是，我们被告知此次会议的地点在卢森堡[1]，德国人将在那儿与我们会面。我们抵达卢森堡后，却发现一个人也没有。卢森堡地上的雪正在消融，我们拖着疲惫的身躯四处跋涉，希望找到能给我们提供消息的人，这是个令人讨厌的地方。最后，一个电话告知我们：马歇尔和德国人在特里尔。于是，我们立即动身前往特里尔。

在特里尔举行的第二次会议很没趣，会议中只是提出和集中于第一次会议所创造的条件。航运代表们对细节问题进行争论，关于船只的事宜没能取得相应的进展。我们这些金融家在详细细节上，与梅尔基奥尔及其同伴继续讨论德国为食品付款的各种可能方式。关于这一点变得很明确：除了以黄金形式或通过来自协约国的一笔贷款之外，不可能迅速获得可观的金额。德国人强调协约国的贷款，对此，我正式指出它的不可能性。2月15日，埃德塞伦兹·凡·布劳恩为德国利益做了如下声明：

"我们尽全力考虑了德国的金融处境之后，得出了一个结论：如果没有信贷保证，那么德国不可能为食品供给筹得足够的款项。凯恩斯先生对于协约国和美国不能向德国做出信贷保证的金融和心理原因，已经做了解释。但是，我们的意见是：对德国提供食品是停战条件之一。源自第一次停战协定……第26条同意在可能被认为必要的情况下，为德国供给食品……1月15日的协定要求出于'担保对德食品供应'的明显目的而暂时让渡德国商运船队。因此，我们的意见是……供给食品、让渡商运船队和融资协议实际上是不可分割的一个整体，相对于其他两项，这三项中的任何一项单独协议都不能单独实施，而向德国供给食品的保证，是优先于让渡商运船队的一项条件。"

接着，他补充说："假如在德国人看来，没有信贷就没办法为食品融资；在协约国看来，这种信贷是不可行的，那么，德国人必须拒绝交付船只。"

最终，他的发言以呼吁结束："这在很大程度上取决于你们的人道主义，更取决于你们的政治良知。我们坚信，如果我们终止谈判，那么，德国被布尔什维克主义击溃，布尔什维克主义在全欧洲泛滥注定是无法避免的。应当遏制这种势头，这符合所有人的利益。"

会议气氛紧张而凝重。埃德塞伦兹·凡·布劳恩的声明很严肃，我们都相信它是真的。回想起埃德塞伦兹·凡·布劳恩粗糙、愚蠢的脸庞，稍有缺损的鼻翼，非常像一个面具。当时，他曾提出远远超过我们能力之外的问题，于是，我们离开特里尔，前往巴黎。

凡·布劳恩的声明在彼此都已经承诺的条件的基础上，部分是对的，但部分是狡

1　卢森堡，位于欧洲西北部，东邻德国，南毗法国，西部和北部与比利时接壤。——译者注

辩。关于我们的两项承诺：一是尽管存在封锁，德国应被容许获取食品。二是我们获取德国船只的目的，部分是为了运送供给的食品，这使得我们不可能在德国从国外购买食品的道路上设置障碍。如果做出这些承诺之后，我们再禁止德国用其流动资产为其购买进行支付，实质上就违反了我们的承诺。然而，他们没办法争取到让我们发表这种意见——我们自己为食品付款。当停战的谈判者们写下“美国和协约国关注着德国的供给问题”这句话时，必然意味着允许这种供给，而不是他们自己供给食品并为之付款。那天，凡·布劳恩将问题提得太晚，也把问题推得太远。

然而，法国人和我们的海军及航运权威们则是认为德国人拒绝按照1月份的承诺让渡他们的船只。关于船只让渡之前就食品供给细节方面，他们明确提出应向他们做出保证，这超出了停战条款的任何内容。这是德国式奸诈的一个典型实例，德国人正在玩弄老诡计；而现在，我们应采取强硬路线，在船只到手之前拒绝讨论任何事情，等等。我想你们是了解这种风格的。

在金融方面，我比以前更加确信，运用德国的黄金是唯一可能的解决办法。关于这点已经很明确了：德国没有足够数量的其他流动资产；一旦我们同意，黄金就可以被迅速使用。与此同时，德国企图从我们这儿得到一笔信贷的计划就会落空，因为它需要经过法律程序，而在当时的舆论环境中，这是根本不可能的：总统向国会提出这个要求，或者劳合·乔治向议会提出这个要求。

随着时间的流逝，德国食品系统的崩溃一天天逼近了。在最高经济会议上，无休止的讨论依旧没有任何结果，因为在这种体制之下，没有绕过法国的道路。在五巨头的注意力被吸引过来之前，会议基本上不会有任何实质性进展。但是，当时，他们正埋头于其他事务。在争论中，他们度过了三个下午：在一个问题的解决并不取决于投票的分委员会上，巴西应该拥有多少票数；在五巨头面前，是一长串有趣的代表团的节目——科普特人[1]、亚美尼亚人[2]、斯洛伐克人、阿拉伯人和犹太化运动者挤在法国外交部的接待室里，在这些巨头们在场时，每个代表团被允许以一种不为人知的语言进行一套演说。这时，克罗内尔·劳伦斯却以穆斯林酋长译员的身份，提出一项机敏

1 科普特人，埃及的基督教徒，是埃及的少数民族之一。他们是在1世纪时皈依基督教的埃及人的后裔。——译者注

2 亚美尼亚，南高加索的古老民族。从公元8世纪开始，亚美尼亚国家先后遭受过阿拉伯、拜占庭、鞑靼人的侵。公元16—18世纪又被土耳其和波斯瓜分。19世纪被沙俄兼并，后成为苏联的一个加盟共和国。1915年，土耳其对境内的亚美尼亚人进行了残酷的灭绝性屠杀。——译者注

的政策供大家考虑：创造从地中海[1]到波斯湾[2]，覆盖大马士革[3]、摩苏尔[4]和巴格达[5]的阿拉伯领导权。

尽管如此，随着时间的推移，在表象之下也产生了某些进步。总统和首相坚定地与我们站在同一阵营；虽然必须照顾他们的面子，但看起来法国反对动用黄金的努力将会破产。在细节问题上，食品权威们正取得一定的成效，并一起做出计划：一旦融资被安排好，就迅速装运7万吨猪肉制品和20万吨面包原料。除此之外，对于凡·布劳恩的声明，也不得不做出某种答复。它包含着各式各样的次要的让步，以便德国从国外获得食品的各式各样的次要的方法。但是，它没有对贷款做出保证，也没有在黄金问题上做出让步。从整体上来看，它以商运船队的让渡为条件。

这样一来，仅仅两周后我们就再次坐上火车前往斯帕[6]。这次会议的组成人员与上次有所不同。由于这次会议不涉及停战协定更新的问题，我们摆脱了带着酸溜溜样子和充满敌意的谦恭的马歇尔先生。这次会议的主要议题是船只问题。霍普，海军少将、我们的头儿，是一位聪明、优雅、有点耳背的海员，似乎依然年轻的双颊略显粉红色，他有着我曾见过的最特殊的眼珠虹膜——蓝色背景下的一个弧形的褐色色带。我信任他，也喜欢他。就他而言，有些许不熟悉事务，显然他也想依赖我。我们对德国人的出价仍旧与上次极为接近。但是，尽管我们仍然没有达成松动黄金以作为食品融资的任何正式协议，但霍普和我一致理解：英国政府坚定不移的政策是看到德国被供给食品，他们可以信赖我们，只要他们妥善处理好自己的事情，即按照承诺交付船只。

斯帕曾是著名的浴场，位于比利时前线，但在战后阶段成了德国陆军的总司令

1　地中海，被北面的欧洲大陆、南面的非洲大陆和东面的亚洲大陆包围，是世界最大的陆间海。地中海以亚平宁半岛、西西里岛和突尼斯之间突尼斯海峡为界，分东、西两部分。——译者注

2　波斯湾，印度洋阿拉伯海西北海湾。位于阿拉伯半岛与伊朗高原间，简称海湾，阿拉伯语称作阿拉伯湾。——译者注

3　大马士革，叙利亚首都，位于安提黎巴山山麓，巴拉达河和阿瓦什河的汇合处。——原注

4　摩苏尔，伊拉克第三大城，尼尼微省首府。位于巴格达以北362千米处、底格里斯河上游西岸。阿拉伯语“摩苏尔”，意为“连接点”，历史上长期是丝绸之路上的一个中间站，也是连接小亚细亚和波斯湾的要地。——译者注

5　巴格达，伊拉克首都，伊斯兰世界历史文化名城。巴格达跨底格里斯河两岸，距幼发拉底河仅30多千米，处于东西方的交通要道。——译者注

6　斯帕，位于比利时列日省东部阿登地区的一座小镇。——译者注

部。如今，它成了停战委员会的驻地。停战委员会是德国军事官员和协约国组成的一个机构，主要处理停战协定的日常执行工作，这也是德国政府与巴黎之间唯一的联络渠道。这个机构已经建立了很好的联系。黑肯将军是我们的代表，他每天准备一份关于时局的一般性报告，这份报告无疑是从所有所谓信息来源那儿传到我们这里的最有价值、最公正的评论——关于德国正在发生的事情的评论。但是，除了悉尼·沃特洛之外，这些报告不送给任何人，并且在相当长的一段时间内，悉尼只是自己保存这些报告，从不示人。

黑肯将军邀请霍普和我一起待会儿，于是，我们就把其他人留在火车上睡觉，这列火车停靠在车站一侧的月台旁。

这位将军已分到了别墅，数月前他还在鲁登道夫的司令部。隐居的德国统治者们在浴场环绕、松树覆盖的山岭一侧，遭到了命运的裁决。不远处是凯泽的别墅，山上面再远一点，就是兴登堡的别墅。在电话网的包围中居住着三位暴君，他们远离柏林的机构，远离枪炮与军队，也远离咆哮的群众和饥饿的城市。有种感觉至今仍萦绕在我心头，这种感觉不仅仅是伤感，而且充满崩溃的情绪。这个地方是忧郁的，有着戏剧般的伴随着黑色松林的日耳曼式的忧郁。在别墅的台阶上行走，地平线与松林边缘的黑线相重合，太阳正在落下；屋后面的树叹息着，仿佛一位单相思的普鲁士人。当鲁登道夫的神经开始崩溃时，从大自然中他是得不到安慰的；电话铃声在大厅后面的房间里响着，其间混杂着树木的声音，这使他联想到一种德国的、绝望的传统象征。

我猜测这栋房子建于战前不久，或许是当作某个不太重要的商业大亨的夏季度假胜地。他在此欣赏他成功的果实，与此同时，他希望通过谷中泉水和山间微风为自己瘦身。这栋房子是崭新的、豪华的、高贵的，但是几乎不比查尔斯顿大，房子中装饰着挂毯和德国中世纪晚期巨大、恐怖的壁画仿制品，这些呆板、空洞的装饰令人反感。

有时候，人们会认为没有人应该比瓦格纳承担更大的战争责任。除了瓦格纳式的三流歌剧中的低音之外，兴登堡是什么呢？除了胖高音之外，鲁登道夫又是什么呢？

黑肯将军有了别墅，于是将他的英国妻子和两个适龄女儿、来自志愿骑兵队的副官，以及聪明的上尉参谋都聚集到自己的周围。我怀疑，肯定是上尉参谋为黑肯将军写了一些充满智慧的报告。这里的一切都有着浓厚的家庭气息，我们坐下来之后，取笑墙上的装饰和原房主及其妻子大过真人的肖像画，随后开始享用英式午餐，这些午餐全部来自英国。按照惯例，《时代》如约而至。副官喜欢野外冒险，已经与上尉称兄道弟，并一起进口了一群猎犬，在抵达那里八周后，他像平常一样去野外打猎。但是，我仿佛能够听见外边台阶上鲁登道夫解开其闪亮的护胸甲，大声叫喊着让人为他奏乐，树木摆动的声音与之混合着。布鲁恩希尔德已经被贝茨小姐征服了，伟斯顿先生的脚也已经无情地踩在沃顿的脖子上。

第二天上午，我和霍普下了山，前往德国停战委员会的驻地，我们将在那里举行会议。会场上，我的邻座是霍普，霍普是主席，德国的代表是凡·布劳恩，他的邻座是梅尔基奥尔。我很快就发现将会有麻烦。魏玛此时已经处理完其内部的问题，正在处理外交事务；船只的让渡事宜或许会遇到麻烦——与汉堡海员的麻烦，这是因为我们的要求之一就是清除德国船员；凡·布劳恩获得的指示是不可调整的。他们也摆出了自己的尊严，拒绝说，也拒绝理解除德语外的任何语言。这样，会议就必须在德语、英语、法语之间一句句地翻译。

显而易见，与会者是在浪费时间，彼此不仅没有取得一致，也没有把握住局势。他们与我们的主张相矛盾，然而除非回巴黎，否则，我们的主张也是不可动摇的。而且，如果他们不能通过与魏玛的电话联系使其主张缓和一些的话，谈判随时都会破裂。临近休会时，我感到了绝望。自特里尔以来，已经过去了两个月。我们的食品供给负责人严肃地说，如果不能迅速启动食品供给，食品就无法及时到达。黑肯关于德国的报告宣称，如果不能很快缓解物资匮乏的状况，德国将临近崩溃；这种观点很黯淡，是令人信服的。昨天晚餐后，黑肯对我们讲述了他对德国人精神状态的个人印象，并拜托我们要理性并善于适应。他依据一位军人的判断对我们说，巴黎仿佛已经失去了理智，你们一定不要把这些人逼得太急。

我顺着桌子看着梅尔基奥尔先生，他似乎与我有着同样的感受。他的眼睛一动不动、垂着眼皮、一副无助的样子，跟我以前见过的一样，仿佛处于痛苦中的可敬的动物。在会议中，难道我们就不能打破空洞的形式、三角转译的怪现象，而像心智健全的聪明人那样开诚布公吗？休会期间，我们离开会议室走向男厕。我拉住了霍普，并低声说："我可以私下跟梅尔基奥尔谈谈吗？这是唯一可能的继续谈下去的机会。"霍普以他奇特的眼神扫视着我，显然吃了一惊，但没有被惊呆。"你想怎么做就怎么做吧。"他说。我在大厅里徘徊，直到周围没有了法国人。接着，略微紧张地站在中央楼梯的台阶上。一些我不认识的人匆匆而过或悠悠慢行。见到有人正走下楼梯，我想他是一位德国秘书，就上前对他说："我想跟梅尔基奥尔博士谈一会儿，谈一谈下午的安排。""上楼去吧，我试着找找他。"他回答道。我在楼梯平台处等了几分钟，然后就看见梅尔基奥尔走了过来。"我可以私下跟您谈谈吗？"我问他。他领着我走进一个房间，房间内有三位年轻的德国人：一个人很大动静地乱弹着钢琴，一个人摊开四肢躺在一张桌子上，一个肥胖、笨拙的家伙吼着沙哑的男高音。梅尔基奥尔对三个人说："请原谅，如果我可以占用这房间几分钟开个私人会议，我将十分感谢。”于是，他们指着梅尔基奥尔和他的烟粗鲁地吼叫：“你难道不知道一天中只有这个时间才允许弹奏音乐吗？难道你忘记了5点之前这里禁止吸烟吗？”我们沿着走廊继续往前走。梅尔基奥尔耸耸肩，他说，“你在这儿见到的是革命中的德国景象，而这些人就是我们的职员。”

几经周折，我和梅尔基奥尔先生终于找到一个单间。我激动得有些发抖，简直被自己正进行的事吓得魂不附体，因为那时还没有开始消除交往的障碍。梅尔基奥尔很想知道我的意图，而我已经记不清这次面谈的情况了。我试图向他传达我是什么样的感受以及我们是如何相信他悲观的预言的；关于启动食品供应的紧迫性，我们受到怎样不亚于他的压力；我个人对英、美政府决定食品供应的看法，及我们因为受到束缚而无法给出正式承诺的情况；如果德国人坚持上午的态度，致命的拖延将是无法避免的；德国人必须下定决心将船只交出；只要他能从魏玛获得一点点松动的余地，我们就能订出一个适宜的方案，以便立即启动食品供给并绕过法国人设置的障碍。德国政府应当继续存在，这也符合我们的利益，我们确实力图供给食品。我承认我们近期的行为没能使他感到我们的真诚，但我请他相信，至少在当时我是恳切和诚挚的。他也一样很感动，我想他也相信了我。在整个谈话过程中，我俩一直在站着。他说他将尽最大努力，但成功的希望渺茫。他将会通过电话与魏玛谈一谈，尽力劝说他们给予他某些自由。然而，他们不理解这种处境，他对这次会议的结果不抱期望。他说话的时候带有一种犹太人的悲观。德国的荣誉、组织和道德正在坍塌，到处都找不到一丝光明；他预计德国将会崩溃、文明将走向暗淡；我们必须做我们力所能及的事情；但黑暗势力在我们的上空掠过。我们的手紧紧地握在一起，随后，我匆匆走到街上，霍普派来接我的汽车已经在路上停着。

我将与梅尔基奥尔先生会面的情况简略地告诉了霍普。下午的会议时间很短。霍普对凡·布劳恩做了一个正式声明：上午的讨论没有提供任何一项安排的基础，让他向他的政府要求进一步的谈判自由度。如果他无法获得这种自主权，那么会议即使持续下去也是徒劳，我们将返回巴黎向最高会议报告。霍普坚定的语气使法国人得到极大的满足。这正是对付讨厌的博希的正确方法。凡·布劳恩同意打电话向政府汇报情况，并将于当天晚些时候或次日上午给我们结果。

在松林散步之后，我与黑肯一家共进晚餐。沃尔特·劳伦斯爵士将军和黑格的参谋长视察经过此地，也参加了晚会。我很喜欢沃尔特·劳伦斯，我们谈得很投机，一直谈到大约11点，正当我们想休息时，德国人送来了一份公文。凡·布劳恩抱歉地说，魏玛的基本立场无法改变，但是他还是希望明天上午的会议重新开始，因为他认为会议可能会在一些细节上会取得进展。

1900年的汽车。

很明显，梅尔基奥尔失败了。在我们去巴黎汇报、梅尔基奥尔去魏玛汇报之前的每一天都是在浪费时间。我们只有使事情到达摊牌的程度才能吸引巨头们的注意。为了达到目的，一些戏剧性举措是不可少的。让会议公开破裂，这样一来，巨头们将在报纸上得知这个消息。我请求霍普马上中止会议，命令列车当晚返回巴黎；这样，德国人一醒来就会发现我们的离去。霍普同意我的建议；黑肯将军叫来汽车并将霍普和我送下山，在火车站加入我们的阵营；我们在餐车里开了一次紧急会议，与会的法国人、美国人和意大利人当中有人还穿着睡衣；凌晨一点，我们的列车驶向巴黎；除了法国人，特别是孔特·德·C之外，每个人都赞成这样做，孔特·德·C对突变的事态感到惊慌，并开始怀疑这种戏剧性的举措是否有利于他们的利益。

3月6日，我们抵达巴黎。我们的报告引起了首相的重视；那些美国同事们的报告——对他们我没能展开描述，但他们是会议上最重要的一部分，我们彼此紧密团结——同样给豪斯上校和兰辛[1]先生留下了深刻印象。很明显，必须立即寻找一种解决方法。于是3月8日下午，我们专门召开了一次最高战争委员会会议。当时四人委员会还没有建立起来，会议有59人出席。

1 兰辛（1864—1928），美国法学家、律师、政治家，曾任美国国务卿。——译者注这次会议是在皮查恩的私人居室举行的，而没有在法国外交部的大会议厅举行。皮查恩的房间装饰着浅色的橡木板，并陈列着大量的伟大的鲁本斯[1]作品系列挂毯制品。代表们以马蹄形围坐在一起，他们的身后挤着各自的顾问。位于中心的是克里孟梭，福什则对着壁炉坐着。福什的左边依次坐着日本人、意大利人、我们一行人和美国人，坐在我们对面的是法国人。

不要认为会议的唯一议题是我们的事情，如果我提一下会议之前的事务，可能让你们联想到最高委员会当时忙碌的景象。

第一，在停战5个月之后，会议同意了取消对亚得里亚海的封锁；

第二，任命一位将军委员会前去第巴赫，并就第巴赫发生的事件做出报告；对其职责进行了讨论；

第三，比利时事务委员会根据1839年的条约提交了报告。

接下来，是关于下午的议题——关于皮斯的抵抗运动问题。穆·朱尔斯·坎贝恩宣称，他已经主持召开了一个小国会议，并选举它们在委员会的代表——该委员会将拟定和平条约的金融和经济条款。遗憾的是，拉丁美洲国家已经提前达成了一项协议，进而形成联合之势，结果金融委员会中的五个席位分别落在巴西、玻利维亚、巴拿马、秘鲁和葡萄牙手中，经济委员会中的五个席位分别落在中国、巴西、暹罗、古巴和厄瓜多尔手中。这样一来，欧洲小国发现自己在投票总数上被人超越了，因此，拒绝进一步参与会议。例如，比利时发现在深刻影响本国事务方面，完全被有利于秘鲁等国的投票权所排斥。这是一件最让人感到困窘的事，对此，委员会当时也无法给予回答。经过长时间的讨论，委托M.皮查恩着手准备将在下星期一召开的会议上一个解决草案。

终于轮到解决我们的事情了。作为最高经济委员会主席，罗伯特·塞西尔[2]与首

1　鲁本斯（1577—1640）出生于德国的茨根小城一个律师家庭。9岁时随父母移居佛兰德斯，定居安特卫普。父亲去世后，母亲送他进一所拉丁文学校学习，他能阅读古希腊罗马书籍原著。1608年，与名律师兼人文主义者布兰特结婚，画家为妻子画过不少著名的肖像，所做的一批以宗教和神话为题材的油画如《复活》《爱之园》《末日审判》等，笔法洒脱自如，整体感强。特点是将文艺复兴美术的高超技巧及人文主义思想和佛兰德斯古老的传统民族美术结合起来，形成一种热情洋溢、赞美人生的宏伟气势，以及色彩丰富、运动感强的独特风格。鲁本斯是巴洛克美术的代表人物。——译者注

2　埃德加·阿尔杰农·罗伯特·塞西尔，切尔伍德第一塞西尔子爵（1864—1958），英国律师、政治家、内阁大臣和议会议员，国际联盟创始人之一。他主要起草了国际联盟盟约，是世界裁军的积极支持者，因而获得1937年诺贝尔和平奖。——译者注

相和贝尔福先生在前排坐着，我和霍普坐在首相的椅子后面。辩论从洛德·罗伯特的发言开始，其中一件事是船只的放弃，另一件事是食品的供应。德国人已经对船只的放弃做出承诺。但根据停战协定，我们已经对食品的供应做出承诺。如果不向德国运送食品，不仅存在人道义务的问题，还存在德国被布尔什维克主义控制的危险。所以，他建议向对德国发出通告：德国必须交付船只；我们绝对保证德国一旦交付船只就立即向其供应食品；允许德国动用包括黄金在内的流动资产，以支付食品供应费用。另外，对德国的封锁也在一种程度上被取消，除某些例外之外，允许德国出口商品以及在中立国购买食品。为此，他不得不补充说明他的法国同伴们还没有同意动用黄金。这样一来，一切的问题归结于黄金。因为在其他流动资产缺乏的情况下，如果没有黄金，所有事都是纸上谈兵。我已经在首相的脑海中深深印下这一准确而清晰的印象。

对此，法国人M.克莱门特尔立即发难，宣称我们不该提前一个多月做出任何承诺。法国政府的意见是，那些想吃饭的人应当工作，应当向德国发出最后通牒：他们只能以原材料换取食品。M.克洛茨提出新的建议，即应该听一听马歇尔·福什的建议。会议上一直是缓慢而枯燥的争论。法国代表、马歇尔和克里孟梭偶尔说几句话。胡佛则强调我们这些代表应该关注斯帕会议的报告，并指出：根据我们的判断，德国如果得不到关于食品的绝对保证，将永远不会让出船只。但是，争论没有向有益的方向发展，问题逐渐变得混乱。尽管法国人有所让步，但他们似乎将要再次获胜：成功地在会议中安插了某种限制，实际这种限制将阻碍整个事务。在辩论过程中，没有丝毫热情的因素——只是争论观点，集中于技术性的目标，而真正的事务则被鸡毛蒜皮的事情所淹没。洛德·罗伯特提出了一个无聊的意见，即虽然我们的脑海中都有对人道义务的考虑及对布尔什维克主义的担忧，但是没有必要将这些粗鲁地插到这件事务中来。

当时，劳合·乔治情绪很激动。当他得到人们的赞同时，反而感到迷惑。我从未比在此次会议下面的半小时中更钦佩他非凡的力量。直到现在，劳合·乔治还没有说一句话，但我在后面能看见他正在酝酿情绪，他皱着眉、颤抖着。现在，劳合·乔治发言了，使会议中缓慢的倦怠沉闷一扫而光，他带着怒气连珠炮般地发言。这是劳合·乔治特有的语言风格，措辞平凡，但具有将蜘蛛及蛛网一扫而光的气势。他力图倾其全力促进向德国供给食品的步骤，因为这涉及协约国的荣誉。根据停战协定的条件，协约国的确应该允许食品进入德国。德国人已经接受了我们十分苛刻的停战条件，已经答应了绝大部分条件。但是，我们至今还没有向德国运去一吨食品。德国的渔船队甚至被禁止外出捕几个鱼群。现在，协约国盛气凌人，但某一天，饥饿的记忆也许会转移到他们身上。德国人挨饿被无视，同时数十万吨的食品被搁置在鹿特丹[1]。这些形成了比任何正寻求限制的军备更加可怕的武器。协约国正在为将来播种仇恨：他们不是为德国人积累痛苦，而是为他们自己积累痛苦。我们拒绝对德国提供食品，这使英国军队感到愤怒。普卢默将军说过，如果儿童们以半饥饿状态在街头游荡这一境况被听之任之，他将没法对他的军队负责。带着特有震撼的英国的士兵们将不会容忍那种情形……只要德国能够保持秩序，那么就有一块闸板横在协约国同革命洪流之间。但是，一旦闸板被抽掉，他将不能为法国说话，但他会为自己的国家而颤抖。帮助协约国征服德国人的那些人，以及士兵们都发出呼吁，并传到他那里，他仅仅是在声援这种呼吁。他们说，他们拒绝为了将人口维持在一种饥饿的状态而继续占领一块领土。当谈及黄金时，他使用了几分钟后即推至顶点的语调。它是一种情绪和意义、精巧的艺术和自然修辞的伟大结合。说到结尾处，他至少已经像个听众那样深深地感动了自己，他回过身对着后面的我们，我们听见他振聋发聩地宣称，如果这种情况还在持续，明天他将命令英国占领军撤回英国。

除了克里孟梭之外，没有别人能接着发言。克里孟梭看出自己必须做出很大的让步才行。但他仍老谋深算地维护自己的立场。克里孟梭指出，在停战协定中不曾做出向德国供给食品的承诺；对此，贝尔福先生以银铃般的声音提出异议，“几乎是一个承诺”已经做出了。克里孟梭继续说，根据他得到的消息，倾向于说明德国人正利用布尔什维克主义吓唬协约国，其主要问题在于德国人已经承诺放弃船只，但却尚未这样做。但是，他同意在适当条件的约束下，向德国供应食品。只要德国人为他们的食物而工作，他将会放弃反对动用黄金的立场。至于克里孟梭的伙伴，即M.克洛茨、M.卢舍尔和M.克莱门特尔一向乐于被人道感情所引导。

法国人在会议继续进行的争论中节节败退。忽然匆匆进来的一位秘书带给首相一封信。信里包含在会议进行的同时从普卢默那里发来的电报。首相立刻用一种令人激动的语气读起信来。“请告知首相，”普卢默的电报称，“以我之见，食品必须毫不迟延地发至这一地区……儿童、妇女和病人中的死亡数目是非常庞大的，因饥饿引发的疾病正在快速蔓延。人们变得绝望，他们觉得，死于饥饿比死于枪弹更可怕……因此，我强烈要求确切规定第一批供应到达的日期。”这封电报在会议中产生了可喜的效果：对法国人而言，提出卑鄙的、系统的阻碍变得十分困难。后来，我才知道整件事情是预先设计好的，普卢默的电报是应巴黎的要求而发的，伦敦的要求就是那天上午发出的，要求其为下午做准备。

1 鹿特丹，荷兰第二大城市，世界最大的港口。——译者注此时，法国人溃败了，但他们没有善罢甘休。法国人同意了对德国的食品供应。但同时提出，将此事通知德国人之前，德国人必须正式承认其让渡船只的义务。对此，会议同意了。克里孟梭说，马歇尔·福什将与德国人会面，并传达这一消息。这番话说得光明正大，但劳合·乔治却敏锐地察觉到这里面有陷阱。很显然，马歇尔将会设法以一种德国人毫无回旋余地的拒绝方式传达这个最后通牒。劳合·乔治没有采用华丽的辞藻，而是以戏谑而幽默的口吻说："不，这件事必须与船只打交道，不是与陆地而是与海洋打交道；尽管他对马歇尔怀有钦佩、在陆地上除马歇尔外谁也不服从，不，不服从任何人（伸出双手指着福什），但马歇尔在海上也同样是内行吗？劳合·乔治从未与他渡过海峡，所以，不能肯定（微笑）；但在英国，如果在这种事情上他不保持一位上将的统治特权，他一定会陷入可怕的麻烦中。我们的第一海军军务大臣威姆斯上将，才是送信的合适人选。"马歇尔对这番话不太满意，但听到自己被奉承和打趣，就咧开嘴笑了，并拽着自己的小胡子。首相也笼罩在出色的幽默当中；每个人都对打破压力和束缚感到高兴。于是，会议立即同意威姆斯上将为传达最后通牒的合适人选。在这个棘手的时刻，劳合·乔治对马歇尔晕船的、喜剧式的暗示是一种创造气氛的奇思妙想。

但是，克洛茨没有屈服，他仍抓住黄金的话题不放。他指出应该允许德国人以除黄金外的其他任何方式支付，并宣称，他已经极力妥协了，并做出了重大牺牲，但对他来而言，不顾本国利益继续下去是不可能的。他气势汹汹，并摆出一副有尊严的样子表示，这是他的职责。

我从来没见过这样猛烈的攻击，可怜的克洛茨因此而被击溃。克洛茨是个犹太人，个子矮小、圆胖，肩膀有点塌，有着修饰得很得体的浓密小胡子，只是他的眼睛总是骨碌碌乱转。劳合·乔治一向厌恶、轻视克洛茨，甚至想杀死他。德国的妇女和儿童们在贫困中度日，劳合·乔治高声喊道，而在这里的M.克洛茨先生却喋喋不休地谈论他的"黄金"。劳合·乔治做着手势、身体前倾，向人们展现出一位贪婪的犹太人紧紧抓住钱袋的形象。劳合·乔治的双眼含着怒光，他的发言带着一种强烈的蔑视，仿佛在唾弃克洛茨。于是，会场的每个人都带着刹那的憎恨和轻视看着克洛茨；可怜的克洛茨蜷缩在座位上，明显地畏缩了。我们几乎不知道劳合·乔治在讲什么，只是"黄金"和"克洛茨"这两个词语被不断重复，并且每次都伴随着夸张的蔑视。随后，劳合·乔治转过身要求克里孟梭停止对这些实务的阻挠伎俩，不然的话，他大声说，M.克洛茨将与列宁和托洛茨基在那些传播布尔什维克主义的欧洲人心中并列。首相停下来环视整个房间。当时，如果你在场的话，可以看到每个与会者都在咧嘴笑，跟邻座低声说"克洛茨基"。

极光巡洋舰的锚。这是一艘1900年俄罗斯的巡洋舰，保存于圣彼得堡的博物馆。

克里孟梭竭尽全力地挽救他的部长的面子，并在几分钟内咆哮着诉说他的国家被如何毁坏和掠夺；对此法国又得到什么担保作为回报呢？仅仅是几块黄金和几张证券，现在却想方设法从他们手中拿走。总而言之，克里孟梭表示自己正被请求背叛自己的国家，而他绝不会这样做。

然而，事情真正地结束了。豪斯支持首相，现在意大利人也支持首相。六名日本人一直坐着，静默而僵硬，令人费解，他们仿佛是这剧中另一个星球上的参加者。喝茶的时间到了，我和卢舍尔被告知去另一个房间准备一份方案，最终黄金将被使用。

四天后，我与威姆斯乘火车前往布鲁塞尔。这次目标很明确，我们应当着手进行。但还有一个阻碍，在这个问题上，法国人坚持这样的观点：在德国人被告知我们为他们供应食品的意图之前，必须对船只的放弃做出一个毫无保留的承诺。关于这点，德国人必须被教导：无论我们可能做什么，他们将不得不遵守契约。可是，在他们曾经显示的那种狂躁、激怒和怀疑的情绪中，他们会不会可能拒绝，并坚持在关于船只约定自己之前要求我们亮出关于食品的“手”呢？

第一海军军务大臣罗斯·威姆斯，不像布朗宁或者霍普，他是一位新派的海军上将。他是威廉四世[1]的一个私生子的后代，人到中年却喜欢快活，长着一张有趣的、揶揄的脸，带着单片眼镜。罗斯·威姆斯具有喜欢调情的皇家海军低级军官的相当多的本能。在那种关系的基础上，我们在餐车里吃了一次很惬意的正餐。他说他从未在正餐时坐在一位教授的身旁，这使我感到很诧异。次日，德国人将被罗斯·威姆斯迷惑，他真的是半聪明、半低能的吗？还是他能以远比任何可以想象的东西更聪明地与他们玩游戏？他们也从未下定决心是哪一种。直到历史的尽头，我料想今日的英国罗斯的个性将迷惑中欧的理解。

在会议结束前的某个时刻，身为主持会议的德国人开始提出一些金融问题，罗斯关于这些的答案连最模糊的概念也没有。我坐在会议桌的第三个位置，因此，没有任何躲避坐在对面的人们的企图。他转向我，并发出一个苦恼的信号，透过怕海的海豚似的一瞥，仿佛在说：“看在上帝的份儿上，快告诉我该如何回答这个愚蠢的问题。”我在纸桌布上写下答复，并撕下来递给他；他在我写的时候，则保持着一种嘲弄的绝望，如同带着在学院会议上当麦考利正发言时院长（邓福德）经常喜欢盯着我的眼神一样。然而，德国人简直惊呆了——对于他完全抛弃这样的企图：结合着他的

1 威廉四世（1765—1837），英国国王和汉诺威国王，乔治三世的第三个儿子，乔治四世的弟弟。威廉四世是生活在改革年代，能力相对平庸。他内心善良，是个朴素的绅士，被人民亲切地称为水手国王。——原注

泰然自若和不可攻击，保持知道会议讨论主题的形象，换句话说，地位上的优越如同一位主持某个地方慈善机构财政事务的幽默、和蔼的公爵夫人——不知是什么原因使他们相当地严肃和自夸，显得有点可笑。

那天晚上晚些时候，当我回到车厢准备上床睡觉时，皇家海军上校、上将的参谋长杰克·格兰特上校找到我说，上将想在他的住处见我。上将说："这件事情会顺利进行吗？你想怎样做？他们会给我们船只吗？"我回答道："从总体上来看我们的建议对他们是非常有利的，而且非常接近他们的要求。但是，如果他们有着与在斯帕时同样的脾气，并采用同样的指示的话，就可能在初步声明方面制造麻烦。这将是你明天工作中比较困难的一部分。""是的，"他继续说，"但是，对此我绝对不能出错，你明白吗？那是我从首相那儿得到的指示。"他停顿了一下，"你曾与这些家伙有过接触是不是？"他补充说，并相当奇怪地看着我。很明显，霍普已经将我和梅尔基奥尔的冒险行为告诉了他。"是的，"我说，"有一点。"他说："你能使他们不制造任何不必要的麻烦吗？对此绝对不能出错，你知道的。"我领悟了他的意思，看着他的眼睛，彼此微笑。"是的，"我回答，"我可能能够做到。""那好，你和杰克最好在这儿一块照料它。"没再多说，我返回了车厢。

我们到达布鲁塞尔，然后按照正式仪式在英国使馆见了上将。随后，我和杰克·格兰特上校悄悄离开，并乘车前往德国人所在的旅馆。进入休息室后，我们能透过一扇玻璃门看到他们：下巴下塞着纸质餐巾，正沉闷地吃着正餐。我们尴尬地等着，直到看见秘书穿过休息室。我走上前与面相棱角分明的秘书搭讪："协约国代表刚刚到达，"我说，"关于下午会议的时间问题，我想见见梅尔基奥尔博士。"于是，梅尔基奥尔被叫了出来，我们三人乘电梯抵达梅尔基奥尔的卧室。床还没有整理，未倒的夜壶在地板上放着，床上还有一件看起来像是宽松女内衣的东西；我们肯定走错了房间或者这些是上一位客人留下的东西。然而，梅尔基奥尔丝毫没有在意。我开口了："我想告诉你下午会议进程的程序。一开始，布劳恩阁下将做关于船只的下列声明，直到他做完，没有别的事务能被列入。"梅尔基奥尔的脸色变得很难看。"但是，"看着他，我继续说，"作为最私人的信息，你应该知道接下来讨论的是什么，我认为这是值得的。如果布劳恩感到有能力做这个声明，并且没有限制，那么，协约国代表将继续保证在下列条件下向德国供应食品。你能向我确保布劳恩将做这个吗？"梅尔基奥尔显然吃了一惊，并避开我去看杰克·格兰特上校。过了一会儿，梅尔基奥尔再一次用严肃的眼神看着我。"是的，"他回答，"关于那些将不会有什么困难。"他没说更多。我想，我很准确地记着我们之间对话的整个过程。我和杰克·格兰特站了起来，几分钟后，我们已经与代表团成员在旅馆里共进午餐。上将坐在桌子的首席位置并盯着我看，我对他低语："我想今天下午将一切顺利。"正是如此，一切按照方案进行。上将以他最为严肃的语调召布劳恩阁下作关于船只的声明。法国人急切地等待着。"当然，"凡·布劳恩平静而连贯地回答，"我们一向乐于严格遵守所有的约定，我完全乐于采取一种被要求的方式重复它们。"

因为有很多技术性细节要解决，在会议上，我们与梅尔基奥尔及食品专家们讨论了一整天。至此，一切都安排好了，食品列车开始驶向德国。

我与梅尔基奥尔博士在我永远离开巴黎之前见了很多次面。布鲁塞尔会议引发了大量细节性的事务，需要面对面地谈判、磋商才能得到妥善安排。但是，频繁访问特里尔或斯帕浪费了我们的时间，并且已经与我们在和平会议上的其他职责不协调。所以，在没有福什消息的情况下，我发了一封电报邀请梅尔基奥尔及其同事在法国住下，这得到了他们的同意。出于我们的方便，我们将他们安排在贡比涅附近的沙托·维莱特，从巴黎开汽车可以很快到达那里，每周我去拜访一次，办理一些现时的事务。后来，当德国代表团其余成员均被邀至凡尔赛时，梅尔基奥尔也转移到那边，此后，我们的会议就在公园旁边的大旅馆中进行。1914年夏天，我曾到那儿拜访我的兄弟杰佛里。

这里，我不谈会议而专门讲述我与梅尔基奥尔独处的第三个或最后一个场合。1919年10月，我返回剑桥后，应一些荷兰金融家的邀请参观阿姆斯特丹[1]，这样方便他们与我讨论当前的形势，10月12日，我抵达荷兰。而梅尔基奥尔成为和平条约的成员之后，不久就辞职了。从那时起，梅尔基奥尔两度拒绝担任德国新政府财政部部长，平淡地返回汉堡从事银行业务。我希望能够再次见到他，而这是一个很好的机会。所以，我设法让人从阿姆斯特丹给梅尔基奥尔发一封电报，告诉他我将在数日之后抵达那里，并希望能够见到他。三天后，他抵达阿姆斯特丹。

阿姆斯特丹有很多间谍和多事者，我们一致认为最好不要在旅馆会面。荷兰银行总裁维瑟思是我的朋友，他将他的书房借给我们使用。维瑟思在基泽运河附近住，那些运河构成同心圆，进而形成阿姆斯特丹的特色。维瑟思的房子前是一条运河，花园后是另一条运河。维瑟思的房子曾是荷兰过去光荣的商人府邸，有一个狭窄但极为幽深的小道可以散步，房屋的设计能使货物直接从运河上的船只中运到阁楼里，它也许能成为住处或货栈之一。维瑟思博士早期曾做过爪哇银行总裁，因此，在他宽阔的书房里，窗子向后延伸在运河上空进入黑暗，房间里布满来自东方的爪哇酒柜、影像、灯具和一些简单的中产阶级商人的小摆设，充满了17世纪荷兰的、舒适的高贵和尊

1　阿姆斯特丹，荷兰首都，荷兰最大城市、第二大港口，被称作为北方威尼斯。——译者注

严。那里没有外人，那天下着小雨，面向运河放眼望去，思绪纷飞。此时，我开始对我发电报通知梅尔基奥尔的冲动行为感到奇怪，因为在离开英国之前，我没有过这样的念头，这次的会面能达到什么目的呢？但是，我非常希望见到他。终于，梅尔基奥尔推开门走了进来。

曾经经常在敌对、礼节和拘束中见面的我和梅尔基奥尔能毫无阻碍地会面，是非常不平凡的。那些巴黎谈判仿佛南柯一梦；在刚开始的感情局促之后，我俩如同两个普通人那样坐下来，开始了一次漫长的闲谈。梅尔基奥尔将这些告诉了我：他在魏玛的最后日子以及在条约上签字的斗争；他自己的辞职；这些日子为何曾是所有岁月中最可怕的；埃尔兹伯格是如何精心背叛并向英国政府的代理人出卖在诺斯科、戴维和他自己之间的一次秘密内阁会议的决定，在这次会议上决定在何种事件中他们必须签字，梅尔基奥尔是如何认为的，劳合·乔治最终下定决心抛弃向着中庸的努力。梅尔基奥尔的感情是向着德国和人民带给他们的虚假和屈辱，而不是向着我们的。当时，

第一次世界大战中，德国军队控制着河岸旁的战壕。

第一次，我也最清楚地理解，德国东部的居民是如何向东看而不是向西看。对梅尔基奥尔而言，这场战争是一场对俄国的战争；关于某种势力的考虑是最困扰他的，现在，这股势力可能正从东方兴起。我也比过去更好地理解：他是一位真正的、彬彬有礼的君子，一位严格而正直的道德家，一位犹太法学者。违反承诺和法律，体面举止的衰减，一群人背叛承诺，另一群人不诚实地接受不可能的条件却无实行之心，德国接受其不能履行的条件，几乎与协约国强加他们无权强加的东西一样是有罪的——这些违背戒律的罪过严重地伤害了他。

我和梅尔基奥尔谈了一个上午，这开始对我来说显得荒谬：我们不应该像任何其他人那样公开地一起吃午餐。所以，我邀请他到我的旅馆，同时我也邀请一位德裔美国犹太人保罗·沃伯格，他是梅尔基奥尔的汉堡伙伴的兄弟，曾经是联邦储备委员会的主要人物，美国领导性的金融家之一。我们在阿姆斯特丹漫步，很了解阿姆斯特丹的梅尔基奥尔在路上带我去看古代贫民的庭院，他说，这里能最完美地传达给他这个城镇的亲密气氛。这里是个迷人的地方，是安定和隐居的象征。

当时，我的书还没出版，我随身带着一章关于总统的草稿。午餐后，我将草稿读给他们听。为贪图清静，我们上了楼，这次直接去我的卧室而没去梅尔基奥尔的卧室。当时，我观察到这两位犹太人的反应。出于个人原因，沃尔伯格憎恨总统，对总统的窘迫感到高兴，他咯咯地笑着，并认为它是一个极好的打击。但梅尔基奥尔，当我读时，他变得更严肃了，直到结尾，他显出一副几乎要流出眼泪的模样。这就是幕帘的另一面，既不是深邃的原因，也不是无法避免的命运，更不是庄严的邪恶。

3.对《我的早期信仰》的导注

下面的这篇文章是作为我的一篇回忆录而写的。我的回忆录发表时洛德·凯恩斯不在，我想大概是因为他生病了。后来，我将回忆录送给他读。我不能确定凯恩斯什么时候开始读我的回忆录的，但装着回忆录的信封表明，凯恩斯读的时间是1938年8月底。凯恩斯的文章是9月初写的。当时，我的文章在凯恩斯的头脑中是清晰的。我的回忆录记载的是这些故事：我介绍几位朋友给劳伦斯[1]，但他非常不喜欢他们，这使我十分痛苦和失望，我因此也没有见劳伦斯。凯恩斯是劳伦斯最不喜欢的我的朋友们中的一个。从根本上说，劳伦斯关于我介绍的朋友的感觉类似一种宗教性的不宽容。

---

1 戴维·赫伯特·劳伦斯（1885—1930），英国作家，20世纪英语文学中最重要的人物之一，也是最具争议的作家之一。主要成就涵盖小说、诗歌、戏剧、散文、游记和书信等领域。——译者注

劳伦斯是一位预言者，痛恨所有那些不能成为他的信徒的人的信条。在我写的回忆录中，我将这写了出来，为此导致凯恩斯重新审视他的早期信仰。

1912年，我初次认识劳伦斯和佛里达，主要是因为我父亲同他的友谊。我十分喜欢他，而且毫不怀疑地认为他也喜欢我。我从来没有遇见过这样天才的作家。对他，我极为崇拜，而且现在仍然崇拜——他的短篇故事、诗、几部小说（尤其是他的第一部小说《白孔雀》）。但是，我是一个理性主义者和科学家，对他直觉的和武断的哲学，我很反感。与此同时，源自剑桥的朋友们的观念使我更感兴趣并深深地吸引着我。

所以，这些事都是不可避免的：迟早劳伦斯会训斥我，显然我永远不能严肃地接受他的哲学。通过他会见我的朋友们可见，这条已经出现的裂痕被加深了。最后一次拜访，我同劳伦斯待在一起后，他写给奥特兰・莫雷尔女士（我也曾将他介绍给她）一封收录他出版的通信集的信中这样写道：

"戴维・加尼特和弗朗西斯在这儿和我们一起度过周末。当比勒尔来时，他显得有些累，而且有点茫然若失，心神不安——我爱他。但是，我的上帝，他的话使我发疯。听这些年轻人说话让我心中充满无比的愤怒：这些人没完没了地说，仅仅是没完没了，从不，从不说什么好东西。他们每个人都被装在自己的一个坚硬的外壳里，并从外壳里说出话来。没有任何友善，更没有尊敬——没有一片，甚至说一粒尊敬。我无法忍受这些。我不愿意有这样的朋友，我宁愿独处。这些人使我梦见了一只像蝎子一样咬人的甲虫。我杀死了它——一只十分巨大的甲虫。我先是弄伤了它，让它跑了——但我再次追上它并杀死了它。它是我无法忍受的对自己人的恐惧。

在同一天，即1915年4月19日，劳伦斯写信给我：

"我亲爱的戴维，希望你以后永远不要再带比勒尔来看我。他身上有像黑甲虫一样的令人厌恶的东西。他是个可怕的、不洁的人。我感觉我将会变得疯狂，与你志趣相投的一群人——邓肯・格兰特、凯恩斯和比勒尔，这些人使我梦见了甲虫。在剑桥时期我做过一个同样的梦。以前，我曾在斯特雷奇[1]身上稍微感觉到它的存在。但是，

1　斯特雷奇（1880—1932），出生于伦敦一军官家庭，曾在利物浦大学和剑桥大学接受教育，在剑桥读书期间参加了"布鲁姆斯伯里团体"。这个团体的成员都是一些具有反传统思想的知识分子，他们以不可知论的精神讨论美学和哲学问题，寻求真善美，鄙视虚假，对一切既定的观念提出疑问，并致力于艺术上的创新。这个团体的著名成员还有作家伍尔夫、福斯特和凯因斯等人。斯特雷奇是与茨威格、莫洛亚齐名的英国传记作家。他的作品一问世就引起人们的注意，因为他向英国"标准传记作品"的传统形式和风格提出了挑战。——译者注

现在在凯恩斯和邓肯·格兰特身上，它整体地出现在我面前，昨天我在比勒尔身上又一次看到了它……你必须离开这些朋友，这些甲虫。可以说，比勒尔和邓肯·格兰特永远不可救药了，凯恩斯我没把握……当我那天上午在剑桥看见凯恩斯时，它成了我生命中的危机之一。它使我发疯，带着痛苦、愤怒和敌意……

劳伦斯真的给了我一个最后通牒——告诉我同他或同我的朋友们的决裂，我以我认为合适的方式答复了这封信。此后偶然地，在停战之夜，即1918年11月11日，在阿德尔菲的蒙塔古·希尔曼的房间里，我仅仅再见过劳伦斯一次。如果劳伦斯经常待在英国，我们之间的裂痕无疑已经愈合了。当佛里达定期访英时，我继续看望她，并在1928年写给劳伦斯的一封使他高兴的信中告诉他我多么崇拜《查泰莱夫人的情人》。作为回报，他也给我写了一封友好、温暖的信。

现在，读者明白了这些事实，这些事实导致梅纳德·凯恩斯重新检视他的信仰，及其最亲密的朋友们的信仰——当他们还是剑桥大学生的时候。

戴维·加尼特

4.我的早期信仰

我对1914年（虽说邦尼说是1915年，但我的记忆告诉我要比这早一些）与劳伦斯的会面记忆犹新。后来，劳伦斯也在一封信中记述了这次会面，这恰恰是俱乐部上次集会时邦尼引用的内容。然而不幸的是，对于当时的谈话内容，我忘得一干二净，仅仅记得一些感受。

我想起在内维尔大院伯蒂·罗素[1]（伯蒂在此是伯特兰的昵称）的房间里的一次早餐聚会上，当时只有我们三个人。我到来之前，也许劳伦斯一直和伯蒂待在一起，前一天晚上他们举行过一次集会。早餐聚会中，劳伦斯遇到的都是剑桥人士，但他不是很喜欢这个聚会。在我记忆中，从我们开始谈话，劳伦斯就一直神情阴沉、寡言沉默，只是偶尔讲几句反对的话。谈话主要是在我和伯蒂之间进行的。至于当时谈了什么内容，现在我一点也记不起来。如果我们两个人独处是不会这样谈话的。实际上，这次谈话是专为劳伦斯安排的，我们希望他参与谈话，但我们的努力基本上以失败告终。我们围坐在火炉旁边的沙发上，劳伦斯坐在最右边，他好像是在蹲着，还一直低着头。伯蒂偶尔在火炉旁站起来，我思考的时候也站起来。你能想象在与来访者的聚会中两位老友之间谈话的那种情景。之前，我没有见过劳伦斯，后来也再没有见到过他。多年以后，在出版的《劳伦斯通信集》里的一封信中他这样说，我是布卢姆斯伯

1　伯特兰·罗素（1872—1970），英国哲学家、思想家。——译者注

里俱乐部[1]中唯一支持他的成员，因为我订购了他的《查泰莱夫人的情人》。

我能记得的只有这些了，而邦尼曾记述过劳伦斯的生平，从中可以进行一些推断。我认为劳伦斯的一生受到两方面情感纠缠的影响。其一集中在奥特兰身上，奥特兰从头至尾不仅属于一个社交圈子。除了伯蒂，剑桥和布卢姆斯伯里也正准备接纳她。劳伦斯、卡林顿、格特勒是她裙子上几道不同的褶边。劳伦斯对另外几位心存妒忌。那时，剑桥的犬儒主义[2]和唯理主义[3]发展得如火如荼，这使他产生了抵触心理。我猜想，伯蒂使劳伦斯形成了对剑桥的第一印象。这不仅压倒了他，也吸引着并排斥着他——这是他另一方面情绪上的纷乱。显然，这是一种教养，也是他感到不适的、无法企及的——这不仅强烈地拒斥他，也极大地吸引他。现在，邦尼不是通过奥特兰，也不是通过剑桥或布卢姆斯伯里而走进他的生活。显然，他很喜欢邦尼，当他看到邦尼被剑桥吸引时，嫉妒心就更盛了，正如同他对奥特兰近期倾向于剑桥而心有不满。除了嫉妒之外，劳伦斯与战前剑桥的对立情绪也极其严重。

尽管如此，在劳伦斯的感受中也有一些可取之处。虽然他的反应有失偏颇，但并非毫无根据。虽然我已经忘了谈话内容，但可以想象劳伦斯的态度是很容易被击破的——尽管不像弗兰克的态度那样完全站不住脚。所以，对于劳伦斯谈话的表面价值，认可或评估都是极其愚蠢的，但是其表面价值的背后在他对生活的态度中是否有重要的价值呢？对生活中本来具有价值的一些东西，劳伦斯全都忽略了，他对生活简单粗暴的理解可以说是一大缺陷。邦尼写的传记拉开了我记忆的帷幕，使我重新回顾了战前十多年中我们的心灵史。假如这不会使俱乐部过于震惊，那么我将在这篇投给会刊的稿件中回顾一下我们不是肉体上的，而是在智力上和精神上的历程，并以此来

---

1 即“布卢姆斯伯里团体”，当时英国知识分子的一个小团体，成员不多，但对英国的文化却有着很大的影响力：经济学家凯恩斯和他的夫人，著名的文学家、数学家罗素，写过《007》小说的作家弗莱明，世界级雕塑大师亨利·摩尔等人都是这个团体的成员。——译者注

2 犬儒主义，一种带着厌倦情绪的负面态度，对于他人行为的动机与诚信都采取一种无所谓的态度。它源于古希腊犬儒学派学者主张的哲学思潮。该派别由苏格拉底的学生安提西尼创立。犬儒主义的本意是指人应当摒弃一切世俗的事物，包括宗教、礼节、惯常的衣食住行方面等一切世俗，提倡对道德的无限追求，同时过着极简单而非物质的生活。现在，“犬儒主义”一词通常用来描述一种“愤世嫉俗”的态度，犬儒主义者不认为利他主义及道德考量是人类行为的原始动机。——译者注

3 唯理主义是笛卡儿奠基的，他认为检验真理的标准不是实践而是理性，这显然是唯心论，但他主张用理性代替盲目信仰，反对宗教权威，这点则是进步的。笛卡儿的思想适应17世纪法国资产阶级的需要。——译者注

说明在一个空白的头脑中留下了怎样的印记，以及印记从何而来和一个人是否应该保持年轻时的信仰。

1902年的朱迦勒节，我来到了剑桥。摩尔的《伦理学原理》于同年年底出版。似乎现在这一代人很少去读它，但显然它对我们影响颇深。这种影响及围绕它产生的种种讨论曾经覆盖一切，可能至今仍然一样。在我们所处的时代，信仰会影响一个人的行为，同时这也正是年轻人的特性，而成年人往往淡化了这种特性。当时我们形成的、独特的情感至今没有改变。也正是这些独特的情感影响了我们当中的大多数人，使我们聚集在一起并组成这个俱乐部，同时区别于其他人。虽然我们这些人各有特点，但这种影响对我们而言是相同的——斯特雷奇（他当时的名字）是个伏尔泰主义者、摩尔[1]是个清教徒、克莱夫是个乐天派、伍尔夫是位拉比[2]、霍特里是个教条主义者、谢泼德是位国教教徒和现任牧师、悉尼·特纳是个寂静教教徒、我则是个非国教教徒。而在刚刚参与进来的那些人中，麦卡锡和安斯沃思与摩尔有私交，所以他二人受摩尔的影响更为深刻。

当时，我们很少见到福斯特，他已经成了离群之马。对我们这些在1903年很活跃的人而言，摩尔的影响完全取代了迪金森、麦克塔格特和罗素。摩尔的影响不仅仅是压倒性的，而且是与斯特雷奇常挂在嘴边的"令人沮丧"相对立的另一种极端。这一切是令人极其兴奋的，这简直是又一次文艺复兴的开始、是一个新的人间天堂，而我们正是新的天命的预言者，我们无所畏惧。在这样的氛围中，我们逐渐成长，所以即使在我们最为落魄、失意的时候，仍然富有活力。这正是如今的年轻一代所不具备的，他们只是稍微仿效某些人物。这样做，不但无法超越他们，而且连他们在心中的形象都逐渐淡化了。

实际上，我们从摩尔那里获得的并不是他所给予的。虽然摩尔的一只脚已经迈进新天堂的门槛，但另一只脚却仍然深陷于西奇威克和边沁的功利主义计算以及正统行为的一般准则中。对《伦理学原理》中的一章，我们是不屑一顾的。从某种意义上可以说，我们接受了摩尔的信仰，同时拒绝了他的道德信条。在我本人看来，使道德信

1　亨利·斯宾赛·摩尔（1898—1986），英国雕塑家，以其大型铸铜雕塑和大理石雕塑而闻名。剑桥菲茨威廉博物馆陈列的"斜倚的人形"（1951），表现出一个高度精简、抽象的女性形象，是摩尔雕塑风格的典型代表。——译者注

2　"拉比"，意为"老师"，指接受过正规犹太教育、系统学习过《塔纳赫》《塔木德》等犹太教经典、担任犹太人社团或犹太教教会精神领袖或在犹太经学院中传授犹太教教义者。——译者注

条成为不必要的东西——“信仰”指向人本身和终极目标，而“道德”不过指向外物与中介，这是摩尔的信仰的最大优点之一。接下来我将说明如果一个人怀有信仰而抛掉道德准则，将会怎样。

虽然俱乐部的新成员们可能知道信仰为何物，但在这里回顾一下它的大致轮廓也是有益无害的。除了我们自己以及他人的精神状态之外，其他一切都不重要。这种精神状态与行动、成就和结果无关，它超越了时间，是思索和交流；它不需要有“先”有“后”。根据有机统一性的原理，它的价值在事物的整体状态中存在，对各部分逐一进行分析没有丝毫用处。例如，一个处于爱的精神状态中的人，他的这种精神状态的价值不仅取决于其感情的性质，还取决于对象的价值、对象的感情的性质以及它们彼此之间的交流。它不取决于或者不主要取决于一年之后发生的事或双方的感受，在我看来，这才是一种理智的态度，尽管我始终提倡在实践过程中的有机一致性。蕴含激情的思索与交流，它的适宜对象是被爱的个人、美和真，生活的首要目标是爱，是对知识的追求，是审美经历的创造与体验。在这三者中，爱是首要的。但是，早些时候在摩尔的影响下，公众对爱的看法及与爱相关的行为基本上都是柏拉图式的和严肃的。也许有人会说，肉体的快乐将破坏并减损精神状态的整体性。但后来，斯特雷奇指出对那些关于性的、专门的拉丁词语的使用是无可厚非的，含混地使用是脆弱的表现，而使用同义词则纯属粗鄙，有意避开则是严重的错误。我已忘记斯特雷奇发布这一敕令的准确日期，但可以肯定这是后来的事，因为在1903年，这些词语还没有作为专用术语出现在一般论述中。

我们的信仰一直紧紧追随英国的清教传统，它主要与我们的灵魂得救有关。神性仅存在于很小的范围之内，“善心”和“善果”之间并没有紧密的联系。我们也往往认为，在实践中存在“善果”干扰“善心”的危险。但是，一种合适的宗教不同于现代旨在提供“社会服务”的伪宗教，因为它真正具有那样的特性。也许，弥足珍贵的是，我们的宗教信仰是完全超脱世俗的——对权力、财富、声名与成功不屑一顾，视之如粪土。

那么，我们怎样分辨哪种精神状态是好的？这是个直接省察和不可分析的直觉问题，对这一问题进行论证是徒劳的，也是不可能的。意见有分歧的时候怎样确定孰是孰非呢？这里有两种解释。

第一，双方讨论的或许不是同一件事情，也就是说，双方的直觉没有指向同一对象，按照有机整体性的原理，对象差之毫厘，结果就可能谬以千里。

第二，个别人的判断力非常敏锐，如同有些人能分辨出某种葡萄酒而其他人不能。据我所知，这种解释更为流行。实际上，语言表达清晰有力、对自己充满信心，

建于1899—1900年间的阿富汗喀布尔的古老观测塔，其是阿米尔·阿布杜尔·拉赫曼·汗建造的宫殿的一部分。

又能巧妙地运用语音、语调的人在争论观点时，总是最后的获胜者。那时，摩尔是这方面的佼佼者——每当听到别人发言，他总是显出一副怀疑的神情——“你真的是这样想吗？”他的表情就好像是听到什么愚蠢至极的事情，他张大了嘴，并使劲摇晃脑袋，头发也跟着颤动，“什么？！”他大声喊道，接着对你怒目而视，这一切会让你感到：如果不是你疯了，就是他疯了，并且当时的你根本无言以对。斯特雷奇有另一套办法。他总是不动声色，仿佛他的观点根本不容质疑，因此无需多说，这种保持静默的办法也很有效，对他认为不可理喻的那些事情可以应对自如。

伍尔夫善于表达否定，但他最擅长的莫过于让你感到与其争论不如自己说服自己。迪金森知道怎样耸耸肩，接着不服气地离去，然而，大多数时候他总是悻悻离开。至于谢泼德和我就像摇摆不定的可怜虫，但最终我们总能被引向有价值的观点，可见，起码可怜虫具有摇摆的权力。尽管如此，我们之间的差别也仅仅是细枝末节上的。总之，我们都清楚地知道良好的精神状态是怎样的，也都知道它存在于与爱、美和真的对象的交流中。

对这种信念，我曾经称之为一种宗教，而它也的确与新柏拉图主义存在着某种联系。但在当时，我们对这一想法非常愤慨，因为我们把这一切看作是完全理性的和具有科学性的。跟其他任何科学分支一样，它无非是逻辑与理性分析对感觉数据材料

在基督圣体圣血节中，面饼代表着基督的身体，酒代表着基督的血液。这一宗教节日的来源非常复杂，部分与传说中的圣体奇迹有关。

的应用。我们对于“善”的理解正如我们对“绿”理解那样清晰无误，并且采用适于后者的逻辑与分析方法来对待前者。确实，我们结合了一种关于经验性质的教条态度与过于学究气的处理方法。罗素的《数学原理》与《伦理学原理》是同一年出版问世的。在精神方面，在处理后者存在的问题上，前者提供了一种解决的方法。接下来，我列出几个我们以前经常讨论的例子。

假设A爱上了B，并认为B也同样爱A，但实际上B并不爱A而爱C，很明显，A的判断如果正确，那么事情就很好办。但既然如此，是让A发现自己的错误好，还是一直让他蒙在鼓里好？是让A继续盲目地爱着B好，还是A根本就不爱B好？既然A没办法识别出B的真面目却依然爱着B，那么这是不是就完全或者部分地破坏了A的精神状态呢？如果时光倒流，我们生活历程也颠倒顺序，是否会影响我们精神状态的价值呢？如果把每个人享有的精神状态汇集起来，然后重新分配，这又会不会影响精神状态的价值呢？在有坏结果的、好的精神状态与有好结果的、坏的精神状态之间应当怎样进行比较？在评价这些后果时，是按照它们最终的真实价值，还是按照当时可能存在的价值？如果是按照当时可能存在的价值来评价，那么又该如何估价可能产生的各种后果？关于美，是不是存在独立的客观评判标准？美，从它的定义来说，就是看起来好的东西吗？是不是真正存在“美”这样一种客观的属性，正如“绿”或“红”那样呢？同样，知识也是个问题。是否对每件事实的思索与研究都同样有益呢？如数清一堆沙子中沙粒的数量是否有意义？我们极力否认有用的知识比无用的知识更可取这一种观点。但是，我们又不无轻率地认为，存在一种是否“有趣”的内在品质——这可能与“绿”“善”和“美”这几个概念不相干——比起探索一些无趣的知识，探索一些有趣的知识意义更大。假设“重要”与“有用”是迥然不同的两个概念，那么“重要”就成了另一个令人困惑的词语。我们回到那个最爱谈论的话题上，是短暂而炽热的爱更美好，还是持久而平淡的爱更美好？或许我们倾向于前者。但是，在进行如此多的质疑之后，我们清楚地看到：衡量这一切是多么的困难。

显然，这都是受摩尔方法的影响。凭借这种方法可以通过使用精确的语言和提出准确的问题使模糊的观念变得清晰。这种方法要以完善的语法工具和清楚发现问题的词汇为前提。我们经常挂在嘴边的一句话是“你到底是什么意思？”在反复询问下，假如你没办法准确地表达出什么，你就会被认为言之无物。在辩证法中，这是一种严格的训练，而实际上这又是一种斗争，在斗争中，比起思维的精细，人格的力量更有价值。在他巨著的序言里有特别多的斜体字，一些了解他的读者就会听到他激烈的措辞，关于这一点就像维多利亚女王。

摩尔开篇就提出错误的主要原因是“急于回答问题，而不预想到底想问什么问题……一旦我们了解了这两个问题的确切含义，我想，回答问题的种种理由就会变得简单而明了。”因此，我们先花时间弄清楚我们问题的确切含义是什么，只要我们确切地提问，每个人都可以回答这个问题。实际上，摩尔也是这么做的。在著名的关于理想的那章中，他写道：“实际上，如果对问题的含义有了明确的理解，那么其概略的答案就会浮出水面，从而似乎就有成为陈词滥调的危险。我们所能想象的或所知的极有价值的事物，就是一定的意识状态；可以简单地称其为欣赏美的客体的快乐和人类交流的快乐。无论谁向自己提出过这样的问题，也许绝不会怀疑：就其本身而言，对艺术品或自然美的欣赏及对个人的爱是善的；如果我们仔细考虑哪些事物仅仅因为其本身的缘故就值得拥有，那么无论谁好像也不可能认为：除了包括在这两大项目之内的事物之外，其他事物也几乎具有同样巨大的价值。”

接下来探讨快乐问题。当时间指针渐渐指向20世纪初，我们对快乐问题反而有点犹豫不决。在我们的全盛时期，快乐根本不能成为问题。我认为，如果两个人的精神状态在其他方面都一致，只是一个人快乐而另一个人痛苦，那么关于前者就无话可说了。但是，根据有机整体性的原则却不允许我这样做。那时，普遍认可的观点是（虽然不完全来自《伦理学原理》）快乐与要讨论的问题无关，何况总的说来，快乐的精神状态总使人怀疑是不是缺乏深沉的感情。

当时，人们对女人还没有产生兴趣，伍尔夫也不喜欢恶作剧，他们都不像今天这样快乐。他们总是在漆黑的屋里待着，并面对面地坐在火炉旁的椅子上，不抽烟斗的时候就自言自语：良好的精神状态总是极为痛苦的，而痛苦的精神状态则是无比幸福的。斯特雷奇也支持他们二人——他在自己的青年时期才开始享受快乐——尽管他不像他们那样总是郁郁寡欢，仅是时时感到忧伤。而谢泼德和我则总是在欢乐之中沉沦，因此，我们备受羞辱。我们在一天晚上变得不服管教，鲁莽而坚持地认为，就其本身而言快乐是无可厚非的。结果他们得出结论：与三一学院的肃穆不同，这种低级趣味正是皇家学院独有的特点。回想起来，那真是个可怕的夜晚。

苏格拉底曾劝普罗塔库斯说，纯粹的享乐是荒谬的。摩尔则把快乐看作仅仅是其他美好事物的点缀而已。然而，摩尔痛恨罪恶，为此，他在自己的信仰中设下了不可宽恕的惩罚。“快乐不仅就其本身而言是没有丝毫好处的，而且会招致罪恶……对一个精神状态恶劣的人来说，只要痛苦不是过于沉重，那么就应该让其经受痛苦而不是宽恕他。至于这能否产生好的结果，则是另外一回事。”请大家注意，“只要痛苦不是过于沉重”，这是个限定条件。

我们的成长环境充斥着柏拉图本质上的善、超越圣托马斯[1]的经院哲学、加尔文教派[2]的远离快乐和名利和压制了像维特一样的种种忧伤。但是，这并不妨碍我们常带欢声笑语，我们十分自信而富有优越感，并鄙视群氓。然而，这种精神状态并非一个成年人的良知所能一直维持下去的。当麦卡锡周末来度假时，他会面带微笑并含情脉脉地邀请摩尔到钢琴边去，并演唱他的德国浪漫曲，我们则一同感受这美好的精神状态，抑或鼓动鲍勃·特里维进行一次蹩脚的演说，来滑稽、狂乱地模仿一些人物，其中的乐趣就在于你根本没办法确定哪些是鲍勃的表演，哪些是他在模仿别人。

回顾往事，我觉得我们的信仰是非常有利于成长的。尽管如今的人们已经可以心平气和地不再计较、不再追问自己的所知所感，但是，我仍然坚持我们的信仰更接近于真理，它把无关的问题抛在一边，也不包含任何的羞耻心理，而且它带来的纯洁而美妙的氛围远远超越弗洛伊德[3]。所以，它仍然是我的信仰。上星期，我重读了摩尔著名的关于理想的一章。摩尔试图确定生活的总体模式和生活中的行为品质，而这些已经被人们逐渐淡忘了。他始终沉浸在一种无限的喜悦中，并把自己的独特情感转化为抽象的语言，这种方式令人惊喜和富有魅力。你能否记得那个段落？假如一个人更注重精神品质，那么当他爱一个人的时候，是否应该看重美貌呢？对此，他的结论是美貌要略胜于精神品质。这个段落如此美妙，而我则恭敬地引述于下："我认为，可以承认在这种热爱最有价值的场合，构成其中的大部分必定是对各种精神品质的鉴赏；然而，这部分的出现使整体的价值远远超过没有这部分时的情形。可是，鉴赏本身所能具有的价值是否同这样一个整体，即这种鉴赏和对上述各种精神品质的准确、适宜的有形表现相结合而成的整体所具有的价值相等，这似乎是最值得怀疑的。毋庸置疑，就有价值的热爱的一切实例来说，品性的有形表现，无论表现在仪表、言词，还是行为，的确构成所热爱的客体的一部分；而整个状态包含这些表现的事实，很明显使其价值得到了提高。实际上，对于各个单纯的、不伴随任何有形表现的精神品质而

1　即圣托马斯·阿奎那，被认为是最伟大的经院哲学家，在所有教授天主教文的体系中，他的思想被当作是唯一正确的思想来讲授。圣托马斯不仅在历史上有重要的影响，在大多数场合他是随着亚里士多德出现的，以至于其在天主教徒中拥有教父般神圣的地位。——译者注

2　加尔文教派，基督教新教主要宗派之一，是以加尔文神学思想为依据的各教会团体的总称。——译者注

3　西格蒙德·弗洛伊德（1856—1939），犹太人，奥地利精神病医生及精神分析学家。精神分析学派的创始人。他认为被压抑的欲望绝大部分是属于性的，性的扰乱是精神病的根本原因。著有《性学三论》《梦的解析》《图腾与禁忌》《日常生活的心理病理学》《精神分析引论》等。——译者注

言，很难想象它到底是什么；而且，关于我们能做出的这种抽象，所考虑的整体似乎价值较小。所以，我的结论是，赞美可赞美的各种精神品质是重要的，其主要在于这种赞美所属的整体要远远胜过一个不具有这种赞美的整体，而不在于这种赞美本身具有怎样巨大的内在价值。这种赞美本身的价值是否与对单纯有形的美的鉴赏所具有的价值一样大？也就是说，对具有巨大内在价值的东西的鉴赏，是否与单纯对美的东西的鉴赏有同等的价值，关于这点是非常值得怀疑的。”

“而且，我们如果根据值得赞美的各个精神品质本身来考虑其本性，显然对其正当的鉴赏包含着对单纯物质美的另一种关系。基本上，值得赞美的各种精神品质确实在于对各个美的客体有感情的鉴赏，当然，前提是我们上述结论是正确的。所以，对其鉴赏的根本在于此种欣赏。事实上，对人物最有价值的鉴赏好像在于鉴赏其对别人的鉴赏。然而，不仅对这个例子中所鉴赏的可能是单纯对美的东西的欣赏而言，而且对一个人物最有价值的鉴赏仿佛包括对其有形表现的鉴赏而言，似乎均包括一种对物质美的关系。所以，尽管我们能够承认，对一个人对其他人的态度的鉴赏或者说对爱的爱，的确是我们所知的最有价值的，并且远远超过单纯对美的爱更有价值；可是，只有在把前者理解为在不同程度上直接包括后者时，我们才认可这一点。”

《新约全书》与摩尔关于理想的一章相比，只不过是给政治家们阅读的手册。自柏拉图以来，我不知道还能有什么文字能与这一章相媲美。甚至它要胜过柏拉图，因为它从来不耽于空想，它传达出摩尔思想中的精髓和美感、他见识的纯粹和饱含的激情，以及他的从不斧凿和从不空想。在梦中，有一次摩尔把命题与桌子弄混了，但是，即使他在清醒的时候，也没办法把爱、美、真同家具区分开来。在他眼中，它们的存在如同常识般，同样稳固、实在、客观。

尽管与内容丰富多彩的经验和事实相比，《伦理学原理》中那些基本的直觉显得过于局限，但仍然没有放弃它的理由。它提供了一种与外部事件无关的经历，这简直是一种额外的惬意，虽然对我们所有人而言，今天都不能安然地生活在个人主义中，但这正是爱德华治理下早期的杰出成就。

我与劳伦斯相距甚远，也不能理解他说我们已经“不中用了”的原因。但现在，我仍然不准备讨论这个主题。我首先要解释一下我们信仰中的其他层面。截至目前，我们讨论的是个人对自己和对他人的态度，那么我们对外部世界的态度是怎样的呢？又该怎样理解我们与外部世界的关系呢？

区分作为精神属性的善和作为行为属性的公正是摩尔著作的重要课题之一。关于行为的一般法则，摩尔也有所论述。在我看来，摩尔关于正确行为的可能性理论更为重要，我把自己所有的闲暇时间都用于研究这一课题。我的写作受到摩尔的《伦理学原理》和罗素的《数学原理》的影响。但是，正如前面我所说的，对于《伦理学原理》的绝大部分，我们还没有注意此书的多方面特点，也没有尽量对它加以运用。我们在那些华而不实的礼物当中沉醉，却还没有开始进行推断的游戏。这如同我们生活在柏拉图的《对话集》中，却还没有接近他的《理想国》，也就更不用说他的《法律篇》了。

这使我们向前迈了一大步。因为享乐主义已经被我们抛出窗外，又放弃了摩尔那些很成问题的利益计算，从而回到现实当中。社会行为本身就是目标，而不仅仅是在我们理想之外的、令人感到悲哀的责任。不仅社会行为如此，生活中的一切行为——政治、成功、权力、财富、野心等都是如此。此外，还有经济动机和经济标准，尽管这在我们的哲学中，并不像进行毫无意义收藏的阿西西的圣弗朗西斯看得那样突出。所以，在这一代人当中，我们成了最早的，或许也是唯一的摆脱了边沁传统的人。事实上，就我自己而言，我当然没有把外部世界抛到九霄云外，只不过是在反思早年间我们认为思考和交流应当排斥其他一切目的的想法。在这篇回忆录中，我不想解释摆脱了边沁传统就是一大进步的原因。但是，我的确认为边沁主义传统对现代文明进行着蚕食，甚至，它应该对现今的道德败坏负责。过去，我们总是将基督徒看成我们的敌人，就因为他们好像是传统、保守和欺骗的代言人。事实上，是把经济标准奉为基本准则的边沁的功利主义破坏了大众的理想。

这些就是我们拥有的。摩尔不仅仅在其著作的第五章《关于行为的伦理学》中讨论了行为的义务，即在未来的数代中，应当通过因果联系创造出最大可能的善（这部分讨论充满了谬误），而且还指出了个人应当遵循的普遍原则的义务。对于个人应当遵循的普遍原则的义务，我们完全予以否认，我们主张根据事情的是非曲直进行实事求是地分析。智慧、经验和自制力可以胜任这一切。这作为我们信仰的重要组成部分，我们毫不动摇地维护着它、坚持它。在外部世界看来，这是我们这些人最危险、最明显的特征。我们排斥传统的道德、保守的观念和陈腐的智慧。从严格意义上来讲，我们是不道德的人。考察其后果就应该考虑其价值所在。对于有什么道德义务或内在约束，我们不予承认，而且也不准备顺从或遵守。我们自己对自己进行审判。我逐渐意识到，英国不是这样的，这也许更像俄国式的特点。这里产生了一种虽然有所掩饰但却普遍存在的自我怀疑，怀疑我们的动机和行为。甚至说，在某种程度上，这种怀疑依旧存在，而且仍将持续存在，并囊括我们与外部世界相关的生活。现在，我认为这种怀疑有正当理由。但是，就我自己而言，已经没办法改变了。我是并将永远是一个不道德的人。

但是，关于我们的行为准则，我并不认为是惊世骇俗的。即使当我们完全正确的

第一次世界大战期间，士兵在行军。

时候，也往往会令人震惊。其关键就在于，我们的看法是建立在一种先验的人性论的基础之上，而这一基础是薄弱的，但这一错误却是毁灭性的。

我之前提到过我们是最先摆脱边沁主义的人，与此同时，我们也是18世纪另一项异端邪说坚定的拥护者和继承者。我们是最后的乌托邦论者，或者被人们称为社会向善论者。我们坚信人类的道德水准将会不断进步，因为人类拥有了一批理性的、正直的、值得信赖的人，在真理和客观标准的引导下，他们能够摆脱那些传统的、保守的观念以及陈腐的行为准则，并且自此以后，形成他们自己的信念、纯洁的动机和关于善的可以信赖的直觉。1903年之后，“人是理性的”这一观点一直延续。它将存在于自私自利——这被称为合理的自私——的伦理学中，正如同它存在于康德和边沁指向普遍的善的一般伦理学。因为自私自利是合理的，所以在现实的结果中才认为个人主义和利他主义体系是相同的。

简单来说，对原罪说的各种版本我们都是反对的，我们对人的内心当中存在罪恶之源的荒唐说法不屑一顾。我们不认为文明是建立在个人和少数人意志之上的、摇摇欲坠的大厦，只能以苛刻的律法和阴谋诡计去维持。对传统的智慧和习俗的桎梏，我们心存不敬。如同劳伦斯和路德维希所言，我们不尊敬任何事和任何人。对于为制定生活秩序做出卓越贡献并竭尽所能保护这一秩序的前辈们，我们也不准备尊重。

柏拉图在《法律篇》中曾说，最好的律法就是禁止年轻人质疑法律，而在年轻人不在场的时候，老年人可以把发现的法律中的缺陷通报给统治者或其他老年人。显然，这是一句没有任何意义的名言。作为普遍精神状态的因果，我们极大地误解了人性，其中也包括我们自己的本性。我们认为的合理性往往流于表面、肤浅，不仅在判断上是这样，在情感上也同样如此。在精神上，我们是前弗洛伊德主义者，但却丧失了前人具有的某些东西。以至于我至今仍无可救药地相信别人的感情与行为的合理性，当然也相信我自己。用一个微小而鲜明的例子来说明这种"正常"思想的荒谬性，那就是抗议的冲动——给《泰晤士报》写一封信，在吉尔德大厅召集一次会议，又或者是当我预想为"正常"的事情未能实现时捐助某个基金。我大声喊叫，好像真有什么可以依赖的权威或标准一样，这或许是相信祈祷功效的痕迹。

我曾经指出"人是理性的"这一命题会使我们的判断和情感流于浅薄。依我看，摩尔关于理想的那一章对有价值的各种感情进行了罗列。"人是理性的"这一看法，不仅没有促进理性，反而破坏了理性，因为它忽视了某些强有力且有价值的情感源泉。人性中某些自发的、不理性的冲动往往具有某种价值。所以，我们完美的体系出现了缺口，甚至说，某些与罪恶相关的情感都具有一定的价值。除了自发喷涌的、邪恶的冲动之外，还有一些不为我们所知的、有价值的思索与交流的对象。而我们所知的仅是限于从生活秩序或生活模式的一致性以及情感中激发出来的那些对象。"尽管我们经常谈及知觉存在的一致性，并把苦难、欲望、幸福、利益和情感都归结于此，但实际上，除了个体之外别无他物存在。"佩利的这句名言我们都还记忆犹新，但是，我们却让个人主义走得太远了。

我们人性论的浅薄或者说是错误在1914年时越发明显，而这也偏离了人性本善的论点。如今，一对情人的短暂相会与快乐完全纠缠在一起，而这正是曾经被拒斥的，有时，生活的模式只不过是一系列短暂而浅尝辄止的"私通"。而我们对生活和各种事务的评论是睿智、有趣的，同时也是极易被击破的——如同罗素、我和劳伦斯之间的谈话——因为其中并没有关于人的本性的确切判断。伯蒂将各种根本无法相容的观点集中到一起。一方面，他认为人类事务的发展进程是不理性的；另一方面，他又认为解决办法是简单易行的，因为我们只需要遵循心中秉持的理性就可以。关于这方面实际事务的讨论，的确是件令人厌烦透顶的事。而把隐含的、暗藏的、无论是好是坏的那些情感抛开，讨论人的本性也是没有任何意义的。实际上，我们如果在实践中考察生活模式，并不将其视为一系列独立的、不连续的闪烁，那么唯一起作用的就是人的精神状态，但是，精神状态体现价值的方式及其对象是各式各样的，并且完全超出了我们的想象。我想起以前，我们对这种经验的多样性的处理办法是不合理地扩大审美经验的范围（如在悲剧情绪这一名义下，我们会研究它的各种分支），并把那些人类经验归结为审美经验，通过这种错误的归类来毁灭多样性。

假如我因此而忽略我们的优点——智力、魅力、超凡脱俗和热情——我可以将我们看成水蜘蛛，它像空气一样轻盈、适意、优雅地掠过水面，并没有激起任何涟漪，也没有触及水下的潜流。然而，我们这些人在劳伦斯无知、嫉妒、暴躁及恶意的注视下，显现出令人生厌的品质：忽视粗俗感情的存在与价值；既放荡不羁又大逆不道；理性主义在薄薄的熔岩表面跳跃；将奥特兰的高雅看成是糖衣包裹下的毒药；与邦尼的淳朴相比显得故作聪明。对我们这群可怜又愚蠢、满怀好意的人而言，这些是何其不公！然而，这就是1914年劳伦斯宣称我们已经“不中用了”的时候不无道理的地方。

1938年9月9日